Der Internationale Strafgerichtshof

SCHRIFTEN ZUM STAATS- UND VÖLKERRECHT

Herausgegeben von Prof. Dr. Dieter Blumenwitz

Band 90

Peter Lang

Frankfurt am Main · Berlin · Bern · Bruxelles · New York · Oxford · Wien

Aline Bruer-Schäfer

Der Internationale Strafgerichtshof

Die Internationale Strafgerichtsbarkeit im Spannungsfeld von Recht und Politik

Peter Lang
Europäischer Verlag der Wissenschaften

Die Deutsche Bibliothek - CIP-Einheitsaufnahme

Bruer-Schäfer, Aline:

Der Internationale Strafgerichtshof : die Internationale Strafgerichtsbarkeit im Spannungsfeld von Recht und Politik / Aline Bruer-Schäfer. - Frankfurt am Main ; Berlin ; Bern ; Bruxelles ; New York ; Oxford ; Wien : Lang, 2001
(Schriften zum Staats- und Völkerrecht ; Bd. 90)
Zugl.: Würzburg, Univ., Diss., 2001
ISBN 3-631-37940-4

D 20
ISSN 0172-7796
ISBN 3-631-37940-4

www.peterlang.de

Meiner Familie

VORWORT

Diese Arbeit wurde im Wintersemester 2000/2001 von der Julius-Maximilians-Universität Würzburg als Dissertation angenommen. Das wissenschaftliche Schrifttum sowie die allgemeine völkerrechtliche Entwicklung fanden bis zum Mai 2000 Berücksichtigung. Als bedeutsame Weiterentwicklung seit diesem Zeitpunkt ist die Tatsache der Unterzeichnung des Statuts von Rom durch die Vereinigten Staaten von Amerika und durch Israel am 31.12.2000 zu nennen. Dieser Umstand sollte allerdings nicht dazu verleiten, eine Unterstützung des Gerichts durch die USA anzunehmen. Die Unterzeichnung des Statut erfolgte lediglich aus Kalkül, da die Vereinigten Staaten sich auf diese Weise eine Einflußnahme auf die Vertragsverhandlungen sichern wollen und nach wie vor eine Änderung des Statuts erstreben. Mittlerweile haben 27 Staaten das Statut von Rom ratifiziert. So auch die Bundesrepublik Deutschland im Dezember 2000. Art. 16 Abs. 2 GG hat eine Ergänzung dergestalt erfahren, daß nunmehr die Möglichkeit einer Auslieferung Deutscher an den IStGH explizit festgehalten wurde.

Mein herzlicher Dank gilt allen, die mich bei und mit meiner Arbeit unterstützt haben:

Ich danke zunächst meinem Doktorvater Herrn Professor Dr. Dieter Blumenwitz, der mir mein interessantes Thema zur Verfügung gestellt und die Arbeit durch Anregungen wesentlich gefördert hat, mir für Fragen stets zur Verfügung stand, mir aber auch die erforderliche wissenschaftliche Freiheit gewährte, für die ich ihm sehr dankbar bin. Ich danke weiterhin dem Lehrstuhl Team und hier vor allem Frau Ruth Rupp für ihre freundliche Unterstützung in technischen und sonstigen Fragen. Mein Dank gilt weiterhin Herrn Professor Dr. Dr. Hugo J. Hahn LLM (Harvard) für die rasche Erstellung des Zweitgutachtens zur Weihnachtszeit.

Bedanken möchte ich mich weiterhin bei meiner Familie für die mir gewährte Hilfe und vor allem die mir zuteilgewordene Geduld. Der Begriff der Familie ist recht weit zu fassen, beinhaltet er nicht nur meinen Mann, meine Tochter, meine Eltern und meine Schwiegereltern, sondern auch meine Schwägerin und meinen Schwager, denen ich für ihre Anteilnahme und die zahlreichen Diskussionen danke.

Hanau, im Februar 2001 Aline Bruer-Schäfer

INHALTSVERZEICHNIS

Einführung

A. Aktualität, Gegenstand und Bedeutung der Untersuchung

Vom 15. Juni bis 17. Juli 1998 tagte in Rom die United Nations Diplomatic Conference of Plenipotentiaries on the Establishment of an International Criminal Court. Der Staatenkonferenz oblag die schwere Aufgabe der Ausarbeitung eines konsensfähigen Vertragstextes, auf dessen Grundlage die Errichtung eines ständigen internationalen Weltstrafgerichtshofes erfolgen kann. Die Versammlung wurde von heftigen Auseinandersetzungen zwischen den gerichtshoffreundlichen und den gerichtshoffeindlichen Staaten geprägt. Während sich die gerichtshoffreundlichen Staaten für eine starke, unabhängige und effektive internationale Strafgerichtsbarkeit einsetzten, strebten die gerichtshoffeindlichen Staaten aus souveränitätsbedingten Erwägungen einen schwachen, symbolischen Weltstrafgerichtshof an. Aus diesem Grund waren Schlüsselfragen wie z.B. die Zuständigkeit des Gerichts und das Verhältnis zu der nationalen Strafgerichtsbarkeit, der Umfang der Statutsverbrechen, die Kompetenzen der Anklagebehörde und das Verhältnis zu dem Sicherheitsrat der Vereinten Nationen umstritten. Die Vorbehalte der gerichtshofrestriktiven Staaten resultieren in erster Linie aus der Befürchtung, daß ihr sicherheitspolitisches und damit das militärische Handeln Gegenstand eines Verfahrens vor dem IStGH sein könnte, mit der Folge, daß der sensible Bereich der staatlichen Souveränität für Eingriffe eröffnet, bzw. einer gerichtlichen Überprüfung zugänglich gemacht würde. Infolge der im Laufe der Konferenz zum Zwecke der Erlangung eines mehrheitsfähigen Ergebnisses geschlossenen Kompromisse votierten bei 21 Enthaltungen 120 Staaten für und sieben Teilnehmerstaaten gegen das Statut von Rom. Das Statut tritt bei einer Ratifizierung durch 60 Staaten in Kraft, so daß die Errichtung des Weltstrafgerichtshofes noch einige Zeit in Anspruch nehmen wird, da derzeit erst sieben Staaten das Statut ratifiziert haben.

Das Spannungsfeld zwischen (Völkerstraf-) Recht und Politik manifestiert sich zunächst in der schleppenden Entwicklung der internationalen Strafgerichtsbarkeit, deren Realisierung bislang an politischen Erwägungen scheiterte. Die Geschichte des Völkerstrafrechts, dessen Produkt die internationale Strafgerichtsbarkeit darstellt, verdeutlicht, daß politische Überlegungen die Rechtsentwicklung verhindern, blockieren und verzögern, auf der anderen Seite aber die Rechtsentstehung auch ermöglichen und vorantreiben können bzw. ihren Inhalt maßgeblich bestimmen. Diese Entwicklung verdeutlicht zudem, daß der Bereich der internationalen Strafgerichtsbarkeit zum Spielball politischer Interessen geworden ist. Von dem zwischen Recht und Politik bestehenden Spannungsfeld zeugen auch die zähen Verhandlungen auf der Bevollmächtigtenkonferenz von Rom und die, zwecks Erlangung eines konsensfähigen Statuts, aus politischen Erwägungen eingegangenen Kompromisse. Das Ringen, Verhandeln und Feilschen um den IStGH und dessen Gerichtsbarkeit verdeutlicht, daß politische Erwägungen die Art und den Umfang der internationalen Strafgerichtsbarkeit maßgeblich bestimmen. Zudem wird im internationalen Bereich ein Konsens durch das Aufeinanderprallen verschiedener Rechtssysteme mit divergierenden politischen Ansichten erschwert. Aus diesem Grund ist eine Einigung ungleich schwerer als im nationalen Bereich und die Entwicklung i.d.R. schleppend, sofern Staaten einen Eingriff in ihre internen Angelegenheiten befürchten. Daher wird insbesondere der Bereich des Völkerstrafrechts bzw. der internationalen Strafgerichtsbarkeit von der politischen Entwicklung geprägt und ist Ausdruck der politischen Lage. Eine internationale Strafgerichtsbarkeit, welche die Staaten in ihrer Strafhoheit beschränkt, trifft auf massive politische Vorbehalte einiger Staaten, die sich in ihrer staatlichen Souveränität betroffen sehen. Dieses das Völkerstrafrecht prägende Spannungsfeld wird im Laufe der Arbeit immer wieder zutage treten. Es hat die historische Entwicklung maßgeblich bestimmt und wurde zuletzt auf der Bevollmächtigtenkonferenz virulent, bei der neben den rechtlichen auch politische Aspekte im Vordergrund standen. Der Streit um die bereits erwähnten Kernpunkte des Statuts ist Ausdruck dieses Spannungsfeldes.

Dieser Konflikt zwischen Recht und Politik besteht nicht nur im Vorfeld bei der Frage der Ausgestaltung des Statuts des IStGH, sondern setzt sich zwangsläufig bis zu den vor dem IStGH anhängigen Strafverfahren fort. Daher besteht, in Abhängigkeit zu der im Statut von Rom erfolgten Regelung, die Möglichkeit einer politischen Einflußnahme auf die Strafverfahren. Vor diesem Hintergrund stellt sich die Frage, ob auf internationaler Ebene Gerechtigkeit durch den IStGH gewährleistet und der Weltfrieden wiederhergestellt bzw. gesichert werden kann. Dies erscheint angesichts einer möglichen Beteiligung politischer Organe im Rahmen eines Strafverfahrens vor dem IStGH zumindest als fraglich, da die Gefahr einer sich über rechtliche Erwägungen hinwegsetzenden politischen Einflußnahme besteht. Eine Strafverfolgung, die einer politischen Steuerung zugänglich ist, ebnet den Boden für den Vorwurf einer „Siegerjustiz“ und läuft Gefahr, sich in der strafrechtlichen Verfolgung einiger „Sündenböcke“ zu erschöpfen. Strafrechtliche Prozesse, die nicht den an ein rechtsstaatliches Verfahren zu stellenden Anforderungen genügen, sondern von politischen Erwägungen geleitet werden und somit auf der Grundlage des Opportunitätsgrundsatzes beruhen, anstelle das Legalitätsprinzip zum Maßstab des Handelns zu erheben, erweisen sich als kontraproduktiv und vermögen ihren Zweck nicht zu erfüllen, da die Gleichheit der Strafverfolgung aller nicht gewährleistet wird. Vielmehr gebietet die Gerechtigkeit den Ausschluß eines politischen Strafrechts und die Garantie eines universell geltenden Völkerstrafrechts unter Beachtung des Gleichheitsgrundsatzes. Daher sollte eine Einflußnahme politischer Organe, wie z.B. des Sicherheitsrates der Vereinten Nationen, auf die Strafverfahren des IStGH weitgehend ausgeschlossen und neben den Rechten des Angeklagten auch der Grundsatz des „fair trial“ gewahrt werden. Die Einhaltung dieser Grundsätze erscheint auch auf internationaler Ebene nicht als ausgeschlossen. Eine besondere Bedeutung kommt in diesem Zusammenhang der Eröffnung der Gerichtsbarkeit des IStGH und v.a. der Frage zu, unter welchen Voraussetzungen er zur Ausübung derselben berechtigt ist, ob es den Staaten freigestellt wird, diese nach billigem Ermessen anzuerkennen oder auszuschließen („Gerichtsbarkeit à la carte“), über welche Befugnisse der Ankläger verfügt und ob dem IStGH eine unabhängige, unparteiische und effektive Arbeit möglich ist. Ferner stellt sich die Frage, ob die Aufgabe der Strafverfolgung auf völkerrechtlicher Ebene überhaupt bewältigt werden kann. Hier sind die strukturellen Probleme der Völkerrechtsordnung zu berücksichtigen, die über einen entsprechenden Durchsetzungsmechanismus nicht verfügt und auf das „Wohlwollen“ der Staaten angewiesen ist. Hieraus folgt, daß auch die Zusammenarbeit der Staaten mit einem internationalen Gericht von politischen Erwägungen bestimmt werden wird.

Des weiteren wirft dieser hochpolitische Bereich einer internationalen Strafgerichtsbarkeit eine Vielzahl von rechtlichen Problemen auf, die aus der von Völkerrecht und Strafrecht eingegangenen „Koalition“ resultieren und der Frage nach der „Strafe im Völkerrecht“ zu neuer Aktualität verhelfen. Diese „Koalition“ ist insoweit problematisch, als das Völkerrecht auf anderen Prinzipien, Grundsätzen und Werten als das

Strafrecht beruht, so daß eine Harmonisierung der beiden Bereiche auf Schwierigkeiten stößt. Hier erweisen sich v.a. die das Völkerrecht bestimmenden Maximen der Staatensouveränität und -gleichheit sowie der dezentralisierte Charakter des Völkerrechts als problematisch, die einer internationalen, über den Staaten stehenden Institution entgegenstehen. Diese Grundsätze stellen das Wesen und die Säulen der derzeitigen Völkerrechtsordnung dar, so daß ihre Unterminierung das System des Völkerrechts tangierte. Allerdings steht es den Staaten frei, auf die ihnen zustehenden Rechte zu verzichten. Demgegenüber setzt das Strafrecht eine Subordination der Gewaltunterworfenen zwingend voraus. Vor diesem Hintergrund stellt sich die Frage, ob eine internationale Strafgerichtsbarkeit mit dem System des Völkerrechts in Einklang gebracht werden kann oder als Verletzung der Grundsätze des Völkerrechts und v.a. als Verletzung der staatlichen Souveränität abzulehnen ist. Zu berücksichtigen ist hier insbesondere der dezentralisierte Charakter des Völkerrechts, der einer Zentralisation durch eine internationale Strafverfolgung entgegensteht, da die Strafverfolgung grundsätzlich Sache der souveränen Staaten sein sollte. Der Vorrang der nationalen Strafverfolgung erscheint in vielerlei Hinsicht als vorzugswürdig. Allerdings ist ebenfalls zu berücksichtigen, daß die nationalen Systeme wiederholt an ihre Grenzen gestoßen sind, da Staaten zur Ahndung völkerstrafrechtlicher Verbrechen nicht in der Lage oder nicht willens waren, so daß sich in diesen Fällen die Problematik der Straflosigkeit schwerer Menschenrechtsverletzungen stellt.

Es kann daher festgestellt werden, daß die Diskussion über die internationale Strafgerichtsbarkeit nicht nur von rechtlichen Kriterien bestimmt wird, sondern auch politische und sogar moralische Aspekte nicht ganz ausgeschlossen werden können. Zudem ist zu berücksichtigen, daß Gerichtshöfe ihre Bedeutung nicht nur für Juristen, Politiker und die von den Verfahren betroffenen Beteiligten haben, sondern von ihnen eine besondere Faszination auf das allgemeine Publikum ausgeht.[1] Hier besteht daher die weitere Gefahr der Beeinflussung durch die Öffentlichkeit, deren Wirkung nicht unterschätzt werden sollte. So taucht bei besonders massiven und eindeutig erscheinenden Verletzungen der Menschenrechte in der Bevölkerung der Ruf nach einer Bestrafung der vermeintlich Verantwortlichen und der Errichtung eines internationalen Strafgerichts auf.

Die Schaffung einer internationalen Strafinstanz ist ein lang gehegter Traum vieler Völkerrechts- als auch Strafrechtswissenschaftler, die bereits seit mehr als einem Jahrhundert engagiert, aber weitgehend erfolglos, an dessen Verwirklichung arbeiteten. Mit der Verabschiedung des Statuts von Rom scheint die Errichtung eines Weltstrafgerichtshofes, welcher der Straflosigkeit von schweren Menschenrechtsverletzungen, die sich als Erschütterung der Weltgemeinschaft und Bedrohung des internationalen Friedens darstellen, ein Ende setzen will, in „greifbarere" Nähe gerückt.[2] In dieser Entscheidung manifestiert sich der Wille der Mehrheit der Staaten zur Schaffung von Gerechtigkeit und Frieden, zur internationalen Kooperation sowie das

---

1 Lesenswert zu dieser Frage der Beitrag von Sterzenberg, Die Welt als Tribunal, Kritische Justiz 1998, S. 486 ff, der den Fragen nachgeht, welche Bedeutung der Gerichtshof in Philosophie sowie schöner Literatur hat und woraus er seine Faszination für das Publikum bezieht.

2 Die Verabschiedung des Statuts von Rom wird von den Befürwortern einer internationalen Strafinstanz als bewegendes Ereignis empfunden. So stellt Hermsdörfer, Das Statut des Internationalen Strafgerichtshofes, Internationale Politik 11 (1998), S. 58, fest: „Wer erleben durfte, wie in den Abendstunden des 17. Juli [1998] in Rom Delegierte aus 120 Staaten nach der Verabschiedung des Statuts über viele Minuten hinweg stehend Beifall klatschten, der spürt die Hoffnung, daß diesem epochemachenden Schritt ein Gericht mit Weltgeltung folgen wird."

Bestreben, die Täter schwerer Verletzungen der Menschenrechte strafrechtlich zur Rechenschaft zu ziehen.

B. Gang der Untersuchung

Die Untersuchung beschäftigt sich mit dem zwischen (Völkerstraf-) Recht und Politik bestehenden Spannungsverhältnis im Bereich der internationalen Strafgerichtsbarkeit. Im Mittelpunkt der Arbeit steht die Frage, ob auf der Grundlage des Statuts von Rom ein unabhängig, unparteiisch und effektiv arbeitender IStGH errichtet werden kann oder aus politischen Erwägungen eingegangene Kompromisse dies verhindern. Weiterhin wird zu untersuchen sein, ob konkrete Verfahren vor dem IStGH einer Einflußnahme durch politische Organe zugänglich sind, so daß eine unabhängigen Arbeit des IStGH vereitelt oder zumindest erschwert würde und den an ein rechtsstaatliches Verfahren zu stellenden Anforderungen nicht genügt würde. Weiter ist zu prüfen, ob durch den IStGH Gerechtigkeit geschaffen und der Weltfrieden wiederhergestellt bzw. gewahrt werden kann. Zu diesem Zweck ist die Materie des Völkerstrafrechts im Rahmen der weit angelegten Untersuchung theoretisch aufzuarbeiten sowie ein Überblick über das Statut von Rom zu geben. Auch soll überprüft werden, ob das Völkerrecht und das Strafrecht in einen harmonischen Einklang gebracht werden können und ein funktionsfähiges, in Übereinstimmung mit den Grundsätzen beider Rechtsgebiete stehendes „Produkt" hervorbringen, das zudem rechtsstaatlichen Anforderungen genügt und den an sich selbst gestellten Erwartungen gerecht zu werden vermag. Hier ist v.a. zu ermitteln, auf welche Weise sich eine effektive und justizförmige Durchsetzung des Völkerstrafrechts gewährleisten läßt und ob Aspekte des Völkerrechts der Errichtung eines Weltstrafgerichtshofes entgegenstehen. Zudem sind die Auswirkungen einer völkerrechtlichen Gerichtsbarkeit auf die Staaten zu untersuchen. Ziel der Arbeit ist eine Analyse des Statuts von Rom unter dem Blickwinkel, ob die Verhandlungsdelegationen, ungeachtet aller politischer Erwägungen, die Grundlage für einen unabhängigen und effektiven IStGH gelegt haben, der Gerechtigkeit garantiert und einen Beitrag zur Erhaltung und Wiederherstellung des Weltfriedens leistet.

Unter Berücksichtigung oben skizzierter Problemfelder erfolgt im ersten Kapitel der Arbeit eine Einführung in die Thematik „Völkerrecht und Strafe", um das Problembewußtsein des Lesers zu schärfen und die Materie des Völkerstrafrechts theoretisch aufzuarbeiten. Zu diesem Zweck wird eine Erörterung des Begriffs des Völkerstrafrechts vorgenommen und ein Abriß der historischen Entwicklung des Völkerstrafrechts bis hin zu dem Statut von Rom gegeben. Zudem sind die Rechtsentstehungsquellen des Völkerstrafrechts zu thematisieren. Ferner wird der Adressatenkreis des Völkerstrafrechts unter Berücksichtigung des Problemfeldes der Staatenimmunität diskutiert. In diesem Zusammenhang ist die Möglichkeit einer Ahndung völkerrechtswidriger Hoheitsakte von Staaten zu überprüfen. Des weiteren wird ein Überblick über das formelle Völkerstrafrecht vermittelt und in diesem Rahmen, unter Berücksichtigung des Völkerstrafprozeßrechts, die zur Anwendung und Durchsetzung des Völkerstrafrechts berufenen Institutionen vorgestellt. Schließlich erfolgt eine Einführung in das materielle Völkerstrafrecht. Hier werden die Tatbestände des Völkerstrafrechts dargestellt und auf den Allgemeinen Teil sowie die Allgemeinen Rechtsgrundsätze des Völkerstrafrechts eingegangen. Auf diese Weise soll im Rahmen des ersten Kapitels die theoretische Grundlage für eine konkrete Betrachtung des Statuts von Rom gelegt werden, die im zweiten Kapitel der Arbeit erfolgen wird.

Das zweite Kapitel der Arbeit wird unter Bezugnahme auf die im Rahmen des ersten Kapitels aufgezeigten Problembereiche eine Analyse des Statuts des IStGH vornehmen. Bei dieser Betrachtung wird die Berechtigung der politischen Einwände der gerichtshoffeindlichen Staaten überprüft. Im Mittelpunkt dieser Erörterung steht die Frage, ob die nationale Souveränität der Staaten durch das Statut von Rom verletzt wird. Zudem wird überprüft, ob das Statut den zukünftigen IStGH in die Lage versetzt, eine unzulässige „third party jurisdiction" auszuüben bzw. durch das Statut von Rom auch Nichtvertragsstaaten in irgendeiner Weise gebunden werden. Außerdem wird die Frage diskutiert, ob die Verfolgung völkerstrafrechtlicher Verbrechen einem Weltstrafgerichtshof übertragen werden sollte oder ob nationale Gerichte bzw. „ad hoc-Tribunale" wie in Jugoslawien und Ruanda unter Berücksichtigung völkerrechtlicher Aspekte diese Aufgabe effektiver zu erfüllen vermögen. Auch die konfliktreichen Kernpunkte des Statuts sind zu behandeln. So werden neben dem Problemkreis der Gerichtsbarkeit bzw. der Zuständigkeit des IStGH und der trigger mechanisms auch die Stellung des Anklägers unter besonderer Berücksichtigung seiner Befugnisse besprochen. Die Ausgestaltung des Verhältnisses des IStGH zu dem Sicherheitsrat der Vereinten Nationen wird ebenfalls eine bedeutende Rolle spielen. Auch die Statutsverbrechen sind zu erörtern. Zudem wird ein Überblick über die Organe des IStGH und den Gang eines Strafverfahrens vor dem IStGH gegeben. Schließlich erfolgt eine Darstellung der für und gegen den IStGH streitenden Argumente sowie eine Stellungnahme hierzu.

KAPITEL 1: DAS PROBLEMFELD VÖLKERRECHT UND STRAFE.

Die Verbindung von Völkerrecht[1] und Strafe und insbesondere die im Rahmen der Arbeit im Mittelpunkt stehende Ausprägung als Völkerstrafrecht wirft, ungeachtet der unzähligen Kodifikationsversuche, erhebliche Probleme auf, die im Folgenden zu untersuchen sein werden. Angesichts der Vielzahl der in diesem Bereich auftretenden Fragen soll im ersten Kapitel nur auf die Punkte vertieft eingegangen werden, die auch im Bereich des zweiten Kapitels der Arbeit von Relevanz sind. Auf die anderen wird in der gebotenen Kürze hingewiesen werden.

A. Das Völkerstrafrecht

Nach der Verabschiedung des Statuts des International Criminal Court auf der United Nations Diplomatic Conference of Plenipotentiaries on the Establishment of an International Criminal Court am 17. Juli 1998 in Rom, bildet das Völkerstrafrecht einen an Bedeutung zunehmenden Teilaspekt der Völkerrechtsordnung. Wie der hier zu untersuchende Begriff „Völkerstrafrecht" verdeutlicht, stellt sich dieses Gebiet als „Synthese von Völkerrecht und Strafrecht"[2] dar. Aus dieser Verschmelzung resultieren eine Vielzahl von Problemen, die in der Folge darzustellen sind. Die grundlegende Problematik des Völkerstrafrechts ergibt sich aus der Tatsache, daß hier zwei verschiedene Systeme vermengt wurden, die auf unterschiedlichen und teilweise unvereinbaren Grundsätzen, Prämissen und Wertvorstellungen beruhen. Während das Völkerrecht z.B. auf den Grundsätzen der Staatensouveränität und der Staatengleichheit basiert[3], setzt das Strafrecht u.a. den Subordinationsgrundsatz voraus. Diese Prinzipien schließen einander aus und stehen sich weitestgehend unvereinbar gegenüber. Hieraus folgt, daß im Bereich des Völkerrechts andere Überlegungen anzustellen sind, als im Bereich des Strafrechts. So scheidet z.B. im Völkerrecht eine Beschränkung auf die Prinzipien des Strafrechts aus, da die Völkerrechtsordnung eine solche „Verengung des Blickfeldes" verbietet und vielmehr die Struktur und Prämissen des Völkerrechts nicht unterlaufen werden dürfen. Eine Übertragung des Subordinationsprinzip auf das Völkerrecht hätte die Zerstörung der heutigen Struktur des Völkerrechts zur Folge, das von dem Grundsatz der Staatengleichheit geprägt ist, so daß ein Völkerrecht der souveränen Staaten dann nicht mehr bestünde. Daher kann auch das Völkerstrafrecht nicht zu einer erzwungenen Unterordnung führen, wohl aber zu einer freiwilligen. Demgegenüber wird das innerstaatliche Strafrecht von der Subordination des einzelnen unter die Hoheitsgewalt des Staates geprägt. Zu-

---

1 Das Eingehen auf die ereignisreiche Geschichte und die Entwicklung des Völkerrechts würde den Rahmen der Arbeit sprengen, so daß an dieser Stelle lediglich einige Literaturhinweise und dort, wo veranlaßt, weitere Definitionen gegeben werden sollen. Vgl. daher zur Geschichte des Völkerrechts: Nussbaum, Geschichte des Völkerrechts; Bülck, Ursprünge des Völkerrechts, S. 215; Preiser, Völkerrecht der vorklassischen Antike, Archiv des Völkerrechts 4 (1953/54), S. 257 ff, der hier darlegt, daß es in der vorklassischen Antike, entgegen der häufig auffindbaren Meinung, bereits eine völkerrechtliche Ordnung gegeben habe, so daß die Handbücher, die das Völkerrecht erst mit der klassischen Antike oder dem abendländischen Mittelalter beginnen ließen, zu berichtigen seien; ders. Epochen der antiken Völkerrechtsgeschichte, JZ 1956, S. 737 ff; Verosta, Geschichte des Völkerrechts, ÖZöRVR 30 (1979), S. 1 ff. Verosta setzt sich in seiner Abhandlung kritisch mit dem Werk „Civitas Maxima" von Bruno Paradisis auseinander.

2 Triffterer, Materielles Völkerstrafrecht, S. 21.

3 Vgl. hierzu u.a. Kap. 2 D II.

dem stellt sich die Frage, ob der Gedanke eines Völkerstrafrechts und eines Weltstrafgerichtshofes überhaupt mit dem System des Völkerrechts, insbesondere seinem dezentralen Charakter, in Einklang zu bringen ist.

I. Problemstand

Das Völkerstrafrecht ist ein „januskäpfiges" Rechtsgebiet. Auf der einen Seite ist es als Teil der Völkerrechtsordnung anzusehen und hat dessen (zwingende) Normen zu beachten, auf der anderen Seite handelt es sich, seinem Regelungsgehalt nach, um Strafrecht, dessen Grundsätze ebenfalls einzuhalten sind.[4] Vor diesem Hintergrund erscheint eine knappe Zusammenfassung der charakterisierenden Merkmale sowohl des Völkerrechts als auch des Strafrechts angezeigt. Angesichts der umfassenden Literatur zu beiden Rechtsgebieten wurde hier auf eine erschöpfende Einführung verzichtet, so daß die sich aus den verschiedenen Rechtsgebieten ergebenen Probleme im Zusammenhang an geeigneter Stelle diskutiert werden.
Berber definiert das Völkerrecht wie folgt: „Völkerrecht ist die Gesamtheit der Regeln, die die rechtlichen Beziehungen in erster Linie und generell zwischen Staaten, aber auch in gewissem Umfang zwischen Staaten und anderen zum internationalen Rechtsverkehr zugelassenen Rechtspersonen sowie zwischen diesen Rechtspersonen selbst zum Gegenstand haben".[5] Eine völkerrechtliche Ordnung liegt dann vor, „wenn unabhängige, in kulturellen, wirtschaftlichen und politischen Beziehungen stehende Staaten sich gegenseitig als autonome Rechtssubjekte gleichen Ranges anerkennen und bei Abschluß und Ausführung ihrer zwischenstaatlichen Abreden wie auch bei der Befolgung des im Staatenverkehrs Üblichen von der Vorstellung bestimmt sind, sie seien zur Einhaltung des Vereinbarten oder stillschweigend geltenden auch rechtlich verpflichtet und diese Verpflichtung sei unabänderlich".[6] Das Völkerrecht ist als die Rechtsordnung, d.h. „ein Inbegriff an Normen, deren Geltung sich auf eine gemeinsame Grundnorm zurückführen läßt"[7], der internationalen Gemeinschaft anzusehen, welche die Beziehungen zwischen Staaten und anderen Rechtsträgern regelt und festlegt.[8] Hieraus folgt, daß sich das Völkerrecht in erster Linie an staatliche Verbände und nicht direkt an Einzelpersonen richtet. Allerdings schließt es dies, wie die Entwicklung zeigt, auch nicht aus. So betrachtet beispielsweise Tomberg[9] das Völkerrecht nicht als Staaten- sondern als Menschheitsrecht, das dem partikularen staatlichen Recht übergeordnet sei und dieses breche.
Gegenstand des formellen Strafrechts ist „der Teil der Rechtsordnung, der die Voraussetzungen der Strafbarkeit sowie die einzelnen Merkmale des strafwürdigen Verhaltens festlegt, bestimmte Strafen androht und neben sonstigen Rechtsfolgen insbesondere Maßnahmen der Besserung und Sicherung vorsieht".[10] Zwar gibt es bislang keine allgemeingültige Definition des materiellen Strafrechts, jedoch kann grob verallgemeinernd festgestellt werden, daß sich das materielle Strafrecht mit der Fra-

4 S. Triffterer, Materielles Völkerstrafrecht, S. 124.

5 Berber, Lehrbuch des Völkerrechts Bd. 1, S. 9.

6 Preiser, Epochen der antiken Völkerrechtsgeschichte, JZ 1956, S. 737, der zutreffend darauf hinweist, daß diese Definition nicht alle denkbaren Fälle eines „modernen ‚erweiterten' Völkerrechtsbegriffes" deckt.

7 Hoffmann, Verantwortung, S. 9.

8 Vgl. Triffterer, Materielles Völkerstrafrecht, S. 29.

9 S. Tomberg, Völkerrecht als Menschheitsrecht, S. 132.

10 Wessels/Beulke, Strafrecht AT, § 1 I 3.

ge auseinandersetzt, wann die Verletzung von genau zu bestimmenden Normen zu strafrechtlichen Konsequenzen als Unrechtsfolge führen muß. Das Strafrecht bringt den Strafanspruch des Staates gegenüber den seiner Rechtsprechungsgewalt unterworfenen Einzelpersonen zur Geltung. Es ist ein Teil der Rechtsordnung des jeweiligen Nationalstaates. Daher folgt die Strafbarkeit unmittelbar aus den Normen der jeweiligen Rechtsordnung und nicht erst mittelbar aus dem Dazwischenschalten einer anderen Rechtsordnung.[11] Die Strafe als Rechtsfolge der Straftat ist ein hoheitliches, d.h. auf Unterordnung beruhendes, Zwangsmittel, das als Folge einer Rechtsverletzung verhängt wird.[12] Nicht alle in Betracht kommenden Sanktionen, hier ist zu unterscheiden zwischen den moralischen, den wirtschaftlichen, den militärischen und den politischen Sanktionen[13], eignen sich als Strafe, so daß genau zu prüfen ist, welche Sanktionen als Strafe zu qualifizieren sind. Zum Sinn und zum Zweck der Strafe werden verschiedene Auffassungen vertreten.[14] Die unterschiedlichen Meinungen lassen sich, grob vereinfacht, dergestalt zusammenfassen, daß ein Teil der Lehre den präventiven Charakter der Strafe in den Vordergrund stellt, da die Straftat als ein menschliches Verhalten betrachtet wird, das den „Kern der Wiederholbarkeit" entweder durch denselben Täter oder durch Nachahmungstäter in sich trägt, und durch die Bestrafung eine künftige Realisierung verhindert werden soll.[15] Neben dem Zweck der Strafe als Prävention im Sinne einer zukünftigen Gefahrenabwehr wird noch die Auffassung vertreten, daß der Willensbetätigung des Täters etwas Symbolhaftes entgegengesetzt werden muß, so daß hier der Gedanke der Reprobation (Verwerfung) im Vordergrund steht.[16] Hieraus folgt, daß als Sühne für ein in der Vergangenheit getätigtes Handeln ein an Schuld und Unrecht geknüpftes Werturteil ergeht, auf das hin ein Übel verhängt wird.[17] Walther, die dieses starre System flexibler machen will und die Vernachlässigung des sozialen Kontextes kritisiert, betrachtet die Denkmodelle nicht alternativ, sondern vertritt die Auffassung, daß einem Rechtsfolgesystem insgesamt drei Instrumentarien zu Verfügung stehen müßten, die nicht alternativ angewendet werden, sondern sich sinnvoll ergänzen sollten.[18] Sie nennt hier neben der Prävention und der Reprobation auch die Reparation, d.h. die Wiedergutmachung.[19] Eine Entscheidung für oder gegen ein Denkmodell erscheint hier entbehr-

---

[11] Vgl. Triffterer, Materielles Völkerstrafrecht, S. 31.

[12] So: Hettinger, Völkerrechtliche Verpflichtung, S. 2.

[13] S. v.Weber, Strafgerichtsbarkeit, S. 100 ff.

[14] Vgl. hierzu die Darstellung des Meinungsstandes bei Tröndle/Fischer, StGB, § 46 StGB, Rn. 3 ff, sowie Lackner/Kühl, StGB, § 46 Rn. 1 ff. Zu nennen sind hier die Vereinigungstheorie, die spezielle Generalprävention, die allgemeine Generalprävention, der Schuldausgleich, die Sühne, die Vergeltung, etc.

[15] Vgl. hierzu Walther, Was soll „Strafe", ZStW 111 (1999), S. 130, die die unterschiedlichen Denkmodelle zusammenfaßt, einer beurteilenden Betrachtung unterzieht, und zu dem Ergebnis gelangt, daß im modernen Strafrecht der Wiedergutmachungsaspekt überwiege.

[16] So: Walther, Was soll „Strafe", ZStW 111 (1999), S. 129 ff, 137.

[17] Vgl. Dahm, Völkerstrafrecht, S. 10.

[18] Vgl. Walther, Was soll „Strafe", ZStW 111 (1999), S. 129 ff.

[19] Vgl. Walther, Was soll „Strafe", ZStW 111 (1999), S. 129 ff. Dieser neueren Auffassung scheinen auch die Schöpfer des Statuts zumindest teilweise anzuhängen, da sich Art. 75 des Statuts mit den Entschädigungen, die an Opfer zu leisten sind, beschäftigt. Allerdings ist hier zu berücksichtigen, daß sich Art. 75 räumlich vor dem 7. Teil des Statuts „Strafen" befindet, so daß die Frage der Zahlung einer Entschädigung zwar als mögliche Rechtsfolge der Tat und damit als Sanktion, nicht aber als Strafe im eigentlichen Sinne anzusehen sein dürfte; vgl. dazu: Kap. 2 C IV. Die von Walther favorisierte „sozialkonstruktive Tatbewältigung" in Form von Wiedergutmachung läßt sich auf die in dem Statut des IStGH aufgeführten Fälle der schwersten Kriminalität nicht übertragen, so daß hier zwischen der Alltags- und der Schwerkriminalität zu differenzieren ist.

lich, da mit der in der Rechtsprechung vorherrschenden Vereinigungstheorie[20] davon auszugehen ist, daß die verschiedenen Strafzwecke in einem ausgewogenen Verhältnis stehen bzw. in ein solches zu bringen sind. Hervorzuheben ist allerdings, daß das oberste Ziel der Strafe in der allgemeinen Generalprävention liegt und daher der Begehung von Straftaten entgegengewirkt werden soll.[21] Grund der Bestrafung ist neben der objektiven Verletzung der Rechtsordnung und der damit einhergehenden Anknüpfung an das Schadensereignis die Tatsache, daß der Straftäter auf der Grundlage des Verschuldensprinzips die persönliche Verantwortlichkeit für das von ihm begangene und ihm vorwerfbare Unrecht zu tragen hat.[22] Die Strafe als „diskriminierende"[23] Rechtsfolge für begangenes Unrecht ist strikt zu trennen von Sanktionen, die als Zwangsmaßnahmen zur präventiven Durchsetzung bestimmter Einzelmaßnahmen eingesetzt werden und mit Erreichung dieses Ziels gegenstandslos werden.[24]

In der Vergangenheit, insbesondere bis zum ersten Weltkrieg war das Völkerrecht im wesentlichen ein sanktionsloses Recht, in dem lediglich der Schadensersatz eine größere Bedeutung fand.[25] Eine Wandlung dieses Zustandes ist allerdings nach dem ersten Weltkrieg zu verzeichnen. In diesem Zusammenhang ist insbesondere der Versailler Friedensvertrag zu nennen, bei dem der Sanktionsgedanke deutlich erkennbar war.[26] Bei der Gestaltung der zwischenstaatlichen Beziehungen hat der Gedanke der Bestrafung durchaus eine Rolle gespielt.[27] Völkerrecht und Strafe stehen daher in keinem Ausschlußverhältnis. Im Gegenteil erscheint eine „Fusion" der beiden Rechtsgebiete sinnvoll und zur Gewährleistung der Durchsetzungskraft in einem gewissen Rahmen sogar wünschenswert, wobei allerdings die besonderen Eigenarten v.a. des Völkerrechts zu beachten und zu gewährleisten sind.[28] Übereinstimmend mit Triffterer ist festzustellen, daß jede Gemeinschaft über eine Strafgewalt zum Schutz der als schutzwürdig empfundenen Rechtsgüter verfügt und verfügen sollte, so daß die Existenz eines Völkerstrafrechts durchaus mit dem Völkerrecht in Einklang steht.[29] Allerdings können ausschließlich völkerrechtliche Normen den Inhalt und Umfang des Völkerstrafrechts bestimmen, da die Normsetzung der jeweiligen Rechtsordnung selbst obliegt.[30] Ebenso wie im nationalen Recht findet auch im Völ-

---

[20] S. Tröndle/Fischer, StGB, § 46 StGB, Rn. 3.

[21] BVerfGE 45, 187 (254). Das BVerfG stellt fest: „oberstes Ziel des Strafens liegt darin, die Gesellschaft vor sozialschädlichem Verhalten zu bewahren und die elementaren Werte des Gemeinschaftslebens zu schützen (‚allgemeine Generalprävention')."

[22] Vgl. Hettinger, Völkerrechtliche Verpflichtung, S. 3.

[23] Triffterer, Materielles Völkerstrafrecht, S. 179.

[24] In diesem Zusammenhang sind die im 7. Kapitel der UN-Charta normierten Sanktionsmaßnahmen zu nennen, die gemäß Art. 39 der Satzung der Vereinten Nationen zum Zwecke der Aufrechterhaltung sowie der Wiederherstellung des Friedens, nicht jedoch zu Strafzwecken verhängt werden dürfen; vgl. hierzu Dahm, Völkerstrafrecht, S. 11, der als Beispiel für weitere Exekutivstrafen Art. 33 der Verfassung der Internationalen Arbeitsorganisation (IAO) sowie Art. 94 UN-Charta, Art. 102 (2) UN-Charta nennt.

[25] S. v.Weber, Strafgerichtsbarkeit, S. 98.

[26] So auch: v.Weber, Strafgerichtsbarkeit, S. 99.

[27] Vgl. Blumenwitz, Die Strafe im Völkerrecht, ZfP 1997, S. 324.

[28] Hier wirft vor dem Hintergrund des dezentralen Charakters des Völkerrechts die Frage der Durchsetzung völkerstrafrechtlicher Normen durch eine internationale Instanz besondere Fragen auf, vgl. Kap. 2 B IV 1 b.

[29] Vgl. Triffterer, Materielles Völkerstrafrecht, S. 30.

[30] So: Triffterer, Materielles Völkerstrafrecht, S. 30 f.

kerrecht anerkanntermaßen der Gedanke der Strafe als allgemeine Generalprävention Anwendung. Auch hier wird die Strafe als Mittel der Abschreckung eingesetzt, da die Gedanken der Feuerbachschen Lehre vom „psychologischen Zwang“[31] auf den Bereich des völkerrechtlichen Strafrechts entsprechende Anwendung finden. Der Zweck der Strafe als psychologischer Hemmfaktor spielt gerade in dem von politischen Auseinandersetzungen beeinflußten Bereich des Völkerrechts eine bedeutende Rolle, so daß eine strafrechtliche Funktion bereits aus diesem Grund erstrebenswert ist. Auch bezüglich des Sinns und Zwecks der Strafe im völkerrechtlichen Bereich werden unterschiedliche Auffassungen vertreten. So vertritt Hettinger konsequenterweise die Auffassung, daß das Wesen und der Zweck der Strafe als Unrechtsfolge völkerrechtlicher Delikte in der Sühne vergangenen und der Verhütung zukünftigen Unrechts liege.[32] Laut Rigaux hat sich das Völkerrecht aus dreierlei Gründen auf den Grundsatz der strafrechtlichen Verantwortlichkeit gestützt: um die erneute Begehung solcher Verbrechen zu verhindern, um kriminelle Regime allgemein und eindeutig auszugrenzen und um die Würde der Opfer wiederherzustellen.[33] Demgegenüber stellt Jäger fest, daß bei der Strafe im Bereich der Makrokriminalität zum einen der Vergeltungsgedanke nicht greife, zum anderen abschreckende Wirkungen nicht zu erwarten seien, so daß durch Strafdrohungen ein effektiver Beitrag zur Eindämmung staatlichen und kollektiven Unrechts gerade nicht geleistet werden könne.[34] Jäger vertritt zudem die Auffassung, daß im Bereich der Makroverbrechen von einer anderen Zielsetzung und Zwecksetzung als sonst im Strafrecht auszugehen sei.[35] Diese Auffassung ist nicht nachvollziehbar, da auch hier Individuen als Täter handeln und abgeschreckt werden sollen. Vielmehr ist hier der sozialpädagogische Aspekt der Strafe von erheblicher Bedeutung, der darin liegt den Menschen zu verdeutlichen, daß auch bestehende völkerrechtliche Ge- und Verbote durchgesetzt werden und demzufolge einzuhalten sind.[36] Da keine Rechtsordnung ohne entsprechendes Rechtsbewußtsein existieren kann[37], ist dieser Aspekt der Strafe als „sittenbildende Kraft“ insbesondere für den Bereich des Völkerstrafrechts und hier v.a. für die Bewährung und Akzeptanz der Völkerrechtsordnung von maßgebender Bedeutung. Als Hauptaufgabe des Völkerstrafrechts bezeichnet Thürer, den Beitrag zur internationalen Friedenssicherung sowie zur Eindämmung von Konflikten.[38] Auch können, laut Thürer, die Chancen eines „moralischen Wiederaufbaus“ wesentlich davon abhängen, ob durch eine gerechte Schuldzuweisung „die Fiktion einer Kollektivschuld aller“ zerstört werden könne, so daß dem Völkerstrafrecht eine „innere Befriedungsfunktion“ zukomme.[39] Wie bereits oben erwähnt, ist die Problematik, wem die Durchsetzung des Völkerrechts obliegt, scharf zu trennen von der

---

[31] Die Lehre basiert auf der Hypothese, daß in jedem Menschen eine latente Gefährlichkeit ruht, die infolge unerwarteter Umstände plötzlich zum Ausbruch kommen kann, so daß eine Strafdrohung präventiv ist und somit abschreckende Wirkung hat.

[32] Vgl. Hettinger, Völkerrechtliche Verpflichtung, S. 3; Jescheck, Verantwortlichkeit der Staatsorgane, S. 190.

[33] Vgl. Rigaux, Internationale Tribunale, S. 149 ff.

[34] S. Jäger, Makroverbrechen, S. 339, der aber wohl die Auffassung vertritt, daß ein präventiver Effekt als Langzeitwirkung denkbar sei, S. 340.

[35] S. Jäger, Makroverbrechen, S. 345 ff.

[36] Vgl. Jescheck, Verantwortlichkeit der Staatsorgane, S. 195.

[37] So: Jescheck, Verantwortlichkeit der Staatsorgane, S. 195 f.

[38] Vgl. Thürer, Vom Nürnberger Tribunal zum Jugoslawien-Tribunal und weiter, SZIER 1993, S. 504 f, der kritisch anmerkt, daß die praktische Wirksamkeit nicht überschätzt werden sollte.

[39] Vgl. Thürer, Vom Nürnberger Tribunal zum Jugoslawien-Tribunal und weiter, SZIER 1993, S. 505.

Frage der generellen Zulässigkeit eines Völkerstrafrechts, die hier zu bejahen ist. Allerdings kann die Strafe ihre positiven Funktionen nur erfüllen, wenn sie hinsichtlich ihrer tatbestandsrechtlichen und verfahrensrechtlichen Voraussetzungen als gerecht empfunden wird, da sie als Mittel der Siegerjustiz kontraproduktiv wirkt.[40] Dem Hauptanliegen des Strafrechts wie auch dem Gleichheits- und Gerechtigkeitsgedanken entspricht die Forderung nach einer effektiven und gleichförmigen Bestrafung schwerer Verletzungen wichtiger Rechtsgüter.[41] So ist gerade im Bereich des Völkerrechts von ausschlaggebender Bedeutung, daß die Strafe als gerecht empfunden wird: „nichts ist gerade im Bereich des Strafrechts der Sache von Recht und Gerechtigkeit abträglicher, als wenn das grundlegende Prinzip der Gleichheit verletzt wird".[42] Folglich müssen gerechte Strafen gegenüber allen, die von ihnen bedroht sind, anwendbar sein und alle gleich schwer treffen sowie gleichmäßig durchführbar sein.[43] Jescheck stellte fest, daß „eine Wirkung der Strafe im Völkerrecht als Mittel der Erziehung zu neuem Rechtsbewußtsein, zur Achtung vor den Rechtsgütern anderer Völker und vor der Überzeugung des politischen Gegners" erst zu erwarten sei, wenn „es ein universelles Völkerstrafrecht in der Hand eines echten internationalen Strafgerichtshof wirklich geben wird".[44] Ob dies nach dem Inkrafttreten des IStGH der Fall sein wird, wird die Zukunft zeigen. Mit der Verabschiedung des Statuts des Internationalen Strafgerichtshofes am 17. Juli 1998 in Rom „hat die Staatengemeinschaft ein neues Kapitel des Völkerstrafrechts aufgeschlagen"[45], so daß dieser Begriff des „Völkerstrafrechts" angesichts seiner wiedererweckten Aktualität im internationalen Bereich zunächst erörtert werden soll.

II. Formelle Begriffsbestimmung sowie Abgrenzung und Terminologie

Der Begriff „Völkerstrafrecht" wurde erstmals 1896 von Beling in seinem Werk „Die strafrechtliche Bedeutung der Exterritorialität", in welchem er seine Zukunftsvision des unmittelbaren strafrechtlichen Charakters völkerrechtlicher Normen erörtert, verwendet.[46] In seiner Untersuchung „Die Verantwortlichkeit der Staatsorgane nach Völkerrecht" hat Jescheck im Jahr 1952, veranlaßt durch die Ereignisse nach Beendigung des zweiten Weltkrieges, diese Problematik aufgegriffen, erstmals die formellen Abgrenzungskriterien erarbeitet und damit den Begriff des Völkerstrafrechts in den deutschsprachigen Raum eingeführt. Wie noch zu zeigen sein wird, bestehen sowohl hinsichtlich des Umfanges, der Abgrenzung als auch bezüglich der Terminologie des Begriffes Differenzen.[47] Einführend seien daher die in der Literatur vertretenen Definitionen und Abgrenzungskriterien vorgestellt.

---

40 So: Blumenwitz, Die Strafe im Völkerrecht, ZfP 1997, S. 348.

41 Vgl. Thürer, Vom Nürnberger Tribunal zum Jugoslawien-Tribunal und weiter, SZIER 1993, S. 508.

42 Tomuschat, Die Arbeit der ILC, S. 285.

43 So auch: v.Weber, Strafgerichtsbarkeit, S. 102.

44 Jescheck, Verantwortlichkeit der Staatsorgane, S. 197.

45 Hermsdörfer, Statut des Internationalen Strafgerichtshofes, Internationale Politik 11 (1998), S. 55.

46 Vgl. hierzu: Jeckeck, Verantwortlichkeit der Staatsorgane, S. 8. Nach Beling wären dann nur die unmittelbar, ohne Dazwischentreten nationalen Rechts, anwendbaren, strafrechtlichen Charakter aufweisenden Normen als völkerrechtliche anzusehen. Vgl. hierzu Becker, Verbrechen gegen die Menschlichkeit, S. 45.

47 Hier soll zunächst eine Klärung des Begriffs des formellen Völkerstrafrechts erfolgen. Bereits an dieser Stelle sei darauf hingewiesen, daß einige Definitionsansätze von einer Vermengung formeller und materieller Kriterien ausgehen.

Jescheck gibt eine äußerst weitgehende Definition des Völkerstrafrechts im formellen Sinn als „die Gesamtheit aller Normen strafrechtlicher Natur, die dem Völkerrecht angehören".[48] Auch Hoffmann vertritt die Auffassung, daß das „völkerrechtliche Strafrecht" als „Inbegriff der dem Völkerrecht angehörenden Normen strafrechtlichen Inhalts" anzusehen sei, die eine dem Strafrecht zuzuordnende Rechtsfolge nach sich zögen.[49] Dahm definiert das Völkerstrafrecht als „ein Recht, das den Begriff und die Tatbestände des Verbrechens gegen die internationale Ordnung und die sich daran anknüpfenden Rechtsfolgen als einen Teil des Völkerrechts böte, das insoweit auf den einzelnen nicht erst durch die Vermittlung des nationalen Rechts, sondern unmittelbar anwendbar wäre".[50] Nach Triffterer ist das Völkerstrafrecht im formellen Sinn „die Gesamtheit aller völkerrechtlichen Normen strafrechtlicher Natur, die an ein bestimmtes Verhalten – das internationale Verbrechen – bestimmte, typischerweise dem Strafrecht vorbehaltene Rechtsfolgen knüpfen und die als solche unmittelbar anwendbar sind".[51] Daher sind Einzelpersonen nicht mehr aufgrund ihrer tatsächlichen oder rechtlichen Zugehörigkeit zu einer nationalen Rechtsordnung nach nationalen Tatbeständen zur Verantwortung zu ziehen, sondern aufgrund des Strafrechts der Staatengemeinschaft, das die Strafwürdigkeit anerkannt hat. Unabdingbare Voraussetzung für ein Völkerstrafrecht ist folglich die Begründung einer unmittelbaren strafrechtlichen Verantwortlichkeit nach Völkerrecht. Auch für Tomuschat bedeutet der Begriff des Völkerstrafrechts eine „Kategorie des Strafrechts mit Durchgriffswirkung"[52], so daß er ebenfalls unter dem Begriff des Völkerstrafrechts eine unmittelbare Verantwortung des Individuums nach Völkerrecht versteht.[53] Gornig teilt ebenfalls diese Auffassung, da er vom Vorliegen völkerrechtlichen Strafrechts ausgeht, wenn eine bestimmte Verhaltensweise unmittelbar durch das Völkerrecht pönalisiert und die Bestrafung auch direkt nach – ggf. ungeschriebenem - Völkerrecht erfolgt.[54] Auch Thürer[55] versteht unter dem Begriff des Völkerstrafrechts zunächst den Inbegriff derjenigen Prinzipien und Normen des Völkerrechts, die direkt in Form von unmittelbar anwendbaren Tatbeständen und weiteren Regelungen oder indirekt, d.h. i.S.v. Aufträgen zur Setzung solcher Regelungen, bestimmte menschliche Verhaltensweisen als Verbrechen bezeichnen und für den Fall ihrer Begehung individuelle Strafsanktionen vorsehen. Daneben zählen laut Thürer auch die Regelungen über Organisation und Verfahren internationaler Strafgerichte zur Durchsetzung und Anwendung des Völkerstrafrechts zum Völkerstrafrecht.[56] Somit kann festgestellt werden, daß die deutschsprachige Lehre zur Bestimmung des Inhalts des Begriffs des formellen Völkerstrafrechts maßgebend auf das Kriterium der Unmittelbarkeit abstellt und der Begriff des Völkerstrafrechts, von wenigen Ausnahmen abgesehen, äußerst restriktiv definiert wird. Demgegenüber legt Bassiouni den Begriff des „international criminal law" sehr weit aus, indem er feststellt: „The object of the normative proscription of international criminal law is to specify conduct identified as harmful to a given world social interest whose protection is deemed to require the imposition of criminal sanctions on

---

48 Jesckeck, Verantwortlichkeit der Staatsorgane, S. 9.

49 Hoffmann, Verantwortung, S. 19, 22.

50 Dahm, Völkerstrafrecht, S. 47.

51 Triffterer, Materielles Völkerstrafrecht, S. 21, 34 und 221.

52 Tomuschat, Von Nürnberg nach Den Haag, Die Friedenswarte, 70 (1995), S. 145.

53 Vgl. Tomuschat, Grundpflichten des Individuums, Archiv des Völkerrechts 21 (1983), S. 291.

54 So auch: Gornig, Verantwortlichkeit, NJ 1992, S. 6 f.

55 Vgl. Thürer, Vom Nürnberger Tribunal zum Jugoslawien-Tribunal und weiter, SZIER 1993, S. 502.

56 So: Thürer, Vom Nürnberger Tribunal zum Jugoslawien-Tribunal und weiter, SZIER 1993, S. 502.

violators and which sanctions are enforced by the member states of the world community through international collective, cooperative or national action".[57] Die Forderung, daß sich die Strafbarkeit direkt aus dem Völkerstrafrecht ergeben muß, erhebt Bassiouni nicht. Anders als die anderen zitierten Autoren differenziert Bassiouni nicht scharf zwischen formellen und materiellen Aspekten. Das „international criminal law" ist für Bassiouni „a product of the convergence of the international aspects of municipal criminal law and the criminal aspects of international law".[58] Hierduch, so Bassiouni habe das Völkerstrafrecht eine „split personality" bzw. eine „dual nature" erhalten, die seine Entwicklung u.a. aufgrund des verschiedenen Ansatzpunktes erschwerten, da hier zwei verschiedene Wissenschaftszweige in ein System gepreßt werden.[59] Vorstehenden Literaturmeinungen ist zu entnehmen, daß die h.Lit. die Abgrenzung zwischen dem Völkerstrafrecht und anderen strafrechtlichen Bereichen mit internationalen Bezug danach vornimmt, ob sich die Verantwortlichkeit unmittelbar aus dem Völkerrecht ergibt.[60] Demzufolge liegt Völkerstrafrecht vor, wenn das Völkerrecht eine Handlung verbietet und selbst die Ahndung von Verstößen mit Strafsanktionen vornimmt.[61]

Das Abgrenzungskriterium der unmittelbaren strafrechtlichen Verantwortung nach Völkerrecht wird von Wilkitzki mit der Begründung angegriffen, daß einer Übertragung auf das Rechtssystem der Bundesrepublik Deutschland die Art. 103 Abs. 2, 104 Abs. 1 GG entgegenstünden, da nach deutschem Verfassungsrecht freiheitsentziehende Maßnahmen ein förmliches Gesetz sowie die Einhaltung der darin vorgesehenen Formen erforderten und das Gesetzlichkeitsprinzip eine Bestrafung ohne formelles innerstaatliches Gesetz nicht zulasse.[62] Diese rein formalistische Betrachtungsweise vermag nicht zu überzeugen. Zwar ist grundsätzlich festzustellen, daß bei Vorhandensein einer Norm des Völkerstrafrechts einzelne Länder eine Transformation in nationales Recht verlangen können, eine solche i.d.R. aber nicht erforderlich ist.[63] Allerdings besteht, auch wenn eine Umsetzung durch Strafbestimmungen des nationalen Rechts erfolgt ist, eine Strafbarkeit aus einem rein völkerrechtlichen Rechtsgrund.[64] Dies folgt aus der Tatsache, daß das wichtigste Kriterium des Völkerstrafrechts darin zu sehen ist, daß die Tatbestände des sich unmittelbar an Individuen richtenden Völkerstrafrechts ihrer Natur nach unmittelbar ohne Rücksicht auf nati-

---

57 Bassiouni, International Criminal Law, S. 1, der eine Analyse durchführt und die Entwicklung des materiellen Völkerstrafrechts anhand der historischen Ereignisse sowie der abgeschlossenen Abkommen nachzeichnet.

58 Bassiouni, International Criminal Law, S. 2.

59 Vgl. zu dieser Problematik: Bassiouni, International Criminal Law, S. 19 ff.

60 So auch: Ahlbrecht, Völkerrechtliche Strafgerichtsbarkeit, S. 9; Becker, Verbrechen gegen die Menschlichkeit, S. 46 und Jescheck, Verantwortlichkeit der Staatsorgane, S. 206 ff, 319 ff.

61 Hierzu: Hettinger, Völkerrechtliche Verpflichtung, S. 8, der eine Abgrenzung des so definierten Völkerstrafrechts von drei anderen Gruppen vornimmt, in denen das Völkerrecht sich ebenfalls mit der Bestrafung von Individuen beschäftigt. Als erste Gruppe wäre hier zu nennen, daß das Völkerrecht einen Staat verpflichtet, bestimmte Handlungen von Individuen unter Strafe zu stellen (Bsp.: gegenseitige Verträge), die zweite Gruppe unterscheidet sich von der ersten lediglich dadurch, daß das Völkerrecht selbst dem Einzelnen eine Handlung verbietet, jedoch den Staat ermächtigt, diese unter Strafe zu stellen (Bsp.: Piraterie). Die dritte Gruppe unterscheidet sich von der zweiten dadurch, daß nunmehr die Verpflichtung des Staates zur Bestrafung des Täters ausgesprochen wird.

62 Vgl. Wilkitzki, Die völkerrechtlichen Verbrechen, ZStW 99 (1987), S. 456.

63 S. Gornig, Verantwortlichkeit, NJ 1992, S. 7.

64 Vgl. Hoffmann, Verantwortung, S. 25.

onales Recht gelten[65], so daß diese Normen zu den wenigen gehören, die im innerstaatlichen Recht unmittelbar ohne die Notwendigkeit eines staatlichen Umsetzungsaktes gelten.[66] Der Definition des Völkerstrafrechts steht nicht die in einigen Staaten zwingend vorgeschriebene Ratifikation oder ein Verbot der unmittelbaren Anwendung völkerstrafrechtlicher Normen entgegen, da in diesem Zusammenhang die rechtstheoretische Möglichkeit einer unmittelbaren Anwendung genügen soll.[67] Wilkitzki selbst versucht die Problematik dergestalt zu bewältigen, als er vorträgt, daß das innerstaatliche Recht deklaratorisch die strafrechtliche Verantwortlichkeit nach Völkerrecht jeweils in materielles innerstaatliches Strafrecht umsetze, bezeichnet dieses Kriterium dennoch als mißlich und zieht eine Definition, die auch auf den Wert und Rang des betreffenden Rechtsgutes abzielt, vor.[68] Auch Becker[69] greift die Argumentation der Gegner des Unmittelbarkeitskriteriums an, indem sie einwendet, daß im Fall einer Verurteilung durch ein Internationales Weltstrafgericht deutsches Verfassungsrecht keine Wirksamkeit entfalte und daher hier nicht zu berücksichtigen sei. Zudem ließe sich diese Problematik durch eine wortwörtliche Übernahme der völkerrechtlichen Vorschriften in unsere Rechtsordnung beheben.[70] Demgemäß ist mit der wohl h.Lit. davon auszugehen, daß selbst eine solche Transformation des Völkerstrafrechts in innerstaatliches Recht das Kriterium der „Unmittelbarkeit" nicht tangiert. Dies ergibt sich zudem aus der Tatsache, daß i.d.R. lediglich aus verfassungsrechtlichen Gründen eine deklaratorische Übernahme der für alle Staaten und Individuen verbindlichen Völkerrechtsnorm in innerstaatliches Recht erfolgt, das Völkerstrafrecht vorher allerdings schon verbindlich war und lediglich im nationalen Verfassungsrecht begründete Umstände einer direkten Anwendung entgegenstehen. Zudem wird hier versucht, eine allgemeingültige Definition zu finden. Während z.B. das Rechtssystem der anglo-amerikanischen Staaten eine direkte Anwendung der völkerrechtlichen Vorschriften vorsieht, ist durch das Verfassungsrecht der Bundesrepublik Deutschland ein solches Vorgehen in Deutschland nicht möglich. Zu berücksichtigen ist jedoch, daß das Völkerstrafrecht ungeachtet der Rechtsordnung in gleicher Weise Verbindlichkeit entfaltet und lediglich die Frage der Behandlung unterschiedlich ist, so daß eine rein formalistische Betrachtungsweise nicht den Schluß rechtfertigt, die Strafbarkeit folge nicht direkt aus dem Völkerrecht. Völkerstrafrecht ist demzufolge dann gegeben, wenn die Entscheidung, ob sich das handelnde Individuum strafbar gemacht hat, unmittelbar auf der Völkerrechtsebene gefällt wird.[71] Transformationsakte haben keinerlei Einfluß auf die Qualifizierung als Völkerstrafrecht.

---

65 Vgl. hierzu: Buchner, Die Rechtswidrigkeit der Taten von Mauerschützen, S. 198 ff, 302, so auch: Nill-Theobald, Defences, S. 22. Vgl. zu dem Verhältnis Völkerrecht – Landesrecht: Kap. 1 A V.

66 Allerdings erfordert der im deutschen Recht geltende strenge Legalitätsgrundsatz eine Transformation strafrechtlicher Normen.

67 Vgl. Triffterer, Materielles Strafrecht, S. 31.

68 S. Wilkitzki, Die völkerrechtlichen Verbrechen, ZStW 99 (1987), S. 456 f, der dem eng definierten Begriff des Völkerstrafrechts den umfassenden Begriff des internationalen Strafrechts zur Seite stellt und selbst aber zu dem zutreffenden Schluß kommt, daß die von ihm vorgeschlagenen Abgrenzungskriterien ausufernd seien.

69 Vgl. Becker, Verbrechen gegen die Menschlichkeit, S. 46 f.

70 Vgl. Becker, Verbrechen gegen die Menschlichkeit, S. 6 f.

71 So auch: Hoffmann, Verantwortung, S. 25; Stuby, Staatliche Souveränität, S. 448, der darauf hinweist, daß die Frage, ob dies ohne staatlichen Transformationsakt möglich ist, im Streit stünde.

Zur Terminologie ist auszuführen, daß ursprünglich die von Beling und Jescheck geprägte Bezeichnung „Völkerstrafrecht" vorherrschte. Allerdings hat Jescheck 1972 die von ihm selbst eingeführte strikte Trennung zwischen den Termini „Völkerstrafrecht" und „Internationales Strafrecht" aufgegeben und verwendet seither den Begriff des „Internationalen Strafrechts im engeren Sinn".[72] Demnach behandelt Jescheck Problemstellungen, die die unmittelbare strafrechtliche Verantwortlichkeit nach Völkerrecht betreffen nicht mehr selbständig mit dem Begriff Völkerstrafrecht, sondern faßt diesen Bereich zusammen mit mehreren anderen[73] unter dem Begriff „Internationales Strafrecht" zusammen.[74] Auch Oehler verwendet den Begriff des Internationalen Strafrechts, wobei er hier eine Eingrenzung dergestalt vornimmt, das der Bereich des Völkerstrafrechts mit dem Begriff des „materiellen Internationalen Strafrechts"[75] belegt wird. Während in der Literatur des 19. Jahrhunderts und des beginnenden 20. Jahrhunderts unter dem Begriff des Internationalen Strafrechts, in Anlehnung an das Internationale Privatrecht (IPR), hauptsächlich die Vorschriften des innerstaatlichen Strafrechts über die Anwendung von Strafgesetzen mit Auslandsberührung zählten, wurden nach dem ersten Weltkrieg Versuche zur weiter gefaßten Definition sichtbar.[76] Auch in der deutschen Rechtsliteratur trat die Tendenz zur Verwendung des Ausdrucks Internationales Strafrecht als Oberbegriff zutage, wobei die Existenz spezifischer Problemgruppen und Normengruppen innerhalb dieses weiten Rahmens nicht verneint wird.[77] Allerdings wird der Begriff des Internationalen Strafrechts in der Literatur nicht einheitlich verwendet, so daß sowohl der Umfang als auch die Wahl der jeweils entsprechenden Bezeichnung streitig sind. Gardocki spricht sich angesichts des gegenwärtigen Stadiums der Entwicklung des Internationalen Strafrechts für ein weites Verständnis dieses Begriffes aus, „so daß er sämtliche Aspekte einer internationalen strafrechtlichen Verantwortung umfaßt" und versteht unter Internationalem Strafrecht „den Rechtszweig, der sowohl Normen des internationalen öffentlichen Rechts enthält, der unmittelbar oder mittelbar den Umfang der Pönalisierung und die Prinzipien der strafrechtlichen Verantwortung und des Strafverfahrens gestalten, als auch die Normen des Völkerrechts, die sich auf Verbrechen mit Auslandsberührung oder auf Institute der internationalen Zusammenarbeit in Strafsachen bezie-

---

72 Jescheck, Neueste Entwicklungen, S. 579.

73 Jescheck verwendet den Begriff des Internationalen Strafrechts für alle strafrechtlichen Rechtsbildungen, bei denen das Verhältnis zum Ausland eine Rolle spielt, d.h. für die Bestimmungen zur Abgrenzung der staatlichen Strafgewalt im Verhältnis zum Ausland, das Auslieferungsrecht und die internationale Rechtshilfe, die Strafvorschriften zum Schutz von übernationalen Rechtsgütern, das Strafrecht im Bereich der europäischen Gemeinschaften und die Errichtung einer internationalen Strafgerichtsbarkeit, so: Jescheck, neueste Entwicklungen, S. 579.

74 Vgl. Jescheck, Neueste Entwicklung, S. 579; vgl. hierzu auch: Triffterer, Völkerstrafrecht im Wandel, S. 1478 f, der den Wechsel im Sprachgebrauch auf die Resignation seines Lehrers nach jahrelangen intensivsten Bemühungen um das Völkerstrafrecht, die im wesentlichen fruchtlos blieben, wie dem Beitrag Jeschecks über die Bemühungen zur Kodifizierung des Völkerstrafrechts in der Erinnerungsgabe für Max Grünhut zu entnehmen ist, zurückführt. Dieser Beitrag Jeschecks ist geprägt von der Resignation, daß die Zukunftsprognose der Entwurfsarbeiten auf dem Gebiet des Völkerstrafrechts äußerst negativ sind: „Beide Entwürfe erscheinen uns heute als der Abschluß eines vielversprechenden, inzwischen aber mißlungenen Versuchs des Aufbaus einer wirklichen internationalen Gemeinschaftsordnung" und: „Auch die Idee eines ständigen internationalen Gerichtshofes zeigt das Schicksal hoffnungsvollen Beginns und enttäuschenden Verlöschens", vgl. Jescheck, Gegenwärtiger Stand der Entwurfsarbeiten, S. 47 sowie 50.

75 Oehler, Internationales Strafrecht, Rn. 2.

76 Vgl. hierzu: Gardocki, Begriff des Internationalen Strafrechts, ZStW 98 (1986), S. 704 ff, der einen Überblick über die Geschichte des Begriffes gibt.

77 So: Gardocki, Begriff des internationalen Strafrechts, ZStW 98 (1986), S. 714, 717.

hen".[78] Demgegenüber lehnt Triffterer den Begriff des Internationalen Strafrechts ab und hält an der sprachlich klaren begrifflichen Trennung des Völkerstrafrechts und des Internationalen Strafrechts fest. Nach seiner Auffassung ist die Bezeichnung „Internationales Strafrecht" widersprüchlich und unpräzise, da sie am häufigsten für die nationales Recht darstellenden Regelungen der §§ 3 bis 7 StGB verwendet werde.[79] Zudem äußert Triffterer die Befürchtung, daß die scharfen Abgrenzungskriterien, mittels derer bislang zu verwandten Rechtsbegriffen abgegrenzt wurde, nicht mehr beibehalten würden, da Straftaten, deren Strafbarkeit unmittelbar dem Völkerrecht zu entnehmen sei, mit solchen vermengt würden, deren Strafbarkeit sich erst aus entsprechenden staatlichen Normen ergebe.[80] Durch diese Gleichsetzung sieht Triffterer die Verwirklichung des Anliegens der Völkerrechtsgemeinschaft gefährdet, da Delikte, die als Bedrohung der Völkergemeinschaft anzusehen sind, mit solchen vermengt werden, die überwiegend die nationalen Interessen betreffen.[81] Diese Kritik Triffterers ist berechtigt. Zwar wird überwiegend auch im anglo-amerikanischen Sprachraum der Regelungsgegenstand des Völkerstrafrechts mit „international criminal law"[82] bezeichnet, jedoch versteht die traditionelle kontinentaleuropäische Auffassung hierunter die kollisionsrechtlichen Normen der §§ 3-7 StGB, bzw. das Rechtsanwendungsrecht sowie die Normen internationaler Abkommen, die die internationale Zusammenarbeit in Strafsachen regeln, und schließlich Strafrecht im Bereich der Europäischen Union.[83] Durch das „Internationale Strafrecht", welches nicht zum Völkerrecht, sondern vielmehr zur nationalen Rechtsordnung zu zählen ist, erfolgt die Festlegung des räumlichen Geltungsbereichs der staatlichen Strafgesetze.[84] Schließlich umfaßt der Begriff Vereinbarungen in internationalen Verträgen, die die Verpflichtung der Staaten begründen, bestimmte Straftatbestände in ihre nationalen Rechtsordnungen aufzunehmen.[85] Das Strafanwendungsrecht, bestimmt das in einem Fall mit internationalem Bezug anzuwendende nationale Recht und regelt somit den Geltungsbereich des deutschen Strafrechts.[86] Das Strafkoordinationsrecht hingegen behandelt die internationalen Vereinbarungen, in denen sich die Staaten verpflichtet haben, bestimmte Straftatbestände in ihre staatlichen Rechtsordnungen aufzunehmen, wo-

---

78 Gardocki, Begriff des internationalen Strafrechts, ZStW 98 (1986), S. 717 ff. Als Grund dafür, daß er trotz der Verschiedenheit der Themen diesen Bereich als Ganzes ansieht, nennt er das Bestehen enger Verbindungen und Abhängigkeiten zwischen den einzelnen Problemgruppen, so daß eine Trennung und Behandlung als eigener Rechtsszweig ausscheide.

79 Vgl. Triffterer, Völkerstrafrecht im Wandel, S. 1484, der darauf hinweist, daß nicht nur die deutsche Sprache eine spezielle Bezeichnung für die direkte strafrechtliche Verantwortlichkeit nach Völkerrecht vorsehe, sondern sich auch in der französischen, spanischen und polnischen Sprache eine entsprechende Differenzierung durchgesetzt habe.

80 So: Triffterer, Völkerstrafrecht im Wandel, S. 1484 f.

81 S. Triffterer, Völkerstrafrecht im Wandel, S. 1484 f. Triffterer stellt auf S. 1498 fest, „daß die Literatur ähnlich wie in den letzten Veröffentlichungen von Jescheck durch das Bemühen gekennzeichnet ist, in erster Linie die Zusammenarbeit der Staaten auf dem Gebiet der Strafrechtspflege in allen Bereichen zu fördern und daß dabei die Eigenständigkeit des Völkerstrafrechts oft verloren geht".

82 Dieser Ausdruck, der sowohl das Internationale Strafrecht als auch das Völkerstrafrecht kennzeichnet, basiert auf der anglo-amerikanischen Auffassung, daß das Völkerrecht Teil des nationalen Rechts ist; vgl.: Triffterer, Materielles Strafrecht, S. 28.

83 So auch: Becker, Verbrechen gegen die Menschlichkeit, S. 49, Hettinger, Völkerrechtliche Verpflichtung, S. 10.

84 S. Triffterer, Materielles Völkerstrafrecht, S. 174.

85 Vgl. Becker, Verbrechen gegen die Menschlichkeit, S. 49.

86 Vgl. hierzu: Nill-Theobald, Defences, S. 17.

bei die völkerrechtlichen Verträge die Straftatbestände sogar definieren und einen einheitlichen Strafrahmen festlegen können.[87] Auch hier verstößt der Täter bei Begehung der Tat nicht gegen völkerrechtliche Normen, so daß allein das staatliche Strafrecht für die Beurteilung seiner Handlung maßgeblich ist.[88] Schließlich werden durch das Internationale Strafrecht keine völkerrechtlichen Werte geschützt.[89] Die Bezeichnung „Internationales Strafrecht" sollte aufgrund der aufgezeigten Verwechslungsgefahr der strikt zu trennenden Bereiche des Internationalen Strafrechts und des Völkerstrafrechts nicht verwendet werden. Dies hätte die „Ausuferung" des Begriff des Internationalen Strafrechts zur Folge mit der Konsequenz der „Verwässerung" aller Bereiche. Zudem ist zu berücksichtigen daß sich das internationale Strafrecht und das Völkerstrafrecht traditionell mit gänzlich unterschiedlichen Bereichen beschäftigen, so daß eine klare begriffliche Trennung dieser Bereiche veranlaßt ist. Um dieser erkannten Unsicherheit zu entgehen, wird der Begriff des internationalen Strafrechts, wie von Oehler in einem engeren und in einem weiteren Sinn bzw. mit anderen Einschränkungen verwendet.[90] Allerdings vermag auch dies die Verwirrungs– und Verwechselungsgefahr nicht zu beseitigen, so daß der unklare Begriff nicht zu verwenden ist, da hier, wie zutreffend ausgeführt wurde, nicht zusammengehörende Bereiche zusammengefaßt werden.

Dies führt zu der nächsten terminologischen Abgrenzung, da ein Teil der Lehre den Begriff des „völkerrechtlichen Strafrechts" verwendet. So zieht Hoffmann den von Jescheck bereits 1952 vereinzelt zur Verdeutlichung in Gegenüberstellungen verwendeten Begriff des „völkerrechtlichen Strafrechts" vor.[91] Hoffmann bezeichnet als Grund für seine Wahl die ansonsten bestehende Verwechslungsgefahr, da der Begriff Völkerstrafrecht den Eindruck erwecke, es handele sich um ein ausschließlich gegen Völker gerichtetes Strafrecht.[92] Kimminich bevorzugt ebenfalls den Ausdruck „völkerrechtliches Strafrecht" , da „das Völkerrecht kein Recht der Völker ist, hat es sich noch nie angemaßt Völker zu bestrafen".[93] Im übrigen knüpfe jede Strafbarkeit an eine individuelle Schuld, so daß die Konstruktion einer Kollektivschuld, wie sie nach dem zweiten Weltkrieg versucht worden ist, fehlgehen müsse.[94] Auch Gornig bevorzugt den Begriff des völkerrechtlichen Strafrecht, „da sich das Völkerrecht nicht anmaßt, Völker zu bestrafen".[95] Dem schließt sich auch Becker an, da der Eindruck erzeugt werden könne, es handele sich um ein gegen die Völker gerichtetes Strafrecht, eine derartige Annahme jedoch unzutreffend wäre, da Einzelpersonen auch hier die Adressaten der strafrechtlichen Normen seien und über das Volk an sich kein Unwerturteil gefällt werden könne.[96] Aus diesem Grund wird zum Teil der Begriff des „völkerrechtlichen Strafrechts" verwendet, da er die „individualstrafrechtliche Verantwortung auf völkerrechtlicher Grundlage"[97] kennzeichnet. Buchner hingegen verwen-

---

87 Vgl. Gornig, Verantwortlichkeit, NJ 1992, S. 6.

88 S. Gornig, Verantwortlichkeit, NJ 1992, S. 6.

89 So auch: Triffterer, Materielles Völkerstrafrecht, S. 199.

90 Vgl. hierzu Oehler, Internationales Strafrecht, S. 1 ff.

91 Vgl. hierzu: Hoffmann, Verantwortung, S. 21 f.

92 Vgl. Hoffmann, Verantwortung, S. 22.

93 So: Kimminich, Völkerrecht, S. 489.

94 Vgl. Kimminich, Völkerrecht, S. 489.

95 So auch: Gornig, Verantwortlichkeit, NJ 1992, S. 7.

96 Vgl. hierzu: Becker, Verbrechen gegen die Menschlichkeit, S. 49 f.

97 Blumenwitz, Strafe im Völkerrecht, ZfP 1997, S. 326.

det die Begriffe völkerrechtliches Strafrecht und Völkerstrafrecht synonym.[98] Triffterer hält demgegenüber an dem eingeführten und etablierten Begriff des Völkerstrafrechts fest, da dieser seinen Regelungsinhalt sowie die Zugehörigkeit zum Völkerrecht kennzeichne und zum anderen genügend weit und eigenständig aber auch hinreichend bestimmt sei.[99] Bei der Verwendung des Begriffes völkerrechtliches Strafrecht, sieht er die Gefahr, daß die Entwicklung bei zu enger Auslegung gehemmt werden könne, da vermutetet werden könne, daß als Normadressaten nur die Einzelnen in Betracht kämen, nicht hingegen die Staaten im Bereich des nationalen Strafrecht.[100] Auch Nill-Theobald verwendet die Bezeichnung „Völkerstrafrecht", da hierdurch deutlich gemacht werde, daß es sich um ein eigenes Rechtsgebiet im System des Völkerrechts handele, die eine strafrechtliche Verantwortlichkeit des Individuums unmittelbar nach Völkerrecht begründe.[101] Da beide Begrifflichkeiten ihre Mängel haben, ist eine synonyme Verwendung vertretbar. Allerdings soll hier an der traditionellen Bezeichnung des Völkerstrafrechts festgehalten werden, zumal auf diese Weise am deutlichsten die Zugehörigkeit der Materie zur Völkerrechtsordnung zum Ausdruck gebracht wird und die Gefahr einer Verwechslung als gering erachtet wird.

Eine Definition des materiellen Völkerstrafrechts, die den Schutzbereich und die Anwendbarkeit einer solchen völkerrechtlichen Strafgewalt bestimmen soll, hat hier angesichts der Wandelbarkeit jeglicher Wertordnung zu unterbleiben, zumal sich keine festen Abgrenzungskriterien feststellen lassen.[102] Zu Oehler[103], der eine materielle Abgrenzung dergestalt vornimmt, daß das Völkerstrafrecht Rechtsgütern diene, die mehreren Staaten gemeinsam oder der ganzen Menschlichkeit zugehörten ist anzumerken, daß dieser den Anwendungsbereich zu weit ausdehnt mit der Folge der Unbestimmtheit, da theoretisch auch nationale Normen mit einem derart weiten Schutzbereich hierein fallen könnten.

Ergänzend sei noch auf den Begriff des supranationalen Strafrechts hinzuweisen, unter dem das Verwaltungsstrafrecht supranationaler Gemeinschaften bzw. des EuGH zu verstehen ist.[104] Mit dem Begriff der Supranationalität ist, nach Nill-Theobald, nur eine übertragene staatliche Hoheitsgewalt gemeint, so daß die Idee supranationaler Strafgewalt von dem Gedanken des Völkerstrafrechts zu trennen sei, da hier die Rechtssetzugsbefugnis der Völkerrechtsgemeinschaft zustehe.[105] Demgemäß ist hier eine Trennung dergestalt vorzunehmen, daß abgesehen von den vorstehenden Ausnahmefällen i.d.R. kein supranationales Völkerstrafrecht gegeben ist, aber wie noch zu zeigen sein wird, vom Vorliegen eines supranationalen IStGH auszugehen sein wird[106], da hier die einzelnen Nationalstaaten Kompetenzen, allerdings nur zur strafrechtlichen Aburteilung und nicht zur Rechtsnormsetzung übertragen haben.

---

98 Vgl. Buchner, Die Rechtswidrigkeit der Taten von Mauerschützen, S. 199 ff.

99 S. Triffterer, Materielles Völkerstrafrecht, S. 26.

100 So: Triffterer, Materielles Völkerstrafrecht, S. 26.

101 Vgl. Nill-Theobald, Defences, S. 22.

102 So schon: Nill-Theobald, Defences, S. 21.

103 Vgl. Oehler, Internationales Strafrecht, Rn. 2.

104 Vgl. hierzu: Nill-Theobald, Defences, S. 18.

105 So: Nill-Theobald, Defences, S. 19.

106 Vgl. Kap. 2 B I.

Als Ergebnis ist festzuhalten, daß Völkerstrafrecht im formellen Sinn vorliegt, wenn sich die Strafbarkeit direkt aus der völkerrechtlichen Norm ergibt und aus dieser Norm auch bestraft werden kann, wenn die staatlichen Rechtsordnungen eine Strafbarkeit für diesen Fall gerade nicht vorsehen. Mit Triffterer ist das Völkerstrafrecht zu definieren als „das Strafrecht der Völkergemeinschaft, das diese als Teil ihrer eigenständigen Rechtsordnung des Völkerrechts im Rahmen ihrer Rechtssetzungskompetenz zum Schutze ihrer Rechtsgüter gegen besonders schwerwiegende Verletzungen schaffen und einsetzen kann".[107] Demzufolge handelt es sich bei dem Völkerstrafrecht um ein Teilgebiet des Völkerrechts, das dem Strafrecht zugehörige Fragen regelt, so daß es sich um eine „Synthese von Völkerrecht und Strafrecht" handelt.[108] Die Begründung der unmittelbaren, individuellen, strafrechtlichen Verantwortung, ungeachtet der nationalen Rechtsordnung, beruht auf der Tatsache, daß das Völkerstrafrecht seinem Gegenstand nach, Strafrecht ist.[109] Daher wenden sich der Normbefehl und die Strafdrohung der Tatbestände des Völkerstrafrechts nicht an die Staaten als typische Völkerrechtssubjekte, sondern direkt an die einzelnen Individuen.[110] Während die Entstehung der Normen des Völkerstrafrechts durch Völkerrecht geprägt ist, wird es in seiner inhaltlichen Ausgestaltung und Anwendung durch die den nationalen Strafrechtsordnungen gemeinsamen Grundsätze bestimmt.[111] Demgemäß ist für die Klärung der Fragen nach der Begründung völkerstrafrechtlicher Normen, ihre Auslegung und Anwendung das Völkerrecht maßgeblich.[112] Die Völkerrechtsgemeinschaft verfügt über einen eigenen Bestand an Rechten, den sie als Inhaberin der Strafgewalt durch entsprechende Strafvorschriften schützen und weiterentwickeln kann. Das Völkerstrafrecht bezweckt den Schutz der Rechtsgüter der Völkerrechtsordnung, wie z.B. die Aufrechterhaltung und Wiederherstellung von Frieden und die Sicherheit der Menschheit.[113] Daneben schützt das Völkerstrafrecht auch die Rechtsgüter des einzelnen, wobei allerdings zu berücksichtigen ist, daß angesichts des dezentralen Charakters des Völkerrechts und unter Berücksichtigung der Souveränität der Staaten ein solcher Individualrechtsschutz nur subsidiär sein kann, so daß nur bei Versagen der nationalen Rechtssysteme eingegriffen werden darf.[114] Während die Normen des internationalen Menschenrechtsschutzes dem Individuum Rechte unmittelbar im Verhältnis zum Hoheitsträger gewähren, statuiert das Völkerstrafrecht allgemeine Verhaltenspflichten für Individuen, die den einzelnen mittelbar zugute kommen.[115] An der Legitimation des Völkerstrafrechts werden keine ernstzu-

---

[107] Triffterer, Bestandsaufnahme, S. 172.

[108] Triffterer, Materielles Völkerstrafrechts, S. 21, 35. Vgl. auch: Nill-Theobald, Defences, S. 21, während Scholz, Die Zulieferung, S. 43, zur Charakterisierung dieses Rechtsgebietes des Begriff „bikausales Gepräge" verwendet, spricht Bassiouni, International Criminal Law, S. 19 ff, von einer „dual-nature" des Völkerstrafrechts.

[109] Vgl. Triffterer, Bestandsaufnahme, S. 172.

[110] Vgl. hierzu: Buchner, Die Rechtswidrigkeit der Taten von Mauerschützen, S. 198.

[111] S. Scholz., Die Zulieferung, S. 43.

[112] Vgl. hierzu: Nill-Theobald, Defences, S. 21, die feststellt, daß beispielsweise die Straffreistellungsgründe ebenfalls völkerrechtlich legitimiert sein müssen.

[113] So: Triffterer, Materielles Völkerstrafrecht, S. 216; ders. Bestandsaufnahme, S. 221.

[114] Siehe Kap. 2 B IV 1. Vgl. auch: Triffterer, Bestandsaufnahme, S. 221, den Aspekt der Subsidiarität scheint Stahn nicht zu berücksichtigen, wenn er ausführt, daß das Völkerstrafrecht, ebenso wie die Menschenrechte, dem Schutz des Individuums allein oder als Teil der Gruppe dienten, Stahn, Internationaler Menschenrechsschutz, Kritische Justiz 1999, S. 345.

[115] Vgl. Stahn, Internationaler Menschenrechtsschutz, Kritische Justiz 1999, S. 345, der ausführt, daß auch strafrechtliche Normen dem Schutz der Menschenrechte dienen können, da selbige die Einhaltung eines Mindeststandards an Humanität sichern sollen und nicht nur repressiv seien. Zudem

nehmenden Zweifel geäußert.[116] Lediglich Sonnenfeld stellt fest, daß die Anzahl strafrechtlicher Normen im Völkerrecht gering sei, so daß fraglich sei, ob das Völkerstrafrecht im Bereich des Völkerrechts gegenwärtig sei.[117] Dem ist entgegenzuhalten, daß mit der Entschließung für einen IStGH die Existenzfrage nicht mehr gestellt werden kann. Zudem besteht, wie noch zu zeigen sein wird eine Vielzahl von Normen, die dem Völkerstrafrecht zuzuordnen sind.

III. Entwicklungsgeschichte des Völkerstrafrechts unter besonderer Berücksichtigung der Entstehungsgeschichte des IStGHs

An dieser Stelle soll ein kurzer Überblick über die historische Entwicklung des Völkerstrafrechts bis hin zu seiner Klimax, der Verabschiedung des Statuts des IStGH im Juli 1998, gegeben werden.[118]

1. Von den Anfängen des Völkerstrafrechts bis zum ersten Weltkrieg

Die Ursprünge des Völkerstrafrechts im oben definierten Sinn, d.h., daß Menschen für völkerrechtswidriges Verhalten tatsächlich zur Verantwortung gezogen werden, können bis ins Mittelalter zurückverfolgt werden.[119] Demgegenüber findet sich die umstrittene Auffassung, daß das Völkerstrafrecht seinen Ursprung bereits in der griechischen Geschichte gehabt habe.[120] So vertrat der griechische Professor Georges S. Maridakis die Auffassung, daß die Humanitätsidee schon in Hellas lebendig gewesen sei und die Humanisierung des Krieges seinerzeit nicht nur eine philosophische Spekulation, sondern auch Gegenstand eines Gerichtsverfahrens gewesen sei.[121] Diese Auffassung wird von Kraske, nach sorgfältiger Analyse der antiken Quellen, nicht geteilt, da er Anhaltspunkte für Willkürakte, nicht hingegen für ein Gerichtsver-

---

arbeitet Stahn heraus, daß die Tatbestände im Statut von Rom im Kern Menschenrechtsverstöße ahnden, S. 126.

[116] Vgl. hierzu Werle, Menschenrechtsschutz durch Völkerstrafrecht, ZStW 109 (1997), S. 821 ff, der die Auffassung vertritt, das Völkerstrafrecht beziehe seine Legitimation aus der elementaren Gerechtigkeit eines menschenrechtsschützenden Kernstrafrechts. Werle gelangt zu dem Ergebnis, daß das Völkerstrafrecht zwar noch Präzisions- aber keine Legitimationsdefizite habe. Hier spielten v.a. auch generalpräventive Überlegungen eine wichtige Rolle, da die praktizierte Straflosigkeit eine wichtige Ursache ihrer Neubegehung sei, zudem sei Teil des Prozesses der Normbekräftigung die Verfolgung und Bestrafung von Menschenrechtsverbrechen. Auch spezialpräventiven Gesichtspunkten komme eine wichtige Bedeutung zu.

[117] S. Sonnenfeld, Kodifizierung strafrechtlicher Normen, Osteuropa Recht 1984, 180, die in diesem Zusammenhang darauf hinweist, daß zwar vereinzelt Konventionen in Kraft getreten seien, diese allerdings nicht dem allgemeinen Völkerrecht zugerechnet werden könnten, so daß allenfalls partikulare Normen entstanden seien.

[118] Mit der Entwicklungsgeschichte der völkerrechtlichen Strafgerichtsbarkeit im 20. Jahrhundert beschäftigt sich Ahlbrecht, Völkerrechtliche Strafgerichtsbarkeit, in seiner umfassenden Dissertation.

[119] Vgl. hierzu: Becker, Verbrechen gegen die Menschlichkeit, S. 18 ff; a.A. Thiele, Völkerstrafrecht, S. 19, der die Auffassung vertritt, daß sich mangels Bedarfs aufgrund des universalistischen Völkerrechtsverständnisses ein Völkerstrafrecht in dieser Periode nicht habe entwickeln können. Hiergegen wehrt sich Becker zu Recht und widerlegt die Ansicht Thieles unter Bezugnahme auf die kirchliche Strafgewalt der Päpste als unabhängiges, universelle Geltung beanspruchendes Rechtsprechungsorgan von erheblicher Auswirkung auf den gesamten weltlichen Bereich.

[120] Vgl. hierzu Triffterer, Materielles Völkerstrafrecht, S. 4, mit weiteren Nachweisen

[121] Vgl. hierzu: Kraske, Klassisches Hellas, Archiv des Völkerrechts 4 (1953/1954), S. 183.

fahren zu entdecken vermag und im übrigen begründete Zweifel hat, ob sich der Hergang tatsächlich so zugetragen hat.[122] Mit Kraske ist angesichts der zweifelhaften Glaubwürdigkeit der historischen Berichte davon auszugehen, daß die Humanitätsidee zwar von Gelehrten vertreten wurde, es allerdings an der praktischen Umsetzung fehlte.[123] Vielmehr ist diese erst im Mittelalter erfolgt, so daß Rechtstheorie und Praxis bis dahin auseinanderfielen. Überwiegend wird in der kirchlichen Strafgewalt der Päpste im Mittelalter der Anfang des Völkerstrafrechts gesehen, da diese, als überwiegend unparteiische Weltinstanz, die Aufrechterhaltung der zwischenstaatlichen Ordnung auch mit strafrechtlichen Mitteln durchsetzte.[124] Diese klerikale Strafgewalt war nicht auf kirchliche Fragen beschränkt, sondern erstreckte sich auch auf weltliche Fragen[125], die nach klerikalen Maßstäben beurteilt wurden, so daß auf diese Weise ein strafrechtlicher Schutz der innerstaatlichen und zwischenstaatlichen Rechtsordnung gewährleistet war.[126]

Die Entwicklungsgeschichte des Völkerstrafrechts ist in der Vergangenheit überwiegend im Zusammenhang mit dem Krieg[127], insbesondere mit dessen Rechtmäßigkeit, erörtert worden. So haben Gelehrte von Plato bis Grotius bereits seit der Antike die Rechtmäßigkeit von Krieg und Kriegsführung diskutiert. Die Völkerrechtswissenschaft differenziert seit dem Erscheinen des Werkes „De iure belli ac pacis“ von Hugo Grotius im Jahr 1625 zwischen dem „ius ad bellum“ und dem „ius in bello“. Basierend auf der Prämisse, daß die kriegerische Auseinandersetzung nicht im rechtsfreien Raum stattfindet, sondern auch hier von einem rechtlich geordneten Zustand auszugehen ist, regelt das „ius in bello“ die Beziehungen zwischen den streitenden Parteien, d.h. den „debitus modus“ der Kriegsführung. Das „ius ad bellum“ bezeichnet die Befugnis zum Führen eines Krieges. Die Lehre vom gerechten Krieg regelte sowohl das „ius ad bellum“ als auch das „ius in bello“.[128] Der Gedanke, die Völkerrechtsordnung unter den Schutz eines Völkerstrafrechts zu stellen, wurzelt ebenso in der Scholastik, wie die Lehre vom gerechten Krieg[129], die von erheblicher Bedeutung für die Entwicklung des Völkerstrafrechts war. Unter dem Einfluß dieser Lehre wurde das Völkerrecht als Rechtsordnung angesehen, die sowohl für Einzelpersonen als auch für die Völker verbindlich war und durch einen strafrechtlichen Schutz, der sich nicht nur gegen das Kollektiv sondern auch gegen das Individuum richten konnte, gesichert werden mußte.[130] Die bis ins 18. Jahrhundert fast unverändert fortgeführte Lehre vom „bellum iustum“ wurde von Augustinus (354-430) und Thomas von Aquino (1225-1274), begründet und ist später von Franciscus de Vitoria (ca. 1485-1546) und Franciscus Suarez (1548-1617) ergänzt worden.[131] Ausweislich dieser Theorie durfte ein Krieg nur wegen einer „iusta causa“ geführt werden, die dann angenommen wurde, wenn der Feindstaat eine erhebliche Rechtsverletzung begangen hatte und ein Krieg nicht dem

---

122 Vgl. Kraske, Klassisches Hellas, Archiv des Völkerrechts 4 (1953/1954), S. 183 ff.

123 Vgl. Kraske, Klassisches Hellas, Archiv des Völkerrechts 4 (1953/1954), S. 186, der feststellt, daß sich die Herrschenden keineswegs von humanitären Erwägungen leiten ließen.

124 Vgl. Triffterer, Materielles Völkerstrafrecht, S. 5.

125 Hier ist zu berücksichtigen, daß viele Reichsfürsten Geistliche und damit der päpstlichen Strafgewalt unterworfen waren.

126 So: Jescheck, Verantwortlichkeit der Staatsorgane, S. 19 f.

127 Vgl. Thiele, Völkerstrafrecht, S. 37, der darauf hinweist, daß es bis zum Jahr 1952 keine allgemein anerkannte Definition des Krieges gab, S. 43 ff.

128 Vgl. hierzu: Triffterer, Materielles Völkerstrafrecht, S. 7, FN. 24.

129 So: Jescheck, Verantwortlichkeit der Staatsorgane, S. 19 f.

130 Vgl. Triffterer, Materielles Völkerstrafrecht, S. 5 f.

131 Vgl. hierzu: Jescheck, Verantwortlichkeit der Staatsorgane, S. 20, mit weiteren Nachweisen.

Gesamtinteresse der Christenheit geschadet hätte.[132] Die Kriegsführung hatte in den Grenzen des „debitus modus" zu erfolgen, so daß die Kampfmittel und Methoden mäßig anzuwenden und die Besiegten zu schonen („iusta pax") und der Zivilbevölkerung ausreichender Schutz zu gewähren war.[133] Als weitere Bedingungen sind die „auctoritas principis" und die „recta intentio" zu nennen. Binder führt als Präzedenzfall für ein internationales Tribunal und als Parallelfall zum ICTY den „internationalen Gerichtshof" an, der im Jahr 1415 in Konstanz zusammengekommen war, um dem tschechischen Kirchenreformer Jan Hus wegen des Vorwurfes der Ketzerei den Prozeß zu machen.[134] Allerdings bestehen hier erhebliche Zweifel an der Internationalität des Gerichts, da es sich offensichtlich um ein Konzil der Kirche mit Abgesandten aus mehreren Ländern handelte.[135]

Der Übergang des Gedankens des Schutzes der Völkerrechtsordnung durch Strafe aus dem religiös-geistlichen in den weltlichen Bereich vollzog sich in der Neuzeit.[136] Infolge der Trennung von Staat und Kirche wurde die Kirche zunehmend auf rein geistliche Aufgaben beschränkt, während die Staaten die völkerrechtliche Strafgewalt übernahmen und damit zum „Treuhändler der Völkerrechtsgemeinschaft"[137] wurden. Somit folgte auf jeden gerechten Krieg das weltliche Strafgericht und die Ahndung des begangenen Unrechts[138], so daß der Gegner seiner gerechten Bestrafung zugeführt wurde. Somit war der Strafzweck zum einen als gerechter Kriegsgrund, zum anderen als Rechtsfolge des Krieges anerkannt. Als Präzedenzfall für die Nürnberger Prozesse wird das Verfahren gegen Peter von Hagenbach im Jahr 1474 in Breisach genannt.[139] Bassiouni und Greppi gehen davon aus, daß von Hagenbach der erste gewesen sei, der wegen der Begehung von Kriegsverbrechen verurteilt worden sei.[140] Dieser hatte als Landvogt eine Terrorherrschaft über die von ihm geführten Besitzungen ausgeübt und war schließlich von einem Gericht, das mit französischen,

---

132 S. Jescheck, Verantwortlichkeit der Staatsorgane, S. 20.

133 Bei Beachtung dieser Grundsätze wurde der gerecht Kriegführende als Treuhänder Gottes angesehen; vgl. hierzu: Jescheck, Verantwortlichkeit der Staatsorgane, S. 20.

134 Vgl. hierzu: Binder, Internationale Gerichtshöfe, Internationale Politik 9 (1998), S. 47. Bemerkenswert ist, daß hier Ketzerei und Kriegsverbrechen auf eine Stufe gestellt werden. Allerdings ist auch zu berücksichtigen, daß Ketzerei in der damaligen Zeit als Kapitalverbrechen und eine Bedrohung des Friedens betrachtet wurde.

135 Binder führt aus, es habe in diesem Zeitalter eine, dem Kalten Krieg des 20. Jahrhunderts vergleichbare Situation bestanden, in der drei konkurrierende Päpste und drei weltliche Herrscher sich um den Titel und die Privilegien eines römisch-germanischen Kaisers stritten. Da die Personen um die Herrschaft in einem „Reich" kämpften, ist fraglich, ob eine „Internationalität" gegeben ist. Dem Beitrag Binders kann ferner nicht gefolgt werden, als er die Behandlung von Hus mit der Behandlung der vor dem ICTY angeklagten serbischen Kriegsverbrecher gleichsetzt, da die Angeklagten auch dort kein „faires Verfahren" erhielten, faktisch rechtlos wären und ihre Verurteilung von vornherein feststehe. Zudem spricht Binder dem ICTY die Eigenschaft als Gericht ab. Diese unsubstantiierten Behauptungen entbehren jeder Grundlage.

136 Vgl. Jescheck, Verantwortlichkeit der Staatsorgane, S. 20.

137 Vgl. Jescheck, Verantwortlichkeit der Staatsorgane, S. 21.

138 So: Weber, St. Helena oder Nürnberg, VN 1990, S. 207.

139 Vgl. Greppi, Individual Criminal Responsibility, IRRC 1999, S. 533 ff; Bos, A Perspective, S. 465; kritisch: Triffterer, Materielles Völkerstrafrecht, S. 5 f; sowie Woetzel, The Nuremberg Trials, S. 19 ff, der auf den Seiten 17 ff die historischen Vorgänger der Nürnberger Prozesse in der Antike, so zum Beispiel aus der griechischen Mythologie dem Mittelalter und dem 18., 19. sowie dem 20. Jahrhundert aufzeigt.

140 Vgl. Bassiouni, International Criminal Law, S. 8; so auch: Greppi, Individual Criminal Responsibility, IRRC 1999, S. 533.

österreichischen sowie aus Städten vom Oberrhein kommenden Richtern besetzt war, verurteilt worden.[141]
Mit der wechselseitigen Anerkennung politisch verselbständigter Gebietskörperschaften als souveräne Staaten wurde mit der alten Doktrin des gerechten Krieges gebrochen, und somit der Übergang vom materiellen, gerechtigkeitsorientierten Kriegsbegriff zum formellen vollzogen.[142] Infolge des Erstarkens der Territorialstaaten und dem neuen Selbstverständnis der Herrscher trat zudem im Zeitalter des Absolutismus das Verständnis des Völkerrechts als einer jedermann bindenden Weltrechtsordnung in den Hintergrund.[143] Entsprechend der neuen, von Gelehrten wie Hobbes, Machiavelli und Jean Bodin vertretenden Lehre konnte der absolute Herrscher nicht nur gegen die eigene Bevölkerung, sondern auch in der Außenpolitik, also gegenüber den anderen Staaten frei und nach eigenem Ermessen handeln, ohne daß eine strafrechtliche Verfolgung drohte.[144] Der absolute Herrscher verfügte über die „summa potestas" und war allenfalls mittelbar dem göttlichen Recht, dem Naturrecht und dem Völkerrecht unterworfen. Dieser neue Souveränitätsbegriff, der sich bis in das 19. und 20 Jahrhundert festigte, bildete die Grundlage für ein unbeschränkbares Kriegsführungrecht, so daß die Möglichkeit einer strafrechtlichen Sicherung des Friedens allgemein abgelehnt wurde.[145] Dieser Entwicklung hat Rousseau mit seiner These, daß der Krieg eine Beziehung von Staat zu Staat und nicht, wie zuvor vertreten wurde, von Mensch zu Mensch sei und daß der Feind die gegnerische Armee sei, den Boden geebnet.[146] Dies hatte neben der Einschränkung des Grundsatzes der persönlichen Verantwortlichkeit des einzelnen aber auch eine Humanisierung des Kriegsrechts zugunsten von Individuen und der Zivilbevölkerung zur Folge, die in der Gründung des Roten Kreuzes gipfelte.[147] Im 19. Jahrhundert waren Bestrebungen zur Humanisierung der Kriegsführung sowie zur Verbesserung des Kriegsrechts zu verzeichnen[148], so daß sich in dieser Zeit die Überzeugung festigte, daß Kriegs-

---

[141] Vgl. hierzu: Triffterer, Materielles Völkerstrafrecht, S. 5, sowie Woetzel, The Nuremberg Trials, S. 19 ff, die diesen Ansatz mit den Argumenten kritisieren, daß der Fall von Hagenbach mit den Nürnberger Prozessen nur insoweit vergleichbar sei, als von Hagenbach von einem, mit Richtern des Siegerstaates besetzten Gericht, verurteilt worden war und er sich auf den Befehlsnotstand berief. Allerdings sei von Hagenbach wegen in Friedenszeiten begangener Morde und Verbrechen nach dem Recht des Heiligen Römischen Reiches und nicht etwa nach Völkerrecht bestraft worden; a.A. Greppi, Individual criminal responsibility, IRRC 1999, S. 534, der begründet, daß es sich um ein internationales Tribunal gehandelt habe.

[142] Vgl. Weber, St. Helena oder Nürnberg, VN 1990, S. 207.

[143] So: Jescheck, Verantwortlichkeit der Staatsorgane, S. 25; Triffterer, Materielles Völkerstrafrecht, S. 6.

[144] Vgl. Thiele, Völkerstrafrecht, S. 21 f; Triffterer, Materielles Völkerstrafrecht, S. 6. Vgl. hierzu etwa den Briten Thomas Hobbes (1588-1679), der in seinem Werk Leviathan, als logische Konsequenz und Folge der Souveränität das freie Kriegsführungsrecht nennt.

[145] S. Triffterer, Materielles Völkerstrafrecht, S. 6 f.

[146] Vgl. hierzu: Rousseau, Du contrat social, Livre I, Chap. 4: „La guerre n'est donc point une relation d'homme à homme, mais une relation d'État à État, dans laquelle les particuliers ne sont ennemis qu'accidentellement, non point comme hommes, ni même comme citoyens, mais comme soldats; non point comme membres de la patrie, mais comme ses défenseurs. Enfin chaque État ne peut avoir pour ennemis que d'autres États, et non pas des hommes, attendu qu'entre choses de diverses natures on ne peut fixer aucun vrai rapport".

[147] S. Triffterer, Materielles Völkerstrafrecht, S. 7.

[148] So wurde im Jahr 1864 die Genfer Konvention zur Verbesserung des Loses der Verwundeten und Kranken bei den im Felde stehenden Heeren verabschiedet, die von einer Vielzahl von Staaten ratifiziert wurde. Im Jahr zuvor, 1863, gab Präsident Lincoln die „Instructions for the Government of Armies of the United States in the Field", die erste große landesrechtliche Kodifikation des Kriegsrechts, heraus, die den Versuch darstellte, das Verhalten der Armeen im Krieg zu lenken und da-

verbrechen im engeren Sinn zu bestrafen sind, mit der Folge, daß das „ius in bello", der „debitus modus" der Kriegsführung eine zunehmende völkerrechtliche Regelung erfuhr und von dem verletzten Feindstaat strafrechtlich geahndet werden konnte.[149] Verdross[150] vertritt die Auffassung, daß, sofern die Tat auf dem eigenen Gebiet begangen wurde, den Staaten, sowohl im Frieden als auch im Krieg, Strafkompetenz über Fremde zukomme. Bemerkenswert ist, daß die Staaten nach Verdross[151], das Völkerrecht nicht verletzen, wenn sie ungeachtet des Bestehens eines sie legitimierenden Gesetzes, gegnerische Staatsangehörige während des Krieges nach Kriegsgebrauch aburteilen, da das Kriegsrecht ein solches Vorgehen gestatte. Sobald der Krieg beendet und der Friedenszustand eingetreten ist, kann nur noch eine Verfolgung aufgrund eines Strafgesetzes erfolgen. Sofern die Kriegshandlung im Einklang mit dem Völkerrecht steht, ist sie straflos; widerspricht sie jedoch dem Völkerrecht, so kann sie strafrechtlich verfolgt werden, wenn „die Tatbestandsmerkmale einer kriminalisierten Handlung gegeben sind".[152] Da seit dem 17. Jahrhundert i.d.R. Amnestieklauseln in die Friedensverträge aufgenommen wurden, bzw. dann im 19. Jahrhundert in dem Friedensschluß selbst der schlüssige Verzicht auf die Bestrafung gesehen wurde, hat die Praxis diese generelle Strafbarkeit von Verstößen gegen das „ius in bello" außer Acht gelassen.[153] In dieser Epoche bis zum Ausbruch des ersten

---

durch die Kriegsführung zu humanisieren. Hierdurch wurde das internationale Kriegsrecht beeinflußt und die Instructions als Grundlage bei Verhandlungen und Verträgen herangezogen. Das Zusammentreffen der Gründung des Roten Kreuzes mit den Instructions wurde sogar als „Wendepunkt in der Völkerrechtsgeschichte" bezeichnet, vgl. hierzu: Nussbaum, Geschichte des Völkerrechts, S. 252. Die im Jahr 1899 initiierte Haager Friedenskonferenz blieb insoweit fruchtlos, als der Versuch, eine Rüstungsbeschränkung einzuführen, mißlang. Jedoch stellte die erste Haager Friedenskonferenz insoweit „Marksteine in der Geschichte des Völkerrechts dar, als eine Konvention über das Recht und die Bräuche des Krieges zu Lande sowie eine weitere, die die Grundsätze der Genfer Konvention für den Seekrieg annahm, sowie drei weitere Deklarationen abgeschlossen wurden. Jedoch waren die Konventionen, angesichts der „Allbeteiligungsklausel", derzufolge die Konventionen nur verbindlich sein sollten, wenn alle Kriegsführenden Vertragspartner der betreffenden Konvention waren, weder im ersten noch im zweiten Weltkrieg anwendbar, da sie nicht von allen Kriegsführenden ratifiziert worden waren; vgl. Nussbaum, Geschichte des Völkerrechts, S. 253. Auf der zweiten Friedenskonferenz 1907 im Haag wurden 13 Konventionen verabschiedet, wovon drei die vorbezeichneten ergänzten. Jedoch enthalten nicht alle dieser Konventionen Bestimmungen über die strafrechtlichen Folgen ihrer Verletzung. Jescheck, Verantwortlichkeit der Staatsorgane, S. 36, stellt fest, daß das Kriegsrecht, durch die seit Mitte des 19. Jahrhunderts beginnenden Kodifikationsarbeiten, das am Besten geregelte Gebiet des Völkerrechts wurde.

149 Vgl. hierzu: Verdross, Kriegshandlung, S. 8 ff, der diese Thematik umfassend erläutert und die unterschiedlichen maßgeblichen Auffassungen zusammenträgt, die diesbezüglich seit dem Mittelalter vertreten werden. Wie Verdross aufzeigt wird abweichend hiervon die Auffassung vertreten, daß aufgrund der der Armee zustehenden Exterritorialität dem Nehmerstaat keine Strafbefugnis wegen der vor der Gefangenschaft verübten Taten zustehe. Dieser Auffassung ist allerdings nicht zu folgen, da sie erhebliche Strafbarkeitslücken nach sich zöge und ihr im übrigen die Staatenpraxis entgegensteht. Zwar haben die deutschen Feldgerichte dazu geneigt, die Zuständigkeit für vor der Gefangenschaft begangene Verbrechen der Kriegsgefangenen zu verneinen, jedoch wurde diese Praxis angesichts der gegenteiligen Praxis der Gegners alsbald aufgegeben, zum anderen lag die Ursache hierfür in dem deutschen Militärprozeßrecht. Demzufolge wurde die Militärstrafgerichtsbarkeit nur auf diejenigen strafbaren Handlungen erstreckt, die während der Dauer des dies Strafgerichtsbarkeit begründenden Verhältnisses, die Kriegsgefangenschaft, begangen worden waren. Vgl. auch: Jescheck, Verantwortlichkeit der Staatsorgane, S. 33 ff.

150 S. Verdross, Kriegshandlung, S. 24.

151 S. Verdross, Kriegshandlung, S. 32.

152 Verdross, Kriegshandlung, S. 43.

153 Vgl. Jescheck, Die Verantwortlichkeit der Staatsorgane, S. 33 f.

Weltkriegs folgerte die h.M. aus der Souveränität der Staaten[154] das uneingeschränkte Recht eines jeden Staates, Krieg zur Lösung politischer Konflikte zu führen („ius ad bellum").[155] Eine theoretische Beschränkung dieses Rechts bestand im Gegensatz zu der „bellum iustum"-Lehre von Thomas von Aquino nicht, da die Mehrzahl der Völkerrechtler annahm, daß die staatliche Souveränität einer Instanz, die über die Frage entscheidet, ob ein gerechter Krieg vorliegt, entgegensteht. Die Anerkennung der Souveränität der Staaten stand auch einer Bestrafung von Staats- und Militärführern entgegen.[156] Das Völkerrecht des 18., 19. und des 20. Jahrhunderts wurde als reines Staatenrecht verstanden.[157] Diese Lehre wurde von der Staatenpraxis gestützt, die in ihrem Bemühen, eine rechtliche Wertung des Kriegsausbruchs zu verhindern, bis zum Ende des ersten Weltkrieges erfolgreich war, so daß im 19. Jahrhundert gegen die Führung des besiegten Staates keine Strafverfahren wegen einer Kriegsschuld eingeleitet wurden.[158] Der Krieg[159] wurde vielmehr als ein politisches Kräftemessen angesehen und i.d.R. durch einen Vertrag, in dem i.d.R. im Vergleichswege die gegenseitigen Rechte und Pflichten für die Zukunft neu bestimmt wurden, beendet.[160] Der wesentliche Unterschied zur vorhergehenden Epoche liegt also darin, daß es nicht galt, zurückblickend eine als statisch empfundene Rechts- und Friedensordnung wiederherzustellen, sondern vielmehr zukunftorientiert, unter wechselseitiger Anerkennung der prinzipiellen Rechtsfähigkeit, eine neue Friedensordnung zu schaffen.[161] In dieses Bild fügen sich die bereits erwähnten Amnestieklauseln der Friedensverträge ein, in denen die Vertragsparteien den wechselseitigen Verzicht auf Ansprüche aus Rechtsverletzungen, die den Kriegsgrund abgaben oder die aus der Verletzung der Kriegsregeln herrührten, erklärten.[162] Die Idee des

---

[154] Z.T wird die Auffassung vertreten, der Begriff der territorialen Souveränität sei erfunden, um unkontrollierbare Handlungen des Staatswillens innerhalb des Staatsgebiets zu rechtfertigen. Auch Thiele steht dem Dogma der staatlichen Souveränität äußerst kritisch gegenüber und vertritt die Auffassung, daß das Völkerrecht nicht als Staatenrecht sondern als Menschenrecht anzusehen ist, das auch die souveränen Staaten verpflichte; vgl. Thiele, Völkerstrafrecht, S. 31 ff. Dieser Mindermeinung steht nach wie vor die h.M. der Völkerrechtswissenschaft sowie die Staatenpraxis entgegen.

[155] Vgl. Ahlbrecht, Völkerrechtliche Strafgerichtsbarkeit, S. 26; v.Puttkamer, Die Haftung, Archiv des Völkerrechts 1 (1948/1949), S. 427 f; Kastner, Vom Gerechten Krieg, JA 1999, S. 709; Ronneberg, Verbrechen gegen den Frieden, S. 11, geht davon aus, daß bis zum Beginn des ersten Weltkrieges kein allgemeines Verbot des Angriffskrieges bestanden habe; dies wird auch von Thiele, Völkerstrafrecht, S. 38, erkannt, der dies jedoch ablehnt.

[156] Vgl. Thiele, Völkerstrafrecht, S. 22.

[157] Vgl. Thiele, Völkerstrafrecht, S. 24.

[158] Die „Verbannung Napoleons" nach St. Helena hatte keinerlei Strafcharakter. Vielmehr kamen die Hauptmächte der Allianz am 2. August 1815 überein, den sich in britischer Gewalt befindenen Napoleon als ihren gemeinsamen Gefangenen zu betrachten und ihn zwecks Sicherung der Ruhe in Europa in eine Art politische Schutzhaft zu nehmen; vgl. hierzu Blumenwitz, Die Strafe im Völkerrecht, ZfP 1997, S. 325; Schwengler, Versailler Vertrag, S. 44 f; Jescheck, Verantwortlichkeit der Staatsorgane, S. 31 f; so auch Woetzel, The Nuremberg Trials, S. 24. Interessant zu diesem Problemkreis: RGSt 16, 165 ff, das entschiedet, daß derartige Handlungen der Staaten bzw. der Staatsorgane völkerrechtlich gedeckt seien, so daß die Personen in strafrechtlicher Hinsicht nicht rechtswidrig handelten.

[159] Laut Verdross handelt es sich bei Krieg um den „zwischenstaatlichen Gewaltzustand unter Abbruch der friedlichen Beziehungen", Völkerrecht, S. 432 f.

[160] Vgl. Weber, St. Helena oder Nürnberg, VN 1990, S. 207.

[161] Vgl. Weber, St. Helena oder Nürnberg, VN 1990, S. 207.

[162] S. Weber, St. Helena oder Nürnberg, VN 1990, S. 207. Von dem Generalpardon („oublie général") der Friedenverträge waren i.d.R. die Könige und Regierungen erfaßt und zwar auch dann, wenn der Friedensvertrag keine besondere Bestimmung hierzu vorsah, so daß der Gedanke, die poli-

gerechten Krieges wurde schließlich überflüssig, da die der Politik der Nationen im 18., 19. und auch im 20. Jahrhundert von der Auffassung geprägt war, die Souveränität als solche gewähre den Staaten ein uneingeschränktes Recht zur Führung eines Krieges.[163] Seit Ende des 18. Jahrhunderts wurde die der Staatenpraxis zuwiderlaufende Lehre vom gerechten Krieg lediglich als moralische Theorie empfunden.[164] Dennoch hatte die Theorie des „bellum iustum" in diesem Zeitraum durchaus noch Anhänger.[165] Hieraus folgt, daß der Krieg als Fortsetzung der Politik mit anderen Mitteln bis 1919 im Einklang mit dem Völkerrecht stand, so daß die Möglichkeit einer strafrechtlichen Sicherung des Friedens abgelehnt und als Rechtsfolge völkerrechtlicher Delikte allenfalls die Wiedergutmachungspflicht des Staates, keinesfalls aber eine strafrechtliche Verantwortung anerkannt wurde.[166] Da jeder Krieg, sofern und soweit keine Verträge existierten, erlaubt war, konnte Deutschland für den Ausbruch des ersten Weltkrieges, mangels diesbezüglicher Verbotsnormen, völkerrechtlich nicht verantwortlich gemacht werden.[167] Hieran vermochten auch die Haager Friedenskonferenzen der Jahre 1899 und 1907 nichts zu ändern, da keiner der Teilnehmerstaaten zu einer wesentlichen Einschränkung seiner Souveränität bereit war. Vor diesem Hintergrund erstaunt, daß in dieser Epoche, aufgrund des Humanitätsgedankens der Aufklärung, versucht wurde, den Schutz der Menschenrechte zu einer gemeinsamen Angelegenheit der internationalen Gemeinschaft zu machen, so daß im 19. Jahrhundert die Großmächte bei schweren Menschenrechtsverletzungen in anderen Staaten wiederholt mit diplomatischen und militärischen Mitteln intervenierten[168], ohne jedoch eine Strafgewalt gegenüber den Staatsorganen des Interventionsgegners in Anspruch zu nehmen.

2. Das Völkerstrafrecht im ersten Weltkrieg unter besonderer Berücksichtigung des Versailler Friedensvertrages vom 28. Juni 1919

Vor dem Hintergrund der zuvor beschriebenen Gegebenheiten wie dem freien Kriegsführungsrecht der souveränen Staaten, dem Umstand, daß sich über den Staaten keine weitere Instanz befand sowie insbesondere der Machtlosigkeit des gewaltlosen Systems des Völkerrechts gegenüber der um sich greifenden Mißachtung des zwischenstaatlichen Rechts, brachte der erste Weltkrieg die „Neubelebung

---

tisch Handelnden nachträglich strafrechtlich zur Verantwortung zu ziehen, hier nicht mehr in das Bild paßt. Nach Weber bleibt dieser Personenkreis, unbeschadet einer strafrechtlichen Verantwortung nach innerstaatlichen Recht, nach Völkerrecht vor internationaler Strafverfolgung geschützt.

163 S. Kastner, Vom gerechten Krieg, JA 1999, S. 706 ff. Kastner stellt fest, daß jeder Kriegswillige versucht sein wird, seinen Krieg zu rechtfertigen und meist keine objektiven Tatumstände erkennbar sein werden, welche Vertragspartei einen gerechten Krieg führe so daß die Beurteilung damals wie heute problematisch ist, zumal das Eingreifen Dritter i.d.R. auf egoistischen Motiven beruhe.

164 Vgl. Verdross, Völkerrecht, S. 436, der ausführt, daß diese lediglich als Vorwand der Diplomatie diente, da im allgemeinen positiven Völkerrecht keine den Krieg untersagenden Rechtssätze auffindbar seien.

165 Vgl. hierzu mit weiteren Nachweisen Jescheck, Verantwortlichkeit der Staatsorgane, S. 26 ff.

166 Vgl. Becker, Verbrechen gegen die Menschlichkeit, S. 29 und FN 113.

167 Vgl. Thiele, Völkerstrafrecht, S. 38.

168 So: Jescheck, Verantwortlichkeit der Staatsorgane, S. 39 ff. In diesem Zusammenhang ist auf die humanitären Interventionen des 20. Jahrhunderts zu verweisen, zu denen in Kap. 1 D II 1 d Stellung genommen wird.

der Idee des Völkerstrafrechts"[169], so daß das Verständnis des Völkerstrafrechts bereits in und während des ersten Weltkrieges erhebliche Änderungen erfahren hat. Die auf den Konferenzen entwickelten Gedanken und Denkansätze waren ausschlaggebend und prägend für die Entwicklung des Völkerstrafrechts, so daß in der Folgezeit, v.a. im Zusammenhang mit den Nürnberger Prozessen, seitens der Siegermächte auf die Planungen, Ergebnisse, Erkenntnisse und Lehren bzw. Erfahrungen dieser Zeit zurückgegriffen werden konnte. Allerdings ist diese veränderte rechtliche Grundauffassung bis zu den Nürnberger Prozessen weitestgehend ohne praktische Relevanz geblieben.[170] Bereits anläßlich der Verhandlungen zu dem Versailler Friedensvertrag deutete sich das Abweichen von der alten Auffassung an, daß Staaten gegeneinander keine Strafgewalt hätten und der Staat entsprechend der „act-of-state-doctrine" strafrechtlich nicht zur Verantwortung gezogen werden könne und somit auch die ausführenden Staatsorgane straffrei bleiben.[171] Angesichts der Situation anläßlich der Beendigung des ersten Weltkrieges, die sich von der Lage nach dem zweiten Weltkrieg unterschied, wurden diese Ideen, die dann in Nürnberg ihre Bestätigung und Umsetzung fanden, hier weitestgehend noch nicht realisiert. Dies ist auf die Tatsache zurückzuführen, daß zu dieser Zeit noch die Furcht vor dem Vormarsch des Bolschewismus sowie der strafrechtlichen individuellen Haftbarmachung für die Grausamkeiten der eigenen Regierung überwog, so daß die Siegermächte z.T. vor einer umfassenden strafrechtlichen Verfolgung zurückschreckten.[172] Diese Motive, Interessen und Befürchtungen waren bei den verschiedenen Siegermächten unterschiedlich ausgeprägt, so daß sich bereits bei den zur Vorbereitung der Friedensverträge einberufenen Konferenzen erhebliche Differenzen ergaben. Während sich die französischen und britischen Delegationsmitglieder für erhebliche Neuerungen aussprachen, sich für die Schaffung einer internationalen Strafgerichtsbarkeit einsetzten und zudem die Verfolgung von Verbrechen gegen die Menschlichkeit verlangten, wollten die Vereinigten Staaten die Untersuchung auf die positiven Regeln des Völkerrechts beschränken.[173] Wie dem Versailler Vertrag zu entnehmen ist, setzte sich die amerikanische Auffassung durch, da zum einen die Schaffung eines internationalen Strafgerichtshofes unterblieb und vielmehr die Zuständigkeit nationaler Militärgerichte begründet worden ist. Zum anderen waren die Anklagen, unter Ausklammerung von Verstößen gegen die Gesetze oder Prinzipien der Menschlichkeit, auf Verstöße gegen die Gesetze und Gebräuche des Krieges begrenzt. Bei der Frage der öffentlichen Anklage des deutschen Kaisers vermochte sich die amerikanische Rechtsauffassung nur teilweise durchzusetzen.

Zu den Standpunkten der Siegermächte ist auszuführen, daß sich in Großbritannien die britischen Staatsmänner ursprünglich mehrheitlich dagegen aussprachen, die Bestrafung der deutschen Kriegsverbrecher zu einem Kriegsziel zu machen.[174] Im

---

169 Vgl. Jescheck, Verantwortlichkeit der Staatsorgane, S. 42; Triffterer, Materielles Völkerstrafrecht, S. 8.

170 Vgl. Triffterer, Materielles Völkerstrafrecht, S. 10, der dies im Wesentlichen darauf zurückführt, daß im ersten Weltkrieg letztendlich eine Verurteilung der Kriegsverbrecher nach deutschem Recht erfolgte, wobei völkerrechtliche Normen nur im Rahmen der Rechtswidrigkeit berücksichtigt worden seien.

171 S. Triffterer, Materielles Völkerstrafrecht, S. 9.

172 Vgl. hierzu: Simpson, Nürnberg, S. 46.

173 Vgl. hierzu: Schwengler, Versailler Vertrag, S. 101.

174 „No nation, unless it was beaten to the dust, would accept such terms. If England had been badly beaten in this way, we should never agree to our officers beeing tried by German tribunals. As a matter of principle, threats should not be made which, in practice, could not be enforced." Zit. nach Schwengler, Versailler Vertrag, S. 72 f.

Laufe der Zeit trat jedoch eine Änderung dieser Auffassung ein, so daß die strafrechtliche Verantwortlichkeit deutscher Soldaten wegen Kriegsverbrechen bejaht wurde.[175] Daneben wurde auch die Diskussion über die Bestrafung des deutschen Kaisers intensiviert. Diese Haltung der britischen Regierung wurde durch den Druck der Öffentlichkeit, insbesondere der Presse, noch bestärkt, die die Bestrafung der Verantwortlichen verlangte.[176] Im Rahmen des sog. „Khaki-Wahlkampfes" beherrschten stimmbringende Parolen wie „hang the Kaiser"[177] und „Germany will pay"[178] das politische Bild, so daß die Haltung Großbritanniens entscheidend durch den öffentlichen Druck beeinflußt wurde und eine Umkehr angesichts der geschürten Erwartungen unmöglich wurde. Auch die französische Rechtswissenschaft befürwortete im Laufe des Krieges die Bestrafung der Verantwortlichen[179], d.h. in erster Linie des deutschen Kaisers. Ein im Jahr 1918 von den Rechtsprofessoren Larnaude und de la Pradelle eingeholtes „Examen de la responsabilité de l'Empereur Guillaume II d'Allemagne" sollte als Rechtfertigung dieses Vorhabens dienen.[180] Demzufolge sollte mit der Bestrafung der für Völkerrechtsverletzungen verantwortlichen Deutschen eine neue Ära des Völkerrechts beginnen. Die amerikanischen Arbeitspläne für die Friedenskonferenz sahen weder die Behandlung der Kriegsschuldfrage noch die Problematik der Bestrafung von Kriegsrechtsverletzungen und der Urheber des Krieges vor.[181] Daher kam es zwischen den USA und ihren Verbündeten zu scharfen Auseinandersetzungen v.a. bezüglich der Fragen, ob sich untergeordnete Organe durch die Nichtverhinderung von Kriegsverbrechen strafbar gemacht haben, der deutsche Kaiser sich strafrechtlich gegenüber den Alliierten zu verantworten habe und schließlich der Frage, wie der Begriff des Verbrechens gegen die Menschlichkeit im Strafrecht zu behandeln sei.[182] Ein seitens der Rechtsberater David Hunter Miller und James Brown Scott erstelltes Memorandum zu der Frage der strafrechtlichen Verantwortlichkeit der deutschen Staatsführung für den Kriegsausbruch und die Verfolgung der Kriegsverbrecher kam zu dem Ergebnis, daß die Kriegsführung als Mittel der Politik im Jahr 1914 keineswegs völkerrechtswidrig, sondern vielmehr zu den souveränen Rechten eines jeden Staat gehört habe.[183] Entgegen der britischen und der französischen Auffassung vertraten die Erstatter zum einem einen strengen Rechtspositivismus, so daß eine Strafbarkeit nach common law abgelehnt wurde und zum anderen die Auffassung, die Siegermächte könnten kein neues, Drittwirkung

---

175 Vgl. Jescheck, Verantwortlichkeit der Staatsorgane, S. 47.

176 S. Schwengler, Versailler Vertrag, S. 72, 88.

177 Diese Parole wurde von Lloyd George im Wahlkampf benutzt.

178 Vgl. hierzu Schwengler, Versailler Vertrag, S. 88 f.

179 So wurde die Bestrafung der deutschen Soldaten für Kriegsverbrechen von französischen Militärgerichten nach französischen Recht als vom Völkerrecht erlaubt betrachtet, vgl. Jescheck, Verantwortlichkeit der Staatsorgane, S. 43.

180 Die Gutachter kamen zu dem Ergebnis, daß zwar eine Bestrafung des deutschen Staates selbst ausscheide, jedoch der Kaiser und mit ihm die „hommes d'État allemands, chefs civils ou militaires" selbst strafrechtlich zur Verantwortung gezogen werden könne. Zu diesem Zweck sollten die Allierten, unter Vereinigung ihrer nationalen Kompetenzen, unter Ausschluß der Neutralen, einen internationalen Strafgerichtshof errichten. Eine Aburteilung vor den nationalen Gerichten schlossen die Gutachter angesichts der Organstellung aus und vertraten die Auffassung, daß auch Staatsoberhäupter und -organe einer internationalen Gerichtsbarkeit unterworfen seien. Rechtliche Probleme erkannten die Gelehrten nicht. Vgl. hierzu ausführlich: Jescheck, Verantwortlichkeit der Staatsorgane, S. 47.

181 So: Schwengler, Versailler Vertrag, S. 82 ff.

182 Vgl. Jescheck, Verantwortlichkeit der Staatsorgane, S. 56.

183 S. Schwengler, Versailler Vertrag, S. 86.

erzeugendes Völkerrecht schaffen, mit der Folge, daß die alliierten Mächte weder ex post facto die Kompetenz zur Festlegung der Strafbarkeit des Krieges noch zur Einsetzung eines Gerichtshofes hätten, da dies sowohl eine Verletzung des von allen zivilisierten Nationen anerkannten Rechtsgrundsatzes als auch der Verfassung Nordamerikas darstelle.[184] Die Amerikaner bejahten indes das völkergewohnheitsrechtliche Recht der geschädigten Kriegspartei, die Verantwortlichen auf der Grundlage des eigenen Militärrechts zu bestrafen. Die USA lehnten indes unter Berufung auf den Grundsatz „nullum crimen sine lege" eine juristische Verantwortung des deutschen Kaisers strikt ab, da nicht die Staatsführung, sondern der Staat für politische Entscheidungen die internationale Verantwortung zu tragen habe und bejahten vielmehr eine politische Verantwortung des Kaisers für die Kriegsurheberschaft.[185] Zudem bezweifelten die Amerikaner das Recht der Sieger ein Tribunal mit ihren eigenen Staatsangehörigen auf der Richterbank einzusetzen, da damit die Parteien, hier die Kläger, gleichzeitig zum Richter gemacht würden und ein gefährliches Präzedens geschaffen würde, wenn der Sieger über den Besiegten zu Gericht sitze. Schließlich gab der amerikanische Präsident Wilson[186] seinen Widerstand gegen die gerichtliche Inanspruchnahme des deutschen Kaisers auf, so daß sich die letztendlich getroffene Regelung der Art. 227-230 des Versailler Vertrages als Kompromiß darstellt, da die Anklage gegen Wilhelm zwar beibehalten wurde, aber nicht juristisch sondern politisch formuliert war.[187]

In Deutschland wurde demgegenüber während des Krieges die Problematik der Bestrafung der militärischen und politischen Führung der Gegner zu keiner Zeit diskutiert[188], so daß aus diesem Grund in die Friedensverträgen des Jahres 1918 zwischen den Zentralmächten einerseits und der Ukrainischen Volksrepublik, der russischen Sowjetrepublik und Rumänien andererseits die übliche Amnestieklausel aufgenommen worden und neben einer Amnestierung eigener Staatsangehöriger auch eine Begnadigung der gegnerischen Kriegsgefangenen und Zivilinternierten, sowie jener Staatsbürger des Gegners vorgesehen, die zu dessen Gunsten strafbare Handlungen begangen haben.[189] Da die deutsche Delegation an den eigentlichen Vertragsverhandlungen nicht teilgenommen hat, bildete dies den Nährboden für die Nationalsozialisten, es habe sich nicht um einen Vertrag, sondern um ein „Diktat" gehandelt.[190]

---

184 S. Schwengler, Versailler Vertrag, S. 86.

185 Vgl. hierzu: Jescheck, Verantwortlichkeit der Staatsorgane, S. 57, der ausführt, daß die Amerikaner die Auffassung vertraten, daß das Staatsoberhaupt als „sovereign agent of a State" und als „chief executive" keiner fremden Gerichtsbarkeit unterworfen sei, da „the essence of sovereignty consists in the fact that it is not responsable to any foreign sovereignty; so auch: v.Puttkamer, Die Haftung, Archiv des Völkerrechts 1 (1948/1949), S. 431 f.

186 Die USA haben den Vertrag von Versailles, wegen der im Vertrag enthaltenen Völkerbundsatzung, nicht ratifiziert, sondern unter dem 25.8.1921 einen eigenen Friedensvertrag mit Deutschland geschlossen, der einen Teil VII, bzw. die Strafbestimmungen, gerade nicht enthält.

187 S. v.Puttkamer, Die Haftung, Archiv des Völkerrechts 1 (1948/1949), S. 432. Auch Thiele, Völkerstrafrecht, S. 51, vertritt die Auffassung, es habe sich um eine politische Anklage gehandelt.

188 Vgl. Jescheck, Verantwortlichkeit der Staatsorgane, S. 49 ff.

189 S. Verdroß, Amnestieklausel, 39.

190 S. v.Puttkamer, Versailler Friede, S. 517 f, die die Auffassung vertritt, der Versailler Vertrag sollte kein Friedensvertrag im engeren Sinne sein, sondern seiner Zielsetzung nach ein völkerrechtlicher Vertrag zur Neuordnung der Welt und als Indiz hierfür beispielsweise die Einbeziehung der Satzung des Völkerbundes dergestalt, daß die Staaten, die den Vertrag ratifizierten, automatisch Mitgliedstaaten des Völkerbundes wurden, anführt. Nach v.Puttkamer (S. 520) ist der Versailler Vertrag „das erste historische Beweisdokument dafür, daß in der modernen Entwicklung der Wirtschaftskrieg gleichbedeutend neben den Krieg mit der Waffe getreten ist".

Zu dem Versailler Vertrag selbst ist festzustellen, daß während die Art. 228-230 des Versailler Vertrages ausschließlich die Kriegsverbrechen im herkömmlichen Sinn erfassen, Art. 227 des Versailler Vertrages die „neue Art des Krieges" und somit das Handeln des ehemaligen deutschen Kaisers als ein Verbrechen qualifiziert.[191] Dies kann u.a. dem Umstand entnommen werden, daß der gegen den früheren Kaiser gerichtete Artikel unter der Überschrift „Strafbestimmungen" Eingang in den Versailler Vertrag gefunden hat. In Art. 227 des Versailler Vertrages[192] wird der ehemalige deutsche Kaiser Wilhelm II., als Staatsoberhaupt „wegen schwerster Verletzung des internationalen Sittengesetzes und der Heiligkeit der Verträge"[193], als einziger mit Namen persönlich von den alliierten und assoziierten Mächten, unmittelbar durch den Vertrag selbst, unter öffentliche Anklage gestellt und sofort als „Angeklagter" bezeichnet. Zum Zweck der Aburteilung sollte ein „besonderer Gerichtshof" eingesetzt werden, der „auf der Grundlage der erhabensten Grundsätze der internationalen Politik" urteilen sollte. Mutmaßlich wurde in dem Bewußtsein, daß das bisherige Völkerrecht das angeklagte Verbrechen nicht kannte, bewußt die „erhabensten Grundsätze der internationalen Politik" und nicht des „internationalen Rechts" zugrunde gelegt. Schließlich kann der Gerichtshof die Strafe bestimmen, die er für angemessen erachtet. Somit wurde in Art. 227 des Versailler Vertrages nicht nur öffentlich angeklagt, sondern auch der Straftatbestand sowie die verfahrensrechtlichen Fragen geregelt. In rechtlicher Hinsicht bedenklich ist, daß vorliegend Politik, Moral und (Straf-) Recht eine zwar, angesichts der Lage in den beteiligten Nationen verständliche, jedoch zugleich rechtswidrige Koalition eingegangen sind. Demzufolge drängt sich der Verdacht auf, daß hier in die, im Mittelalter überwundenen, Gebahren und Gebräuche öffentlicher Anklagen zur Befriedigung des Volkswillens zurückverfallen wird. Dieser Artikel wurde zu Recht heftig kritisiert.[194] Man kann darüber geteilter Auffassung sein,

---

[191] So: Schmitt, Angriffskrieg, S. 24.

[192] Artikel 227 hat folgenden Wortlaut:

Die alliierten und assoziierten Mächte stellen Wilhelm II. von Hohenzollern, vormaligen Kaiser von Deutschland, wegen schwerster Verletzung des internationalen Sittengesetzes und der Heiligkeit der Verträge unter öffentliche Anklage.

Ein besonderer Gerichtshof wird eingesetzt, um über den Angeklagten unter Wahrung der wesentlichen Bürgschaften des Rechts auf Verteidigung zu Gericht zu sitzen. Der Gerichtshof besteht aus fünf Richtern, von denen je einer von folgenden fünf Mächten, nämlich den Vereinigten Staaten von Amerika, Großbritannien, Frankreich, Italien und Japan ernannt wird.

Der Gerichtshof urteilt auf der Grundlage der erhabensten Grundsätze der internationalen Politik; Richtschnur ist für ihn, den feierlichen Verpflichtungen und internationalen Verbindlichkeiten ebenso wie dem internationalen Sittengesetz Achtung zu verschaffen. Es steht ihm zu, die Strafe zu bestimmen, deren Verhängung er für angemessen erachtet.

Die alliierten und assoziierten Mächte werden an die Regierung der Niederlande das Ersuchen richten, den vormaligen Kaiser zum Zwecke seiner Aburteilung auszuliefern.

Wilhelm II. befand sich seit November 1918 in Holland.

[193] Gemeint waren hiermit v.a. die Verletzung der Neutralität Belgiens und Luxemburgs, d.h. der Bruch der Verträge von 1839 und 1867. v.Puttkamer vermutet, daß hier allgemein „Völkerrechtsverletzungen" gemeint seien, Demgegenüber sei der Anklagepunkt des „Verbrechens gegen die internationale Moral" absichtlich so unbestimmbar gewählt worden, um den Charakter als politisches Delikt zum Ausdruck zu bringen; vgl. v.Puttkamer, Die Haftung, Archiv des Völkerrechts, 1 (1948/1949), S. 442.

[194] Art. 227 des Versailler Vertrages wurde u.a. mit den Argumenten, die die Amerikaner im Vorfeld erhoben haben (s.o.), angegriffen. Daneben vertritt Schmitt, Angriffskrieg, S. 24 ff, die Auffassung, daß es sich um ein persönliches Ausnahmerecht gehandelt habe und begründet dies mit dem unbestimmten Tatbestand sowie der Tatsache, daß die Höhe der Strafe in das unbeschränkte Ermessen der den Siegerstaaten zuzurechnenden Richtern gestellt worden sei. Zudem ist nach Schmitt, a.a.O, nach damaliger Auffassung, der Staat einziges Rechtssubjekt. Auch Tomuschat,

ob es sich hier, wie die Überschrift „Strafbestimmungen" nahelegt, tatsächlich um eine Strafvorschrift handelt, welche die Durchführung eines Strafverfahrens bezweckt oder ob sich das Verfahren des Art. 227 des Versailler Vertrages als ein „Akt der hohen Politik darstellt und nur der Form nach als Strafprozeß ausgestaltet werden sollte".[195] Dies kann dahinstehen, da für die hier im Vordergrund stehende Entwicklung des Völkerstrafrechts lediglich der Umstand bedeutsam ist, daß das bisherige Völkerrecht auf dem Grundsatz „par in parem non habet iurisdictionem"[196] beruhte und demzufolge eine internationale Gerichtsbarkeit eines Staates über einen anderen Staat oder über das Staatsoberhaupt eines anderen souveränen Staat nicht bekannt war, so daß die in Art. 227 des Versailler Vertrages getroffene Vereinbarung als zumindest theoretischer Nukleus der dann folgenden Gerichtshöfe und Tribunale anzusehen sein wird.

Die Artikel 228-230 des Versailler Vertrages[197] betreffen die Verletzung des „ius in bello". Diese Bestimmungen sind von besonderem Interesse, da sie erstmals die individuelle strafrechtliche Verantwortung für völkerrechtswidrige Kriegshandlungen in einem Friedensvertrag begründen, obwohl eine persönliche strafrechtliche Verantwortung für Verletzungen des „ius in bello" zu diesem Zeitpunkt ausschied und

---

Von Nürnberg nach Den Haag, Die Friedenswarte 70 (1995), S. 146, vertritt die Auffassung, daß es sich beim Vertragsbruch zwar um ein völkerrechtliches Delikt handele, es sich allerdings bis heute nicht zu einem Straftatbestand entwickelt habe, der als Grundlage eines Strafverfahrens gegen den verantwortlichen Staatsmann dienen könne. Zudem weist Tomuschat a.a.O. darauf hin, daß es seinerzeit noch kein Verbot des Angriffskrieges gegeben habe. Schließlich ist in diesem Zusammenhang zu berücksichtigen, daß der Krieg nach Rousseau als eine Beziehung zwischen Staaten und nicht Individuen aufgefaßt wurde und wird, so daß er völkerrechtlich nicht von einzelnen Personen, z.B. dem Staatsoberhaupt, sondern von dem Staat als solchem geführt wird.

[195] Jescheck, Verantwortlichkeit der Staatsorgane, S. 60, der auf die Denkschrift der Alliierten, die dem Ultimatum vom 16.6.1919 beigefügt war, Bezug nimmt. Diese Auffassung erscheint angesichts des Wortlauts der Note der Alliierten vom 16.1.1920, mit der diese die Auslieferung Wilhelm II verlangten, überzeugend, da in dieser ausdrücklich betont wurde, daß es sich nicht um eine Anklage „à caractère juridique, mais d'un acte de haute politique internationale inspiré par la conscience universelle" handelt; zit. aus Jescheck, a.a.O., S. 62; so auch: Ahlbrecht, Völkerrechtliche Strafgerichtsbarkeit, S. 37.

[196] Verdross/Simma, Universelles Völkerrecht, § 1168 zu der völkerrechtlichen Fassung eines römischen Grundsatzes. Vgl. hierzu: Kap. 1 B II 2 a.

[197] Artikel 228:

Die deutsche Regierung räumt den alliierten und assoziierten Mächten die Befugnis ein, die wegen eines Verstoßes gegen die Gesetze und Gebräuche eines Krieges angeklagten Personen vor ihre Militärgerichte zu ziehen. Werden sie für schuldig befunden, so finden die gesetzlich vorgesehenen Strafen auf sie Anwendung. Die Bestimmung greift ohne Rücksicht auf ein etwaiges Verfahren oder eine etwaige Verfolgung vor einem Gerichte Deutschlands oder seiner Verbündeten Platz.

Die deutsche Regierung hat den allierten und assoziierten Mächten oder derjenigen Macht von ihnen, die einen entsprechenden Antrag stellt, alle Personen auszuliefern, die ihr auf Grund der Anklage, sich gegen die Gesetze und Gebräuche des Krieges vergangen zu haben, sei es namentlich, sei es nach ihrem Dienstgrade oder nach der ihnen von den deutschen Behörden übertragenen Dienststellung oder sonstigen Verwendung bezeichnet werden.

Artikel 229 :

Sind die strafbaren Handlungen gegen Staatsangehörige einer der alliierten und assoziierten Mächte begangen, so werden die Täter vor die Militärgerichte dieser Macht gestellt.

Sind die strafbaren Handlungen gegen Staatsangehörige mehrerer alliierter und assoziierter Mächte begangen, so werden die Täter vor Militärgerichte gestellt, die sich aus Mitgliedern von Militärgerichten der beteiligten Mächte zusammensetzen. In diesem Fall steht dem Angeklagten die freie Wahl seines Anwalts zu

Artikel 230 regelt die Verpflichtung der deutschen Regierung zur Erteilung von Auskünften und Auslieferung von Beweismaterial.

Kriegsverbrechen oder Vergehen dem Heimatstaat des Täters zugerechnet wurden.[198] Die Verträge enthalten eine weitere Neuerung gegenüber dem anerkannten Völkerrecht, als sie den besiegten Staat zur Auslieferung[199] eigener Staatsangehöriger verpflichtet.[200] In diesem Zusammenhang ist Art. 112 Abs. 3 der Reichsverfassung von Bedeutung, der regelte, daß kein Deutscher einer ausländischen Regierung zur Verfolgung oder Bestrafung überliefert werden dürfe. Diese Klausel befand sich zum damaligen Zeitpunkt in allen deutschen Verträgen.[201] Nach deutschem Recht war eine Auslieferung darüber hinaus ausgeschlossen, sofern im ersuchten Staat gerade wegen der Straftaten, welche die Auslieferung begründen sollten, ein Strafverfahren anhängig oder bereits durchgeführt war.[202] Durch diesen Teil des Vertrages wurde ein Präzedenzfall geschaffen, was anhand der Geschehnisse nach dem zweiten Weltkrieg nachvollzogen werden kann.[203] Abschließend ist festzustellen, daß sich zum einen der in dem Versailler Vertrag als haftbar genannte Personenkreis im wesentlichen mit dem von 1945 deckt und zum anderen 1919 zumindest über die gleichen Verbrechen verhandelt wurde, die 1945 geahndet worden sind, so daß hier viele Parallelen bestehen.[204]
In Art. 231[205] des Versailler Vertrages, der die sog. „Kriegsschuldfrage"[206] regelt, erheben die Sieger Schadensersatzansprüche, die aus der rechtlichen Verantwortlichkeit der Besiegten abgeleitet werden, so daß sie sich von der Geltendmachung von Kriegsentschädigungen im herkömmlichen Sinn abheben.[207] Die den ersten Weltkrieg abschließenden Friedensverträge standen auf dem Standpunkt der einseitigen Wiedergutmachung, was aus der Tatsache folgt, daß sich Deutschland in Art. 439 des Versailler Vertrages verpflichtete keine Geldansprüche gegen die Siegermächte

---

198 So auch: Ahlbrecht, Völkerrechtliche Strafgerichtsbarkeit, S. 29 f; 39.

199 Die Auslieferung ist als wichtigstes Geschäft internationaler Rechtshilfe in Strafsachen anzusehen, da die Verwirklichung des staatlichen Strafanspruches an sich territorial gebunden ist, vgl. dazu: Mettgenberg, Auslieferung, S. 81. Befand sich der Verfolgte oder Verurteilte im Gebiet eines anderen Staates so bedurfte es i.d.R. der Mitwirkung dieses anderen Staates, so daß es zum Abschluß sogenannter Auslieferungsabkommen zwischen den Staaten kam, die von dem Grundsatz der Gegenseitigkeit beherrscht wurden, Mettgenberg, Auslieferung, S. 83.

200 Vgl. Schmitt, Angriffskrieg, S. 16.

201 S. Mettgenberg, Auslieferung, S. 84.

202 So auch: Mettgenberg, Auslieferung, S. 84. Vor diesem Hintergrund ist Art. 228 S. 3 zu erklären.

203 Vgl. Nussbaum, Geschichte des Völkerrechts, S. 283.

204 V.Puttkamer, Die Haftung, Archiv des Völkerrechts 1 (1948/1949), S. 448 f. v. Puttkamer stellt fest, daß die Behandlung der Kriegsverbrecherfrage nach dem ersten Weltkrieg voller Widersprüche gewesen sei und zwar der Wille dem „Angriffskrieg" in Zukunft durch Sanktionen vorzubeugen vorhanden gewesen sei, aber die Sieger unter sich keine Einigkeit erzielen konnten.

205 Artikel 231
Die alliierten und assoziierten Regierungen erklären und Deutschland erkennt an, daß Deutschland und seine Verbündeten als Urheber für alle Verluste und Schäden verantwortlich sind, die die alliierten und assoziierten Regierungen und ihre Staatsangehörigen infolge des ihnen durch den Angriff Deutschlands und seiner Verbündeten aufgezwungenen Krieges erlitten haben..

206 Held, Kriegsentschädigungen, S. 729, vertritt die Auffassung, daß, angesichts der Tatsache, daß die Klärung der Kriegschuldfrage unter der Überschrift Reparationen vorgenommen wurde, die Schuld am Kriege nicht als Schuld im Rechtssinne und nicht als Tatbestandsmerkmal im Rechtssinne formuliert worden sei, sondern die Zentralmächte in den jeweiligen Verträgen im Sinne eines ethisch moralischen Prinzips „lediglich" anerkannt hätten, alle Verluste verursacht und für die Schäden verantwortlich zu sein, wobei dies lediglich als Urheberschaft nicht jedoch als Anerkennung der Rechtswidrigkeit des Angriffs oder gar der Schuld anzusehen sei. Daher könne diese Bestimmung nicht als Strafbestimmung im herkömmlichen Sinne angesehen werden.

207 So: Schmitt, Angriffskrieg, S. 29.

geltend zu machen.[208] Art. 231 des Versailler Vertrages ist insoweit erwähnenswert, als die Reparationspflicht auf den Angriff und die Kriegsschuld zurückgeführt wird, so daß sich bereits hier die Problematik des Angriffskrieges stellt, diese aber keine strafrechtlichen Konsequenzen hatte. Die Vereinbarung von Kriegsentschädigungen war sowohl in der Lehre als auch in der Praxis bereits vor dem ersten Weltkrieg üblich.[209] Allerdings enthalten die Verträge von Versailles, St.Germain und Trianon Wiederherstellungsverpflichtungen in einem bislang einzigartigem Umfang, der seinesgleichen sucht.[210] Einmalig ist weiterhin, daß die Sieger ihre Reparationsforderungen mit der Feststellung begründeten, der Besiegte habe den Krieg schuldhaft begonnen[211], da Kriegsentschädigungen lediglich an die faktische Voraussetzung des militärischen Sieges geknüpft war.[212] Der Begriff der Reparationen, nicht nur als Mittel der wirtschaftlichen Wiederherstellung, sondern auch als moralische Wiedergutmachung einer „Schuld" des deutschen Reiches an dem durch „Angriff" verursachten Krieg, wird im Versailler Vertrag zum ersten Mal „Leitmotiv eines europäischen Friedensschlusses".[213] Diese Hoffnung kann als erster Schritt in Richtung strafrechtlicher Verantwortlichkeit des Angriffskrieges gesehen werden.
Deutschland leistete gegen die Bestimmungen des Versailler Vertrages heftigen Widerstand, unterzeichnete aber letztendlich nach einem letzten Ultimatum am 28. Juni 1919 im Spiegelsaal des Schlosses von Versailles den Vertrag. Auch nach Vertragsabschluß wurden die Verhandlungen angesichts der labilen innenpolitischen Lage fortgeführt.[214] In der am 3. Februar 1920 überbrachten Auslieferungsliste verlangten Großbritannien, Frankreich, Italien, Belgien, Polen, Rumänien, und der Serbisch-kroatisch-slowenische Staat die Auslieferung von fast 900 Personen, davon 854 deutschen Staatsangehörigen.[215] Angesichts der Weigerung Deutschlands seine, in der Liste aufgeführte, gesamte politische und militärische Führung auszuliefern erklärten sich die Siegermächte mit einer Aburteilung der deutschen Kriegsverbrecher vor dem Reichsgericht einverstanden, allerdings behielt man sich vor, die Beschuldigten vor eigenen Gerichten anzuklagen, sofern eine angemessene Vergeltung nicht erfolge.[216] Die gesetzliche Grundlage für die Aburteilung deutscher Kriegsver-

---

208 Vgl. hierzu: Verdroß, Amnestieklausel, S. 40.

209 Vgl. Held, Kriegsentschädigungen, S. 726.

210 S. Held, Kriegsentschädigungen, S. 727 f. In dem Vertrag wurde keine bestimmte Reparationssumme sondern umfangreiche Gruppen von Schäden festgesetzt. Gemäß Art. 233 des Versailler Vertrages, sollte die Festsetzung des Schadensersatzes durch einen „Wiedergutmachungsausschuß" der Alliierten vorgenommen werden. Die Schadensmeldungen führten zu einer Forderungssumme i.H.v. 186 Mrd. Goldmark, die dann pauschal auf 132 Mrd Goldmark reduziert wurde und in zwei Raten i.H.v. 50 und 82 Mrd. Goldmark mit Annuitäten von 1,5-3 Mrd. Goldmark getilgt werden sollte.

211 Vgl. Seidl-Hohenveldern, Völkerrecht, Rn. 1867.

212 S. Schwengler, Versailler Vertrag, S. 118.

213 Vgl. v.Puttkamer, Versailler Friede, S. 520. Die deutschen Einwendungen gegen diesen sog. „Kriegsschuldartikel" richteten sich nicht nur gegen die Anwendung des Begriffs des verbotenen Angriffs, auf eine Situation, die dieses Verbot noch gar nicht kannte, sondern v.a. auch auf die nach deutscher Sicht unbegründete Zuweisung der Alleinschuld am Krieg.

214 Vgl. hierzu: Schwengler, Versailler Vertrag, S. 250 ff. Schwengler weist darauf hin, daß im Fall der Auslieferung deutscher Soldaten mit einer militärischen Reaktion zu rechnen war, da die Strafbestimmungen als ein Anschlag auf die Ehre der Armee und der Nation erachtet worden seien. Ferner war ebenfalls mit einer Gehorsamsverweigerung durch die Beamten sowie dem Ausbruch eines Bürgerkrieges zu rechnen, falls versucht werden sollte, Volkshelden festzunehmen und auszuliefern, a.a.O., S. 293 ff, 233 ff.

215 Vgl. Schwengler, Versailler Vertrag, S. 303, mit weiteren Nachweisen.

216 Vgl. Schwengler, Versailler Vertrag, S. 316 f.

brecher durch ein Reichsgericht sowie die Schaffung eines Gesetzes zur Verfolgung von Kriegsverbrechen und Kriegsvergehen am 18. Dezember 1919 waren bereits vorsorglich zuvor gelegt worden.[217] So kam es schließlich auf der Grundlage einer von den Siegermächten erstellten Probeliste, die 46 namentlich beschuldigte Offiziere und Soldaten enthielt, zu den Leipziger Kriegsverbrecherprozessen.[218] Der ersten Probeliste folgte die ursprüngliche Liste mit ca. 896 Namen.[219] Die Konsequenz der Leipziger Kriegsverbrecherprozesse war, daß die obersten Organe der deutschen Strafrechtspflege wiederholt mit dem Vorwurf konfrontiert wurden, die von Deutschen im Ersten Weltkrieg begangenen Verbrechen nicht ernsthaft verfolgt zu haben, ein Schluß, den auch die einberufene Kommision zur Überprüfung der reichsgerichtlichen Urteile, zu der Großbritannien, Frankreich, Belgien und Italien ihre Vertreter entsandten, teilte, indem sie festellte, daß keine genügenden Anstrengungen zur Ermittlung der Wahrheit getätigt wurden.[220] Auch Stuby bezeichnet die strafrechtliche Verfolgung der deutschen Kriegsverbrecher vor den deutschen Gerichten als „ein Schlag ins Wasser".[221] Dennoch verzichteten die Alliierten auf ein weiteres Eingreifen.[222] Die holländische Regierung, die zur Auslieferung Wilhelm II. ersucht worden war, verweigerte diese mit der Begründung, daß sie nicht an den Friedensvertrag gebunden sei und zudem eine diesbezügliche völkerrechtliche Verpflichtung nicht bestünde, da eine internationale Gerichtsbarkeit über politische Kriegsakte nicht gegeben sei und schließlich die eigenen Gesetze Hollands eine Auslieferung verbieten würden.[223]

Somit blieb eine praktische Umsetzung der Regelungen des Versailler Vertrages weitgehend aus, da auch die Wiederaufnahme der Feindseligkeiten den Alliierten wohl als zu hoher Preis für die Durchsetzung ihrer Auslieferungsforderungen er-

---

[217] RGBl. 1919, S. 2125 f. Dieses wurde durch ein Ergänzungsgesetz, ausgefertigt am 24.3.1920, welches die Außerkraftsetzung von Teilen des insoweit entgegenstehenden Rechtsstrafgesetzbuches vorsah, ergänzt, RGBl. 1920, S. 341-343.

[218] Schwengler, Versailler Vertrag, S. 338 ff, 341.

[219] Vgl. hierzu: Ahlbrecht, Völkerrechtliche Strafgerichtsbarkeit, S. 42.

[220] Schwengler, Versailler Vertrag, S. 351. Die Bilanz dieser Verfahren wurde von Schwengler anschaulich geschildert, vgl.a.a.O., S. 359. Im dem vom Ausland mit Spannung verfolgten Llandovery-Prozeß, flüchteten die zwei Verurteilten, die auf keiner Liste standen, aus dem Gefängnis. Im Jahr 1928 hob das Reichsgericht das Urteil auf und sprach die Angeklagten frei. Reichsanwaltschaft und Reichsgericht beendeten nach der Machtergreifung durch die Nationalsozialisten ihre Arbeit in den Verfahren. Aufgrund der alliierten Auslieferungsliste waren 907 Verfahren anhängig gewesen wovon neun durch Urteil, das in fünf Fällen auf Freispruch und in vier Fällen auf Freiheitsstrafe lautete, beendet wurde. Die übrigen Verfahren hingegen wurden durch Einstellung oder in ähnlicher Weise erledigt. Darüber hinaus waren in 728 (bzw. nach anderen Angaben 837) Verfahren, in denen auf deutsche Initiative ermittelt worden war, lediglich drei Urteile ergangen und die übrigen Verfahren ebenfalls durch Freispruch oder in ähnlicher Weise beendet, vgl. Schwenger, a.a.O., S. 359. Vgl. zu den Leipziger Prozessen auch: Ahlbrecht, Völkerrechtliche Strafgerichtsbarkeit, S. 41 ff.

[221] Vgl. Stuby, Staatliche Souveränität, S. 437.

[222] Allerdings machten z.B. Belgien und Frankreich von der in ihrer Rechtsordnung vorgesehenen Möglichkeit Gebrauch, so daß Kriegsverbrecher in contumaciam abgeurteilt wurden.

[223] Vgl. hierzu: Jescheck, Verantwortlichkeit der Staatsorgane, S. 62. Wilhelm II. lehnte aufgrund seines Selbstverständnisses als Monarch eine freiwillige Auslieferung ab. Demgegenüber wollte der frühere Reichskanzlers Theobald v. Bethmann-Hollweg die volle Verantwortlichkeit für die unter seiner Kanzlerschaft (1914-1917) begangenen Amtshandlungen des Kaisers übernehmen und sich dem geplanten Tribunal zu stellen. Dieses Anerbieten wurde von der Reichsregierung abgelehnt. Auch Generalfeldmarschall v. Hindenburg wollte sich, anders als General Ludendorff, der die eigene Auslieferung strikt verweigerte, anstelle des Kaisers ebenfalls dem alliierten Gericht stellen.

schien. Diese Zeit ist für die Entwicklung des Völkerstrafrechts insoweit interessant, als in ihr die Grundlagen für die spätere Entwicklung gelegt wurden. Die Problemfelder, die in dem Versailler Vertrag zutage traten bzw. bereits zuvor kontrovers diskutiert worden waren, finden sich auch bei den Nürnberger Verträgen. Der Versailler Vertrag spiegelt eine Änderung des Völkerrechtsverständnisses zumindest in Ansehung Deutschlands wieder, die in ihm seinen konkreten Niederschlag gefunden hat, dessen Realisierung jedoch weitgehend unterblieb.

3. Das Völkerstrafrecht zwischen den beiden Weltkriegen

Die Geschehnisse während und nach dem Ende des ersten Weltkrieges führten dazu, daß die Forderung nach der Schaffung eines Internationalen Strafgerichts verstärkt auftrat.[224] Diese Bewegung hat ab dem ersten Weltkrieg durch die Forderung Frankreichs und Englands, die deutschen Kriegsverbrecher durch ein internationales Gericht bzw. ein gemeinsames Gericht der Siegermächte abzuurteilen, wobei diese Forderung angesichts des amerikanischen Widerstands nicht zur realisieren war, Auftrieb erhalten.[225] Unter dem Eindruck des ersten Weltkrieges war die Wissenschaft bestrebt, die Tatbestände des Völkerstrafrechts positiv zu normieren und einen internationalen Gerichtshof zu schaffen.[226] Hieran arbeiteten v.a. die 1878 gegründete International Law Association (ILA), die Association Internationale de Droit Pénal (AIDP) sowie die Interparlamentarische Union, die maßgebend durch Pella beeinflußt wurden, der im Auftrag dieser Organisationen als gemeinsamer Berichterstatter einen „Code répressif mondial", veröffentlicht 1935, erarbeitete.[227] Im Jahr 1920 schlug Baron Descamps[228], der mit einer juristischen Kommission (Juristenausschuß) des Völkerbundes die Einrichtung des Ständigen Internationalen Gerichtshofes in Den Haag vorbereiten sollte, die Konstituierung eines Hohen Internationalen Strafgerichtshofes vor.[229] Dieser Vorstoß scheiterte.[230] Auch die ILA beschäftigte sich wiederholt mit der Problematik und beauftragte 1922 Professor Bellot mit der Fertigung eines Entwurfs für ein Statut eines internationalen Gerichts, den dieser auf der 33. Konferenz 1924 in Stockholm vorlegte.[231] Dieser, eine kontroverse Debatte auslösende Entwurf, wurde an einen international zusammengesetzten Ausschuß verwiesen, der auf der 34. Tagung in Wien 1926 seinen Bericht vorlegte und die Errichtung als äußerst wünschenswert und durchführbar empfahl, so daß die ILA den Vorschlag des Professor Bellot, der die Schaffung eines internationalen Straftribunals vorsah, schließlich billigte.[232] Auch die Arbeiten der 1924 gegründeten AIDP setzten

---

[224] Vor 120 Jahren forderte bereits der Mitbegründer des internationalen Kommitees des Roten Kreuzes Gustave Moynier die Gründung eines internationalen Strafgerichts.

[225] Vgl. hierzu: v.Weber, Strafgerichtsbarkeit, S. 7.

[226] S. Triffterer, Materielles Völkerstrafrecht, S. 11. Da hier nur die wichtigsten Eckdaten der Entwicklung wiedergegeben werden sollen, wird auf die Ausführungen hinsichtlich der Bemühungen führender Wissenschaftler und Organisationen bei Jescheck, Verantwortlichkeit der Staatsorgane, S. 89 ff; sowie bei v.Weber, Strafgerichtsbarkeit, S. 7 ff, Bezug genommen.

[227] Vgl. Ahlbrecht, Völkerrechtliche Strafgerichtsbarkeit, S. 49 ff; Triffterer, Materielles Völkerstrafrecht, S. 11 f.

[228] Vgl. hierzu: Jescheck, Die Verantwortlichkeit der Staatsorgane, S. 90 ff.

[229] Vgl. Oehler, Internationales Strafrecht, Rn. 1067; Schmitt, Angriffskrieg, S. 55.

[230] Vgl. hierzu: v.Weber, Strafgerichtsbarkeit, S. 7 ff.

[231] S. v.Weber, Strafgerichtsbarkeit, S. 9 ff.

[232] S. Ahlbrecht, Völkerrechtliche Strafgerichtsbarkeit, S. 50; v.Weber, Strafgerichtsbarkeit, S. 11 f.

sich mit der Frage eines Völkerstrafrechts und eines internationalen Weltstrafgerichts auseinander.[233] In der Resolution der AIDP im Jahr 1926 in Brüssel wurde die Problematik eines Völkerstrafrechts und der Schaffung eines Internationalen Strafgerichts erörtert, so daß schließlich eine Kommission mit der Erstellung eines Statutsentwurfes eines internationalen Strafgerichtshof beauftragt wurde.[234] Dieser Entwurf wurde 1928 von der AIDP gebilligt, veröffentlicht und im September 1928 dem Völkerbund vorgelegt.[235] Diesen Bemühungen schloß sich auch die Interparlamentarische Union an, die diesen Themenkreis in den Jahren 1924 und 1925 erörterte, so daß es schließlich auf der Grundlage eines Vorschlags von Pella, der ein allgemeines internationales Strafgesetzbuch plante, immerhin zur Bildung eines ständigen Ausschusses zur Prüfung des vorgelegten Entwurfs eines „Code répressif des nations" kam.[236] Vorbezeichneten Bestrebungen war gemeinsam, daß sie möglichst die Kriegsverbrechen und die mit ihnen in Zusammenhang stehenden Straftaten bekämpfen wollten.[237]
Nennenswerte Vorstöße sind weiterhin die „Convention for the prevention and punishment of terrorism"[238] vom 16. November 1937 sowie die „Convention for the creation of an International Criminal court"[239], die von einer Kommission des Völkerbundes ausgearbeitet wurden.[240] Allerdings trat keines der Abkommen in Kraft.[241]
Abschließend kann daher festgestellt werden, daß keiner der Vorstöße namhafter Wissenschaftler und Organisationen erfolgreich war. In Deutschland fand die große, seit 1920 zu verzeichnende, völkerstrafrechtliche Bewegung wenig Resonanz.[242] Bei der Ausarbeitung der Satzung des Ständigen Internationalen Gerichtshofes des Völkerbundes (StGH) waren Bestrebungen dahingehend zu verzeichnen, diesem eine strafrechtliche Kompetenz zuzubilligen. Diese Bemühungen blieben allerdings erfolglos, da dem StGH keine strafrechtliche Kompetenz verliehen wurde.[243] Während die Entwicklung im Bereich der Verbrechen gegen die Menschlichkeit und der Kriegsverbrechen verhalten war, sah dies für das Verbrechen gegen den Frieden anders aus. Die Völkerbundzeit war geprägt von der Rückkehr zu den Rechtsvorstellungen des „bellum iustum" und der Schaffung internationaler Organisationen zu Verhinderung des Krieges sowie zur friedlichen Streitbeilegung. Neben der Gründung des Völkerbundes ist die Schaffung des StGH zu nennen. Während sich die Staaten im

---

233 Vgl. hierzu: Jescheck, Verantwortlichkeit der Staatsorgane, mit weiteren Nachweisen, S. 107 ff; sowie: v.Weber, Strafgerichtsbarkeit, S. 12.

234 Jescheck, Verantwortlichkeit der Staatsorgane, S. 107 ff.

235 Für weitergehende Ausführungen: vgl. Jescheck, Verantwortlichkeit der Staatsorgane, S. 109 ff. Die AIDP beschäftigte sich auch auf späteren Kongressen mit dieser Thematik.

236 S. Schmitt, Angriffskrieg, S. 55; Oehler, Internationales Strafrecht, Rn. 1067.

237 Vgl. Oehler, Internationales Strafrecht, Rn. 1067.

238 Auch diesem Verhandlungen lag ein von Pella erarbeiteter Vorentwurf zugrunde, der jedoch, angesichts der Äußerungen mehrerer Staaten, die eine Terrorismuskonvention befürworteten, die Gründung eines internationalen Strafgerichts hingegen ablehnten, in zwei Entwürfen aufgespalten wurde.

239 Diesem internationalen Gerichtshof sollten die Staaten, die nicht selber aburteilen oder ausliefern wollten, die Zuständigkeit erteilen. Die Verurteilung wäre dann nach staatlichen Recht erfolgt; vgl. Triffterer, Materielles Völkerstrafrecht, S. 12 f.

240 Vgl. hierzu Oehler, Internationales Strafrecht, Rn. 1067, mit weiteren Nachweisen.

241 Vgl. Ahlbrecht, Völkerrechtliche Strafgerichtsbarkeit, S. 58; Jescheck, Verantwortlichkeit der Staatsorgane, S. 120.

242 Vgl. Jescheck, Verantwortlichkeit der Staatsorgane, S. 110.

243 S. v.Weber, Strafgerichtsbarkeit, S. 8.

Jahr 1914 bzw. 1919 im Besitz des freien „ius ad bellum“ wähnten, trat zwischen den Weltkriegen in diesem Punkt eine erhebliche Änderung ein, die von maßgebender Bedeutung für die Nürnberger Prozesse und die „rechtslogische Voraussetzung für die Kriminalisierung des verbotenen Krieges“ war.[244] Die Lehre vom „bellum iustum“ ist nach dem Ende des ersten Weltkrieges v.a. von Leo Strisower, Kelsen und Guggenheim wiederbelebt worden, wobei der Aspekt, daß Zwang nur als „Reaktion gegen einen Unrechtstatbestand“ zugelassen werden könne, vorherrschte.[245] Diese Tendenz wurde von der Völkerbundsatzung (VBS) gestärkt, die neuartige Kriegsverbote aufstellte, die diesen in bestimmten Fällen Kriege zwischen Bundesmitgliedern verbieten. So wurde in Art. 12 VBS normiert, daß sogar Kriege als Unrechtsreaktion vor Durchführung eines Verfahrens vor dem Völkerbundrat unter allen Umständen verboten seien und im übrigen in der VBS zwischen erlaubten und verbotenen Kriegen differenziert. In der VBS wurde unter der Überschrift „Kriegsverhütungsrecht“ versucht, den Frieden mittels „Abrüstung, Schiedssprechung und Sicherheitspolitik“ zu wahren.[246] Rechtsfolgen eines verbotenen Krieges waren weder im Sinne obligatorischer kollektiver Zwangsmaßnahmen noch im Sinne einer strafrechtlichen Ahndung vorgesehen.[247] Dem Völkerbund, der dem Ziel des internationalen Friedens und der internationalen Sicherheit dienen sollte, oblag u.a. die politischen Aufgabe der Durchführung der Friedensverträge. Allerdings hat die VBS weder ein absolutes Kriegsverbot ausgesprochen, Art. 15 Nr. 7 VBS, noch ein Sanktionssystem vorgesehen, so daß versucht wurde, mit dem Genfer Protokoll, das am 2. Oktober 1924 von der Völkerbundversammlung einstimmig angenommen worden war, ein solches zu realisieren, da es eine obligatorische Strafgerichtsbarkeit enthielt.[248] Das Genfer Protokoll sieht ein absolutes Kriegsverbot, mit Ausnahme von Sanktions- und Verteidigungskriegen, sowie ein Schiedsgerichtssystem vor.[249] Bereits im Jahr zuvor, 1923, initiierte Lord Robert Cecil den Entwurf eines gegenseitigen Beistandspaktes, der Vorschriften über das Verbot des Angriffskrieges enthält und die Verpflichtung der Vertragsstaaten zur sofortigen gegenseitigen Hilfeleistung vorsieht, der jedoch nicht die Billigung der Mitglieder des Völkerbundes fand.[250] Mit den Verträgen von Locarno vom 16. Oktober 1925 wurde in einem regionalen Sicherheitspakt erstmals rechtswirksam das absolute Verbot eines Angriffskrieges, mit Ausnahme des Sanktions- und des Verteidigungskrieges, vereinbart.[251] Mit Ausbruch des zweiten Weltkrieges wurde der Locarnovertrag als aufgehoben angesehen.

Auch in Amerika formierte sich gegen Ende des ersten Weltkrieges eine Kriegsächtungsbewegung, die unter anderem zu dem „Anti-war Treaty on Non-Aggression and Conciliation“ (Saavedra Lamas Treaty) führte.[252]

---

[244] Vgl. Jescheck, Verantwortlichkeit der Staatsorgane, S. 68.

[245] Vgl. Verdross, Völkerrecht, S. 436. Vgl. hierzu auch Jescheck, Verantwortlichkeit der Staatsorgane, S. 68, der darlegt, daß die ursprüngliche und die wiederaufgegriffene Lehre insoweit differieren, als nach letzterer der Krieg lediglich zur Selbstverteidigung und als kollektive Sanktion erlaubt sein sollte.

[246] S. Becker, Verbrechen gegen die Menschlichkeit, S. 32.

[247] Vgl. hierzu: Jescheck, Verantwortlichkeit der Staatsorgane, S. 70.

[248] Vgl. v.Weber, Strafgerichtsbarkeit. S. 14, 20 mit weiteren Ausführungen zu dem Verhältnis Völkerbundsatzung/Genfer Protokoll.

[249] S. Jescheck, Verantwortlichkeit der Staatsorgane, S. 71 f. Dieses Protokoll trat mangels Erreichens der erforderlichen Anzahl an Ratifikationen nicht in Kraft.

[250] Vgl. Jescheck, Verantwortlichkeit der Staatsorgane, S. 71.

[251] Vgl. hierzu: Jescheck, Verantwortlichkeit der Staatsorgane, S. 72.

[252] Vgl. hierzu ausführlich: Jescheck, Verantwortlichkeit der Staatsorgane, S. 74 ff.

Zu nennen ist schließlich der Briand-Kellog-Pakt vom 27. August 1928, auch Pakt von Paris genannt, da in diesem Vertrag die endgültige „Wendung hin zu einem diskriminierenden Kriegsbegriff", sowie eine Ächtung des sog. „Angriffskrieges" und die Rechtfertigung des Verteidigungskrieges erfolgte.[253] Dieser Vertrag ist von weltweiter Bedeutung. Er bezweckt die Sicherung des Friedens durch die Elimination des Krieges.[254] Aus diesem Grunde erklärten die beteiligten Staaten, daß sie den Krieg als Mittel zur Lösung internationaler Streitfälle verurteilen und auf ihn verzichten. Die Schöpfer des Vertrages bezweckten nicht nur die Ächtung des Krieges, sondern ein rechtswirksames Verbot kriegerischer Auseinandersetzungen, so daß mit Ausnahme der beiden Fälle des gerechten Krieges, Kriege zukünftig als Verletzung des positiven Völkerrechts anzusehen sein sollten.[255] Diese Auffassung wurde zum Teil von der Wissenschaft gestützt, aber auch heftig kritisiert und abgelehnt[256], da hier die Auffassung vertreten wurde, durch den Briand-Kellogg-Pakt werde kein generelles Verbot des Krieges normiert, sondern der Krieg werde lediglich „als Werkzeug der nationalen Politik" verboten. Inhalt des Paktes ist, daß Staaten, die ihn verletzen, ihre aus dem Pakt resultierenden Vorteile verlieren, so daß die anderen Staaten ihnen gegenüber nicht mehr an den Pakt gebunden sind und ihnen den Krieg erklären oder Repressalien ergreifen können. Diese Rechtsfolge ist der Präambel zu entnehmen. Weitere Sanktionen, insbesondere gegen Einzelmenschen wie die Begründung individueller Strafbarkeit, sieht der Pakt nicht vor. Vielmehr sollten die von dem Pakt ausgelösten Rechtsfolgen lediglich moralischer Natur sein, da die Rechtsfolge der individuellen Strafbarkeit weder ausdrücklich noch schlüssig an die Vorbereitung oder Herbeiführung eines Angriffskrieges geknüpft war.[257]
Durch die beiden Genfer Konventionen vom 27. Juli 1929 und das Londoner Protokoll vom 6. November 1936 über den Handelskrieg der U-Boote wurde eine Verbesserung des Kriegsvölkerrechts erzielt, wohingegen eine positive Weiterentwicklung im Bereich des Verbrechens gegen die Menschlichkeit nicht erzielt werden konnte.[258]
Zusammenfassend ist festzustellen, daß sich führende Wissenschaftler[259] für eine Kodifikation eines Völkerstrafrechts sowie die Schaffung eines Internationalen Weltstrafgerichts eingesetzt haben, diese Bemühungen aber weitgehend erfolglos blieben[260], so daß die verschiedenen Versuche zur Kodifikation eines materiellen Völkerstrafrechts nicht zu einem abschließenden Ergebnis führten.

---

253 Becker, Verbrechen gegen die Menschlichkeit, S. 32.

254 S. Hoffmann, Verantwortung, S. 86.

255 Vgl. Jescheck, Verantwortlichkeit der Staatsorgane, S. 76.

256 Vgl. hierzu: Kap. 1 A III 4; Kap. 1 D II 1 d.

257 Vgl. Ahlbrecht, Völkerrechtliche Strafgerichtsbarkeit, S. 56; Hoffmann, Verantwortung, S. 87 ff mit weiteren Nachweisen; so auch: Ronneberg, Verbrechen gegen den Frieden, S. 62 ff.

258 S. Jescheck, Verantwortlichkeit der Staatsorgane, S. 68.

259 Beispielhaft zu nennen sind hier, unter Bezugnahme auf Jescheck, Verantwortlichkeit der Staatsorgane, S. 89 ff, neben Baron Decamps, der Engländer Bellot, die Franzosen Donnedieu de Vabres, der Frankreich als Richter im IMT vertreten hat, Dumas und Roux, der Rumäne Pella, der spanische Professor Saldana und die Griechen Politis und Caloyanni.

260 Vgl. Becker, Verbrechen gegen die Menschlichkeit, S. 34, die als Grund hierfür v.a. das „Souveränitätsdogma" der Staaten anführt. Gardocki, Begriff des Internationalen Strafrechts, ZStW 98 (1986), S. 709, bezeichnet die Entwürfe der großen Gelehrten bzw. der Internationalen Strafrechtsvereinigungen bezüglich der Schaffung einer eigenen Strafgerichtsbarkeit und eines internationalen Strafgesetzbuches als „rechtswissenschaftliche science fiction'"

4. Das Völkerstrafrecht im bzw. nach dem zweiten Weltkrieg

Das Völkerstrafrecht hat in der Zeit des zweiten Weltkrieges bzw. nach dem zweiten Weltkrieg seine bislang bedeutsamsten Impulse erhalten und eine prägende Entwicklungsphase durchlaufen. Diese war sowohl bestimmt durch ein Zurückgreifen auf die aus der Zeit des Versailler Vertrages bereits bekannten Ideen, deren Umsetzung nunmehr erfolgte, als auch durch die Entwicklung neuer Ansätze. Das Londoner Abkommen vom 8. August 1945 ist als Versuch anzusehen, die klassischen Tatbestände des Völkerstrafrechts positivrechtlich festzulegen. Anders als nach dem Versailler Vertrag ist diesmal eine konsequente Umsetzung zumindest im Rahmen des Nürnberger Hauptkriegsverbrecherprozesses erfolgt.

a. Die Nürnberger Prozesse[261]

Die Neuerungen und Impulse, die von Nürnberg für die Entwicklung des Völkerstrafrechts ausgingen, sind derart umfassend, daß sie im Rahmen eines kurzen Überblicks kaum aufgezeigt werden können. Unter Berücksichtigung des Themas dieser Arbeit wäre dies auch wenig sinnvoll. Der hier folgende knappe Überblick erhebt daher keinen Anspruch auf Vollständigkeit. Vielmehr sollen an geeigneter Stelle in der Arbeit ergänzende Hinweise gegeben werden, soweit sie für die Bearbeitung des Themas von Relevanz sind.

Da das Statut des Internationalen Militärgerichtshofes (IMT) von Nürnberg, die direkte Strafbarkeit des Individuums nach Völkerrecht bei Begehung von Verbrechen gegen den Frieden, Kriegsverbrechen und Verbrechen gegen die Menschlichkeit vorsah, wird es zu Recht als „die Geburtsurkunde des heutigen Völkerstrafrechts" bezeichnet.[262] Die Alliierten waren bereits frühzeitig zur strafrechtlichen Ahndung der Führung Deutschlands nach Beendigung des Krieges entschlossen[263], wobei ursprünglich an die Ahndung der klassischen Kriegsverbrechen gedacht wurde.[264] Auch die überwiegende Anzahl der Wissenschaftler der alliierten Nationen befürworteten die Bestrafung der Kriegsverbrecher.[265] Die Problematik der Strafbarkeit des Angriffskrieges bzw. der Verschwörung gegen den Frieden ergaben sich erst spä-

---

261 Die Literatur zu den Nürnberger Prozessen ist unüberschaubar. Die Nürnberger Prozesse wurden in der Literatur umfassend thematisiert und in Deutschland von der Lehre überwiegend kritisiert, dies allerdings weniger im Ergebnis sondern vielmehr in der Vorgehensweise. Die Zahl der Veröffentlichungen, Untersuchungen, Beiträge, Dokumentationen ist derart umfangreich, daß hier lediglich beispielhaft einige Literaturverweise gegeben werden sollen: Wright, Nuremberg, S. 239 ff; Die „Formulation of the Nuremberg Principles" der ILC ist ebenfalls abgedruckt in Mueller/Wise, International Criminal Law, S. 279-289; einen informativen Kurzüberblick über die Nürnberger Prozesse, d.h. den Hauptprozeß vor dem IMT und die 12 Nachfolgeprozesse vermittelt Jescheck, Nürnberger Prozesse, S. 638 ff; Kranzbühler, Nürnberg als Rechtsproblem, S. 219 ff; Kraske, Klassisches Hellas, Archiv des Völkerrechts 4 (1953/1954), S. 183 – 189. Lesenswert zu der Vorbereitung und dem Ablauf des Prozesses vor dem Nürnberger IMT sowie dem Urteil aus der Sicht eines Anklägers: Taylor, die Nürnberger Prozesse, der eine eindrucksvolle Einsicht in die Hintergründe vermittelt.

262 Werle, Menschenrechtsschutz durch Völkerstrafrecht, ZStW 109 (1997), S. 809 f, der sich in seinem Beitrag u.a. mit den historischen Grundlagen des Völkerstrafrechts beschäftigt.

263 S. Triffterer, Materielles Völkerstrafrecht, S. 13.

264 Vgl. Becker, Verbrechen gegen die Menschlichkeit, S. 39.

265 Vgl. hierzu: Jescheck, Verantwortlichkeit der Staatsorgane, S. 131, der sich mit dem Standpunkt der Wissenschaft der alliierten Nationen während des zweiten Weltkrieges ausführlich auseinandersetzt.

ter.[266] Die Standpunkte der Alliierten über die in Nürnberg zu verhandelnden Delikte gingen auseinander.[267] Daher beschäftigten sich bereits frühzeitig amtliche und halbamtliche Studienkommissionen mit der Prüfung der rechtlichen Fragen und den Möglichkeiten zur Bestrafung der Führungsschicht sowie der Beschaffung von Beweismaterial zur Vorbereitung der Kriegsverbrecherprozesse.[268] Am 8. August 1945 unterzeichneten die vier Siegermächte in London das Viermächteabkommen über die Verfolgung und Bestrafung der Hauptkriegsverbrecher der Zentralstaaten mit dem Statut für den IMT, das einen integrierenden Bestandteil bildete. Dem Londoner Abkommen sind 19 Staaten beigetreten. Am 1. September 1945 wurde die Liste der Angeklagten aufgestellt, so daß am 18. Oktober 1945 die Eröffnungssitzung des IMT[269] stattfand.[270] Das Kontrollratsgesetz (KRG) Nr. 10 wurde am 20. Dezember 1945 vom Kontrollrat erlassen. In Art 6 des IMT-Statuts war die Strafbarkeit des Angriffskrieges, der Kriegsverbrechen und der Menschlichkeitsverbrechen niedergelegt. Auf der Grundlage dieses Statuts sowie dem fast identischen KRG Nr. 10 erfolgte die Aburteilung deutscher Kriegsverbrecher in Nürnberg.[271] Das Londoner Abkommen ist als völkerrechtlicher Vertrag zu qualifizieren, da er von mehreren gleichgeordneten, souveränen Staaten geschlossen wurde und auch die darin begründeten Verbindlichkeiten nicht einer innerstaatlichen Rechtsordnung, sondern vielmehr dem Völkerrecht entnommen werden sollten.[272]

Das Selbstverständnis des IMT ging dahin, daß es den Anspruch erhob, ein internationales, militärisches „ad hoc-Tribunal" zu sein. Außer Frage steht lediglich die Tatsache, daß es sich um ein „ad hoc-Tribunal" handelte. Hingegen war bereits strittig, ob der IMT als Militärgericht zu qualifizieren ist, waren doch die meisten Richter Zivilisten.[273] Heftiger umstritten und problematischer ist jedoch, ob es sich bei dem IMT tatsächlich um ein „internationales" Gericht oder nur um ein „interalliiertes" oder um ein „Besatzungsgericht" handelte, da Deutschland weder Vertragspartei des Londo-

---

266 So: Jescheck, Verantwortlichkeit der Staatsorgane, S. 124 f.

267 Vgl. hierzu: Simpson, Nürnberg, S. 39 ff, der in seinem Beitrag die unterschiedlichen Positionen der Siegermächte, insbesondere über die Strafbarkeit des Holocaust darlegt und deutlich macht, daß erneut die Realpolitik über rechtliche Erwägungen gesiegt habe. Zwar, so stellt Simpson a.a.O. auf S. 64 fest, habe die Aufnahme des Verbrechens gegen die Menschlichkeit nicht verhindert werden können, allerdings sei dieser Tatbestand aus der Anklagestrategie heraus gehalten worden und habe sowohl in der rechtlichen Begründung der Anklage und in dem Urteil selbst nur eine geringe Rolle gespielt. Nach Auffassung von Simpson, a.a.O., S. 65, erfolgte die Einrichtung des IMT nicht aufgrund eines systematischen rechtlichen Fortschritts, sondern vielmehr aufgrund des Druckes der Öffentlichkeit (S. 65).

268 Zu nennen sind hier die Cambridge Commission, die London International Assembly, das International Lawyer's Committee on War Crimes, die United Nations War Crimes Commission. Vgl. hierzu ausführlich: Jescheck, Verantwortlichkeit der Staatsorgane, S. 126 ff sowie: Triffterer, Materielles Völkerstrafrecht, S. 13.

269 Vgl. zu der Kritik an der Besetzung der Richterbank und der Anklagebehörde sowie dem Verfahren vor dem IMT: Ahlbrecht, Völkerrechtliche Strafgerichtsbarkeit, S. 88 ff.

270 Vgl. Jescheck, Verantwortlichkeit der Staatsorgane, S. 145.

271 S. Triffterer, Materielles Völkerstrafrecht, S. 15.

272 Vgl. hierzu: Hoffmann, Verantwortung, S. 154; ebenso: Thürer, Vom Nürnberger Tribunal zum Jugoslawientribunal und weiter, SZIER 1993, S. 495.

273 Woetzel, The Nuremberg Trials, S. 41, gelangt zu dem diplomatischen Ergebnis, daß es sich nicht um ein reguläres Militärtribunal auf der Grundlage des kriegsrechtlichen Besatzungsrechts gehandelt habe, sondern vielmehr um ein spezielles militärisches Tribunal, das unter einer Form der militärischen Besetzung vorherrschte.

ner Abkommens war noch dieses in irgendeiner Form akzeptiert hat.[274] Einführend ist darauf hinzuweisen, daß die Begrifflichkeit „international" zur Charakterisierung eines Gerichts mehrdeutig ist. So kann die Bezeichnung eines Gerichts als international z.B. den Umstand beschreiben, daß es seine Gewalt von einer, aus mehreren Staaten gebildeten Behörde oder aus einem völkerrechtlichen Tatbestand[275] ableitet, bzw. nur die Beteiligung von Richtern verschiedener Nationen charakterisieren oder aber kennzeichnen, daß es sich um ein völkerrechtliches Rechtsprechungsorgan handelt.[276] Von einer „echten Internationalität" mit den entsprechenden Kompetenzen ist mit Jescheck daher nur dann auszugehen, wenn es sich um einen völkerrechtliche Gerichtsbarkeit handelt.[277] Das völkerrechtliche Gericht hat Rechtsprechungsbefugnisse, die über die Befugnisse eines staatlichen Gerichts oder eines Besatzungsgerichts (im Rahmen der „occupatio bellica") hinausgehen, da es zum einen „über Hoheitsakte der seiner Rechtsprechung unterworfenen Staaten judizieren" kann und zum anderen berechtigt ist, „unmittelbar die Völkerrechtswidrigkeit staatlichen Rechts auszusprechen".[278] Da hierdurch die nationale Gerichtsbarkeit zugunsten der Völkerstrafgerichtsbarkeit beschränkt wird[279], ist mit diesen Befugnissen ein massiver Eingriff in die staatliche Souveränität verbunden, so daß ein solches Gericht auf einer besonderen völkerrechtlichen Grundlage errichtet werden muß.[280] Bassiouni bezeichnet den IMT als „das erste internationale Strafgericht in der Geschichte der Menschheit".[281] De La Pradelle vertritt ebenfalls die Auffassung, es habe sich um ein internationales Gericht gehandelt.[282] Auch Woetztel teilt diese Meinung, da der IMT die Zustimmung der internationalen Gemeinschaft gehabt habe.[283] Während die internationale Literatur weitestgehend die Auffassung vertritt, es handele sich um ein „internationales" Tribunal geht die zustimmungswürdige h.M.[284] in Deutschland dahin, den IMT und die auf der Grundlage des KRG 10 gebildeten Gerichte nicht als einem Weltstrafgericht vergleichbare, völkerrechtliche Organe anzusehen, sondern diese vielmehr als interalliierte Besatzungsgerichte auf der Grundlage des Art. 43 HLKO zu betrachten, die zudem im Wege der Intervention eine weitreichendere Gewalt, als ihnen die Landkriegsordnung zugestand, ausübten.[285] Demnach ist der IMT nicht als

---

[274] Vgl. hierzu: Woetzel, The Nuremberg Trials, S. 49. Als Kriterien für die Entscheidung führt Hoffmann, Verantwortung, S. 157 ff, folgendes an: Die Frage, ob Staaten eine Entscheidung begehren, welches Recht angewendet wird, die Zusammensetzung der Instanz, aufgrund welcher Rechtsgrundlage es existiert und aus welcher Rechtsordnung ein Gericht seine Zuständigkeit erhält.

[275] So: Dahm, Völkerstrafrecht, S. 17.

[276] Vgl. Buchner, Die Rechtswidrigkeit der Taten von Mauerschützen, S. 200, FN 334.

[277] S. Jescheck, Verantwortlichkeit der Staatsorgane, S. 150.

[278] Jescheck, Verantwortlichkeit der Staatsorgane, S. 150.

[279] Vgl. Siegert, Völkerstrafprozeßrecht, S. 9.

[280] S. Buchner, Die Rechtswidrigkeit der Taten von Mauerschützen, S. 200, FN 334; so auch Dahm, Völkerstrafrecht, S. 19.

[281] Bassiouni, Das Vermächtnis von Nürnberg, S. 18.

[282] S. De La Pradelle, Nürnberger Prinzipien, S. 128.

[283] Vgl. Woetzel, The Nuremberg Trials, S. 57.

[284] So die h.M, z.B Kranzbühler, Nürnberg als Rechtsproblem, S. 222 ff; Siegert, Völkerstrafprozeßrecht, S. 10; Jescheck, Verantwortlichkeit der Staatsorgane, S. 149 ff, 283 ff; demgegenüber vertritt Hoffmann, Verantwortung, S. 161 ff die Auffassung, es handele sich bei dem IMT um ein völkerrechtliches Gericht, das zudem interalliiert und ein Besatzungsgericht sei.

[285] Vgl. hierzu Jescheck, Verantwortlichkeit der Staatsorgane, S. 177; 283 ff; so auch: Ahlbrecht, Völkerrechtliche Verbrechen, S. 70.

„echtes internationales Gericht", sondern vielmehr als ein, auf einem zwischenstaatlichen Statut beruhendes „Ausnahme-Besatzungsgericht" anzusehen, das nur in einem einzigen Strafverfahren befinden mußte.[286] Dies folgt bereits aus der Tatsache, daß nicht entsprechend dem Grundsatz der Parität Vertreter aller Staaten, sondern nur der alliierten Siegermächte berufen wurden.[287] Die Alliierten waren als verletzte Staaten völkerrechtlich entweder aus eigenem oder aus übertragenen Recht, jeder für sich, zur strafrechtlichen Aburteilung befugt, so daß die Zusammenlegung dieser Strafbefugnis als zulässig anzusehen ist.[288] Angesichts der den Siegermächten zustehenden Strafbefugnis bedurfte es keiner Zustimmung des deutschen Staates zur Ausübung der Gerichtsbarkeit.[289] Abschließend ist festzustellen, daß sich der IMT als ein kombiniert nationales, interalliiertes Besatzungsgericht darstellt, das als Organ der sich zusammenschließenden Nationalstaaten anzusehen ist. Demgemäß haben auch die amerikanischen Militärstrafgerichtshöfe von Nürnberg, die lediglich von amerikanischen Stellen eingesetzt wurden, erst Recht keinen „echten internationalen" Charakter.[290]

Das IMT-Statut ist als partikuläres Völkerrecht anzusehen, das zwischen den vier alliierten Vertragspartnern des Londoner Abkommens und den 19 Staaten, die diesem beigetreten waren, entstanden ist, wobei die geschaffenen Straftatbestände keine verbindliche Völkerrechtsqualität erlangt haben, so daß es sich vielmehr im Verhältnis zu Deutschland um einfaches Besatzungsrecht handelt.[291] Gleiches gilt angesichts des inhaltlichen Gleichlaufes für das KRG 10. Hieraus folgt die Bindung des IMT an das im Londoner Statut und im KRG Nr. 10 geschaffene Besatzungsrecht, so daß dem Völkerrecht und den allgemeinen Rechtsgrundsätzen nur eine subsidiäre Bedeutung zukam.[292] Grundlage für diese Überzeugungen ist die Prämisse, daß das deutsche Reich nach zutreffender h.M.[293] der deutschen Völkerrechtslehre, entgegen der Überzeugung der Alliierten nicht untergegangen, sondern trotz der Besetzung und Kapitulation Staat und Völkerrechtssubjekt geblieben ist.[294] Dies ergibt sich aus

---

286 Vgl. Siegert, Völkerstrafprozeßrecht, S. 10; so auch Jescheck, Verantwortlichkeit der Staatsorgane, S. 283 f.

287 Jescheck, Verantwortlichkeit der Staatsorgane, S. 283 f. Zudem wurde angesichts der unterlassenen Trennung von Legislative und Judikative der Grundsatz der Gewaltenteilung verletzt.

288 Vgl. Hoffmann, Verantwortung, S. 114 ff, 151.

289 Vgl. Hoffmann, Verantwortung, S. 151; a.A. Jescheck, Verantwortlichkeit der Staatsorgane, der das Londoner Abkommen offensichtlich als einen unzulässigen Vertrag zu Lasten Dritter betrachtet, S. 151 ff. Hiergegen wendet sich Hoffmann, indem er ausführt, daß durch diesen Vertrag Pflichten nicht erst begründet, sondern vielmehr vorausgesetzt worden seien, da die Verpflichtung Deutschlands zur Duldung der Gerichtsbarkeit anderer Staaten in Deutschland und über Deutschland bereits vor Abschluß des Vertrages aufgrund allgemeinen Völkerrechts bestanden habe.

290 Gegen das Argument, ein internationaler Charakter könne aus dem KRG Nr. 10 folgen, wendet Siegert ein, daß diese Vorschrift nur das materielle Recht betreffe und nicht zu einer Änderung der Gerichtsbarkeit führe, vgl. Siegert, Völkerstrafprozeßrecht, S. 10.

291 Vgl. Triffterer, Materielles Völkerstrafrecht, S. 2; Jescheck, Verantwortlichkeit der Staatsorgane, S. 177 f, der auch eine nachträgliche Umwandlung des Besatzungsrechts in Völkerrecht durch den Beschuß der UN-Generalversammlung verneint. Vgl. auch: Kap. 1 A III 5.

292 S. Kranzbühler, Nürnberg als Rechtsproblem, S. 222 ff.

293 Vgl. hierzu: Ahlbrecht, Völkerrechtliche Strafgerichtsbarkeit, S. 69; Jescheck, Verantwortlichkeit der Staatsorgane, S. 152; Stuby, Staatliche Souveränität, S. 444.

294 Vgl. Stuby, Staatliche Souveränität, S. 444, mit weiteren Nachweisen.

dem Umstand, daß die Alliierten Deutschland nach ihrem totalen Sieg nicht annektiert haben.[295]
Der IMT vertrat die Auffassung, das Statut sei der Ausdruck und die Kodifizierung des zur Zeit der Schaffung des Statuts bestehenden Völkerrechts.[296] Zudem stellte der IMT die Behauptung auf, daß es sich bei dem Grundsatz „nullum crimen“, der in erster Linie die Rechtssicherheit gewährleisten soll, um ein Prinzip der Gerechtigkeit handele und die Bestrafung der Gerechtigkeit entspreche.[297] Diese Auffassung wird von Kaul/Noack geteilt, die vertreten, daß Art. 6 des IMT Statuts keine neuen Tatbestände geschaffen hat, sondern nur das fixierte, was bereits zuvor als völkerrechtswidrig und strafbar angesehen worden sei, so daß sich insbesondere eine Rückwirkungsproblematik nicht stelle.[298] Diese Ansicht wurde und wird, wie noch zu zeigen ist, v.a. von deutschen Wissenschaftlern bestritten. Zudem ist davon auszugehen, daß auch die Bevollmächtigten der Alliierten in den Kommissionen zumindest erkannten, daß es sich bei dem Tatbestand des Verbrechens gegen den Frieden um eine Neuschöpfung handelt, die keine Grundlage im allgemeinen Völkerrecht fand.[299]

In Art. 6 lit. (a) des Statuts des IMT, Art. II Ziff. 1 lit. a des KRG 10 wird die individuelle Strafbarkeit von Einzelpersonen für die Begehung von Verbrechen gegen den Frieden festgelegt. Bei dieser Regelung handelt es sich um den umstrittensten Tatbestand des Statuts, der bereits viele Wissenschaftler zur Stellungnahme herausgefordert hat. Der IMT vertrat angesichts der im Prozeß von den Verteidigern erhobenen Einwendungen, der Tatbestand verstoße gegen den Grundsatz „nullum cri-

---

[295] S. Stuby, Staatliche Souveränität, S. 444, der zutreffend darauf hinweist, daß Deutschland durch die bedingungslose Kapitulation und die Besetzung lediglich handlungs- nicht aber rechtsunfähig geworden sei, so daß die Besatzungsmächte bis zum Erlangen funktionsfähiger Organe treuhänderisch für Deutschland gehandelt hätten und an die HLKO gebunden waren. Während Stuby vom Vorliegen einer Debellation ausgeht, stellt Berber, Lehrbuch des Völkerrechts Bd. 2, S. 99 f, zutreffend fest, daß die Rechtslage Deutschlands nach 1945 mangels Vorliegens der rechtlichen Erfordernisse trotz des totalen Sieges nicht als Debellation anzusehen sei, da der deutsche Staat rechtlich nicht ausgelöscht worden sei, das Untergehen des besiegten Staates jedoch Voraussetzung einer Debellation sei.

[296] Vgl. hierzu: Ahlbrecht, Völkerrechtliche Strafgerichtsbarkeit, S. 75.

[297] Vgl. hierzu: Ahlbrecht, Völkerrechtliche Strafgerichtsbarkeit, S. 75 f.

[298] Vgl. Kaul/Noack, Anwendung des Völkerstrafrechts, NJ 1969, 98 f. Fraglich ist allerdings, ob sie dies auch für das Verbrechen gegen den Frieden vertreten, da die Verfasser lediglich auf Kriegsverbrechen und Verbrechen gegen die Menschlichkeit näher eingehen.

[299] So erklärte der französische Verhandlungsteilnehmer Professor André Gros: „It is a creation by four peoples who are just four individuals, defined by those four peoples as criminal violations of international law. Those acts have been known for years before and have not been declared criminal violations of international law. It is ex post facto-legislation“. Der britische Bevollmächtigte Attorney-General Sir David Maxwell Fyfe erklärte: „What we want to abolish at the trial is a discussion as to whether the acts are violations of international law or not. We declare what the international law is so that there won't be any discussion on whether it is international law or not.“ Der amerikniscbe Verhandlungsteilnehmer Jackson erklärte: „But we are a codification commission for the purposes of this trial as I see it. That is my commission as I understand it.“ Der sowjetische Verhandlungsteilnehmer Professor Trainin stellte fest: „That is, the four countries may, for the purposes of this trial, declare certain acts to be criminal; and for the purposes of this trial the laws declared by the Four Powers should be sufficient.“ Sämtlich zitiert aus Jescheck, Verantwortlichkeit der Staatsorgane, S. 144. Vorstehende Äußerungen geben das Selbstverständnis der Kommission anschaulich wieder und zeigen das Bestreben, das Völkerstrafrecht in Nürnberg praktisch zu verwirklichen und die Bewährung und Durchsetzung der Völkerrechtsordnung zu erreichen. Problematisch wird in diesem Zusammenhang der völkerrechtliche Grundsatz „pacta tertiis nec nocent nec prosunt“, der nach Jescheck auch im Kriegsrecht Anwendung findet. Vgl. hierzu Jescheck, a.a.O., S. 151.

men"[300], daß die Strafbarkeit des Angriffskrieges auf das im Kellog-Pakt begründete Verbot des Angriffskriegs gestützt werden könne.[301] Den Umstand, daß der Kellog Pakt keine individuelle Strafbarkeit vorsah versuchte er unter Bezugnahme auf die Haager Konventionen dergestalt zu überwinden, daß auch hier eine individuelle Bestrafung der Täter nicht ausdrücklich vorgesehen wäre, aber allgemein anerkannt sei, so daß dies erst recht beim Kellog-Pakt gelten müsse.[302] Demgegenüber vertritt die deutschsprachige h.Lit. die Auffassung, daß Art. 6 lit. (a) des Londoner Statuts gegen den Grundsatz „nulla poena" verstoße.[303] Diese Auffassung wird auch von einigen Gelehrten im Ausland vertreten.[304] Als Begründung wird überwiegend angeführt, daß der Briand-Kellog-Pakt weder Individuen verpflichte, noch Strafsanktionen für diese vorsehe, sondern lediglich an Staaten gerichtet sei, so daß der Pakt weder ausdrücklich noch schlüssig die Rechtsfolge der individuellen Strafbarkeit an die Vorbereitung oder Herbeiführung eines Angriffskrieges knüpfe, sondern sich die Rechtsfolgen in wirtschaftlichen oder sonstigen Sanktionen bzw. dem Verlust der Rechte aus den Verträgen, die die jeweiligen Staaten treffen, erschöpften.[305] Darüber hinaus wird eingewandt, daß das allgemeine Völkerrecht, unter Ausklammerung der Kriegsverbrechen im engeren Sinn, nur mit Kollektivsanktionen, nicht jedoch mit Individualsanktionen verknüpft sei.[306] Zudem wird festgestellt, daß hier auch Handlungen strafbewehrt seien, die der Täter in Übereinstimmung mit der nationalen Rechtsordnung begangen habe, so daß der Grundsatz, „daß das staatliche Recht für die staatlichen Organe solange rechtsverbindlich ist, bis es auf Grund eines völkerrechtlichen Verfahrens aufgehoben oder abgeändert wird"[307], verletzt sei. Zutreffend wird hervorgehoben, daß auch das Londoner Abkommen vom 8. August 1945 mit seinem personal und zeitlich begrenzten Vollzug nicht in der Lage gewesen sei, das geltende Völkerrecht zu ändern bzw. neues zu schaffen, da es den am Vertrag beteiligten

---

[300] Vgl. zu der Anwendbarkeit dieses Grundsatzes im Völkerrecht: Kap. 1 A IV.

[301] So auch Woetzel, The Nuremberg Trials, S. 170 f, der feststellt, daß die Auffassung des IMT, die Planung, das Vorbereiten und das Führen eines Angriffskrieges sei illegal, berechtigt gewesen sei und demzufolge auch Individuen für solche Akte nach internationalem Recht zur Verantwortung gezogen werden konnten, ohne daß dies gegen den Grundsatz „nullum crimen" verstoße.

[302] Vgl. hierzu Hoffmann, Verantwortung, S. 87.

[303] Vgl. statt vieler: Kranzbühler, Nürnberg als Rechtsproblem, S. 228 ff, 231; Ronneberg, Verbrechen gegen den Frieden, S. 109; Ahlbrecht, Völkerrechtliche Strafgerichtsbarkeit, S. 84; Trapp, Nürnberger Urteile, S. 39. Nach einer ausführlichen Untersuchung, widerlegt Trapp a.a.O., S. 16 ff die Argumente des IMT. Auch Jescheck, Verantwortlichkeit der Staatsorgane, S. 178 ff, setzt sich eingehend mit der Frage auseinander, ob sich die Völkerrechtsnatur des materiellen Nürnberger Rechts aus dem allgemeinen, zur Zeit der Schaffung des Statuts bzw. des KRG bestehenden allgemeinen Völkerrechts ergäbe, so daß in diesem Fall nur eine Transformation der Tatbestände in Besatzungsrecht gegeben wäre, verneint dies jedoch.

[304] So z.B. Bassiouni, Das Vermächtnis von Nürnberg, S. 22, der feststellt, daß es weder einen Präzedenzfall Kaiser Wilhelm II gegeben habe, noch ein internationales Abkommen existiere, in dem die Aggression als justiziables internationales Verbrechen mit der Folge der strafrechtlichen Verantwortung des einzelnen gesehen worden sei. So wohl auch: De La Pradelle, Nürnberger Prinzipien, S. 130 f.

[305] Verdross/Simma Universelles Völkerrecht, § 442; Dahm, Völkerstrafrecht, S. 48 f; Trapp, Nürnberger Urteile, S. 19 ff, 57; Hoffmann, Verantwortung, S. 90; Die Bedenken gegen die Rechtswirksamkeit und Absolutheit des Paktes wurden von Jahrreiss vor dem IMT in Nürnberg am 4.6.1946 dargelegt, vgl. hierzu: Jescheck, Die Verantwortlichkeit der Staatsorgane, S. 77 ff. So wird z.B. darauf hingewiesen, daß die Staatenpraxis der Jahre vor Ausbruch des zweiten Weltkrieges durch die ungehemmte Kriegsführung totalitärer Staaten geprägt war.

[306] Vgl. Verdross/Simma Universelles Völkerrecht, § 442.

[307] Verdross/Simma Universelles Völkerrecht, § 442.

Staaten an einer derartigen Kompetenz gefehlt habe.[308] Abschließend ist daher festzustellen, daß sowohl das allgemeine als auch das partikuläre Völkerrecht ein Kriegsverbot vorsieht, so daß der Krieg, mit Ausnahme des Verteidigungs- und des Sanktionskrieges, bereits zu Beginn des zweiten Weltkrieges völkerrechtswidrig war.[309] Allerdings kannte das Völkerrecht keinen derartigen Straftatbestand, so daß insbesondere die strafrechtliche Heranziehung der verantwortlichen Staatsorgane keinerlei völkerrechtliche Rechtsgrundlage findet.[310] Der Tatbestand des Verbrechens gegen den Frieden konnte nicht auf eine völkerrechtliche Grundlage zurückgreifen und stellt lediglich einfaches Besatzungsrecht dar.
Art. 6 lit. (b) des IMT Statuts und Art. II Ziff. 1 lit. b des KRG 10 sehen die Strafbarkeit von Kriegsverbrechen vor. Die Strafbarkeit von Kriegsverbrechen zur damaligen Zeit ist dem Völkerrecht zu entnehmen.[311] Problematisch ist jedoch der Umfang der strafbaren Kriegsverbrechen, da die vielen möglichen Verletzungen einen unterschiedlichen Unrechtsgehalt aufweisen und daher nicht jede Verletzung des „ius in bello" als Kriegsverbrechen anzusehen ist. Zur Abgrenzung wird überwiegend auf die Schwere des Unrechtsgehalts der Tat abgestellt.[312] Die Bestrafung der in Art. 6 lit. (b) des IMT Statuts und Art. II Ziff. 1 lit. b des KRG 10 aufgezählten Kriegsverbrechen standen im Einklang mit dem Völkerrecht.[313]
Art. 6 lit. (c) des Statuts des IMT sieht die Strafbarkeit der „Verbrechen gegen die Menschlichkeit" vor. Während die Verletzung eines bestimmten Mindestmaßes menschlicher Grundrechte und Grundfreiheiten zugleich eine Verletzung des Völkerrechts bedeutete, bestand ein derartiger Straftatbestand im Völkerrecht nicht.[314] Vor diesem Hintergrund, d.h. angesichts der Rückwirkungsproblematik wurde die Kategorie des Verbrechens gegen die Menschlichkeit mit den Verbrechen gegen den Frieden und den Kriegsverbrechen verbunden.[315] Ein eigenständiger Tatbestand war somit nicht gegeben.
Abschließend ist festzustellen, eine unmittelbare völkerrechtliche Strafbarkeit nur bezüglich der Kriegsverbrechen bestand, so daß nur insoweit eine Transformation in Besatzungsrecht erfolgen konnte, mit der Folge, daß die Besatzungsmächte in An-

---

308 Hoffmann, Verantwortung, S. 92 ff, der darauf hinweist, daß dies auch unter Berücksichtigung des Umstandes, daß neunzehn weitere Staaten dem Londoner Abkommen beigetreten sind, gelte, da die Befugnis, mit Wirkung für und gegen alle künftig allgemein geltende völkerrechtliche Strafnormen zu schaffen, fehlte.

309 Vgl. Gornig, Verantwortlichkeit, NJ 1992, S. 7; Jescheck, Verantwortlichkeit der Staatsorgane, S. 179 f.

310 Vgl. Gornig, Verantwortlichkeit, NJ 1992, S. 7; Jescheck, Verantwortlichkeit der Staatsorgane, S. 179.

311 So auch Jescheck, Verantwortlichkeit der Staatsorgane, S. 180 ff.

312 So: v.Mangoldt, Das Kriegsverbrechen, Jahrbuch für Internationales und Ausländisches Öffentliches Recht II/III (1948/1949), S. 308.

313 Vgl. Ahlbrecht, Völkerrechtliche Verbrechen, S. 85; Bassiouni, Das Vermächtnis von Nürnberg, S. 22, der feststellt, daß das völkerrechtliche Gewohnheits- und Vertragsrecht ausreichende Rechtsnormen zur Regelung bewaffneter Konflikte entwickelt habe. Zudem nennt Bassiouni die Art. 228 und 229 des Versailler Vertrages als Präzedenzfälle, erachtet aber zu Recht den Wert des Präzedenzfalles als gering. Jescheck, Verantwortlichkeit der Staatsorgane, S. 182, 186, der aber tatsächlichen Gebrauch, den die Gerichte von dieser Regelung gemacht haben, kritisiert.

314 Vgl. Jescheck, Verantwortlichkeit der Staatsorgane, S. 184; Ahlbrecht, Völkerrechtliche Verbrechen, S. 88.

315 S. Bassiouni, Das Vermächtnis von Nürnberg, S. 22. Diesem Tatbestand wurde nur eine untergeordnete Bedeutung zuteil, da nur die Angeklagten Schleicher und von Schirach wegen Verbrechen gegen die Menschlichkeit verurteilt worden sind.

sehung der übrigen Tatbestände ihre Kompetenzen überschritten haben.[316] Das Neue an den Nürnberger Entscheidungen, die als „revolutionär“[317] bezeichnet und als wesentliche Neuerung im Völkerrecht angesehen wurden, ist, daß erstmals in der Geschichte des Völkerrechts ein Gericht[318] feststellte, daß auch Individuen für schwere Verstöße gegen grundlegende internationale Regeln, ungeachtet der Frage, wie die Gesetze ihres Landes gelautet haben und welche Stellung sie persönlich bekleideten, unmittelbar auf Grund des Völkerrechts bestraft werden können.[319] Traditionell hatten die Staaten die zumeist zivilrechtlichen Folgen von Völkerrechtsverstößen zu tragen, so daß die Anerkennung einer individuellen strafrechtlichen Verantwortung ein Novum ist und 1945 mit dem Grundsatz der Nichtverantwortlichkeit politischer Funktionsträger gebrochen wurde.[320]
Die „Nürnberger Prinzipien“ [321], d.h. die materiell-rechtlichen Regelungen, die auf der Grundlage der Art. 6-10 des IMT-Statuts formuliert wurden[322], stellen das Fundament des später anerkannten Völkerstrafrechts dar, so daß die weitere Entwicklung auf der

---

[316] Vgl. Triffterer, Materielles Völkerstrafrecht, S. 2.

[317] Vgl. Kranzbühler, der deutsche Marinerichter und Verteidiger von Admiral Karl Dönitz, der davon ausging, daß Nürnberg auf den Gebiet des Völkerrechts ein revolutionäres Ereignis darstellte, so daß es ihm wenig sinnvoll erschien, eine Revolution mit den Maßstäben des bisherigen Rechts zu messen, Nürnberg als Rechtsproblem, S. 219, 223.

[318] Das Urteil des IMT erfuhr eine heftige Kritik, die hier grob zu skizzieren ist. Wie bereits dargelegt wird das Londoner Viermächteabkommen als ein rückwirkendes ex-post-facto-Gesetz angegriffen, so daß sich die Frage stellt, ob die Siegermächte zum Erlaß eines rückwirkenden Strafgesetzes befugt waren. Laut Hoffmann, Verantwortung, S. 126 ff, war ein von der Verteidigung geltend gemachter Einwand das „tu quoque“ Argument, d.h. der Hinweis, daß von den Siegermächten teilweise die gleichen Handlungen begangen worden seien, die jetzt den Angeklagten der Nürnberger Prozesse zur Last gelegt würden. Dieser Einwand wurde allerdings mit dem Argument, daß ein Verbrecher sich seiner Schuld nicht durch den Hinweis auf gleiches Verhalten anderer entledigen könne, ausgeschaltet. Wie Kranzbühler, Nürnberg als Rechtsproblem, S. 235, bemerkt, wurde der tu quoque-Einwand jedoch in dem IMT Urteil gegen Dönitz anerkannt, der wegen des von dem Gericht an sich als völkerrechtswidrig anerkannten U-Boot-Krieges gegen die neutrale Handelsschiffahrt nicht verurteilt wurde, da auch die Engländer und Amerikaner in dieser Weise verfahren seien. Eingewandt wurde weiterhin, daß die Berufung der Angeklagten auf einen „höheren Befehl“ nicht ausreichend gewürdigt worden sei; vgl. Hoffmann, Verantwortung, S. 129. Vielmehr wurde durch das Statut des IMT als auch durch das KRG Nr. 10 der „höhere Befehl“ als Rechtfertigungsgrund ausgeschaltet und lediglich als Strafmilderungsgrund anerkannt. Ferner wurde die Ausübung der Gerichtsbarkeit über Deutsche und die Frage, ob die Pönalisierung bestimmter Rechtsbrüche gegen den Gedanken der Souveränität der Staaten verstoße, thematisiert, wobei die sog. acts-of-states eine besondere Bedeutung erlangte; s. Hoffmann, Verantwortung, S. 132. Vgl. zur Kritik auch: Wright, Nuremberg, S. 245 ff. Werle, Menschenrechtsschutz durch Völkerstrafrecht, ZStW 109 (1997), S. 811 ff, hingegen kritisiert die Ablehnung, die die Nürnberger Verfahren erlitten haben da nicht gebührend berücksichtigt worden sei, daß diese Art der juristischen Aufarbeitung die „Rückkehr in die Völkergemeinschaft“ öffne. Er vertritt die Auffassung, daß ohne Nürnberg der Aufarbeitungsprozeß noch schwieriger gewesen wäre, so daß der IMT deutsche Angelegenheiten regelte und das Urteil eine ungeteilte Annahme verdient hätte.

[319] Vgl. Tomuschat, Von Nürnberg nach Den Haag, Die Friedenswarte 70 (1995), S. 144 f; Jescheck, Genocidium-Konvention, ZStW 66, S. 204 f; in seiner Würdigung etwas zu optmistisch: Thiele, Völkerstrafrecht, S. 10 f, der feststellt, daß „Nürnberg heute in der Welt eine historische und moralische Tatsache ersten Ranges ist, mit der jeder Staatsmann und Heerführer zu rechnen hat“. Diese hier zum Ausdruck gebrachte Erwartung hat sich nicht erfüllt.

[320] Vgl. Weber, St. Helena oder Nürnberg, VN 1990, S. 208.

[321] Mit der Beachtung der Nürnberger Prinzipien durch die Legislative und Judikative der sozialistischen Länder, sowie der strafrechtlichen Verfolgung der NS-Täter in diesen Ländern beschäftigt sich Wieland, Die Nürnberger Prinzipien, S. 98 ff.

[322] Vgl. De La Pradelle, Nürnberger Prinzipien, S. 129.

Grundlage des Nürnberger Instrumentariums erfolgt ist.[323] Nürnberg hatte daher auf die Entwicklung des Rechts und seiner Durchsetzungsorgane im Bereich des humanitären Völkerrechts und der Menschenrechte einen maßgebenden Einfluß.[324] Zu Recht werden die Nürnberger Prozesse und die dort aufgestellten Rechtsgrundsätze daher, trotz ihrer Angreifbarkeit, von Triffterer und Nill-Theobald als „Meilenstein in der Geschichte des Völkerstrafrechts und der Völkerstrafgerichtsbarkeit" gewürdigt, von dem der entscheidende Anstoß zur „Weiterentwicklung dieser Materialien ausging.[325] Bassiouni[326] sieht das „Vermächtnis" von Nürnberg auf drei Ebenen: Das institutionelle[327], das juristische[328] und das moralisch-ethische[329] Vermächtnis. Zudem spricht Bassiouni von einem „geistigen Aufbruch".[330] V.a. Art. 6 des IMT - Statuts wurde als die „bisher fehlende Grundlage des materiellen Völkerstrafrechts" gefeiert und als „Fundament [...] auf dem ein weiteres gemeinsames internationales Strafrecht im Wege völkerrechtlicher Vereinbarung errichtet werden kann", so daß erstmals formelles und materielles Völkerstrafrecht geschaffen worden sei.[331] Abschließend ist festzustellen, daß neben den Impulsen, die von den Nürnberger Tatbeständen und Rechtsgrundsätzen für das materielle Völkerrecht ausgingen auch dem Umstand der Gründung eines ad-hoc-Gerichts eine weitreichende Bedeutung zukommt, da erstmalig in einem „internationalen" Verfahren eine individuelle strafrechtliche Verantwortlichkeit wegen Verstößen gegen völkerrechtlich definierte Verbrechenstatbestände durch ein „international" zusammengesetztes Gericht durchgesetzt und der „internationalen" Strafverfolgung der Vorrang vor völkerrechtlicher oder innerstaatlicher Immunität eingeräumt wurde.[332] Zudem ist davon auszugehen, daß die Nürnberger Prozesse die Praktikabilität eines derartigen Prozederes verdeutlicht haben und die Erwartung vertretbar war, die Schaffung eines ständigen Tribunals werde begünstigt. Hier ist allerdings zu berücksichtigen, daß die Staatengemeinschaft weder zuvor noch danach auf die sog. staatsverstärkte Kriminalität mit der bedingungslosen und vollständigen Niederwerfung und anschließenden Unterwerfungsbesetzung reagiert hat und auf diese Weise eine effektive Strafverfolgung gewährleistet wurde.[333]

---

323 Vgl. hierzu: Bassiouni, Das Vermächtnis von Nürnberg, S. 23.

324 Vgl. Bassiouni, Das Vermächtnis von Nürnberg, S. 26.

325 Triffterer, Materielles Völkerstrafrecht, S. 3; Nill-Theobald, Anmerkungen, ZStW 108 (1996), S. 231 f.

326 Vgl. Bassiouni, Das Vermächtnis von Nürnberg, S. 18 ff.

327 Es handelt es sich hier um die Schaffung des Tribunals mit Präzedenzfallfunktion, S. 18 ff.

328 Hierunter fällt der Einfluß auf die Entwicklung des Rechts und seiner Durchsetzungsorgane im Bereich des humanitären Völkerrechts und der Menschenrechte, S. 21 ff.

329 Es handelt sich hierbei laut Bassiouni, Das Vermächtnis von Nürnberg, S. 26 f, um ein nicht greifbares Vermächtnis, das in der Zeit seit 1945 die Wertvorstellungen der Gesellschaft durchdrungen und das Bewußtsein der Menschen geprägt habe. Auch Simpson, Nürnberg, S. 66, vertritt die Auffassung, daß sich die Nürnberger Prinzipien in dem Bewußtsein der Bevölkerung verfestigt hätten, so daß hierdurch ihre weitere Existenz durch z.B. öffentliche Forderungen nach der Einhaltung der Menschenrechte gesichert sei.

330 Bassiouni, Das Vermächtnis von Nürnberg, S. 27 f.

331 Thiele, Völkerstrafrecht, S. 54.

332 Vgl. Roggemann, Strafgerichtshof, S. 43 f.

333 Vgl. Oeter, Kriegsverbrechen, ZaöRV 45 (1985), S. 41. Aus diesem Grund zeigt er sich gegenüber einer internationalen Strafgewalt in Jugoslawien skeptisch, da er die Auffassung vertritt, daß eine effektive Durchsetzung des Strafanspruchs eine militärische Intervention in Jugoslawien erfordere, die bislang nicht erfolgt sei. Auch Fastenrath, Der Internationale Strafgerichtshof, JuS 1999, S. 635, argumentiert in diese Richtung und führt an, daß die Bedingungen für den IStGH sogar noch

Schließlich ist weiterhin zu berücksichtigen, daß die Nürnberger Prozesse einen „beunruhigenden" Präzedenzfall dergestalt geschaffen haben, als die von Sieger und Besiegten begangenen beiderseitigen Bombardierungen und Massentötungen der Zivilbevölkerung nicht verfolgt und daher die Begehung derartiger Taten ungestraft erfolgen könne.[334] Abschließend ist zu berücksichtigen, daß sich derartige Verfahren wie in Nürnberg bzw. nach Beendigung des ersten Weltkrieges nur gegen die Angehörigen besiegter Nationen gerichtet haben. Mit Kranzbühler ist daher festzustellen, „daß jede Vervollkommnung in der Verfolgung der Kriegsverbrechen die Ungleichheit zwischen Sieger und Besiegtem ständig vergrößert. Das Recht muß seiner Idee nach von dem Streben nach Gleichheit beherrscht werden. Solange nicht die Anwendung der gefundenen Rechtssätze auch auf die Sieger gesichert ist, verstärkt die Vervollkommnung dieser Rechtssätze die Unvollkommenheit des Rechts im Ganzen. Je weiter die Tatbestände und die Verantwortlichkeit nur auf der Seite des Besiegten ausgedehnt werden, desto mehr gelangt man ihm gegenüber zur unbegrenzten Haftung für den Mißerfolg".[335]
Die 12 nachfolgenden Nürnberger Verfahren begannen am 26. Oktober 1946[336]. Das letzte schloß am 14. April 1949. Diese Verfahren beruhten direkt auf dem alliierten KRG Nr. 10, welches geringfügig geändert worden war.[337] Auch diese nachfolgenden Verfahren bestätigten die Auffassung des IMT, daß das Verbrechen gegen den Frieden seine Grundlage im internationalen Recht fände.[338] Bestätigt wurde auch die Rechtsprechung des IMT in Ansehung der Kriegsverbrechen und der Verbrechen gegen die Menschlichkeit.[339]
Erst in der Folgezeit sollte sich herausstellen, ob es sich bei den Nürnberger Prinzipien um verbindliche Rechtssätze oder aber um einen durch eine atypische Situation bedingten Sonderfall handelte.

---

nachteiliger seien, da eine Besetzung i.d.R. nicht vorliege so daß er auch dem Erfolg des IStGH skeptisch gegenübersteht.

334 Vgl. Simpson, Nürnberg, S. 40, 65 f.

335 S. Kranzbühler, Nürnberg als Rechtsproblem, S. 237.

336 Vgl. hierzu auch: Ahlbrecht, Völkerrechtliche Strafgerichtsbarkeit, S. 96 ff, m.w.N. Die Amerikaner führten noch zwölf Folgeprozesse, ebenfalls in Nürnberg, durch. Von den insgesamt 177 Angeklagten wurden 35 freigesprochen. Auf der Angeklagtenbank befanden sich Juristen, Ärzte, Industrielle, Beamte, Militärs, etc. die das Hitler Regime in strafrechtlich relevanter Weise durch Rechtsbeugung, illegale Experimente, Planung des Angriffskrieges, Arbeitsdienst, etc. unterstützt hatten. Mit dem sog. „Juristenprozeß" beschäftigt sich die Studie von Rottleuthner, Das Nürnberger Juristenurteil, NJ 1997, S. 618 ff, der kritisiert, daß das in der Bundesrepublik erstmals 1996 publizierte Urteil damals wenig Resonanz in der Fachpresse fand. Das Nürnberger Juristenurteil erlebte eine Renaissance, da man sich von ihm Hinweise für die strafrechtliche Behandlung des Systemunrechts in der ehemaligen DDR erhoffte. Mit dem Juristenprozeß und der weiteren Entwicklung in Deutschland unter besonderer Berücksichtigung der Entwicklung und „Entnazifizierung" der Justiz beschäftigt, sich ferner der Beitrag von Perels, der Nürnberger Juristenprozeß, Kritische Justiz 1998, S. 85 ff.

337 Vgl. Woetzel, The Nuremberg Trials, S. 219 ff.

338 Vgl. Woetzel, The Nuremberg Trials, S. 223.

339 Vgl. Woetzel, The Nuremberg Trials, S. 224.

b. Die Tokioter Prozesse

Das Internationale Militärtribunal für den Fernen Osten (IMT Tokio) und das IMT Nürnberg unterscheiden sich in erheblicher Weise.[340] Während das IMT Nürnberg auf der Grundlage eines völkerrechtlichen Vertrages errichtet wurde, der zunächst von den vier Alliierten unterzeichnet wurde und dem sich dann 19 weitere Staaten angeschlossen haben, beruhte die Errichtung des IMT Tokio sowie dessen Statut auf einem Befehl des Generals Douglas MacArthurs in seiner Eigenschaft als Oberbefehlshaber der alliierten Truppen im Pazifik.[341] Maßgebend für die Tokioter Verfahren war die „Proclamation Defining Terms for Japanese Surrender" vom 26. Juli 1945 (Potsdamer Declaration), die von den japanischen Delegierten, die für den japanischen Kaiser handelten, bei der Annahme der Kapitulation am 2. September 1945 unterzeichnet worden war.[342] Bemerkenswert ist, daß während in Deutschland die gesamte noch lebende Staatsführung zur Verantwortung gezogen wurde, der japanische Kaiser, in dessen Namen alle Angriffskriege Japans geführt und alle Grausamkeiten begangen worden waren, nicht in die Anklage einbezogen wurde.[343] Sowohl die Nürnberger Folgeprozesse als auch das Tokioter Verfahren verfolgten die Linie, die der IMT Nürnberg vorgegeben hatte.[344] Aus diesem Grund sind an dieser Stelle keine weiteren Ausführungen veranlaßt, da hier eine nennenswerte Weiterentwicklung oder Änderung des Völkerstrafrechts nicht erfolgt ist und der IMT Tokio lediglich als ein weiterer Präzedenzfall anzusehen ist.
Ergänzend sei noch darauf hingewiesen, daß die Amerikaner, gestützt auf die militärischen Vollmachten des Generals MacArthurs in seiner Funktion als Oberbefehlshaber der US-Streitkräfte im Pazifik, japanische Offiziere für Kriegsverbrechen zur Verantwortung gezogen haben, wie z.B. den General Yamashita.[345] General Yamashita wurde, als höchster Verantwortlicher, von einem amerikanischen Gericht zum Tode verurteilt, da ihm vorgeworfen wurde, die Exzesse seiner Soldaten nicht durch entsprechende Befehle gestoppt zu haben, nicht aber weil ihm die persönliche Erfüllung eines Straftatbestandes vorgeworfen wurde.[346] Diese Verurteilung ist erfolgt, obwohl der General nachweislich von den Verbrechen der Untergebenen nichts gewußt hat und er infolge der Auflösung der japanischen Kommandostruktur und dem Versagen aller Kommunikation die Kontrolle verloren hatte.[347]

---

[340] Vgl. zu der historischen Entwicklung in Japan, der Vorgeschichte des Prozesses, dem Statut des IMT Tokio und dem Prozeß selbst: Ahlbrecht, Völkerrechtliche Strafgerichtsbarkeit, S. 103 ff.

[341] Vgl. hierzu auch: Ahlbrecht, Völkerrechtliche Strafgerichtsbarkeit, S. 105, der die Einsetzung des IMT Tokio durch den Oberbefehlshaber der alliierten Truppen für formell völkerrechtswidrig hält. Vgl. auch: Bassiouni, Das Vermächtnis von Nürnberg, S. 15.

[342] So: Woetzel, The Nuremberg Trials, S. 227. In seiner Kapitulationserklärung hatte Japan u.a. die Gerichtsbarkeit der Siegermächte über die japanischen Kriegsverbrecher anerkannt, so daß Japan, anders als Deutschland, auch Vertragspartei war.

[343] Vgl. Grewe, Rückblick, S. 233. Grewe vermute, daß weniger Zweifel an der Verantwortlichkeit des Tennos zu dieser Entscheidung geführt haben, sondern vielmehr politische Opportunitätsgründe, da man befürchtete, daß ein Guerillakrieg in Japan ausbrechen könnte, der das Regieren von Japan erschwerte, wenn der Tenno angeklagt und abgesetzt würde. Vgl. auch: Ahlbrecht, Völkerrechtliche Strafgerichtsbarkeit, S. 118 f; Nill-Theobald, Defences, S. 375.

[344] S. Woetzel, The Nuremberg Trials, S. 232.

[345] Vgl. hierzu: Bassiouni, Das Vermächtnis von Nürnberg, S. 15 f.

[346] S. Kempner, My Lai, ZRP 1970, S. 30.

[347] Vgl. Grewe, Rückblick, S. 247. Grewe kritisiert in diesem Zusammenhang die Behandlung die das Massaker von My Lai durch die amerikanische Justiz gefunden hat.

5. Die Entwicklung des Völkerstrafrechts in der Nachkriegszeit

Wie oben dargelegt, wurden die Urteile der IMT u.a. als „Wendepunkt in der Entwicklung des Völkerrechts" betrachtet und z.T. sogar vertreten, daß hieraus neues, allgemeingültiges Völkerrecht hervorgegangen sei und nunmehr in aller Zukunft die Bestrafung der Urheber von derartigen Handlungen unmittelbar nach Völkerrecht erfolgen könne. Allerdings ist hier zu berücksichtigen, daß sich die Statute mit der Aburteilung der sog. Hauptkriegsverbrecher erschöpft haben und die Tribunale nicht mehr existent sind.[348] Angesichts des beschränkten räumlichen und sachlichen Geltungsbereiches der Statute scheidet eine Verallgemeinerung sowie eine zukunftsweisende Funktion der materiellen Normen aus.[349]
Die weitere Entwicklung war nicht dazu angetan, eine Verfestigung der Nürnberger Grundsätze zu bewirken. So hatte die zum Kalten Krieg führende Verschärfung des Ost-West-Konfliktes nicht nur das Zerbrechen der Kriegskoalition, sondern auch die Abkehr der USA von den Positionen der Nürnberger Prozesse zur Folge.[350] Dies blieb nicht ohne Auswirkungen auf die Grundlagen des Urteils, so daß das „moralische Pathos von Nürnberg einen Sprung bekam" und die Grundsätze von Nürnberg allmählich in Vergessenheit gerieten.[351] Zudem haben die Nürnberger Prinzipien an den meisten nationalen und internationalen Gerichtshöfen keine Anwendung gefunden.[352] Allerdings ist in dem Beschluß des BVerfG vom 24.Oktober 1996[353] in Ansehung seiner Ausführungen zum Rückwirkungsverbot und weiterer völkerstrafrechtlicher Fragen, wie der Problematik der „act-of-state-doctrine", des Handelns auf Befehl, des Irrtums über das Verbotensein der Tat, eine Bestätigung der Nürnberger Urteile zu sehen.[354]
Am 26. Juni 1945 wurden die Vereinten Nationen in San Francisco zur Wiederherstellung und Aufrechterhaltung der völkerrechtlichen Ordnung gegründet. Trotz des Ost-West-Konfliktes, der seinen Niederschlag in der Charta der Vereinten Nationen findet, ist dies als Neuorientierung im Völkerrecht anzusehen, da nunmehr in Art. 2 Nr. 4 UN-Charta ein generelles und allgemeines Gewaltverbot niedergelegt ist, welches nunmehr zu den Bestandteilen des allgemeinen Völkerrechts zählt.[355] Der Grund hierfür ist zum einen in dem Umstand zu sehen, daß nach dem zweiten Welt-

---

348 S. Hoffmann, Verantwortung, S. 168.

349 So auch: Ahlbrecht, Völkerrechtliche Verbrechen, S. 95.

350 Perels, Der Nürnberger Juristenprozeß, Kritische Justiz 1998, S. 97, zieht hieraus die Konsequenz, daß das Verhalten der USA die ablehnende Haltung und Abwehr der Positionen des Nürnberger Urteils durch die deutsche Justiz gefördert habe. In den USA habe ein Umdeutungsprozeß stattgefunden, der den Weg zur Kooperation mit den einstigen Führungseliten des NS-Regimes zur Bekämpfung der Bedrohung von Osten freigemacht habe. Zu diesem Zweck sei zu Beginn der 50er Jahre die Begnadigung der meisten in den Nürnberger Nachkriegsprozessen Verurteilten erfolgt, da für die militärische Integration der Bundesrepublik in den Westen die Kooperation mit den alten Oberschichten des Militärs, der Privatwirtschaft und der Bürokratie als notwendig erschien, vgl. Perels, a.a.O. Auch Grewe, Rückblick, S. 235, stellt fest, daß hier eine „Umwertung der Werte" erfolgt sei, in deren Verlauf die deutschen Militaristen in einem anderen Licht erschienen, da sie für die Verteidigung Deutschlands gegen den Osten benötigt wurden.

351 Grewe, Rückblick, S. 235 f. Grewe, a.a.O., S. 238 ff, bemerkt auch, daß inzwischen eine Vielzahl kriegerischer Auseinandersetzungen stattgefunden habe, so daß irgendein Abschreckungseffekt mangels strafrechtlicher Verfolgung nicht festzustellen sei.

352 So: Simpson, Nürnberg, S. 66.

353 Az.: 2 BvR 1851-1853; 1857/94 K = StV 1997, 14

354 Vg. hierzu im Einzelnen: Ambos, Nuremberg revisited, StV 1997, S. 39 ff, 41 ff.

355 Vgl. hierzu: Kimminich, Völkerrecht, S. 90, 110.

krieg die Wahrung des Friedens als überragendes Ziel erkannt und definiert wurde, zum anderen liegt er in der Erkenntnis, daß Frieden nicht lediglich das Fehlen bewaffneter Auseinandersetzungen ist, sondern darüber hinaus als ständig fortwährender Entwicklungsprozeß zu sehen ist.[356] Obwohl die Generalversammlung der UNO im Jahr 1946 die Nürnberger Prinzipien als allgemein anerkannte Normen des Völkerrechts billigte und auch die International Law Commission (ILC) 1950 einen Text der Nürnberger Prinzipien vorlegte, wurden die Nürnberger Prinzipien von den Staaten weitgehend ignoriert.[357]
Als Ergebnis kann festgehalten werde, daß das Londoner Abkommen, trotz Billigung der Generalversammlung der Vereinten Nationen in der einstimmig gefaßten Resolution vom 11. Dezember 1946, nicht als Völkergewohnheitsrecht anzusehen ist.[358] Dieser Bestätigung der Nürnberger Grundsätze kommt allenfalls eine moralische Wirkung zu.[359] Eine rechtliche Wirkung scheidet hingegen aus, da den Staaten der Wille zur Selbstverpflichtung fehlte, den Vereinten Nationen die völkerrechtliche Rechtssetzungsbefugnis und der Vollversammlung der Rechtssetzungswille fehlt und ferner die Voraussetzungen der Anerkennung durch die zivilisierten Nationen nicht gegeben sind, da lediglich ein bestätigender Beschluß der Delegierten vorliegt und schließlich hierdurch ein völkerrechtliches Gewohnheitsrecht nicht entstanden ist, da es an dem Vorliegen der entsprechenden opinio iuris fehlt.[360] Vielmehr handelt es sich bei dem Nürnberger Abkommen und den Grundsätzen nach wie vor um partikuläres Völkerrecht zwischen den Alliierten und den übrigen 19 Unterzeichnerstaaten.

Geprägt durch die Nürnberger Ereignisse gingen auch in der Nachkriegszeit die Bestrebungen zur Errichtung eines Weltstrafgerichtshofes sowie zur Weiterentwicklung des materiellen Völkerstrafrechts weiter, so daß an dieser Stelle die wichtigsten Arbeiten und Errungenschaften dieser Periode kurz zusammengefaßt werden sollen.[361] Im Rahmen der UNO begannen die Arbeiten an einer Internationalen Strafgerichtsbarkeit sowie an einer Kodifikation des materiellen Völkerstrafrechts bereits Ende der 40er Jahre, wurden aber bis Ende der 80er Jahre suspendiert.[362] Am 21. November 1947 wurde die ILC von der Generalversammlung der Vereinten Nationen durch Resolution 174 (II) vom 21. November 1947 als ein Hilfsorgan geschaffen, das ihr bei der Erfüllung der in Art. 13 Abs. 1 lit. a) UN-Charta festgelegten Aufgaben behilflich sein soll.[363] Die Aufgabe der ILC liegt in der Förderung der fortschreitenden

---

356 Vgl. Kimminich, Völkerrecht, S. 108 ff mit weiteren Nachweisen.

357 S. Graefrath, Internationale Strafgerichtsbarkeit, S. 295.

358 So: Ahlbrecht, Völkerrechtliche Strafgerichtsbarkeit, S. 132 ff; Jescheck, Verantwortlichkeit der Staatsorgane, S. 154.

359 Vgl. Triffterer, Materielles Völkerstrafrecht, S. 18 f. Triffterer sieht diesen Beschluß dennoch als „uneingeschränktes Bekenntnis zu den in Nürnberg verwirklichten Prinzipien" und das „bis heute einheitlichste Bekenntnis der Vereinten Nationen und der Völkerrechtsgemeinschaft zu der Idee eines Völkerstrafrechts und einer Völkerstrafgerichtsbarkeit" an.

360 Dieser Ansicht scheint sich auch Taylor, Die Nürnberger Prozesse, S. 16 f, anzuschließen, der einräumt, daß die Nürnberger Grundsätze nicht verbindlich festgelegt worden seien.

361 Vgl. hierzu ausführlich, m.w.N.: Ahlbrecht, Völkerrechtliche Strafgerichtsbarkeit, S. 138 ff.

362 Vgl. Ambos, Zum Stand der Bemühungen, ZPR 1996, S. 63 ff mit weiteren Nachweisen zu der Entwicklung.

363 Mit der ILC der Vereinten Nationen beschäftigt sich Tomuschat in seinem Beitrag: Die Arbeit der ILC, S. 270 ff und in einem weiteren Beitrag: Die Völkerrechtskommission, VN 1988, S. 180 ff. Bei der ILC handelt es sich um eine GO, die lediglich eine Sachverständigenkommission der Generalversammlung ohne Normsetzungsbefugnis ist.

Entwicklung des Völkerrechts und seiner Kodifizierung.[364] In diesem Zusammenhang ist zu berücksichtigen, daß, sofern sich die Generalversammlung nicht auf ein Rechtsinstrument empfehlenden Charakters in Form einer Resolution beschränken will, sondern sie einem Regelwerk verbindliche Wirkung beilegen möchte, das übliche Verfahren des völkerrechtlichen Vertragsschlusses anzuwenden ist, da Initiativen auf der Grundlage des Art. 13 Abs. 1 lit. a) UN-Charta von der Generalversammlung nicht einseitig durch den Erlaß eines von ihr erarbeiteten Regelwerks durchgesetzt werden können.[365] Dieser rechtliche Hintergrund prägt die Arbeit der ILC, die mehrheitsfähige Vertragsentwürfe o.ä. erarbeiten muß.[366] Bereits am Tag des Ergehens des Gründungsbeschlusses, wies die Generalversammlung die ILC an, unter Berücksichtigung der Nürnberger Prinzipien einen „Draft Code of Offences against the peace and Security of mankind" zu erarbeiten, in dem die Taten, die sich gegen den Weltfrieden und die internationale Sicherheit richten, zusammengefaßt sein sollten.[367] Die ILC legte in der Folgezeit verschiedene Berichte vor, die aber in der Generalversammlung nur auf ein eingeschränktes Interesse stießen.[368] So wurde die Behandlung der Sache vertagt, um zunächst den Zentralbegriff der Aggression zu klären, was dann auch 1974 durch die Annahme der Angriffsdefinition gelang, so daß die ILC ihre Arbeiten fortsetzte.[369] 1991 verabschiedete die ILC den Draft Code der seit 1987 den offiziellen Namen „Draft Code of Crimes against the Peace and Security of Mankind" trägt.[370]
Am 9. Dezember 1948 faßte die Generalversammlung der Vereinten Nationen eine Resolution zur Prüfung eines internationalen Strafgerichtshofes.[371] Die International Law Commission hat daraufhin einige Entwürfe zur Errichtung eines internationalen Strafgerichts ausgearbeitet und der Vollversammlung 1951 und 1953 vorgelegt.[372] Allerdings wurden diese Arbeiten nicht weiter verfolgt und bis zu einer Entscheidung über den Entwurf eines Völkerstrafgesetzbuches verschoben.[373] In verschiedenen Abkommen[374] finden sich Verweise auf einen Internationalen Strafgerichtshof, die jedoch wirkungslos sind.
Es kann daher festgestellt werden, daß der UNO jahrelang zwei bedeutende Projekte sowie Entwürfe, nämlich den Draft Code of Crimes und das Statut für einen internati-

---

364 Vgl. zu der Geschichte und den Aufgaben der ILC ausführlich Tomuschat, Die Völkerrechtskommission, VN 1988, S. 180 ff.

365 Vgl. Tomuschat, Die Völkerrechtskommission, VN 1988, S. 181.

366 S. Tomuschat, Die Völkerrechtskommission, VN 1988, S. 181.

367 Vgl. zu den Nürnberger Prinzipien der ILC: Greppi, Individual Criminal Responsibility, IRRC 1999, S. 539 f. Vgl. auch: Tomuschat, Die Arbeit der ILC, S. 270.

368 Vgl. Tomuschat, Die Arbeit der ILC, S. 270 ff. Tomuschat führt die darauf zurück, daß das Zeitalter des kalten Krieges der Behandlung der hochpolitischen Sache entgegenstand.

369 S. Ahlbrecht, Völkerrechtliche Strafgerichtsbarkeit, S. 211 ff; Triffterer, Materielles Völkerstrafrecht, S. 16; Tomuschat, Die Arbeit der ILC, S. 270 ff.

370 Vgl. hierzu: Tomuschat, Die Arbeit der ILC, S. 273.

371 Die Resolution ist abgedruckt in Archiv des Völkerrechts, 1949, S. 221, vgl. auch Triffterer, Materielles Völkerrecht, S. 16 f.

372 Vgl. hierzu: Oehler, Internationales Strafrecht, Rn. 1069 f; Triffterer, Materielles Völkerstrafrecht, S.16 f.

373 S. Triffterer, Materielles Völkerstrafrecht, S. 17.

374 So z.B. in der U.N.-Convention on the Non-Applicability of Statutory Limitations to War Crimes and Crimes against Humanity vom 26.11.1968 (A/RES/2391 (XXIII)), in der International Convention on the Suppression and Punishment of the Crime of Apartheid vom 30.11.1973 (A/RES/3068 (XXVIII), sowie in dem Optional Protocol zu den UN-Abkommen über die Nichtverjährbarkeit von Kriegsverbrechen, usw.

onalen Strafgerichtshof vorlagen, ohne daß es zu einer sachlichen Auseinandersetzung gekommen wäre.[375] Während der erste Entwurf die Deliktstypen des materiellen völkerrechtlichen Strafrechts aufzählt, enthält der zweite die Idee eines internationalen Strafgerichtshofes zum Aufbau einer internationalen Gemeinschaftsordnung.

Die Bemühungen um die Errichtung einer internationalen Strafgerichtsbarkeit, die lange „geruht" hatten, kamen Ende der 80er Jahre wieder in Bewegung.[376] Wie nachfolgend skizziert wird, wurden erhebliche Anstrengungen unternommen um letztendlich die Errichtung einer Internationalen Strafgerichtsbarkeit verwirklichen zu können. Zu diesem Zweck wurden unzählige Entwürfe verfaßt, umgeändert, verworfen, überarbeitet, etc. Die Wiedergabe und der Vergleich des Inhalts der jeweiligen Entwürfe würde den Rahmen der Arbeit sprengen, so daß auf die Arbeiten, die sich mit den, in den verschiedenen Zeiten jeweils aktuellen Entwürfen befassen, lediglich verwiesen werden kann.[377] Diese Entwürfe und Diskussionen sind als essentielle Vorarbeiten anzusehen, jedoch erscheint vor dem Hintergrund der vielzähligen Entwürfe der unterschiedlichen Organisationen, der unendlich vielen Sitzungen und Diskussionen und der langwierigen Suche nach konsensfähigen Lösungen die bloße Wiedergabe von Statistiken und dem unterschiedlichem Diskussionsstand entbehrlich. Daher soll lediglich ein grober Überblick vermittelt werden.

---

[375] Vgl. hierzu: Jescheck, Gegenwärtiger Stand der Entwurfsarbeiten, S. 57 f, der für das Scheitern der vielzähligen Entwürfe politische Gründe verantwortlich macht, da die Staaten vor Begründung einer bundesstaatlichen Organisation der Völkergemeinschaft und insbesondere vor der Übertragung staatlicher Strafgewalt und Strafgerichtsbarkeit auf diese zurückschreckten.

[376] Vgl. hierzu: Tomuschat, Von Nürnberg nach Rom, Die Friedenswarte 70 (1995), S. 151 f, führt dies u.a. auf das Attentat von mutmaßlichen libyschen Geheimdienstagenten auf ein amerikanisches Passagierflugzeug über der schottischen Stadt Lockerbie zurück. Trotz Verhängung entsprechender Sanktionen durch den Sicherheitsrat verweigerte Libyen die Auslieferung und teilte mit, daß es nur einer Auslieferung an ein internationales Gericht zustimmen könne. Eine ähnliche Situation stellte sich beim Golfkrieg dar, weil sich auch hier die Frage stellte, wer Saddam Hussein, sofern man seiner habhaft geworden wäre, hätte aburteilen sollen. Auch der Führer der verbotenen kurdischen Partei PKK, Öcalan, wollte vor ein internationales Gericht gestellt werden.

[377] Vgl. hierzu ausführlich m.w.N: Ahlbrecht, Völkerrechtliche Strafgerichtsbarkeit, S. 335 ff; sowie im Jahr 1976 den Beitrag Grebings, Schaffung eines Internationalen Strafgerichtshofs, GA 1976, 97 ff, mit weiteren Nachweisen, der nach Annahme der Resolution über die Definition des Aggression einen Überblick über den aktuellen Stand der Diskussion im Jahr 1976 gibt und die bis dahin erarbeiteten Entwürfe; ausführlich zu dem Zustandekommen und dem materiellen Inhalt des Entwurfes des Arbeitsausschusses der ILC von 1993: Crawford, The ILC's Draft Statute, AJIL 88 (1994), S. 140 ff; Schomburg, Die neue Weltordnung, ZRP 1993, S. 308 f. Vgl. im Jahr 1996 zu der Konferenz von Syrakus: Nill-Theobald, Anmerkungen, ZStW 108 (1996), S. 229 ff, zugleich ein Bericht über die Konferenz „Committee of Experts on an International Criminal Court vom 24.-27. Juni 1995 in Syrakus, Nill-Theobald stellt auf S. 239 fest, daß die Bedeutung des auf der Konferenz in Syrakus ausgearbeiteten „Alternativ Draft Statut" im Vergleich zum Draft Statute der ILC in der stärkeren Berücksichtigung der strafrechtlichen Komponenten liege. Vgl. ferner zum Siracusa Entwurf: Roggemann, Auf dem Weg, ZRP 1996, S. 388 ff; sowie Ambos, Zum Stand der Bemühungen, ZRP 1996, S. 263 ff; Kaul, Auf dem Weg zum Weltstrafgerichtshof, VN 1997, 177 ff; zu dem Text des im Januar auf dem Intersessionalen Treffen in Zutphen erarbeiteten „Draft Statute" (Zutphen – Entwurf): Zimmermann, Die Schaffung eines ständigen internationalen Strafgerichtshofes, ZaöRV 58 (1998), S. 47 ff; Zur Vorstellung der Grundmodelle, die das Ergebnis der Debatte der Völkerrechtskommission in den Berichten der 42. und 43. Tagung der Völkerrechtskommission darstellten sowie zum Stand der Diskussion: Graefrath, Die Verhandlungen der UN-Völkerrechtskommission, ZStW 104 (1992), S. 190 ff; ders., Internationale Strafgerichtsbarkeit, S. 303 ff, in diesem Beitrag nimmt er u.a. zu den Draft Statuten der ILC für ein International Criminal Tribunal Stellung bzw. erörtert die dort getroffenen verfahrensrechtlichen Regelungen. Ambos, Establishing an International Criminal Court, EJIL 7 (1996), S. 519 ff, der einen Überblick über den Stand der Arbeiten des Jahres 1996 gibt, und sich hier v.a. mit den Draft Codes der ILC der Jahre 1991 und 1996 beschäftigt.

In der Resolution 47/33 vom 25. November 1992 der Generalversammlung der Vereinten Nationen wurde der ILC das Mandat erteilt, einen Statutsentwurf für einen IStGH zu entwerfen.[378] Die ILC hatte sich bereits im Rahmen ihrer wiederaufgenommenen Arbeit an einem internationalen Strafgesetzbuch „Draft Code of Crimes against the Peace and Security of Mankind"[379] mit einem Internationalen Strafgerichtshof beschäftigt[380] und legte 1993 der Generalversammlung der Vereinten Nationen eine erste Fassung eines Statuts für einen Internationalen Strafgerichtshof[381] vor. Im Jahr 1994 hat die ILC in ihrer 46. Sitzung, unter Berücksichtigung des Entwurfes von 1993, umfangreicher Stellungnahmen von Staaten und anderen Institutionen, einen überarbeiteten Vertragsentwurf für einen internationalen Strafgerichtshof angenommen und der Generalversammlung vorgelegt.[382] Während sich der Sicherheitsrat mit der Schaffung des „ad hoc-Tribunals" für Ruanda beschäftigte, debattierte das sechste Komitee der Generalversammlung über einen ständigen Strafgerichtshof.[383] Die sich hieraus ergebene Resolution[384] begrüßte den Bericht der ILC und forderte die Errichtung eines „ad hoc-Komitees", das 1995 zusammentreffen sollte, um eine Bevollmächtigtenkonferenz entsprechend vorzubereiten.[385] Diese Resolution ging davon aus, daß der Bericht des „ad hoc-Komitees" die Basis für die weitere Entscheidung in dieser Sache auf der 50. Sitzung der Generalversammlung bringen würde, wo eine Entscheidung über das Zusammenkommen einer Staatenkonferenz getroffen werden könnte. Auf der Grundlage der dazu 1995 von dem „ad hoc-Komitee" unter Berücksichtigung der Kommentare interessierter Staaten und Organisationen erarbeiteten Stellungnahme setzte die Generalversammlung im gleichen Jahr in ihrer Resolution 50/46 vom 11. Dezember 1995 einen Vorbereitungsausschuß (Preparatory Commitee – Prepcom) ein.[386] Der Vorbereitungsausschuß hatte die Aufgabe, eine Vertragsentwurf für die

---

[378] Vgl. hierzu: Ahlbrecht, Völkerrechtliche Strafgerichtsbarkeit, S. 339.

[379] Report of the International Law Commission on the work of it's 48th Session, UN GAOR, 51th Session, Supp. No. 10 (A/51/10), S. 14; abgedruckt in Friedens-Warte 72 (1997), S. 75 ff.

[380] Vgl. hierzu: Graefrath, Die Verhandlungen der UN-Völkerrechtskommission, ZStW 104 (1992), S. 190 (191); Crawford, The ILC adopts a Statute for an International Criminal Court, AJIL 89 (1995), S. 404.

[381] Report of the International Law Commission on the work of it's forty-fifth session, UN GAOR, 48th Sess., Supp. No. 10, UN Doc. A/48/10(1993), abgedruckt in: ILM 33 (1994), S. 253 (256); Crawford, The ILC's Draft Statute, AJIL 88(1994), S. 140, 142. Die ILC hatte eigens eine Arbeitsgruppe gegründet, die sich mit dem Thema des Internationalen Strafgerichtshofes auseinandersetzen sollte.

[382] Vgl. Ahlbrecht, Vökerrechtliche Strafgerichtsbarkeit, S. 341 f. Der Text des ILC Statutes von 1994 sowie Kommentare sind abgedruckt, Report of the International Law Commission on the work of it's forty-sixth session, UN GAOR, 49th Sess., Supp. No. 10, at 29-40, UN Doc. A/49/10 (1994). Ausführlich zu dem ILC Statut von 1994: Crawford, The ILC adopts a Statute for an International Criminal Court, AJIL 89 (1995), S. 404 ff.

[383] Vgl. hierzu: Crawford, The ILC adopts a Statute for an International Criminal Court, AJIL 89 (1995), S. 406.

[384] GA Res. 49/53 vom 9.12.1994, paras.1, 2, 6; UN-Doc. A/RES/49/53.

[385] Vgl. hierzu: Ahlbrecht, Völkerrechtliche Strafgerichtsbarkeit, S. 343; Crawford, The ILC adopts a Statute for an International Criminal Court, AJIL 89 (1995), S. 406.

[386] Vgl. hierzu: Ahlbrecht, Völkerrechtliche Strafgerichtsbarkeit, S. 351; Schlunck, Diskussionsstand vor der Diplomatischen Konferenz, S. 152 ff, weist darauf hin, da die Arbeit in den „ad hoc-Ausschüssen" und des Vorbereitungsausschusses bei den Vereinten Nationen von einer „wohlwollend-konstruktiven Atmosphäre getragen waren, in der Bedenken gegen den IStGH zwar vorgetragen aber nicht vehement vertreten worden seien, was sich auf der letzten Vorbereitungssitzung geändert habe, da dort den gerichtshoffreundlichen Staaten eine etwas andere Atmosphäre entgegenschlug.

die Aufgabe, eine Vertragsentwurf für die Staatenkonferenz in Rom zu erstellen und die verschiedenen Optionen zu den einzelnen Artikeln aufzulisten.[387] Als Arbeitsgrundlage diente dem Vorbereitungsausschuß, der in 6 Sitzungen[388], das auf der Staatenkonferenz in Rom verhandelte „Draft Statute for the International Criminal Court" ausarbeitete, der Entwurf der ILC aus dem Jahre 1994.[389] Nachdem die Generalversammlung das Angebot Italiens, die Konferenz of Plenipotentiaries on the Establishment of an IStGH vom 15. Juni bis 17. Juli in Rom abzuhalten, angenommen hatte, wurden die Anstrengungen für die Vorbereitung der Konferenz intensiviert. So wurde auf einer Klausurtagung des erweiterten Präsidiums des Vorbereitungsausschusses, an der die Vorsitzenden der einzelnen Arbeitsgruppen des Vorbereitungsausschusses teilnahmen, die im Jahr 1998 in Zutphen in den Niederlanden stattfand, der sog. „Zutphen-Entwurf"[390] erarbeitet, der die vorhandenen Materialien in 11 Kapitel und 99 Artikel zusammenfaßte, so daß erstmals die sog. Vorschlagssammlung (Compilation of Proposals) als bisher noch relevante Verhandlungsgrundlage abgelöst wurde.[391] Der Vorbereitungssausschuß hat diesen Text in seiner letzten Sitzung im Jahr 1998 nochmals überarbeitet und als Vertragsentwurf für den IStGH angenommen, so daß die überarbeitete Fassung Textgrundlage für die Konferenz in Rom ist.[392] Der Bevollmächtigtenkonferenz wurden von dem Preparatory Comitee folgende Unterlagen übermittelt: Der Entwurf eines Statuts für einen IStGH[393]; Draft Rules of Procedure for of the United Nations Diplomatic Conference of Plenipotentiaries on the Establishment of an IStGH[394] und Draft organization of work of the United Nations Diplomatic Conference of Plenipotentiaries on the Establishment of an IStGH. Abschließend ist festzustellen, daß zahlreiche Vorbereitungstreffen, nicht nur auf UNO-Ebene sondern auch auf regionalen und sonstigen Ebenen stattgefunden haben.[395]

---

[387] Vgl. Irmschler, Das Römische Statut, Kritische Justiz 1998, S. 473; Kaul, Auf dem Weg zum Weltstrafgerichtshof, VN 1997, S. 178

[388] Diese Treffen boten den allen Mitgliedern der UNO, den Mitgliedern der „specialized agencies" oder der internationalen Atomenergiebehörde die Möglichkeit sich mit dem Thema auseinanderzusetzen und eigene Ideen und Vorschläge in den Entwurf einzubringen. Das Preparatory Commitee war in mehrere Arbeitsgruppen untergliedert, die sich mit den verschiedenen Problemkreisen befaßten wie beispielsweise den Verbrechenstatbeständen, Verfahrensfragen, Strafen, etc. Lesenswert sind in diesem Zusammenhang die Aufzeichnungen von Hall, The first two sessions, AJIL 91 (1997) S. 177 ff; ders. The third and fourth Sessions, AJIL 92 (1998), S. 124 ff; ders. The fifth Session, AJIL 92 (1998), S. 331 ff; ders. The sixth Session, AJIL 92 (1998), S. 548 ff.

[389] Vgl. hierzu: Ahlbrecht, Völkerrechtliche Strafgerichtsbarkeit, S. 351.

[390] UN Doc. A/AC.249/1998/L.13, 4.2.1998.

[391] Vgl. hierzu: Ahlbrecht, Völkerrechtliche Strafgerichtsbarkeit, S. 356; Kaul, Durchbruch in Rom, VN 1998, S. 126.

[392] Vgl. Ahlbrecht, Völkerrechtliche Strafgerichtsbarkeit, S. 356 f.

[393] A/CONF.183/2/Add.1.

[394] A/CONF.183/2/Add.2.

[395] Vgl. hierzu: Kaul, Durchbruch in Rom, VN 1998, S. 125-130, der als Verhandlungsteilnehmer der deutschen Delegation auch an den Vorbereitungstreffen teilgenommen hat und einen anschaulichen Überblick aus der Sicht eines Delegierten nicht nur über die Verhandlungsgeschichte, sondern auch die Ergebnisse von Rom gibt. Auch zuvor hatte Kaul immer wieder über den Verhandlungsstand und die Perspektiven berichtet, vgl. Kaul, Auf dem Weg zum Weltstrafgerichtshof, VN 1997, S. 177 ff. In diesem Beitrag hatte Kaul den seinerzeitigen Verhandlungsstand der Vereinten Nationen, aus der Sicht eines Teilnehmers zusammengefaßt. Hierbei ging er auf die Verhandlungsrunden des von der UN Generalversammlung eingesetzten Vorbereitungssausschusses zum IStGH vom 10.-21.2.1997 und vom 4.-15.8.1997 in New York ein.

Zudem hat sich im Bereich der wissenschaftlichen Organisationen neben der ILA, die den Entwurf eines Statuts einer Internationalen Anklagebehörde sowie eines Internationalen Strafgerichtshofs[396] ausgearbeitet hat, erneut die AIDP hervorgetan und ebenfalls einen Entwurf für ein Statut erstellt.[397] Insgesamt sind elf offizielle und zehn inoffizielle Entwürfe für die Errichtung eines Weltstrafgerichtshofes und drei Entwürfe für die Kodifikation eines internationalen Strafgesetzbuches zu verzeichnen.[398]

Der Vollständigkeit halber ist darauf hinzuweisen, daß erstmals mit der Konvention über die Verhütung und Bestrafung des Völkermordes vom 9. Dezember 1948, die 1951 in Kraft getreten ist und nunmehr von über 50 Staaten ratifiziert wurde, positives Völkerstrafrecht geschaffen wurde.[399] Die Genocidium-Konvention ist Ausdruck einer internationalen Entwicklung, die darauf zielt, „bestimmte Grundsätze der Nürnberger Urteile, die im Interesse des Friedens und der Menschlichkeit erhalten bleiben müssen, in neuer Gestalt dem allgemeinen Völkerrecht einzuverleiben, um sie in ihrer Geltung zu sichern und zugleich universell und zwar auch im Frieden anwendbar zu machen".[400] Nach Art. I der Genocidium-Konvention stellen bestimmte Angriffshandlungen gegen nationale, ethnische, rassische oder religiöse Gruppen ungeachtet der Tatsache, ob sie im Krieg oder Frieden begangen wurden, Verbrechen gegen das Völkerrecht dar. Der Völkermord, der dogmatisch als ein Teilproblem des Verbrechens gegen die Menschlichkeit anzusehen ist, wurde v.a. aufgrund der Regelung in der Genocidium-Konvention als neuer Rechtsbegriff anerkannt.[401]

Die allgemeine Erklärung der Menschenrechte vom 10. Dezember 1948 sollte nach der Mehrheit der Mitgliedstaaten keine rechtliche Verpflichtung der Staaten begründen und auch nicht die Bedeutung einer völkerrechtlichen Konvention haben, so daß sie nach heute h.M. keine rechtliche Verbindlichkeit aufweist.[402] Dennoch ist davon auszugehen, daß sie als bedeutsamer Beitrag zur Weiterentwicklung der Grundrechte der Menschheit anzusehen ist. Die Rechtsentwicklung in Europa wurde durch die EMRK vom 4. November 1950, die einen entscheidenden Einfluß auf die Ausgestaltung der Rechtsordnungen der Mitgliedstaaten hatte, entscheidend beeinflußt.[403] Diese internationale Konvention wollte die wichtigsten Grundrechte, wie sie sich in Europa als Kernbestand des demokratischen Rechtsstaates entwickelt haben, schützen.[404]

---

396 Vgl. hierzu: Oehler, Internationales Strafrecht, Rn. 1071.

397 Vgl. zu den Bemühungen der wissenschaftlichen Organisationen: Ahlbrecht, Völkerrechtliche Strafgerichtsbarkeit, S. 215 ff, 345 ff, der hier auch auf die Expertenkonferenz in Syrakus im Jahr 1995 eingeht; vgl. zu den verschiedenen Entwürfen zur Kodifizierung des Völkerstrafrechts: Triffterer, Völkerstrafrecht im Wandel, S. 1488 ff.

398 Vgl. Bassiouni, International Criminal Law, S. 49 ff. Der von Bassiouni ausgearbeitete Draft International Criminal Code ist hervorzuheben, vgl. Bassiouni, International Criminal Law, S. 37 ff. Dieser Code basiert auf zwei alternativen Annahmen, zum einen, daß er von einem internationalen Strafgericht verwendet werden könnte („Direct Enforcement Model"), zum anderen, daß die Vertragsparteien ihn mittels ihres nationalen Rechtssystems durchsetzen („Indirect Enforcement Model"), so daß sich der Aufbau des Codes dementsprechend gestaltet.

399 So: Triffterer, Materielles Völkerstrafrecht, S. 17. Vgl. im übrigen zu dieser Problematik: Jescheck, Genocidium-Konvention, ZStW 66 (1954), S. 193 ff. Ob durch diese Konvention echtes Völkerstrafrecht geschaffen worden ist, wird umstritten, vgl. Triffterer, Materielles Völkerstrafrecht, S. 67. Vgl. zum Völkermord: Kap. 1 D II 1 c; Kap. 2 C I 1.

400 Jescheck, Genocidium-Konvention, ZStW 66 (1954), S. 194.

401 Vgl. Jescheck, Genocidium-Konvention, ZStW 66 (1954), S. 200.

402 S. Triffterer, Materielles Völkerstrafrecht, S. 70.

403 S. auch: Jescheck, Neueste Entwicklung, S. 590.

404 Vgl. Jescheck, Neueste Entwicklung, S. 590.

Auch internationale Menschenrechtsorganisationen sowie das Internationale Rote Kreuz arbeiteten intensiv an einer Fortentwicklung des internationalen Strafrechts, was in der Neufassung des gesamten Kriegsrechts in den vier Genfer Konventionen des Roten Kreuzes am 12. August 1949 ihren Höhepunkt fand. Diese Konventionen, die von fast allen Staaten ratifiziert wurden, sind als gültiges, positives Völkerrecht anzusehen.[405]

Zusammenfassend ist festzustellen, daß in der Nachkriegszeit, abgesehen von dem letzten Jahrzehnt, international in der Entwicklung des materiellen Völkerstrafrechts kaum nennenswerte Fortschritte erzielt wurden, so daß De La Pradelle zu Recht eine fast 50-jährige „Stagnation" der Entwicklung des Völkerstrafrechts konstatiert.[406] Zudem kann festgestellt werden, daß mit der Entwicklung des Völkerstrafrechts eine Zurückdrängung der staatlichen Souveränität einhergeht.[407]

In Deutschland wurde die Strafverfolgung nationalsozialistischer Verbrechen bis in die jüngste Vergangenheit betrieben. Allerdings wird sie nunmehr aus biologischen Gründen zu Ende kommen, da, soweit neue Verfahren eingeleitet und die Beschuldigten ausfindig gemacht werden, i.d.R. die Beweise nicht ausreichen, da Zeugen verstorben sind oder sich nicht mehr erinnern können oder aber der Beschuldigte verhandlungsunfähig ist.[408] Seit dem zweiten Weltkrieg haben einige Länder Kriegsverbrecher aufgrund nationaler Gesetze vor Gericht gestellt.[409]

6. Die Kriegsverbrechertribunale der Vereinten Nationen

Nach dem dargelegten jahrelangem Stillstand kann die Errichtung der „ad hoc-Tribunale" für das ehemalige Jugoslawien (ICTY) und Ruanda (International Criminal Tribunal for Rwanda - ICTR) durch den Weltsicherheitsrat als Weiterentwicklung des Völkerstrafrechts angesehen werden, die den Ruf nach einer ständigen internationalen Gerichtsbarkeit immer lauter werden ließen. Mit der Resolution Nr. 808 vom 22. Februar 1993 beschloß der Sicherheitsrat die Schaffung eines internationalen Gerichtshofes zur Verfolgung von Verletzungen des humanitären Völkerrechts im Gebiet des früheren Jugoslawien.[410] Am 25. Mai 1993 hat der Sicherheitsrat der Vereinten

---

405 Vgl. Triffterer, Materielles Völkerstrafrecht, S. 17. Hier wird auf die Ausführungen in Kap. 1 D II 1 a verwiesen, da hier eine eingehender Stellungnahme zu den Konventionen erfolgen wird.

406 So auch: De La Pradelle, Nürnberger Prinzipien, S. 128. De La Pradelle führt dies auf das politische Gewicht der Prozesse zurück, wobei die Tatsache, daß sich die Staaten nicht damit abfinden wollten, daß hohe zivile oder militärische Funktionsträger souveräner Staaten vor ein internationales Gericht gestellt werden, um sich dort strafrechtlich zu verantworten, wohl ausschlaggebend war.

407 Vgl. Werle, Menschenrechtsschutz durch Völkerstrafrecht, ZStW 109 (1997), S. 814 ff. Werle vertritt die zu weitgehende Auffassung, daß eine menschenrechtsorientierte Betrachtung das „Souveränitätsdogma" abgelöst habe, Werle, a.a.O., S. 820. Insbesondere vor dem Hintergrund des Tschetschenien-Krieges kann diese Aussage kaum verallgemeinert werden.

408 Zu der statistischen Bilanz der Verfolgung nationalsozialistischer Straftaten: Ostendorf, Die Westdeutsche Justiz, S. 73 ff. Die Auswirkungen der Nürnberger Prozesse auf die westdeutsche Justiz waren sehr widersprüchlich, da auf der einen Seite große Anstrengungen unternommen wurden, auf der anderen Seite aber bis zur Errichtung der zentralen Stelle der Landesjustizverwaltungen zur Aufklärung nationalsozialistischer Verbrechen am 1.12.1958 in Ludwigsburg Ermittlungen selten waren und auch die Strafzumessungspraxis der deutschen Gerichte einem Vergleich mit der Sanktionspraxis für die sonstige Kriminalität nicht standhielten.

409 Vgl. hierzu: Bassiouni, Das Vermächtnis von Nürnberg, S. 15 f.

410 Resolution 808 (1993) ist abgedruckt in Vereinte Nationen 1993, S. 71; UN-Doc. S/RES/808 (1993).

Nationen mit Resolution 827[411] das Statut des ICTY zur Ahndung der Kriegsverbrechen auf dem Balkan verabschiedet. In dieser Resolution 827 vom 25. Mai 1993 beruft sich der Sicherheitsrat unter Bezugnahme auf die Resolution 808 vom 22. Februar 1993 und dem am 3. Mai 1993 veröffentlichten Bericht des Generalsekretärs samt beigefügtem Statut, auf Kapitel VII UN Charta.[412] Anders als die IMT beruht das ICTY nicht auf einem völkerrechtlichen Vertrag, dessen Vertragspartner auf der Grundlage kriegsrechtlichen Besatzungsrechts agierten, sondern auf einem Sicherheitsratsbeschluß.[413] Der Sicherheitsrat wählte diesen neuen, ungewöhnlichen Weg, nachdem alle anderen Bemühungen zur Beendigung des Konfliktes erfolglos waren. Vor dem Hintergrund des grausamen Bürgerkrieges in Ruanda errichtete der Sicherheitsrat auf der Grundlage der Resolution 955 Ende 1994 ein weiteres „ad hoc-Tribunal", das dem Muster des ICTY folgte.[414] Eine Ausweitung der Kompetenzen des ICTY auf Ruanda war abgelehnt worden, um dem Anschein, eine ständige internationale Strafgerichtsbarkeit könne entstehen, keinen Raum zu geben.[415]
Die Bedeutung der „ad hoc-Tribunale" für das ehemalige Jugoslawien und Ruanda für die Entwicklung des materiellen Völkerstrafrechts wird unterschiedlich beurteilt. Während die Einsetzung der Tribunale durch den Weltsicherheitsrat zum einen als „spektakulärer Durchbruch in der Völkerrechtsentwicklung" bezeichnet wird[416], findet sich auf der anderen Seite die Feststellung, daß es sich bei den beiden Tribunalen keineswegs um einen echten Fortschritt, sondern vielmehr um eine Wiederbelebung der Nürnberger Prinzipien handelt.[417] Fest steht, daß sie die Errichtung des IStGH begünstigten.[418] Zudem spiegeln die Statute des ICTY und des ICTR den zu den jeweiligen Zeiten aktuellen Entwicklungsstand des Völkerstrafrechts wieder und beeinflussen nicht nur die Praxis des Völkerstrafrechts, sondern auch die zu seiner Kodifikation unternommenen Anstrengungen.[419]

---

[411] UN-Doc S/RES/827 (1993); lesenswert zur Vorgeschichte der Resolution 827: Partsch, Der Sicherheitsrat als Gerichtsgründer, VN 1994, 11 ff.

[412] Vgl. hierzu: Roggemann, Strafgerichtshof, S. 46.

[413] Vgl. Roggemann, Strafgerichtshof, S. 46.

[414] SR-Resolution 955 vom 8.11.1994, UN-Dok. S/RES/955 (1994).

[415] So: De La Pradelle, Nürnberger Prinzipien, S. 137.

[416] Thürer, Vom Nürnberger Tribunal zum Jugoslawien-Tribunal und weiter, SZIER 1993, S. 511.

[417] So: De La Pradelle, Nürnberger Prinzipien, S. 137.

[418] So auch Schomburg, Die neue Weltordnung, ZRP 1993, S. 309, der in der Errichtung des ICTY „die Startchance für eine Dauererrichtung im Rahmen einer zivilisierten neuen Weltordnung" sieht.

[419] Vgl. Werle, Menschenrechtsschutz durch Völkerstrafrecht, ZStW 109 (1997), S. 816 f, der ausführt, daß das Statut des ICTY ausdrücklich den Anspruch erhebt, den „harten Kern" des geltenden Völkerstrafrechts wiederzugeben.

a. Das ICTY[420]

Die Tatsache der Errichtung des ICTY hat das Interesse sowohl von Strafrechtlern als auch von Völkerrechtsgelehrten geweckt und Anlaß zur Veröffentlichung geboten.[421] Bereits die Geschichte des Konfliktes im ehemaligen Jugoslawien, dessen Wurzeln einige Jahrhunderte zurück reichen, ist nicht nur Gegenstand juristischer, sondern auch historischer Arbeiten.

Ursache des Zerfalls Jugoslawiens war neben den politischen Konflikten im damaligen Vielvölkerstaat, die Forderung nach einem großserbischen Reich.[422] Serbien[423] erhob, v.a. unter dem Eindruck der 600-Jahrfeier der Niederlage auf dem Amselfeld (1389), die Forderung, die Provinz Kosovo zu befreien und machte die „legitimen historischen Ansprüche" auf die „unrechtmäßig islamisierten Gebiete" geltend.[424] Der serbischen Aggression lag die Prämisse zugrunde, daß jeder Serbe das Recht habe, in einem serbischen Staat zu leben, so daß hierin die Forderung nach einer Expansion des serbischen Staatsgebietes lag, die ggf. gewaltsam durch eine Sezession durchgesetzt werden mußte.[425] Während die internationale Gemeinschaft, insbesondere die EU, zunächst um eine Lösung des Konfliktes durch die Erarbeitung verschiedener Friedenspläne bemüht war, änderte sie angesichts der unnachgiebigen Haltung der serbischen Seite das Konzept und versuchte durch die Anerkennung der Neustaaten Slowenien, Kroatien und Bosnien-Herzegovina den Konflikt zu internationalisieren, um den Weg für einer Anwendung der internationalen Maßnahmen zur Konfliktbeilegung zu ebnen.[426] Als Reaktion auf die erschütternden Berichte aus Ju-

---

[420] Eine deutsche Übersetzung des Statuts findet sich bei: Fischer/Lüder, Völkerrechtliche Verbrechen, S. 221-238. Die RPE wurden von dem Gerichtshof am 11. Februar 1994 verabschiedet (UN-Dok. IT/32, 14.3.1994; ILM 33 (1994), S. 493 ff.) und am 17.11.1999 zuletzt geändert (IT/32/Rev.17). Die deutsche Übersetzung der Verfahrensordnung und Beweisregeln ist ebenfalls in: Fischer/Lüder, Völkerrechtliche Verbrechen, S. 239–313 abgedruckt. Die aktuellen RPE sind im Internet unter folgender Adresse abrufbar: http://www.un.org/icty/basic/rpe/IT32_rev17con.htm (5.4.2000). Neben den sonstigen ergangenen Regeln sind auch die jährlichen Berichte sowie die Jahrbücher im Internet verfügbar: http://www.un.org/icty/pub.htm (5.4.2000). Einen einführenden Überblick über das ICTY gibt Graefrath, Internationale Strafgerichtsbarkeit, S. 297 ff.

[421] Vgl. z.B. den Beitrag von Oeter, Kriegsverbrechen, ZaöRV 45 (1985), S. 1 ff, der sich u.a. mit der Klassifizierung des Konflikts, dem humanitären Völkerrecht und v.a. mit der Abgrenzung zwischen einem internen/internationalen Konflikt beschäftigt. Zudem nimmt er zu der Problematik einer internationalen Strafgerichtsbarkeit sowie zur kollektiven und individuellen Verantwortlichkeit für Verletzungen des humanitären Völkerrechts vor Einsetzung des ICTY Stellung. Auch Fenrick, Geneva Conventions, IRRC 1999, S. 317 ff, setzt sich unter Heranziehung und Erörterung der Entscheidungen des ICTY mit der umstrittenen und schwierigen Frage der Klassifizierung des Konflikts im ehemaligen Jugoslawien als international oder intern auseinander. Partsch, Der Sicherheitsrat als Gerichtsgründer, VN 1994, S. 11 ff, untersucht die Entstehung des vom Generalsekretariat unter Boutros-Ghali ausgearbeiteten Statuts des ICTY, dem eine Vielzahl von Entwürfen und Stellungnahmen von Staaten sowie von internationalen Organisationen zugrunde lagen; vgl. weiterhin: Oellers-Frahm, Das Statut des ICTY, ZaöRV 54 (1994), S. 416 ff und Hollweg, Das neue Internationale Tribunal, JZ 1993, S. 980 ff.

[422] Vgl. hierzu: Roggemann, Strafgerichtshof, S. 15.

[423] Mit Roggemann, Strafgerichtshof, S. 29 ff, ist zu differenzieren zwischen primären und sekundären Aggressoren. Während die primären Aggressoren, in diesem Konflikt zumeist die Serben, zuerst agierten, handelt es sich bei den sekundären Aggressoren um die im Verlauf des Krieges angegriffenen Staaten, denen in ähnlicher Weise Verstöße gegen das humanitäre Völkerrecht vorzuwerfen sind, vgl. Roggemann, a.a.O., S. 30 ff.

[424] Vgl. zu dem Hintergrund des Konfliktes: Ahlbrecht, Völkerrechtliche Strafgerichtsbarkeit, S. 233.

[425] S. Roggemann, Strafgerichtshof, S. 16.

[426] Vgl. Roggemann, Strafgerichtshof, S. 18 ff. Eine solche Befugnis würde hier ohnehin aus Art. 2 Abs. 7, 39, 41, 42 UN-Charta folgen, da Zwangsmaßnahmen nach dem VII. Kapitel der UN-Charta

goslawien im Jahr 1992 von mißhandelten und verhungernden Gefangenen, über die Massenvergewaltigungen tausender moslemischer Frauen durch serbische Streitkräfte, die nur einen Teilaspekt der dort praktizierten „ethnischen Säuberung" darstellten und die daraufhin zu verzeichnende öffentliche Entrüstung, faßte der Sicherheitsrat den Entschluß, ein „ad hoc-Tribunal" einzusetzen. Hierbei standen zwei Vorgehensweisen zur Verfügung. In Betracht kam zum einen die Errichtung durch einen von den Staaten zu ratifizierenden Vertrag oder aber die Beschreitung einen neuen Weges in Form der Errichtung des Tribunals durch eine Resolution des Sicherheitsrates. Da die Errichtung durch einen völkerrechtlichen Vertrag zu umständlich sowie v.a. zu zeitintensiv gewesen wäre und auch keine Garantie bestand, daß die betroffenen Staaten sich dem Vertrag anschlössen, wurde das ICTY durch einen Beschluß des Sicherheitsrates der UN errichtet. Die Einsetzung des Tribunals durch einen Beschluß des Weltsicherheitsrates hat den Vorteil, daß angesichts seiner sofortigen Wirksamkeit die notwendigen Maßnahmen ergriffen werden können, da der Sicherheitsrat bereits in früheren Resolutionen festgestellt hat, daß die Situation in Jugoslawien friedensbedrohend sei.

Die Kompetenz des Sicherheitsrates zur Errichtung eines „ad hoc-Gerichtshofes" blieb nicht unumstritten.[427] Daher stellt sich die Frage nach den Befugnissen des Sicherheitsrates, die bereits im Zusammenhang mit dem Lockerbie-Fall kontrovers diskutiert, einer endgültigen Lösung aber nicht zugeführt worden ist. Die Lockerbie-Affäre hat, anders als alle vorhergehenden Fälle, die Frage nach der Natur und dem Ausmaß der Kompetenzen des Sicherheitsrates nach Kapitel VII der UN-Charta, sowie der gerichtlichen Überprüfbarkeit seiner Maßnahmen aufgeworfen.[428] Grundlage dieses Falles ist der Absturz eines Passagierjets einer amerikanischen Fluggesellschaft am 21. Dezember 1988 über dem schottischen Ort Lockerbie infolge eines Terroranschlages, bei dem die 259 Insassen der Maschine, überwiegend US-Bürger und 11 Bewohner Lockerbies ums Leben kamen.[429] Die USA und Großbritannien haben zwei libysche Staatsbürger der Tat bezichtigt. Da Libyen jahrelang die Auslieferung der Tatverdächtigen verweigert hatte, verhängte der Sicherheitsrat zur Erzwingung der Auslieferung der Tatverdächtigen auf der Grundlage des siebten Kapitels der UN-Charta in den Resolutionen 748 (1992) und 883 (1993) Sanktionen gegen Libyen.[430] Libyen erhob am 3. März 1992 vor dem IGH Klage gegen Großbritannien und die USA und begehrte die Feststellung, daß das Verlangen zur Auslieferung der Tatverdächtigen eine Verletzung der Rechte Libyens nach der „Montreal Convention for the Suppression of Unlawful acts against the safety of Civil Aviation" von

---

auch in inneren Angelegenheiten eines Staates angewandt werden können. Roggemann, a.a.O. S.25 f, stellt zu Recht fest:" Wohl selten oder nie in der neueren Völkerrechtsgeschichte haben sich die maßgeblichen supranationalen Institutionen der Völkerrechtsgemeinschaft durch ihre eigenen Vertreter und Verhandlungsführer so offensichtlich in Widerspruch zu eigenem – erklärten und begründeten – rechtlichen Vorverhalten gesetzt wie im Balkankonflikt der Gegenwart. Welche Folgerungen sich hieraus für eine Neubewertung – oder Entwertung – völkerrechtlicher Interventionsmechanismen im Hinblick auf die Aufrechterhaltung oder Begründung einer ‚neuen (Welt)Ordnung' als Rechtsordnung ergeben, ist bisher kaum kritisch reflektiert worden". Zudem befürchtet Roggemann einen Akzeptanzverfall und den damit einhergehenden Geltungsverlust der Normen.

427 Vgl. hierzu: Ahlbrecht, Völkerrechtliche Strafgerichtsbarkeit, S. 240 ff m.w.N.; Tomuschat, Ein Internationaler Strafgerichtshof, EA 1994, S. 63 ff.

428 Vgl. hierzu: Martenczuk, Lockerbie, EJIL 10 (1999), S. 517 ff.

429 Die Welt vom 6.4.1999, S. 7; SZ vom 6.4.1999, Nr. 78, S. 10.

430 Vgl. hierzu: Martenczuk, Lockerbie, EJIL 10 (1999), S. 518.

1971 darstellt.[431] Am gleichen Tag begehrte Libyen den Erlaß vorläufiger Maßnahmen. Dieses Begehren wies der IGH im Jahr 1992 zurück. In seinen Urteilen vom 27. Februar 1998[432] kam der IGH, fast sechs Jahre nach Erhebung der Klagen, unter Zurückweisung der vorgängigen prozessualen Einreden der USA und Großbritanniens zu dem Ergebnis, daß seine Gerichtsbarkeit über diesen Bereich durchaus gegeben[433] und die Klagen zulässig seien.[434] Diese Entscheidungen rückten erstmals die Chance einer gerichtlichen Kontrolle der Resolutionen des Sicherheitsrates nach Kapitel VII UN-Charta durch den IGH in greifbare Nähe.[435] Allerdings wurde durch die zwischenzeitliche Auslieferung der Tatverdächtigen durch Libyen und die Aufhebung der Resolutionen ein Konflikt und eine verbindliche Klärung der Hauptsache, d.h. eine inzidente Erörterung der Befugnisse des Sicherheitsrates, verhindert. An dieser Stelle ist festzustellen, daß der UN-Charta kein Anhaltspunkt dahingehend zu entnehmen ist, daß eine inzidente Überprüfung der Maßnahmen des Sicherheitsrates durch den IGH ausgeschlossen ist.[436] Ein weiteres Problem des Lockerbie-Falles liegt in der Frage, ob und ggf. unter welchen Voraussetzungen der IGH eine Resolution des Sicherheitsrates nach Kapitel VII der UN-Charta für unwirksam erklären kann.[437] Angesichts der zwischenzeitlichen Lösung des Falles steht auch hier eine Entscheidung noch aus, da sich der IGH mit dieser Problematik noch nicht beschäftigen mußte.

Dennoch ist an dieser Stelle zu prüfen, ob eine wirksame Rechtsgrundlage für die vom Sicherheitsrat in Anspruch genommene Kompetenz zur Einsetzung eines derartigen „ad hoc-Tribunals" besteht. In diesem Zusammenhang ist zu berücksichtigen, daß ein sehr sensibler Bereich tangiert ist, da in den Kernbereich der staatlichen Souveränität, die Strafverfolgungskompetenz, eingegriffen wird. Dies folgt aus der Tatsache, daß hier, unter Ausschluß der staatlichen Strafhoheit, ein direkter Zugriff durch eine völkerrechtliche Institution, das ICTY, auf den einzelnen Staatsangehörigen erfolgen kann, so daß an dieser Stelle ebenfalls zu prüfen ist, ob eine Verletzung der staatlichen Souveränität vorliegt. Grundsätzlich kommt die Ausübung einer strafrechtlichen Kompetenz durch eine supranationale[438] Organisation nur dann in Betracht, wenn ihr selbige von den Inhabern dieser Befugnis übertragen worden ist.[439] Derartige Übertragungsakte scheiden hier aus, so daß sich die umstrittene Frage stellt, ob die Errichtung der Tribunale von dem VII. Kapitel der UN-Charta gedeckt ist,

---

[431] Vgl. Martenczuk, Lockerbie, EJIL 10 (1999), S. 518.

[432] Vgl. Urteil des ICJ vom 27. 2.1998, Case concerning Questions of Interpretation and Application of the 1971 Montreal Convention arising from the Aerial Incident at Lockerbie (Libyan Arab Jamahiriya v. United Kingdom). Die Entscheidung ist im Internet abrufbar unter: http://www.icj-cij.org/icj/idocket/iluk/ilukjudgment/iluk_ijudgment_980227.htm (28.3.2000). Die beiden Urteile, die Großbritannien und die USA betreffen, sind weitgehend identisch, so daß im folgenden aus dem gegen Großbritannien ergangenen Urteil zitiert wird.

[433] ICJ (Libya vs. United Kingdom), para. 17 ff, 39.

[434] ICJ (Libya vs. United Kingdom), para 40 ff, 45. Vgl. zum Verfahren des IGH: Art. 79 IGH-Statut.

[435] Vgl. Martenczuk, Lockerbie, EJIL 10 (1999), S. 518.

[436] Vgl. Martenczuk, Lockerbie, EJIL 10 (1999), S. 531

[437] Vgl. hierzu: Martenczuk, Lockerbie, EJIl 10 (1999), S. 534, der sich eingehend mit dieser Frage auseinandersetzt und feststellt, daß dem Sicherheitsrat kein Platz über der UN-Charta eingeräumt werden sollte, so daß auch seine Entscheidungen nicht oberhalb des Gesetzes stünden. Zudem erörtert er die wichtigen Fragen, nach der Bindungswirkung der UN-Charta für den Sicherheitsrat und dessen Bindung an das Völkerrecht, zu deren Erörterung der IGH angesichts der Beilegung des Streits nicht mehr gelangte.

[438] Kap. 2 B I.

[439] Vgl. Roggemann, Strafgerichtshof, S. 52.

so daß eine Souveränitätsverletzung ausschiede. Zutreffend ist, daß im VII. Kapitel der UN-Charta eine Ermächtigung zur Schaffung einer Gerichtsinstanz nicht ausdrücklich erwähnt wurde. Allerdings ist Art. 41 UN-Charta, der eine Reihe von nichtmilitärischen Aktivitäten aufzählt, wie dem eindeutigen Wortlaut zu entnehmen ist, nicht abschließend. Aus diesem Grund vertritt die h.M. mit z.T unterschiedlichen Begründungen zu Recht die Auffassung, daß das VII. Kapitel der UN-Charta dem Sicherheitsrat die Kompetenz zu einer derartigen „juristischen Intervention“ [440], d.h. zur Errichtung von „ad hoc-Tribunalen“ vermittelt.[441] Diese Auffassung wird auch von der Berufungskammer des ICTY geteilt, die sich in einem Zwischenurteil anläßlich des Tadic-Falles[442] mit der Frage der Zulässigkeit der Errichtung des ICTY durch den

---

[440] Vgl. Roggemann, Strafgerichtshof, S. 52 f.

[441] So: Ahlbrecht, Völkerrechtliche Strafgerichtsbarkeit, S. 239 ff, 243; Hoffmeister/Knoke, Das Vorermittlungsverfahren, ZaöRV 59 (1999), S. 790; Tomuschat, von Nürnberg nach Rom, Die Friedenswarte 70 (1995), S. 160 ff, stellt fest, daß der Sicherheitsrat zur Anwendung von Maßnahmen befugt sei, die zur Lösung eines Konfliktes, der die Weltsicherheit bedroht, beitragen. Da die Kompetenzen des Sicherheitsrates nicht zu eng gezogen werden dürften, sei auch ein Strafverfahren dazu zuzählen. Tomuschat, Ein Internationaler Strafgerichtshof, EA 1994, S. 63, stellt weiterhin fest daß die bisherige Praxis der UN den Schluß rechtfertige, daß ein politisches Gremium als Unterorgan eine Einrichtung mit völlig unterschiedlichen Merkmalen hervorzubringen könne. Kreß, Friedenssicherungs- und Konfliktvölkerrecht, EuGRZ 1996, S. 641, ist der Ansicht, daß, da auf der Grundlage des Art. 41 UN-Charta einzelne Mitgliedstaaten zu bestimmten Maßnahmen verpflichtet werden können, erst recht eine kollektive Maßnahme wie die Einsetzung eines Gerichtshofes zulässig sei. Auch Hollweg, Das neue Internationale Tribunal, JZ 1993, S. 981 f, 984, vertritt die Auffassung, daß die Errichtung des ICTY als eine zulässige Maßnahme zur Wiederherstellung des Weltfriedens anzusehen sei und auf der Grundlage des Art. 41 UN-Charta beruhe. Einen Eingriff in den Kompetenzbereich anderer Hauptorgane, bzw. der Staaten sowie der betroffenen Einzelpersonen verneint Hollweg, a.a.O., S. 982 ff. Auch Scholz, Die Zulieferung, S. 85, 91, geht im Wege eines „Erst-Recht-Schlusses“ davon aus, daß die Errichtung des Tribunals von Kap. VII UN-Charta gedeckt sei, da, wenn schon kriegerische Maßnahmen angewendet werden könnten, erst recht die Errichtung eines Tribunals zulässig sein müsse. Oellers-Frahm, Das Statut des ICTY, ZaöRV 54 (1994), S. 417 f, 428, 432, betrachtet die Errichtung des ICTY ebenfalls als eine zulässige, wenn auch ungewöhnliche und sehr weitgehende, Maßnahme zur Wiederherstellung des Friedens nach Kapitel VII der UN-Charta. Sie sieht in der United Nations Compensation Commission (UNCC) zur Entschädigung der Opfer des Kuwait-Irak Krieges einen Vorläufer, da selbige ebenfalls eine gerichtliche Funktion ausübe und die Errichtung der Kommission als Indiz dahingehend anzusehen sei, daß die Maßnahmen für die Wiederherstellung des Friedens weit gefächert seien. Dieses Beispiel wird von Partsch, Der Sicherheitsrat als Gerichtsgründer, VN 1994, S. 12, angegriffen, der zwar einräumt, daß die Kommission über zwischenstaatliche Streitfälle zu befinden hätte, aber die Auffassung vertritt, daß dies noch weit von einem Strafgericht, das Einzelpersonen verurteile, entfernt sei, der aber in eine systematische völkerrechtliche Prüfung nicht eintritt. Roggemann, Strafgerichtshof, S. 52 f, leitet die Befugnis des Sicherheitsrates aus dem „Gesamtsystem der interventionssichernden Zwangsmaßnahmen gegen Friedensstörer“ ab, ohne daß dem der allgemeine Grundsatz der Nichteinmischung entgegen stünde; ders. Roggemann, Der Internationale Strafgerichtshof der Vereinten Nationen von 1993, ZRP 1994, S. 299. A.A. Graefrath, Jugoslawientribunal, NJ 1993, S. 434 ff, der die Auffassung vertritt, die UN-Charta biete keine Rechtsgrundlage für die von dem Sicherheitsrat in Anspruch genommenen Kompetenzen. Auch Ambos, Zum Stand der Verhandlungen, ZRP 1996, S. 264, wirft die Frage auf, woher der UN Sicherheitsrat die Befugnis nehme, einem Tribunal Taten zu unterwerfen, die auf einem der Rechtsprechungsgewalt eines Staates unterliegendem Territorium begangen werden, ohne das sich die Staaten durch einen Abtretungs- oder Übertragungsakt damit einverstanden erklärt haben. Diesbezüglich stellt Ambos, Zum Stand der Bemühungen, ZRP 1996, S. 264, selbst fest, daß ein internationaler Strafanspruch bei schweren Menschenrechtsverletzungen besteht, der ggf. auch gegen den Willen des betreffenden Staates durchgesetzt werden kann.

[442] S. ICTY-Appeals Chamber, The Prosecutor v. Dusko Tadic a/ka/ „Dule“, Decision on the defence Motion for interlocutory Appeal an Jurisdiction, Case no. IT-94-1-AR 72, 2.10.1995, auszugsweise abgedruckt in ILM 35 (1996), S. 32 ff. Eine auf die Kernaussagen beschränke Fassung des Urteils vom 7.5.1997, Case no. IT-94-1-T, findet sich in ILM 36 (1997), S. 908 ff. Die Entscheidungen des ICTY sind im Internet unter folgender Adresse abrufbar: http://www.un.org/icty/ (24.2.2000). Tadic

Sicherheitsrat wie auch der Rechtsstaatlichkeit seiner Organisation und dem Verfahren auseinandergesetzt und dies ausdrücklich bestätigt hat.[443] Durch diese bemerkenswerte Entscheidung hat sich das ICTY von dem politischen Organ Sicherheitsrat losgelöst und dargelegt, daß es sich als Gerichtshof, d.h. als unabhängiges Organ der Rechtspflege und nicht etwa als verlängerter Arm des Sicherheitsrates sieht, der dessen Einflußnahme ausgesetzt ist.[444] Abschließend kann daher festgestellt werden, daß dem Sicherheitsrat bei der Wahl der Instrumente zur Erfüllung der ihm obliegenden Aufgabe der Friedenssicherung und -wiederherstellung nach Art. 39 UN-Charta, angesichts der wandelbaren und komplexen Sachverhalte, ein weiter Prognose- und Ermessensspielraum zuzubilligen ist. Eine Beschränkung auf rein exekutive Maßnahmen besteht nicht. Vielmehr kann sich der Sicherheitsrat der Instrumente bedienen, die er als geeignet und erforderlich erachtet. Dies folgt aus dem Sinn und Zweck der Regelung des Art. 41 UN-Charta, der sich in dem offenen Maßnahmenkatalog der UN-Charta manifestiert. Demgemäß kann der Sicherheitsrat auch eine gerichtliche Instanz schaffen, ohne daß eine solche Errichtung als Übertragung eigener Kompetenzen oder Aufgaben des Sicherheitsrates anzusehen wäre. Zudem hat sich das Exekutivorgan Weltsicherheitsrat durch die Schaffung der „ad hoc-Tribunale" keineswegs judizielle Kompetenzen angemaßt, sondern lediglich ein zur Erfüllung seiner Hauptaufgabe geeignet erscheinendes Hilfsorgan geschaffen. Das ICTY ist gemäß Art. 29 der UN-Charta als ein Hilfsorgan des Sicherheitsrates anzusehen, das dieser, wie oben dargelegt als Maßnahme zur Wiederherstellung und Sicherung des Weltfriedens beruhend auf Kapitel VII UN-Charta errichten durfte.[445] Dieser Beschluß des Sicherheitsrates nach Kapitel VII der UN-Charta, ist für alle UN-Mitglieder verbindlich.

---

wurde 1994 in der Bundesrepublik Deutschland wegen des Verdachts der Beteiligung an Völkermord und Folterungen 1992 in Prijedor, verhaftet. Nachdem die Anklagebehörde des ICTY im Oktober 1994 bei der ersten Verhandlungskammer die Anordnung zur Überstellung Tadics an den ICTY beantragt und die Kammer den entsprechenden Beschluß erlassen hatte, wurde Tadic im Mai 1995, nachdem die Bundesrepublik am 10. April 1995 das Jugoslawien-Strafgerichtshof-Gesetz verabschiedet hatte, überstellt.

[443] Nachdem die Berufungskammer ihre Kompetenz, über die Rechtmäßigkeit der Errichtung des ICTY zu befinden, festgestellt hatte, setzte sie sich mit den Fragen auseinander, ob als zulässige Zwangsmaßnahme auch die Errichtung eines Gerichts nach Art. 41, 42 UN-Charta durch den Sicherheitsrat in Betracht komme, ob das Exekutivorgan Sicherheitsrat, dem eine rechtsprechende Gewalt nicht zukomme, eine solche einem Nebenorgan übertragen könne und setzte sich schließlich mit dem Einwand auseinander, die Errichtung des ICTY habe weder zur Förderung des Weltfriedens beigetragen, noch sei sie dazu geeignet gewesen. Die Berufungskammer kam zu dem Ergebnis, daß die Resolution 827 im Einklang mit den sich aus der Charta ergebenen Schranken steht. Vgl. zu dem Ganzen: Heintschel v.Heinegg, Die Errichtung des Jugoslawien-Tribunals, S. 64 ff, 67 ff, 71 ff, 80 ff, 82 ff, der der Argumentation der Kammer äußerst kritisch gegenüber steht, ihr im Ergebnis aber zustimmt. Vgl. hierzu weiterhin: Kreß, Friedenssicherungs- und Konfliktvölkerrecht, EuGRZ 1996, S. 639 ff; ders., Der Jugoslawien-Strafgerichtshof im Grenzbereich, S. 15 ff.

[444] Vgl. hierzu: Heintschel v.Heinegg, Die Errichtung des Jugoslawien-Tribunals, S. 65 f. Hieraus folgt, daß auch zuvor politische Angelegenheiten ein dynamisches Eigenleben entwickeln können und zu streng gesetzmäßigen Vorgängen werden.

[445] Vgl. hierzu: Ahlbrecht, Völkerrechtliche Strafgerichtsbarkeit, S. 239 ff; Roggemann, Strafgerichtshof, S. 46, 63 f. Beachte in diesem Zusammenhang auch Uertz–Retzlaff, Die praktische Arbeit des Jugoslawien–Strafgerichtshofes, S. 90, die zu Recht darauf hinweist, daß zwar zum Zeitpunkt der Errichtung des Tribunals eine Bedrohung des Friedens vorliegen müsse, die weitere Arbeit des Tribunals, aber nicht vom Vorliegen einer Friedensbedrohung abhänge.

Das ICTY setzt sich gemäß Art. 11 seines Statuts aus drei Strafkammern, einer Berufungskammer, dem Ankläger und einer Kanzlei zusammen.[446] Gemäß Art. 12 des Statuts bestehen die Kammern aus 14 unabhängigen Richtern[447], von denen zwei nicht aus demselben Land kommen dürfen. Die Strafkammern sind mit jeweils drei Richtern und die Berufungskammer ist mit fünf Richtern besetzt. Die repräsentative Zusammensetzung (Art. 13 ICTY-Statut) spiegelt den Weltpluralismus wieder. Zum Präsidenten wird ein Mitglied der Berufungskammer gewählt, das gleichzeitig den Vorsitz der Berufungskammer innehat (Art. 14 des Statuts). Aus ökonomischen Erwägungen teilen sich das ICTY und das ICTR denselben Chefankläger und die Berufungskammern in Den Haag.[448]

Die Zuständigkeit des Tribunals ist regional, zeitlich und sachlich begrenzt. Art. 1 des Statuts des ICTY bestimmt, daß sich die regionale, zeitliche und sachliche Zuständigkeit ausschließlich auf solche schweren Verstöße gegen das humanitäre Völkerrecht[449] bezieht, die seit dem 1. Januar 1991[450] auf dem Hoheitsgebiet des ehemaligen Jugoslawiens begangen wurden.[451] Problematisch ist die Frage nach dem Ende der Tätigkeit des ICTY, da eine Regelung in dem Statut selbst nicht erfolgt ist. Dies hängt von der Wiederherstellung des Friedens ab, so daß die Amtszeit der Richter zunächst auf vier Jahre beschränkt ist. Vor diesem Hintergrund stellt sich zudem die Frage, welche Auswirkungen die Unterzeichnung von Waffenstillstandsabkommen oder Friedensverträgen auf die laufenden Verfahren hat, bzw. was mit verurteilten Straftätern geschieht und ob das Tribunal seine Tätigkeit sofort einzustellen hat. Gemäß Art. 9 Abs. 1 des Statuts haben das ICTY und die nationalen Gerichte eine konkurrierende Zuständigkeit. Allerdings kommt dem ICTY eine Vorrangsstellung zu, die es ihm erlaubt, das Verfahren in jeder Phase des Verfahrens an sich zu ziehen (Art. 9 Abs. 2). Diese Vorrangkompetenz des ICTY kann eine Benachteiligung nationaler Strafverfolgungsinteressen nach sich ziehen.[452] Zudem stellt sie eine erhebli-

---

446 Die Besetzung des Gerichtshofes erwies sich angesichts der erheblichen politischen Konflikte um Stellung und Konzeption dieser neuen Institution als äußerst problematisch. Vgl. insbesonders zu der Besetzung des Posten des Chefanklägers: Roggemann, Strafgerichtshof, S. 48 f.

447 Uertz-Retzlaff, Die praktische Arbeit des Jugoslawien-Strafgerichtshofes, S. 92, kritisiert die Unterbesetzung und hebt hervor, daß neben den personellen und räumlichen auch finanzielle Engpässe bestünden, was auch für das ICTR gelte.

448 Vgl. Ferencz, Von Nürnberg nach Rom, Policy Paper 8, S. 6 f. Uertz–Retzlaff, Die praktische Arbeit des Jugoslawien-Strafgerichtshofes, S. 91.

449 Zur Frage der sachlichen Zuständigkeit, s.u.

450 Dies wirft die vor dem Hintergrund, daß die Errichtung des Gerichts erst 1993 erfolgt ist erneut die Rückwirkungsproblematik auf.

451 Vgl. hierzu auch Art. 8 (räumliche und zeitliche Zuständigkeit) und Art. 2-5 (sachliche Zuständigkeit) des Statuts.

452 Vgl. zu dieser Problematik: Griesbaum, Über die Verfahrensgrundsätze, S. 132, der als zuständiger Bundesanwalt beim BGH mit dem Ermittlungsverfahren Dusko Tadic betraut war. In diesem Zusammenhang ist auf die Celebici-Entscheidung des ICTY hinzuweisen, in der das Tribunal festgestellt hat, daß die Art und Weise der Beweiserhebung dem vom Tribunal gesetzten Standard entsprechen müsse, da andernfalls die Unverwertbarkeit der Beweise drohe, vgl. hierzu: Sluiter, Obtaining Evidence, NILR 1998, S. 89. In Anbetracht der unterschiedlichen Rechts- und Verfahrensordnungen können sich hier erhebliche Probleme ergeben, da der ICTY entscheiden kann, daß die nach deutschen Prozeßrecht mustergültig erhobenen Beweise den Anforderungen des Tribunals nicht entsprechen, so daß hier ein Beweisverbot droht. Unter diesen Problemen hatte auch Griesbaum zu leiden, der in seinem Bericht ausführt, daß bei einigen Beweiserhebungen die Unverwertbarkeit drohte, da die deutsche StPO ein anderes Vorgehen regelte als die Verfahrens- und Beweisregeln des Tribunals, vgl. Griesbaum, a.a.O, S. 132 ff.

che Beeinträchtigung der nationalen Souveränität dar, die aber hinzunehmen ist. Zu berücksichtigen ist jedoch, daß diese Vorrangkompetenz den nationalen Behörden und Strafrichtern keine verfahrensrechtliche Kompetenz zur Abgabe der Sache und Auslieferung des Tatverdächtigen vermittelt.[453] Dies kann vielmehr nur auf der gesetzlichen Grundlage des Jugoslawien-Strafgerichtshof-Gesetzes erfolgen. Während die ranghohen Täter vor das ICTY gestellt werden, sollen die einfachen Soldaten vor den nationalen Gerichten angeklagt werden.[454] Von diesem Grundsatz soll lediglich in besonders schwerwiegenden oder bedeutsamen Ausnahmefällen abgewichen werden.[455]

Anders als die deutsche Rechtsordnung, die in der StPO den Gang des Strafverfahrens genauestens normiert, verfügt das Statut des ICTY nur über wenige Regelungen.[456] Vielmehr haben sich die Richter auf der Grundlage des Art. 15 der Satzung des ICTY selbst eine Verfahrensordnung und Beweisregeln (Rules of Procedure and Evidence, RPE) gegeben.[457] Die Verfahrensordnung orientiert sich an den Grundsätzen des anglo-amerikanischen Prozeßrecht und erfährt als „case law" ständige Änderungen.[458] Die Vorschriften des Statuts des ICTY sowie die RPE geben den völkerrechtlich gesicherten Mindeststandard eines fairen Strafverfahrens wieder.[459] Die Rechte des Angeklagten bleiben gewahrt, da prozeßrechtlich dem Schutzstandard des Art. 14 Abs. 1 – 3 des Internationalen Paktes über bürgerliche und politische Rechte von 1966 (IPbpR) entsprochen wird.[460] Bezüglich des anwendbaren materiellen und prozessualen Rechts sei auf die Entscheidung gegen den Angeklagten Er-

---

453 Vgl. Roggemann, Strafgerichtshof, S. 61 f.

454 So: Uertz-Retzlaff, Die praktische Arbeit des Jugoslawien-Strafgerichtshofes, S. 91.

455 S. Uertz–Retzlaff, Die praktische Arbeit des Jugoslawien-Strafgerichtshofes, S. 91.

456 Vgl. hierzu: Griesbaum, Über die Verfahrensgrundsätze, S. 133.

457 Vgl. zu der Verfahrensstruktur und -ablauf: Ahlbrecht, Völkerrechtliche Strafgerichtsbarkeit, S. 291 ff.

458 S. Griesbaum, Über die Verfahrensgrundsätze, S. 133. Uertz-Retzlaff, Die praktische Arbeit des Jugoslawien–Strafgerichtshofes, S. 96. Vgl. hierzu auch: Ambos, Strafverteidigung, NJW 1998, S. 1444 ff, der die teilweise „Aufweichung" dieses Prinzips feststellt, da z.B. die Kammer von den Parteien weitere Beweise verlangen und auch selbst Zeugen vorladen könne. Ambos gibt in seinem Beitrag eine kurze Übersicht über den Ablauf des Strafverfahrens vor dem ICTY sowie die Stellung von Verteidiger und Beschuldigtem. Diese Prägung des Verfahrens führt Ambos, a.a.O., S. 1446, auf den starken Einfluß der common lawyers bei der Schaffung des Statuts des ICTY zurück und kritisiert im übrigen die Zurückhaltung deutscher Wissenschaftler und Praktiker, die den völkerstrafrechtlichen Bereich vernachlässigten. Zu den Trends der Beweisführung sowohl vor dem ICTR als auch vor dem ICTY vgl. May/Wierda, Trends, Columbia Journal of Transnational Law, Volume 37 (1999), S. 725 ff.

459 So: Ambos, Zur Stellung von Verteidiger und Beschuldigtem, NStZ 1998, S. 123 f, der in seinem Beitrag die Stellung des Verteidigers und hier v.a. die speziellen Rechtgrundlagen, d.h. die Richtlinie zur Verteidigerbestellung und den Verfahrenskodex für Verteidiger und schließlich auch die Regeln zur Untersuchungshaft erörtert. Ebenso Scholz, Die Zulieferung, S. 212 ff, 220, 224, die in Ansehung der Verfahrensgrundsätze Parallelen zur StPO feststellt und eine Beeinträchtigung der Rechtsstaatlichkeit verneint. Der internationale Standard eines „fair trial" wird eingehalten, vgl. Scholz, a.a.O., S., 220 ff, 224 ff.

460 So: Ahlbrecht, Völkerrechtliche Strafgerichtsbarkeit, S. 296; Hollweg, Das neue Internationale Tribunal, JZ 1993, S. 980. Auch Scholz kommt nach eingehender Untersuchung zu dem Ergebnis, daß die Rechte des Beschuldigten in der Verfahrensordnung des ICTY dem Kerngehalt eines rechtsstaatlichen Strafrechts entsprächen und im übrigen alle Rechte der StPO entweder unmittelbar oder entsprechend vorhanden seien, vgl. Scholz, Die Zulieferung, S. 190 ff, 211 f, 224. Scholz kritisiert lediglich das Fehlen eines zwingenden rechtlichen Gehörs vor der Anklageerhebung, schließt aber aus, daß dieser Punkt zu einer Verneinung der Rechtsstaatlichkeit des Verfahrens führen könne, Scholz, a.a.O, S. 211 f.

demovic[461] Bezug genommen, der zu entnehmen ist, daß ein internationales Gericht das bestehende Völkerrecht anzuwenden hat und nicht nationales Recht.[462] Auch folgt aus der Übernahme von Formulierungen aus dem common law nicht, daß das common law für den Bereich des Völkerstrafrechts maßgeblich ist.[463]

Die Staaten sind zur umfassenden Zusammenarbeit mit dem ICTY verpflichtet. Dies folgt zum einen aus der Tatsache, daß das Gericht als Zwangsmaßnahme nach Kap. VII der UN-Charta eingerichtet worden ist, zum anderen aus den in Art. 29 der Satzung des ICTY normierten, weit auszulegenden Rechtshilfepflichten, die somit zwingend für die Mitgliedstaaten der UN sind.[464] Diese Kooperationspflichten verpflichten die Mitgliedstaaten der UN nicht nur das ICTY mit den für die Durchführung eines fairen und effektiven Verfahrens erforderlichen Beweisen zu versorgen[465], sondern umfassen auch den Zeugenschutz[466], die Ermittlung von Beschuldigten und die Verfolgung von Personen, die schwerer Verstöße gegen das humanitäre Völkerrecht beschuldigt werden.[467] Zudem vermittelt die Rechtsgrundlage, Resolution 827, dem ICTY die Möglichkeit, verbindliche Anordnungen an die Staaten zu richten und mit Hilfe des Sicherheitsrates ggf. auch durchzusetzen, sofern dies für das Führen des Verfahrens erforderlich ist.[468] Da es sich nicht um die Hilfe zwischen gleichberechtig-

[461] Vgl. zu dieser Entscheidung: Oellers-Frahm/Specht, Die Erdemovic-Rechtsprechung, ZaöRV 58 (1998) S. 389 ff, die die Begründung und die Methode der Entscheidungsfindung sowohl der ersten Strafkammer als auch der Berufungskammer angreifen, am Ende allerdings, zu dem gleichen Ergebnis gelangen. Die gegen Erdemovic, IT-96-22, ergangenen Entscheidungen, sind im Internet unter http://www.un.org/icty (5.4.2000) abrufbar.

[462] Vgl. Oellers-Frahm/Specht, Die Erdemovic-Rechtssprechung, ZaöRV 58 (1998) S. 405 ff, 412, 414.

[463] S. Oellers-Frahm/Specht, Die Erdemovic-Rechtssprechung, ZaöRV 58 (1998) S. 406.

[464] Vgl. Oellers-Frahm, Das Statut des ICTY, ZaöRV 54 (1994), S. 429; so auch: Hollweg, Das neue Internationale Tribunal, JZ 1993, S. 983, FN 32, der neben Art. 29 des ICTY-Statuts als weitere Rechtsgrundlagen für die Kooperationspflichten die Art. 25, 48, 49, 103 der UN Charta nennt.

[465] Vgl. Sluiter, Obtaining Evidence, NILR 1998, S. 88.

[466] S. Lüder, Der Schutz von Zeugen, S. 142.

[467] Vgl. Spieker, „Zeugenpräparierung" im Tadic-Prozeß, S. 109 ff. Spieker, a.a.O., S. 101 ff beschäftigt sich in ihrem Beitrag mit der Frage, ob die einem Staat zuzurechnende „Präparierung von Hauptbelastungszeugen" unter Berücksichtigung der Kooperationspflichten die völkerrechtliche Verantwortlichkeit des Staates nach sich ziehen kann. Sie kommt zu dem Ergebnis, daß sich die Verletzung der Kooperationspflichten als Verletzung einer völkerrechtlichen Pflicht darstellen könne, die bei Erfüllung der Anspruchsvoraussetzungen eine entsprechende völkerrechtliche Verantwortung nach sich ziehen könne, Spieker, a.a.O., S. 101 ff. Im Fall Tadic gab der Hauptbelastungszeuge an, er sei von den bosnischen Behörden, unter Androhung seiner Hinrichtung zu Falschaussagen „präpariert" und einen Monat auf seine Aussage vorbereitet worden. Spieker legt dar, daß neben Sanktionen gegen den Falsch-Aussagenden sich auch Bosnien-Herzegowina völkerrechtlich verantwortlich gemacht habe, mit der Folge, daß Wiedergutmachung und/oder Genugtuung zu leisten ist.

[468] Vgl. Sluiter, Obtaining Evidence, NILR 1998, S. 88, 91, so auch: Lüder, Der Schutz von Zeugen, S. 141. Mit der Frage, ob die NATO geführte multinationale Kraft (zunächst IFOR, später SFOR) autorisiert oder sogar verpflichtet ist, Personen, die von dem ICTY verlangt werden, festzunehmen, beschäftigt sich der Beitrag von Gaeta, Is NATO authorized or obliged, EJIL 9 (1998), S. 174 ff. Gaeta vertritt die Auffassung, daß die multinationale Friedenstruppe mit der rechtlichen Befugnis ausgestattet sei, Haftbefehle des ICTY, nicht dagegen andere Anordnungen des ICTY auf den Gebiet von Bosnien und Herzegovina auszuführen, ungeachtet der Frage, ob die nationalen Behörden selbst tätig werden, da es sich hier um eine konkurrierende Zuständigkeit handele, Gaeta, a.a.O., 176 ff, 177 f, 180 f. Hierbei handele es sich um eine rechtliche Befugnis, mit der keine Verpflichtung der Truppen bzw. der einzelnen, die Truppen entsendenden Staaten, korrespondiere, Gaeta, a.a.O., S. 179 ff. Allerdings könne der Sicherheitsrat eine solche Verpflichtung auferlegen

ten Rechtssubjekten handelt, kann die Zusammenarbeit nicht als herkömmliche Rechtshilfe qualifiziert werden, sondern vielmehr handelt es sich um eine „vertikale Kooperation".[469] In dem Jugoslawien-Strafgerichtshof-Gesetz (JugStGHG) vom 10. April 1995[470] wurde die Zusammenarbeit der Bundesrepublik Deutschland mit dem ICTY geregelt.[471] Mit diesem Gesetz hat Deutschland versucht, die völkerrechtlichen Verpflichtungen der Resolution 827 des Sicherheitsrates zu erfüllen.[472]

Zu den Verbrechenstatbeständen ist auszuführen, daß der Sicherheitsrat die Grundlagen des Völkerstrafrechts nach dem damaligen Diskussions- und Kodifikationsstand zusammengefaßt, fixiert und somit in weitem Umfang auf geltendes Völkergewohnheitsrecht zurückgegriffen hat.[473] Während das IMT von Nürnberg über drei Deliktgruppen zu befinden hatte, sind es beim ICTY vier, wobei der Angriffskrieg nicht umfaßt ist und vom ICTY auch nicht abgeurteilt werden kann.[474] In sachlicher Hinsicht ist die Strafbefugnis des ICTY beschränkt auf schwere Verletzungen der Genfer Abkommen von 1949 (Art. 2 ICTY-Statut), Verstöße gegen die Gesetze und Gebräuche des Krieges (Art. 3 ICTY-Statut), Völkermord (Art. 4 ICTY-Statut) und Verbrechen gegen die Menschlichkeit (Art. 5 des Statuts), die anders als in Nürnberg einen eigenen Tatbestand bilden.[475] Die Entscheidungen des ICTY sind für die Weiterentwicklung des formellen und des materiellen Rechts von erheblicher Bedeutung. So

---

oder etwa ein konventionelles Abkommen zwischen der NATO und den zuständigen Behörden Bosniens und Herzegovinas, Gaeta, a.a.O., S. 181.

469 S. Schomburg, Jugoslawien-Strafgerichtshof-Gesetz, NStZ 1995, S. 429.

470 Gesetz über die Zusammenarbeit mit dem Internationalen Strafgerichtshof für das ehemalige Jugoslawien vom 10.4.1995 (Jugoslawien-Strafgerichtshof-Gesetz, BGBl. I, 1995, 485-487; vgl. hierzu: Schomburg, Jugoslawien-Strafgerichtshof-Gesetz, NStZ 1995, S. 428 ff; Schöbener/ Bausback, Überstellung, DÖV 1996, S. 621 ff; Scholz, Die Zulieferung, S. 97 ff.

471 Geregelt wurde neben der Pflicht zur Zusammenarbeit auch das Verhältnis zu nationalen Strafverfahren (§ 2 JugStGHG), sowie die Überstellung und die Durchbeförderung (§ 3 JugStGHG). Nicht geregelt wurde hingegen die Zulieferung eigener Staatsangehöriger. Nach § 4 JugStGHG können Angehörige und Bevollmächtigte des Gerichtshofes in Absprache mit den deutschen Behörden Beweiserhebungen in der Bundesrepublik Deutschland eigenständig vornehmen. Eine Zustimmung Deutschlands ist nicht erforderlich, sondern lediglich eine „Absprache". Dies ist insoweit bemerkenswert, als hierin eine weitgehende Aufgabe der staatlichen Souveränität zu sehen ist, da hoheitliche Ermittlungen durch eine fremde Behörde auf dem Gebiet der Bundesrepublik vorgenommen werden. Das JugStGHG erklärt die Vorschriften des Internationalen Rechtshilfegesetz (IRG) für analog anwendbar, die dem spezifischen Charakter der Rechtshilfe gegenüber dem supranationalem Strafgericht entsprechen, vgl. hierzu: Scholz, Die Zulieferung, S. 99. Das JugStGHG führte §§ 67 a und 74 a IRG ein, welche die Rechtshilfe im vertragslosen Bereich regelt. Hierdurch wird zwischen- und überstaatlichen Einrichtungen ermöglicht, um Rechtshilfe zu ersuchen bzw. durch eine Bewilligungsentscheidung der Bundesregierung, Rechtshilfe zu erhalten.

472 Vgl. Schöbener/Bausback, Überstellung, DÖV 1996, S. 621.

473 S. Ahlbrecht, Völkerrechtliche Strafgerichtsbarkeit, S. 246 ff, 271; Roggemann, Strafgerichtshof, S. 53 f; Thürer, Vom Nürnberger Tribunal zum Jugoslawien–Tribunal und weiter, SZIER 1993, S. 497 ff, der die Kompetenzen des ICTY ratione materiae, personae, loci und temporis darlegt und ausführt, daß die im Statut aufgeführten Verbrechenstatbestände als geltendes Völkerstrafrecht anzusehen seien. Demgegenüber äußert Hollweg, Das neue Internationale Tribunal, JZ 1993, S. 986 f, Zweifel, ob sich in Ansehung des Verbrechens gegen die Menschlichkeit ein völkerrechtliches Gewohnheitsrecht gebildet habe und es als Bestandteil des humanitären Völkerrechts anzusehen sei. Dennoch stellt er fest, daß das Handeln des Sicherheitsrates mit dem Legalitätsgrundsatz vereinbar sei, Hollweg, a.a.O., S. 988.

474 Anders als bei dem Statut des IMT werden die Tatbestände auch enger gefaßt. Vgl. zu den Straftatbeständen des Statuts des ICTY: Ahlbrecht, Völkerrechtliche Strafgerichtsbarkeit, S. 246 ff.

475 Vgl. Thürer, Vom Nürnberger Tribunal zum Jugoslawien-Tribunal und weiter, SZIER 1993, S. 497 ff.

beschäftigte sich das ICTY in der Celebici-[476] Entscheidung mit der Frage der „geschützten Person" i.S.d. Genfer Abkommens und bestätigte bezüglich der Gesetze und Gebräuche des Krieges, daß auch der für den innerstaatlichen Konflikt geltende Mindeststandard, insbesondere der gemeinsam geltende Art. 3 Genfer Konvention völkergewohnheitsrechtlich anerkannt sei und eine individuelle strafrechtliche Verantwortung nach sich ziehe.[477] Ferner wurde in dieser Entscheidung festgestellt, daß das Verbot der Folter der Genfer Konventionen, wobei auch die Vergewaltigung als Folter betrachtet wurde, gewohnheitsrechtlich anerkannt sei und sogar eine „ius cogens-Norm" darstelle. Auch das bereits erwähnte Tadic-Urteil vertieft vielzählige Rechtsfragen wie beispielsweise die Grenzziehung zwischen einem internationalen und internen bewaffneten Konflikt[478], die Bürgerkriegsverbrechen[479], die Verbrechen gegen die Menschlichkeit[480] und ist damit sowohl für die Völkerrechtsentwicklung als auch für die innerstaatliche Rechtspraxis von großer Bedeutung. Bezüglich des Völkermordes ist darauf hinzuweisen, daß der in Jugoslawien praktizierte Völkermord von der Erscheinungsform, wie sie die Verfasser der Völkermordkonvention vorausgesetzt haben, abweicht, so daß hier eine neue Interpretation des Begriffes Völkermord veranlaßt ist.[481] Die Tatbestände des ICTY-Statuts sind recht weit gefaßt, so daß ein erheblicher richterlicher Ermessens- und Auslegungsspielraum besteht, von dem die Kammern des ICTY regen Gebrauch machen. Daher ist davon auszugehen, daß die Tatbestände nicht dem in Deutschland geltenden strengen Legalitätsprinzip genügen, da ein Tatbestand nicht nur ein bestimmt umschriebenes Verbot, sondern auch eine Sanktion, d.h. die Strafdrohung mit Strafart, -rahmen enthalten muß.[482]

---

476 ICTY-Trial Chamber, Prosecutor v. Zejnil Delalic, Zdravko Mucic, Hazim Delic, Esad Landzo, Judgement Case Nr. IT-96-21-T, 16.11.1999, Zusammenfassung in: International Legal Materials 1999, 57 - 67, vgl. hierzu auch; Ambos/Ruegenberg, Internationale Rechtsprechung zum Straf- und Strafverfahrensrecht, NStZ- RR, 1999, S. 200 ff.

477 Vgl. hierzu: Ambos/Ruegenberg, Internationale Rechtsprechung zum Straf- und Strafverfahrensrecht, NStZ-RR 1999, S. 201.

478 Vgl. hierzu: Kreß, Der Jugoslawien-Strafgerichtshof im Grenzbereich, S. 18 ff, der feststellt, daß die Rechtsmittelkammer die „Assimilierungsthese" aufgestellt habe, welche besage: „die Völkerrechtsordnung des internen bewaffneten Konflikts habe sich hinsichtlich Normenbestandes und persönlicher strafrechtlicher Verantwortlichkeit inzwischen weitgehend derjenigen des internationalen bewaffneten Konflikts angenähert".

479 Vgl. hierzu: Kreß, Der Jugoslawien-Strafgerichtshof im Grenzbereich, S. 36–41, der auf S. 36 f die völkerstrafrechtsbewehrten Verstöße gegen Normen des internen bewaffneten Konfliktes unter dem Begriff der Bürgerkriegsverbrechen zusammenfaßt und zugleich darauf hinweist, daß diese Bezeichnung noch nicht sehr gebräuchlich sei, so daß ihm eine gewisse, allerdings hinzunehmende Unklarheit anhafte.

480 Vgl.: Kreß, Der Jugoslawien-Strafgerichtshof im Grenzbereich, S. 41 - 60. Hier hat die Rechtsmittelkammer in Ansehung des Tatbestandes der Verbrechen gegen die Menschlichkeit zwei Grundsatzfragen geklärt, indem sie feststellte, daß die Strafbarkeit von Verbrechen gegen die Menschlichkeit völkergewohnheitsrechtlich anerkannt sei und nicht notwendigerweise in Zusammenhang mit einem internationalen bewaffneten Konflikt stehen müsse, vgl. Kreß, a.a.O., S. 43. Dies wird durch das Statut des IStGH bestätigt, da Art. 7 nicht auf das Vorliegen eines bewaffneten Konfliktes abstellt.

481 So: Uertz-Retzlaff, Die praktische Arbeit des Jugoslawien-Strafgerichtshofes, S. 93 f. Während die Völkermordkonvention den Holocaust vor Augen hatte, d.h. die gezielte und staatlich propagierte Ausrottung, die sich gegen ein gesamtes Volk richtete und durch wahllose Ermordungen durchgeführt wurde, werden in Jugoslawien zum einen gezielt Männer im wehrfähigen Alter getötet, zum anderen ist der Völkermord nicht Endziel, sondern Mittel zur Erreichung des Endzieles, nämlich der Schaffung eines ethnisch reinen Staates, d.h., daß der Völkermord als Teil der Vertreibungspolitik betrieben wurde, der „ethnischen Säuberung".

482 So auch: Roggemann, Der Internationale Strafgerichtshof der Vereinten Nationen von 1993, ZRP 1994, S. 301.

Ferner sind die Täterschaft, die Teilnahme und mögliche Entschuldigungs- bzw. Rechtfertigungsgründe zum Teil ungenau, zum Teil überhaupt nicht geregelt.[483]

Nach anfänglichen Startschwierigkeiten leistet das Gericht, wie dem „Annual Report 1999“[484] entnommen werden kann, mittlerweile gute und effektive Arbeit[485], was nicht zuletzt auf das Engagement der damaligen Chefanklägerin Louise Arbour zurückzuführen ist, die sich nicht scheute, den Sicherheitsrat bei mangelnder Kooperation einzelner Staaten um Hilfe anzugehen und auch die Staaten selbst wiederholt und eindringlich um Kooperation ersuchte sowie die SFOR zur Festnahme der Beschuldigten motivieren konnte. Strafvollzugsanstalten sind in Den Haag nicht vorgesehen, so daß die Strafvollstreckung von Freiheitsstrafen gemäß Art. 27 ICTY-Statut in Staaten erfolgen soll, die Ihre Bereitschaft hierzu erklärt haben. Angesichts der ständigen Verweigerung Jugoslawiens zur Kooperation mußte das ICTY den Sicherheitsrat wiederholt um Hilfe ersuchen. Auch die Regierung Kroatiens arbeitet nur unzureichend mit dem Tribunal zusammen.[486]
Abschließend ist festzustellen, daß der Sicherheitsrat mit der Errichtung des ICTY einen für die Errichtung des IStGH bedeutsamen „Meilenstein“ gesetzt hat.[487] Allerdings äußerte sich Roggemann bereits 1994 skeptisch, ob das ICTY den Hauptzweck, die Befriedung der Region, erreichen würde. Diese Frage kann in den Jahren 1999/2000 nach der „humanitären Intervention“[488] der NATO verneint werden. Im Gegenteil hat sich der serbische Präsident Milosevic weder von den im April 1999 beginnenden Luftangriffen der NATO noch von der Existenz des ICTY beirren lassen und die planmäßige ethnische Säuberung und Vertreibung sowie Tötung der Kosovo–Albaner fortgesetzt. Zudem kam es zu erneuten Spannungen zwischen dem Westen und Rußland, so daß, verursacht durch das Verhalten des Serbenführers Milosevic eine erhebliche Gefährdung des Weltfriedens eingetreten ist. Die Anklagebehörde hat gegen Milosevic Anklage wegen Kriegsverbrechen erhoben.[489] Dieses Vorgehen ist historisch insofern bedeutsam, als erstmals ein amtierendes Staatsoberhaupt während eines bewaffneten Konfliktes der Verübung schwerer Verstöße

[483] Vgl. Roggemann, Der Internationale Strafgerichtshof der Vereinten Nationen von 1993, ZRP 1994, S. 301.

[484] Die jährlichen Berichte des ICTY sind im Internet veröffentlicht. Der sechste Bericht des Jahres 1999 ist unter folgender Adresse abrufbar: http://www.un.org/icty/rapportan/rapport6-e.htm (5.4.2000).

[485] Anerkennend: Ferencz, A Prosecutors Account, Journal of International Affairs, 52 (1999), S. 464. Zudem werden nicht nur die „kleinen Kriegsverbrecher“ abgeurteilt, wie das Verfahren gegen General Krstic, den bislang ranghöchsten serbischen Offizier, dem vor dem ICTY der Prozeß gemacht wird, zeigt und bei dem es sich um einen engen Vertrauten des ehemaligen bosnischen Serbenführes Karadzic und seines Militärchefs Mladic, gegen die ebenfalls Anklagen in Den Haag vorliegen, handelt; vgl. hierzu: FAZ vom 14.3.2000, Nr. 62, S. 9. Erwähnenswert ist zudem die Anklage gegen den früheren bosnisch-serbischen Spitzenpolitiker Krajisnik, der von S-FOR Truppen festgenommen wurde, vgl. FAZ vom 8.4.2000, Nr. 84, S. 5.

[486] FAZ vom 22.7.1999, Nr. 167, S. 8.

[487] Vgl. Roggemann, Strafgerichtshof, S. 63.

[488] Zu der Problematik der humanitären Intervention: Kap. 1 D II 1 d.

[489] Die Anklage ist im Internet unter folgender Adresse veröffentlicht: http://www.un.org/icty/indictment/english/24-05-99.milo.ht (30.5.1999). Lesenswert ist die Pressemitteilung vom 27.5.1999, JL/PIU/403-E. Die Internetadresse lautet: http://www.un.org/icty/pressreal/p403-e.ht (30.5.1999). Belgrad ließ mitteilen, daß man diese Anklage ignorieren werde. Der UN-Botschafter Jugoslawiens teilte mit, daß er das Gericht als nicht existent betrachte, vgl. FAZ vom 28.9.1999, Nr. 121/21 R, S. 1.

gegen das humanitäre Völkerrecht beschuldigt wird. Dennoch ist die Schaffung des ICTY seit dem Ende der Nürnberger Verfahren als ein wichtiger Fortschritt in der völkerstrafrechtlichen Entwicklung anzusehen.[490] Da das ICTY über keinen eigenen Durchsetzungsmechanismus verfügt, übertreffen die von ihm zu bewältigenden Probleme die des IMT.[491]

b. Das ICTR

In Ruanda eskalierte 1994 ein grausamer Bürgerkrieg in dem die dominante Volksgruppe der Hutu, angestachelt durch eine extremistische Elite, welche die Regierung unter ihrer Kontrolle hatte, eine Kampagne zur Ausrottung der in der Minderheit befindlichen Tutsi betrieb.[492] Die Weltöffentlichkeit war angesichts des grauenvollen Tötens von ca. einer halben Million[493] Tutsi sowie gemäßigter Hutu entsetzt, so daß der Sicherheitsrat schließlich auch hier mit der Errichtung eines Straftribunals reagierte.[494] Da Ruanda weitestgehend zerstört war, wurde das ICTR in Arusha, Tanzania, errichtet. Die hier zu bewältigenden Probleme übertrafen die des ICTY. Die ruandischen Gefängnisse waren überfüllt mit Tausenden geständigen Mördern.[495] Rechtskundige standen kaum zur Verfügung und eine logistische Unterstützung exis-

---

[490] Vgl. Ferencz, A Prosecutors Account, Journal of International Affairs, 52 (1999), S. 464.

[491] So: Ferencz, A Prosecutors Account, Journal of International Affairs, 52 (1999), S. 464.

[492] Vgl. Thornton, ICTR, Journal of International Affairs, 52 (1999), S. 639 ff, zu der Geschichte des Konflikts sowie zu den ersten fünf vor dem ICTR laufenden Verfahren (The Prosecutor v. Clement Kayishema & Obed Ruzindana (ICTR-95-I-T); The Prosecutor v. Jean Paul Akayesu (ICTR-96-4-S); The Prosecutor v. George Anderson Rutganda (ICTR-96-3-T); The Prosecutor v. Jean Kambanda (ICTR-97-23-I), in diesem Verfahren hat sich erstmals ein Individuum selbst des Verbrechens des Genozids für schuldig befunden; The Prosecutor v. Omar Serushago (ICTR-98-39-1)). Mit dem Verfahren Prosecutor v. Jean Paul Akayesu setzen sich auch Ambos/Ruegenberg, Internationale Rechtsprechung Straf- und Strafverfahrensrecht, NStZ-RR 1999, S. 205, auseinander. Vgl. weiterhin zu der Geschichte des Konfliktes: Report of the Independant Inquiry into the Actions of the United Nations during the 1994 Genocide in Rwanda vom 15.12.1999, S. 1 ff, 38 ff, im Internet verfügbar unter: http://www.un.org/News/ossg/rwanda_report.htm (2.1.2000); sowie Ahlbrecht, Völkerrechtliche Strafgerichtsbarkeit, S. 302 ff.

[493] Hier differieren die Zahlen. Teilweise wird die Anzahl der Opfer mit 8000000 bis 1000000 angegeben.

[494] In diesem Zusammenhang sei die von dem UN Generalsekretär Annan eingesetzte Untersuchungskommision unter der Leitung des ehemaligen schwedischen Ministerpräsidenten Carlsson zu erwähnen, die zu dem Ergebnis kam, daß die Vereinten Nationen und insbesondere der Weltsicherheitsrat mitverantwortlich für den schweren Völkermord in Ruanda sei: Report of the Independant Inquiry into the Actions of the United Nations during the 1994 Genocide in Rwanda vom 15.12.1999, S. 19 ff; vgl. auch: FAZ vom 17.12.1999, Nr. 294/50 R, S. 1. Ausweislich des Berichts hat der Weltsicherheitsrat im Jahr 1994 Warnungen von UN Beauftragten in Ruanda vor geplanten Massakern unter der Tutsi Bevölkerung ignoriert, da zu dieser Zeit ein politischer Willen, die Ausschreitungen in Ruanda zu stoppen, gefehlt habe. Einer in Ruanda stationierten Blauhelm-Truppe war ein militärisches Eingreifen nicht gestattet worden und die wiederholten Forderungen des UN Kommandeurs, die Truppe zu verstärken und ihr das Mandat zur Unterbindung des Mordens zu erteilen, wurde übergangen. Ausweislich des Berichts haben nicht nur die UN versagt, sondern auch die Mitgliedstaaten. Anders als im Fall des Balkankonfliktes hatte die ruandische Regierung um die Errichtung eines „ad hoc-Tribunals" ersucht und als Sicherheitsratsmitglied an der Verabschiedung der Resolution 955 teilgenommen, vgl. Ahlbrecht, Völkerrechtliche Strafgerichtsbarkeit, S. 307.

[495] Im Jahr 1998 saßen in Ruanda 130000 Verdächtige in den Gefängnissen und warten auf ihre Gerichtsverfahren. Während nur für einen geringen Prozentsatz dieser Menschen ein Verfahren eröffnet werden kann, bleiben die anderen ohne Verfahren inhaftiert, da Ruanda nicht die Kapazität hat.

tierte nicht.[496] Da eine Entschärfung dieser Probleme nicht erreicht werden konnte, entschloß sich die ruandische Regierung zu einem grundlegenden Wandel im Umgang mit der Vergangenheitsbewältigung und ist dabei, die gesetzlichen Grundlagen für eine Aburteilung der „kleinen Verbrecher" durch „Gacaca", d.h. ruandische Dorfgerichte, zu schaffen, die Haftstrafen verhängen dürfen.[497] Die Hintermänner sollen weiterhin von den staatlichen Gerichten abgeurteilt werden. Im Fall der Aburteilung der Kriegsverbrecher vor den ruandischen Gerichten, die anders als im ehemaligen Jugoslawien auch erfolgt, tritt noch eine weitere Brisanz hinzu. Diese ergibt sich aus dem Umstand, daß das Statut des ICTR, anders als das ruandische Recht, die Todesstrafe nicht vorsieht. Demnach ergibt sich das Mißverhältnis, daß die „schweren Kriegsverbrecher", denen vor dem ICTR der Prozeß gemacht wird, lediglich eine Freiheitsstrafe zu erwarten haben, während die Täter, denen leichtere Verbrechen zur Last gelegt werden und die sich vor den ruandischen Gerichten zu verantworten haben, mit der Todestrafe rechnen müssen, eine Strafe, von der in Ruanda großzügig Gebrauch gemacht wird.[498] Hinzu traten noch politische Probleme, da die neue Tutsi-Regierung die Hutu des Völkermordes bezichtigte.
Das ICTR folgt dem Muster des ICTY, so daß hier ein näheres Eingehen auf das Statut entbehrlich ist und auf obige Ausführungen Bezug genommen wird. Ebenso wie die Zuständigkeit des ICTY ist auch die Zuständigkeit des ICTR ratione temporis und loci, materiae sowie persona beschränkt.[499] Das ICTR ist auf die Untersuchung des Jahres des ruandischen Genozids, 1994, beschränkt.[500] In materieller Hinsicht ist erwähnenswert, daß auch hier der Angriffskrieg nicht zu den Tatbeständen zählt. Als Weiterung gegenüber dem Statut des ICTY ist hervorzuheben, daß Art. 4 des Statuts des ICTR ausdrücklich erwähnt, daß Völkermord, Kriegsverbrechen und Verbrechen gegen die Menschlichkeit auch dann bestraft werden, wenn der Konflikt, wie in Ruanda kein internationaler, sondern ein innerstaatlicher war.[501] Diese Regelung legt

---

496 Vgl. Ferencz, A Prosecutors Account, Journal of International Affairs, 52 (1999), S. 465. Ausweislich der FAZ vom 6.3.2000, Nr. 55, S. 7 standen den 12 Richtern am Ende des Völkermordes hunderttausend Mörder gegenüber.

497 FAZ vom 6.3.2000, Nr. 55, S. 7. In diesem Zusammenhang stellt sich die Frage, ob diese „Gacaca" die an ein rechtstaatliches Verfahren zu stellenden Anforderungen gewährleisten können. Dieser Ansatz der Regierung verdeutlicht, daß der Aspekt der Versöhnung statt Bestrafung im Vordergrund steht, wobei auf letztere dennoch nicht verzichtet werden soll, da die meisten Ruander eine Generalamnestie ablehnen.

498 Ausweislich der FAZ vom 16.9.1999, Nr. 215, S. 6, wurden seit Beginn der Prozeßserie vor den ruandischen Gerichten bislang 200 Menschen in Kigali zum Tode verurteilt und bislang 22 Menschen öffentlich hingerichtet, weitere 400 wurden zu lebenslanger Haft verurteilt.

499 Vgl. zu dem Statut des ICTR, dessen räumlicher, zeitlicher, personeller und materieller Zuständigkeit, der Gerichtsorganisation und dem Verfahrensrecht ausführlich: Ahlbrecht, Völkerrechtliche Gerichtsbarkeit, S. 308 ff.

500 Das Ruanda Tribunal prüfte in seiner Jean-Paul Akayesu-Entscheidung (ICTR-Trial Chamber I, The Prosecutor v. Jean-Paul Akayesu, Judgement, Case No. ICTR-96-4-T, 2.9.1998, sowie Sentence, 2.10.1998) im Internet verfügbar unter: http://www.un.org/ictr (5.4.2000); Zusammenfassung: ILM 37 (1998), S. 1399 ff, vgl. auch hierzu: Ambos/Ruegenberg, Internationale Rechtsprechung zum Straf- und Strafverfahrensrecht, NStZ-RR 1999, S. 203 ff, ob in Ruanda ein Völkermord stattgefunden habe und bejahte dies.

501 Mit der Frage, ob Art 4. des Statuts des ICTR gegen den Grundsatz „nullum crimen" verstößt, hatte sich das ICTR ebenfalls in seiner Akayesu-Entscheidung auseinanderzusetzen. Problematisch ist in diesem Zusammenhang, daß der Sicherheitsrat die genannte Vorschrift trotz ihres umstrittenen völkergewohnheitsrechtlichen Charakters in die Strafgewalt des ICTR einbezogen hat. Das ICTR verneinte einen Verstoß gegen den Grundsatz „nullum crimen". Vgl. hierzu: Ambos/Ruegenberg, Internationale Rechtsprechung zum Straf- und Strafverfahrensrecht, NStZ-RR

die Wertung nahe, daß auch in internen bewaffneten Konflikten, Souveränitätsinteressen hinter dem Menschenrechtsschutz zurückzutreten haben.[502] Im September des Jahres 1998 hat das ICTR das erste Urteil bekanntgegeben.[503] Daher muß sich auch das ICTR den Vorwurf, es sei zu langsam, gefallen lassen.[504]

7. Die United Nations Diplomatic Conference of Plenipotentiaries on the Establishment of an International Criminal Court vom 15. Juni 1998 bis zum 17. Juli 1998 in Rom[505]

Auch an dieser Stelle sei zunächst darauf hingewiesen, daß ein Eingehen auf alle vertretenen Modelle, Regelungsvorschläge, Kompromisse, Arbeitspapiere und Optionen den Rahmen der Arbeit sprengen würde, so daß hierauf verzichtet wird und lediglich die in dem Statut getroffenen Regelungen einer Betrachtung unterzogen werden sollen. Die Rechtfertigung dieses Vorgehens folgt zudem aus der Tatsache, daß das der Diskussion zugrundeliegende Draft Statut[506] 116 Artikel aufwies, von denen fast jeder einzelne umstritten war. Von diesem massiven Dissens in den wesentlichen Schlüsselfragen zeugen die ca. 1400 im Statut befindlichen Klammern und die fast 200 Optionen im Entwurf.[507]
Vom 15. Juni bis 17. Juli 1998 kamen in Rom Vertreter von zeitweise 162 Staaten, 17 zwischenstaatlichen Organisationen, 124 Nichtregierungsorganisationen (NGOs)[508] und 14 UN-Organisationen zusammen[509], um anhand der Vorschläge der

---

1999, S. 205. Auch Werle schließt einen Verstoß gegen das völkerrechtliche Rückwirkungsverbot aus, Werle, Menschenrechtsschutz durch Völkerstrafrecht, ZStW 109 (1997), S. 818 f.

502 Vgl. Werle, Menschenrechtsschutz durch Völkerstrafrecht, ZStW 109 (1997), S. 818 f.

503 S. Ferencz, A Prosecutors Account, Journal of International Affairs, 52 (1999), S. 465.

504 Thornton, ICTR, Journal of International Affairs, 52 (1999), S. 646 hält diese Kritik für unberechtigt. Allerdings wird der Anklagebehörde vor dem Hintergrund des Freispruchs Barayagwizas, der als einer der wichtigsten Planer und Ideologen des Völkermordes gilt, wegen verfahrensrechtlicher Fehler, Unfähigkeit attestiert, da sie das Verfahren zu lang vernachlässigt und verschleppt hat. Gleiches droht im Fall Semanza. Die Wiederaufnahme des Verfahrens gegen Barayagwizas wurde beantragt. Angesichts der erwirkten Festnahme von vier Beschuldigten in den Ländern Dänemark, Frankreich, Belgien und Großbritannien ist eine Verbesserung des Images zu erwarten. Vgl. hierzu: FAZ vom 18.2.2000, Nr. 41, S. 7.

505 Vgl. hierzu: Kirsch, The Rome Statute, S. 451 ff, der aus Sicht des Vorsitzenden des Committes of the Whole der Bevollmächtigtenkonferenz die Entwicklung, den Verhandlungsprozeß und die mühsame Erarbeitung des Statuts schildert. Vgl. auch: Kaul, Durchbruch in Rom, VN 1998, S. 126.

506 UN Doc. A/CONF.183/2/Add.1 vom 14. April 1998.

507 Vor diesem Hintergrund glaubte kaum jemand, daß diese tiefen Meinungsunterschiede innerhalb von nur fünf Verhandlungswochen überwunden werden könnten.

508 An dieser Stelle ist auf die erhebliche Bedeutung der NGOs hinzuweisen, deren Einfluß und Aktivität nicht zu unterschätzen ist, so auch Lee, The Rome Conference, S. 14. Vgl. hierzu auch Pace/Thieroff, Non-Governmental Organisations, S. 391 ff. Pace/Thieroff berichten über die bereits vor der Konferenz aufgenommenen Bemühungen der NGOs, die sich zu einer Kooalition zusammengefunden hatten und die Arbeit der Konferenz maßgeblich beeinflußten. Die Tätigkeiten der NGOs waren vielfältig und reichten von der Entwicklung von Strategien für die Konferenz über Aufklärungsarbeiten sowie Treffen mit den Regierungen im Vorfeld bis zu der Beeinflussung der Verhandlungsteilnehmer durch weitere Treffen, die Bereitstellung von Rechtsexperten für Regierungsdelegationen und eine gezielte Information der Presse, vgl. Pace/Thieroff, a.a.O., S. 394. Pace/Thieroff, a.a.O., S. 397 f, weisen darauf hin, daß die Arbeit der NGOs mit der Verabschiedung des Statuts nicht beendet sei, sondern diese vielmehr eine neues Stadium erreicht habe, so daß nunmehr die Öffentlichkeit, nationale Führer, die Medien, Parlamentarier, etc. über das Statut und seine geschichtliche Bedeutung zu informieren seien, um dadurch eine Ratifikation durch 60

Prepcom die endgültige Fassung des Statuts für den IStGH festzulegen und zu verabschieden. Die Eröffnung der Bevollmächtigtenkonferenz erfolgt am 15. Juni 1998 durch den UN Generalsekretär Kofi Annan.[510] An den ersten vier Tagen wurden von mehr als 150 Staaten generelle Stellungnahmen zu der Errichtung eines IStGH abgegeben. Diese Stellungnahmen zeigten den erstaunlichen Widerspruch auf, daß zwar eine breite Übereinstimmung dahingehend zu verzeichnen war, daß ein Erfordernis für einen IStGH, der auch unabhängig, effektiv, unparteiisch und effizient sein sollte, erkannt wurde, aber auf der anderen Seite Uneinigkeit über die Beziehung IStGH-Sicherheitsrat und die „proprio motu-Befugnis" des Chefanklägers zutage trat.[511]

Die Konferenz war geprägt von unüberwindlichen Spannungen zwischen den „alike" oder „like-minded", d.h. den gerichtshoffreundlichen Staaten[512] und den gerichtshofrestriktiven[513] Staaten.[514] Die Verhandlungen gestalteten sich demgemäß als schwie-

---

Staaten zu erreichen. Zudem wird die Koalition der NGOs die Vorbereitungskommission bei der Erfüllung ihrer Aufgabe unterstützen und schließlich werden den Staaten zu einer Ratifikation entschlossenen Staaten technische Hilfestellungen angeboten.

509 So: Ahlbrecht, Völkerrechtliche Verbrechen, S. 358. Diese Angaben differieren von denen Lees, The Rome Conference, S. 14, der 160 Staaten, 20 zwischenstaatliche Organisationen, mehr als 200 Nichtregierungsorganisationen und ebenfalls 14 UN-Organisationen ausmachte.

510 Zu dem Ablauf, der Organisation, der Sitzverteilung, den Verhandlungen und der Entscheidungsfindung der Konferenz, vgl. Lee, The Rome Conference, S. 13 ff.

511 Vgl. hierzu die im Internet veröffentlichten Press Releases, die den Gang der Konferenz in anschaulicher Weise dokumentieren. Diese sind im Internet unter folgender Adresse verfügbar: http://www.un.org/icc/pressrel (26.7.1998).

512 Diese Staaten, zu denen auch die Bundesrepublik Deutschland, ihre europäischen Partner und einer große Anzahl gleichgesinnter Staaten gehörten, haben konsequent einen starken, effektiven, funktionsfähigen, unabhängigen und damit glaubwürdigen internationalen Strafgerichtshof auf der Grundlage der Komplementarität verfolgt. Deutschland machte bereits vor Beginn der Konferenz deutlich, daß es sich für „sechs Hauptbausteine" einsetzen werden. Hierzu gehört die Forderung, daß der Gerichtshof nur auf der Grundlage des Prinzips der Komplementarität tätig werden soll, die Zuständigkeit des IStGH auf vier Kernverbrechen zu begrenzen ist, wobei die Strafbarkeit von Kriegsverbrechen auch im nicht-internationalen, internen Konflikt im Statut festgelegt wird, das Prinzip der automatischen, universellen Jurisdiktion greift, d.h., daß durch die Mitgliedschaft im Statut die Zuständigkeit des Gerichtshofes für die vier Kernverbrechen begründet wird, der Ankläger Ermittlungen ex officio, also aus eigener Initiative, aufnehmen kann und unter voller Achtung der UN-Charta eine politische Einflußnahme durch die Staaten oder den Sicherheitsrat auf die richterliche Unabhängigkeit ausgeschlossen wird. Vgl. zur Position der Bundesrepublik Deutschland u.a. Kinkel, Weltstrafgerichtshof, NJW 1997, S. 2860 f.; ders.: Der Internationale Strafgerichtshof, NJW 1998, S. 2650. Auch Roggemann, Auf dem Weg, ZRP 1996, S. 389, begrüßte die Haltung Deutschlands zu der Frage des IStGH, kritisierte aber daß sich die deutsche Präsenz und aktive Mitarbeit im Rahmen der justizrechtlichen Aktivitäten der UN in Grenzen halte.

513 Diese Staaten strebten „für den Anfang" einen schwachen, symbolischen Gerichtshof an, dessen Tätigwerden möglichst von einer Einzelfallerlaubnis der betroffenen Staaten oder des Sicherheitsrates abhängen sollte. Als weitere Variante wurde vertreten, einen primär vom Sicherheitsrat abhängigen ständigen „ad hoc-Gerichtshof" zu schaffen oder aber, durch entsprechende „Absicherungen", die Gerichtsbarkeit für eigene Staatsangehörige auszuschließen. Dies erfolge mit dem vordergründigen Argument, nur so könne „ein durch universelle Akzeptanz starker Gerichtshof" und die baldige Ratifikation durch viele UN Mitglieder erreicht werden, vgl. hierzu: Kaul, Durchbruch in Rom, VN 1998, S. 126. Hier taten sich v.a. die USA hervor, die sich von Anfang an für ein Gericht mit beschränkter Zuständigkeit einsetzten und dieses Ziel nach wie vor verfolgen. Während der Verhandlungen versuchten sie, teilweise mit massivem Druck, andere Staaten auf ihre Seite zu ziehen. So schreckte beispielsweise der amerikanische Verteidigungsminister Cohen nicht davor zurück, gegenüber dem damaligen Bundesverteidigungsminister Rühe mit einem Abzug der amerikanischen Truppen aus Europa zu drohen, sollte sich der Grundsatz der universellen Gerichtsbarkeit durchsetzen, vgl. hierzu: Ambos, Der neue Internationale Gerichtshof, NJW 1998, S. 3743. Insbesondere am Ende der Verhandlungen von Rom haben die Vereinigten Staaten mit

rig und waren von zahlreichen Verfahrens- und Verzögerungstricks, insbesondere am Tag der Abstimmung gekennzeichnet. Als wichtigste Streitpunkte sind die Fragen, wie stark das Gericht werden sollte, d.h. die Zuständigkeitsproblematik[515], über welche Verbrechen es unter welchen Umständen urteilen sollte, wie es sich in das UNO-System einreiht, wer die finanziellen Lasten dafür zu tragen hat, ob der Chefankläger von sich aus ermitteln kann, zu nennen. Während die eine Gruppe einen IStGH, der nur in besonderen Fällen und nur bei Zustimmung der betroffenen Staaten sowie des UN-Sicherheitsrates Zuständigkeit erlangen sollte, befürwortete, plädierte die andere Gruppe für ein starkes Gericht. Eine dritte Staatengruppe war indifferent. Lange nächtliche Sitzungen verdeutlichen den Druck unter dem die Konferenz stand, um ein mehrheitsfähiges Ergebnis zu erzielen. Von Anfang an bestand die Befürchtung, daß, wie sich bereits in den Vorbereitungstreffen abgezeichnet hatte, die gerichtshofskeptischen Staaten ihre Anstrengungen, das Vorhaben auf den kleinsten gemeinsamen Nenner zu reduzieren, intensivieren würden.[516] Am Morgen des 17. Juli 1998 wurde von dem Konferenzbüro ein letzter Entwurf vorgelegt, der in fieberhafter Arbeit von dem Vorsitzenden Kirsch geschnürt worden war[517] und schließlich auch angenommen wurde, so daß die Abstimmung über das Statut erfolgen konnte. Angesichts des Verhaltens der USA, die bis zuletzt versuchte, andere Staaten auf ihre Seite zu ziehen, war das Ergebnis der Abstimmung nicht vorhersehbar, so daß ein Scheitern der Konferenz durchaus möglich war. Schließlich wurde in der Nacht vom 17. auf den 18. Juli 1998 das Statut mit 120 zu sieben Stimmen bei 21 Enthaltungen gebilligt. Aufgrund der Uneinigkeit bei der Ausgestaltung des Statuts geschah dies nicht in dem, bei Vertragskonferenzen üblichen, Konsensverfahren, sondern wie von den USA beantragt in geheimer Abstimmung. Den anschließenden Stellungnahmen[518] kann entnommen werden, daß die USA, China, Israel, Jemen, Irak, Qatar und Libyen gegen das Statut stimmten. Der Stimme enthalten haben sich

---

aktiven Widerstand gedroht und suchen mittlerweile offensichtlich nach Wegen, ihre Interessen, die sie in dem Statut nicht ausreichend berücksichtigt wähnen, wie z.B. die Schaffung einer bindenden Formel zum Schutz der amerikanischen Soldaten in offizieller Mission, u.a. durch ein Zusatzprotokoll oder durch eine Resolution der Generalversammlung, durchzusetzen, vgl. FAZ vom 16.8.1999, Nr. 188, S. 4. Bereits an dieser Stelle sei darauf hingewiesen, daß hierdurch ein Mehrklassenrecht entstünde, das sicherlich der Gerechtigkeit wenig dienlich wäre. In diesem Zusammenhang wirft Schlunck, Diskussionsstand vor der Diplomatischen Konferenz, S. 165 f, die Frage auf, ob eine Beteiligung der USA unbedingt erforderlich sei, da sie zu Recht erwägt: „Wie viel Unterstützung kann der IStGH erwarten von einem Staat, der es seit Jahrzehnten versäumt, seine Schulden an die VN zu bezahlen und damit die Durchführung weiterer VN-Missionen gefährdet ?".

514 Diese unterschiedlichen Grundhaltungen prägten die Konferenz, so daß die „Gleichgesinnten" zum einen den Bemühungen den IStGH zu schwächen entgegentreten und zum anderen die große Gruppe der unentschlossenen Staaten für sich zu gewinnen mußten, um die erforderlichen Mehrheiten zu erzielen, vgl. hierzu: Kaul, Durchbruch in Rom, VN 1998, S. 126 f.

515 Das Ringen um die Zuständigkeit des IStGH unter Darlegung der verschiedenen Diskusionsmodelle beschreibt Kaul, Das Ringen um seine Zuständigkeit, S. 177 ff.

516 Vgl. Kaul, Durchbruch in Rom, VN 1998, S. 126.

517 FAZ vom 20.7.1998. Bevor das Statut durch die Vollversammlung gebilligt werden konnte, mußte dieses durch den Gesamtausschuß angenommen werden. Nachdem die USA und Indien durch Änderungsanträge vergeblich versucht hatten, die Annahme durch den Gesamtausschuß zu verhindern, konnte die Vollversammlung zustimmen, vgl. hierzu: Ambos, der neue Internationale Strafgerichtshof, NJW 1998, S. 3743, mit weiteren Nachweisen; sowie Lee, The Rome Conference, S. 24 ff und zusammenfassend: UN Press-Release L/ROM/22, sowie FAZ vom 20.7.1998, S. 3.

518 Eine Zusammenfassung der Stellungnahmen und Ansichten der Regierungen findet sich bei Lee, International Criminal Court, S. 573-639, vgl. auch UN-Press-Release L/ROM/22, 17.7.1998 im Internet: http://www.un.org/icc/pressrel (26.7.1998).

Indien, die Staaten der arabischen Liga, Trinidad und Tobago sowie die Türkei. Das Gewicht der Ablehnung bzw. Indifferenz ist angesichts der Tatsache, daß in den 28 Staaten die Hälfte der Weltbevölkerung lebt, gewaltig.
Das in Rom beschlossenen Statut zieht einen Schlußstrich unter langjährige und problematische Kodifikationsverhandlungen, so daß der Grundstein für eine internationale Institution gelegt wurde. Abschließend ist daher festzustellen, daß ein tragfähiges Einvernehmen über ein Vertragswerk erzielt wurde, das in 13 Kapiteln und 128 Artikeln alle mit dem Strafgerichtshof zusammenhängenden Fragen detailliert und umfassend regelt.[519] Das Bundeskabinett hat am 1. Dezember 1999 zwei Gesetzesentwürfe „verabschiedet", von denen der erste den Text des Statuts in Deutsches Recht überführt und der zweite das verfassungsrechtliche Verbot, Deutsche an das Ausland auszuliefern, Art. 16 Abs. 2 GG, modifiziert, damit Deutsche an den IStGH überstellt werden können.[520] Anschließend müssen die beiden Gesetze noch das normale Gesetzgebungsverfahren durchlaufen, was im Sommer 2000 geschehen kann.[521]

IV. Rechtsentstehungsquellen des Völkerstrafrechts

Zunächst sei darauf hingewiesen, daß bereits der Begriff der „Quelle" strittig ist.[522] Unter Anlehnung an Verdross/Simma ist, wie auch im innerstaatlichen Recht, zwischen den formellen Rechtsquellen (Rechtsentstehungsquellen) d.h. den Erzeugungsarten und Erscheinungsformen und den materiellen Rechtsquellen zu differenzieren.[523] Im Rahmen dieses Gliederungspunktes werden die formellen Völkerrechtsquellen erläutert.
Bei der Prüfung der Frage, welche Rechtsquellen als Entstehungsgrundlage für völkerstrafrechtliche Normen in Betracht kommen, ist die Janusköpfigkeit, d.h. der „bikausale Charakter" bzw. die „dual nature" dieses Rechtsgebietes zu berücksichtigen. Diese wirft unter Berücksichtigung des Grundsatzes „nullum crimen, nulla poena sine lege scripta" („n.c., n.p.s.l.s."), der in Art. 103 Abs. 2 GG[524] seinen Niederschlag erfahren hat, besondere Fragen auf. Wie bereits dargelegt können völkerstrafrechtliche Normen nur aus den Quellen des Völkerrechts entstehen, zugleich ist es aber auch Strafrecht, so daß sich z.B. aus dem Satz „n.c., n.p.s.l.s." Einschränkungen ergeben können.[525] Es stellen sich daher die Fragen, ob und mit welchem Inhalt der im innerstaatlichen Recht geltende Grundsatz „n.c, n.p.s.l.s." auch im Völkerrecht zu beachten ist und welche Auswirkungen sich auf die Entstehung von, v.a. ungeschriebenen völkerstrafrechtlichen Normen ergeben, bzw. ob Normen des Völkerstrafrechts aus

---

519 Der damalige Bundesaußenminister Kinkel stellte fest, daß das Statut das deutsche Anforderungsprofil erfülle, vgl. Kinkel, Der Internationale Strafgerichtshof, NJW 1998, S. 2650.

520 FAZ vom 2.12.1999, Nr. 281, S. 6.

521 FAZ vom 2.12.1999, Nr. 281, S. 6.

522 Vgl. hierzu: Becker, Das Verbrechen gegen die Menschlichkeit, S. 60 f. Berber stellt fest, daß der Begriff „Quelle" verschiedene Problembereiche umfasse, die Gegenstand von Verwechslungen seien, vgl. Berber, Lehrbuch des Völkerrechts Bd. 1, S. 36.

523 Verdross/Simmma, Universelles Völkerrecht, § 515.

524 Mit der grundsätzlich verfassungsrechtlichen Stellung des Art. 103 Abs. 2 GG, seiner Entstehungs- und Wirkungsgeschichte und seiner Bedeutung im Rahmen der Mauerschützenprozesse beschäftigt sich S. Buchner in ihrer Dissertation: Die Rechtswidrigkeit der Taten von Mauerschützen, S. 29 ff.

525 Vgl. hierzu: Triffterer, Bestandsaufnahme, S. 172.

den in Art. 38 Abs. 1 lit. a-c IGH-Statut aufgeführten allgemeinen Rechtsquellen[526] des Völkerrechts entstehen können.[527] Zu prüfen ist daher zunächst, ob und in welcher Form dieser Grundsatz auch im Völkerrecht Anwendung findet, wobei die Besonderheiten des Völkerrechts zu berücksichtigen sind.

Art. 103 Abs. 2 GG, § 1 StGB bestimmen, daß eine Tat nur bestraft werden kann, wenn die Strafbarkeit vor Begehung der Tat gesetzlich bestimmt war. Dieses „Gesetzlichkeitsprinzip" schützt den Bürger vor willkürlicher Ausübung der Staatsgewalt.[528] Der Grundsatz „n.c., n.p.s.l.s." legt fest, daß nur ein geschriebenes Gesetz die Strafbarkeit einer Handlung begründen und Strafe als Rechtsfolge androhen kann.[529] Die einzelnen Strafbarkeitsvoraussetzungen und Straffolgen müssen bereits vor Tatbegehung im Gesetz festgelegt sein.[530] Aus dieser „Garantiefunktion des Strafgesetzes" folgt zum einen, daß Tatbestände und Rechtsfolgen ein Mindestmaß an Bestimmtheit aufweisen müssen („Bestimmtheitsgrundsatz"), zum anderen ein das „Ob" und das „Wie" der Strafbarkeit umfassendes Rückwirkungsverbot sowie schließlich ein Verbot der Bildung neuer Tatbestände bzw. der Erweiterung oder Verschärfung bestehender Tatbestände durch Gewohnheitsrecht oder Analogie.[531] Fraglich ist, ob diese strenge Legalitätsfunktion auch im Bereich des Völkerrechts einzuhalten ist. Eine verbindliche positivrechtliche Regelung dieses Grundsatzes in einem völkerrechtlichen Vertrag oder einer Konvention ist nicht erfolgt. Zwar wurde in Art. 11 Abs. 2 der allgemeinen Erklärung der Menschenrechte der UN vom 10. Dezember 1948, das Rückwirkungsverbot niedergelegt[532], allerdings ergibt dessen Auslegung nicht das Erfordernis geschriebenen Rechts, da ein solches nicht positiv formuliert ist. Zudem wird von einer Strafbarkeit nach „internationalem Recht" gesprochen, so daß, da im internationalen Bereich ungeschriebenes Recht anerkannt ist, auch ungeschriebenes Völkerrecht als ausreichend zu erachten ist. Auch ist zu berücksichtigen, daß beispielsweise der anglo-amerikanische Rechtskreis, in seiner traditionellen Ausprägung, geschriebene Rechtsnormen nicht erfordert. Schließlich kommt dieser Erklärung keine rechtsverbindliche Wirkung zu. Gleiches sieht auch Art. 7 der EMRK vom 4. November 1950 vor[533], so daß auch hier davon auszugehen ist, daß eine Verantwortlichkeit nach ungeschriebenen Rechtsnormen in Betracht kommt. Dies folgt im übrigen auch aus Art. 15 Abs. 2 des Internationalen Paktes über bürgerliche

---

526 Die Entstehungsarten völkerrechtlicher Normen werden kontrovers diskutiert und sollen hier nicht weiter thematisiert werden. An dieser Stelle sei darauf hingewiesen, daß die Arbeit die von der h.M. im Völkerrecht anerkannten Quellen erörtert, welche in Art. 38 der Satzung des IGH ihren Niederschlag finden, da nach h.M. für die Entstehung völkerrechtlicher Normen lediglich die in Art. 38 dargelegten Möglichkeiten in Betracht kommen; für weitere Nachweise vgl. Triffterer, Materielles Strafrecht, S. 35 ff.

527 Vgl. hierzu die ausführliche Darstellung und Diskussion der in Deutschland sowie im Ausland von Gelehrten vertretenen Auffassungen bei Triffterer, Materielles Völkerstrafrecht, S. 42 ff.

528 Vgl. hierzu: Wessels/Beulke Strafrecht AT, § 2 I.

529 Vgl. hierzu: Wessels/Beulke Strafrecht AT, § 2 I. Dieser Bedeutungsumfang wird im Folgenden bezeichnet als die „strenge Legalitätsfunktion".

530 BVerfGE 45, 363 (370 ff).

531 So auch: Wessels/Beulke, Strafrecht AT, § 2 I.

532 Die allgemeine Erklärung der Menschenrechte ist abgedruckt in Sartorius II, Ordnungsziffer 19.

533 Die Bundesrepublik Deutschland hat die Konvention mit der Maßgabe ratifiziert, daß die Anwendung des Art. 7 Abs. 2 der Konvention in den Grenzen des Art. 103 Abs. 2 GG erfolgt (BGBl. 1952 II S. 685; BGBl. 1954 II S. 14, Gesetz vom 15.12.1953). Demnach steht Art. 7 Abs. 2 der EMRK der im deutschen Recht geltenden strengen Legalitätsfunktion nicht entgegen. Die EMRK ist in Sartorius II, Ordnungsziffer 130, abgedruckt.

und politische Rechte (IPbpR).[534] Zudem setzen auch die Genfer Konventionen von 1949 die Zulässigkeit ungeschriebener Normen im Völkerstrafrecht voraus.[535] Demnach wäre nunmehr zu untersuchen, ob ein Völkergewohnheitsrecht oder ein allgemeiner Rechtsgrundsatz besteht, der die Geltung dieses Prinzips im Völkerstrafrecht vorsieht. Angesichts der Tatsache, daß diese Frage in der Wissenschaft bereits eine erschöpfende Erörterung gefunden hat und der Problematik im Rahmen der Arbeit keine essentielle Bedeutung zukommt, soll hier mit Triffterer festgestellt werden, daß der Grundsatz „n.c., n.p.s.l.s.", in der strengen Form weder zu den Bestandteilen des gesetzten Völkerrechts, noch zu dem Völkergewohnheitsrecht gerechnet werden kann und auch nicht als allgemein anerkannter Grundsatz aller zivilisierten Nationen anzusehen ist.[536] Wie bereits oben erörtert, können die Nürnberger Prozessse keineswegs als Präzedenzfall dienen, da hier gegen den Grundsatz „nullum crimen" verstoßen wurde. Allerdings geht die h.Lit. von der Geltung des Legalitätsprinzips auch im Völkerrecht aus und schließt dies aus der Verankerung des Prinzips in Art. 15 Abs. 1 und 2 IPBPR, Art. 7 Abs. 1 und 2 EMRK, Art. 11 Ziff. 2 der Allgemeinen Erklärung der Menschenrechte vom 10. Dezember 1948 sowie aus Art. 6 Abs. 2 des zweiten Genfer Zusatzprotokolls vom 8. Juni 1977.[537] Da der Grundsatz nicht in allen Rechtssystemen bekannt bzw. erforderlich ist, vertritt die wohl h.Lit., daß die strenge Legalitätsfunktion des Satzes „n.c., n.p.s.l.s." im Völkerstrafrecht keine Anwendung finde, so daß auch Normen des ungesetzten Rechts die Strafbarkeit begründen können.[538] Demnach muß eine völkerrechtliche Norm bestehen, die bereits zur Tatzeit die Strafbarkeit der Handlung festlegt.[539] Im Einklang mit der h.M. vertritt Triffterer die Auffassung, daß das Völkerrecht die Einhaltung des strengen Legalitätsgrundsatzes nicht erfordere und dieser auch nicht zum „Wesen des Strafrechts" zu zählen sei, da er aus der Struktur der staatlichen Rechtsordnungen[540] gebildet worden sei und sich

---

[534] Abgedruckt in Sartorius II, Ordnungsziffer 20, der Ausnahmen von der strikten Geltung des Grundsatzes „n.c., n.p.s.l.s." für Fälle enthält, in denen eine Handlung bereits nach den, von der Völkerrechtsgemeinschaft anerkannten allgemeinen Rechtsgrundsätzen strafbar ist.

[535] Vgl. Triffterer, Materielles Völkerstrafrecht, S. 91.

[536] S. Triffterer, Materielles Völkerstrafrecht, S. 124.

[537] Vgl. hierzu: Hollweg, Das neue Internationale Tribunal, JZ 1993, S. 985.

[538] So auch: Nill-Theobald, Defences, S. 25 f; Ambos, Nuremberg revisited, StV 1997, S. 40 f; Bremer, Internationale Verbrechen, S. 62; Becker, Verbrechen gegen die Menschlichkeit, S. 66; a.A. Hoffmann, Verantwortung, der auf den Seiten 139 ff die verschiedenen vertretenen Auffassungen mit weiteren Nachweisen darlegt und selbst die Auffassung vertritt (S. 145), daß der Satz „nullum crimen" bis 1945 keinen Eingang in das Völkerrecht gefunden habe. In diesem Zusammenhang sei erneut auf die umfassende Meinungsübersicht der führenden internationalen und nationalen Rechtsgelehrten von Donnedieu des Vabres, Glaser, Graven, Guggenheim, Mangakis, Schwarzenberger, Quintano Ripollès, von der Heydte, Jescheck, Verdross, Dahm, Thiele bis Hoffmann; a.A. Pella und Schlepple, bei Triffterer, Materielles Völkerstrafrecht, S. 42-63 verwiesen.

[539] So: Triffterer, Materielles Völkerstrafrecht, S. 133; a.A., Dahm, Völkerstrafrecht, S. 65, der nicht nur ungeschriebene Normen zur Begründung der Strafbarkeit genügen lassen will, sondern auf die Strafbarkeit der Handlung verzichtet und die Rechtswidrigkeit der Handlung ausreichen läßt. Dies ist abzulehnen, da hierdurch die nachträgliche Pönalisierung der Tat gestattet wird.

[540] Vgl. Triffterer, Materielles Völkerstrafrecht, S. 121, geht davon aus, „daß die strenge Form der Legalitätsfunktion, die strafbegründendes Gewohnheitsrecht nicht zuläßt und konkrete Strafdrohungen verlangt, nicht zum wesentlichen Kern des Satzes „n.c., n.p.s.l.s." gehört, wohl aber zum Begriff des modernen Rechtsstaates". Demnach sei die strenge Legalitätsforderung nicht aus dem Wesen des Strafrechts oder der Strafrechtslehre herzuleiten, sondern es handele sich vielmehr um eine politische Forderung, vgl. Triffterer, a.a.O., S. 119 f. Weiterhin stellt Triffterer, a.a.O., S. 126 f, fest, daß jeder Richter, dem Wesen des Strafrechts entsprechend, an Normen gebunden sei und diese Bindung als allgemeiner Grundsatz des Rechts aller zivilisierten Nationen im Völkerrecht anerkannt sei. Triffterer begründet dies damit, daß das Menschenrecht der individuellen

nicht ohne weiteres auf den zwischenstaatlichen Bereich übertragen ließe.[541] Der Kerngedanke des auch im Völkerrecht anwendbaren Grundsatzes „n.c., n.p.s.l." besagt: „...jeder strafrechtliche Eingriff einer Staatsgewalt in die Freiheitssphäre des Einzelnen ist an das Vorhandensein einer Norm gebunden. Die Norm kann dem gesetzten oder dem ungesetzten Recht angehören; sie muß jedoch bereits zur Tatzeit existent sein und die Strafbarkeit der Handlung festlegen, d.h. eine an den Einzelnen gerichtete generelle Strafforderung enthalten; eine konkrete Strafandrohung, die Art und Höhe der Strafe genau bestimmt, wird nicht gefordert".[542] Auch Buchner schließt sich der h.Lit. an und gelangt zu dem Ergebnis, daß das Prinzip „n.c., n.p.s.l.s." im Bereich des Völkerstrafrechts „nur in einer den Eigenarten dieses Rechtsgebietes angepaßten abgeschwächten Form" gelte, so daß die strenge Legalitätsfunktion keine Anwendung finde und auch eine Festlegung des Strafrahmens entbehrlich sei.[543] Im Einklang mit der überzeugenden h.M. ist festzustellen, daß der Grundsatz „n.c., n.p.s.l.s." in seiner strengen Legalitätsfunktion dem Wesen des Völkerrechts nicht gerecht wird[544], wofür neben rechtsvergleichenden auch praktische Erwägungen sprechen, so daß der Satz wie folgt abzuändern ist: „nullum crimen, nulla poena sine lege".[545] Ferner ist zu berücksichtigen, daß das Völkerrecht als eine ständig im Fluß befindliche Rechtsordnung anzusehen ist, so daß die Forderung nach einem Ausschluß von Gewohnheitsrecht zu einer Hemmung der ungestörten Weiterentwicklung, insbesondere des Völkerstrafrechts, führen würde, da viele Staaten Kodifikationen scheuen. Aus diesem Grund ist diese geringfügige Einbuße an materieller Gerechtigkeit als geringeres Übel hinzunehmen und im übrigen die Geltung des Kerngedankens des Prinzips als ausreichend zu erachten. Auch ist davon auszugehen, daß sich nur eine solche internationale Friedensordnung durchsetzen wird, die selbst den strengen Erfordernissen der Rechtsstaatlichkeit genügt.
Demnach basiert das Völkerstrafrecht, ebenso wie allgemeine Völkerrecht, auf den Quellen des Art. 38 IGH-Statut.[546] Diese sollen hier in der Reihenfolge, wie sie in Art. 38 Abs. 1 des IGH-Statuts aufgeführt sind, untersucht werden.

1. Völkerrechtliche Verträge

Die völkerrechtlichen Abkommen bzw. die völkerrechtlichen multilateralen Verträge i.S.d. Art. 38 Abs. 1 lit. a) IGH-Statut gelten als eine der wichtigsten Quellen des Völkerrechts. Anders als das Gewohnheitsrecht sind die Verträge das Ergebnis der be-

---

Freiheit die Rechtmäßigkeit jedes strafrechtlichen Eingriffs von der Voraussetzung abhängig mache, daß eine gesetzte oder ungesetzte Norm die Strafbarkeit festlege, da nur dies eine ordentliche Strafrechtspflege von einer Willkürjustiz unterscheide, so daß die Bindung des Strafrichters an Normen aus dem Wesen des Strafrechts folge; ders. Bestandesaufnahme, S. 218.

541 Vgl. Triffterer, Materielles Völkerstrafrecht, S. 124 f.

542 Triffterer, Materielles Völkerstrafrecht, S. 123, 127; ders., Bestandsaufnahme. Dieser Auffassung schließt sich auch Nill-Theobald, Defences, S. 26, an.

543 So: Buchner, Die Rechtswidrigkeit der Taten von Mauerschützen, S. 199 f, die auf S. 257 ff feststellt, daß der Grundsatz „n.c., n.p.s.l.s.", Art. 103 Abs. 2 GG die Bestrafung des Schußwaffengebrauchs an der innerdeutschen Grenze nicht verbiete, was auch für die Mauerschützen gelte.

544 Auch Aspekte des Strafrechts erfordern dies nicht.

545 Diese Umwandlung stammt von Jescheck und Mangakis und wurde zitiert aus Triffterer, Materielles Völkerstrafrecht, S. 52.

546 So auch: Scholz, Die Zulieferung, S. 43; Triffterer, Bestandsaufnahme, S. 219; ders. Materielles Völkerstrafrecht, S. 128.

wußten Schaffung von Völkerrecht.[547] Berber definiert die völkerrechtlichen Verträge wie folgt: „Ein Vertrag ist, unabhängig von ihrer äußeren Form, jede Willenseinigung zwischen Völkerrechtssubjekten, die einen völkerrechtlichen Erfolg herbeizuführen bestimmt ist; sie kann schriftlich, mündlich oder konkludent erfolgen".[548] Gemäß Art. 34 WVRK binden Verträge grundsätzlich nur die Vertragsparteien. Hierbei ist jedoch zu beachten, daß die in Verträgen begründeten Rechtspflichten auch die Entstehung eines entsprechenden Gewohnheitsrechts zur Folge haben könnten, welches u.U. auch zur Bindung von Drittstaaten führt.[549] Als Teil der Völkerrechtsordnung können völkerstrafrechtliche Normen als völkerrechtliche Normen aus internationalen Übereinkünften hervorgehen, ohne daß dem die Rechtsnatur des Völkerstrafrechts entgegenstünde. Becker vertritt die Auffassung, daß der Zweck des Völkersstrafrechts, der in der Ahndung von, Menschenrechtsverstößen liege, lediglich durch Verträge mit universellem Geltungsanspruch erfüllt werden könne, so daß die offene Beitrittsmöglichkeit für jeden Staat und ein auch tatsächlich erfolgter Beitritt Voraussetzung für das Entstehen eines solchen Vertrages mit universeller Geltung sei.[550] Dieses „Alles oder nichts-Prinzip" vermag indes nicht zu überzeugen. So können auch Verträge, die keine universelle Geltung in dem vorbezeichneten Sinn entfalten, durchaus zur Erfüllung des oben beschriebenen Zweckes beitragen. Zudem wird lediglich die Behauptung eines Erfordernisses einer universellen Geltung aufgestellt, ohne dies näher zu erörtern, bzw. sich mit der Möglichkeit eines partikuliären Völkerrechts auseinanderzusetztén. Schließlich ist darauf hinzuweisen, daß Verträge als Quelle für das Völkerstrafrecht keineswegs bedeutungslos waren. Es kann damit festgestellt werden, daß internationale Übereinkommen als Quelle des Völkerstrafrechts in Betracht kommen.

2. Völkergewohnheitsrecht

Art. 38 Abs. 1 lit. b) des IGH-Statuts nennt neben den völkerrechtlichen Verträgen das Völkergewohnheitsrecht als weitere Rechtsquelle. Hierbei handelt es sich um ungeschriebenes Recht, das weder durch den Gesetzgeber noch durch eine ausdrückliche Vereinbarung zwischen den Rechtsgenossen normiert wurde. Zur Entstehung eines Völkergewohnheitsrechts müssen zwei Voraussetzungen erfüllt sein. Zum einen muß als objektives Element eine allgemeine, einheitliche und nicht nur einmalige Staatenpraxis vorliegen, zum anderen muß als subjektives Element die Anerkennung der Übung als Recht i.S.e. gefestigten Rechtsüberzeugung der Staatengemeinschaft vorhanden sein.[551] Fehlt das subjektive Tatbestandsmerkmal, kommt es nicht zur Entstehung von Völkergewohnheitsrecht, so daß in diesem Fall lediglich Völkersitte bzw. Völkercourtoisie gegeben ist.[552] Liegt nur das subjektive Merkmal, d.h. der Irrglaube zu dem Verhalten verpflichtet zu sein, vor, so ist von der Wirksamkeit des Rechtsaktes auszugehen, der nur in Ausnahmefällen anzufechten sein wird.[553] Die Verhaltensregeln können entweder von den Völkerrechtssubjekten

---

547 S. Berber, Lehrbuch des Völkerrechts Bd. 1, S. 61.

548 Berber, Lehrbuch des Völkerrechts Bd. 1, S. 61 f.

549 Nill-Theobald, Defences, S. 26.

550 Vgl. Becker, Verbrechen gegen die Menschlichkeit, S. 62.

551 Vgl. auch: Berber, Lehrbuch des Völkerrechts Bd. 1, S. 43; Seidl-Hohenveldern, Völkerrecht, Rn. 467.

552 Vgl. Berber, Lehrbuch des Völkerrechts Bd. 1, S. 43.

553 S. Berber, Lehrbuch des Völkerrechts Bd. 1, S. 43.

in ihrem gegenseitigen Verkehr allgemein oder partikulär[554] beobachtet werden. Demzufolge kann sich gegen den ständig und deutlich geäußerten Willen eines Staates ein derartiges weltweites Völkergewohnheitsrecht nicht bilden[555], was jedoch der Entstehung eines partikulären Völkergewohnheitsrechts zwischen zwei oder mehreren Völkerrechtssubjekten nicht entgegensteht.[556] Da eine universelle Geltung aus den vorbezeichneten Gründen nicht erforderlich ist[557], kann demgemäß auch ein partikuläres völkergewohnheitsrechtliches Strafrecht entstehen. Eine Duldung der an der tatsächlichen Übung nicht beteiligten Staaten ist ausreichend, sofern eine Widerspruchsmöglichkeit bestand. Somit können strafrechtliche Normen des Völkerrechts nicht nur aus dem geschriebenen Recht in internationalen Konventionen entstehen, sondern sie finden sich auch im Bereich ungeschriebener Völkerrechtssätze,[558] ohne daß dem der Grundsatz „n.c., n.p.s.l." entgegenstünde.

3. Allgemeine Rechtsgrundsätze des Völkerrechts

Nach Art. 38 Abs. 1 lit. c) des IGH-Statuts kommen die allgemeinen Rechtsgrundsätze als weitere Rechtsquelle des Völkerrechts in Betracht. Hierbei handelt es sich, wie Art. 38 Abs. 1 lit. c) IGH-Statut zu entnehmen ist, um Rechtsgrundsätze, die von den Kulturvölkern bzw. in den verschiedenen Rechtssystemen der Erde anerkannt sind.[559] Die allgemeinen Rechtsgrundsätze stellen nur eine subsidiäre Rechtsquelle dar, die nicht zur Anwendung gelangen, wenn die völkerrechtliche Geltung eines Rechtssatzes bereits aus dem kodifizierten Völkerrecht oder dem Völkergewohnheitsrecht folgt.[560] Ein Nachweis einer Staatenpraxis ist, anders als beim Völkergewohnheitsrecht, nicht erforderlich.[561] Ob Tatbestände des Völkerstrafrechts aus dieser Rechtsquelle hervorgehen können, ist umstritten.[562] Dieser Streit ist darauf zurückzuführen, daß es für Art. 38 Abs. 1 lit. c) IGH-Statut ausschließlich auf die aus den Rechtssätzen abgeleiteten allgemeinen Prinzipien ankommt und nicht auf die Rechtssätze des innerstaatlichen Rechts[563], so daß aus diesem Grund die Ungeeignetheit allgemeiner Rechtsgrundsätze als Entstehungsquelle für völkerrechtliche Straftatbestände eingewandt wird.[564] Allerdings weist Buchner zu Recht auf die Schwierigkeit hin, zwischen den bloßen Tatbeständen und den zugrundeliegenden Grundsätzen zu unterscheiden.[565] Dieser Streit kann offen gelassen werden, da die theoretische Möglichkeit besteht, daß sich Normen des Völkerstrafrechts aus allgemeinen Grundsätzen des Völkerrechts entwickeln.

---

[554] Vgl. hierzu: Seidl-Hohenveldern, Völkerrecht, Rn. 467, 480.

[555] IGH vom 18.12.1951 im britisch-norwegischen Fischereistreit, ICJ Reports 1951, 116 [131].

[556] S. Seidl-Hohenveldern, Völkerrecht, Rn. 467, 480.

[557] a.A: Becker, Verbrechen gegen die Menschlichkeit, S. 63 f, die eine weltweite tatsächliche Übung fordert. Demgegenüber ist, wie oben ausgeführt, ein universeller Geltungsanspruch gerade nicht Voraussetzung.

[558] So: Buchner, Die Rechtswidrigkeit der Taten von Mauerschützen, S. 199.

[559] Vgl. Nill-Theobald, Defences, S. 28, die als Beispiele den Grundsatz von Treu und Glauben, das Prinzip „pacta sunt servanda" oder das Verbot des Rechtsmißbrauchs nennt.

[560] So: Seidl-Hohenveldern, Völkerrecht, Rn. 508.

[561] Vgl. auch: Nill-Theobald, Defences, S. 28.

[562] Vgl. zu dieser Frage: Buchner, Die Rechtswidrigkeit der Taten von Mauerschützen, S. 248.

[563] S. Berber, Lehrbuch des Völkerrechts Bd. 1, S. 70.

[564] Vgl. hierzu Buchner, Die Rechtswidrigkeit der Taten von Mauerschützen, S. 248, m.w.N.

[565] So: Buchner, Die Rechtswidrigkeit der Taten von Mauerschützen, S. 248.

4. Sonstige Rechtsentstehungsquellen

Ob neben den aufgezählten Quellen des Völkerrechts noch weitere bestehen, ist strittig.[566] Art. 38 Abs. 1 lit. d) IGH-Statut nennt weiterhin Lehrmeinungen und völkerrechtliche richterliche Entscheidungen. Bezüglich der Judikatur internationaler oder nationaler Gerichte in völkerrechtlichen Fragen ist festzustellen, daß diese lediglich eine Hilfsquelle für die Feststellung völkerrechtlicher Fragen ist.[567] Art. 59 des IGH Statuts bestimmt, daß diese Urteile keine Präzedenzwirkung haben, da die Entscheidung nur inter partes und nur für den bestimmten Fall bindend ist. Eine Entscheidung des IGH kann daher nur als Rechtserkenntnismittel und nicht als Rechtsquelle angesehen werden.[568]

Berber geht davon aus, daß die Wissenschaft noch weniger als die Judikatur als Quelle angesprochen werden könne und versteht sie vielmehr als „ein geistiges, oft sogar, als Nachschlagewerk, ein mehr technisches Hilfsmittel zur Auffindung des geltenden Völkerrechts"[569], so daß Lehrmeinungen lediglich für die Auslegung bestehender Normen herangezogen werden können, selbige aber nicht zu schaffen vermögen.[570] Hieraus folgt, daß es sich bei der in lit. d) IGH-Statut genannten völkerrechtlichen Judikatur und Doktrin lediglich um Rechtserkenntnisquellen handelt.[571] Gleiches gilt für die Sammlungen von Verträgen und völkerrechtlicher Staatenpraxis sowie die Kodifikationen, die ebenfalls lediglich als Hilfsmittel, nämlich als Erkenntnisquellen des Völkerrechts zur Feststellung von Rechtsregeln anzusehen sind.[572]

Abschließend sei noch auf das Problem der ergänzenden Norm hinzuweisen, das sich dort stellt, wo das allgemeine Völkerrecht keine strafrechtlichen Normen vorsieht, so daß diese, die Grundnorm ergänzenden Normen entweder dem nationalen oder dem Völkerrecht selbst zu entnehmen sind.[573] Auch die ergänzenden Normen des Völkervertragsrechts können sich zu allgemeinen Normen des Völkerstrafrechts entwickeln, sofern sie den Anforderungen genügen, die vom Völkerrecht für die Bildung internationalen Rechts aufgestellt werden.[574] Auch müssen Strafrechtsnormen vollständig, unter gleichen Voraussetzungen, in einer Vielzahl von Fällen unterschiedslos angewandt werden. Hieraus folgt, daß es sich bei den „ergänzenden Normen" nicht um eine neue Rechtsquelle handelt, da, sollte es zu einer „Übernahme" einer ursprünglich nationalen Norm in die Völkerrechtsordnung kommen, die Norm erst dann dem Völkerrecht zugerechnet wird, wenn die Anforderungen, die das Völkerrecht an die Rechtsnormenstehung stellt, erfüllt werden.

---

[566] Vgl. hierzu Becker, Das Verbrechen gegen den Frieden, S. 69 ff, die kurz die hier vertretenen Auffassungen darstellt.

[567] So auch: Nill-Theobald, Defences, S. 28.

[568] Vgl. Berber, Lehrbuch des Völkerrechts Bd. 1, S. 78; so auch Nill-Theobald, Defences, S. 28.

[569] Berber, Lehrbuch des Völkerrechts Bd. 1, S. 79.

[570] So auch: Triffterer, Bestandsaufnahme, S. 219.

[571] Verdross/Simma, Universelles Völkerrecht, § 516.

[572] Vgl. Berber, Lehrbuch des Völkerrechts Bd. 1, S. 77 ff. Als Rechtsquelle besonderer Art diskutiert Nill-Theobald, Defences, S. 29 ff, die Verbindlichkeit der Beschlüsse der GO's und der NGO's (ILC, ILA, AIDP). Diese Beschlüsse sind in Art. 38 Abs. 1 IGH-Statut nicht als Rechtsquelle eigener Art genannt. Die Verbindlichkeit der Beschlüsse wird von Nill-Theobald, a.a.O., S. 29 ff, zutreffend verneint und auch festgestellt, daß Werke der Juristenkommissionen nur begrenzt Hilfestellung für die Entwicklung des Völkerrechts leisten könnten, wobei allerdings eine beschleunigende Wirkung bei der Gewohnheitsrechtsbildung zu konstatieren sei.

[573] Vgl. Dahm, Völkerstrafrecht, S. 53.

[574] Vgl. Dahm, Völkerstrafrecht, S. 65.

V. Auswirkungen auf das nationale Recht

Das Verhältnis von Völkerrecht zu Landesrecht, d.h. die Frage, welches Recht im Konfliktfall Vorrang genießen soll, wirft besondere Probleme auf, die nachfolgend, in der gebotenen Kürze, zu erörtern sind. Zur Lösung der Problematik werden im wesentlichen zwei Theorien, die Lehre vom Monismus und die Lehre vom Dualismus vertreten.
Die Lehre vom Monismus basiert auf der Prämisse, daß Völkerrecht und innerstaatliches Recht eine einheitliche Rechtsordnung bilden und in einem einheitlichen Rechtssystem enthalten sind.[575] Sie verhalten sich in einem, wechselseitige Beziehungen zulassenden, Über- und Unterordnungsverhältnis i.S.e. Rechtspyramide. Innerhalb der Lehre vom Monismus werden zwei Konstellationen unterschieden, zum einen der Monismus mit Primat des Völkerrechts, zum anderen der Monismus mit Primat des Staatsrechts.[576] Der Monismus mit Primat des Völkerrechts basiert auf der Annahme, daß das Völkerrecht Ursprung der Rechtsordnung ist, aus der sich das Staatsrecht ableitet, so daß nach der von Kelsen[577] vertretenen Lehre vom strengen Monismus völkerrechtswidriges innerstaatliches Recht von vornherein nichtig oder nach der von Verdross[578] und Jescheck[579] vertretenen Lehre vom gemäßigten Monismus dieses Recht zwar völkerrechtswidrig, aber innerhalb des Staates rechtlich verbindlich ist.[580] Demgegenüber liegt dem Monismus mit Primat des Staatsrechts umgekehrt der Gedanke zugrunde, daß sich das Völkerrecht aus dem Staatsrecht ableitet, da es äußeres Staatenrecht und demzufolge reiner Ausdruck des Willens der Staaten sei. Diese Lehre wurde weitgehend aufgegeben, da sie zu einem Leugnen des Völkerrechts führt. Innerhalb dieser Lehre herrscht der gemäßigte Monismus mit Primat des Völkerrechts vor[581], demgemäß staatliches Recht ungeachtet seiner Vereinbarkeit mit dem Völkerrecht wirksam ist.
Der Dualismus hingegen beruht auf der Prämisse, daß das Völkerrecht und das nationale Recht zwei grundsätzlich zu trennende verschiedene Rechtsordnungen darstellen, die unterschiedliche Gegenstände regeln und keinerlei Einfluß aufeinander haben. Während der von Triepel[582] vertretene konsequente Dualismus eine strenge Trennung von Staats- und Völkerrecht vornimmt, mit der Folge, daß es weder ein

575 S. Verdross, Kriegshandlung, S. 41 sowie S. 34 ff; Kelsen, Die Einheit von Völkerrecht, ZaöRV 19 (1958), S. 234 ff.

576 Vgl. hierzu: Kelsen, Die Einheit von Völkerrecht, ZaöRV 19 (1958), S. 234.

577 So: Kelsen, Die Einheit von Völkerrecht, ZaöRV 19 (1958), S. 234 ff.

578 Vgl hierzu: Verdross, Kriegshandlung, S. 34 ff, insbesondere S. 40 ff. Verdross, a.a.O., S. 41, zeigt auf, daß er in der Vergangenheit die Auffassung vertreten habe, daß das Völkerrecht auf das Landesrecht zurückgeführt werde, er aber auch den umgekehrten Weg für vertretbar gehalten habe. Seinen Ausführungen auf S. 42 f, ist zu entnehmen, daß er offensichtlich einen Sinneswandel vollzogen hat, da er ausführt, daß „das staatliche Recht ebenso im Völkerrecht grundgelegt“ wird, und „das Völkerrecht wird dem staatlichen Recht untergebaut“. Auch erachtet er das Völkerrecht nicht als dem Landesrecht untergeordnet, S. 40.

579 Vgl. Jescheck, Verantwortlichkeit der Staatsorgane, S. 213.

580 Verdross, nimmt in seinem Werk „Kriegshandlung“ wohl auch in diesem Zusammenhang eine Änderung bzw. Einschränkung vor, da er zwar grundsätzlich daran festhält, daß im Widerspruch zum Völkerrecht stehende staatliche Normen für die Staatsbehörden bindend seien, allerdings nur dann, wenn sie in „bewußter Opposition gegen das Völkerrecht gesetzt“ worden seien.

581 Vgl. hierzu: Buchner, Die Rechtswidrigkeit der Taten von Mauerschützen, S. 174.

582 Vgl. hierzu die umfassende Darstellung der Beziehungen zwischen der Völkerrechtsordnung und der nationalen Rechtsordnung, die von Triepel in seinem Werk: Völkerrecht und Landesrecht, S. 8 ff, 111 ff, 156 ff, geleistet worden ist.

Über-/Unterordnungsverhältnis noch irgendwelche Überschneidungen geben kann, vertritt die vorherrschende Richtung des gemäßigten Dualismus[583] die Ansicht, daß das Völkerrecht den Staat durchaus rechtlich binden kann, so daß es durch das Landesrecht mediatisiert wird. Nunmehr wird anerkannt, daß die Rechtsordnungen, die nach wie vor streng voneinander getrennt werden, miteinander in Beziehung treten können.

Demnach ist festzustellen, daß sich diese Lehren, so wie sie heute mehrheitlich vertreten werden, in den maßgeblichen Fragen nicht wesentlich unterscheiden, da beide Theorien übereinstimmend davon ausgehen, daß eine Verletzung einer völkerrechtlichen Pflicht keineswegs die Unwirksamkeit des entgegenstehenden innerstaatlichen Rechts nach sich zieht und auch ein völkerrechtswidriges innerstaatliches Recht nicht nichtig und daher in der Lage ist, die nationalen Adressaten zu verpflichten.[584] Auch gehen beide Ansichten übereinstimmend von dem „Vorrang des Völkerrechts" dergestalt aus, als es grundsätzlich nur die Staaten bindet, nicht aber den einzelnen Staatsangehörigen, so daß der einzelne nur über das staatliche Recht erreicht wird.[585] Diese Grundsätze sind Ausdruck der staatlichen Souveränität auf der die gesamte Völkerrechtsordnung basiert und die einem unmittelbaren Hineinwirken des Völkerrechts in die jeweilige nationale Rechtsordnungen entgegensteht, so daß sich hieraus der dezentrale Charakter des Völkerrechts ergibt.[586]

In diesem Zusammenhang stellt sich die Frage, ob das ius cogens Auswirkungen auf das grundsätzliche Verhältnis von Völkerrecht und Landesrecht hat, so daß das zwingende Recht u.U. als Ausnahme von dem Grundsatz der innerstaatlichen Wirksamkeit völkerrechtswidriger nationaler Normen anzusehen sein könnte.

Während der Begriff des ius cogens ursprünglich einen Grund für die Nichtigkeit völkerrechtlicher Verträge wegen eines moralischen Konfliktes bezeichnete, erfolgte eine Ausweitung des ius cogens über den Bereich des Vertragsrechts hinaus[587], mit der Folge daß das „ius cogens-Prinzip"[588] auch außerhalb des Bereichs der WVRK[589] anerkannt ist. Nach dem Wesen des Völkerrechts sind Normen des ius cogens möglich, so daß an der Existenz und Verbindlichkeit zwingenden Völkerrechts heute grundsätzlich kein Zweifel mehr besteht[590] und auch von der Staatenpraxis größten-

---

583 So: Kimminich, Völkerrecht, S. 263; Becker, Verbrechen gegen die Menschlichkeit, S. 107 f, mit weiteren Nachweisen.

584 Vgl. Buchner, Die Rechtswidrigkeit der Taten von Mauerschützen, S. 173 ff.

585 S. Buchner, Die Rechtswidrigkeit der Taten von Mauerschützen, S. 173.

586 S. Buchner, Die Rechtswidrigkeit der Taten von Mauerschützen, S. 196, die darauf hinweist, daß es strittig ist, ob dies auch für die Normen des ius cogens gilt.

587 Vgl. hierzu: Kadelbach, Zwingendes Völkerrecht, S. 34 f, 343.

588 Begrifflich muß zwischen der Institution des zwingenden Rechts selbst, also dem „ius cogens-Prinzip" als Nichtigkeitsgrund und den einzelnen Normen, die dem ius cogens zugehören, differenziert werden, vgl. Kadelbach, Zwingendes Völkerrecht, S. 35.

589 Kadelbach, Zwingendes Völkerrecht, S. 69 ff, 127 ff.

590 Vgl. hierzu: Schweitzer, Ius cogens, Archiv des Völkerrechts, 15 (1971/1972), S. 197 ff, 206 ff, 223, der auf den Seiten 198 ff, die unterschiedlichen Begründungen darlegt; Kadelbach, Zwingendes Völkerrecht, S. 69 ff, 109 ff, 127 ff, stellt im Rahmen seiner Dissertation fest, daß dieses Prinzip nicht nur in der WVRK und in Verträgen, sondern auch in internationalen Konventionen, in der Staatenpraxis, in der Rechtsprechung seit 1945 und in der Lehre anerkannt sei. Vgl. in diesem Zusammenhang Art. 53 der WVRK, zitiert aus Sartorius II, Ordnungsziffer 320: *[Verträge im Widerspruch zu einer zwingenden Norm des allgemeinen Völkerrechts (ius cogens)] Ein Vertrag ist nichtig, wenn er im Zeitpunkt seines Abschlusses im Widerspruch zu einer zwingenden Norm des allgemeinen Völkerrechts steht. Im Sinne dieses Übereinkommens ist eine zwingende Norm des allgemeinen Völkerrechts eine Norm, die von der internationalen Staatengemeinschaft in ihrer Ge-*

teils anerkannt ist.[591] Das „ius cogens-Prinzip“ ist darüber hinaus als allgemeiner Grundsatz des Völkerrechts anzusehen.[592] Die Rechtsfolgen eines Verstoßes gegen zwingendes Völkerrecht sind umstritten.[593] Bei der Lösung dieser Frage ist zu berücksichtigen, daß den Normen des ius cogens anerkanntermaßen eine gesteigerte Geltungskraft und Bedeutsamkeit zukommt. Diese würden leerlaufen, wenn völkerrechtswidriges innerstaatliches Recht, das gegen zwingendes Völkerrecht verstößt, nach wie vor wirksam wäre und angewendet würde, da die Völkerrechtsgemeinschaft einem solchen Gebahren weitgehend hilflos gegenüber stände. Vielmehr muß, da die für alle Völkerrechtssubjekte verbindlichen Normen des ius cogens sowohl über dem internationalen als auch über dem nationalen Recht stehen, die Rechtsfolge die Unwirksamkeit der gegen ius cogens verstoßenden inländischen Norm sein. Das ius cogens begrenzt daher die Dispositionsbefugnis der Völkerrechtssubjekte.[594] Unklar ist, wann eine Norm des ius cogens gegeben ist. Normen des zwingenden Völkerrechts, die die rechtliche Dispositionsfreiheit der Völkerrechtssubjekte einschränken, müssen Normen einer höheren Stufe sein[595], so daß der „ius cogens-Charakter“ einer Norm des Völkergewohnheitsrechts nur dann abgeleitet werden kann, wenn neben den ohnehin erforderlichen Kriterien noch Fälle der Annahme von Nichtigkeit widersprechender Normen nachzuweisen sind.[596] Im Bereich des Völkerstrafrechts haben sich bereits Normen des ius cogens entwickelt, auf die an geeigneter Stelle einzugehen ist.

Die nächste sich stellende Frage ist die der Umsetzung völkerrechtlicher Normen in das nationale Recht. In Deutschland werden im Wesentlichen die Transformationstheorie und die Vollzugstheorie vertreten.[597] Nach der reinen Transformationslehre, die für ihren Schöpfer Triepel eine Folge des Dualismus darstellte[598], wird Völkerrecht mittels eines Transformators in innerstaatliches Recht umgewandelt, was eine

---

samtheit angenommen und anerkannt wird als eine Norm, von der nicht abgewichen werden darf und die nur durch eine spätere Norm des allgemeinen Völkerrechts derselben Rechtsnatur geändert werden kann. Während Becker, Verbrechen gegen die Menschlichkeit, S. 110, diese Auffassung teilt, führt sie auf S. 221 aus, daß den völkerrechtlichen Normen kein Überverfassungsrang zukomme, selbst wenn es sich um Normen des zwingenden Völkerrechts handele.

591 Vgl. Schweitzer, Ius cogens, Archiv des Völkerrechts 15 (1971/72), S. 223, der feststellt, daß Normen des ius cogens im Völkergewohnheitsrecht kaum nachweisbar seien, sondern sich überwiegend im Vertragsrecht fänden.

592 S. Kadelbach, Zwingendes Völkerrecht, S. 128. Kadelbach nennt als Beispiele für „ius cogens-Normen“ die Bestimmungen der UN-Charta zum Gewaltverbot, die Konventionen zum humanitären Völkerrecht und die multilateralen Abkommen zum Schutz der Menschenrechte, Kadelbach, a.a.O., S. 127.

593 Eine Darstellung des Meinungsstreits findet sich bei Buchner, Die Rechtswidrigkeit der Taten der Mauerschützen, S. 196 f.

594 So: Schweitzer, Ius cogens, Archiv des Völkerrechts 15 (1971/72), S. 217.

595 Vgl. Schweitzer, Ius cogens, Archiv des Völkerrechts 15 (1971/72), S. 218.

596 Vgl. Schweitzer, Ius cogens, Archiv des Völkerrechts 15 (1971/72), S. 223; Becker, Verbrechen gegen die Menschlichkeit, S. 111, mit weitergehenden Ausführungen.

597 Zu der in Großbritannien und den USA ursprünglich vertretenen „Adoptions- oder Inkorporationstheorie“, die auf der Grundlage eines innerstaatlichen Anwendungsbefehls die Aufnahme von völkerrechtlichen Normen in das innerstaatliche Recht und die Anwendung als Völkerrecht vorsah, vgl.: Becker, Verbrechen gegen die Menschlichkeit, S. 109.

598 Vgl. hierzu: Partsch, Anwendung des Völkerrechts, S. 18 f, 24, demzufolge das wesentliche Element der Transformationslehre darin liegt, daß der staatliche Anwendungsbefehl den Inhalt der aus dem Völkerrecht stammenden Norm wegen der Strukturunterschiede zwischen Völkerrecht und Landesrecht, v.a. im Hinblick auf die unterschiedlichen Normadressaten, ändern muß.

wesensmäßige Änderung nach sich zieht, da sowohl der Geltungsgrund als auch der persönliche Geltungsbereich abgewandelt werden.[599]
Nach der von der h.M. vertretenden „modifizierenden Transformationslehre“[600] oder „Vollzugstheorie“[601] setzt die innerstaatliche Anwendung ebenfalls einen Rechtsakt voraus, der allerdings keine inhaltliche Veränderung vornimmt, sondern lediglich das Völkerrecht für innerstaatlich vollziehbar erklärt, so daß das transformierte Recht seinen Völkerrechtscharakter behält.[602] Durch das letztgenannte Merkmal unterscheidet sich die Vollzugslehre maßgebend von der Transfomationslehre, da der Geltungsgrund der Norm erhalten bleibt und eine Inhaltsänderung nicht erfolgt, sondern lediglich der Rechtsanwendungsbefehl des Landesrechts ergänzend hinzutritt, selbst aber kein Recht schafft, sondern nur Recht für vollziehbar erklärt und daher lediglich „Vollziehbarkeitsvoraussetzung“ ist.[603] Die Vollzugslehre schreibt „dem Staatsakt der Vollzugserklärung nur die Wirkung zu, daß die von der völkerrechtlichen Norm ins Auge gefaßten oder intendierten Rechtssubjekte von dieser auch tatsächlich erreicht werden, während vor seinem Erlaß die Kappe der einzelstaatlichen Souveränität der Norm die Einwirkung auf die innerstaatlichen Rechtssubjekte verwehrte“.[604] Die Theorien kommen bezüglich der Stellung der Einzelperson im Völkerrecht zu unterschiedlichen Ergebnissen. Während die Transformationstheorie davon ausgeht, daß sich eine Norm des Völkerrechts nur an Staaten wende und sich ohne Transformation in innerstaatliches Recht nicht an Individuen richten könne, vertritt die Vollzugstheorie den Standpunkt, daß auch Völkerrechtsnormen für Individuen verbindlich gemacht werden können, so daß eine Änderung des Adressaten gerade nicht stattfindet.[605] Daher ist aus praktischen Gründen der Vollzugstheorie der Vorzug zu geben. Für den Bereich des Völkerstrafrechts gilt ohnehin, daß, sofern landesrechtliche Regelungen einen vom Völkerrecht fixierten Straftatbestand oder dem Völkergewohnheitsrecht zuzuordnenden Tatbestand wiederholen und konkretisieren, die Adressaten nach wie vor aus der völkerrechtlichen Strafnorm verpflichtet werden[606], zu der noch ein innerstaatliches Gebot treten kann. Daher ist festzuhalten, daß völkerrechtliche Normen bestehen, die sich unmittelbar, d.h. ohne ein „Zwischenschalten“ der Staaten und daher ohne die Notwendigkeit eines innerstaatlichen Umsetzungaktes, an den Einzelnen wenden und diesen mit unmittelbarer Wirkung, ohne Rücksicht

---

599 S. Partsch, Anwendung des Völkerrechts, S. 18 f, 41 ff.

600 Vgl. zu dieser Problematik den ausführlichen Bericht von Partsch, Anwendung des Völkerrechts, S. 13 ff, der die Anwendung des Völkerrechts im innerstaatlichen Recht untersucht, d.h. der Frage auf den Grund geht, ob und ggf. unter welchen Voraussetzungen innerstaatliche Rechtsanwendungsorgane Normen des Völkerrechts bei ihren Entscheidungen zugrundezulegen haben und ob und wie Völkerrechtssubjekte der innerstaatlichen Rechtsordnung durch Völkerrechtssätze berechtigt und verpflichtet sind oder werden können.

601 Die Vollzugslehre, welche laut Partsch, Anwendung des Völkerrechts, S. 19 ff, wohl zuerst von Dionisio Anzilotti begründet worden ist, geht, wie die Transformationslehre, davon aus, daß der Erlaß eines entsprechenden Staatsakts erforderlich ist, damit ein aus dem Völkerrecht stammendes Gebot im innerstaatlichen Bereich verbindlich wird. Diese Lehre wird sowohl von Vertretern der dualistischen Auffassung als auch von Anhängern einer gemäßigten monistischen Auffassung vertreten.

602 Vgl. hierzu: Becker, Verbrechen gegen die Menschlichkeit, S. 109; Partsch, Anwendung des Völkerrechts, S. 19 ff, 44 ff, 143 ff.

603 S. Partsch, Anwendung des Völkerrechts, S. 20, 22.

604 Partsch, Anwendung des Völkerrechts, S. 20.

605 Vgl. Partsch, Anwendung des Völkerrechts, S. 20, 29.

606 S. Hoffmann, Verantwortung, S. 25.

auf das innerstaatliche Recht, verpflichten.[607] Entgegenstehendes nationales Recht ist unwirksam.

Abschließend ist festzustellen, daß Auswirkungen des Völkerstrafrechts auf das nationale Strafrecht nicht ausbleiben und vielmehr intendiert sind. So werden bereits jetzt erfolgreich Normen des Völkerstrafrechts zur Ahndung internationaler Verbrechen von den Staaten angewandt. Das Völkerstrafrecht beeinflußt das nationale Strafrecht, wobei hier verschiedene Wirkungsweisen denkbar sind. So können, wie im anglo-amerikanischen Rechtskreis, die völkerstrafrechtlichen Bestimmungen direkt von Richtern und Gerichten angewandt werden oder, wie im kontinentaleuropäischen Rechtskreis üblich, in das nationale Recht übernommen werden.[608] Oftmals erfassen die nationalen Tatbestände die Verletzung völkerstrafrechtlicher Bestimmungen.[609] In diesen Fällen folgt die Rechtswidrigkeit der Taten, ungeachtet der innerstaatlichen Legalität, aus dem Völkerrecht.[610] Bereits an dieser Stelle soll vorausgreifend festgestellt werden, daß angesichts des dezentralen Charakters des Völkerrechts eine internationale Strafverfolgung subsidiär sein sollte.[611]

VI. Möglichkeiten und Grenzen einer Kodifikation

Noch fehlt im Bereich des Völkerstrafrechts eine umfassende Kodifikation, d.h. eine erschöpfende Zusammenfassung der Rechtssätze eines Rechtsgebietes in einem einheitlichen Gesetzeswerk.[612] Eine derartige Festschreibung, die im innerstaatlichen Recht durch die Legislative vorgenommen wird, ist im völkerrechtlichen Bereich, angesichts des Fehlens eines Gesetzgebers, problematisch, so daß im Bereich des Völkerrechts eine Kodifikation lediglich in Form eines multilateralen Vertrages erfolgen kann.[613] Demnach binden die kodifizierten Regeln nur die Staaten, die dem Abkommen beitreten und sind auch nur für den Zeitraum der Vertragsmitgliedschaft

---

[607] So auch: Dahm, Völkerstrafrecht, S. 68; Buchner, Die Rechtswidrigkeit der Taten von Mauerschützen, S. 192 ff, 198 ff, 302.

[608] Vgl. hierzu auch: Werle, Menschenrechtsschutz durch Völkerstrafrecht, ZStW 109 (1997), S. 825.

[609] Lesenswert zu den Fragen, ob und wie die Gesetzgebung der Bundesrepublik Deutschland die Tatbestände des humanitären Völkerrechts umgesetzt hat, insbesondere in welchen Gesetzbüchern und Vorschriften dies erfolgt ist, zu der Zuständigkeit der Gerichte, v.a. wann nach dem Weltrechtsprinzip vorgegangen werden kann, sowie zur Frage der internationalen Kooperation und den sich dort ergebenen Problemen, insbesondere im Bereich der militärischen Zusammenarbeit, sind die Antworten Fischers zum Fragebogen der Internationalen Gesellschaft für Wehrrecht und Humanitäres Völkerrecht für den XIV. Internationalen Kongreß (Athen/Griechenland 1997), vgl. Fischer, Untersuchung, S. 193 ff. In seinem Beitrag zeigt Fischer auf, daß mit Ausnahme des Tatbestandes des Völkermordes keine neuen Tatbestände zur Umsetzung der entsprechenden völkerstrafrechtlichen Normen geschaffen worden sind, da die bestehenden Tatbestände als ausreichend erachtet wurden.

[610] So: Werle, Menschenrechtsschutz durch Völkerstrafrecht, ZStW 109 (1997), S. 825.

[611] Vgl. hierzu: Kap. 2 B IV 1.

[612] So: Creifelds, Rechtswörterbuch, S. 713. Die in diesem Zusammenhang erwachsenen Fragen, ob die Kodifikation ein Gesetzgebungsakt ex nihilo, oder ob lediglich bestehendes Material gefunden, zusammengefaßt und systematisiert wird, sollen an dieser Stelle nicht weiter erörtert werden. Vgl. in diesem Zusammenhang: Marek, Codification, ZaöRV 31 (1971), S. 489 ff.

[613] S. Marek, Codification, ZaöRV 31 (1971), S. 492, die ferner auf den Nachteil hinweist, daß ein kodifizierender Vertrag nicht für alle Rechtssubjekte gleichermaßen und insbesondere nicht gleichzeitig in Kraft tritt.

bindend.[614] Durch die Kodifikation können entweder bereits existierende Regeln geordnet und zusammenfaßt oder es kann durch die Kodifikation neues Recht geschaffen werden.[615]
Die Frage, ob eine Kodifikation des Völkerstrafrechts erfolgen sollte, wird unterschiedlich beantwortet. So lehnen „common law-Länder" eine schriftliche Fixierung ab, während die Länder, deren Rechtssystem das Prinzip des Gesetzespositivismus vorsieht, eine Kodifikation zu Vermeidung von Unklarheiten befürworten.[616] Zum Teil wird befürchtet, daß eine Kodifizierung bei der ständigen Weiterentwicklung des Völkerrechts nicht genügend beweglich sei, die Weiterentwicklung des Völkerstrafrechts hemme und durch eine fortschreitende Kodifizierung die Geltung ungeschriebenen Rechts unterminiert werden könne.[617] Zudem wird befürchtet, daß durch eine deklaratorische Kodifikation bereits bestehenden Gewohnheitsrechts, dieser Rechtszustand wieder in Zweifel gezogen werden könnte.[618] Dem ist entgegenzuhalten, daß derartigen Zweifeln durch eine entsprechende Vertragsklausel oder eine Klarstellung in der Präambel begegnet werden kann. Vom Standpunkt des deutschen sowie des kontinentaleuropäischen Rechtssystems erscheint eine schriftliche Fixierung zur Vermeidung von Rechtsunsicherheiten, gerade im Bereich des Völkerstrafrechts, geboten. Zudem kann durch eine Kodifikation eine widerspruchsfreie Auslegung gewährleistet werden.[619] Durch eine, über das bestehende Recht hinausgehende Kodifikation, könnte zudem die Entwicklung des Völkerstrafrechts vorangetrieben werden. Eine Kodifikation des Völkerstrafrechts ist daher zu befürworten, da hierdurch in einem sensiblen Bereich Rechtssicherheit sowie Beweiserleichterungen geschaffen werden, da i.d.R. der Inhalt völkergewohnheitsrechtlicher Normen schwer zu ermitteln ist, so daß hier notwendige Impulse und Vereinheitlichungen nur durch eine Kodifikation erreicht werden können.
Problematisch ist allerdings, ob solche Übereinkommen Staaten binden können, die den Vertrag nicht kodifiziert haben. In diesem Zusammenhang sei zu wiederholen, daß Staaten, z.B. durch die Entwicklung eines Gewohnheitsrechts, nicht Mitglieder einer Organisation werden, der sie nicht beigetreten sind.[620] Ebensowenig werden Staaten, die einem Völkergewohnheitsrecht feststellenden Abkommen nicht beigetreten sind, durch das Abkommen selbst verpflichtet.[621] Allerdings kann sich dennoch

---

[614] So: Marek, Codification, ZaöRV 31 (1971), S. 493.

[615] Vgl. Becker, Verbrechen gegen die Menschlichkeit, S. 105, die zu Recht darauf hinweist, daß die bereits vor der Kodifikation zum Völkergewohnheitsrecht zu zählenden Normen, die in ein Kodifikationsabkommen aufgenommen wurden, ihre gewohnheitsrechtliche Natur beibehalten und sich daher ihre Verbindlichkeit sowohl aus dem Gewohnheitsrecht als auch aus der Kodifikation selbst ableite. So auch: Marek, Codification, ZaöRV 31 (1971), S. 493, die feststellt, daß solche Regeln eine rechtliche Doppelnatur, haben, da sie, bei inhaltlicher Identität, zum einen die Vertragsparteien vertraglich und die anderen, nicht beigetretenen Staaten als völkergewohnheitsrechtliche Normen binden.

[616] Vgl. auch: Nill-Theobald, Defences, S. 5.

[617] Vgl. Triffterer, Materielles Völkerstrafrecht, S. 50 ff.

[618] S. Mosheim, Schutz des Individuums, Archiv des Völkerrechts 1 (1948/49), S. 222.

[619] Vgl. Nill-Theobald, Defences, S. 5. Auch Wilkitzki, Die völkerrechtlichen Verbrechen, ZStW 99 (1987), S. 460 fordert für die völkerrechtlichen Verbrechen im engeren Sinne eine Kodifikation, da er es als unerträglich empfände, wenn die Tatbestandsmerkmale für Kapitalverbrechen aus ungeschriebenem Völkergewohnheitsrecht abgeleitet werden müßten.

[620] Vgl. hierzu: Jennings, International Law, Schweizerisches Jahrbuch für internationales Recht, 37 (1981), S. 63.

[621] Vgl.: Jennings, International Law, Schweizerisches Jahrbuch für internationales Recht 37 (1981), S. 62 ff.

ein neues, auch den Nichtvertragstaat bindendes Gewohnheitsrecht aus dem Abkommen bilden, so daß dieser durch ein entsprechende Gewohnheitsrecht, gebunden wird.[622] Abschließend ist festzustellen, daß die Kodifizierung des Völkerstrafrechts zu begrüßen wäre, allerdings die großen Kodifikationsvorhaben, angesichts politischer Differenzen, bislang im Wesentlichen ergebnislos blieben.

B. Die Adressaten völkerstrafrechtlicher Normen bzw. strafrechtliche Verantwortung nach dem Völkerrecht

Wie bereits dargelegt, handelt es sich bei dem Völkerstrafrecht um einen Teilaspekt der Völkerrechtsordnung, so daß nur Völkerrechtssubjekte als Adressaten völkerstrafrechtlicher Normen in Betracht kommen und somit strafrechtlich nach dem Völkerrecht zur Verantwortung gezogen werden können. Da nach herkömmlicher Auffassung lediglich die souveränen Staaten als Völkerrechtssubjekte anzusehen sind, stellen sich zwei Fragen. Zum einen bedarf der Klärung, ob die souveränen Staaten als Völkerrechtssubjekte auch Adressaten völkerstrafrechtlicher Normen sind oder sein können, zum anderen ist zu prüfen, ob die Individuen, die i.d.R. als Adressaten völkerstrafrechtlicher Normen in Betracht kommen, überhaupt als Subjekte des Völkerrechts anzusehen sind.
Grassi gelangt nach einer Gegenüberstellung der Auffassungen der führenden Meinungen in der Völkerrechtswissenschaft zu dem Ergebnis, daß die überwiegende Zahl der Rechtstheoretiker denjenigen als Völkerrechtssubjekt ansehen, der Träger von völkerrechtlichen Rechten und Pflichten ist.[623] Er selbst definiert die Völkerrechtssubjektivität „als die potentielle Fähigkeit, Träger von völkerrechtlichen Rechten und Pflichten zu sein, wobei die Ausdrücke Völkerrechtssubjekt, Völkerrechtsperson, Völkerrechtsträger identische sind".[624] Grundsätzlich sind lediglich die souveränen Staaten als Völkerrechtssubjekte anzusehen.[625] Bezüglich der Individuen ist problematisch, daß diese, nach traditioneller Auffassung, nicht als Völkerrechtssubjekte anzusehen sind, da es sich bei dem Völkerrecht, wie bereits dargelegt, um das Recht der souveränen Staaten handelt und somit natürliche Personen grundsätzlich nicht als Träger aus dem Völkerrecht abzuleitender Rechte und Pflichten in Betracht kommen. Demgegenüber ist zu berücksichtigen, daß Individuen durchaus als Adressaten völkerstrafrechtlicher Normen denkbar sind. Die sich hier ergebenen Fragen sollen nachfolgend einer Klärung zugeführt werden.

I. Staaten

Zu prüfen ist an dieser Stelle, ob mit der bereits bejahten Völkerrechtssubjektivität der Staaten bei völkerrechtswidrigem Handeln zwangsläufig eine strafrechtliche Verantwortlichkeit einhergeht, d.h., ob die Staaten als taugliche Adressaten der Normen des Völkerstrafrechts anzusehen sind.

---

622 S. Jennings, International Law, Schweizerisches Jahrbuch für internationales Recht 37 (1981), S. 62 ff.

623 Vgl. hierzu: Grassi, Rechtsstellung, S. 83 ff, mit weiteren Nachweisen.

624 Grassi, Rechtsstellung, S. 92.

625 So: Tomberg, Völkerrecht als Menschheitsrecht, S. 78.

Der Staat ist Adressat völkerrechtlicher Normen und Deliktssubjekt, so daß die Frage der völkerrechtlichen Verpflichtung des Staates unproblematisch ist.[626] Problematisch ist allerdings, angesichts des Grundsatzes „societas delinquere non potest", die Frage der Strafbarkeit.[627] Die Körperschaftsstrafbarkeit wurde sowohl im römischen Recht als auch in Gesetzgebung und Wissenschaft seit dem Ende des 18. Jahrhunderts ausdrücklich abgelehnt, so daß nur die einzelnen Schuldigen strafrechtlich zur Verantwortung gezogen werden können.[628] In diesem Zusammenhang ist jedoch auf die oben geschilderte historische Entwicklung Bezug zu nehmen, die zu einer teilweisen Abkehr von dem absoluten Souveränitätsgedanken geführt hat, so daß, anders als zu Beginn des ersten Weltkrieges, die hoheitliche bzw. staatliche Souveränität nicht mehr einschränkungslos gewährleistet wurde. Somit kann die Möglichkeit eines Staatenstrafrechts, insbesondere vor dem Hintergrund, daß Staaten dazu übergehen, freiwillig Souveränität zu übertragen, nicht von vornherein ausgeschlossen werden. Daher soll zunächst untersucht werden, ob sich dem allgemeinen Völkerrecht Anhaltspunkte für eine strafrechtliche Verantwortlichkeit der Staaten entnehmen lassen.[629]

1. Das völkerrechtliche Delikt

Hier stellt sich die Frage, ob die Tatsache des Bestehens des Rechtsinstitutes des völkerrechtlichen Deliktes[630] Rückschlüsse dahingehend erlaubt, daß auch Staaten aufgrund des Völkerstrafrechts verpflichtet werden können und somit als Adressaten völkerstrafrechtlicher Normen angesehen werden können. Dies wäre zu bejahen, wenn das völkerrechtliche Delikt eine strafrechtliche Verantwortung der Staaten nach sich zöge.

Ein völkerrechtliches Delikt liegt bei der Verletzung völkerrechtlicher Normen vor.[631] In Betracht kommt jedes völkerrechtswidrige Tun oder Unterlassen, infolge dessen einem anderen Staat ein Schaden entsteht.[632] Die Verantwortlichkeit für völkerrechtswidriges Handeln bzw. Unterlassen trifft ausschließlich die Staaten, die die Rechtsfolgen zu tragen haben und sich das Verhalten ihrer Vertreter bzw. der für sie handelnden Personen zurechnen lassen müssen.[633] Eine Inanspruchnahme von Individuen scheidet beim völkerrechtlichen Delikt ebenso aus, wie die Geltendmachung

---

626 Vgl. v.Weber, Strafgerichtsbarkeit, S. 91.

627 Vgl. hierzu: v.Weber, Strafgerichtsbarkeit, S. 91.

628 S. Tomberg, Völkerrecht als Menschheitsrecht, S. 129 f.

629 Eine umfassende Untersuchung aller Anhaltspunkte im Völkerrecht muß hier unterbleiben.

630 Zu der Entwicklung des völkerrechtlichen Deliktsrechts: Schlochauer, Völkerrechtliches Deliktsrecht, Archiv des Völkerrechts 16 (1974/75), S. 239.

631 Vgl. Triffterer, Materielles Völkerstrafrecht, S. 144; Kimminich, Völkerrecht, S. 183; Becker, Verbrechen gegen die Menschlichkeit, S. 56. Demgegenüber vertritt Graefrath, Verantwortlichkeit, NJ 1980, S. 254, die Auffassung, nicht jede Verletzung einer völkerrechtlichen Norm sei als völkerrechtliches Verbrechen anzusehen.

632 S. Hettinger, Völkerrechtliche Verpflichtung, S. 22 f.

633 So auch: Triffterer, Materielles Völkerstrafrecht, S. 144 f, 179; Becker, Verbrechen gegen die Menschlichkeit, S. 56 f; Thürer, Vom Nürnberger Tribunal zum Jugoslawien-Tribunal und weiter, SZIER 1993, S. 498, FN 19; Nill-Theobald, Defences, S. 20, die allerdings die Auffassung vertritt, ein völkerrechtliches Delikt könne ausnahmsweise eine Einzelverantwortlichkeit auslösen und die Rechtsfolgen das schuldige Individuum treffen. Dem ist nicht zu folgen, da es sich bei dem völkerrechtlichen Delikt ausschließlich um Staatenunrecht handelt.

von Ansprüchen durch Individuen.[634] Rechtsfolge des Verstoßes ist der Wiedergutmachungsanspruch des verletzten Staates, in dessen Rechte durch den Völkerrechtsverstoß eingegriffen wurde. Diese Deliktsfolgen, die einen zivilrechtsähnlichen Charakter aufweisen, können aber auch strafrechtsähnliche Züge haben, indem sie dem Gedanken der Sühne Rechnung tragen.[635] Trotz dieser Ambivalenz geht die h.M. davon aus, daß den Unrechtsfolgen keinerlei Strafcharakter zukommt.[636] Dieser Auffassung ist zuzustimmen, da z.B. Zwangsmittel, die unter dem Eindruck der Verletzung verhängt wurden, bei Beendigung der Verletzung der völkerrechtlichen Norm abzubrechen sind, ein Umstand, der bei einem Strafcharakter nicht denkbar wäre.[637] Im übrigen soll durch die Rechtsfolgen der status quo wiederhergestellt und für die Zukunft gesichert werden, bzw. ein völkerrechtskonformes Verhalten, unter Aufrechterhaltung der Völkerrechtsordnung, erreicht und nicht ein in der Vergangenheit liegendes Verhalten eines Einzelnen bestraft werden. Der verletzende Staat wird auch nicht durch die Völkerrechtsgemeinschaft, sondern durch den verletzten Staat in Anspruch genommen.[638] Abschließend ist daher festzustellen, daß die Verletzung völkerrechtlicher Normen grundsätzlich die Verpflichtung zur Wiedergutmachung und Erstattung der Schäden i.S.e. zivilrechtlichen Schadensersatzhaftung nach sich zieht und dies keinesfalls eine Strafe im oben dargelegten Sinn begründet. Das internationale Deliktsrecht läßt sich somit nicht als Indiz für eine strafrechtliche Verantwortlichkeit der Staaten heranziehen, so daß der völkerrechtliche Deliktsbegriff streng von dem im Strafrecht gelegentlich verwendeten Deliktsbegriff zu trennen ist. Sofern eine Orientierung an nationalen Begrifflichkeiten erfolgt, sollte zur Vermeidung von Verwechslungen, vielmehr an den Begriff des zivilrechtlichen Deliktsrechts der unerlaubten Handlung gedacht werden. Als Ergebnis ist festzuhalten, daß aus dem Rechtsinstitut des völkerrechtlichen Delikts eine strafrechtliche Verantwortlichkeit der Staaten nicht abgeleitet werden kann.

---

634 Vgl. Schlochauer, Völkerrechtliches Deliktsrecht, Archiv des Völkerrechts 16 (1974/75), S. 247.

635 Vgl. Schlochauer, Völkerrechtliches Deliktsrecht, Archiv des Völkerrechts 16 (1974/75), S. 265. Schlochauer, a.a.O., S. 266 ff, stellt fest, daß es drei Arten der Deliktsfolgen gibt: die Naturalrestitution, den Schadensersatz und die Genugtuung. Die Rechtswidrigkeit und damit die Verantwortlichkeit ist nach Schlochauer ausgeschlossen, sofern ein völkerrechtliches Notrecht, eine Repressalie oder ein Selbstverteidigungsrecht gegeben sei.

636 So z.B: Thürer, Vom Nürnberger Tribunal zum Jugoslawien-Tribunal und weiter, SZIER 1993, S. 498, FN 19; Mohr, Strafrechtliche Verantwortlichkeit, S. 408 ff; Nill-Theobald, Defences, S. 20; Hettinger, Völkerrechtliche Verpflichtung, S. 22 ff; Triffterer Materielles Völkerstrafrecht, S. 145. Vgl. auch: Kimminich, Völkerrecht, S. 483. S. auch Thiele, Völkerstrafrecht, S. 27 ff, demzufolge dieses Rechtsinstitut auf römisches Recht zurückzuführen sei, welchem die Bestrafung eines Staates als juristischer Person fremd gewesen sei, so daß das völkerrechtliche Deliktsdenken ausschließlich eine zivilistische Prägung aufweise. Die sozialistische Völkerrechtswissenschaft lehnte die Unterscheidung zwischen zivilrechtlicher und strafrechtlicher Verantwortung für den Bereich des Völkerrechts ab, differenzierte aber dennoch zwischen den Völkerrechtsverletzungen, vgl. hierzu Graefrath, Verantwortlichkeit, NJ 1980, S. 253, mit weiteren Nachweisen.

637 Vgl. Triffterer, Materielles Völkerstrafrecht, S. 179.

638 Vgl. Schlochauer, Völkerrechtliches Deliktsrechts, Archiv des Völkerrechts 16 (1974/75), S. 243, 265 ff.

2. Art. 19 des Vertragsentwurfs der ILC zur Staatenverantwortung

Denkbar wäre noch die Ableitung einer strafrechtlichen Verantwortlichkeit der Staaten aus dem Vertragsentwurf der ILC zur Staatenverantwortung.[639] Art. 19 des Vertragsentwurfes der ILC von 1976, der sich mit den völkerrechtswidrigen Handlungen beschäftigt, differenziert zwischen Verbrechen und Delikten der Staaten.[640] Keiner der Artikel in dem Entwurf zur Staatenverantwortlichkeit hat so viele kontroverse Diskussionen hervorgerufen wie Art. 19[641], der nicht nur eine Ablehnung durch die Staaten erfahren hat, sondern auch zu einem heftigen Disput in der Wissenschaft geführt hat.[642] Dies ist zum einen auf die mißverständliche Formulierung, zum anderen auf die brisante Thematik zurückzuführen. Art. 19 des Vertragsentwurfes differenziert unter dem Oberbegriff der völkerrechtswidrigen Handlung („international wrongful act“) zwischen dem internationalen Verbrechen („international crime“) und dem internationalem Delikt („international delict“). Die unglücklich gewählte Verwendung der Begrifflichkeit „international crime“ stützt die Vermutung, es solle eine strafrechtliche Verantwortlichkeit der Staaten begründet werden.[643] Nach wie vor ist unklar, welche Bedeutung die in Art. 19 des Vertragsentwurfes getroffene Differenzierung für die Staatenverantwortung hat.[644] Allerdings ist zu berücksichtigen, daß Völkerrechtsverletzungen einen unterschiedlichen Unrechtsgehalt aufweisen, so daß vor diesem Hintergrund die begriffliche Differenzierung verständlich wird, da unter Beachtung des Verhältnismäßigkeitsgrundsatzes auch die Rechtsfolgen abgestuft werden müssen.[645] Für die Lösung der Frage ist ferner von Bedeutung, daß weder dem Wortlaut des Art. 19 noch dem Vertragsentwurf selbst zu entnehmen ist, daß eine strafrechtliche Verantwortung der Staaten geregelt werden sollte. Da eine strafrechtliche Verantwortung von Staaten weder bestand noch besteht, hätte dieses Novum einer eindeutigen und ausdrücklichen Regelung bedurft. Eine solche ist in dem Entwurf nicht erfolgt, so daß davon auszugehen sein wird, daß eine strafrechtliche Verantwortlichkeit von Staaten, die über die übliche zivilrechtsähnliche Wiedergutmachung hinaus geht, nicht begründet werden konnte und auch nicht begründet werden sollte. Auch könnte die Bedeutung der in Art. 19 des Vertragsentwurfes vorgenommenen Differenzierung in dem Versuch einer Klarstellung zu sehen sein, daß bei völkerrechtlichen Verbrechen andere Subjekte als Staaten die strafrechtliche Verantwortung tragen können, während die Staaten eine zivilrechtsähnliche Ausgleichspflicht trifft.[646] Daher ist mit der wohl h.M.[647] davon auszugehen, daß aus dem Entwurf der ILC zur

---

639 Vgl. zu diesem Vertragsentwurf: Weiler/Cassese, International Crimes of States. Der Text der Bestimmungen des ILC-Entwurfs ist abgedruckt in: ZaöRV 45 (1985), S. 262 ff.

640 S. Dupuy, Implications, S. 170.

641 So: Weiler, Reflections, S. 319.

642 Vgl. Hofmann, Staatenverantwortlichkeit, ZaöRV 45 (1985), S. 197 ff.

643 Vgl. Hofmann, Staatenverantwortlichkeit, ZaöRV 45 (1985), S. 206.

644 S. Stuby, Staatliche Souveränität, S. 452.

645 Vgl. Simma, Staatenverantwortlichkeit, Archiv für Völkerrecht 24 (1986), S. 378. Dennoch stellt Simma, kritisch fest: „ob es dagegen eine glückliche Entscheidung war, die schwersten Völkerrechtsverstöße als ‚international crimes‘ zu bezeichnen und damit den Eindruck zu vermitteln, es gehe um Erfüllung eines strafrechtlichen Elements in der Staatenverantwortlichkeit oder Verwechslungen mit dem sog. Völkerstrafrecht zu provozieren, ist eine andere Frage“. Zu obigem Ergebnis gelangt auch: Hofmann, Staatenverantwortlichkeit, ZaöRV 46 (1985), S. 206.

646 Vgl. zur Problematik der „Doppelnatur“ strafrechtlicher Verantwortlichkeit nach Völkerrecht: Kap. 1 B III.

647 So: Hofmann, Staatenverantwortlichkeit, ZaöRV 45 (1985), S. 229, 230 f; Becker, Verbrechen gegen die Menschlichkeit, S. 57 f; Kadelbach, Zwingendes Völkerrecht, S. 53; Triffterer, Be-

Staatenverantwortung eine strafrechtliche Verantwortlichkeit der Staaten nicht abzuleiten und mit dem Begriff des internationalen Verbrechens keineswegs eine Straftat i.S.d. Völkerstrafrechts gemeint ist.
Vorstehenden Ausführungen ist zu entnehmen, daß auch Art. 19 des Vertragsentwurfes der ILC zur Kodifikation des Rechts der Staatenverantwortlichkeit trotz der Verwendung des Wortes „crime", eine strafrechtliche Verantwortlichkeit der Staaten nicht begründet, so daß aus diesem Entwurf keine Rückschlüsse auf die völkerstrafrechtliche Verantwortlichkeit von Staaten gezogen werden kann.

3. Theoretische Erwägungen

Zusammenfassend ist festzustellen, daß sich im geltenden allgemeinen Völkerrecht[648] Anhaltspunkte für die Bejahung einer strafrechtlichen Verantwortlichkeit von Staaten nicht finden lassen.[649] Das Völkergewohnheitsrecht läßt derartige Schlüsse ebenfalls nicht zu.[650] Auch die Nürnberger Rechtsnormen tragen nicht zur Lösung dieser Frage bei, da sie keinen Hinweis auf die strafrechtliche Verantwortlichkeit der Staaten enthalten, selbige folglich auch nicht ausschließen.[651]
Daher ist die Frage der theoretischen Möglichkeit einer strafrechtlichen Verantwortlichkeit der Staaten in der Literatur heftig umstritten. Ein Teil der Literatur bejaht grundsätzlich die strafrechtliche Verantwortlichkeit nicht natürlicher Personen, macht aber gleichzeitig Bedenken gegen die Bestrafung von Staaten geltend.[652] Zur Be-

---

standsaufnahme, S. 217, stellt fest, daß eine solche Verantwortlichkeit durch den Entwurf aber auch nicht ausgeschlossen werde. Vielmehr wurde nach dem zweiten Weltkrieg das Augenmerk auf die strafrechtliche Verantwortung der Individuen gerichtet und eine strafrechtliche Verantwortlichkeit der Staaten in keiner Phase ausgeschlossen, sondern stets offengelassen.

648 Ein solcher Schluß kann weder aus der VBS noch aus der UN-Charta gezogen werden. So kommt den Maßnahmen, die der Sicherheitsrat nach dem Kapitel VII UN-Charta ergreifen kann, kein Strafcharakter zu, da diese lediglich der Wahrung und Aufrechterhaltung des Weltfriedens dienen. Auch völkerrechtlich zulässige Kriege und Repressalien können nicht als Strafe gedeutet werden, da sie keinesfalls als Betätigung einer, den Staaten übergeordneten Strafgewalt angesehen werden können. Allen Maßnahmen ist gemeinsam, daß sie auf die Wiederherstellung bzw. Aufrechterhaltung der Weltfriedensordnung gerichtet sind und in dem Moment ihre Berechtigung erfüllen, in dem dieses Ziel erreicht ist.

649 S. Becker, Verbrechen gegen die Menschlichkeit, S. 84; Dahm, Völkerstrafrecht, S. 8 ff. Zum Teil wird allerdings die Auffassung vertreten, das internationale Organisationsrecht kenne die strafrechtliche Verantwortung der Staaten, vgl. hierzu: Triffterer, Materielles Völkerstrafrecht, S. 154 ff.

650 Vgl. Becker, Verbrechen gegen die Menschlichkeit, S. 85 f; Dahm, Völkerstrafrecht, S. 8 ff.

651 So: Triffterer, Materielles Völkerstrafrecht, S. 148, 155; ders.: Bestandsaufnahme, S. 217. Triffterer, Materielles Völkerstrafrecht, S. 149, weist darauf hin, daß Art. 9 und 10 des IMT-Statuts den IMT ermächtigten, Organisationen und Vereinigungen für verbrecherisch zu erklären. Allerdings sei, so Triffterer, hierdurch keine Anerkennung einer kollektiven Verantwortlichkeit erfolgt, da die Teilnahme an den Tathandlungen bestraft worden sei und nicht die Mitgliedschaft in einer kriminellen Organisation.

652 Vgl. hierzu: Hoffmann, Verantwortung, S. 33 ff, der die Auffassung vertritt, daß einem „Staatenstrafrecht" keine rechtstheoretischen Erwägungen entgegenstünden. Vgl. hierzu auch: Triffterer, Materielles Völkerstrafrecht, S. 154 f. Triffterer, a.a.O. S. 156 f, vertritt die Auffassung, daß Staaten strafrechtlich zur Verantwortung gezogen werden können, da, u.a. im Verwaltungsstrafrecht, die Verantwortlichkeit juristischer Personen unstreitig sei und in allen Rechtskreisen praktiziert würde, so daß die aus der Souveränität und den Grundsätzen des Strafrechts resultierenden Bedenken letztlich nicht überzeugen könnten. V.Weber, Strafgerichtsbarkeit, S. 69, ging 1930 bezüglich der Methoden der Kriegsführung davon aus, daß der Staat für von ihm selbst veranlaßte, bzw. geduldete und nicht strafrechtlich verfolgte Taten völkerrechtlich verantwortlich sei, so daß eine strafrechtliche Reaktion, die der Prävention diene, begründet sei. Wie und durch wen eine solche

gründung wird z.T. eine entsprechende Heranziehung innerstaatlicher Regelungen, die eine strafrechtliche Kollektivhaftung kennen, vertreten.[653] Allerdings wirft dies die nicht ohne weiteres zu bejahende Frage auf, ob sich innerstaatliche Regelungen dieses höchst sensiblen Bereichs auf das Völkerrecht übertragen lassen.[654] Demgegenüber wird vertreten, daß ein Staatenstrafrecht zwar denkbar sei, aber der klassischen Auffassung des Völkerrechts widerspreche, da das Völkerrecht die Rechtsbeziehungen zwischen souveränen und gleichberechtigten Staaten thematisiert und eine den Staaten übergeordnete Strafgewalt für diese selbst ablehnt.[655] Somit stellt sich die Frage, ob der Grundsatz „societas delinquere non potest" nach wie vor wirksam ist. Vorab ist anzumerken, daß die Frage der Verpflichtung und die der Strafbarkeit zu trennen sind. Da es hier jedoch um den Bereich des Völkerstrafrechts geht, erscheint eine Verpflichtung, die folgenlos bliebe, wenig sinnvoll, so daß in diesem Zusammenhang auch strafrechtliche Fragen zu beleuchten sind. Die Entscheidung, ob eine Kollektivpersönlichkeit als Täter gedacht werden kann, die sämtliche Tatbestandsmerkmale rechtswidrig und schuldhaft verwirklicht, ist problematisch. Problematisch ist weiterhin, ob die Bestrafung des Kollektives, hier insbesondere des Staates, möglich ist und schließlich, ob die Strafzwecke[656] durch bzw. bei der Bestrafung der Staaten erfüllt werden. Zunächst ist zu berücksichtigen, daß als Täter zuerst der „Tatnächste" in Betracht kommt. Demnach wäre eine strafrechtliche Verantwortlichkeit von Staaten subsidiär nur dann gegeben, wenn die tatsächlich verantwortliche Person nicht ermittelt werden kann, eine Ahndung der Tat geboten ist und der Staat in ihm zurechenbarer Weise tätig geworden ist. Zudem setzt jede Strafe die Schuld voraus.[657] Ein schuldhaftes Handeln ist bei natürlichen Personen zu bejahen, soweit die subjektive Vorwerfbarkeit ihres Handelns zu bejahen ist.[658] Nicht nur vor dem Hintergrund der Souveränität der Staaten ist das Kriterium der individuellen Vorwerfbarkeit problematisch. Problematisch wird in diesem Zusammenhang weiter, gegen wen sich der Schuldvorwurf richten soll, ob gegen die verantwortlichen Staatsorgane oder gegen den Staat als solchen, d.h. nach heutigem Verständnis gegen die Staatsbürger, so daß man zur Bejahung einer Kollektivschuld käme, die eine Kollek-

---

zu erfolgen hat, führt v.Weber nicht aus. V.Weber, a.a.O., S. 71, stellt aber fest, daß eine Bestrafung ultima ratio sei und nur bei Versagen anderer Maßnahmen in Betracht komme.

653 Vgl. Triffterer, Materielles Völkerstrafrecht, S. 154, mit weiteren Nachweisen. In diesem Zusammenhang ergibt sich die Frage, ob das innerstaatliche Recht derartige Schlußfolgerungen tatsächlich zuläßt. Diese Problematik stellte sich in Deutschland erstmals nach dem zweiten Weltkrieg und wird seitdem kontrovers diskutiert, wobei die Mehrheit der Strafrechtswissenschaftler die Möglichkeit der strafrechtlichen Verantwortlichkeit juristischer Personen nach wie vor, im Gegensatz zu den angloamerikanischen Staaten, ablehnt. Maßgeblicher Grund hierfür die Probleme, die sich ergeben, sofern ein Verstoß vorliegt, sich jedoch der innerhalb der juristischen Person Verantwortliche nicht ermitteln läßt; vgl. hierzu: Becker, Verbrechen gegen die Menschlichkeit, S. 87 ff.

654 Becker, Verbrechen gegen die Menschlichkeit, S. 90, lehnt eine solche Übertragung ab.

655 Vgl. hierzu mit weiteren Nachweisen: Dahm, Völkerstrafrecht, S. 5 f; auch Tomuschat, Die Arbeit der ILC, S. 274 lehnt ein „Staatenstrafrecht" ab; Schlochhauer, Völkerrechtliches Deliktsrecht, Archiv des Völkerrechts 16 (1974/1975), S. 242 ff, vertritt unter Heranziehung des Grundsatzes „par in parem non habet iudicium" daß der Völkerrechtsordnung eine Strafbarkeit der Staaten fremd sei. Wilkitzki, Die völkerrechtlichen Verbrechen, ZStW 99 (1987), S. 462 f, äußert sich zurückhaltend gegenüber der Staatenverantwortlichkeit, scheint eine solche aber ebenfalls abzulehnen.

656 Die Strafzwecke liegen, wie bereits erörtert, sowohl in der Prävention als auch in der Repression und sollen die Genugtuung der Völkerrechtsgemeinschaft gewährleisten.

657 Vgl. Tomuschat, Die Arbeit der ILC, S. 274.

658 BGHSt 2, 194 (200 ff), GrSenBGH Beschl. vom 18.3.1952.

tivhaftung nach sich zöge, so daß eine individuelle Vorwerfbarkeit ausscheidet.[659] Diesbezüglich ist festzustellen, daß bei einer „stellvertretenden" Bestrafung der Staatsorgane eigentlich die Individuen bestraft werden, so daß von einer Staatenhaftung bzw. von einem Staatenstrafrecht nicht gesprochen werden kann, da nicht die juristische Person die Folgen des völkerrechtswidrigen Verhaltens zu tragen hat, sondern die Individuen. Daher kann nur in der zweiten Alternative eine Staatenhaftung gesehen werden. Dies hat jedoch zur Folge, daß eine gegen den Staat gerichtete Sanktion auch die Staatsbürger berührt, die die nunmehr geahndete Handlung weder begangen haben noch irgendeinen Einfluß hierauf nehmen konnten, so daß ihnen kein sittlicher Vorwurf gemacht werden kann und es zu einem Auseinanderfallen von Schuld und Strafe kommt.[660] Im übrigen ist aufgrund des in Deutschland geltenden Simultanitätsgrundsatzes zu fordern, daß bei Ausführung der Tat schuldhaft gehandelt wurde. Auch die Gewährleistung dieser Voraussetzung erscheint als äußerst fraglich. Letztlich stellt sich die Frage, welche Strafen für einen Staat in Betracht kommen. Das StGB sieht Freiheits- oder Geldstrafen vor. Als einzige herkömmliche Strafe käme die Verhängung einer Geldstrafe gegen den Staat in Betracht. Allerdings ist hier das Ausmaß und die Schwere der im Bereich des Völkerstrafrechts zur Disposition stehenden Verbrechen zu berücksichtigen, was schnell zu dem Ergebnis führt, daß Geldstrafen für derartige Verletzungen kaum angemessen sein dürften. Zudem stellt sich die Frage nach dem Sinn und Zweck der Bestrafung von Staaten. Hier ist kein Zweck ersichtlich, der nicht bereits durch die Bestrafung der Einzelperson erreicht werden könnte. Die für einen Staat in Betracht kommenden „Strafen" sind nicht geeignet, denselben oder andere Staaten zukünftig von der Anordnung der Begehung von Unrecht abzuhalten, da z.B. finanzielle Strafen wenig abschreckend wirken. I.d.R. erscheint es sinnvoller, die Strafdrohung direkt an den Befehlsempfänger zu richten, da von diesen, das Individuum unmittelbar treffenden Rechtsfolgen, ein höherer Abschreckungseffekt ausgehen dürfte. Da der Staat durch seine Organe und Befehlsempfänger handelt, kann diese Kette am effektivsten dadurch unterbrochen werden, daß die Strafdrohung an den einzelnen gerichtet wird, da sich dieser, durch die ihn konkret und persönlich treffende Strafdrohung, eher abschrecken läßt als durch eine, als abstrakt empfundene, an den Staat gerichtete Drohung. Folglich ist die Kollektivstrafe, insbesondere wenn es sich lediglich um eine Geldstrafe handelt, zur Erfüllung der Präventions- und Repressionszwecke wenig geeignet. Demgegenüber vermögen Ehrenstrafen und die im geltenden Deliktsrecht enthaltenen Sanktionen diesen Zweck weitaus effektiver zu erfüllen.[661] Es ist daher festzustellen, daß ein „Staatenstrafrecht" überflüssig erscheint. Zudem ist unklar, wer die Bestrafung vornehmen soll.

Hieraus folgt, daß auch die Natur des Strafrechts einem Staatenstrafrecht entgegensteht. Bereits an dieser Stelle sei festgestellt, daß von einer möglichen Haftung der Staatsorgane als Individuen[662] ebenfalls nicht auf die strafrechtliche Verantwortlichkeit der Staaten geschlossen werden kann, da zwischen Individual- und Kollektivver-

---

[659] Vgl. Dahm, Völkerstrafrecht, S. 7 f. Dahm stellt fest, daß es bei solchen Konstellationen zu einem Auseinanderfall von Schuld und Haftung komme, der mit seinem Verständnis von Strafe nicht übereinstimme. Vgl. auch: Becker, Verbrechen gegen die Menschlichkeit, S. 81 ff.

[660] Die Konstruktion einer Mitverantwortung bei einer Demokratie mit dem Argument, daß die in dem Staat lebenden Bürger die Regierenden frei gewählt haben, scheidet aus, da zu einen nicht das gesamte Volk die Regierung trägt und zum anderen nicht vorhersehbar ist, was diese Staatsführung in der Zukunft vorzunehmen gedenkt. Im übrigen führte dies angesichts des in Deutschland geltenden Grundsatzes der Geheimheit der Wahlen zu erheblichen Beweisschwierigkeiten.

[661] Vgl. Dahm, Völkerstrafrecht, S. 8.

[662] Vgl. hierzu: Kap. 1 B II 2.

antwortung zu unterscheiden ist. Die Heranziehung eines Individuums kann auch nicht als „mittelbare“ Verantwortlichkeit des Staates angesehen werden, da ein Unterschied besteht, ob das Individuum zur strafrechtlichen Verantwortung gezogen wird oder der Staat.
Abschließend ist festzustellen, daß zum einen das geltende Völkerrecht eine strafrechtliche Verantwortlichkeit der Staaten nicht anerkennt und zum anderen die Grundsätze des Strafrechts einem „Staatenstrafrecht“ entgegenstehen. In diesem Zusammenhang sei darauf hinzuweisen, daß auch die Statuten des IStGH, ICTY sowie des ICTR keine Stellungnahme zu dieser Problematik enthalten und lediglich die Individuen als Verpflichtete betrachten.

II. Individuen[663]

Hier ergibt sich die Besonderheit, daß zwischen den privaten Handlungen von Individuen und dem hoheitlichen Tätigwerden von Einzelpersonen zu unterscheiden ist. Gemeinsam ist beiden Konstellationen lediglich, daß ein Individuum tätig wird, so daß beide Varianten unter diesem Gliederungspunkt behandelt werden sollen. Allerdings besteht ein wesentlicher Unterschied, ob das Individuum eine private Handlung vornimmt, oder als Staatsorgan bzw. als Staatsoberhaupt agiert. In letzterem Fall ist eine strafrechtliche Verantwortung von weitreichenden Folgen für die staatliche Souveränität.

1. Private Handlungen von Individuen

Wie bereits ausgeführt, wurden ursprünglich nur die souveränen Staaten als Völkerrechtssubjekte angesehen.[664] Der Untertan, später der Staatsangehörige, wurde durch das klassische Völkerrecht so behandelt, als werde er vollständig von der größeren Gemeinschaft absorbiert und trete auf der Ebene des Völkerrechts nicht in Erscheinung. Zu diskutieren ist daher die Frage, ob dem Individuum, unmittelbar durch das Völkerrecht, Rechte und Pflichten auferlegt werden, deren Verletzung eine strafrechtliche Verantwortlichkeit, die ebenfalls unmittelbar aus dem Völkerrecht resultiert, nach sich zieht, so daß Individuen, zumindest teilweise, als Völkerrechtssubjekte angesehen werden können. Da eine dogmatische Untersuchung, ob die Völkerrechtssubjektivität des einzelnen im Einklang mit dem Völkerrecht steht, den Rahmen der Arbeit überschreiten würde, soll hier lediglich anhand des positiven Völkerrechts, unter Berücksichtigung der Lehre, geklärt werden, ob die Individuen zur Wahrnehmung völkerrechtlicher Rechte und Pflichten befähigt und berufen sind.[665] Hierbei sind die Rechte ebenso zu betrachten wie die Pflichten, da andernfalls durch die völkerstrafrechtliche Verantwortlichkeit lediglich eine Deliktsfähigkeit ohne nennenswerte Rechte statuiert werden würde.

---

663 Vgl. zu der Entwicklung der strafrechtlichen Verantwortlichkeit von Individuen: Greppi, Individual Criminal Responsibility, IRRC 1999, S. 531 ff, der diese Frage anhand der Entwicklung der Kernverbrechen des Völkerstrafrechts erörtert.

664 So: Grassi, Rechtsstellung, S. 101.

665 Kritisch zu der Frage der völkerrechtlichen Grundpflichten des Individuums: Tomuschat, Grundpflichten des Individuums, Archiv des Völkerrechts 21 (1983), S. 289 ff, der feststellt, daß die internationalen Regelungen den Rechts- und Pflichtenstatus des Individuums im konstitutionellen Gefüge des Heimatstaates nicht widerspiegeln müssen.

Die Bestimmung der Völkerrechtssubjekte entwickelte sich weiter, so daß schließlich, neben den Staaten, auch andere juristische Personen, mit Ausnahme der Individuen, als Subjekte des Völkerrechts anerkannt wurden.[666] Da das Völkerrecht die zwischenstaatlichen Beziehungen zwischen den souveränen Staaten regelte, wurde die Völkerrechtssubjektivität der Individuen bis zum ersten Weltkrieg überwiegend abgelehnt, so daß dem Individuum allenfalls mittelbare Ansprüche zukamen.[667] Wie bereits ausgeführt, bejahten die Alliierten im ersten Weltkrieg die strafrechtliche Verantwortung der Einzelpersonen und legten selbige in den Art. 227-230 des Versailler Vertrages nieder, so daß die aufgeführten Personen politisch bzw. strafrechtlich zur Verantwortung gezogen werden sollten.[668] Diese von den Alliierten vertretene Ansicht wurde von den anderen Staaten abgelehnt, so daß ihr keine allgemeine völkerrechtliche Geltung zukam.[669] Eine Umsetzung dieser Normen ist unterblieben[670] und in den vor dem Leipziger Reichsgericht stattfindenden Prozessen wurde die Frage, ob völkerrechtliche Verbrechen von Individuen nach Völkerstrafrecht geahndet werden können, nicht untersucht.[671] Seit dem ersten Weltkrieg ist allerdings ein Wandel der Völkerrechtslehre und Praxis in Ansehung der Bedeutung der Menschenrechte dahingehend zu verzeichnen, daß Einzelpersonen verstärkt in der internationalen Rechtsbildung berücksichtigt und geschützt werden.[672] Am Ende des ersten Weltkrieges geriet die Völkerrechtspraxis in Bewegung, da z.B. der Internationale Gerichtshof im Jahr 1928 in dem Verfahren zwischen Danzig und Polen, den Staaten die Begründung unmittelbarer Rechte und Pflichten für ihre Bürger durch einen völkerrechtlichen Vertrag ohne vorhergehende Umwandlung in Landesrecht zuerkannte.[673] Diese Entwicklung setzte sich im bzw. nach dem zweiten Weltkrieg fort. So erarbeiteten die Alliierten die Voraussetzungen der Strafbarkeit führender Politiker. Bereits damals war die völkerstrafrechtliche Verantwortlichkeit der Individuen für Kriegsverbrechen anerkannt.[674] Ungeklärt blieb jedoch, ob die völkerstrafrechtliche Verantwortlichkeit von Individuen hiermit generell anerkannt werden sollte. Die Nürnberger Rechtsnormen und Urteile setzten die völkerstrafrechtliche Verantwortung der Individuen voraus. Daher wurde dieser Bereich des Völkerstrafrechts durch die Nürnberger Rechtsgrundsätze maßgeblich beeinflußt, so daß einige Wissenschaftler sogar die Auffassung vertreten, seitdem sei anerkannt, daß Individuen, die durch ihre privaten Handlungen Rechtsgüter der Völkerrechtsgemeinschaft verletzen, sich un-

---

666 Vgl. Grassi, Rechtsstellung, S. 104.

667 Vgl. hierzu: Triepel, Völkerrecht und Landesrecht, S. 11 ff, 20 ff, 329 f, der die Auffassung vertritt, daß das Individuum nur Objekt und nicht Subjekt völkerrechtlicher Pflichten sein könne, so daß dem Einzelnen die Überschreitung einer Norm des Völkerrechts vom Einzelnen nicht möglich sei.

668 Vgl. Kap. 1 A III 2.

669 So: Thiele, Völkerstrafrecht, S. 52.

670 Während Becker, Verbrechen gegen die Menschlichkeit, S. 91 f, als Grund für das Scheitern die damalige Auffassung, daß ein Individuum wegen Völkerrechtsverstößen nicht zur Verantwortung gezogen werden könne, anführt, beruht das Scheitern vielmehr auf der „tatsächlichen Boykottierung" bzw. dem passiven Widerstand durch die Deutschen, die eine Auslieferung der auf der Auslieferungsliste befindlichen Deutschen ablehnten und es vorzogen, selbst über diese Recht zu sprechen.

671 Vgl. Thiele, Völkerstrafrecht, S. 52.

672 S. Friesenhahn, Menschenrechte, S. 503.

673 Vgl. hierzu: Grassi, Rechtsstellung, S. 106 f.

674 Vgl. Jescheck, Verantwortlichkeit der Staatsorgane, S. 207; Hollweg, Das neue Internationale Tribunal, JZ 1993, 987; Verdross, Kriegshandlung, S. 28 f; Becker, Verbrechen gegen die Menschlichkeit, S. 93; a.A. Graefrath, Strafsanktionen in den Genfer Abkommen, Staat und Recht 1956, 851.

mittelbar nach Völkerrecht zu verantworten haben.[675] Auch die Entwicklung nach dem zweiten Weltkrieg zeigt das Bemühen der Völkergemeinschaft und insbesondere der Vereinten Nationen, den Individuen durch völkerrechtliche Normen einen Mindestbestand an Rechten zu verschaffen, den diese selbständig vor nationalen oder internationalen Gerichten durchsetzen können.[676] Die seit Nürnberg ergangenen internationalen Dokumente und Entwürfe verdeutlichen dieses Bestreben. Anders als bei der allgemeinen Erklärung der Menschenrechte aus dem Jahr 1948[677] wird im europäischen Bereich die Einhaltung der in der EMRK von 1950 niedergelegten Rechte sowohl von der Kommission als auch von dem europäischen Gerichtshof für Menschenrechte überwacht. Während die Kommission direkt von Einzelpersonen angerufen werden kann, ist dies beim europäischen Gerichtshof für Menschenrechte nicht möglich. Die lediglich partikuläres Völkerrecht darstellende europäische Menschenrechtskonvention vermittelt dem einzelnen unmittelbar auf Völkerrecht beruhende und durchsetzbare Rechte.[678] Auch die vier Genfer Konventionen vermitteln dem Einzelnen, wenn auch nicht in gleicher Weise, Rechte.[679] Es ist daher festzustellen, daß das Völkerrecht dem Einzelnen durchaus, wenn auch in beschränktem Umfang, Rechtspositionen gewährt, die vor internationalen Instanzen geltend gemacht werden können, so daß auch der Einzelne als Träger von aus dem Völkerrecht resultierenden Rechten in Betracht kommt. Die bereits erwähnten Menschenrechte gewähren, korrespondierend zu den aufgeführten Rechten auch die Pflicht zur Wahrung der Rechte, ohne daß dies ausdrücklich normiert sein muß.[680] In diesem Zusammenhang seien als weitere Pflichten des Individuums, die ggf. neben die Pflichten der Staaten treten, der Tatbestand der Piraterie, die durch einen allgemeinen Satz des Völkerrechts verboten ist, sowie die Völkermord-Konvention, die Pflichten des Haager Abkommens und der Genfer Konventionen erwähnt.[681] Abschließend ist festzustellen, daß das positive Völkerrecht dem Individuum vereinzelt Rechte und Pflichten vermittelt, so daß, entgegen der früher vertretenen Auffassung, der Einzelne durchaus als Völkerrechtssubjekt angesehen werden kann.[682] Diese Ansicht wird auch von der jüngsten Entwicklung gestützt, da sowohl die Statute des ICTY und des ICTR, als auch das Statut des IStGH übereinstimmend die Verantwortlichkeit des Individuums voraussetzen.[683]

Die überwiegende Literatur geht ebenfalls von der Völkerrechtssubjektivität der Individuen zumindest für den Bereich des Völkerstrafrechts aus und entspricht somit der tatsächlichen Entwicklung des Völkerrechts. Die Literatur kann in zwei Hauptströmungen untergliedert werden. Während ein Teil der Lehre die Völkerrechtssubjektivi-

---

675 Vgl. Triffterer, Materielles Völkerstrafrecht, S. 3, der die Auffassung vertritt, daß das gleiche für Staatsorgane gelte, die ebenso wie Individuen für gegen das Völkerrecht verstoßende Hoheitsakte zur Verantwortung gezogen werden können.

676 S. Triffterer, Materielles Völkerstrafrecht, S. 159.

677 Wie bereits ausgeführt kommt der allgemeinen Erklärung der Menschenrechte aus dem Jahr 1948 zwar keine rechtliche wohl aber eine moralische Bedeutung zu. Die Verletzung der Rechte ist einer gerichtlichen Überprüfung nicht zugänglich.

678 Vgl. Hierzu: Triffterer, Materielles Völkerstrafrecht, S. 160.

679 Vgl. Triffterer, Materielles Völkerstrafrecht, S. 160.

680 S. Becker, Verbrechen gegen die Menschlichkeit, S. 97.

681 So: Grassi, Rechtsstellung, S. 278 ff; Dahm, Völkerstrafrecht, S. 15; vgl. hierzu: Triffterer, Materielles Völkerstrafrecht, S. 160, 162 ff, mit weiteren Nachweisen; Becker, Verbrechen gegen die Menschlichkeit, S. 98.

682 Vgl. Triffterer, Materielles Völkerstrafrecht, S. 163.

683 Roggemann, Strafgerichtshof, S. 59.

tät von Individuen generell ablehnt, bejahen andere Wissenschaftler selbige. Allerdings ist hier das Ausmaß, in welchem die Völkerrechtssubjektivität zugestanden wird, unterschiedlich. Während die meisten Vertreter die Völkerrechtssubjektivität der Individuen auf bestimmte Bereiche, wie z.B. auf den Bereich des Völkerstrafrechts, beschränken, nehmen andere keinerlei Differenzierung vor.

Im Einzelnen ist hierzu vorzutragen, daß v. Mangoldt in seiner Abhandlung, die er im Juni 1945 abschloß, nur die Staaten als Völkerrechtssubjekte erachtete und feststellte, daß eine Verantwortlichkeit einzelner Personen für völkerrechtswidrige Akte ausscheide und ausschließlich der Staat für sie hafte.[684] Es stellt sich hier die Frage, ob v.Mangoldt, angesichts der zwischenzeitlich eingetretenen Weiterentwicklung des Völkerrechts, diese Auffassung immer noch vertreten würde. V.Weber sieht in der Anerkennung der Strafbarkeit von Individuen eine erhebliche Beeinträchtigung der „inneren“ staatlichen Souveränität, da hierdurch die Gewalt des Staates über seine Bürger beschränkt werde.[685] Demgegenüber bejaht die derzeitige h.L. zumindest eine partielle Völkerrechtssubjektivität der Individuen. Mosheim stellt in Anbetracht der Bestrebungen zum Schutz der Rechte des Individuums fest, daß sich die Stellung des Individuums grundlegend geändert habe und das menschliche Einzelwesen von einem Objekt zu einem Subjekt des Völkerrechts geworden sei.[686] Mosheim führt aus, daß erstmals auf dem Gebiet des Völkerrechts die Rechte des Individuums in Bezug auf sein Leben und seine Freiheiten bestätigt würden, so daß das Individuum Rechtsträger im Völkerrecht sei.[687] Kimminich bescheinigt der alten Objekttheorie, die den Einzelnen nur als das potentielle Objekt völkerrechtlicher Normen betrachtete, daß sie nicht mehr vertreten werde, schränkt aber auf der anderen Seite ein, daß das Völkerrecht dem Einzelmenschen nicht den vollen Status eines Völkerrechtssubjekt gewähre.[688] Auch Partsch sieht unter Berücksichtigung der formellen Stellung des Individuums im Völkerrecht lediglich Ansätze für die volle Völkerrechtssubjektivität der Individuen, so daß eine Umgestaltung des „ius inter gentes“ in ein „ius gentium“ noch nicht erfolgt sei und das Individuum nicht in demselben Sinn Völkerechtssubjekt sein könne wie der Staat.[689] Jescheck stellt ebenfalls fest, daß ausnahmsweise auch Individuen als Subjekte des völkerrechtlichen Gewohnheits- und Vertragsrechts anzusehen seien, sofern sich dies aus dem betreffenden Völkerrecht entnehmen ließe, so daß er von einem „Regel-Ausnahme-Verhältnis“ ausgeht.[690] Demnach können völkerrechtliche Verträge den Individuen die Befugnis vermitteln, bestimmte völkerrechtliche Ansprüche unmittelbar geltend zu machen.[691] Anderer-

684 V.Mangoldt, Das Kriegsverbrechen, Jahrbuch für Internationales und Ausländisches Öffentliches Recht II/III (1948/1949), S. 299.

685 S. v.Weber, Strafgerichtsbarkeit, S. 92.

686 Vgl. Mosheim, Schutz des Individuums, Archiv des Völkerrechts 1 (1948/49), S. 229, der in seiner Einschätzung der „Erzwingbarkeit durch Maßnahmen und Garantien“ zu euphorisch urteilt.

687 So: Mosheim, Schutz des Individuums, Archiv des Völkerrechts 1 (1948/49), S. 229.

688 Vgl. Kimminich, Der internationale Schutz des Einzelnen, Archiv des Völkerrechts 15 (1971/72), S. 412. Kimminich charakterisiert den gegenwärtigen Stand als unbefriedigend, da die Entwicklung von der Objektstheorie zur vollem Anerkennung des Einzelmenschen als normales Völkerrechtssubjekt stehengeblieben sei.

689 So: Partsch, Individuum, S. 15. Ähnlich auch: Hettinger, Völkerrechtliche Verpflichtung, S. 10.

690 Vgl. Jescheck, Verantwortlichkeit der Staatsorgane, S. 208, der zusätzlich einen Nachweis aus dem einschlägigen Völkerrechtssatz fordert und im Rahmen der Nürnberger Prozesse eine unmittelbare Verbindlichkeit des Völkerrechts nur bezüglich der Menschenrechte und des Kriegsvölkerrechts anerkennt.

691 So: Jescheck, Verantwortlichkeit der Staatsorgane, S. 206 f, nennt als Beispiele das unmittelbare Petitionsrecht der Minderheiten beim Völkerbundsrat, die Prozeßordnungen der auf Grund der

seits kann das Völkerrecht dem Individuum auch Pflichten auferlegen, deren Verletzung strafrechtliche Konsequenzen für das Individuum hat.[692] Dahm ist ebenfalls der Ansicht, daß das moderne Völkerrecht Individuen nicht ausschließe, sondern ihnen vielmehr gewisse Rechte und Pflichten zugestehe.[693] Von Interesse ist zudem das Urteil des EuGH vom 5. Februar 1963 in welchem er feststellt: „daß die Gemeinschaft eine neue Rechtsordnung des Völkerrechts darstellt, zu deren Gunsten die Staaten, wenn auch in begrenztem Rahmen, ihre Souveränitätsrechte eingeschränkt haben, eine Rechtsordnung, deren Rechtssubjekte nicht nur die Mitgliedstaaten sondern auch die Einzelnen sind. Das von der Gesetzgebung der Mitgliedstaaten unabhängige Gemeinschaftsrecht soll daher dem Einzelnen, ebenso wie es ihm Pflichten auferlegt, auch Rechte verleihen".[694] Laut Buchner, die Tendenzen zur Beschränkung der staatlichen Souveränität im Bereich des Menschenrechtsschutzes feststellt[695], geht mit der zunehmenden Anerkennung des Individuums als Träger möglicher Rechte und Pflichten die Abkehr von der „These der absoluten Mediatisierung des Einzelmenschen im Völkerrecht" einher, so daß das Völkerstrafrecht die Auffassung, der Einzelne könne kein Völkerrechtssubjekt sein, aufhebe.[696] Becker nimmt zumindest im Bereich der Menschenrechte eine Völkerrechtssubjektivität der Individuen an.[697] Triffterer ist der Ansicht, daß seit Nürnberg und Tokio der Grundsatz der unmittelbaren strafrechtlichen Verantwortlichkeit des einzelnen nach Völkerrecht nicht mehr bestritten würde, die auch dann unmittelbar aus dem Völkerrecht folge, wenn zuerst eine Transformation in innerstaatliches Recht erfolgt sei.[698] Auch Hollweg stellt fest, daß aufgrund der universalen Bindung des Individuums eine Umsetzung durch einen nationalen Hoheitsakt entbehrlich sei, da die Normen des humanitären Völkerrechts alle Individuen unmittelbar binden.[699] Roggemann erkennt ebenfalls, daß Einzelpersonen durch völkerrechtliche Normen strafrechtlich zur Verantwortung gezogen werden können.[700] Nach Sonnenfeld ist die natürliche Person in dem Moment der Entstehung einer Norm, die eine bestimmte Handlung als internationales Verbrechen oder als „delictum iuris gentium" bezeichnet und die den Univer-

---

Friedensverträge von 1919 und 1923 errichteten gemischten Schiedsgerichte, Art. 4 des nicht in Kraft getretenen Haager Abkommens von 1907 über die Errichtung eines internationalen Prisenhofes.

[692] Jescheck, Verantwortlichkeit der Staatsorgane, S. 206 f, nennt hier das Verbot des Blockadebruches für neutrale Schiffe, die Seeräuberei sowie die strafrechtliche Verantwortlichkeit für Kriegsverbrechen.

[693] Vgl. hierzu: Dahm, Völkerstrafrecht, S. 15, der den Wandel der Auffassung ebenfalls mit der Verantwortlichkeit für Kriegsverbrechen und Piraterie begründet und ebenfalls anführt, daß das Völkerrecht den einzelnen unter gewissen Voraussetzungen Rechte gewähre, die diese vor internationalen Instanzen geltend machen können, so daß der einzelne nicht mehr in vollem Umfang durch den Staat mediatisiert sondern „über den Kopf seines Staates unmittelbar angesprochen" werde.

[694] EuGH, NJW 1963, S. 974 ff.

[695] So: Buchner, Die Rechtswidrigkeit der Taten von Mauerschützen, S. 197.

[696] Vgl. Buchner, Die Rechtswidrigkeit der Taten von Mauerschützen, S. 197, 199. Auch Nill-Theobald, Defences, S. 20, geht von der Aufgabe der alten Theorie, die nur die Staaten als Völkerrechtsubjekte betrachtete, aus.

[697] S. Becker, Verbrechen gegen die Menschlichkeit, S. 98.

[698] Vgl. Triffterer, Bestandsaufnahme, S. 212.

[699] Vgl. Hollweg, Das Neue Internationale Tribunal, JZ 1993, S. 987.

[700] S. Roggemann, Strafgerichtshof, S. 59.

salitätsgrundsatz anordnet, Völkerrechtssubjekt.[701] Woetzel vertritt die Auffassung, daß das moderne internationale Recht direkt auf Individuen anzuwenden sei und geht damit über eine teilweise Anerkennung der Völkerrechtssubjektivität hinaus.[702] Auch Tomberg ist der Ansicht, daß der Einzelmensch bzw. die Staatsangehörigen als die „wahren Subjekte des Völkerrechts anzusehen sind" und „der Staat nur als Interessenvertreter (Agent) der Staatsangehörigen in Betracht kommt".[703] Grassi gelangt ebenfalls zu dem Ergebnis, daß auch das Individuum direkt durch das Völkerrecht als Träger von Rechten und Pflichten eingesetzt werde, so daß es der Vermittlung der Staaten nicht mehr bedürfe und demnach auch das Individuum als Rechtssubjekt und damit als Adressat völkerrechtlicher Normen anzusehen sei.[704] Der h.L. ist weitgehend zuzustimmen.
Daher ist aufgrund des derzeitigen Entwicklungsstandes des Völkerrechts und der h.L. festzustellen, daß die Völkerrechtssubjektivität der Individuen, zumindest im Bereich des Völkerstrafrechts, zu bejahen ist. Allerdings ist der derzeitigen Konzeption des Völkerrechts ebenfalls zu entnehmen, daß eine Gleichstellung von Einzelpersonen mit Staaten nicht gegeben ist, so daß nach wie vor in erster Linie die Staaten als Völkerrechtssubjekte anzusehen sind und die Individuen lediglich dort völkerrechtssubjektfähig sind, wo völkerrechtliche Normen dies vorsehen. Gegen die unmittelbare völkerstrafrechtliche Verantwortlichkeit der Privatperson nach Völkerrecht bestehen auch unter Berücksichtigung der staatlichen Souveränität keine Einwände, da sich eine entsprechende, aus dem Völkerstrafrecht ergebene Verpflichtung nicht gegen den Willen der Staaten bilden konnte. Anders als bei dem Staatenstrafrecht stehen allgemeine Grundsätze des Strafrechts ebenfalls nicht entgegen. Nach zutreffender Auffassung hat die individuelle Verantwortung zur Folge, daß „eine wesentliche Lücke im traditionellen Normengebäude der Staatenverantwortung geschlossen" wird.[705] Zudem ist davon auszugehen, daß von der individuellen Verantwortlichkeit, anders als von einem Staatenstrafrecht eine erhebliche Abschreckungswirkung ausgehen wird. Als ein weiterer, hiermit eng verbundener Aspekt, ist zu berücksichtigen, daß die Wirkungen individueller Zurechnung äußerst wichtig sind, da zum einen die Täter ihrem Anteil am Systemunrecht verarbeiten können und zum anderen durch die Individualisierung die Kollektivschuldtheorie verworfen wird und schließlich die Opfer nicht einem „Systemunrecht" hilflos gegenüber stehen.[706] Diese individuelle Verantwortlichkeit ist nach Werle „die Voraussetzung für Versöhnung und Frieden".[707]

---

701 Vgl. Sonnenfeld, Kodifizierung strafrechtlicher Normen, Osteuropa Recht 1984, S. 184. Nicht ganz nachvollziehbar ist, warum die Geltung des Weltrechtsgrundsatzes Voraussetzung für die Völkerrechtssubjektivität sein soll.

702 Vgl. Woetzel, The Nuremberg Trials, S. 99.

703 Tomberg, Völkerrecht als Menschheitsrecht, S. 123 ff, 132.

704 S. Grassi, Rechtsstellung, S. 99 ff, 111 ff, 367, S. 115. Grassi zeigt im zweiten Kapitel seines Werkes, S. 121 ff, detailliert die materielle Rechtsstellung des Individuums im einzelnen auf. Er nennt hier z.B. die Seeräuberei, die Kriegskonterbande und Blockadebruch, die Haager Landkriegsordnung, die Pariser Übereinkunft zum Schutz der Unterseekabel, die Abkommen zum Schutz von Gesundheit und Leben, etc. Grassi, a.a.O., S. 231, verweist sowohl auf die verschiedenen, dem Individuum Rechte verleihenden völkerrechtlichen Abkommen, als auch auf die Tatsache, daß die internationale Gerichtsbarkeit des 20. Jahrhunderts das Individuum als Partei anerkenne.

705 Tomuschat, Die Arbeit der ILC, S. 274.

706 Vgl. Werle, Menschenrechtsschutz durch Völkerstrafrecht, ZStW 109 (1997), S. 822.

707 Werle, Menschenrechtsschutz durch Völkerstrafrecht, ZStW 109 (1997), S. 822.

2. Hoheitliche Handlungen von Individuen

Die strafrechtliche Verantwortlichkeit von Individuen für hoheitliche Handlungen wirft besondere Probleme auf. Die Frage, ob einem Staat oder einem internationalen Gericht die Bestrafung eines Täters völkerrechtlich verwehrt ist, dessen Tat Amtshandlung für einen anderen Staat war, wird in Lehre und Praxis nicht einheitlich beantwortet und zeigt die enge Verknüpfung dieser Thematik zur Problematik der (Staaten-)Immunität, so daß die sich hier ergebenen Fragen unter diesem Gliederungspunkt gemeinsam erörtert werden sollen.

a. Die Staatenimmunität

Angesichts des römisch-rechtlichen Grundsatzes „par in parem non habet imperium", demzufolge ein Staat nicht über Hoheitsakte (acts-of-states[708], acta iure imperii)[709] eines anderen Staates richten darf, ist die Frage der persönlichen Strafbarkeit von Staatsorganen[710] wegen Handlungen in Ausübung ihres Amtes problematisch. Es stellt sich daher die Frage, ob ein Staat auch hoheitliches Handeln anderer Staaten sowie deren Organe seiner Strafjustiz unterwerfen darf. Der Grundsatz „par (iudex) in parem non habet imperium" bedeutet, daß ein gleichrangiger über einen gleichen keine Macht hat, so daß gleichrangige Herrschaftsträger einander nicht befehlen können.[711] Dieses Prinzip wurde dann später auf das Völkerrecht zur Bestimmung des Verhältnisses souveräner Mächte zueinander übertragen.[712] So wurde und wird die Auffassung vertreten, daß jede Strafverfolgung von Staatsoberhäuptern abzulehnen sei, da Staatsoberhäupter nicht vor den Gerichten sondern nur vor den politischen Autoritäten des eigenen Landes verantwortlich seien.[713] Die Exemtion der Staatsoberhäupter von jeder Strafgerichtsbarkeit betrifft nicht nur die in Regierung befindlichen, sondern auch die abgetretenen Souveräne, soweit ihre ehemaligen Regierungshandlungen betroffen sind, da auch diese Verfolgung als Verstoß gegen die nationale Würde empfunden würde.[714] Vor diesem Hintergrund ist das im Völkerrecht anerkannte Prinzip der Staatenimmunität zu sehen, das aus der Souveränität und Gleichheit der Staaten resultiert und auch auf die Handlungen der jeweiligen staatlichen Funktionsträger, die den Staaten zugerechnet werden, Anwendung findet.[715] Auch Staatsangehörige genießen solange Immunität wie die Staatenimmunität reicht, da, sofern ein Staat nicht über Handlungen eines anderen Staates zu Gericht sitzen darf, er auch nicht die Organe eines Staates persönlich für diese Handlungen in Anspruch nehmen kann. Die Staatenimmunität, zu deren wechselseitiger Gewährung

---

708 Vgl. zur „act-of-state-doctrine": Kap. 1 B II 2 b.

709 Hierunter fallen solche hoheitlichen Handlungen, die im Auftrag oder mit Billigung des Staates wahrgenommen werden, vgl. hierzu: Hettinger, Völkerrechtliche Verpflichtung, S. 6.

710 Staatsorgane sind durch Rechtsnormen zu ihrer Tätigkeit für den Staat berufen. Der Staat will sich die Handlungen von Staatsorganen als eigene zurechnen lassen.

711 S. Liebs, Lateinische Rechtsregeln, S. 151, Ziffer 8.

712 S. Liebs, Lateinische Rechtsregeln, S. 151, Ziffer 8.

713 Vgl. v.Mangoldt, Das Kriegsverbrechen, Jahrbuch für internationales und ausländisches öffentliches Recht II/III (1948/1949), S. 292.

714 Vgl. v.Mangoldt, Das Kriegsverbrechen, Jahrbuch für internationales und ausländisches öffentliches Recht II/III (1948/1949), S. 293.

715 So: Bothe, Immunität, ZaöRV 31 (1971), S. 246 ff; Becker, Verbrechen gegen die Menschlichkeit, S. 99; vgl. auch: Ambos, Der Fall Pinochet, JZ 1999, S. 19 f.

die Staaten nach Völkergewohnheitsrecht verpflichtet sind, sichert zum einen die Unabhängigkeit und Gleichheit der Staaten sowie zum anderen die funktionale Souveränität, die staatliche Würde und dient dem Schutz der politischen Beziehungen.[716] Daher steht grundsätzlich keinem Staat zu, sich in die Angelegenheiten eines anderen Staates einzumischen. Dies geschähe aber, wenn die Gerichte einen fremden Staat verurteilen würden, etwas Bestimmtes zu tun oder zu unterlassen oder wenn ein Ausländer bestraft würde, der in amtlicher Eigenschaft für seinen Staat gehandelt hat. Damit würden die Gerichte unzulässigerweise ihr eigenes Recht zum Maßstab des Handelns anderer Staaten machen. In diesem Zusammenhang sind einige einführende Anmerkungen zur Immunität veranlaßt. Strafrechtliche Immunität bewirkt die Befreiung von der Strafbarkeit fremder Staaten, so daß sie vor den Gerichten eines ausländischen Staates als Prozeßhindernis auch dann anzusehen ist, wenn gegen völkerrechtliche Pflichten verstoßen wurde. Im Rahmen der Staatenimmunität ist zwischen der Immunität ratione personae und der Immunität ratione materiae zu differenzieren.[717] Beiden Formen der Immunität, die den Schutz der Souveränität des jeweiligen Staates vor der Intervention anderer Staaten bezwecken, ist gemeinsam, daß sie nicht zu dem Individuum sondern zu dem jeweiligen Staat gehören.[718] Die Immunität ratione personae bewirkt den Strafausschluß aufgrund einer Qualifikation des Handelnden.[719] In den Genuß dieser Immunität kommt in erster Linie das Staatsoberhaupt.[720] Diese persönliche Immunität, die das gesamte Verhalten ihres Inhabers abdeckt, bewirkt den Ausschluß der Bestrafung des Täters ohne Rücksicht auf den Charakter der Tat als hoheitlich oder privat (acta iure gestionis).[721] Anders als die Immunität für Amtshandlungen endet die persönliche Immunität mit dem Ende der Stellung als Staatsoberhaupt für nichthoheitliche Akte.[722] Geltungsgrund der Immunität ratione personae ist, daß ihr Träger, z.B. das Staatsoberhaupt, als die persönliche Verkörperung des Staates anzusehen ist, so daß seine Unterstellung unter die Gerichtsbarkeit eines anderen Staaten einen Affront gegen die Würde und Souveränität des Staates, den er personifiziert, darstellte und die Gleichheit aller Staaten als Prinzip der Völkerrechtsordnung verletzt würde. Zudem soll den Funktionsträgern eine unabhängige Amtsführung gesichert und somit verhindert werden, daß bestimmte Amtsinhaber mit Anklagen schikaniert und gefügig gemacht werden, da so ein friedlicher zwischenstaatlicher Verkehr nicht gewährleistet wäre. Diese Art der Immu-

---

716 Wirth, Staatenimmunität, Jura 2000, S. 71 f. Die funktionale Souveränität sichert die Wahrnehmung von Staatsaufgaben ohne Behinderung durch das Ausland.

717 Vgl. hierzu auch: Wirth, Staatenimmunität, Jura 2000, S. 72.

718 Vgl. hierzu die Ausführungen in der Pinochet Entscheidung: Jugdment – Regina v. Bartle and the Commissioner of Police for the Metropolis and Others Ex Parte Pinochet. Regina v. Evans and Another and the Commissioner of Police for the Emtropolis and Others Ex Parte Pinochet (On Appeal from a Divisional Court of the Queen's Bench Division), Urteil vom 24.3.1999 Fundstelle im Internet:http://www.parliament.the-stationeryoffice.co.uk/pa/ld199899/ldjudgmt/jd990324/pino1.htm (24.2.2000), in der sich die Law Lords ausführlich mit diesen Fragen auseinandersetzen.

719 Vgl. hierzu: Bothe, Immunität, ZaöRV 31 (1971) S. 264 ff. Eine Aburteilung der privaten oder hoheitlichen Taten ist allerdings bei Verlust des Immunität gewährenden Status möglich.

720 Weitere Inhaber der persönlichen Immunität sind Diplomaten und Personen, die sich zur Erfüllung eines regierungsamtlichen Auftrags im Ausland befinden; vgl. hierzu: Gornig, Verantwortlichkeit, NJ 1992, S. 13; sowie Ambos, Der Fall Pinochet, JZ 1999, S. 19.

721 So wohl auch Wirth, Staatenimmunität, Jura 2000, S. 72, der zunächst von einer „eingeschränkten Staatenimmunität" ausgeht, so daß dem Staat für die acta iure gestionis „nach moderner Auffassung" keine Immunität mehr zukomme, sondern nur für acta iure imperii, dann aber feststellt, daß Inhaber der Immunität ratione personae auch für privates Handeln nicht belangt werden könnten.

722 Vgl. Gornig, Verantwortlichkeit, NJ 1992, S. 13.

nität wird ehemaligen Staatsoberhäuptern nicht zuteil, so daß in diesem Fall die Immunität ratione materiae eingreift.[723] Diese besagt, daß dem ehemaligen Staatsoberhaupt bzw. ihrem Inhaber, Immunität für die hoheitlichen Taten zukommt, die in offizieller Funktion ausgeübt wurden.[724] Auch diese Art der Immunität will verhindern, daß die offiziellen Regierungsakte eines Staates in einem Verfahren vor dem Gericht eines anderen Staates in Frage gestellt werden. Über die Gewährung von Immunitäten entscheidet der souveräne Staat, wenngleich auch gebunden durch Völkervertragsrecht oder die allgemeinen Regeln des Völkerrechts, so daß allenfalls letztinstanzlich ein internationales Gericht entscheidet, sofern eine entsprechende Vereinbarung getroffen wurde.[725] Der Grundsatz der Staatenimmunität, der überwiegend bei Zivilverfahren relevant wurde, gilt in gleichem Umfang für Strafverfahren.
Spätestens seit den Nürnberger Prozessen sind erhebliche Bestrebungen zur „Aufweichung" des Grundsatzes der unbeschränkten Immunität zu verzeichnen, indem dem Immunitätsschutz völkerrechtliche Grenzen gesetzt wurden.[726] Diese Entwicklung kann sowohl anhand der Konventionen als auch angesichts der in der Lehre vertretenen Auffassungen nachvollzogen werden. So wurde sowohl in Art. 7 des Statuts des Nürnberger IMT als auch in Art. 6 des IMT Statuts für den Fernen Osten das Prinzip begründet, daß es, ungeachtet der Person des Täters, keine Immunität geben dürfe, da die amtliche Stellung weder als Strafausschließungs- noch als Strafmilderungsgrund gelten sollte.[727] Zudem sieht Art. IV der Genozid–Konvention die Bestrafung der Täter ungeachtet ihres Amts vor. Schließlich findet sich dieses Prinzip ebenfalls in den Statuten für die „ad hoc-Tribunale" für Jugoslawien, Ruanda sowie des IStGH.[728] Eine Änderung dieser völkerrechtlich gewährleisteten Immunität ist indes nur möglich, sofern ein diesbezügliches Einvernehmen der Staaten vorläge. Diese Problematik ist in der Lehre umstritten. Ein Teil der Wissenschaft[729] vertritt nach wie vor den Standpunkt, daß Staatsorgane eines anderen Staates wegen deren Amtshandlungen nicht zur Verantwortung gezogen werden könnten und beruft sich u.a. auf den McLeod – Fall.[730] Zudem läßt sich der Grundsatz, daß den Organen fremder

723 A.A. Dahm, Völkerstrafrecht, S. 46 f, der die Auffassung vertritt, nur das amtierende Staatsoberhaupt sei durch das Völkerrecht privilegiert, so daß das ausgeschiedene auch für hoheitliche Handlungen verfolgt werden dürfe.

724 So wohl auch: Gornig, Verantwortlichkeit, NJ 1992, S. 13.

725 Vgl. hierzu: Blumenwitz, Immunität, JZ 1985, S. 615.

726 Zwar boten auch die Art. 227 und 228 des Versailler Vertrages die Möglichkeit zur strafrechtlichen Verfolgung der Taten, die als Staatsorgan oder auf Befehl ausgeführt wurden. Allerdings hat Deutschland durch die Unterzeichnung des Vertrages dieser Verfolgung zugestimmt, so daß der Versailler Vertrag nicht zur Klärung der Frage, ob die ausländische Strafgewalt ebenfalls gegeben ist, wenn die Zustimmung nicht erteilt wurde, beiträgt. Vgl. hierzu: Dahm, Völkerstrafrecht, S. 42 f. Dahm führt als Indiz für eine entsprechende Staatenpraxis noch Art. 3 des Washingtoner Flottenabkommens von 6.2.1922 an, stellt aber fest, daß selbiges nicht in Kraft getreten ist.

727 Vgl. Tomuschat, Von Nürnberg nach Den Haag, Die Friedenswarte 70 (1995), S. 145.

728 Vgl. Art. 7 Abs. 2 ICTY-Statut, Art. 6 Abs. 2 ICTR-Statut, Art. 27 IStGH-Statut.

729 S. Jescheck, Verantwortlichkeit der Staatsorgane, S. 166, vertritt die Auffassung, daß ausländische Hoheitsakte grundsätzlich auch im Kriegsfall von der staatlichen Gerichtsbarkeit ausgenommen seien und hiervon nur bei Kriegsverrat und Spionage Ausnahmen gemacht werden dürften. Demgegenüber ist Verdross, Völkerrecht, S. 235 f, der Ansicht, daß jeder Staat im Kriegsfalle befugt sei, „fremde Staatsorgane auch wegen jener völkerrechtswidrigen Handlungen zu verfolgen, die sie in der Form eines Staatsaktes gesetzt haben".

730 Gegenstand dieses Falles war ein britischer Offizier, der wegen einer, im Verlaufe einer militärischen Aktion begangenen Handlung, in den USA strafrechtlich verfolgt wurde. Die britische Regierung stellte sich auf den Standpunkt, daß die dienstliche Betätigung eines britischen Staatsangehörigen nicht der Jurisdiktion eines ausländischen Gerichts unterliegt. Diese Auffassung wurde of-

Staaten für ihre Amtshandlungen gerichtliche Immunität zukommt, bis in die jüngste Zeit nachweisen und wird in gerichtlichen Entscheidungen sowie in den Erklärungen der Staaten vertreten.[731] Demgegenüber geht die wohl h.L. davon aus, daß die Immunität von Staatsoberhäuptern eine Begrenzung durch die Menschenrechte erfährt.[732] So wird in Ansehung des Völkermordes, der Kriegsverbrechen und der Verbrechen gegen die Menschlichkeit, vertreten, daß in diesem Fällen die Durchbrechung des Prinzips der Staatenimmunität völkergewohnheitsrechtlich anerkannt sei und der strafrechtlichen Verfolgung nichts entgegenstünde, da die Nürnberger Verfahren, die Genfer Konventionen, die Genozid-Konvention sowie der Statute des ICTY, ICTR und des IStGH diese allgemeine Rechtsüberzeugung widerspiegeln und auch eine entsprechende Praxis gegeben sei.[733]
Allerdings geht auch diese h.L., die durch die Entscheidung der Law Lords im nachfolgend zu erörternden Fall Pinochet eine „Rückendeckung" erfahren hat, keineswegs von einer vollständigen Aufhebung des Prinzips der Staatenimmunität aus, sondern schränkt dieses nur in einigen Fällen ein.[734]

aa.Der Fall Pinochet[735]

Der Fall Pinochet ist, ungeachtet der zwischenzeitlich erfolgten Freilassung des ehemaligen chilenischen Staatsoberhauptes, von einiger Bedeutung für die Problema-

---

fenbar von der amerikanischen Regierung geteilt. Das Verfahren endete mit einem Freispruch. Vgl. hierzu: Jescheck, McLeod, S. 492.

731 Vgl. hierzu, mit weiteren Nachweisen, Bothe, Immunität, ZaöRV 31 (1971), S. 248 ff.

732 So z.B.: Ambos, Der Fall Pinochet, JZ 1999, S. 21 ff, 23 f. Ambos verlangt eine Einschränkung der Immunität aus menschenrechtlichen Gründen und stellt fest, daß die Begehung internationaler Verbrechen keine immunitätsvermittelnde Handelung sei. Er führt weiter aus, a.a.O., S. 16 ff, 24, daß im Fall nationaler Opfer die Strafgewalt aus dem passiven Personalitätsprinzip oder dem Weltrechtsprinzip i.V.m. dem völkerstrafrechtlichen Abkommen folge. Triffterer, Bestandsaufnahme, S. 213, stellt fest, daß seit Nürnberg die Verantwortlichkeit der Staatsorgane nach Völkerstrafrecht auch für hoheitliche Handlungen außer Frage stehe. Bothe, Immunität, ZaöRV 31 (1971), S. 253 ff, bejaht die Entwicklung einer allgemeinen Rechtsüberzeugung unter Berufung auf das IMT Statut, so daß von den Grundsätzen in den Fällen Ausnahmen zu machen seien, in denen die Amtshandlungen Verbrechen i.S.d. Nürnberger Statuts sind. Dieser Auffassung ist für den Tatbestand der Aggression nicht zu folgen.

733 Vgl. Mohr, Strafrechtliche Verantwortlichkeit, S. 411, mit weiteren Nachweisen; Triffterer, Bestandsaufnahme, S. 213; Bothe, Immunität, ZaöRV 31 (1971), S. 253 ff; Nill-Theobald, Defences, S. 377 f.

734 S. Bothe, Immunität, ZaöRV 31 (1971), S. 256 ff, 262, 270.

735 Die Beispiele für die strafrechtliche Verfolgung politischer Funktionsträger sind gering. Weder Napoleon noch Wilhelm II oder Hirohito wurden strafrechtlich zur Verantwortung gezogen. Lediglich in den Nürnberger Prozessen wurde die Immunität des Staatsoberhauptes und anderer verantwortlicher Amtsträger ausdrücklich aufgehoben. Auch eine Bestrafung Saddam Husseins, dem zahlreiche Kriegsverbrechen, Verbrechen gegen die Menschlichkeit und Verbrechen gegen den Frieden vorgeworfen wurden, blieb aus. Einer der wenigen Fälle, in dem einem Staatsoberhaupt unter Verweigerung von Immunität durch ein anderes Land der Prozeß gemacht wurde ist der Fall des Generals Noriega, der wegen des internationalen Verbrechens des Drogenhandels in den USA angeklagt wurde, vgl. hierzu: Mohr, Strafrechtliche Verantwortlichkeit, S. 401; Nill-Theobald, Defences S. 377. Ein weiteres Beispiel für eine Ausnahme ist der Fall des ehemaligen ruandischen Ministerpräsident Kambanda, dem vor dem ICTR der Prozeß gemacht wurde. Bemerkenswert ist ferner das gegen den ehemaligen tschadschen Diktator Habré eingeleitete Verfahren vor einem senegalesischen Gericht wegen der Verletzung von Menschenrechten, vgl. hierzu: FAZ vom 5.2.2000, Nr. 30, S. 6. Gegen den im senegalesischen Exil lebenden Habré war von senegalesischen Folteropfern Anzeige erstattet worden.

tik der Staatenimmunität, da die britischen Gerichte durch ihre divergierenden Urteile alle Aspekte der Verantwortlichkeit der Staatsorgane für staatsverstärkte Kriminalität beleuchteten und vergleichbare Judikate zu staatlichen Menschenrechtsverletzungen im Frieden kaum vorhanden sind.
Das ehemalige chilenische Staatsoberhaupt General Augusto Pinochet wurde am 16. Oktober 1998 auf der Grundlage eines spanischen Auslieferungsersuchens in London[736] festgenommen.[737] Grundlage des spanischen Haftbefehls ist, daß dem damals 83-jährigen Pinochet die Verantwortung für den während seiner Herrschaft begangenen Massenmord, bzw. Völkermord, internationalen Terrorismus, Folter und das Verschwindenlassen von Personen zur Last gelegt wird, wobei sich diese Taten auch gegen spanische oder spanischstämmige Chilenen gerichtet haben.[738] Das Verfahren im Fall Pinochet gewinnt seine besondere Brisanz für eine internationale Strafgerichtsbarkeit v.a. aus dem Umstand, da es die Frage aufwirft, ob angesichts der politischen und juristischen Kämpfe die nationale Gerichtsbarkeit eine wahrhafte Alternative für einen internationalen Weltstrafgerichtshof sein kann, die eine internationale Gerichtsbarkeit entbehrlich macht. Zur Geschichte des Konfliktes ist auszuführen, daß General Pinochet durch einen militärischen Putsch am 11. September 1973 die Regierung des Präsidenten Allende stürzte und an die Macht gelangte. In der sich anschließenden 17-jährigen Regierungszeit wurden politische Gegner getötet, gefoltert, etc. Am 21. Oktober 1980 wurde eine neue Verfassung erlassen, die es Pinochet erlaubte, weitere acht Jahre im Amt zu bleiben. Acht Jahre später verlor Pinochet ein Referendum mittels welchem er seine Herrschaft bis zum Ende des Jahrhunderts ausdehnen wollte. Er wurde gezwungen, offene Wahlen auszurufen, die er im Jahr 1990 verlor. Daraufhin mußte er die Macht an den Gewinner der Wahl Aylwin abtreten. Pinochet blieb aber bis zu seiner Ernennung zum Senator auf Lebenszeit im Jahr 1998 Oberkommandierender der Streitkräfte. Ebenso wie in vielen Ländern wurde auch in dem innerlich tief gespaltenen Chile die Demokratie durch eine Amnestie „erkauft“, die Pinochet bis zu seinem Tode einen Platz in der Politik sichert und ihm Straffreiheit gewährt. Sowohl die Verhaftung Pinochets in London als

[736] Anders als bei den anderen Ländern zeichnet sich das britische Auslieferungsrecht durch eine verwirrende Mischung von Politik und Recht aus, die Großbritannien den Ruf eingebracht hat, der härteste Adressat von Auslieferungsanträgen zu sein.

[737] Vgl. zu dieser Thematik: Ahlbrecht/Ambos: Der Fall Pinochet(s). In diesem Werk werden die grundlegenden Entscheidungen dieses Falles dokumentiert und kommentiert sowie die Problematik der Immunität eines ehemaligen Staatsoberhauptes für die während seiner Amtszeit begangenen Verbrechen aufgearbeitet. Vgl. auch: Bianchi, The Pinochet Case, EJIL 10 (1999), S. 237 ff; vgl. ebenfalls: Ambos, Der Fall Pinochet, JZ 1999, S. 19 ff; FAZ vom 19.10.1998, S. 6. Die spanischen Behörden bemühen sich bereits seit einigen Jahren, Pinochet und die Mitglieder der ehemaligen argentinischen Militärjunta vor Gericht zu bringen, da sie den Diktaturen in den beiden südamerikanischen Ländern Mitverantwortung für Massenmord, internationalen Terrorismus, Folter und das Verschwindenlassen von Personen zur Last legen. Der spanische Untersuchungsricher Garzon hatte zwei Jahre lang gegen Pinochet ermittelt, um die Anklage zu untermauern.

[738] Die spanischen Behörden entdeckten die sog. „Operation Condor“, in der südamerikanische Diktatoren vereinbart hatten, sich gegenseitig bei der Verfolgung politischer Gegner zu helfen, die sich den politisch-ökonomischen sowie religiösen Zielen der Machthaber widersetzten. Durch Auslieferungen und Zusammenarbeit mit der argentinischen Junta wurde Pinochet auch mitverantwortlich für Delikte in Argentinien gemacht. Die „Operation Condor“ ist deshalb von Interesse, weil die meisten Verbrechen unter diesem Codenamen nicht durch die chilenische Amnestie von 1978 gedeckt sind, vgl. hierzu: Aus Jägern werden Opfer, in: Die Zeit, 3.12.1998, Nr. 50, S. 17; sowie: Feier der Menschenrechte, in: Der Spiegel 49/1998, S. 189. In dem Bericht der chilenischen Wahrheitskommission, dem Rettig-Report, sind die Verstöße aufgeführt und die damalige Befehlskette, insbesondere zum Geheimdienst Dina beschrieben. Zudem wurde die Hauptverantwortlichkeit des Diktators belegt, vgl.: aus Opfern werden Jäger, in: Die Zeit, 3.12.1998, Nr. 50, S. 16.

auch die nachfolgenden gerichtlichen Entscheidungen führten in Chile zu heftigen Ausschreitungen und Straßenschlachten von Anhängern und Gegnern Pinochets.[739] Das gesamte Verfahren zog enorme politische, ökonomische und diplomatische Konsequenzen nach sich und gefährdet zudem die zerbrechliche Demokratie in Chile[740], da befürchtet wurde, daß das Militär und die Rechte erneut putschen könnten. Auch die Regierungskoalition wurde tief gespalten. Während der britische High Court den spanischen Haftbefehl am 28. Oktober 1998[741] mit der Begründung aufhob, Pinochet genieße als früheres Staatsoberhaupt und Senator auf Lebenszeit sowohl in Großbritannien als auch andernorts Immunität, so daß die souveräne Entscheidung Chiles von keinem anderen Staat in Frage gestellt werden könne, wurde dieses Urteil durch die Berufungsentscheidung des obersten britischen Gerichts, des House of Lords, der Law Lords, aufgehoben. In dieser Entscheidung setzten sich die Law Lords mit der Frage auseinander, ob auch einem ehemaligen Staatsoberhaupt Immunität zukommt, und ob die Pinochet zu Last gelegten Taten in Erfüllung seines geschützten Amtes erfolgten. Die Law Lords gingen in ihrer ersten Entscheidung am 25. November 1998[742] mit zwei zu dreiStimmen davon aus, daß die Grundsätze der staatlichen Immunität im Fall der Begehung internationaler Verbrechen durch das (ehemalige) Staatsoberhaupt keine Anwendung finden, da die Mehrheit der Lords die Auffassung vertraten, daß bestimmte Taten wie Geiselnahme und Folter nicht zu den völkerrechtlich anerkannten Funktionen eines Staatsoberhauptes gehörten.[743] Diese Entscheidung wurde als Meilenstein in der Entwicklung des Völkerrechts gefeiert und es wurde festgestellt, daß das Urteil als historischer Präzedenzfall von internationaler Signalwirkung anzusehen sei und besage, daß Staatschefs für ihre Verbrechen haften und weltweit belangt werden können.[744] Diese erste Entscheidung der fünf Lordrichter wurde allerdings wegen der möglichen Befangenheit des Lord Hoffmann, der sieben Jahre lang als ehrenamtlicher Direktor einer Unterorganisation von amnesty international tätig war (amnesty international war bei den Anhörungen als Partei zugelassen) und dessen Stimme den Ausschlag gegeben hatte, von fünf anderen Lord-

---

[739] Vgl. hierzu: FAZ vom 27.11.1998, S. 1; FAZ vom 11.12.1998, S.16.

[740] Vgl. hierzu auch: Nürnberg ist überall, in: Der Spiegel, 44/1998, S. 184 f. Der chilenische Präsident Fei wies zu Recht darauf hin, daß sich Chile auch nicht in den spanischen Prozeß des Übergangs von der Franco Diktatur zur Demokratie eingemischt habe und daß die in Chile begangenen Verbrechen vor chilenischen Gerichten abgeurteilt werden müßten. Chile kann eine Amnestie nur im eigenen Land gewähren, so daß andere Staaten hieran nicht gebunden sind. Allerdings sind hier die Konsequenzen für die Diplomatie zu bedenken. Theoretisch begeben sich alle Staatsoberhäupter, denen Verstöße gegen das humanitäre Völkerrecht zur Last gelegt werden, bei einer Auslandsreise in Gefahr, verhaftet zu werden.

[741] High Court, The Queen vs. Evans et. Al., ex parte Augusto Pinochet Ugarte (28.10.1998), http://www.law.wits.ac.za/pinochet.html (24.2.2000).

[742] Judgements-Regina v.Bartle and the Commissioner of Police for the Metropolis and others Ex Parte Pinochet (on appeal from a divisional Court of the Queen's Bench Division) Regina v. Evans and another and the Commissioner of Police für the Metropolis and others Ex Parte Pinochet (on appeal from a Divisional Court of the Queen's Bench Division, Fundstelle im Internet: http://www.parliament.the-stationery-office.co.uk/pa/ld19899/ldjudgmt/jd981125/pino01.htm. (24.2.2000).

[743] Vgl. hierzu: Bianchi, The Pinochet Case, EJIL 10 (1999), S. 240 ff; Ambos, Der Fall Pinochet, JZ 1999, S. 21. Ambos stimmt der Entscheidung der Lords im Ergebnis zu, da: „die Gewährung absoluter Immunität auf der Grundlage des traditionellen Konzepts der Staatensouveränität („par in parem non habet iurisdictionem") verstellt den Blick auf den zunehmenden völkerstrafrechtlichen Schutz der Menschenrechte". Laut Fastenrath gilt eine solche Immunitätsbeschränkung auch für Verbrechen gegen die Menschlichkeit, vgl. Fastenrath, in FAZ vom 10.11.1998, S. 6.

[744] Vgl.: Der Spiegel 49/1998, S. 188 f.

richtern am 17. Dezember 1998 „beiseite gelegt" („set aside")[745] und eine neue Verhandlung angesetzt. Nachdem die britischen Lordrichter erneut zu befinden hatten, wollte die chilenische Regierung, die als Prozeßpartei zugelassen war, nicht mehr auf dem Prinzip der Immunität früherer Staatsoberhäupter bestehen, sondern auf dem der Exterritorialität und plädierte dahingehend, daß ausschließlich die chilenische Justiz zuständig sei. Bemerkenswert ist, daß die chilenische Regierung verkünden ließ, sie würde einen Prozeß vor einem internationalen Gerichtshof akzeptieren.[746] Am 24. März 1999 befanden die Law Lords in einer sechs zu eins-Entscheidung, daß Pinochet keine Immunität als Staatsoberhaupt für Akte wie Folter und Verschwörung zur Begehung der Folter genießen sollte, sofern diese Taten nach dem 8. Dezember 1988, d.h. nach der Ratifikation und dem Inkrafttreten der Folterkonvention für die UK, die seither Vorrang vor den britischen Bestimmungen hat[747], begangen wurden.[748] Eine Anklage wegen Völkermordes und Terrorismus schied aus. Seit dieser Zeit zeigt sich Chile um die Aufklärung der Greueltaten äußerst bemüht, so daß beispielsweise bereits eine Klage wegen Völkermordes gegen Pinochet eingereicht worden ist und der chilenische Präsident eine Aufklärung früherer Verbrechen in Chile forderte.[749] Der britische Innenminister Straw hat nach diesem Urteil entschieden, daß die Auslieferung an Spanien rechtens sei und weiter betrieben werden könne. Gegen diesen Auslieferungsbeschluß stand Pinochet erneut der Rechtsweg offen, den er bereits beschritten hatte. Die drei Entscheidungen und v.a. die den Urteilen zugrundeliegenden Stellungnahmen der Lord Richter verdeutlichen die erhebliche Rechtsunsicherheit in dem Bereich der Staatenimmunität. In diesem umstrittenen Bereich sind daher unterschiedliche Entscheidungen der verschiedenen nationalen Gerichte möglich. Den Entscheidungen der britischen Law Lords ist zu entnehmen, daß auch diese eine Einschränkung der Staatenimmunität bei einer „menschenrechtsverletzenden Indikation" annehmen, wobei sie sich nicht auf die Verbrechen des IMT Statuts beschränken.

Dieser interessante Lehrfall fand sein vorzeitiges Ende durch die Entscheidung des britischen Innenministers Straw, Pinochet nach 503 Tagen unfreiwilligen Aufenthalts in Großbritannien, aus „humanitären Gründen" frei und in sein Heimatland ausreisen zu lassen.[750] General Pinochet war im Januar 2000 von einer Expertenkommission untersucht und für nicht verhandlungsfähig erklärt worden. Straw traf seine Entscheidung auf der Grundlage dieses Gutachtens der Expertenkommission, das von Spanien, Frankreich der Schweiz und Belgien erfolglos angegriffen worden war.[751] In Chile sind bereits zahlreiche Klagen gegen Pinochet anhängig, so daß sich hier die Frage stellt, ob es zu einer Aufhebung der Immunität und einer Anklage kommen

---

745 Bereits die Wortwahl verrät die Brisanz, da ein Urteil der Law Lords als Entscheidung der letzten Instanz nicht aufgehoben werden kann. Es handelt sich hierbei um ein Novum in der britischen Rechtsgeschichte.

746 FAZ vom 14.1.1999, Nr. 11, S. 7.

747 Gemeint ist hier das britische Immunitätsgesetz, das die Immunität ausländischer Staatsorgane für hoheitliche Handlungen festlegt.

748 Judgement – Regina v. Bartle and the Commissioner of Police for the Metropolis and Others Ex Parte Pinochet. Regina v. Evans and Another and the Commissioner of Police for the Emtropolis and Others Ex Parte Pinochet (On Appeal from a Divisional Court of the Queen's Bench Division), vgl. auch: FAZ vom 16.4.1999, Nr. 88/15 R, S. 1. Vgl. hierzu: Bianchi, The Pinochet Case, EJIL 10 (1999), S. 243 ff; Wirth, Staatenimmunität, Jura 2000, S. 70 ff.

749 FAZ vom 27.5.1999, Nr. 120 S. 6.

750 FAZ vom 3.3.2000, Nr. 53/9*, S. 1.

751 FAZ vom 3.3.2000, Nr. 53/9*, S. 1.

wird.[752] Der chilenische Untersuchungsrichter Guzman hat bereits die Aufhebung der Immunität beantragt, über die das nationale chilenische Berufungsgericht entscheiden wird.[753]

Diese neue Rechtsentwicklung wurde auch durch die „Mauerschützenprozesse" gestützt, in denen die Schützen ebenfalls zur Verantwortung gezogen wurden. In diesem Zusammenhang sei noch auf den Fall Erich Honneckers verwiesen, der„im Kern ein Fall Pinochet gewesen" war.[754] [755]

bb. Verzicht der Staaten auf die Staatenimmunität

Den Staaten bleibt es unbelassen, auf die ihnen zustehende Staatenimmunität zu verzichten. Als Beispiel kann die Völkermord Konvention von 1948 genannt werden. Die Vertragsparteien haben in Art. IV der Konvention die strafrechtliche Verantwortung ungeachtet der Person des Täters festgelegt, so daß auch Staatsorgane und Staatsoberhäupter von den Staaten zu bestrafen sind. Hierin liegt ein partieller Verzicht der Vertragsstaaten auf die ihnen zustehende Staatenimmunität, der allerdings nur für den Bereich des Völkermordes gilt. Das Statut des IStGH legt in Art. 27 ebenfalls die Unerheblichkeit der amtlichen Eigenschaft fest[756], so daß das Statut gleichermaßen auf alle Individuen, auch wenn diese als Staatsoberhäupter oder sonstige Hoheitsorgane gehandelt haben, Anwendung findet. Auch diese Norm beinhaltet einen Verzicht der Vertragspartner auf die ihnen zustehende Staatenimmunität für den Regelungsbereich des Statuts. Die Statute der „ad hoc-Tribunale" für das ehemalige Jugoslawien und Ruanda sehen gleichfalls die Unerheblichkeit der hoheitlichen Eigenschaft vor. Allerdings ist dies nicht als Verzicht der Staaten auf die Immunität anzusehen, da diese Tribunale durch eine Resolution des Sicherheitsrates geschaffen wurden und es an einer aktiven Mitwirkung der Staaten in Form eines Verzichts fehlte. Schließlich könnte noch die UN-Folterkonvention vom 10. Dezember 1984[757] zur Konstruktion eines Verzichts auf die Immunität herangezogen werden. Art. 1 der Konvention enthält eine Definition der Folter und legt fest, daß eine Folterhandlung gegeben ist, „wenn diese Schmerzen oder Leiden von einem Angehörigen des öffentlichen Dienstes oder einer anderen in amtlicher Eigenschaft handelnden Person, auf deren Veranlassung oder mit deren ausdrücklichem oder stillschweigen-

---

752 Hier ist erneut mit innenpolitischen Auseinandersetzungen zu rechnen, in der v.a. die Rolle des Militärs zu beobachten sein wird, das seine Macht bei dem Empfang Pinochets bei seiner Rückkehr nach Chile, unter ausdrücklicher Mißbilligung der Regierung, zur Schau gestellt hat.

753 FAZ vom 9.3.2000, Nr. 58, S. 9. Vor einer Entscheidung der Gerichte muß noch die Abgeordnetenkammer über die Aufhebung der Immunität abstimmen. Pinochet kann gegen eine, der Aufhebung der Immunität stattgebende Entscheidung, in die Berufung gehen.

754 Vgl. hierzu: Helmut Rittstieg, Feier der Menschenrechte, in: Der Spiegel 49/1998, S. 191.

755 Vgl. zu dem Problemkreis, ob dem Staatsratvorsitzenden der ehemaligen DDR Immunität nach den allgemeinen Regeln zukommt: Blumenwitz, Immunität, JZ 1985, S. 614 ff, in dem Blumenwitz sich mit dem Beschluß des 2. Strafsenats des BGH vom 14.12.1984, in welchem dieser dem Vorsitzenden des Staatsrates der ehemaligen DDR aus Staatsoberhaupt angesehen hat und diesem Immunität zugestanden hatte, auseinandersetzt. Diese Entscheidung wird von Blumenwitz zu Recht angegriffen, da sie die völkerrechtliche Lage und insbesondere die besonderen Beziehungen zwischen der Bundesrepublik und der ehemaligen DDR nicht hinreichend berücksichtigt. Die Mängel des Urteils treten bei der Anwendung staats- und völkerrechtlicher Grundsätze auf die besondere Lage Deutschlands zutage.

756 Vgl. hierzu: Kap. 2 B III 2.

757 Abgedruckt in Sartorius II, Ordnungsziffer 22.

den Einverständnis verursacht werden", so daß dem Tatbestand ein hoheitliches Element immanent ist. Die Vertragsstaaten verpflichten sich in Art. 2 der Konvention zur Verhinderung der Folter. Zugleich wird festgelegt, daß eine Rechtfertigung durch Notstand oder Befehl ausscheidet. Gemäß Art. 4 der Konvention hat jeder Staat Folterhandlungen mit einer Strafdrohung zu bewehren und gemäß Art. 5 die notwendigen Maßnahmen zur Begründung seiner Gerichtsbarkeit zu ergreifen. Art. 6 ff der Folterkonvention regeln, wie mit den „Verdächtigen" zu verfahren ist. Eine Regelung, die ausdrücklich die Strafbarkeit von in hoheitlicher Eigenschaft handelnden Personen und von Staatsoberhäuptern zuläßt, findet sich in der Konvention nicht. Dieser ist lediglich zu entnehmen, daß der Folter im hier verstandenen Sinne ein hoheitliches Element innewohnt. Hieraus kann allerdings nicht ohne weiteres der Ausschluß bzw. der Verzicht der Unterzeichnerstaten auf die Staatenimmunität gefolgert werden. Dies hat umso mehr zu gelten, als nach den maßgebenden völkerrechtlichen Auslegungsregeln der Grundsatz der restriktiven Interpretation zu beachten ist, der aus dem Wesen des Völkerrechts und dem Grundprinzip der Souveränität der Staaten folgt.[758] Berber stellt daher zutreffend fest: „Da Einschränkungen der Unabhängigkeit der Staaten nicht vermutet werden dürfen, ist unter mehreren möglichen Auslegungen diejenige zu wählen, die die geringsten Verpflichtungen für die Vertragsparteien...beinhaltet."[759] Aus der Folterkonvention der Vereinten Nationen kann daher ein Verzicht der Vertragsparteien auf die völkergewohnheitsrechtlich anerkannte Staatenimmunität nicht hergeleitet werden. Abschließend ist daher festzustellen, daß ein Verzicht der Staaten auf die Staatenimmunität möglich ist, ein solcher allerdings auch ausdrücklich in einem Vertragswerk enthalten sein muß.

cc.Ergebnis

Abwägend und unter Berücksichtigung der im Fall Pinochet aufgetretenen massiven innen- und außenpolitischen Probleme ist festzustellen, daß eine drohende strafrechtliche Verfolgung der Staatsoberhäupter durch gleichgeordnete nationale Gerichte zwischenstaatliche Spannungen erwarten läßt, da z.B. bei Auslandsaufenthalten eine Verhaftung und Aburteilung vor den innerstaatlichen Gerichten droht. Die Konsequenz wäre die Reduzierung der diplomatischen Besuche und die Abkühlung der zwischenstaatlichen Beziehungen[760] sowie ggf. die Beeinträchtigung der Verhandlungsfähigkeit von Staaten. Zusätzlich kann sich eine Aburteilung im Ausland, wie im Fall Pinochet befürchtet, als Gefährdung einer jungen, ungefestigten Demokratie erweisen und schwere innenpolitische Folgen nach sich ziehen, insbesondere wenn die Demokratie erst in Folge einer gewährten nationalen Amnestie zu erreichen war. Dies hätte u.U. dann wieder Auswirkungen auf die Weltfriedensordnung. So stellt sich die Frage, ob die Verfolgung von Menschenrechtsverletzungen früherer Staatschefs im Hinblick auf den internationalen und nationalen Rechtsfrieden sinnvoll sind. Auch wäre vor diesem Hintergrund und v.a. angesichts des Gleichheitssatzes zu fordern, daß nicht nur einige „Sündenböcke" zur Verantwortung gezogen werden, sondern konsequenterweise alle Staatsoberhäupter, die Menschenrechtsverletzungen begangen haben. Dies hätte jedoch eine Lähmung der internationalen Handlungsfähigkeit zur Folge. Eine pauschale Antwort kann es auf die Frage nicht geben, da in erster Linie die jeweilige Situation des Landes zu berücksichtigen ist und hier v.a., ob

---

[758] Vgl. Berber, Lehrbuch des Völkerrechts Bd. 1, S. 482.

[759] Berber, Lehrbuch des Völkerrechts Bd. 1, S. 482.

[760] Vgl. hierzu: Becker, Verbrechen gegen die Menschlichkeit, S. 101.

eine ausländische Intervention evtl. kontraproduktiv wäre.[761] In diesem Zusammenhang ist zu berücksichtigen, daß derartige Beeinträchtigungen und Konsequenzen bei der Verfolgung durch einen allgemein anerkannten und akzeptierten internationalen Strafgerichtshof nicht zu erwarten wären.
Die Vorteile der Durchbrechung der Immunität sind in der lückenlosen Gewährleistung der Bestrafung von Individuen für Völkerrechtsverbrechen zu sehen. Aus diesem Grund erscheint eine partielle Durchbrechung des Grundsatzes der Staatenimmunität, die nur für die Verbrechen gegen die Menschlichkeit, Kriegsverbrechen und den Völkermord gewährt wird, als vertretbar, da solche Verbrechen die Völkerrechtsordnung erschüttern und eine Bedrohung des Friedens darstellen. Zudem ist zu berücksichtigen, daß der Menschenrechtsschutz zunehmend an Bedeutung gewinnt, so daß demgemäß Ausmaß und Umfang des Grundsatzes der Immunität an diese Entwicklung anzupassen sind. Ferner stände auch der Grundsatz der Gleichheit der Staaten nicht entgegen, da von derartigen Souveränitätsbeschränkungen alle Staaten gleichmäßig betroffen sind.[762] Schließlich sind auch die Immunität genießenden Personen dem Völkerrecht unterworfen, so daß sie weder der Gerichtsbarkeit eines internationalen Strafgerichtshofes noch der Gerichtsbarkeit ihres eigenen Landes entzogen sind.[763]

b. Die „act-of-state-doctrine"

Von dem Bereich der Staatenimmunität ist die von der angelsächsischen Rechtsprechung entwickelte „act-of-state-doctrine"[764] in ihrem traditionellen Sinn, dogmatisch strikt zu trennen, obwohl beide Institute eng verknüpft sind. Die „act-of-state-doctrine" besagt: „Every sovereign state is bound to respect the independence of every other sovereign state, and the courts of one country will not sit in judgment on the acts of the government of another done within its own territory".[765] Hieraus folgt, daß die Frage, ob die von Führungsorganen begangenen acta iure imperii überhaupt justiziabel sind, d.h. durch die Gerichte der anderen Staaten überprüft werden dürfen, von der Problematik der Exemtion der obersten Organe eines Staates von der Strafgerichtsbarkeit eines anderen Staates zu trennen ist.[766] Zander stellt fest, daß es in den

---

761 S. Ambos „Ein historischer Präzedenzfall" in: Die Zeit vom 3.12.1998, Nr. 50, S. 16.

762 Vgl. Dahm, Völkerstrafrecht, S. 41.

763 So: Dahm, Völkerstrafrecht, S. 45.

764 In diesem Zusammenhang ist darauf hinzuweisen, daß der Begriff der „act-of-state-doctrine" in verschiedenen Erscheinungsformen auftritt, die häufig vermengt werden, so daß z.B. die Immunität ratione materiae bzw. die Staatenimmunität synonym zu dem Begriff der „act-of-state-doctrine" verwendet wird. Der herkömmliche Regelungsbereich der Doktrin ist jedoch ein anderer; vgl. Wirth, Staatenimmunität, Jura 2000, S. 72 f; Bothe, Immunität, ZaöRV 31 (1971), S. 250. Sollte entgegen der hier vertretenen Auffassung der Begriff der „act-of-state-doctrine" dennoch für den Bereich der Staatenimmunität verwendet werden, so bleibt dies insoweit ohne konkrete Auswirkung, als sie dann nicht als weitere Art der Staatenimmunität anzusehen ist, sondern lediglich als Synonym.

765 Chief Justice Fuller in Underhill v. Hernandez, in 168 U. S. 250 (1897), zitiert aus Zander, The Act of State Doctine, AJIL 53 (1959), S. 826, der eine Analyse der Doktrin durchführt und feststellt, daß sie auf einer Analogie zu der Immunität, die fremden Staatsoberhäuptern sowie deren Beamten und dem Eigentum gewährt wurde, beruht, Zander, a.a.O., S. 850.

766 Vgl. hierzu: Hoffmann, Verantwortung, FN 2, S. 134. Laut Hoffmann wäre denkbar, daß hoheitliche Handlungen durch Gerichte anderer Staaten auf ihre Rechtmäßigkeit hin überprüft würden und somit justiziabel seien, aber das handelnde Staatsorgan Immunität besitze, so daß eine strafrecht-

meisten Rechtsprechungen etabliert sei, daß Gerichte eines Landes keine Straf- oder Steuergesetze anderer Staaten durchsetzen, sondern vielmehr Regierungsakte, die von einer Staatsregierung bezüglich der ihr unterworfenen Personen, Sachen etc. gesetzt worden sind, von den Gerichten und Verwaltungsbehörden eines anderen Staates als rechtmäßig angesehen werden müssen.[767] Während es sich bei der staatlichen Immunität um eine Schöpfung des Völkerrechts handelt, die als Entschuldigung die Rechtsprechung der nationalen Gerichte blockiert, ist die „act-of-state-doctrine" in ihrer traditionellen Ausprägung als eine (Kollisions-)Regel des heimatlichen Prozeßrechts anzusehen, welche die nationalen Gerichte inkompetent zur Entscheidung über die Rechtmäßigkeit der souveränen Akte eines fremden Staates macht.[768] Mittlerweile ist auch hier anerkannt, daß die „act-of-state-doctrine" bei schweren Völkerrechtsverletzungen weder Staatsoberhäupter noch Regierungsmitglieder schützt.[769] Auch das BVerfG stellte fest, daß die „act-of-state-doctrine" nicht als allgemeine Regel des Völkerrechts angesehen werden könne, da sie außerhalb des anglo-amerikanischen Rechtskreises nicht anerkannt sei.[770]

3. Impunity / Impunidad

Als Impunity oder Impunidad wird die Straflosigkeit von Menschenrechtsverletzungen auf internationaler Ebene bezeichnet.[771] Unter diesen Begriff fällt aber auch, daß staatlich gedeckte, initiierte oder geförderte Menschenrechtsverletzungen oder Menschlichkeitsverbrechen ungesühnt bleiben.[772] Nach Werle ist in der Straflosigkeit der Menschenrechtsverbrechen ein Grund der Neubegehung zu sehen.[773]
Als Beispiele für die Straflosigkeit von Menschenrechtsverletzungen sind zu nennen: „Baby Doc" Duvalier (Tahiti, ab 1971) der seit 1986 in Frankreich im Exil lebt, Idi Amin (Uganda 1971-1979), der heute in Saudi-Arabien lebt, Gaddafi (Libyen seit 1969), der weltweit Anschläge und Terroristen fördert, Suharto (Indonesien), der im Mai 1998 zurück trat, Laurent Kabila, Mengistu, dessen Zufluchtsland Simbabwe die Auslieferung in seine Heimat verweigert. Die USA beschränkten die Verfolgung der anläßlich des Vietnam-Krieges begangenen Verbrechen ausschließlich auf das Mas-

---

liche Verfolgung ausscheide. Angesichts des Gleichlaufes beider Institute erscheint dies jedoch als ausgeschlossen.

767 Vgl. Zander, The Act of State Doctrine, AJIL 53 (1959), S. 837.

768 Vgl. hierzu: Gornig, Verantwortlichkeit, NJ 1992, S. 13.

769 S. Jescheck, Entwicklung, GA 1981, S. 54 f; Mohr, Strafrechtliche Verantwortlichkeit, S. 411, mit weiteren Nachweisen; Hollweg, Das neue Internationale Tribunal, JZ 1993, S. 980 f.

770 BVErfG, Beschl. v. 24.10.1996, StV 1997, S. 14 (15).

771 Vgl. hierzu: Ambos, Keinerlei Folgen ?, Neue Kriminalpolitik 1997, S. 9.

772 Vgl. Ambos, Keinerlei Folgen ?, Neue Kriminalpolitik 1997, S. 9. Ambos differenziert hier zwischen normativen und faktischen Ursachen der Impunity. Als normative Ursache nennt er den Erlaß umfassender Generalamnestien oder amnestieähnlicher Regelungen, oder aber, sofern ein Verfahren zur Verfolgung der Menschenrechtsverletzungen eingeleitet werden sollte, die extensive Zuweisung an die Militärgerichtsbarkeit. Die Verbindung dieser Zuweisung mit der Anerkennung des Handelns auf Befehl als Strafausschließungsgrund in den entsprechenden Strafgesetzen, stellt nach Ambos einen wichtigen Faktor der Impunidad dar. Als faktische Ursache führt Ambos den fehlenden Verfolgungswillen der i.d.R. betroffenen Staatsführung an. Oftmals werden auch die Ermittlungen von den Streitkräften durch die Einschüchterung von Zeugen und Vernichtung von Beweismittel behindert, bzw. durch den Umstand erschwert, daß Taten anonym begangen werden.

773 So: Werle, Menschenrechtsschutz durch Völkerstrafrecht, ZStW 109 (1997), S. 821.

saker von My Lai. George Bush mußte sich für die zivilen Opfer bei der Invasion Panamas zu keinem Zeitpunkt verantworten, gleiches gilt für Michail Gorbatschow bezüglich des Todes der Zivilisten bei dem Armeeeinsatz in Litauen 1991.[774] Als Beispiel seien weiter die russischen Bombenangriffe auf die Zivilbevölkerung in Tschetschenien und die hier begangenen Kriegsverbrechen genannt. Weder für den Oberkommandierenden der russischen Streitkräfte, den damaligen Präsidenten Boris Jelzin, noch für die den Befehlen gehorchenden Täter hatte dieser Angriff strafrechtliche Konsequenzen.[775] Auch die Verbrechen des Stalinismus haben noch keine strafrechtliche Aufarbeitung erfahren. Zu nennen ist auch der Fall des Oberbefehlshabers und politischen Führers der bosnischen Serben, Radovan Karadzcic, der trotz eines internationalen Haftbefehls bis heute nicht vor dem Haager Jugoslawiengerichtshof steht. Gleiches gilt für Milosevic. Auch die Verbrechen des Titoismus haben weder eine rechtliche noch eine geschichtliche Aufarbeitung gefunden. Nicht zu vergessen sind auch die amerikanischen Vergeltungsschläge die den Anschlägen auf die amerikanischen Botschaften in Ostafrika (Kenia und Tansania) folgten.[776] Der amerikanische Präsident Clinton hatte 1998 einen Angriff von ca. sechs Dutzend Marschflugkörpern auf Ziele im Sudan und Afghanistan als „Vergeltung“ für die Terroranschläge von radikalen Islamisten auf die US-Botschaften in Kenia und Tansania angeordnet. Diese unvollständige Aufzählung ließe sich beliebig erweitern. Als Ausnahme sei das Beispiel Nigeria zu erwähnen. Dort hat der Präsident Obasanjo angekündigt, alle politisch motivierten Morde aus der Zeit der Militärdiktaturen aufzuklären und bestrafen zu lassen. So wurde u.a. der frühere Stabschef der nigerianischen Armee, General Bamaiyi wegen Verschwörung zum Mord angeklagt.[777]
Diese faktische und/oder rechtliche Freistellung von einer Strafverfolgung bzw. -vollstreckung, z.B. Kraft eines Amnestiegesetzes, ist mit den Werten und Grundsätzen des Strafrechts unvereinbar, so daß sie zu Recht angegriffen wird. Allerdings ist auch zu berücksichtigen, daß es, vorbehaltlich des in 2 cc. erarbeiteten Ergebnisses, mit den Grundsätzen des Völkerrechts und hier insbesondere dem Grundsatz der Staatensouveränität und Staatengleichheit schwerlich in Einklang zu bringen wäre, wenn sich einige Staaten in Einzelfällen zu Richtern über andere aufspielten, weil dies gegen das Prinzip „par in parem non habet iudicium“ oder „imperium“ verstieße. Da eine selektive Strafverfolgung ebenfalls gegen strafrechtliche Prinzipien verstößt kann festgestellt werden, daß beide „Systeme“ nicht weit auseinander liegen. Während allerdings das auf dem Rechtstaatsprinzip beruhende innerstaatliche Legalitätsprinzip die strafrechtliche Untersuchung und ggf. Verfolgung erfordern, sofern Anhaltspunkte für ein strafrechtliches Handeln vorliegen, können die Grundsätze des Völkerrechts im Einzelfall ein Absehen von einer strafrechtlichen Verfolgung gebieten. Allerdings kennt auch das innnerstaatliche Strafrecht die Möglichkeit, aus Gründen der politischen Opportunität von der Strafverfolgung abzusehen (vgl. § 153 c StPO), so daß beide Systeme zumindest Gemeinsamkeiten aufweisen.

---

[774] Aus Opfern werden Jäger, in: Die Zeit vom 3.12.1998, Nr. 50, S. 18.

[775] Bemerkenswert ist, daß nach dem überraschenden Rücktritt Jelzins am 31.12.1999 bekannt wurde, daß in einem von dem nachfolgenden Präsidenten Putin unterzeichneten Ukas Jelzin neben materiellen Garantien auch eine Immunität gegen jedwede Strafverfolgung nach dem Ausscheiden aus dem Amt zugesichert wurde.

[776] FAZ vom 22.8.1999, Nr. 194/34 D, S. 1 f; SZ vom 22/23.8.1998, Nr. 192, S. 1 f.

[777] FAZ vom 25.11.1999, Nr. 275/47 R, S. 1.

III. Doppelnatur strafrechtlicher Verantwortlichkeit nach dem Völkerrecht

Staatsverbrechen haben eine besondere Qualität.[778] Bei Verbrechen dieser Art besteht eine Doppelnatur von Handlungen und Handlungsträgern, da sowohl das Individuum als auch der Staat agiert.[779] Gerade die sog. „staatsverstärkte Kriminalität“[780] zeichnet sich durch eine Doppelnatur aus, d.h., daß „ein Verhalten sowohl einem Individuum als auch einem Staat zuzurechnen ist“.[781] Eine solche Doppelnatur ist i.d.R. gegeben, wenn die handelnde Person eine „Organstellung“ inne hat oder etwa als Beauftragter des Staates handelt.[782] Dann tritt neben die (zivilrechtsähnliche) Verantwortlichkeit des Staates für die staatlichen Akte die strafrechtliche Verantwortlichkeit der natürlichen Person als Vollzieher dieses Aktes.[783] Demnach können die Rechtsfolgen völkerrechtswidriger Handlungen sowohl die Staaten als auch den Einzelnen treffen.[784] Die Staatenverantwortung wird durch die neben sie tretende individuelle Verantwortlichkeit nicht aufgehoben.[785] Hierdurch wird eine strafrechtliche Verantwortlichkeit der Staaten nicht begründet.[786]

C. Formelles Völkerstrafrecht

Im Rahmen dieses Gliederungspunktes soll geprüft werden, welche Institutionen zur strafrechtlichen Verfolgung und Aufklärung völkerstrafrechtlicher Verbrechen berufen sind. Die Abgrenzung zum IStGH sowie die Prüfung der Frage, ob einzelne dieser Institutionen die Verfolgung völkerstrafrechtlicher Verbrechen effektiver gewährleisten als der IStGH, wird im zweiten Kapitel der Arbeit erfolgen. An dieser Stelle werden daher die Möglichkeiten zur Anwendung und Durchsetzung des Völkerstrafrechts dargestellt und auf die hier bestehenden Problemquellen hingewiesen. Ferner sollen die an ein Völkerstrafprozeßrecht zu stellenden Anforderungen skizziert und auf die internationale Zusammenarbeit eingegangen werden.

---

778 Vgl. hierzu: Mohr, Strafrechtliche Verantwortlichkeit, S. 403, der feststellt, daß dies auf folgende drei Faktoren zurückzuführen sei: „a) der Involvierung des Staates; b) der massenhaften, systematischen Begehungsweise, c) der Betroffenheit von Frieden und internationaler Sicherheit.“

779 Mohr, Strafrechtliche Verantwortlichkeit, S. 405 ff.

780 Vgl. hierzu Kap. 1 D II 1.

781 Triffterer, Materielles Völkerstrafrecht, S. 168.

782 Vgl. Triffterer, Materielles Völkerstrafrecht, S. 168 f.

783 S. Sonnenfeld, Kodifizierung strafrechtlicher Normen, Osteuropa Recht 1984, S. 178. Mohr, Strafrechtliche Verantwortlichkeit, S. 406 ff, der darauf hinweist, daß diese Verantwortlichkeiten streng zu trennen seien und eine solche Doppelverantwortlichkeit v.a. bei den Kriegsverbrechen, den Verbrechen gegen den Frieden, den Verbrechen gegen die Menschlichkeit und dem Genozid in Betracht komme, S. 418.

784 Sonnenfeld, Osteuropa Recht 1984. S. 181, nennt sogar drei Adressaten strafrechtlicher Verantwortlichkeit: den Staat, die natürliche Person und die als Staatsorgan handelnde natürliche Person, Sonnenfeld, Kodifizierung strafrechtlicher Normen, Osteuropa Recht 1984, S. 181.

785 Vgl. Mohr, Strafrechtliche Verantwortlichkeit, S. 410.

786 Vgl. Kap. 1 B I.

I. Gerichtsbarkeit bzw. Anwendung und Durchsetzung des Völkerstrafrechts

Die Umsetzung und Anwendung der Normen des Völkerstrafrechts ist sowohl durch internationale als auch durch innerstaatliche Organe der Strafverfolgung möglich, so daß neben den internationalen auch die nationalen Gerichte sowie die Besatzungsgerichtsbarkeit in Betracht zu ziehen sind.[787]
Bereits an dieser Stelle sei darauf hingewiesen, daß zu den Durchsetzungsmöglichkeiten des Völkerstrafrechts zwei Modelle vertreten werden: das „indirect enforcement model“ und das „direct enforcement model“. Hier treten jedoch Widersprüchlichkeiten auf, da über den Regelungsinhalt dieser Modelle keine Einigkeit herrscht und sich die gegebenen Definitionen widersprechen. So nehmen Bassiouni, Bremer und ebenso Seidel und Stahn einen globalen Blickwinkel ein und bezeichnen die Durchsetzung völkerrechtlicher Delikte durch die nationalen Organe der Staaten, ggf. nachdem diese einen entsprechenden Rechtsakt erlassen haben, der sie zur strafrechtlichen Verfolgung befähigt, als „indirect enforcement model“[788]. Eine Strafverfolgung durch „internationale Organe“, die bislang nur in Nürnberg, Tokio und in Den Haag (für das ehemalige Jugoslawien und Ruanda) stattgefunden habe, definieren sie hingegen als „direct enforcement model“.[789] Demgegenüber nimmt Nill-Theobald einen auf die nationale Rechtsordnung bezogenen Blickwinkel ein, so daß nach ihrem Verständnis beide Modelle die Durchsetzung internationaler Regelungen durch das nationale Recht bezeichnen und demnach die Unterscheidung auf der Grundlage erfolgt, ob die völkerstrafrechtlichen Normen direkt oder indirekt durch nationale Gerichte angewendet werden.[790] Demgemäß definiert sie das „direct enforcement model“ als die unmittelbare Anwendung völkerstrafrechtlicher Normen durch staatliche Gerichte, ohne daß es ihrer vorherigen Aufnahme in das nationale Recht bedürfe.[791] Unter dem „indirect enforcement model“ versteht sie die Verfolgung und Aburteilung völkerrechtlicher Delikte nach nationalem Recht mit Hilfe staatlicher Durchsetzungsmechanismen und sieht hierin die dezentrale Durchsetzung des Völkerstraf-

---

[787] Vgl. Buchner, Die Rechtswidrigkeit der Taten von Mauerschützen, S. 200; Jescheck, Völkerstrafrecht, S. 781. Die Tatsache, daß auch nationale Gerichte Völkerstrafrecht anwenden und durchsetzen können verkennt offensichtlich Stahn, Internationaler Menschenrechtsschutz, Kritische Justiz 1999, S. 353.

[788] Vgl. hierzu: Bassiouni, Proscribing function of International Criminal Law, S. 1467, der feststellt: „The direct enforcement scheme contemplates the creation of an international criminal court and international machinery for the execution of an extra-national system of justice. The indirect enforcement scheme obligates states to prosecute or extradite violators of international normative proscriptions in accordance with national laws“. Das „indirect Scheme“ hat seinen Ursprung in dem von Hugo Grotius aufgestellten Maxim „aut dedere aut punire“; vgl. Bremer, Internationale Verbrechen, S. 31, 35 ff, die in ihrer Dissertation im Rahmen einer rechtsvergleichenden Betrachtung überprüft, ob die von ihr untersuchten Staaten ihre völkerrechtlichen Verpflichtungen bei der Verfolgung internationaler Verbrechen im Rahmen des indirect enforcement models erfüllen; Seidel/Stahn, Das Statut, Jura 1999, S. 14, die beispielhaft die Eichmann Fall und den Fall Barbie erwähnen. Ebenso: Scholz, Die Zulieferung, S. 46.

[789] Vgl. Bassiouni, Proscribing function of International Criminal Law, S. 1467; Seidel/Stahn, Das Statut, Jura 1999, S. 15. So auch Scholz, Die Zulieferung, S. 46, die hier die Strafverfolgung durch einen supranationalen Gerichtshof nennt.

[790] Vgl. Nill-Theobald, Defences, S. 38 ff. Nill-Theobald stellt fest, daß der IStGH zwar durch die direkte Anwendung des Völkerstrafrechts, die zentrale Durchsetzung des Völkerstrafrechts gewährleiste, ordnet ihn aufgrund dieses Blickwinkels aber keinem Modell zu.

[791] S. Nill-Theobald, Defences, S. 38. So hat das Völkerstrafrecht z.B. in Amerika den Rang einfachen Bundesrechts und kann daher von den nationalen Gerichten unmittelbar angewendet werden, während in Deutschland, angesichts des Grundsatzes „n.c., n.p.s.l.s.“ die vorherige Aufnahme in das nationale Recht erforderlich ist, vgl. hierzu: Nill-Theobald, a.a.O., S. 36 ff.

rechts.[792] Die Auffassung von Nill-Theobald vermag nicht zu überzeugen, da hier zwar der Aspekt der Anwendbarkeit materiellen Rechts in den Vordergrund gestellt wird, dies aber nicht konsequent zu Ende gedacht wird. Vielmehr ist mit Triffterer davon auszugehen, daß sowohl in den Fällen der unmittelbaren Durchsetzung des Völkerstrafrechts durch internationale Gerichtshöfe als auch in den Fällen der unmittelbaren Anwendung von Völkerstrafrecht durch die nationalen Gerichte eine unmittelbare Durchsetzung erfolgt, so daß diese Fälle dem „direct enforcement model" zuzuordnen sind und in den Fällen, in denen die nationalen Rechtsordnungen einer unmittelbare Durchsetzung durch das Erfordernis einer Transformation entgegenstehen von dem „indirect enforcement model" auszugehen ist.[793] Diese Auffassung ist, sofern auf den Aspekt der Anwendbarkeit des materiellen Rechts abgestellt wird, schlüssig, da in erstgenannten Fällen eine direkte Anwendung des Völkerstrafrechts erfolgt, bei der anderen Konstellation hingegen nur eine indirekte. Wird jedoch die prozessuale Frage in den Vordergrund gestellt, d.h. auf welcher Ebene die Durchsetzung des Völkerstrafrechts erfolgt, auf nationaler oder internationaler, so ist mit Bassiouni u.a. die herkömmliche Auffassung zu teilen.

1. Staatliche Gerichtsbarkeit

Im Rahmen dieser Arbeit wird unter dem Begriff der staatlichen Gerichtsbarkeit die durch einen Staat ausgeübte Strafgerichtsbarkeit verstanden. Hierunter fällt beispielsweise die Gerichtsbarkeit des Staates, dem der Beschuldigte angehört und unter Berücksichtigung des Weltrechtsprinzips die Ausübung der Gerichtsbarkeit durch jeden zuständigen Staat. Auch die Gerichtsbarkeit des „Feindstaates" ist hinzuzuzählen, da sie als staatliche Gerichtsbarkeit anzusehen ist, und, anders als die Besatzungsgerichtsbarkeit, die auf dem territorialen Gebiet des besetzten Staates erfolgt, durch die ordentlichen oder außerordentlichen Gerichte im Ausland ausgeübt wird.[794] Grundsätzlich liegt das Rechtspflegemonopol und die Strafhoheit bei den Staaten. Das Völkerstrafrecht, das die unmittelbare Strafbarkeit von Individuen nach Völkerrecht begründet, kann in jedem Staat der Welt angewendet und durchgesetzt werden.[795] Im Gegensatz zu der Durchsetzung des Völkerstrafrechts im internationalen Bereich, die wenig erfolgreich war, ist die Einbeziehung und Durchsetzung der Normen des Völkerstrafrechts im nationalen Bereich, v.a. in neuerer Zeit, als außerordentlich fruchtbar zu bewerten. So wurde im Jahr 1999 in Deutschland erstmalig ein Angeklagter rechtskräftig wegen Völkermordes verurteilt. Der BGH bestätigte das Urteil des Düsseldorfer Oberlandesgerichts vom 26. September 1997[796] gegen den Serben Nicola Jorgic wegen der Ermordung von 30 Menschen zu lebenslanger Frei-

792 Vgl. Nill-Theobald, Defences, S. 38.

793 S. Triffterer, Bestandsaufnahme, S. 246.

794 Vgl. Jescheck, Verantwortlichkeit der Staatsorgane, S. 157.

795 Vgl. Triffterer, Bestandsaufnahme, S. 246. Auch Stuby, Staatliche Souveränität, S. 448, geht davon aus, daß die Frage der individuellen strafrechtlichen Verantwortung ihren Geltungsgrund sowohl im Völkerrecht als auch im nationalen Recht haben könne, während die Staatenverantwortung nur auf der Ebene des Völkerrechts entschieden werde.

796 Az. des Urteils vom 26.9.1997: IV-26/96 2 STE 8/96. Mit diesem Urteil hat erstmals ein deutsches Gericht einen Angeklagten wegen Völkermordes nach § 220a StGB in 11 Fällen zu lebenslanger Freiheitsstrafe verurteilt, da sich der Angeklagte, der seit 23 Jahren in Deutschland lebt, 1992 an Terrorakten zur Unterstützung der „ethnischen Säuberung" in Bosnien Herzegovina gegenüber der muslimischen Bevölkerung beteiligt haben soll; vgl. hierzu auch: FAZ vom 29.4.1999, Nr. 99, S. 5.

heitsstrafe.[797] Damit hat der BGH, mehr als 40 Jahre nach der Einführung des § 220a StGB, erstmals ein Grundsatzurteil zum Tatbestand des Völkermordes getroffen, die überzeugende und innovative Überlegungen zu dessen Tatbestandsstruktur enthält.[798] Der Umstand, daß auch die Obersten Gerichte der Länder zunehmend mit derartigen Fällen betraut sind[799], zeigt, daß sich dieses Gebiet im Fluß befindet. Zudem hat sich der BGH die Nürnberger Prinzipien zu eigen gemacht und weiterentwickelt: „Der Senat hat mit seiner Bewertung der Schüsse an der innerdeutschen Grenze materiell-rechtliche Grundlagen des Urteils des Internationalen Militärgerichtshofes vom 30. September/1. Oktober 1946, auf denen er aufbaut, für einen speziellen Fall weiterentwickelt. Die nach 1946 eingetretene Betonung und Festschreibung von Menschenrechten läßt es zu, das Tötungsverbot noch stärker zu betonen, also die Anforderungen an wirksame Rechtfertigungsgründe weiter heraufzusetzen."[800] Auch der Beschluß des BVerfG vom 26. Oktober 1996[801] ist, wie bereits dargelegt, als Bestätigung der Nürnberger Urteile bezüglich des Rückwirkungsverbots und anderer völkerrechtlicher Fragen wie der „act-of-state-doctrine", des Handelns auf Befehl und des Irrtums über das Verbotensein der Tat anzusehen.[802] Vorstehenden Ausführungen ist zu entnehmen, daß die nationalen Gerichte in Deutschland bei der Anwendung und Durchsetzung der Normen des Völkerstrafrechts sowie bei der Verfolgung völkerstrafrechtlicher Verbrechen äußerst aktiv und erfolgreich sind.[803]

Die Aburteilung völkerstrafrechtlicher Verbrechen setzt die Zuständigkeit der nationalen Gerichte voraus. Diese bestimmt sich nach dem Internationalen Strafrecht, das, wie bereits ausgeführt, als nationales Recht und nicht als Völkerrecht anzusehen ist.[804] Das Internationale Strafrecht regelt bei Taten mit Auslandsbezug[805], zunächst die Frage, ob die inländische Strafgewalt (ius puniendi) eröffnet und bejahendenfalls,

---

797 BGH NStZ 1999, S. 396 ff. Vgl. hierzu auch: FAZ vom 16.11.1999, Nr. 267, S.16; FAZ vom 24.4.1999, Nr. 99, S. 5.

798 BGH NStZ 1999, S. 396 ff; sowie JZ 1999, S. 1176. So wird festgestellt, daß § 220a StGB die soziale Existenz der Gruppe und damit ein überindividuelles Rechtsgut schützt, S. 401 ff. Die Ausführungen zur deutschen Gerichtsbarkeit wegen Völkermordes entsprechen der bisherigen Ansicht, deuten aber auf die Lockerung des Erfordernisses eines „legitimierenden inländischen Anknüpfungspunktes hin, und begründen eine neuartige „Annexkompetenz", da die mit einem Völkermord gem. § 220 a StGB tateinheitlich begangenen Verbrechen gem. §§ 211, 212 StGB von dem nach § 6 StGB geltenden Weltrechtsprinzip mit erfaßt werden, S. 396, 398.

799 Der 6. Strafsenat des bayerischen Obersten Landesgerichts hat z.B. den bosnischen Serben Djuradi Kusljic wegen Völkermordes und sechsfachen Mordes zu einer lebenslangen Freiheitsstrafe verurteilt. Bei der Generalbundesanwaltschaft in Karlsruhe liefen im August 1999 52 Ermittlungsverfahren wegen Völkermordes im ehemaligen Jugoslawien. Im Juni 1999 wurde gegen einen bosnischen Serben abermals Anklage wegen Völkermordes erhoben, FAZ vom 9.6.1999, Nr. 130, S. 5. Vgl. auch den Fall Tadic, dem vor dem Bayerischen Obersten Landesgericht der Prozeß gemacht werden sollte, dann jedoch an den ICTY überstellt wurde. Hierzu auch Roggemann, Strafgerichtshof, S. 33, der u.a. darauf hinweist, daß das Ermittlungsverfahren gegen Tadic von den deutschen Strafverfolgungsbehörden auf der Grundlage des Weltrechtsprinzips eingeleitet worden war.

800 BGHSt 41, 101 (109), Urteil bezüglich der Todesschüsse an der deutsch-deutschen Grenze.

801 Az.: 2 BvR 1851-1853; 1875/94 K = StV 1997 , 14.

802 Vgl. Ambos, Nuremberg revisited, StV 1997, S. 39 ff, 41 ff.

803 Vgl. hierzu auch: Bremer, Internationale Verbrechen, S. 240 ff.

804 S. Jescheck, Verantwortlichkeit der Staatsorgane, S. 160.

805 Hierunter fallen z.B. Täter fremder Staatsangehörigkeit oder Sachverhalte außerhalb des eigenen Staatsgebietes.

welches Strafrecht auf den betreffenden Fall anzuwenden ist.[806] Die Festlegung der tatsächlichen und rechtlichen Anknüpfungspunkte des Anwendungsbereichs des nationalen Strafrechts, in dem sich das nationale Souveränitätsverständnis manifestiert, erfolgt durch die einzelnen Staaten und dient dem Ausschluß der Einmischung in die inneren Angelegenheiten des Staates.[807] Das Gebot der Nichteinmischung in die inneren Angelegenheiten eines Staates ist völkergewohnheitsrechtlich anerkannt und findet seinen Niederschlag für den Bereich der Vereinten Nationen u.a. in Art. 2 Abs. 7 UN-Charta sowie im dritten Grundsatz der „Friendly-Relations-Declaration“ vom 24. Oktober 1970.[808] Bei der Entscheidung, in welchem Umfang der Staat im Bereich des Internationalen Strafrechts Strafhoheit in Anspruch nehmen will, hat jeder Staat die aus dem Völkerrecht folgenden Schranken[809], soweit die Souveränität anderer Staaten betroffen sein kann, zu beachten und ist in besonderem Maße zur Wahrung dieses Grundsatzes verpflichtet. In diesem Zusammenhang sei noch darauf hingewiesen, daß der Grundsatz der Nichteinmischung nur in den Bereichen Anwendung finden kann, die nach Völkerrecht der alleinigen Regelung des betreffenden Staates überlassen werden.[810] Als völkerrechtlich anerkannte Anknüpfungspunkte sind das Territorialitätsprinzip[811], das aktive[812] und das passive[813] Personalitätsprinzip, das Flaggenprinzip, das Schutz[814]- oder Realprinzip, das Weltrechtsprinzip (Universalitätsprinzip)[815] und das Prinzip der stellvertretenden Strafrechtspflege zu nennen.[816] Im Bereich des Internationalen Strafrechts gilt der Grundsatz der identischen

---

806 Vgl. Jescheck, Neueste Entwicklungen, S. 579 f; Tröndle/Fischer, StGB, vor § 3, Rn. 2.

807 S. Scholz, Die Zulieferung, S. 44.

808 S. Scholz, Die Zulieferung, S. 44. Die „Friendly Relations Declaration“ ist abgedruckt in Sartorius II, Ordnungsziffer 4.

809 Vgl. hierzu auch: Mayer, Völkerrecht, JZ 1952, S. 609; Wengler, Völkerrechtliche Schranken, JZ 1977, S. 257 ff; Jescheck, Verantwortlichkeit der Staatsorgane, S. 160 f.

810 So: Ambos, Aktuelle Probleme der deutschen Verfolgung von Kriegsverbrechen, ZStW 111 (1999), S. 227, der dies im Bereich der vertraglich verbürgten Menschenrechte ausschließt, da die Begehung schwerer Menschenrechtsverletzungen die Weltgemeinschaft als Ganzes angingen.

811 Demgemäß darf ein Staat alle Handlungen bestrafen, die auf seinem eigenen Hoheitsgebiet begangen werden, selbst wenn der Täter ein Ausländer ist; vgl. Jescheck, Strafrecht, S. 397; Dahm, Völkerstrafrecht, S. 27 f.

812 Danach erstreckt sich die Strafgewalt eines Staates auf Handlungen seiner eigenen Staatsangehörigen, auch wenn diese sich im Ausland ereigneten und selbst dann, wenn die Handlung nach ausländischen Recht nicht mit Strafe bedroht ist; nach Jescheck, Strafrecht, S. 397, sollte das Prinzip sowohl aus politischen als auch aus Gründen der Rücksichtnahme auf das Ausland, nur angewendet werden, wenn auch im Ausland die Tat strafbewehrt sei.

813 Hierunter fallen strafrechtlich relevante Handlungen, die, ungeachtet des Tatortes, gegen Deutsche begangen wurden. Mayer, Völkerrecht, JZ 1952, S. 609, vertritt die Auffassung, daß dieses Prinzip als unzulässiger Eingriff in die fremde Souveränität abzulehnen sei. Zudem lasse sich das Personalitätsprinzip nur in den Grenzen der stellvertretenden Strafrechtspflege vertreten, da andernfalls ein völkerrechtlich unzulässiger Eingriff in die ausländische Hoheitsgewalt vorliege, Mayer, a.a.O., S. 610.

814 Nach dem Schutzprinzip, das auch das passive Personalitätsprinzip umfaßt, ist der Staat, der durch die Tat verletzt wurde, befugt, die unter Strafe gestellte Auslandstat in seinem Hoheitsbereich zu bestrafen, so: Dahm, Völkerstrafrecht, S. 28.

815 Vgl. hierzu: nachfolgend a.

816 Vgl. hierzu Albin Eser Die Entwicklung des Internationalen Strafrechts, S. 1353. In seinem Beitrag setzt sich Eser mit dem Werk Jeschecks sowie der Gestaltung und Prägung des Internationalen Strafrechts durch diesen auseinander.

Norm.[817] Demzufolge haben Staaten, deren Rechtsordnung die Bestrafung von Ausländern vorsieht, diese ebenso wie die Auslieferung davon abhängig machen, daß die Tat, sowohl nach eigenem, als auch nach dem Recht des Begehungsortes strafbar ist[818], sofern die Tat nicht gegen Sicherheit und Bestand des eigenen Staates gerichtet ist, da dann das Real- und Schutzprinzip[819] gilt. Zudem stellt das Völkergewohnheitsrecht Mindestanforderungen dergestalt auf, daß die Anwendung des Personal- oder Realprinzips bei der Bestrafung von Auslandstaten im betroffenen ausländischen Gebiet ebenfalls keinen Normenkonflikt auslösen darf, wobei die am Tatort geltende Norm den Normen anderer Staaten vorgeht und auch eine rechtskräftige Entscheidung des Heimatstaats eine Verfolgung durch den Auslandsstaat ausschließt.[820] Dies folgt aus der Tatsache, daß wechselseitig die territoriale Souveränität zu achten ist, so daß Auslandstaten nur dann strafbar sind, wenn sie auch von der lex loci verboten werden.[821] Hiervon ausgenommen sind Kriegsverbrechen, die aufgrund eines entsprechenden völkergewohnheitsrechtlichen Erlaubnissatzes ungeachtet der Strafbarkeit in anderen Staaten abgeurteilt werden können.[822]
Bei den, der Durchführung des staatlichen Verfahrens zugrundeliegenden Vorschriften, ist abermals zu differenzieren, ob eine Transformation in nationales Recht zu erfolgen hat. Kann eine Verurteilung durch nationale Gerichte nur auf der Grundlage einer vorausgegangenen Transformation erfolgen, so sind die Regeln des nationalen Rechts maßgebend.[823] Bei unmittelbar anwendbaren völkerstrafrechtlichen Normen können allgemein anerkannte Rechtsgrundsätze mitherangezogen werden.[824] Zusammenfassend ist festzustellen, daß sich die Durchführung staatlicher Verfahren zur Aburteilung völkerstrafrechtlicher Verbrechen entweder nach den unmittelbar anwendbaren oder ins staatliche Recht transformierten verfahrensrechtlichen Regelungen des Völkerstrafrechts richten kann[825] oder aber durch das staatliche Recht ergänzend oder vollständig geregelt wird.[826] Das anwendbare materielle Recht richtet sich, unter Bezugnahme auf das „direct/indirct enforcement-Modell" in dem von Nill-Theobald verstandenen Sinne, maßgebend danach, ob völkerstrafrechtliche Normen direkt, d.h. ohne Transformation oder aber mittelbar nach einer vorausgegangenen

---

817 So auch Mayer, Völkerrecht, JZ 1952, S. 610; a.A. für den Bereich des aktiven Personalitätsprinzips: Dahm, Völkerstrafrecht, S. 24 ff, 28 ff.

818 Vgl. Jescheck, Verantwortlichkeit der Staatsorgane, S. 162; ders. etwas anders in Strafrecht, S. 397, wo er nicht mehr vom Vorliegen eines Grundsatzes ausgeht, sondern politische Erwägungen anführt, die die Einhaltung dieses Prinzips gebieten und feststellt, daß die herrschende Völkerrechtslehre gegen das aktive Personalitätsprinzip auch dann keine Einwendungen erhebe, wenn es nicht durch den Grundsatz der identischen Norm eingeschränkt sei.

819 In diesem Fall kann der Staat seine Staatsgewalt auf Auslandstaten von In- und Ausländern erstrecken, sofern sie seine Existenz oder andere wichtige Rechtsgüter gefährden. A.A. Dahm, Völkerstrafrecht, S. 28, demzufolge das Schutzprinzip gerade nicht die Verletzung vitaler Interessen des Staates voraussetzt.

820 So: Mayer, Völkerrecht, JZ 1952, S. 611, a.A. Dahm, Völkerstrafrecht, S. 24. Dieser Grundsatz könne durch ein wirksames Selbstverteidigungsrecht ausgeschlossen werden.

821 Vgl. Mayer, Völkerrecht, JZ 1952, S. 610.

822 Vgl. Jescheck, Verantwortlichkeit der Staatsorgane, S. 163. Gleiches muß konsequenterweise für die von den jeweiligen nationalen Rechtsordnungen losgelösten völkerstrafrechtlichen Verbrechen gelten.

823 So auch: Triffterer, Bestandsaufnahme, S. 247.

824 Vgl. Triffterer, Bestandsaufnahme, S. 247.

825 Diese kommen laut Triffterer in den Statuten und Verfahrensordnungen für den ICTR und den ICTY zum Ausdruck, vgl. Triffterer, Bestandsaufnahme, S. 246.

826 Vgl. Triffterer, Bestandsaufnahme, S. 246.

Transformation angewendet werden können. Abschließend ist darauf hinzuweisen, daß z.T. angenommen wird, daß völkerstrafrechtliche Straf- und Verfolgungspflichten i.d.R. zu erfüllen sind, so daß den Verstößen gegen das Völkerstrafrecht eine strafrechtliche Verfolgung nachfolgen muß.[827]
Das deutsche Strafrecht regelt das Internationale Strafrecht in den §§ 3 – 7 StGB. Das StGB knüpft in erster Linie an das Territorialitätsprinzip (§ 3 StGB) an, dessen Geltung auf die im Inland begangenen Taten beschränkt ist. Es enthält zudem das Flaggenprinzip (§ 4 StGB), das Schutz- oder Realprinzip (§ 5 Nr. 1, 2, 3b, 4, 5a, 10, 12, 13 StGB), den passiven Personalitätsgrundsatz (§ 5 Nr. 6-9, 14, § 7 Abs. 2 StGB), das aktive Personalitätsprinzip (§ 5 Nr. 3a, 5b, 8, 9, 12, 13 StGB) und das Weltrechtspflegeprinzip (§ 6 StGB). Diese Prinzipien werden ergänzt durch den Grundsatz der stellvertretenden Strafrechtspflege.
Ein interessantes, aktuelles und bislang einmaliges Beispiel der nationalen Gerichtsbarkeit trotz „internationalen Flairs" ist der „Lockerbie-Fall", auf den bereits unter einem anderen Gesichtspunkt eingegangen wurde.[828] Nachdem Libyen jahrelang die Auslieferung der Tatverdächtigen verweigert hat, fruchteten die zwischenzeitlich verhängten Sanktionen und Streitereien, so daß Libyen schließlich einem Vorschlag zustimmte, demgemäß den beiden Tatverdächtigen vor einem schottischen Gericht nach schottischem Recht auf niederländischen Territorium der Prozeß gemacht wird.[829] Das Gelände, auf dem der Prozeß stattfinden soll, wurde durch einen Vertrag zwischen den Niederlanden und Großbritannien vorübergehend zu britischem Hoheitsgebiet erklärt. Zwischenzeitlich wurden die beiden tatverdächtigen Libyer den Vereinten Nationen übergeben, nach Den Haag verbracht und den schottischen und britischen Justizbehörden überstellt. Im Falle eines Verurteilung verbüßen die Verurteilten ihre Haftstrafe in einem schottischen Gefängnis unter Aufsicht der UN.[830] Vorstehenden Ausführungen ist zu entnehmen, daß die Möglichkeiten der staatlichen Gerichtsbarkeit vielfältig sind.

a. Strafverfolgung auf der Grundlage des Weltrechtsprinzips

Besondere Erwähnung verdient der in vielerlei Hinsicht problematische Universalitätsgrundsatz, der den Staaten die Möglichkeit der „Ausdehnung" ihrer Strafgewalt auf Verletzungen des Völkerstrafrechts bietet. Aufgrund des i.d.R. aus völkerrechtlichen Verträgen folgenden Weltrechtsprinzips kann die staatliche Gewalt auf den Schutz von Rechtsgütern erstreckt werden, an deren Erhaltung alle Mitglieder der Völkerrechtsordnung ein Interesse haben („delicta iuris gentium"), selbst wenn ein Ausländer die Tat im Ausland begangen hat.[831] Der Unterschied zum Prinzip der stellvertretenden Strafrechtspflege liegt darin, daß es originär, d.h. auch wenn die Auslieferung möglich wäre, angewandt wird, während das andere die Nichtausführ-

---

827 S. Schilling, Ungeschriebene Strafpflichten, ZÖR 54 (1999), S. 359. Schilling setzt sich im Rahmen seiner Abhandlung v.a. mit den ungeschriebenen Strafpflichten auseinander. Hier nimmt der Autor kritisch zu der Frage der Herleitung von Strafpflichten zum einen aus Schutzpflichten, S. 369 ff, zum anderen aus der materiellen Gerechtigkeit, S. 381 ff, Stellung. Vgl. auch: Scholz, Die Zulieferung, S. 46.

828 Vgl. Kap. 1 A III 6 a.

829 Vgl. hierzu: Die Welt vom 6.4.1999, S. 7; SZ vom 6.4.1999 Nr. 78, S. 10.

830 Die Welt vom 6.4.1999, S. 10.

831 Vgl. Jescheck, Strafrecht, S. 397; Hettinger, Völkerrechtliche Verpflichtungen, S. 90; Roggemann, Strafgerichtshof, S. 33 f.

barkeit der Auslieferung trotz deren Zulässigkeit voraussetzt.[832] Auch in dem Fall des Weltrechtsprinzips erfolgt die Bestrafung nach nationalem Strafrecht vor staatlichen Gerichten. Ebenso wie bei den anderen oben dargelegten Prinzipien des Internationalen Strafrechts werden auch die nach dem Universalitätsgrundsatz zu verfolgenden Straftaten von dem nationalen Gesetzgeber festgelegt, wobei diese Taten einen Bezug zum Völkerstrafrecht aufweisen müssen, damit nicht gegen das Prinzip der Nichteinmischung verstoßen wird.[833] Da die Strafgewalt des Tatort- oder des Heimatstaates nach völkerrechtlichen Grundsätzen als die vorrangige Zuständigkeit, anzusehen ist, bedarf es, angesichts dieses Eingriffs in die Rechte anderer Staaten, zudem eines völkerrechtlichen Rechtfertigungsgrundes, um tätig zu werden.[834] Daher sind die sich aus dem Völkerrecht ergebenen Schranken besonders zu beobachten[835], was insbesondere für den Grundsatz der Nichteinmischung gilt, da Staaten in diesem Bereich Völkerrechtsverletzungen, durch die sie nicht unmittelbar berührt werden, bestrafen wollen. Sowohl Völkergewohnheitsrecht als auch völkerrechtliche Abkommen können eine derartige Ermächtigungsgrundlage bilden, so daß die Rechtsgüter des Weltrechtspflegeprinzips i.d.R. dem Völkergewohnheitsrecht oder Abkommen, in denen sie als international schutzwürdig bezeichnet wurden, entstammen.[836] Das Erfordernis der identischen Norm gilt hier nicht, da dies dem Sinn und Zweck des Universalitätsgrundsatzes zuwiderliefe.

Eine Untersuchung der verschiedenen Regelungen in den internationalen Abkommen sowie die Ermittlung völkergewohnheitsrechlicher Normen geht über den Rahmen der Arbeit hinaus, so daß hier lediglich einige Beispiele genannt werden sollen.[837] Zu den Delikten, die aufgrund entsprechender völkergewohnheitsrechtlicher oder –vertraglicher Normen im Rahmen des Weltrechtsprinzips verfolgt werden können, zählen die Piraterie[838], die widerrechtliche Inbesitznahme von Luftfahrzeugen[839],

---

832 S. Oehler, Internationales Strafrecht, Rn. 147.

833 Vgl. Scholz, Die Zulieferung, S. 45.

834 Vgl. Griesbaum, Über die Verfahrensgrundsätze, S. 118 f; Roggemann, Strafverfolgung von Balkankriegsverbrechen, NJW 1994, S. 1437.

835 Vgl. hierzu: Wengler, Völkerrechtliche Schranken, JZ 1977, S. 257 ff.

836 Vgl. Oehler, Internationales Strafrecht, Rn. 844; Roggemann, Strafverfolgung von Balkankriegsverbrechen, NJW 1994, S. 1437.

837 An dieser Stelle ist auf Oehler, Internationales Strafrecht, Rn. 845 ff, 866 ff, zu verweisen, der eine Analyse der internationalen Abkommen, in die das Weltrechtspflegeprinzip Eingang gefunden hat, sowie der nationalen Gesetzgebungen vorgenommen hat.

838 Vgl. Berber, Lehrbuch des Völkerrechts Bd. 1, S. 342, der folgende Definition der Piraterie gibt: „Jeder widerrechtliche Akt der Gewalttat, Festhaltung oder Beraubung, der für persönliche Zwecke von der Mannschaft oder von Passagieren eines privaten Schiffes oder privaten Flugzeuges entweder, auf hoher See, gegen ein anderes Schiff oder Flugzeug selbst, oder, in staatenlosen Gebieten, gegen ein anderes Schiff oder Flugzeug oder gegen Personen oder Eigentum auf dem Schiff oder Flugzeug selbst, oder, in staatenlosen Gebieten, gegen ein Schiff, Flugzeug, Personen oder Eigentum begangen wird", wobei auch Teilnahme, Anstiftung und Versuch unter den Begriff des Seeraubes fallen. Als Folge des Seeraubes tritt die „Entnationalisierung des Schiffes" ein, mit der Folge, daß jeder Staat zur Aburteilung der Täter befugt ist. Dahm, Völkerstrafrecht, S. 34 geht von der gewohnheitrechtlichen Geltung dieses Grundsatzes aus. Vgl. auch Hettinger, Völkerrechtliche Verpflichtungen, S. 90 f, der jedoch eine Verpflichtung der Staaten, gegen ergriffene Piraten einzuschreiten, selbst dann ausschließt, wenn die Tathandlungen vom staatlichen Territorium ausgingen. Das Hauptmerkmal der Piraterie liegt darin, daß der Gewaltakt dort begangen wird, wo kein staatliches Präventiv- oder Repressivsystem greift; vgl. Hettinger, Völkerrechtliche Verpflichtung, S. 90.

839 So: Jescheck, Neueste Entwicklung, S. 582.

der unbefugte Vertrieb von Betäubungsmitteln[840] und die Falschmünzerei.[841] Zudem wird das Weltrechtsprinzip von den nationalen Rechtsordnungen im Bereich des Sklaven-, Frauen-, Kinder- und Waffenhandels, der unzüchtigen Veröffentlichungen sowie der Beschädigung unterirdischer Kabel anerkannt.[842] Für den Geltungsbereich der vier Genfer Abkommen zum Schutz der Kriegsopfer vom 12. August 1949 ist nach überwiegender Auffassung die Geltung des Weltrechtsprinzips für die hierin aufgeführten Kriegsverbrechen anerkannt.[843] Problematisch erscheint allerdings eine Ausdehnung des Weltrechtsprinzips auf das Verbrechen gegen die Menschlichkeit, die von der wohl überwiegenden Meinung bejaht wird[844], aber auch heftige Ablehnung erfährt.[845] Auch die Genocidium Konvention normiert lediglich die Geltung des Territorialitätsprinzips.[846] Dennoch geht die wohl h.M. in Ansehung des Völkermordes von der Geltung des Weltrechtsprinzips aus.[847] Durch die Konvention zum Schutz der Menschenrechte und der Grundfreiheiten vom 4. November 1950 wurde eine allgemeine Geltung des Weltrechtsgrundsatzes nicht eingeführt. Auch die Rechtsprechung der aufgrund des KRG 10 gegründeten Militärtribunale basiert nicht auf der Grundlage des Weltrechtsprinzips, da diese ebensowenig wie der ICTY und der ICTR als nationale Gerichte anzusehen sind.

Es kann daher festgestellt werden, daß das Völkerrecht bzw. das internationale Vertragsrecht keinerlei Anhaltspunkte für eine allgemeine und uneingeschränkte Geltung des Weltrechtsgrundsatzes aufweisen.[848] Dies ist nicht weiter verwunderlich, handelt es sich doch um einen souveränitätsrelevanten Bereich. Es besteht daher keine Vermutung für die staatliche Zuständigkeit, da die Mißachtung der staatlichen Souveränität eines anderen Staates als Rechtsmißbrauch anzusehen wäre, so daß Dahm feststellt: „...im Völkerrecht unserer Zeit ist kein Raum für eine Regelung des Inhalts, es sei, was nicht geradezu verboten sei, völkerrechtlich erlaubt.“, so daß das Fehlen diesbezüglicher Regelungen gerade nicht als Freibrief für eine unbeschränkte Straf-

---

840 Vgl. hierzu: Dahm, Völkerstrafrecht, S. 33 f.

841 Vgl. zu dem Ganzen auch: Hettinger, Völkerrechtliche Verpflichtungen, S. 102; Dahm, Völkerstrafrecht, S. 33 f.

842 S. Dahm, Völkerstrafrecht, S. 33 f.

843 Vgl. Dahm, Völkerstrafrecht, S. 34 f; Jescheck, Der strafrechtliche Schutz, ZStW 65, S. 458 ff; Roggemann, Strafgerichtshof, S. 37 f, bejahend auch für das erste Zusatzprotokoll. Hettinger, Völkerrechtliche Verpflichtungen, S. 116, bejaht dies ausschließlich während des Krieges, nicht jedoch in Friedenszeiten.

844 So: Zimmermann, Die Schaffung eines ständigen Internationalen Strafgerichtshofes, ZaöRV 58 (1998), S. 89 f und 90 und Heintschel v.Heinegg, Die Errichtung des Jugoslawien-Strafgerichtshofes, S. 77.

845 Dahm, Völkerstrafrecht, S. 35 f, begründet dies damit, daß dieser Tatbestand keine festen Konturen habe und, anders als die Kriegsverbrechen, nicht auf eine gewohnheitsrechtliche Rechtsgrundlage zurückgreifen könne, so daß er eine Ausuferung der nationalen Gerichtsbarkeit befürchtet. Zudem wird eingewandt, daß es sich bei Verbrechen gegen die Menschlichkeit i.d.R. um gegen die eigene Bevölkerung gerichtete Verbrechen der politischen Führung handelt, so daß die Ausdehnung der Strafgewalt eine Intervention in die internen Angelegenheiten des fremden Staates bedeutete.

846 Vgl. Jescheck, Neueste Entwicklung, S. 582. Triffterer, Materielles Völkerstrafrecht, S. 67 ff, m.w.N.

847 Vgl. hierzu: BGH NStZ 1999, S. 396 (397); Zimmermann, Die Schaffung eines ständigen Internationalen Strafgerichtshofes, ZaöRV 58 (1998), S. 86 ff; Heintschel v. Heinegg, Die Errichtung des Jugoslawien–Strafgerichtshofes, S. 77 f. Triffterer, Bestandsaufnahme, S. 190; Jescheck, Entwicklung, GA 1981, S. 58; vgl. auch: Kap. 1 D II 1 c.

848 Vgl. Dahm, Völkerstrafrecht, S. 38.

justiz anzusehen ist.[849] Die staatliche Autonomie kann daher nur innerhalb der Grenzen frei ausgeübt werden, die ihr durch die entsprechende Souveränität der anderen Staaten in der Völkergemeinschaft gezogen werden.[850] Daher können Taten, welche die nationalen Interessen unmittelbar verletzen, von den Staaten im Rahmen des Personalitäts-, Territorialitäts,- sowie des Schutzprinzips bestraft werden, während andere, die nationalen Interessen nicht unmittelbar berührenden Taten nur bei Bestehen des Weltrechtsprinzips oder sofern dem Staat eine subsidiäre Zuständigkeit gegeben ist bestraft werden können. In diesem Bereich sind demnach die sich aus dem Völkerrecht ergebenen Schranken und insbesondere die Souveränität der anderen Staaten zu wahren, die einer ungehinderten Ausdehnung der nationalen Strafgewalt entgegensteht.
Abschließend sei noch die Ausgestaltung des Weltrechtsprinzips, das dieses in Deutschland erfahren hat, aufzuzeigen. Das Universalitätsprinzip wurde in § 6 StGB geregelt, der die Auslandstaten aufführt, die ungeachtet der Frage der Nationalität des Täters und ohne Rücksicht auf den Tatort und das Tatortrecht dem deutschen Strafrecht unterliegen, da die Tatbestände international geschützte Rechtsgüter zum Gegenstand haben.[851] § 6 StGB umfaßt den Völkermord gemäß § 220 a StGB (Ziff. 1)[852], Nukleardelikte nach den §§ 307 und 308 Abs. 1-4, 309 und 310 StGB (Ziff. 2), Angriffe auf den Luft- und Seeverkehr nach § 316 c StGB (Ziff. 3), Menschenhandel gemäß §§ 180 b und 181 StGB (Ziff. 4), Betäubungsmitteldelikte (Ziff. 5)[853], die Verbreitung pornographischer Schriften nach § 184 Abs. 3 und 4 StGB (Ziff. 6), Geld- und Wertzeichendelikte gemäß §§ 146 ff StGB (Ziff. 7), Subventionsbetrug nach § 264 StGB (Ziff. 8) und Taten, die aufgrund eines für die Bundesrepublik Deutschland verbindlichen zwischenstaatlichen Abkommens zu bestrafen sind (Ziff. 9).[854] Auch das deutsche Recht stellt das Erfordernis eines völkerrechtlichen Rechtfertigungsgrundes auf, da sowohl Tatort als auch Täter in das Ausland verweisen und damit die primäre strafrechtliche Verfolgungsgewalt bei dem Tatort oder Heimatstaat des Täters liegt.[855] Wie bereits aufgeführt, kommen als Ermächtigungsgrundlage völkerrechtliche Abkommen, die sowohl im Gerichtsortstaat als auch im Tatortstaat gelten, wie auch Völkergewohnheitsrecht in Betracht.[856] Der BGH schränkt den Anwendungsbereich des Weltrechtsprinzip allerdings durch die Vorgabe des Erfordernisses

849 S. Dahm, Völkerstrafrecht, S. 38.

850 S. Dahm, Völkerstrafrecht, S. 38.

851 So: Tröndle/Fischer, StGB, Vor § 3, Rn. 4.

852 Der BGH hat in seinem Urteil vom 30.4.1999, NStZ 1999, S. 396, 397 ff, festgestellt, daß die Vorschrift des § 6 Nr. 1 StGB, nach der Kraft des Weltrechtsprinzips deutsches Strafrecht für ein im Ausland begangenes Verbrechen des Völkermordes gilt, im Einklang mit den Regelungen der Völkermord-Konvention vom 9.12.1948 stehe, die die von jedem Vertragsstaat übernommene Verpflichtung, Völkermord zu verhindern, nicht territorial begrenzt habe. Griesbaum, Über die Verfahrensgrundsätze, S. 119, führt aus, daß der deutsche Gesetzgeber vor dem Hintergrund der Ereignisse in Konzentrationslagern des Dritten Reiches dem Ausland die uneingeschränkte Verfolgung des Verbrechens dokumentieren wollte.

853 Vgl. hierzu BGHSt 27, 30 (32 ff). Der BGH stellte im Rahmen seiner Untersuchung der Vereinbarkeit des § 6 Ziff. 5 StGB mit dem Völkerrecht fest, daß es einen allgemeinen Grundsatz des Völkerrechts, aus dem sich ein Verbot der Anwendung des Weltrechtsprinzips, mit Ausnahme von eindeutigen vertraglichen Vereinbarungen, ergäbe, nicht existiere. Der BGH wendet das Weltrechtsprinzip auch auf den unbefugten Erwerb von Betäubungsmitteln an, verlangt aber auch hier das Vorliegen eines legitimierenden Anknüpfungspunktes, vgl. BGHSt 34, 334 (336 ff).

854 Anwendungsfälle des § 6 Nr. 9 sind z.B. in den Genfer Rotkreuz Abkommen enthalten.

855 Vgl. Roggemann, Strafgerichtshof, S. 34 f.

856 S. Roggemann, Strafgerichtshof, S. 34.

eines legitimierenden Anknüpfungspunktes ein.[857] Der BGH fordert, daß die Anwendung des Weltrechtsprinzips nicht rechtsmißbräuchlich ist und ein berechtigter Anlaß für das Einschreiten der deutschen Strafverfolgungsbehörden gegen den Beschuldigten bestehen muß, das sich beispielsweise aus dem Schutzprinzip entnehmen läßt.[858] Zusammenfassend ist daher festzustellen, daß laut BGH die Bedeutung der von § 6 StGB erfaßten Rechtsgüter oder allgemeine politische Interessen der Bundesrepublik Deutschland für die Anwendung des Weltrechtsprinzips nicht ausreichen, so daß der BGH über den Wortlaut des § 6 StGB hinaus, das Erfordernis eines legitimierenden Anknüpfungspunktes, der im Einzelfall einen unmittelbaren Bezug der Strafverfolgung zum Inland herstellt und des Nichtentgegenstehens eines völkerrechtlichen Verbots aufstellt.[859] Fehlt ein derartiger Inlandsbezug, so verstößt die Strafverfolgung laut BGH gegen das sog. Nichteinmischungsprinzip, das die Achtung der Souveränität fremder Staaten gebietet.[860] Das Erfordernis eines legitimierenden Anknüpfungspunktes und hier v.a. des Inlandsbezuges vermag nicht zu überzeugen.[861] Das Aufstellen derartiger Erfordernisse belegt, daß der BGH ein Weltrechtsprinzip im hier verstandenen Sinne nicht anerkennt und selbst in den Fällen, in denen das Weltrechtsprinzip völkerrechtliche Bestätigung genießt vor der Ausdehnung der Strafgewalt zurückschreckt. Auf diese Weise wird das Weltrechtspflegeprinzip de facto „entwertet". Daher ist zu fordern, daß legitimierende Anknüpfungspunkte zumindest bei schweren internationalen Verbrechen nicht Voraussetzung deutscher Strafgewalt sein können.[862]

Schließlich ist noch auf die politischen Grenzen des Weltrechtsprinzip, insbesondere die der außenpolitischen Opportunität, die beispielsweise in § 153 lit. c Abs. 1 Ziff. 1 StPO ihren Niederschlag finden, hinzuweisen. Demgemäß hat die Staatsanwaltschaft ein Verfolgungsermessen und kann nationale Interessen des Auslandes berücksichtigen.[863]

---

[857] Ständige Rspr. BGHSt 34, 334 (336 ff), zuletzt in NStZ 1999, S. 396 (397) in der der BGH die Frage offen läßt, ob auf „weitere legitimierende Anknüpfungstatsachen verzichtet werden kann", wenn die Zuständigkeit sowohl aus § 6 Nr. 1 und Nr. 9 StGB folgt.

[858] Vgl. hierzu: Griesbaum, Über die Verfahrensgrundsätze, S. 120 f.

[859] BGH NStZ 1994, 232, 233; BGH NStZ 1999, S. 236; BGH NStZ 1999, S. 396, 397. Ein solcher legitimierender Anknüpfungspunkt ist beispielsweise bei einem längeren freiwilligen Deutschlandaufenthalt des Beschuldigten, nicht des Tatopfers, gegeben. Fehlt ein solcher legitimierender Anknüpfungspunkt, so liegt ein von Amts wegen zu berücksichtigendes Verfahrenshindernis für die Einleitung oder Fortführung eines Ermittlungsverfahrens vor, BGH NStZ 1986, S. 320. Das Erfordernis des Nichtentgegenstehens eines völkerrechtlichen Verbots ist nicht zu beanstanden, da dies im Einklang mit der Völkerrechtsfreundlichkeit des Grundgesetzes steht, die ihren Ausdruck u.a. in Art. 25 GG findet.

[860] BGH NStZ 14 (1994), S. 232, 233.

[861] A.A. Bremer, Internationale Verbrechen, S. 244, die die Aufstellung zusätzlicher Kriterien befürwortet, da so „in ausreichendem Maße gewährleistet [werde], daß die deutsche Strafgewalt nicht uferlos und willkürlich auf Auslandsstraftaten ausgeweitet wird." Diese Auffassung ist als „Aushöhlung" des Weltrechtsprinzips anzusehen.

[862] So auch: Ambos, Aktuelle Probleme der deutschen Verfolgung von Kriegsverbrechen, ZStW 111 (1999), S. 227.

[863] In diesem Zusammenhang ist auf die rechtspolitischen Erwägungen im Fall des Kurdenführens Öcalan hinzuweisen, der auf der Grundlage eines deutschen Haftbefehls im Herbst des Jahres 1998 in Rom verhaftet worden war. Die Bundesregierung verfolgte die Auslieferung Öcalans nicht weiter, da sie eine Störung des Rechtsfriedens und damit einhergehend die Gefährdung der inneren Sicherheit der Bundesrepublik aufgrund der großen Anzahl der in Deutschland lebenden Kurden befürchtete. Vgl. hierzu auch: FAZ vom 21.11.1998, Nr. 271, S. 6; FAZ vom 28.11.1999, S. 1; Der Spiegel 49 /1998, S. 82-84. Der deutsche Verzicht auf die Stellung des Auslieferungsantrags

b. „Aut dedere aut iudicare“[864]

Das Prinzip „aut dedere aut iudicare“ ist eine moderne Adaption des von Grotius geprägten Grundsatzes „aut dedere aut punire“, der aus der Naturrechtslehre des 17. Jahrhunderts stammt.[865] Zu Recht wurde das Wort punire gegen den Begriff iudicare ersetzt, da das Ergebnis eines Strafverfahrens nicht vorweggenommen werden darf und sich der Beschuldigte als unschuldig erweisen kann.[866] Dieser Grundsatz, der in einer Vielzahl von multilateralen Abkommen enthalten und dort eine unterschiedliche Ausgestaltung erfahren hat[867], verpflichtet den Staat, der eine tatverdächtige Person in Gewahrsam hat, alternativ zur Auslieferung an einen anderen Staat, der zur Aburteilung des Beschuldigten vorbereitet ist oder aber zur Aburteilung des Beschuldigten.[868] Sinn und Zweck dieses Satzes ist die Schließung von Strafbarkeitslücken im Internationalen Strafrecht, die bei einer Flucht des Täters ins Ausland entstünden sowie die Sicherung der internationalen Zusammenarbeit bei der Niederschlagung bestimmter krimineller Verhaltensweisen.[869] Dem Grundsatz „aut dedere aut iudicare“ kommt sowohl eine große politische als auch angesichts seiner Verbreitung in zahlreichen bi- und multilateralen Verträgen, eine erhebliche rechtliche Bedeutung zu, so daß Bassiouni und Wise die völkergewohnheitsrechtliche Geltung des Grundsatzes für alle Angriffe, die die internationale Gemeinschaft betreffen, bejahen.[870] Bassiouni geht sogar so weit, den „ius cogens-Charakter“ dieses Prinzips zu bejahen.[871]
Eine Variante des Grundsatzes „aut dedere aut iudicare“ stellt das Prinzip der stellvertretenden Strafrechtspflege dar. Demzufolge wird in Fällen mit Auslandsbezug die Strafgewalt vermittelt, wenn die Tat nach dem am Tatort geltenden Recht strafbar ist, aber die Auslieferung des Täters aus tatsächlichen oder rechtlichen Gründen ausscheidet.[872] Hier besteht eine Wahlmöglichkeit des Gewahrsamsstaates nicht. Das deutsche Recht legt das Prinzip der stellvertretenden Strafrechtspflege in § 7 Abs. 2 Nr. 2 StGB nieder, der bestimmt, daß deutsches Strafrecht gegenüber dem ausländi-

---

wurde verschiedentlich als Kapitulation des Rechtsstaates gegenüber dem Terrorismus kritisiert, FAZ vom 27.1.1999, Nr. 22, S. 12, FAZ vom 17.2.1999, Nr. 40/7 R, S. 1.

864 Auch hier ist der Lockerbie-Fall zu nennen, da Libyen jahrelang weder ein Strafverfahren gegen die Beschuldigten eingeleitet hat, noch zur Aburteilung bereit war, vgl. hierzu ausführlich: Bassiouni/Wise, Aut Dedere Aut Judicare, S. 58 ff.

865 Grotius, De Jure belli ac pacis, lib. II, cap. XXI, § IV 1 und 3. Grotius ging von dem Bestehen einer generellen Verpflichtung zur Auslieferung oder zur Bestrafung bei solchen Delikten aus, die einen anderen Staat verletzen, da der verletzte Staat ein natürliches Recht auf eine Bestrafung habe. Der Gewahrsamsstaat mußte sich für eine der Alternativen entscheiden, wobei er wählen konnte, Grotius, a.a.O., lib.II, cap. XXI, §§ III und IV.

866 Vgl. Bassiouni/Wise, Aut Dedere Aut Judicare, S. 22.

867 Vgl. hierzu Oehler, Internationales Strafrecht, Rn. 802 ff, der die bestehenden gesetzlichen Regelungen und Abkommen, in die der Grundsatz Eingang gefunden hat, aufführt. Vgl. auch: Bassiouni/Wise, Aut Dedere Aut Judicare, S. 3. Im zweiten Teil ihres Buches, S. 71 ff, führen die Autoren sämtliche Abkommen auf, die die Verpflichtung „aut dedere aut iudicare“ enthalten und erläutern Inhalt sowie Umfang dieser Verpflichtung.

868 Vgl. Bassiouni/Wise, Aut Dedere Aut Judicare, S. 3.

869 S. Oehler, Internationales Strafrecht, Rn. 811, Jescheck, Strafrecht, S. 398.

870 Vgl. Bassiouni/Wise, Aut dedere Aut Judicare, S. 43 ff. Dieser Annahme schließt sich auch Scholz, Die Zulieferung, S. 40 f, an, allerdings ohne eine eingehende Prüfung vorzunehmen. Dahm, Völkerstrafrecht, S. 33, geht ebenfalls von einer „völkerrechtlichen Zulässigkeit“ dieses Prinzips aus.

871 Vgl. Bassiouni/Wise, Aut Dedere Aut Judicare, S. 21 f, 43 ff, 51 ff, 68 f. Allerdings ist ihm bewußt, daß diese Auffassung durchaus angreifbar und wohl nicht haltbar ist.

872 Vgl. Dahm, Völkerstrafrecht, S. 33, der dieses Prinzip als „beschränktes Weltrechtsprinzip“ bezeichnet. Vgl. auch: Jescheck, Strafrecht, S. 398.

schen Täter gilt, wenn die Tat am Tatort mit Strafe bedroht ist und der Ausländer im Inland betroffen, aber nicht ausgeliefert wird, obwohl die Auslieferung nach der Art der Tat zulässig wäre.[873] Sofern der Anwendungsbereich des § 6 Nr. 9 StGB eröffnet ist, gilt deutsches Strafrecht, ohne täter- und opferbezogene Einschränkungen, d.h. ohne daß es auf die Strafbarkeit oder Strafdrohung im Tatortrecht ankäme.[874] Abschließend ist darauf hinzuweisen, daß der Grundsatz nicht zu den im Rahmen eines Auslieferungsverfahrens zu beachtenden Prinzipien gehört, da er keine im zwischenstaatlichen Rechtshilfeverkehr zu beachtende Voraussetzung darstellt.[875]

2. Besatzungsgerichtsbarkeit

Die Haager Landkriegsordnung (HLKO) erlaubt dem Okkupanten im Rahmen einer „occupatio bellica" gem. Art. 42, 43 Anl. HLKO die Ausübung hoheitsähnlicher Gewalt im besetzten Gebiet. Wie bereits dargelegt, handelte es sich bei dem von den Besatzungsmächten nach dem zweiten Weltkrieg geschaffenen IMT in Nürnberg um ein solches Gericht. Da die Gerichtsbarkeit den Gewaltunterworfenen gegenüber wie die staatliche Gerichtsbarkeit wirkt, die zwar auf einem völkerrechtlichen Tatbestand beruht, dem einzelnen gegenüber allerdings nicht völkerrechtlicher Natur ist, kann die Streitfrage, ob Besatzungsgerichte die Staatsgewalt des besetzten Staates oder der Besatzungsmacht oder aber eine Rechtsmacht eigener Art darstellt, dahinstehen.[876] Obigen Ausführungen wie auch den geschichtlichen Erfahrungen ist zu entnehmen, daß auch Besatzungsgerichte völkerstrafrechtliche Normen anwenden können.

3. Internationale Gerichtsbarkeit[877]

Im Rahmen dieses Gliederungspunktes ist zu prüfen, welche Institutionen auf internationaler Ebene zur Durchsetzung und Anwendung des Völkerstrafrechts zur Verfügung stehen. Die Darstellung der Kompetenzen sowie die Abgrenzung zum IStGH erfolgt, wie bereits erwähnt, in dem zweiten Kapitel der Arbeit.

a. IGH

Der IGH wurde zugleich mit den UN gegründet. Er trat erstmals 1946 zusammen und löste den 1921 gegründeten Ständigen Internationalen Gerichtshof der Völkerbund Ära ab. Der IGH mit Sitz in Den Haag (Art. 22 des Statuts des IGH) ist das Hauptrechtsprechungsorgan der UN (Art. 92 UN-Charta). Die 15 Richter werden vom Sicherheitsrat und der Vollversammlung der UN gewählt (Art. 4 ff des Statuts des IGH) und urteilen auf der Grundlage des gesamten Völkerrechts (Art. 38 des Statuts des IGH).[878] Gemäß Art 34 Abs.1 des Status des IGH sind nur Staaten, keine Einzelper-

---

[873] So: Griesbaum, Über die Verfahrensgrundsätze, S. 123.

[874] Vgl. Griesbaum, Über die Verfahrensgrundsätze, S. 127.

[875] S. Scholz, Die Zulieferung, S. 40.

[876] Vgl. Jescheck, Verantwortlichkeit der Staatsorgane, S. 168 f.

[877] Zur Abgrenzung zwischen internationaler und supranationaler Zusammenarbeit: v. Ebbing in Knut Ipsen, Völkerrecht, 3. Auflage, § 6 Rn. 17; vgl. hierzu auch: Kap. 2 B I.

[878] Vgl. hierzu: Nussbaum, Geschichte des Völkerrechts, S. 298, der feststellt, daß das Gericht Völkerrechtslücken durch die Schaffung neuer Regelungen schließt.

sonen, parteifähig. Gemäß Art. 36 Abs. 1 des Statuts erstreckt sich die Zuständigkeit des IGH auf „alle ihm von den Parteien unterbreiteten Rechtssachen". Die Generalversammlung, der Sicherheitsrat und andere Organe der UN bzw. Sonderorganisationen können aber über jede Rechtsfrage ein Gutachten des IGH einholen (Art. 96 UN-Charta, Art. 65 ff des Statuts des IGH). Aus Art. 36 Abs. 2 des Statuts folgt, daß der IGH keine verbindliche sondern nur eine freiwillige Gerichtsbarkeit besitzt, so daß es zusätzlich einer Vereinbarung zwischen den Streitparteien oder einer Erklärung gegenüber dem Generalsekretär der Vereinten Nationen bedarf.[879] Demgemäß hängt die fakultative Zuständigkeit des IGH von einem besonderen Einwilligungsakt der Parteien ab.[880] Die Durchsetzung des stets verbindlichen Urteils obliegt dem betroffenen im Rechtsstreit unterliegenden Staat selbst, kann aber auch vom Sicherheitsrat vorgenommen werden. Gemäß Art. 59 IGH-Statut ist die Entscheidung des IGH nur für die Streitparteien und nur in Bezug auf die Sache bindend.

b. Die völkerrechtliche Schiedsgerichtsbarkeit

Die völkerrechtliche Schiedsgerichtsbarkeit[881] „...besteht darin, daß ein durch das Einvernehmen der Streitteile gebildetes, aus einem Menschen oder einem Kollegium bestehendes Organ den Streit entscheidet, d.h. endgültig bereinigt".[882] Die Streitbeilegung durch die Entscheidung unparteiischer Stellen, die sich bis in die Zeit vor der Periode des klassischen Völkerrechts zurückverfolgen läßt, ist eine Streitschlichtung unter Gleichen[883], d.h. sie erfaßt i.d.R. die zwischenstaatlichen Streitigkeiten.[884] Einzelpersonen haben grundsätzlich keinen Zugang zu den Schiedsgerichten.[885] Die Autorität des Schiedsrichters leitet sich aus einer Parteivereinbarung ab. Sofern in der Schiedsvereinbarung nichts anderes vereinbart wurde, handelt das Schiedsgericht auf der Grundlage des Völkerrechts. Eine permanente Einrichtung besteht in Form des Ständigen Schiedshofes in Den Haag, der durch die beiden Haager Friedenskonferenzen von 1899 und 1907 zur friedlichen Beilegung internationaler Streitfälle errichtet wurde.[886]

c. Europäischer Gerichtshof für Menschenrechte und der Interamerikanische Gerichtshof für Menschenrechte – „Euro – ius"

Der Europäische Gerichtshof für Menschenrechte mit Sitz in Straßburg wacht auf der Grundlage der EMRK vom 4. November 1950 und ihrer Zusatzprotokolle über die Einhaltung der dort eingegangenen Verpflichtungen (Art. 19, 32 EMRK). Dem Europäischen Gerichtshof für Menschenrechte wurden in der EMRK lediglich Befugnisse zur Beaufsichtigung der nationalen Justiz der Mitgliedstaaten und zur mittelbaren

---

879 Bezeichnend ist, daß sich die USA trotz dieser Regelung dem IGH nicht anschlossen, vgl. hierzu: Nussbaum, Geschichte des Völkerrechts, S. 298 ff.

880 Vgl. hierzu auch: Nagel/Norba, Der Fall LaGrand, JA 2000, S. 132.

881 Zur Schiedsgerichtsbarkeit auch Nussbaum, Geschichte des Völkerrechts, S. 241 ff, 301 ff.

882 Verdross/Simma, Universelles Völkerrecht, § 1318.

883 Vgl. Kimminich, Völkerrecht, S. 495.

884 So: Verdross/Simma, Universelles Völkerrecht, § 1318.

885 S. Seidl-Hohenveldern, Völkerrecht, Rn. 1729.

886 Vgl. hierzu: Seidl-Hohenveldern, Völkerrecht, Rn. 1732 f.

Korrektur von Entscheidungen, die Menschenrechtsverletzungen darstellen, übertragen.[887] Allerdings hat der Straßburger Gerichtshof für Menschenrechte das Gebiet des Strafprozeßrechts erheblich geprägt und hierdurch einen mittelbaren Einfluß auf die nationalen Prozeßordnungen geübt.[888] Der Gerichtshof kann sowohl von den Vertragsstaaten der europäischen Menschenrechtskonvention (Art. 33 EMRK) als auch von Bürgern (Art. 34 EMRK) angerufen werden, sofern sie zuvor alle Instanzen der nationalen Gerichte erfolglos durchlaufen haben (Art. 35 EMRK). Die Vertragsstaaten sind an die Entscheidungen des Europäischen Gerichtshofes für Menschenrechte gebunden (Art. 46 EMRK).
Mit dem Interamerikanischen Gerichtshof für Menschenrechte wurde ein ähnlicher Gerichtshof zur Überwachung der amerikanischen Menschenrechtskonvention am 18. Juli 1978 ins Leben gerufen.
An dieser Stelle soll kurz auf die Frage eingegangen werden, ob die Europäische Union (EU) strafrechtliche Kompetenzen hat und sich ein europäisches Strafrecht gebildet hat bzw. bildet. Bei Abschluß der Verträge von Rom bestand Einigkeit dahingehend, daß der EG keine kriminalstrafrechtliche Kompetenz übertragen wurde. Auch die Mitgliedstaaten, der durch den Vertrag von Maastricht gegründeten EU, erachteten das Strafrecht nach wie vor als Ausdruck ihrer Souveränität, was seinen Niederschlag u.a. im Unionsvertrag findet, da sich eine diesbezügliche Kompetenz in dem Vertragswerk nicht findet.[889] Allerdings ist darauf hinzuweisen, daß die EU dennoch weitergehende Konsequenzen für die Strafhoheit und damit die Souveränität der Staaten hat, als dies gemeinhin angenommen wird.[890] Zuleeg führt an, daß der EuGH im Fall Cowan zwar festgestellt habe, daß die Mitgliedstaaten der Gemeinschaft nach wie vor für das Straf- und Verfahrensrecht zuständig seien, dies aber Beschränkungen durch das Gemeinschaftsrecht dergestalt erfahre, daß solche Rechtsvorschriften weder zur Diskriminierung einer Person führen, die ausweislich des Gemeinschaftsrechts einen Anspruch auf Gleichbehandlung hat, noch die vom Gemeinschaftsrecht gewährten Grundfreiheiten eingeschränkt werden dürfen, so daß ein Souveränitätsvorbehalt für das Straf- und Strafverfahrensrecht gerade nicht anerkannt wird.[891] Zudem sind bereits erste Ansätze der Beeinflussung des nationalen Strafrechts durch die EU zu erkennen, da die EU die Mitgliedstaaten nach h. M. in einer Richtlinie oder Verordnung zur Verabschiedung nationaler Strafvorschriften anweisen oder den Mitgliedstaaten auferlegen kann, ein als strafbar empfundenes Verhalten zu ahnden oder aber die Mitgliedstaaten im Rahmen eines Vertragsverletzungsverfahrens zur Sanktionierung der Verletzungen des Gemeinschaftsrechts verpflichten kann.[892] Dennoch ist, angesichts des im Rahmen der EU geltenden Prinzips der begrenzten Einzelermächtigung, darauf hinzuweisen, daß lediglich gelegentliche Überlagerungen zu verzeichnen sind und nicht etwa die Zuständigkeit für den Be-

---

[887] Vgl. Dahm, Völkerstrafrecht, S. 21.

[888] Vgl. hierzu: Sieber, Europäisches Strafrecht, ZStW 103 (1991), S. 962.

[889] S. Dannecker, Entwicklung des Strafrechts, Jura 1998, S. 80.

[890] Vgl. hierzu: Zuleeg, Der Beitrag des Strafrechts, S. 1 ff.

[891] EuGH, Urteil vom 2.2.1989, Rs. 186/87 (William Cowan/Trésor public), Slg. 1989, 195 , 216 ff, (221 f). In diesem Sinn bereits: EuGH, Urteil vom 11.11.198, Rs. 203/80 (Strafverfahren gegen Guerrino Casati), Slg. 1981, 2595 (2618). Zustimmend: Zuleeg, Der Beitrag des Strafrechts, S. 2, der die Auffassung vertritt, die Ausklammerung wichtiger Rechtsgebiete wie des Straf- oder Strafverfahrensrechts aus dem Anwendungsbereich des Gemeinschaftsrechts sei mit den Wesensmerkmalen der europäischen Integration unvereinbar.

[892] Vgl. Dannecker, Entwicklung des Strafrechts, Jura 1998, S. 81 ff, der beispielhaft die Verordnung zur Bekämpfung des Abfalltourismus, die Insider-Richtlinie zur Sicherstellung der Funktionsfähigkeit der Kapitalmärkte und die Richtlinie zur Bekämpfung der Geldwäsche nennt.

reich des Strafrechts auf die EU übergegangen ist.[893] Nach wie vor ist sowohl dem EG-Vertrag als auch dem Willen der vertragsschließenden Mitgliedstaaten zu entnehmen, daß der EU eine Kompetenz zur Schaffung supranationalen Strafrechts gerade nicht zusteht.[894] Dennoch sind erste Ansätze eines europäisierten Strafrechts der Mitgliedstaaten der EU zu erkennen. Allerdings stellt Sieber, der ein „echtes Kriminalstrafrecht" der europäischen Gemeinschaften favorisiert, fest, daß ein solches momentan ausgeschlossen sei, weil es nur durch ein Parlament mit vollen demokratischen Befugnissen geschaffen werden könne.[895] Dies setzt umfangreiche Umstrukturierungen, Kompetenzübertragungen etc. voraus, die in nächster Zeit nicht zu erwarten sind, so daß die weitere Entwicklung offen bleibt.

d. Kriegsverbrechertribunale (Art. 41 UN-Charta)

Bei den „ad hoc-Tribunalen" für das ehemalige Jugoslawien und Ruanda handelt es sich, wie bereits dargelegt[896], um von dem Sicherheitsrat der Vereinten Nationen eingesetzte supranationale[897] Tribunale auf der Grundlage des VII. Kapitels der UN-Charta. Die Zuständigkeit der Tribunale ist ratione temporis, materiae, loci und personae begrenzt. Die „ad hoc-Tribunale" der Vereinten Nationen sind als völkerrechtliche Rechtsprechungsorgane anzusehen.[898]

e. IStGH

Am 17. Juli 1998 kam es in Rom zur Billigung des Statuts des IStGH.[899] Durch die Gründung eines Internationalen Strafgerichtshofes wird die Schaffung einer ständigen internationalen Strafgerichtsbarkeit erstrebt, welche die schwersten internationalen Verbrechen, die eine Bedrohung und Erschütterung der Völkerrechtsgemeinschaft darstellen, strafrechtlich verfolgen soll. Der IStGH ist ebenfalls ein völkerrechtliches Rechtsprechungsorgan.

---

[893] Zu der Frage, ob es bereits ein europäisches Strafrecht gibt: Zuleeg, Beitrag des Strafrechts, S. 3. Vgl. auch: Dannecker, Entwicklung des Strafrechts, Jura 1998, S. 79 f, der darauf hinweist, daß die einzelnen Ermächtigungen teilweise so formuliert seien, daß sie u.U. auch strafrechtliche Maßnahmen rechtfertigen könnten.

[894] Vgl. hierzu Sieber, Europäisches Strafrecht, ZStW 103 (1991), S. 969, mit weiteren Nachweisen, ders. Europäische Einigung, S. 13. Sieber weist zutreffend darauf hin, daß sich die schwerwiegendsten Bedenken aus verfassungsrechtlichen Gründen, nämlich v.a. dem Demokratie- und Rechtsstaatsprinzip, ergeben. Gerügt wird hier v.a. die Gesetzgebung durch eine nicht demokratisch legitimierte Verwaltung. Zudem werden im Hinblick auf den Grundsatz „nullum crimen" präzisere Ermächtigungsgrundlagen als die pauschalen Generalklauseln des EG–Vertrages gefordert.

[895] Vgl. Sieber, Europäisches Strafrecht, ZStW 103 (1991), 978. Vgl. auch Siebers „Stufenplan für die Zukunft des europäischen Strafrechts" a.a.O., S. 977 f. Sieber geht davon aus, daß sich bei der Bildung einer europäischen Union im Kernstrafrecht eine zentrale Rechtsetzung durchsetzen wird, die sowohl dem Schutz der Rechtsgüter und Freiheiten der Gemeinschaft dient, als auch ein ethisches Minimum gewährleistet, Sieber, a.a.O., S. 976.

[896] S. hierzu: Kap. 1 A III 6.

[897] S. Scholz, Die Zulieferung, S. 64 ff, 80 f.

[898] So auch: Buchner, Die Rechtswidrigkeit der Taten von Mauerschützen, S. 200.

[899] Vgl. Kap. 2.

4. Die Wahrheitskommissionen

Die Möglichkeiten zur Aufarbeitung von Kriegs- und Konfliktsituationen sind verschiedene. Neben den nationalen oder internationalen Gerichtshöfen kommt die Errichtung einer Wahrheitskommission in Betracht, der, anders als den zuvor genannten Institutionen, keine rechtsprechende Gewalt zukommt. Dennoch ist ihre Bedeutung nicht zu unterschätzen, da auf beiderlei Weise Verbrechen aufgedeckt und eine schwierige Vergangenheit so aufgearbeitet wird, daß Klarheit und Gewißheit über die individuelle und kollektive Verantwortung für bestimmte vergangene Taten besteht. Die Ausgestaltung von Wahrheitskommissionen kann auf verschiedene Weise erfolgen. Als Beispiel ist die südafrikanische „Truth and Reconciliation Commission" zu nennen, die mit der Aufklärung aller politisch motivierten Verbrechen, die zwischen 1960 und 1993 begangen worden sind, beauftragt wurde.[900] Die Kommission beruhte auf dem Prinzip „Amnestie gegen Wahrheit", da Täter, die sich freiwillig der Kommission meldeten, amnestiert wurden, sofern sie ein umfassendes Geständnis ablegten und zur Aufklärung beitrugen.[901] Dieses Prinzip ist allerdings nicht unproblematisch, da hierdurch zunächst das Ausmaß der Taten offengelegt und danach amnestiert wird, so daß sich die Frage nach der Eignung zur Aussöhnung einer gespaltenen Bevölkerung stellt. Mit dieser Vorgehensweise wird den Opfern erneut Verzicht abverlangt und den Tätern Straffreiheit gewährt, was viele Opfer als Zumutung empfinden und dementsprechend Gerechtigkeit statt Versöhnung fordern. Allerdings ist die Errichtung der südafrikanischen Wahrheitskommission und die gewählte Amnestieregelung vor dem Hintergrund zu sehen, daß das Apartheid-Regime nicht besiegt und diese Regelung Vorbedingung eines unblutigen Machtwechsels war, so daß sie als das „geringere Übel" anzusehen ist.[902] Mit dem von Südafrika eingeschlagenen Weg kann die Wahrheit effektiver und umfassender aufgedeckt werden als vor den Gerichten in punktuellen Fällen. Zudem erfolgt eine „Bestrafung" der Täter durch die Öffentlichkeit, da die Namen der Amnestierten und ihre Taten veröffentlicht werden. Auch erhalten viele Opfer ihre Würde dadurch zurück, daß sich eine öffentliche Institution ihre Geschichte anhört und sie erfahren so Genugtuung.

Auch in Guatemala wurde eine Wahrheitskommission der Vereinten Nationen zur Ergründung der Ereignisse des Bürgerkrieges unter der Leitung des Berliner Professors Christian Tomuschat errichtet.[903] Der Beitrag dieser im Vergleich zu der südafrikanischen Wahrheitskommission als schwach zu bezeichnenden Kommission, die nur Empfehlungen aussprechen und die Verantwortlichen nicht beim Namen nennen konnte, liegt darin, eine Dokumentation der Ereignisse zu erarbeiten und damit die Verbrechen „geschehen zu machen".

Den Beispielen ist zu entnehmen, daß Wahrheitskommissionen i.d.R. gewisse Grenzen vorgegeben sind. Oftmals wird ein Zeitraum festgelegt, innerhalb dessen die Un-

---

[900] Asmal, Wahrheitskommission, S. 470 f, befürwortet den von Südafrika eingeschlagenen Weg und ist der Auffassung, daß sich Gerechtigkeit und Rechtsstaatlichkeit in Südafrika eher mittels geschichtlicher Richtigstellung als durch gerichtliche Verfahren erreichen lassen werde. Auch führt Asmal, a.a.O., S. 475, die Komplexität des alle Lebensbereiche durchdringenden Apartheid-Systems vor Augen und äußert die Befürchtung, daß ein justizförmiges Verfahren eher zu einer Verhüllung als zu der Aufdeckung der Wahrheit führen könne.

[901] Alle anderen, die sich nicht zu so einem Vorgehen entschließen konnten, können weiterhin strafrechtlich verfolgt werden.

[902] Der Afrikanische Nationalkongreß (ANC) hat, wohl aus gutem Grund bereits frühzeitig betont, daß die nationale Aussöhnung durch ein Wahrheitsfindungsverfahren erreicht werden solle und nicht durch eine Bestrafung, vgl. hierzu: Asmal, Wahrheitskommission, S. 468.

[903] Vgl. hierzu: FAZ vom 9.12.1998, Nr. 286, S. 6.

tersuchungen beendet sein müssen und die zu untersuchende Epoche nationaler Geschichte genau bezeichnet. Die Wahrheitskommissionen erscheinen flexibler als eine juristische Aufarbeitung. Sie funktionieren, mehr als ein Gerichtsverfahren, auf psychologischer Ebene und setzen dieses Element gekonnt ein, so daß die Anhörung, Anerkennung und Öffentlichkeit überaus bedeutsam für die Opfer ist, die das ihnen geschehene Unrecht und Leid erleben und verarbeiten, so daß hierdurch die Aussöhnung „von innen heraus" gefördert wird. Abschließend ist festzustellen, daß Wahrheitskommissionen in erster Linie der Wahrheitsfindung dienen und auf psychologische Momente wie den Täter-Opfer-Ausgleich zur Förderung der Versöhnung und zum Abbau von Spannungen in zerrissenen Gesellschaften setzten. Der Präventionseffekt ist hierbei gering.

II. Völkerstrafprozeßrecht

Die Durchführung sowohl von Verfahren vor den nationalen Gerichten als auch vor den internationalen Gerichtshöfen erfolgt auf der Grundlage einer besonderen Verfahrensordnung.[904] Weicht die Durchführung des Verfahrens von diesen Verfahrensordnungen ab, droht sogar die Aufhebung des Urteils. Sinn und Zweck der Verfahrensordnungen ist die Gewährleistung eines, rechtsstaatlichen Grundsätzen genügenden, justizförmigen Verfahrens, so daß Menschenrechts- und Grundrechtsverletzungen der Betroffenen ausgeschlossen werden sollen. Da Strafverfahren einen massiven Eingriff in den Rechtskreis des Angeklagten bedeuten, ist die Durchführung derselben nach rechsstaatlichen Grundsätzen von besonderer Wichtigkeit und oberstes Gebot, um eine Verletzung des Beschuldigten in seinen Justizgrundrechten bzw. seinen Menschenrechten auszuschließen. Diese rechtsstaatlichen Grundsätze sind nur erfüllt, wenn die Rechte des Angeklagten gewährleistet werden, die Anklage auf dem Legalitäts- und nicht dem Opportunitätsprinzip beruht, ein politisches Strafrecht ausgeschlossen wird, etc. Schließlich ist auch die Gleichheit der Strafverfolgung zu verlangen, so daß es nicht zu einer „Siegerjustiz" kommen darf. Dies wirft die Frage auf, ob ein internationales Strafgericht ein „faires Verfahren" gewährleisten und auf der Ebene des Völkerstrafrechts Gerechtigkeit erreicht werden kann. Die Beantwortung dieser Fragen hängt u.a. von der Ausgestaltung des Strafverfahrens auf internationaler Ebene und deshalb vom Völkerstrafprozeßrecht ab.

Grundsätzlich kann ein internationales prozessuales Gewohnheitsrecht nur vor den internationalen Gerichten als Gerichtsgebrauch entstehen.[905] Da in der Geschichte nur wenige internationale Strafgerichte vorhanden waren, kann auf eine reiche Praxis nicht zurückgegriffen werden, so daß davon auszugehen ist, daß sich ein entsprechendes prozessuales Gewohnheitsrecht noch nicht gebildet hat und ein derartiger Bildungsprozeß durch die „ad hoc-Tribunale" erst jetzt in Gang gesetzt wurde. Die exakte Ermittlung und Herausarbeitung der Grundsätze eines Völkerstrafprozeßrechts anhand eines Quellenvergleiches und einer rechtsvergleichenden Analyse des Strafprozeßrechts der einzelnen Staaten würde den Rahmen der Arbeit sprengen, so daß an dieser Stelle nur abstrakt die wichtigsten, an ein rechtsstaatliches Verfahren vor einem Internationalen Strafgerichtshof zu stellenden Anforderungen formuliert

---

[904] Zivilverfahren beruhen auf der ZPO, Strafverfahren auf der StPO, den Verfahren des IGH liegt eine Verfahrensordnung zugrunde, für den ICTY und den ICTR wurden eigens Verfahrensordnungen, die rules of procedure and evidence (RPE) erlassen. Gleiches gilt für den IStGH, dessen Verfahrensordnung noch ausgearbeitet wird. Hinzu tritt noch eine Gerichtsverfassungsordnung.

[905] Vgl. hierzu: Siegert, Völkerstrafprozeßrecht, S. 21.

werden sollen.[906] Im zweiten Kapitel der Arbeit soll dann überprüft werden, ob das Verfahren vor dem IStGH diesen Anforderungen genügt. Ein rechtsstaatliches Verfahren setzt auf dem Gebiet des Prozeßrechts voraus, daß das Verfahren auf festen Grundregeln basiert.

Bedeutsam für die Effektivität, Objektivität sowie die Überparteilichkeit und hieraus resultierend seine Akzeptanz bei den Menschen ist die Verfassung des Gerichts sowie v.a. seine Zusammensetzung. In Ansehung der Richter ist zu fordern, daß diese über die erforderliche Sach- und Fachkenntnis sowie eine entsprechende Qualifikation als Rechtsgelehrte oder für die Ausübung der obersten richterlichen Ämter in ihrem Lande verfügen. Neben dieser fachlichen Kompetenz und der Unabhängigkeit ist eine Flexibilität zu fordern, die es dem Richter erlaubt, über die Grenzen der eigenen Rechtsordnung hinweg zu denken und Verständnis für ausländisches Recht und Völkerrecht zu entwickeln, so daß der Richter nicht unlösbar an der eigenen Rechtsordnung und deren Standpunkten hängen, sondern sich der Gerechtigkeit verpflichtet fühlen sollte.[907] Bei der Richterwahl ist die Gleichbehandlung der souveränen Staaten zu gewährleisten, so daß selbige in einer gerechten und demokratischen Abstimmung erfolgen sollte. Zudem muß neben der sachlichen Unabhängigkeit der Richter, die Nebentätigkeiten nur in einem eingeschränkten Umfang erlaubt und die persönliche Integrität der Richter gewährleistet sein. Hierzu gehört auch, daß eine Bindung an Regierungsanweisungen, Anweisungen der Verwaltung etc. des Heimatlandes ausscheidet. Zudem wäre die Verleihung einer Immunität zu begrüßen, da im internationalen Bereich ein erhöhtes Risiko besteht, zum Spielball politischer Interessen zu werden und so eine unabhängige Amtsführung gewährleistet würde. Aus diesem Grund ist auch zu fordern, daß eine Amtsenthebung nur unter erschwerten Bedingungen im Rahmen eines streng reglementierten Verfahrens möglich sein darf. Daneben sollte die Möglichkeit der Ablehnung bzw. des Ausschlusses von Richtern bei nicht auszuschließender Befangenheit oder eines sonstigen Interesses bestehen. Zudem wäre zur Vermeidung einer „nationalen Allianz“ zu fordern, daß Richter und Beschuldigter nicht aus einem Land stammen, so daß dies ggf. durch eine entsprechende Befangenheitsregelung gesichert werden könnte.[908] Wichtig ist zudem die Gewährleistung der Garantie des gesetzlichen Richters, so daß Ausnahmegerichte unzulässig sind. Bezüglich des Anklägers ist zu fordern, daß dieser von Amts wegen die Befugnis zur Aufnahme der Ermittlungen hat, sofern hinreichende Anhaltspunkte

---

906 Nach Auffassung von Siegert, Völkerstrafprozeßrecht, S. 22 f, der bereits frühzeitig eine Betrachtung des Völkerstrafprozeßrechts durchgeführt hat, sind das nicht ratifizierte Abkommen zur Schaffung eines internationalen Strafgerichtshofes vom 26.11.1937, die UN-Erklärung der Menschenrechte vom 10.12.1948, die Menschenrechtserklärung von Bogota vom 2.5.1948, die EMRK, der EVG-Vertrag vom 27.5.1952, das dazugehörige Justizprotokoll vom 27.5.1952, die allgemeinen Strafrechtsgrundsätze dazu vom 27.5.1952, der Truppenvertrag vom 26.5.1952, der Entwurf des Kommitees der UN vom 5.9.1951 über ein Statut für einen internationalen Strafgerichtshof, der internationale Entwurf über die Menschenrechte vom 25.6.1951, der Entwurf über die Mindestvorschriften für die Behandlung von Personen, die eines Verbrechens verdächtigt oder angeklagt werden vom 29.7.1943 angesichts ihrer unmittelbaren Beziehung zum Prozeßrecht von unmittelbarer Bedeutung für selbiges.

907 S. v.Weber, Strafgerichtsbarkeit, S. 113, fordert, daß die dem Gericht angehörenden Richter sich als „Träger der überstaatlichen Rechtsordnung“, als „Weltbürger“ und nicht als „Staatsbürger“ fühlen müssen, so daß seiner Ansicht nach jede Art eines nationalen Richters ungeeignet sei. Dies stellt in der Tat ein ernstzunehmendes Problem dar, weil Personen, die die geforderten hohen Anforderungen erfüllen fest in ihrem nationalen Rechtssystem verwurzelt sind, so daß fraglich erscheint, ob sie sich hiervon lösen können.

908 Vgl. hierzu: Siegert, Völkerstrafprozeßrecht, S. 30 f.

für ein völkerstrafrechtlich relevantes Verhalten vorliegen.[909] Die Objektivität der Behörde ist ebenso wie die ungestörte und ungehinderte Tätigkeit zu sichern, so daß Eingriffe von außen auf ein unerläßliches Mindestmaß zu reduzieren sind. Die Frage, ob der Staatsanwalt, wie im deutschen Prozeßrecht, als „objektivste Behörde der Welt" auch die entlastenden Umstände ermitteln soll, kann dahin stehen und ist für die Rechtsstaatlichkeit des Verfahrens ebensowenig von Bedeutung wie die Frage, ob sich das Verfahren mehr an der kontinentaleuropäischen oder der angloamerikanischen Rechtsordnung orientiert. Hiermit eng verbunden ist die Geltung des Dispositions- und Beibringungsgrundsatzes, bei dem die Initiative dem Ankläger und der Verteidigung überlassen ist oder des Offizialprinzips, wonach der Richter von Amts wegen ermitteln und die sachdienlichen Hinweise und Beweismittel von sich aus eruieren muß. Diese Frage der Ausgestaltung kann ebenso dahinstehen. Als allgemein anerkannte Ziele des Strafverfahrensrechts sind die materielle Gerechtigkeit und die Rechtssicherheit zu nennen.[910] Die Erreichung materieller und rechtsstaatlicher Gerechtigkeit setzt voraus, daß bei jeder Rechtsverletzung von Amts wegen eingeschritten wird. Daher ist die grundsätzliche Geltung des Legalitätsgrundsatzes zu fordern, so daß das Opportunitätsprinzip nur ausnahmsweise zur Anwendung kommt und auf diesem Wege ein politisches Strafrecht, z.B. durch entsprechende Interventionsrechte des Sicherheitsrates, ausgeschlossen wird. Ferner ist auf eine zeitnahe und beschleunigte Durchführung der Strafverfahren zu achten, da jede Verzögerung zu Beweisverlusten führt und die Wahrheitsfindung behindert.[911] Als weitere existentielle rechtsstaatliche Verfahrensgrundsätze, die auch von einem internationalen Gericht gewahrt werden müssen, sind der Grundsatz der Gleichheit aller vor dem Gesetz, das Recht auf Gehör[912], das Recht auf Verteidigung und der Grundsatz der Waffengleichheit[913], d.h. die Einhaltung eines fairen Verfahrens als Leitlinie der Strafgerichte, zu nennen. Zu nennen sind weiterhin das Recht auf einen gesetzlichen und unabhängigen Richter, das Verbot jeglichen Willenszwanges, die Verhältnismäßigkeit, die Geltung des „nemo-tenetur-Prinzips", so daß dem Beschuldigten ein Aussageverweigerungsrecht zustehen muß, sowie die Unschuldsvermutung. Auch die Rechte der Verteidigung sind zu gewährleisten. Hier sind das Verkehrsrecht mit dem Beschuldigten, das Akteneinsichtsrecht sowie die Anwesenheitsrechte des Verteidigers anzuführen. Die Ausgestaltung des Verfahrens hat sich an den zuvor geschilderten Grundsätzen zu orientieren. Jede freiheitbeschränkende Maßnahme, wie z.B. die Anordnung der Untersuchungshaft, darf wegen des erheblichen Eingriffs in die Privatsphäre des Beschuldigten nur aufgrund einer detaillierten gesetzlichen Regelung im Rahmen der Verhältnismäßigkeit erfolgen. Der Verhaftete ist dem Untersuchungsrichter unverzüglich vorzuführen.

Im Hauptverfahren sollten die Grundsätze der Öffentlichkeit und der Mündlichkeit sowie der Beschleunigungsgrundsatz gelten, deren Einschränkung nur ausnahms-

---

909 V.Weber, Strafgerichtsbarkeit, S. 115 f, fordert, unter Ablehnung eines politischen Organs, die Übertragung der Anklägerfunktion auf eine „selbständige internationale Staatsanwaltschaft", da „zur Wahrung der Autorität der Rechtsordnung eine gleichmäßige und unparteiische Durchführung der Strafverfolgung" geboten sei. Zudem fordert er die subsidiäre Zulassung der Privatklage, um politisch motivierten Entscheidungen entgegenzuwirken.

910 So: Siegert, Völkerstrafprozeßrecht, S. 39 ff.

911 Vgl. Siegert, Völkerstrafprozeßrecht, S. 41.

912 Um zu gewährleisten, daß der Angeklagte von seinem Rechten wirksam Gebrauch machen kann, muß sicher sein, daß er dem Verfahren auch folgen kann, so daß ggf. ein Dolmetscher zu stellen ist.

913 Vgl. Siegert, Völkerstrafprozeßrecht, S. 42 f. Nach Siegert sind diese Grundsätze allgemein anerkannt.

weise zulässig ist. Im Rahmen des Beweisrechtes zeichnen sich erhebliche Unterschiede zwischen dem kontinentalen und dem angloamerikanischen Recht ab. Betroffen ist hier v.a. das Beweisantragsrecht und die Beweisgrundsätze. Diese Ausgestaltung ist, sofern dem Angeklagten rechtliches Gehör gewährt und der Grundsatz der Waffengleichheit beachtet wird, beliebig. Zudem muß die freie Beweiswürdigung gewährleistet sein. Auch ist dem Angeklagten, als Ausfluß des Rechts auf rechtliches Gehör, das letzte Wort zu erteilen. Der Grundsatz „in dubio pro reo" ist zu beachten, so daß eine Verurteilung nur dann erfolgen darf, wenn der Schuldbeweis zweifelsfrei erbracht ist, so daß bis dahin die Unschuldsvermutung gilt. Die Verhandlung sollte öffentlich erfolgen und hierdurch Vertrauen durch Kontrolle geschaffen werden. Da sich ein Strafurteil i.d.R. als schwerer Eingriff in die persönliche Freiheit des Verurteilten darstellt, muß die Möglichkeit bestehen, dieses durch eine übergeordnete Instanz überprüfen zu lassen. Eine Gewährleistung des in Deutschland geltenden Verbots der „reformatio in peius" ist nicht erforderlich. Einzuhalten ist jedoch das Gebot des „ne bis in idem", so daß eine materielle Rechtssicherheit erreicht werden muß.[914] Ferner sind die Modalitäten eines Wiederaufnahmeverfahren zu regeln. Im internationalen Bereich stellt sich zudem die Frage eines Verfahrens in absentu, da einige Rechtsordnungen ein solches anerkennen. Sofern selbiges anerkannt wird, kann dies nur in einem eng begrenzen Rahmen zulässig sein, da das Gericht ohne den Angeklagten die materielle Wahrheit nicht ermitteln kann. Zudem kann der Angeklagte seine Rechte nur bei seiner Anwesenheit wahrnehmen. Schließlich würde die Anerkennung und Durchsetzungsfähigkeit eines internationalen Gerichts leiden. Die Frage der Strafvollstreckungshoheit unterscheidet sich von dem nationalen Bereich, da hier i.d.R. der Inhaber der Gerichtsbarkeit nicht zugleich Träger der Strafvollstreckung ist. Dies hat auf die Rechtsstaatlichkeit des Verfahrens keinen Einfluß solange gewährleistet wird, daß der Strafvollzug nicht im Heimatland des Verurteilten erfolgt.

III. Internationale Zusammenarbeit und Rechtshilfe

Die internationale Zusammenarbeit und Rechtshilfe ist bei Fällen mit Auslandsbezug bereits im Bereich der nationalen Gerichtsbarkeit nicht ohne Bedeutung. Eine entscheidende Wichtigkeit kommt ihr aber v.a. im Rahmen der internationalen Gerichtsbarkeit zu, da, anders als im nationalen Recht, ein Vollstreckungsorgan nicht vorhanden ist, so daß die Mitarbeit der Nationalstaaten über den Erfolg und Mißerfolg der Internationalen Gerichtsbarkeit entscheidet.
Die internationale Rechtshilfe in Strafsachen ist der „Oberbegriff für alle Formen der zwischenstaatlichen Zusammenarbeit auf dem Gebiet der Strafverfolgung".[915] Die Rechtshilfe läßt sich in drei Hauptgebiete aufteilen: die Auslieferung/Einlieferung, die „kleine bzw. sonstige Rechtshilfe", hierunter fallen Maßnahmen der Sachverhaltsaufklärung und die Vollstreckungshilfe.[916] Der Umfang der zwischenstaatlichen Rechtshilfe folgt i.d.R. nicht aus völkergewohnheitsrechtlichen Normen, sondern er ist vielmehr den entsprechenden Vertragswerken zu entnehmen.[917] Als wesentliche Grundsätze der Rechthilfe sind das Prinzip der Gegenseitigkeit und die beiderseitige Straf-

[914] S. Siegert, Völkerstrafprozeßrecht, S. 56.

[915] Scholz, Die Zulieferung, S. 10.

[916] Vgl. Scholz, Die Zulieferung, S. 11.

[917] S. Scholz, Die Zulieferung, S. 13 f.

barkeit (Prinzip der identischen Strafnorm)[918], die Ausdruck der Souveränität der Staaten ist, da man einen Tatverdächtigen erst dann der Strafgewalt eines anderen Staates überlassen will, wenn auch die eigene Rechtsordnung die Strafbarkeit des Verhaltens bejaht, zu nennen.[919] Diese Prinzipien sind bei einem „regulären" Rechtshilfeverkehr, bei dem sich Staaten gegenüber stehen, maßgebend, da hier die gegenseitige Staatlichkeit und Souveränität zu beachten ist. Demnach kann die Rechtshilfe als die staatliche Teilnahme an der Durchsetzung eines fremden Strafanspruchs umschrieben werden. Wie Scholz zutreffend feststellt ist die duale Natur des Völkerstrafrechts „Ausgangspunkt eines neuen Rechtshilfeverständnisses", so daß die ursprünglichen Prinzipien, die auf dem Souveränitätsverständnis der Staaten und deren konkurrierenden Strafansprüchen beruhen, entsprechend zu modifizieren sind.[920] Dies folgt aus dem Umstand, daß das Völkerstrafrecht die Wahrung international anerkannter Schutzgüter bezweckt, so daß eine souveränitätsgeprägte Konkurrenz der Staaten bei der Rechtshilfe ausscheidet, da nicht an der Durchsetzung eines fremden Strafanspruches mitgewirkt, sondern vielmehr ein eigener Anspruch, der allen Staaten zusteht, durchgesetzt wird. Demzufolge kann die Zusammenarbeit mit einem internationalen bzw. supranationalen Gericht nicht als herkömmliche Rechtshilfe eingeordnet werden, da es sich nicht um die Hilfe zwischen gleichberechtigten Rechtssubjekten handelt. Vielmehr wird erstmals die herkömmliche Art der horizontalen Kooperation durch die vertikale Unterstützung einer überstaatlichen Institution ergänzt: „die Gerichtshilfe".[921] Anders als die Staaten begehren internationale Gerichtshöfe die Rechtshilfe nicht zur Ausübung der aus der eigenen Rechtsordnung folgenden souveränen Staatsgewalt.[922] Die souveränitätsbezogenen Einwände der Staaten gegen die Gerichtshilfe sind daher zu überdenken.

1. Auslieferung bzw. Überstellung

Die Auslieferung ist das Pendant des Internationalen Strafrechts, da es, anders als das Internationale Strafrecht, das die eigene Strafgewalt zum Ausland abgrenzt, die Überantwortung des Beschuldigten durch die Behörden des Aufenthaltsstaates an den die Auslieferung begehrenden Staat zum Zweck der Strafverfolgung oder –vollstreckung bedeutet.[923] Auslieferungspflicht und das Auslieferungsrecht sind streng zu trennen. Während sich die Auslieferungspflicht eines Staates gegenüber

[918] Vgl. auch: Roggemann, Der Auslieferungsverkehr, GA 1989, S. 106, demnach dieses Prinzip die inhaltliche Gleichartigkeit von Schutzobjekt und Angriffsmodalität in den einschlägigen Straftatbeständen beider Staaten voraussetzt.

[919] Vgl. Roggemann, Der Auslieferungsverkehr, GA 1989, S. 106 ff, 108; Jescheck, Neueste Entwicklung, S. 585; Scholz, Die Zulieferung, S. 19 ff. Als weitere Prinzipien der Auslieferung nennt Scholz den Grundsatz der Spezialität und die Nichtauslieferung bei politischen, militärischen und fiskalischen Delikten, da letztere einen engen Bezug zu staatspolitischen außerstrafrechtlichen Motiven aufwiesen, so daß der Grundsatz der Nichteinmischung tangiert werden könne. Teilweise kann der menschenrechtliche Individualschutz die Nichtauslieferung gebieten.

[920] Vgl. Scholz, Die Zulieferung, S. 43 f. Scholz, a.a.O., S. 47 f, 56, fordert, daß im Rahmen der Verfolgung völkerstrafrechtlicher Delikte zum einen eine Neubetrachtung der souveränitätsbezogenen Einwände gegen die Rechtshilfe erfolgen sollte und zum anderen das Souveränitätsverständnis der Staaten zu überdenken sei.

[921] Schomburg, Jugoslawien-Strafgerichtshof-Gesetz, NStZ 1995, S. 429.

[922] So für den Bereich des ICTY: Scholz, Die Zulieferung, S. 50, die die Auffassung vertritt, das ICTY sei durch eine Vollmacht geprägt, indem es die Staatengemeinschaft in gewisser Weise vertrete und den Strafanspruch für sie wahrnehme.

[923] Vgl. Jescheck, Neueste Entwicklung, S. 584; Rinio, Auslieferung, ZStW 108 (1996), S. 354.

dem Ausland i.d.R. nur aus Verträgen herleiten läßt, beruht das Recht des Staates zur Auslieferung auf dem innerstaatlichen Gesetz.[924] Ein Auslieferungsersuchen wird i.d.R. dann erfolgen, wenn sich der Beschuldigte nicht im Geltungsbereich der Rechtsordnung aufhält, die ihm das strafbewehrte Verhalten vorwirft, so daß der ausliefernde Staat dem ersuchenden Staat die Durchführung des Strafverfahrens ermöglicht.[925] Die Nationalität des Auszuliefernden spielt i.d.R. keine Rolle, so daß nur entscheidend ist, ob der die Auslieferung begehrende Staat zur Bestrafung auch befugt ist.[926] Eine Verpflichtung zur Auslieferung eigener Staatsangehöriger besteht grundsätzlich nicht, sofern nicht eine besondere vertragliche Regelung dies gebietet.[927] Zur Abgrenzung der Begrifflichkeiten ist festzustellen, daß der Terminus „Überstellung" die zwischenstaatliche Übergabe von Personen, die innerstaatlich bereits verurteilt worden sind, aber in einem ausländischen Staat zur Vernehmung als Zeuge benötigt werden oder deren im Inland verhängte Strafe im ausländischen Staat vollstreckt werden soll, bezeichnet.[928] Allerdings wird in § 3 JugStGHG die Übergabe einer angeklagten Person an das ICTY ebenfalls als Überstellung bezeichnet. Der Begriff der Zulieferung wurde im Rechtshilfeverkehr zwischen der Bundesrepublik Deutschland und der DDR verwendet, um eine eigenständige Bezeichnung für den nicht als zwischenstaatlich eingestuften Auslieferungsvorgang zu haben.[929] Vor dem Hintergrund, daß das JugStGHG ebenfalls den Begriff der Überstellung verwendet, soll dieser, aus Gründen der Einheitlichkeit, für die Auslieferung einer Person an internationale Gerichte beibehalten werden.

Probleme können sich ergeben, sofern nationale Rechtsordnungen, wie die der Bundesrepublik Deutschland, eine Beschränkung des Auslieferungsrechts dergestalt vornehmen, daß eine Auslieferung eigener Staatsangehöriger untersagt wird, Art. 16 Abs. 2 GG.[930] Als Grund für diesen, auf dem Denkmodell des österreichischen und preußischen Polizeistaats beruhenden Grundsatz, wird i.d.R. die Schutzpflicht des Staates gegenüber seinen Bürgern[931] und das Mißtrauen in die ausländische Strafrechtspflege genannt. Der Sinn und Zweck des Art. 16 Abs. 2 GG liegt demnach dar-

---

[924] S. Jescheck, Neueste Entwicklung, S. 584.

[925] Vgl. hierzu: Scholz, Die Zulieferung, S. 11. Roggemann, Der Auslieferungsverkehr, GA 1989, S. 104 f.

[926] S. Verdross, Kriegshandlung, S. 82.

[927] Vgl. Verdross, Kriegshandlung, S. 77. Verdross legt auf S. 85 dar, daß der Versailler Vertrag diesem anerkannten Grundsatz der Nichtauslieferung eigener Staatsangehöriger widersprochen und in das Auslieferungsrecht eingegriffen habe.

[928] So: Scholz, Die Zulieferung, S. 53.

[929] Scholz, Die Zulieferung, S. 54, die den Begriff der Zulieferung für den Auslieferungsverkehr zwischen den Staaten und einem Weltstrafgerichtshof vorzieht, da er nach der Wiedervereinigung „neutral" zur Verwendung stünde.

[930] Zu der Frage der Nichtauslieferung eigener Staatsangehöriger unter Berücksichtigung der historischen und gegenwärtigen Entwicklung: Rinio, Auslieferung, ZStW 108 (1996), S. 354 ff, der eine rechtsvergleichende Betrachtung der verschiedenen Rechtskreise sowie der Rechtspraxis einzelner Staaten durchführt. Während das anglo-amerikanische Strafrecht durch den Territorialitätsgrundsatz geprägt ist, versucht das kontinentaleuropäische Strafrecht die fehlende Auslieferung durch das aktive Personalitätsprinzip zu kompensieren und kennt daher die Möglichkeit, den Täter in seinem Heimatland für eine Auslandsstraftat als Ersatz für die Nichtauslieferung zu bestrafen, vgl. hierzu auch: Oehler, Deutsches Strafanwendungsrecht, S. 114 ff. Dies verursacht, angesichts der fehlenden Unmittelbarkeit der Beweise, erhebliche Nachteile.

[931] Vgl. Oehler, Deutsches Strafanwendungsrecht, S. 125 ff, der dieses Argument allerdings heftig kritisiert und empfiehlt, das grundgesetzliche Verbot bei einer Reziprozität der Auslieferung einzuschränken.

in, Deutsche vor solchen strafrechtlichen Verfahren zu schützen, die keine ausreichende Einhaltung rechtsstaatlicher Grundsätze und grundrechtlicher Garantien gewährleisten. Art. 16 Abs. 2 GG gewährt dem einzelnen ein Grundrecht in Gestalt eines negativen Statusrechts, das nicht unter dem Vorbehalt des Gesetzes steht und dem Staatsbürger ein Recht dahingehend vermittelt, daß der Staat die Auslieferung und somit einen bestimmten Eingriff in seine Rechtsstellung unterläßt.[932]

Vor diesem Hintergrund stellt sich Frage, ob eine Überstellung Deutscher an internationale Gerichtshöfe als „Auslieferung" anzusehen ist, mit der Folge, daß Art. 16 Abs. 2 GG die Auslieferung untersagt und im Beitrittsfalle zu ändern wäre. Art. 16 Abs. 2 GG und § 2 Abs. 1 IRG gehen ausschließlich von der Auslieferung an ausländische Staaten und nicht an Organe der UNO oder internationale Gerichtshöfe aus, so daß zu untersuchen ist, ob auch in diesen Fällen eine Auslieferung i.S.d. Art. 16 Abs. 2 GG gegeben ist. Die verwendete Bezeichnung erlaubt keine Rückschlüsse, so daß eine unterschiedliche Begrifflichkeit die Anwendbarkeit nicht auszuschließen vermag und vielmehr der rechtliche Gehalt des Vorganges zu überprüfen ist. Das deutsche Recht nimmt eine Auslieferung nicht nur bei der amtlichen Verbringung einer Person aus dem deutschen Hoheitsgebiet in ein anderes, sondern bereits in den Fällen an, in denen jemand aus dem Bereiche der deutschen Gerichtsgewalt einer ausländischen Gerichtsgewalt überstellt wird, wobei ein Wechsel des Ortes oder des Hoheitsgebietes, an dem sich der Auszuliefernde befindet, nicht zu erfolgen hat, so daß z.B. die Übergabe eines Soldaten an die Behörden des Aufenthaltsstaates als Auslieferung anzusehen ist.[933] Die überwiegende Auffassung in der Lehre, die diese Problematik v.a. im Zusammenhang mit dem ICTY diskutiert hat, geht daher davon aus, daß auch die Überstellung an ein internationales Gericht die Voraussetzungen des Art. 16 Abs. 2 GG erfüllt, so daß dieser grundsätzlich anwendbar ist.[934] Der Zusatz „an das Ausland" hat entstehungsgeschichtlich lediglich den Sinn, eine Auslieferung im innerdeutschen Rechtshilfeverkehr zu ermöglichen so daß ihr im übrigen keine einschränkende Bedeutung zukommt und unter dem Begriff „an das Ausland" jede nichtdeutsche Hoheitsgewalt zu verstehen ist.[935] Diese Auffassung ist nicht zu beanstanden, da unter den Begriff des Auslandes auch andere Völkerrechtssubjekte mit eigenständiger Strafgewalt fallen können. Die hieraus gezogenen Konsequenzen sind verschiedene. Ein Teil der Lehre hält das Prinzip der Nichtauslieferung für überholt, da es nicht mehr durch die traditionellen Gründe gerechtfertigt sei und fordert eine Änderung des Grundgesetzes dergestalt, daß die Überstellung ungeachtet der Staatsangehörigkeit erfolgen könne.[936] Demgegenüber stellen Schöbener und Bausback zutreffend fest, daß Art. 16 Abs. 2 GG einer Überstellung Deutscher an ein in-

---

[932] Oehler, Deutsches Strafanwendungsrecht, S. 122.

[933] S. Oehler, Deutsches Strafanwendungsrecht, S. 120.

[934] So auch Schöbener/Bausback, Überstellung, DÖV 1996, S. 622, für den ICTY, da unter den Begriff der Auslieferung die zwangsweise körperliche Überstellung einer Person an eine fremde, nichtdeutsche Herrschaftsmacht fällt; ebenso: Scholz, Die Zulieferung, S. 163 ff, 169, die den ICTY, ebenfalls als fremde Hoheitsgewalt ansieht, die der Bundesrepublik fremd sei und eigenständig wie das Ausland entgegentrete. Vgl. auch Rinio, Auslieferung, ZStW 108 (1996), S. 388 ff.

[935] Zimmermann, Die Schaffung eines ständigen Internationalen Strafgerichtshofes, ZaöRV 58 (1998), S. 101.

[936] Vgl. hierzu: Scholz, Die Zulieferung, S. 225 f, die sodann folgende Neuformulierung anbietet: „Deutsche dürfen nicht ausgeliefert werden, es sei denn auf Grund eines Gesetzes an einen supranationalen Strafgerichtshof der Vereinten Nationen oder der Europäischen Union". Auch Rinio, Auslieferung, ZStW 108 (1996), S. 381 ff, 385, vertritt die Auffassung, daß keines der zur Rechtfertigung der Nichtauslieferung ins Feld geführten Argumente überzeugen kann.

ternationales Tribunal nicht zwingend entgegensteht, da das Grundgesetz, sofern es systematisch und unter Berücksichtigung seiner völkerrechtsfreundlichen Grundhaltung ausgelegt wird, Wertungen enthält, die eine Auslieferung Deutscher an einen internationalen Strafgerichtshof als zulässig erscheinen lassen.[937] Abschließend ist daher festzustellen, daß auch die Überstellung eigener Staatsangehöriger an ein internationales Gericht als „Auslieferung" i.S.d. Art. 16 Abs. 2 GG anzusehen ist, diese Vorschrift einer Auslieferung jedoch nicht entgegensteht und eine konstitutive Änderung dieser Vorschrift nicht erforderlich ist. Allerdings erscheint eine deklaratorische Änderung in diesem strittigen Bereich zur Erzielung höchstmöglicher Rechtssicherheit und zur Vermeidung von Rechtsunsicherheit als geboten.[938]
An dieser Stelle sei nochmals auf das JugStGHG hingewiesen, das die Zusammenarbeit der Bundesrepublik Deutschland mit dem ICTY regelt. Auffällig ist, daß zwar die Überstellung, nicht hingegen die „Auslieferung" eigener Staatsangehöriger geregelt wurde. Art. 3 Abs. 1 JugStGHG verpflichtet die innerstaatlich zuständigen Behörden, auf Ersuchen des ICTY Personen, die sich im Geltungsbereich des JugstGHG aufhalten, in Haft zu nehmen und an das ICTY oder einen Staat, der die Vollstreckung übernommen hat, zu überstellen, wobei nicht zwischen Deutschen und Ausländern differenziert wird und auch kein Vorbehalt bzgl. des Art. 16 Abs. 2 GG aufgenommen wurde.[939] Allerdings bestehen an der Verpflichtung zur Auslieferung eigener Staatsangehöriger an das ICTY keine Zweifel.[940] Bemerkenswert ist weiterhin, daß weder die Resolution 827 des Sicherheitsrates noch das Statut des ICTY Gründe, die zur Ablehnung der Überstellung berechtigen, vorsehen.[941]

2. Sonstige Rechtshilfe

Ferner sind neue Formen der internationalen Rechtspflege zu verzeichnen, wie beispielsweise die Übernahme eines im Ausland anhängigen Strafverfahrens durch ei-

---

[937] S. Schöbener/Bausback, Überstellung, DÖV 1996, S. 624 ff, 629. Schöbener und Bausback weisen allerdings darauf hin, daß sich Überstellungsgegenrechte aus anderen Bestimmungen des GG, wie z.B. aus Art. 25 GG i.V.m. den zwingenden Regeln des Völkerrechts ergeben können. Zudem vertreten Schöbener und Bausback unter Abweichung von der restriktiven Rechtsprechung des BVerfG (BVerfGE 63, 332 (337)), dergemäß neben dem nach Art. 25 GG verbindlichen Mindeststandard nur die unabdingbaren verfassungsrechtlichen Grundsätze der öffentlichen Ordnung, als Grenze der Auslieferung im zwischenstaatlichen Bereich anzusehen seien, die Auffassung, daß auch die Grundrechte und objektiven Verfassungsgarantien als Überstellungsgegenrechte in Betracht kämen. Auch im letztgenannten Fall seien die Verfassungsprinzipien der „internationalen Offenheit" und der „Völkerrechtsfreundlichkeit" sowohl bei der Auslegung einschlägiger Grundrechte wie auch bei der Abwägung im Wege praktischer Konkordanz zu berücksichtigen, vgl. hierzu: Schöbener/Bausback, a.a.O., S. 626 ff, 629. Bausback, Art. 16 II GG, NJW 1999, S. 3320, geht davon aus, daß eine Einschränkung des Auslieferungsverbotes Deutscher an ausländische Staaten nicht nur im Wege der Auslegung des Begriffs „an das Ausland" sondern im Falle eines Beitritts zu einem Weltstrafgerichtshof aus dem Grundsatz der Völkerrechtsfreundlichkeit und dem Prinzip offener Staatlichkeit sogar geboten sei.

[938] Auch Zimmermann, Die Schaffung eines ständigen Internationalen Strafgerichtshofes, ZaöRV 58 (1998), S. 102, spricht sich für eine deklaratorische Änderung des Art. 16 Abs. 2 GG aus.

[939] Vgl. Schöbener/Bausback, Überstellung, DÖV 1996, S. 621 f, die die in dem JugStGHG zum Ausdruck kommende ungenügende Berücksichtigung des Rechtsgedankens des Art. 16 Abs. 2 GG kritisieren.

[940] S. Rinio, Auslieferung, ZStW 108 (1996), S. 392; ebenso: Schomburg, Jugoslawien-Strafgerichtshof-Gesetz, NStZ 1995, S. 429.

[941] Vgl. Schomburg, Jugoslawien-Strafgerichtshof-Gesetz, NStZ 1995, S. 429, so daß auch der Charakter der Tat als politisches Vergehen unerheblich ist.

nen anderen Staat.[942] Von Interesse ist ferner die Übernahme der Strafvollstreckung durch einen anderen Staat, die zunehmend an Bedeutung gewinnt.
Da ein internationaler Gerichtshof auf jegliche Unterstützung seitens der Staaten angewiesen ist, fallen hierunter alle nur denkbaren unterstützenden Handlungen wie die Vermittlung von Sachverhalten, Informationen und Zeugen, die Erteilung von Aussagegenehmigungen durch staatliche Stellen, das Zulassen des Aufsuchens des Tatortes zwecks Einvernahme eines Augenscheins bzw. Durchführung der Ermittlungen, etc. Auch die Unterstützung durch sonstige Völkerrechtssubjekte sowie Menschenrechtsorganisationen fällt hierunter. Die internationale Gerichtsbarkeit ist mangels eines eigenen Durchsetzungsapparates auf die Leistung einer umfassenden Vollstreckungshilfe angewiesen.

D. Materielles Völkerstrafrecht

Im Rahmen dieses Gliederungspunktes wird sowohl auf den besonderen als auch auf den allgemeinen Teil des Völkerstrafrechts eingegangen und der Begriff des völkerrechtlichen Unrechts erörtert.

I. Das „völkerrechtliche Unrecht"

Als „delicta iuris gentium" sind, unter Abgrenzung zu den von Staatsorganen gesetzten und daher den Staaten selbst zuzurechnenden Unrechtstatbeständen, alle von Einzelpersonen gesetzten Unrechtstatbestände anzusehen, die durch Völkergewohnheitsrecht oder durch Kollektivverträge normiert werden können.[943]
Wie bereits dargestellt[944], begründen auch völkerrechtliche Delikte internationales Unrecht. Diese können aber nicht mit den völkerrechtlichen Verbrechen gleichgesetzt werden, da sie das Unrecht des Staates und nicht wie die völkerrechtlichen Verbrechen das Unrecht der Einzelpersonen charakterisieren.
Die völkerrechtlichen Verbrechen sind in zwei Gruppen zu untergliedern: die völkerstrafrechtlichen Verbrechen, d.h. die völkerrechtlichen Verbrechen im engeren Sinne (international crimes stricto sensu[945]) und die völkerrechtlichen Verbrechen im weiteren Sinne (international crimes sensu largo[946]).[947]
Seit den Nürnberger Prozessen werden die im dem Statut des IMT enthaltenen Tatbestände als „Kernverbrechen" bzw. völkerrechtliche Verbrechen im engeren Sinne oder auch als der „klassische"[948] Bereich des Völkerstrafrechts bezeichnet. Hierbei handelt es sich um völkerstrafrechtliche Verbrechen im Sinne obiger Definition[949], deren Strafbarkeit, ungeachtet des nationalen Rechts, direkt aus dem Völkerrecht folgt. Hiervon erfaßt sind solche Handlungen, „die die höchsten Werte der internatio-

---

942 Vgl. Jescheck, Entwicklung, GA 1981, S. 68.
943 Vgl. hierzu: Verdross/Simma, Universelles Völkerrecht, § 431.
944 S. Kap. 1 B I 1.
945 Vgl. hierzu: Kap. 1 D II 1.
946 Vgl. Kap. 1 D II 2.
947 Vgl. Triffterer, Kommentar, ZStW 98 (1986), S. 816 ff.
948 Vgl. Jescheck, Entwicklung, GA 1981, S. 51.
949 Vgl. Kap. 1 A II.

nalen Staatengemeinschaft beeinträchtigen".[950] Die Bedrohung höchster menschlicher Werte zieht die Internationalisierung der Strafverfolgung nach sich, so daß hier eine „erga omnes-Verpflichtung" vorliegt.[951] Da mit Ausnahme der „ad hoc-Tribunale" ein internationaler Strafgerichtshof bislang noch nicht besteht, wird die Verfolgung der völkerstrafrechtlichen Verbrechen derzeit durch die nationalen Gerichte übernommen.
Als völkerrechtliche Verbrechen im weiteren Sinne sind alle anderen internationalen Verbrechen anzusehen, die nicht den Status völkerstrafrechtlicher Verbrechen haben. Hierdurch sollen Rechtsgüter geschützt werden, die die Staaten für das friedliche Zusammenleben als erforderlich erachten und daher eine internationale Verfolgung gesichert wissen wollen. Zudem soll eine grenzüberschreitende Kriminalität bekämpft werden. Dies erfolgt überwiegend auf der Grundlage des Weltrechtsprinzips, da über den Schutz solcher Rechtsgüter i.d.R. völkerrechtliche Verträge abgeschlossen werden. Aus diesem Grund werden diese Delikte auch als „Weltverbrechen" bezeichnet, die von den nationalen Gerichten auf der Grundlage des Universalitätsprinzips verfolgt werden, wobei allerdings die Pönalisierung i.d.R. durch das nationale Recht und nicht durch das Völkerrecht erfolgt, das lediglich der Koordination der Strafverfolgung durch die nationalen Gerichte dient.[952] Allerdings ist auch ein unmittelbarer Schutz dieser Rechtsgüter, für die grundsätzlich keine allgemeine völkerrechtliche Verbotsnorm besteht, durch das Völkerrecht möglich, wobei aber die strafrechtliche Verfolgung in solchen Fällen weiterhin durch das staatliche Strafrecht übernommen wird.[953] Die Übertragung der strafrechtlichen Verfolgung völkerrechtlicher Verbrechen im weiteren Sinne zur Aburteilung an einen internationalen Weltstrafgerichtshof ist ohne weiteres möglich.
Abschließend ist darauf hinzuweisen, daß der Begriff des Völkerstrafrechts z.T. unterschiedslos sowohl für die völkerrechtlichen Verbrechen im weiteren als auch im engeren Sinne verwendet wird, so daß diese erforderliche Differenzierung zwar als dogmatisch richtig, aber durch den tatsächlichen Sprachgebrauch als überholt anzusehen ist.

II. Die Tatbestände des Völkerstrafrechts

Eine Untergliederung der Tatbestände des Völkerstrafrechts ist in vielerlei Weise möglich. So kann z.B. zwischen den völkervertraglich und den völkergewohnheitsrechtlich geltenden Tatbeständen unterschieden werden. Hier erscheint eine Differenzierung zwischen den völkerstrafrechtlichen Verbrechen, d.h. den völkerrechtlichen Verbrechen im engeren Sinne und den völkerrechtlichen Verbrechen im weiteren Sinne, ungeachtet des Geltungsgrundes der Normen, angesichts obiger Abgrenzung und vor dem Hintergrund, daß sich das Statut des IStGH ebenfalls auf die Kernverbrechen beschränkt, als opportun.

---

950 Nill-Theobald, Defences, S. 23.

951 Vgl. Sonnenfeld, Kodifizierung strafrechtlicher Normen, Osteuropa Recht 1984, S. 178, die in diesem Zusammenhang von einem internationalen Verbrechen spricht.

952 Vgl. Nill-Theobald, Defences, S. 24. Vgl. hierzu auch: Jescheck, Genocidium-Konvention, ZStW 66 (1954), S. 204.

953 S. Nill-Theobald, Defences, S. 24.

1. Völkerrechtliche Verbrechen im engeren Sinne

Bei diesen Kernverbrechen handelt es sich i.d.R. um einen Fall des kollektiven Großverbrechens, für die Jäger den Begriff der Makrokriminalität geprägt hat.[954] Obwohl sich die Makrokriminalität in erster Linie als ein kollektives Ereignis darstellt, ist zu berücksichtigen, daß hier stets Individuen handeln. Bei den Makroverbrechen handelt es sich um „politische Kriminalität", d.h. um Verbrechen von Staaten, Herrschaftssystemen und Großkollektiven gegen Individuen und Minderheiten.[955] Mit der Größe der Verbrechen soll demnach nicht auf die Dimension des Schadens sondern vielmehr auf die Größenordnung des Täterkollektivs hingewiesen werden. Der Bereich der Involvierung der staatlichen Gewalt wird auch mit dem Begriff der „staatsverstärkten Kriminalität" beschrieben, die sich außerhalb von Gewaltdelikten ebenfalls zeigen kann. Charakteristisches Kriterium der staatsverstärkten Kriminalität ist zum einen, daß der im Strafrecht geltende Grundsatz der Gleichheit und Stärke von Täter und Opfer aufgehoben ist, da der Staat, der dem Opfer gegenüber steht, ungleich stärker ist und diese Art der Kriminalität demzufolge ein ganz anderes Gewicht besitzt; zum anderen ist die „staatsverstärkte Kriminalität mit einem „Schein von Legitimität" umgeben.[956] Naucke erachtet die zeitlich und räumlich allgegenwärtige staatsverstärkte Kriminalität als „feige Begehungsweise", da die staatliche Macht zur Begehung einer Straftat genutzt wird.[957] Demzufolge haben Staatsverbrechen eine besondere Qualität. Auch Jescheck ist der Auffassung, daß die Idee eines echten völkerrechtlichen Strafrechts erst Bedeutung gewinnt, „wenn es sich um Taten handelt, die durch ihren politischen Charakter und durch die offene oder versteckte Teilnahme der Staatsgewalt gekennzeichnet sind".[958]

a. Kriegsverbrechen

Der völkerstrafrechtliche Tatbestand des Kriegsverbrechens gehört zu den Bereichen, die am Besten erforscht sind, obgleich auch hier noch viele Einzelfragen offen und umstritten sind. Bereits in der geschichtlichen Einführung[959] wurde darauf hingewiesen, daß mit der Anerkennung des unbeschränkten „ius ad bellum" die Entwicklung eines „ius in bello" einherging, so daß die Kriegsverbrechen auf eine lange und ereignisreiche Vergangenheit zurückblicken können. Berber definiert die Kriegsverbrechen wie folgt: „Unter Kriegsverbrechen sind alle Verletzungen des Kriegsrechts zu verstehen, die von legitimen Kombattanten oder von sonstigen zu Kriegshandlungen (z.B. im besetzten Gebiet oder gegenüber Kriegsgefangenen) zuständigen Staatsorganen nach Beginn und vor Beendigung des Kriegszustandes (nicht

---

[954] S. Jäger, Makroverbrechen, S. 327 f, der den Begriff der Makrokriminalität v.a. auf Völkermord, Kriegs- und Menschlichkeitsverbrechen bezogen hat. Vgl. auch Mohr, Strafrechtliche Verantwortlichkeit, S. 401.

[955] Vgl. hierzu: Jäger, Makroverbrechen, S. 331. Jäger geht, a.a.O., S. 327, in folgenden Fällen von Makrokriminalität aus: „wenn sich die kollektiven Taten als Teilakte gesamtgesellschaftlicher Konflikte und Prozesse darstellen, Staat und Gesellschaft also durch ihre auslösende Bedeutung unmittelbar in die kriminellen Ereignisse involviert sind", so daß eine Abhängigkeit der individuellen Handlung von der Makroebene besteht, die diese Charakterisierung der Tat auslöse.

[956] Vgl. Naucke, Staatsverstärkte Kriminalität, S. 21.

[957] So: Naucke, Staatsverstärkte Kriminalität, S. 22 ff.

[958] Vgl. Jescheck, Genocidium-Konvention, ZStW 66 (1954), S. 204. Hiervon grenzt er die Verbrechen, die nach dem Weltrechtsprinzip verfolgt werden, ab.

[959] Vgl. hierzu die Ausführungen in Kap. 1 A III.

bloß der Feindseligkeiten) begangen werden. Handlungen von Personen, die nicht zu diesem Personenkreis gehören, die aber unter Ausnützung der Kriegssituation strafbare Handlungen gegen die Person oder das Eigentum von dem Feindstaat zugehörigen Personen begehen, werden, auch wenn sie widerrechtlich eine Uniform angelegt haben, als gemeine Verbrecher...verurteilt".[960] Allerdings ist zu berücksichtigen, daß nicht jede Verletzung des Kriegsrechts als Kriegsverbrechen anzusehen ist, sondern ein solches vielmehr eine schwerwiegende Verletzung des Kriegsrechts erfordert.[961] Als Charakteristikum von Kriegsverbrechen kann festgehalten werden, daß der Täter als Repräsentant des Staates handelt.[962] Die Handlungen rechtmäßiger Kombattanten werden ferner dem Staat selbst zugerechnet.[963] Die Strafbarkeit von Kriegsverbrechen ist völker(gewohnheits)-rechtlich anerkannt[964], wobei aber bezüglich des Umfanges bzw. der einzelnen, hiervon umfaßten Handlungen Uneinigkeit besteht. In diesem Zusammenhang ist klarstellend darauf hinzuweisen, daß den Tätern nach geltendem Völkerrecht Kriegsakte, die den Tatbestand einer strafrechtlich relevanten Handlung erfüllen, nicht zugerechnet werden dürfen, sofern sie im Einklang mit dem Völkerrecht stehen, weil z.B. ein völkerrechtlicher Rechtfertigungsgrund gegeben ist.[965] Die Ächtung der Kriegsverbrechen bezweckt den Schutz des Rechts auf Leben und Freiheit, die persönliche Sicherheit, den Schutz vor Folter, unmenschlicher oder erniedrigender Behandlung, vor Sklaverei, Zwangsarbeit, willkürlicher Verhaftung oder Haft, die Gewährleistung eines fairen Strafverfahrens, der Gleichbehandlung, der Freizügigkeit, der Religion, der Meinungsfreiheit, der Versammlungsfreiheit, des Rechts auf Ehe und Familie und die Anerkennung als Person vor dem Gesetz.[966] Zur strafrechtlichen Ahndung von Kriegsverbrechen sind grundsätzlich neben den Heimatgerichten bzw. den Gerichten des Staates, in dessen Diensten der Täter stand, auch die Gerichte des verletzten Staates sowie u.U. auch die Gerichte der mit diesem Staat verbündeten Staaten berufen.[967] Für die Bestra-

---

[960] Berber, Lehrbuch des Völkerrechts Bd. 2, S. 240. Vgl. auch: Hoffmann, Verantwortung, S. 61 f. Jescheck, Kriegsverbrechen, S. 373, betrachtet auch die Kriegshandlungen als Kriegsverbrechen, die von Zivilpersonen oder von Soldaten in Zivilkleidung oder in der Uniform der gegnerischen Macht begangen werden, auch wenn die betreffenden Akte ihrer Natur nach völkerrechtsmäßig waren. Vgl. auch: v.Mangoldt, Das Kriegsverbrechen, Jahrbuch für Internationales und Ausländisches Öffentliches Recht II/III (1948), S. 293. V.Mangoldt hält nicht nur all jene Handlungen für Kriegsverbrechen, die durch die geschriebenen und ungeschriebenen Gesetze und Gebräuche des Krieges verboten sind, sondern auch die nach der allgemeinen Meinung der zivilisierten Völker dazu zählenden Handlungen verbrecherischer Natur. Nill-Theobald, Defences, S. 45, geht davon aus, daß jede Verletzung des „ius in bello" und des „ius ad bellum" theoretisch als Kriegsverbrechen angesehen werden könne. Diese Auffassung ist gegenwärtig abzulehnen, da sie nur bei Bestehen von Einigkeit über den Tatbestand der Aggression realisierbar ist, die aber noch nicht erzielt wurde, so daß eine derartige Koppelung mehr Fragen aufwirft als sie zu lösen imstande ist.

[961] Vgl. hierzu: Jescheck, Kriegsverbrechen, S. 373.

[962] Vgl. Hettinger, Völkerrechtliche Verpflichtung, S. 114.

[963] Vgl. Hettinger, Völkerrechtliche Verpflichtung, S. 114.

[964] So: Gornig, Verantwortlichkeit, S. 10; Jescheck, Neueste Entwicklungen des internationalen Strafrechts, S. 589.

[965] So auch: Verdross, Kriegshandlung, S. 26; v.Mangoldt, Das Kriegsverbrechen, Jahrbuch für Internationales und Ausländisches Öffentliches Recht II/III (1948), S. 294.

[966] So: Bassiouni, Proscribing function of International Criminal Law, S. 1460 f.

[967] Vgl. hierzu: v.Mangoldt, Das Kriegsverbrechen, Jahrbuch für Internationales und Ausländisches Öffentliches Recht II/III (1948), S. 303 ff, der feststellt, daß die Gerichte des verletzten Staates i.d.R. der Vorwurf der Parteilichkeit treffe und das Urteil evtl. zum Racheakt werde, vgl. v.Mangoldt, a.a.O., S. 311 ff. Vgl. auch: Jescheck, Kriegsverbrechen, S. 373; Hoffmann, Verantwortung, S. 114.

fung von Kriegsverbrechen kommen zwei Wege in Betracht, nämlich der staatliche und der völkerrechtliche. Einer staatlichen Verfolgung wurde in der Vergangenheit, angesichts des vermeintlich besseren Schutzes gegen Willkür und Irrtum, der Vorzug vor der internationalen Verfolgung gegeben.[968] Diese Auffassung ist vor dem Hintergrund der historischen Ereignisse erklärlich, aber heute so nicht mehr haltbar. Teilweise wird vertreten, daß eine Verfolgung der Kriegsverbrechen nur während der Kriegszeit erfolgen dürfe.[969]

Zur Kategorisierung der Kriegsverbrechen wurden bereits einige Versuche unternommen. Neben der beispielhaften enumerativen Aufzählung der Kriegsverbrechen in dem Versailler Vertrag sowie in Art. 6 lit. (b) des IMT-Statuts bestehen seit langer Zeit gewohnheitsrechtliche Regeln, nach denen Verstöße gegen die Bestimmungen des Kriegsrechts, die neben den Staaten auch den einzelnen verpflichten, bestraft werden können.[970] Als wichtigste Rechtsquellen, die die Entwicklung des Völkerrechts vorangetrieben, bestimmt und die völkergewohnheitsrechtlich geltenden Regelungen des Kriegsrechts konkretisiert haben, sind die multilateralen Verträge wie die Haager Abkommen von 1899 und 1907 und die vier Genfer Abkommen vom 12. August 1949 zu nennen.[971] Die Kodifikationen von 1899 und 1907 enthalten keine Straftatbestände, sondern verpflichten die Vertragsstaaten bei Verstößen gegen die Bestimmungen lediglich zur Einleitung von Strafverfahren, so daß diese Konventionen nicht als inhaltliche Neuerung, sondern nur als Konkretisierung des bereits bestehenden Völkergewohnheitsrechts anzusehen sind.[972] Zudem sind in diesem Zusammenhang noch die beiden Genfer Konventionen von 1929, die die HLKO (IV) von 1907 ergänzen, zu nennen. Selbige wurden schließlich durch die vier Genfer Konventionen des Roten Kreuzes von 1949, die als die bekanntesten Dokumente des humanitären Völkerrechts anzusehen sind, abgelöst. Die Bedeutung der vier Genfer Konventionen von 1949 liegt darin, daß sie als völkerrechtliche Verträge nicht nur die Vertragsstaaten binden, sondern sich teilweise bereits zu einem Völkergewohnheitsrecht entwickelt haben, so daß auch die Nichtunterzeichnerstaaten der Konventionen gebunden sind.[973] Daher ist festzustellen, daß die Genfer Konventionen, die von nahezu allen Staaten der Völkergemeinschaft ratifiziert worden sind, die Definition der Kriegsverbrechen maßgeblich beeinflußt haben und als allgemeingültiges, positives, kodifiziertes Kriegsvölkerrecht anzusehen sind, dessen Verletzungen unmittelbar nach Völkerrecht strafbar sind.[974]

Verletzungen des humanitären Völkerrechts werden von den vier Genfer Konventionen und den Zusatzprotokollen in „schwere Verletzungen" oder „grave breaches" und im Wege einer Negativabgrenzung in „Zuwiderhandlungen" bzw. andere „Verletzungen" untergliedert, die auch gelegentlich als „minder schwere Verstöße" bezeichnet werden. Das charakterisierende Kriterium der verschiedenen Verhaltensweisen ist

[968] Jescheck, Kriegsverbrechen, S. 375. Vgl. auch v.Mangoldt, Das Kriegsverbrechen, Jahrbuch für Internationales und Ausländisches Öffentliches Recht II/III (1948), S. 299 ff. v.Mangoldt stellt sodann die Anforderungen auf, denen ein internationaler Strafgerichtshof genügen müßte, zeigt die Problempunkte auf und gibt schließlich den nationalen Gerichten den Vorzug.

[969] So: v.Mangoldt, Das Kriegsverbrechen, Jahrbuch für Internationales und Ausländisches Öffentliches Recht II/III (1948), S. 306 f.

[970] Vgl. hierzu: Gornig, Verantwortlichkeit, NJ 1992, S. 9.

[971] S. Gornig, Verantwortlichkeit, NJ 1992, S. 10.

[972] Vgl. hierzu: Nill-Theobald, Defences, S. 52.

[973] Vgl. Nill-Theobald, Defences, S. 52 f, mit weiteren Ausführungen zu dem daneben geltenden Kriegsvölkergewohnheitsrecht.

[974] S. Triffterer, Materielles Völkerstrafrecht, S. 17; ders.: Bestandsaufnahme, S. 177.

die „unmittelbare Betroffenheit von Personen und Gütern eines Staates, mit dem ein anderer Staat Krieg führt", so daß sich die „grave breaches" dadurch auszeichnen, daß hier die Verletzung von Personenkreisen oder Gütern eines Feindstaates erfolgt, die in einer engen Beziehung zu diesem stehen.[975] Zudem beruhen die „Strafbestimmungen" für die „grave breaches" auf der Erkenntnis, daß die Begehung derartiger Handlungen die Beendigung der kriegerischen Auseinandersetzungen verzögern, neue Konflikte provozieren und dadurch den internationalen Frieden und die Sicherheit der Menschheit gefährden kann.[976] Daher bezeichnen alle vier Genfer Konventionen bestimmte Kriegsverbrechen als „schwere Verletzungen". Diese „grave breaches" bilden den Kernbestand der Kriegsverbrechen, die die Staaten verpflichten, derartige Verstöße unter Strafe zu stellen.[977] Die in den vier Genfer Konventionen enthaltenen „Strafbestimmungen", die „schweren Verletzungen", legen demzufolge die Handlungen und Unterlassungen fest, die als Kriegsverbrechen zu bestrafen sind[978]. Allerdings ist zu beachten, daß es sich bei den, in den vier Genfer Konventionen enthaltenen Strafbestimmungen, nicht um eigentliche Straftatbestände i.S.e. kontinentaleuropäischen Kodifikation handelt, sondern vielmehr um einen, an die Vertragsstaaten gerichteten, „Pönalisierungsauftrag".[979] Demnach können die Genfer Konventionen nur einen mittelbaren Schutz des Völkerrechts durch die staatliche Strafrechtspflege gewährleisten.[980] Der gewohnheitsrechtliche Grundsatz der unmittelbaren Strafbarkeit der Kriegsverbrechen nach Völkerrecht wird hierdurch nicht tangiert.[981] Während sich einige Staaten durch die Genfer Konventionen zu einer Änderung ihres nationalen Strafrechts veranlaßt sahen, erachtete die Bundesrepublik Deutschland ihr geltendes Strafrecht für ausreichend, um den ihr obliegenden Vertragspflichten zu genügen.[982] Die Strafpflicht trifft nicht nur den Heimatstaat des Täters bzw. den verletzten Staat, sondern alle Vertragsmächte, auch die im bewaffneten Konflikt neutralen Länder und besteht, ohne Rücksicht auf die Staatsangehörigkeit des Täters oder den Tatort.[983] Demzufolge gilt für die Bestrafung der „grave breaches" nach den Genfer Abkommen das Weltrechtsprinzip[984], da es sich um den Schutz allgemeiner, unbedingt und überall schutzwürdiger Kulturinteressen handelt. Die Genfer Konventionen und Zusatzprotokolle verpflichten demgemäß die Vertragsstaaten zur Ahndung der „grave breaches" des Kriegsrechts, wobei allerdings dem verletzten Konfliktgegner das Recht unbenommen bleibt, die verantwortlichen Täter für Kriegsverbrechen zur Rechenschaft zu ziehen, sofern diese beispielsweise als

---

975 Triffterer, Bestandsaufnahme, S. 179.

976 S. Triffterer, Bestandsaufnahme, S. 180.

977 Vgl. hierzu: Weber, St. Helena oder Nürnberg, VN 1990, S. 207; Nill-Theobald, Defences, S. 47; Triffterer, Materielles Völkerstrafrecht, S. 17.

978 S. Jescheck, Entwicklung, GA 1981, S. 55 f.

979 Vgl. hierzu: Wilkitzki, Die völkerrechtlichen Verbrechen, ZStW 99 (1987), S. 466; Jescheck, Kriegsverbrechen, S. 374.

980 S. Jescheck, Entwicklung, GA 1981, S. 56.

981 So auch: Gornig, Verantwortlichkeit, NJ 1992 S. 10; Wilkitzki, Die völkerrechtlichen Verbrechen, ZStW 99 (1987), S. 466; Jescheck, Entwicklung, GA 1981, S. 5.

982 Vgl. hierzu: Fischer, Untersuchung, S. 193 ff, über die nationalen Gesetze und Verfahren bei der Strafverfolgung von Verletzungen des Rechts des bewaffneten Konfliktes.

983 Jescheck, Kriegsverbrechen, S. 375.

984 So: Heintschel v.Heinegg, Die Errichtung des Jugoslawien–Strafgerichtshofes, S. 77; Jescheck, Kriegsverbrechen, S. 375; Graefrath, Strafsanktionen in den Genfer Abkommen, Staat und Recht 1956, S. 53 f.

Kriegsgefangene in seinen Gewahrsam gelangen.[985] Im Rahmen der Genfer Abkommen gilt der Grundsatz „aut dedere aut iudicare".[986] Einschränkend ist allerdings zu berücksichtigen, daß dieses System der universellen Strafbarkeit und der prinzipiellen Verfolgungspflicht von Drittstaaten nach den Genfer Konventionen nur im Falle eines internationalen Konflikts Anwendung findet.[987] Abschließend ist darauf hinzuweisen, daß die „schweren Verletzungen" nur den Kernbestand der Kriegsverbrechen, auf den man sich i.S.e. „Minimalkonsenses" hat einigen können und bezüglich derer eine Strafverpflichtung der Vertragsparteien vereinbart wurde, darstellen.[988] Demgegenüber beschränken sich die nach den Gebräuchen und Gesetzen des Krieges unmittelbar nach Völkerrecht strafbaren Kriegsverbrechen nicht auf diese „schweren Verletzungen".[989] Die vier Genfer Konventionen haben für die schweren Verletzungen des Kriegsrechts die unmittelbare Verantwortlichkeit nach Völkerrecht kodifiziert.[990]

Andere als schwere Verstöße werden i.d.R als „minderschwere Verstöße" bezeichnet, wobei die Konventionen allerdings nur zwischen "schweren Verletzungen" und „Zuwiderhandlungen" differenzieren bzw. von „Verletzungen" und „schweren Verletzungen" sprechen. Dies sollte aber nicht darüber hinweg täuschen, daß es sich bei allen Verletzungen des humanitären Völkerrechtes der Genfer Konventionen um Kriegsverbrechen handelt, deren Sanktionierung geboten ist. Daher bleiben auch andere Verstöße gegen das humanitäre Kriegsrecht strafbar, wobei die Genfer Konventionen, anders als bei den „grave breaches", hier keine Strafpflicht der Staaten begründen.[991] Im Gegensatz zu den „schweren Verletzungen" betreffen die anderen Verletzungen nicht unmittelbar Personen und Rechtsgüter des Kriegsgegners, sondern i.d.R. Richtlinien und Vorschriften für rechtmäßiges Verhalten im Krieg.[992]

Das humanitäre Völkerrecht nimmt in den Genfer Rotkreuzabkommen eine weitere Abgrenzung vor und differenziert zwischen „internationalen bewaffneten Konflikten", auf die die gesamten völkerrechtlichen Regeln anwendbar sind und den „nicht internationalen bewaffneten Konflikten", d.h. internen Konflikten, für die ein Mindeststandard gilt, der 1949 in dem gemeinsamen Art. 3 der vier Genfer Konventionen niedergelegt wurde.[993] Diese Zweiteilung des humanitären Völkerrechts verdeutlicht die Souveränitätsinteressen der Staaten, da interne bewaffnete Konflikte anders behandelt werden als internationale.[994] Dies ist darauf zurückzuführen, daß die Staaten die Auferlegung menschenrechtsschützender Verpflichtungen im staatlichen Innenraum

---

[985] Vgl. Oeter, Kriegsverbrechen, ZaöRV 45 (1985), S. 29 f.

[986] S. Jescheck, Kriegsverbrechen, S. 375.

[987] Vgl. Oeter, Kriegsverbrechen, ZaöRV 45 (1985), S. 30. Dies könnte bei den „ad hoc-Gerichten" Zuständigkeitsprobleme aufwerfen.

[988] So: Triffterer, Bestandsaufnahme, S. 177.

[989] Vgl. Triffterer, Bestandsaufnahme, S. 177.

[990] S. Triffterer, Völkerstrafrecht im Wandel, S. 1487.

[991] So auch: Nill-Theobald, Defences, S. 47.

[992] So: Nill-Theobald, Defences, S. 47; Triffterer, Bestandsaufnahme, S. 180.

[993] Vgl. Griesbaum, Über die Verfahrensgrundsätze, S. 128; Oeter, Kriegsverbrechen, ZaöRV 45 (1985), S. 6. Vgl. hierzu auch Triffterer, Bestandsaufnahme, S. 181, der darauf hinweist, daß die Verbote in dem gemeinsamen Art. 3 der Genfer Konventionen einen Mindeststandard des humanitären Völkerrechts darstellen, der auch für internationale Konflikte gelte und zur Präzisierung der übrigen Tatbestände des Kriegsvölkerrechts beitrage.

[994] Vgl. hierzu: Werle, Menschenrechtsschutz durch Völkerstrafrecht, ZStW 109 (1997), S. 815.

als erhebliche Beschränkung ihrer Souveränität erachten.[995] In diesem Zusammenhang ist erneut auf Art. 2 UN-Charta zu verweisen, der den besonderen Schutz des staatlichen Innenraums wiedergibt. Vor diesem Hintergrund wird die unterschiedliche Behandlung von internationalen und nicht internationalen bewaffneten Konflikten nachvollziehbar. Als problematisch erweist sich in dem Bereich der internen bewaffneten Konflikte auch die Inanspruchnahme einer universellen Jurisdiktion für Kriegsverbrechen, da beispielsweise das zweite Zusatzprotokoll das Konzept der „grave breaches" nicht aufgenommen hat.[996]
Am 8. Juni 1977 wurden die beiden Zusatzprotokolle zu den Genfer Konventionen von 1949 verabschiedet. Das erste Zusatzprotokoll beschäftigt sich mit dem Schutz der Opfer in internationalen bewaffneten Konflikten und enthält in den Art. 11 Abs. 4 und 85 Abs. 3 weitere „grave breaches", die die Frage ihrer gewohnheitsrechtlichen Verankerung aufwerfen.[997] Das zweite Zusatzprotokoll regelt den Schutz der Opfer nicht internationaler bewaffneter Konflikte. Hierdurch erweitert und präzisiert dieses Protokoll den Schutz, der in dem übereinstimmenden Art. 3 der Konventionen vorgesehen ist und der auch durch andere Regeln des humanitären Völkerrechts ergänzt wird.[998] Demnach ist festzustellen, daß die beiden Zusatzprotokolle die schweren Verletzungen klarer gefaßt, den Schutz v.a. auf die Zivilbevölkerung ausgedehnt und somit das humanitäre Völkerrecht auf seinen neuesten Stand gebracht haben. Der Umstand, daß in den Zusatzprotokollen bestimmte Verhaltensweisen nicht als „schwere Verletzungen" bezeichnet werden, führt nicht zu dem Ergebnis, daß es sich deshalb um minder schwere bzw. unerhebliche Verstöße handelt.[999]

Abschließend ist festzustellen, daß die Normen des humanitären Völkerrechts teilweise sogar als ius cogens angesehen werden.[1000] In seinem Gutachten zur Rechtmäßigkeit des Einsatzes von Nuklearwaffen hat der IGH 1996 den gewohnheitsrechtlichen Charakter der Genfer Konventionen aus dem Jahr 1949 bestätigt.[1001] Auch die Verbotsnormen der Haager Landkriegsordnung vom 18. Oktober 1907 sind Bestandteil des Völkergewohnheitsrechts.[1002] Sowohl die Genfer Konventionen als auch die beiden Zusatzprotokolle normieren überwiegend Verbote und Sanktionsmechanismen, die bereits zuvor gewohnheitsrechtlich zum Bestand des Völkerstrafrechts zählten.[1003] Abschließend ist festzustellen, daß die Konventionen einen der wenigen

995 Vgl. Werle, Menschenrechtsschutz durch Völkerstrafrecht, ZStW 109 (1997), S. 815.

996 Vgl. hierzu: Zimmermann, Die Schaffung eines ständigen Internationalen Strafgerichtshofes, ZaöRV 58 (1998), S. 91, der zumindest für die Bestimmungen des gemeinsamen Art. 3 der Genfer Konventionen davon ausgeht, daß es sich um Normen mit „erga omnes-Charakter" handelt. So auch: der IGH im Nicaragua-Urteil vom 27.6.1986, ICJ Rep. 1986, 14 ff (114).

997 Vgl. hierzu: Zimmermann, Die Schaffung eines ständigen Internationalen Strafgerichtshofes, ZaöRV 58 (1998), S. 65.

998 So: Triffterer, Bestandsaufnahme, S. 182.

999 Vgl. Triffterer, Bestandsaufnahme, S. 186.

1000 S. Kadelbach, Zwingendes Völkerrecht, S. 71, der in diesem Zusammenhang die vier Genfer Konventionen und die zwei Zusatzprotokolle erörtert.

1001 Advisory Opinion on the Legality of the Threat or Use of Nuclear Weapons vom 8.7.1996, ICJ Rep. 1996, 225 ff (258) und Advisory Opinion of the use by a State of Nuclear Weapons in Armed Conflict, ICJ Rep. 1996, S. 66 ff. Vgl. auch Hollweg, Das neue Internationale Tribunal, JZ 1993, S. 985 f.

1002 S. Hollweg, Das neue Internationale Tribunal, JZ 1993, S. 986.

1003 Vgl. Triffterer, Bestandsaufnahme, S. 183.

Sonderfälle darstellen, in denen das Völkerrecht unmittelbar die Folge der strafrechtlichen Verantwortlichkeit für die Begehung von Kriegsverbrechen regelt.[1004]

b. Verbrechen gegen die Menschlichkeit[1005]

Während die Forderungen der Franzosen und Engländer am Ende des ersten Weltkrieges nach einer strafrechtlichen Ahndung der Verbrechen gegen die Menschlichkeit noch an dem amerikanischen Widerstand scheiterten, erschien der Tatbestand des Verbrechens gegen die Menschlichkeit mit der Folge einer von der innerstaatlichen Strafbarkeit unabhängigen völkerstrafrechtlichen Verantwortlichkeit des Einzelnen erstmals im Rahmen der Nürnberger Prozesse.[1006] Wie bereits dargelegt war ein solcher Tatbestand dem damaligen Völkerrecht fremd.[1007] Wohl aus diesem Grund wies das Verbrechen gegen die Menschlichkeit im Statut des IMT keine festen Konturen auf. Zudem betrachtete die Charta des Nürnberger IMT bzw. der IMT selbst, das Verbrechen gegen die Menschlichkeit nicht als eigenständige Kategorie, sondern berücksichtigte dieses nur insoweit, als es in einem funktionellen Zusammenhang mit dem Verbrechen gegen den Frieden oder den Kriegsverbrechen stand.[1008] Ungeachtet dieses Erfordernisses ist das Verbrechen gegen die Menschlichkeit infolge der Nürnberger Prozesse dennoch als eigenständiges Delikt anzusehen.[1009] Auch die von den Amerikanern abgehaltenen Folgeprozesse trugen zu einer Klärung des Völkerrechts bei und machten deutlich, daß Verbrechen gegen die Menschlichkeit auch bei einer Begehung in Friedenszeiten bestraft werden können.[1010] Demgegenüber wurde in Art. 5 des Statuts des ICTY eine Kompromißlösung dergestalt vertreten, daß die Begehung in einem internationalen oder internen bewaffneten Konflikten und

[1004] Vgl. Oeter, Kriegsverbrechen, ZaöRV 45 (1985), S. 27.

[1005] Becker erarbeitet in ihrer Dissertation, Verbrechen gegen die Menschlichkeit, S. 217 einen Formulierungsvorschlag für das Verbrechen gegen die Menschlichkeit:

„I. Ein Verbrechen gegen die Menschlichkeit stellt eine der folgenden Handlungen, die in wertordnungsfeindlicher Absicht vorgenommen wird, dar:

(a) willkürliche Tötung,

(b) unmenschliche Behandlung,

(c) Folterung,

(d) Sklaverei oder sklavereiähnliche Praktiken,

(e) willkürliche Verhaftung,

(f) andere menschenunwürdige Akte.

II. Eine wertordnungsfeindliche Absicht liegt stets dann vor, wenn der Täter in der Absicht handelt, die im jeweiligen Kulturkreis bestehende Wertordnung gewaltsam zu verhindern."

[1006] Vgl. Art. 6 lit. (c) des Statuts des Nürnberger IMT, bzw. Art. 5 lit. (c) des Statuts des Tokioter IMT.

[1007] Vgl. hierzu: Gornig, Verantwortlichkeit, NJ 1992, S. 8, der feststellt, daß die Völkerrechtsordnung zwar ebenso wie bei dem Angriffskrieg die strafrechtslogischen Voraussetzungen für die Bestrafung des Verbrechen gegen die Menschlichkeit enthalten habe, es jedoch 1945 keinen völkerrechtlichen Straftatbestand gegeben habe. Vgl. hierzu: Kap. 1 A III 4a.

[1008] Art. 6 lit. (c) IMT-Statut. Vgl. hierzu Dahm, Völkerstrafrecht, S. 50; sowie: Tomuschat, Die Arbeit der ILC, S. 282 f, der feststellt, daß während die Formulierung der Nürnberger Prinzipien an diesem „Akzessorietätsband" festhielt, die ILC dieses Erfordernis 1954 nicht mehr aufstellte.

[1009] S. Hoffmann, Verantwortung, S. 98.

[1010] Vgl. hierzu: Ferencz, Von Nürnberg nach Rom, Policy Paper 8, S. 3.

somit zumindest eine rein zeitliche Verbindung gefordert wurde.[1011] Zudem waren die nach dem KRG Nr. 10 zuständigen Stellen noch davon ausgegangen, daß die Beteiligung staatlicher Stellen ein materielles Tatbestandselement jedes Verbrechens gegen die Menschlichkeit sei.[1012] Demgegenüber hat aber die ILC in ihrem „Draft Code of Crimes against the Peace and security of mankind" die Auffassung vertreten, daß auch Akte, die von Mitgliedern einer nichtstaatlichen Gruppe begangen werden, als Verbrechen gegen die Menschlichkeit angesehen werden können, solange sie nach ihrer Qualität und Quantität das nötige Ausmaß erreichen. Diese Auffassung wurde beispielsweise durch das Abkommen über die Rechtsstellung der Flüchtlinge (Genfer Flüchtlingskonvention) vom 28. Juli 1951[1013] sowie die Rechtsprechung des ICTY[1014] bestätigt.

Die Frage, ob und ggf. mit welchem Inhalt der Tatbestand des Verbrechens gegen die Menschlichkeit eine völkergewohnheitsrechtliche Anerkennung erfahren hat, ist strittig, da eine umfassende verbindliche Kodifikation bisher nicht gelang.[1015] Wie bereits dargelegt, kam dem Londoner Abkommen gerade keine völkergewohnheitsrechtliche Geltung zu. Vereinzelt wird die Auffassung vertreten, daß zwar eine Rechtsüberzeugung der Strafbarkeit des Verbrechens gegen die Menschlichkeit bestünde und die Strafbarkeit des Verbrechens gegen die Menschlichkeit in den nationalen Rechtsordnungen anerkannt sei, es allerdings an einer entsprechenden Staatenpraxis fehle, so daß, mangels eines entsprechenden Völkergewohnheits-rechts, ein völkerrechtlicher Straftatbestand nicht bestünde und auch ein allgemeiner Rechtsgrundsatz des Völkerrechts nicht gegeben sei.[1016] Demgegenüber bejaht die wohl h.M. zutreffend eine völkergewohnheitsrechtliche Anerkennung des Verbrechens gegen die Menschlichkeit.[1017] Eine entsprechende Rechtsüberzeugung ist gegeben und wird selbst von den Gegnern der Anerkennung eingeräumt. Zudem dürfen an das Merkmal der tatsächlichen Übung keine überzogenen Anforderungen gestellt werden. Unter Berücksichtigung der Errichtung der „ad hoc-Tribunale" für das ehe-

---

[1011] S. Tomuschat, Die Arbeit der ILC, S. 282, der darauf hinweist, daß nicht verlangt worden sei, daß das Verbrechen gegen die Menschlichkeit als Mittel in der bewaffneten Auseinandersetzung gedient haben müsse.

[1012] Vgl. Zimmermann, Die Schaffung eines ständigen Internationalen Strafgerichtshofes, ZaöRV 58 (1998), S. 51.

[1013] Die Genfer Flüchtlingskonvention ist abgedruckt in Sartorius II, Ordnungsziffer 28. Art. 1 F der für die Bundesrepublik Deutschland am 22.4.1954 in Kraft getretenen Konvention hat folgenden Wortlaut:

„Die Bestimmungen dieses Abkommens finden keine Anwendung auf Personen, in Bezug auf die aus schwerwiegenden Gründen die Annahme gerechtfertigt ist,

a) daß sie ein Verbrechen gegen den Frieden, ein Kriegsverbrechen oder ein Verbrechen gegen die Menschlichkeit ... begangen haben...

[1014] Urteil im Fall Tadic vom 7.5.1997, IT-94-1, para 655; vgl. ILM 36 (1997), S. 250.

[1015] Vgl. hierzu Buchner, Die Rechtswidrigkeit der Taten von Mauerschützen, S. 237 ff, mit weiteren Nachweisen.

[1016] Vgl. hierzu im Einzelnen: Gornig, Verantwortlichkeit, NJ 1992, S. 8; Hoffmann, Verantwortung, S. 99 f.

[1017] So z.B.: Greppi, Individual Criminal Responsibility, IRRC 1999, S. 549; Bremer, Internationale Verbrechen, S. 81. Vgl. auch: Becker, Verbrechen gegen die Menschlichkeit, S. 220; Heintschel v.Heinegg, Die Errichtung des Jugoslawien–Strafgerichtshofes, S. 77. So wohl auch Berber, Lehrbuch des Völkerrechts Bd. 2, S. 257; vgl. hierzu auch: Verdross/Simma, Universelles Völkerrecht, § 441; Buchner, Die Rechtswidrigkeit der Taten von Mauerschützen, S. 237, die die Auffassung vertritt, daß der Straftatbestand seit der Nachkriegszeit zum Völkergewohnheitsrecht zähle. Auch der Schußwaffengebrauch an der innerdeutschen Grenze erfülle diesen Straftatbestand.

malige Jugoslawien und Ruanda, deren Strafgewalt sich ausweislich ihrer Statute auch auf die Verbrechen gegen die Menschlichkeit erstreckt und von der bereits in entsprechenden Straferkenntnissen Gebrauch gemacht wurde, ist eine tatsächliche Übung durchaus gegeben. Eine erneute Bestätigung ist in dem Statut des IStGH zu sehen. Zudem sind in diesem Zusammenhang die Urteile gegen Eichmann, Barbie, Touvier und Priebke zu berücksichtigen, die u.a. wegen Verbrechen gegen die Menschlichkeit verurteilt worden sind. Schließlich hatten zahlreiche Resolutionen des UN-Sicherheitsrates, die Verhinderung der Begehung von Verbrechen gegen die Menschlichkeit zum Ziel.[1018] Zudem wird dieser Tatbestand als allgemeiner Rechtsgrundsatz des Völkerrechts erachtet.[1019] Von der völkergewohnheitsrechtlichen Geltung des Straftatbestandes des Verbrechens gegen die Menschlichkeit ist daher auszugehen. Über Art. 25 GG ist der Tatbestand des Verbrechens gegen die Menschlichkeit unmittelbar geltendes Recht mit Verfassungsrang. Zudem wird konsequenterweise auch bezüglich des Verbrechens gegen die Menschlichkeit die Geltung des Weltrechtsprinzips angenommen, was u.a. aus dem „erga omnes-Charakter" folgt, da grundsätzlich alle Staaten durch die Begehung eines solchen Verbrechens in ihren Rechten verletzt und zu einem strafrechtlichen Vorgehen befugt sind.[1020]

Der komplexe und umfassende Tatbestand des Verbrechens gegen die Menschlichkeit umfaßt i.d.R. staatlich organisierte oder gedeckte unmenschliche Taten, die aus politischen oder ideologischen Gründen begangen werden und in ihrem Ausmaß den internationalen Menschenrechtsstandard massiv verletzen.[1021] Die Menschenrechte, deren Trägerin die Menschheit als Ganzes ist, stellen somit den Anknüpfungspunkt für die Strafbarkeit dar.[1022] „Menschenrechte sind Rechte, die dem Menschen als solchem kraft seines Wesens als Träger höchster geistiger und sittlicher Werte zukommen. Sie müssen also als vorstaatlich vorgegebene Rechte bestehen und können durch Positivierung in der staatlichen oder zwischenstaatlichen Rechtsordnung nur anerkannt und umschrieben, nicht verliehen werden. Stärke und Schwäche der Idee der Menschenrechte beruhen auf dieser naturrechtlichen Grundlage"[1023]. Damit beruhen die Menschenrechte auf der Vorstellung einer dem Menschen von Natur aus zukommenden Gleichheit und Freiheit, die in der menschlichen Person selbst begründet sind.[1024] Die Menschenrechte sind als ius cogens anzusehen. Die Frage, welche menschlichen Akte als unmenschlich zu gelten haben, wird so gelöst, daß alle Akte unmenschlich sind, die in den Rechtsordnungen der zivilisierten Nationen als strafbar erachtet werden, da diese, in den verschiedenen nationalen Rechtsordnungen strafbewehrten Handlungen, Verbrechen gegen das allgemeine Recht dar-

---

[1018] Vgl. hierzu: Becker, Verbrechen gegen die Menschlichkeit, S. 77, mit weiteren Nachweisen.

[1019] So: Becker, Verbrechen gegen die Menschlichkeit, S. 220.

[1020] So auch: Zimmermann, Die Schaffung eines ständigen Internationalen Strafgerichtshofes, ZaöRV 58 (1998), S. 89 f und 90, der dies zum einen aus der Praxis bei dem Nürnberger IMT und den Nachfolgeprozessen, zum anderen aus der Tatsache, daß einige Staaten solche Verbrechen auch dann aburteilen lassen, wenn die Taten ohne jeden Inlandsbezug begangen worden sind, schließt. Vgl. auch: Heintschel v.Heinegg, Die Errichtung des Jugoslawien-Strafgerichtshofes, S. 77.

[1021] Vgl. hierzu: Buchner, Die Rechtswidrigkeit der Taten von Mauerschützen, S. 251.

[1022] Vgl. Buchner, Die Rechtswidrigkeit der Taten von Mauerschützen, S. 251.

[1023] Friesenhahn, Menschenrechte, S. 504.

[1024] S. Friesenhahn, Menschenrechte, S. 504.

stellen, deren Bestrafung das „sittliche Gewissen der Menschheit" fordert.[1025] Der Begriff der Humanität bezeichnet ein menschliches Zusammenleben in einer Grundordnung, die dieses Zusammenleben ordnet und Ausdruck für das Bewußtsein einer Lebenskontinuität ist, die auf dem einheitlichen Streben nach Wertverwirklichungen, die im Einklang mit der Grundordnung des menschlichen Zusammenlebens stehen, beruht, so daß sich der Mensch hierdurch vom Tier unterscheidet.[1026] Dieses Bewußtsein der Kontinuität des humanen Lebens wird durch Eingriffe in die Grundordnung, die z.B. auf willkürlicher Gewalt beruhen, gestört.[1027] Es macht sich derjenige zum „Verräter an der Humanität", der sich in eine dem humanen Leben widersprechende Gewaltordnung einfügt, so daß ihm gegenüber der Vorwurf der Unmenschlichkeit begründet ist[1028], mit der Folge des Vorliegens eines Verbrechens gegen die Menschlichkeit. Zusammenfassend ist der Tatbestand des Verbrechens gegen die Menschlichkeit so zu umschreiben, daß er den Einzelnen vor der Verletzung fundamentaler Menschenrechte durch die staatliche Gewalt schützen soll.[1029]
Inhaltlich umfaßt das Verbrechen gegen die Menschlichkeit u.a. Mord, Ausrottung, Versklavung, Deportation oder andere unmenschliche Handlungen, die gegen irgendeine Volksgruppe begangen werden, sowie die Verfolgung aus politischen, rassistischen oder religiösen Gründen.[1030] Die Statute des ICTY sowie des ICTR haben zusätzlich noch Inhaftierungen, Folter, Vergewaltigungen und andere unmenschliche Akte hierunter subsumiert.[1031] Dogmatisch zählt das Verbrechen des Völkermordes ebenfalls zu den Verbrechen gegen die Menschlichkeit.[1032] Allerdings hat es infolge der Völkermordkonvention[1033] eine eigenständige Behandlung erfahren und wurde aus dem umfassenden Begriff des Verbrechens gegen die Menschlichkeit ausgeklammert.[1034] Abschließend ist festzustellen, daß eine unmittelbare Verantwortlichkeit nach Völkerrecht positivrechtlich nur für den Völkermord und die Strafbarkeit der Apartheid[1035] geregelt wurde.[1036]

[1025] Vgl. hierzu: Tesar, Die naturrechtlichen Grundlagen, S. 428, der diese Auffassung kritisiert und im Rahmen seiner Untersuchung zu anderen Ergebnissen gelangt.

[1026] So: Tesar, Die naturrechtlichen Grundlagen, S. 437.

[1027] Vgl. Tesar, Die naturrechtlichen Grundlagen, S. 438.

[1028] S. Tesar, Die naturrechtlichen Grundlagen, S. 438.

[1029] Vgl. Buchner, Die Rechtswidrigkeit der Taten von Mauerschützen, S. 252.

[1030] So: Bassiouni, Proscribing function of International Criminal Law, S. 1461 f, der wohl noch von der Voraussetzung der Begehung im Zusammenhang mit einem Verbrechen gegen den Frieden oder Kriegsverbrechen auszugehen scheint. Zimmermann, Die Schaffung eines ständigen Internationalen Strafgerichtshofes, ZaöRV 58 (1998), S. 57, zählt Mord, Ausrottung und Versklavung zum Kernbestand des Verbrechens gegen die Menschlichkeit.

[1031] Art. 5 ICTY-Statut, 3 ICTR-Statut; vgl. auch Zimmermann, Die Schaffung eines ständigen Internationalen Strafgerichtshofes, ZaöRV 58 (1998), S. 51, 57 ff.

[1032] Vgl. Hettinger, Völkerrechtliche Verpflichtung, S. 121.

[1033] Hier stellt sich die Frage, ob der Genozid in der Konvention als völkerrechtlicher Straftatbestand zu verstehen ist, oder ob die Staaten durch diese Konvention lediglich verpflichtet werden, diesen Straftatbestand in die nationalen Gesetzbücher aufzunehmen.

[1034] Vgl. Hoffmann, Verantwortung, S. 99.

[1035] Vgl. hierzu die Konvention vom 30.11.1973.

[1036] S. Triffterer, Völkerstrafrecht im Wandel, S. 1487.

c. Völkermord[1037].

Angesichts der eigenständigen Behandlung, die dem Verbrechen des Völkermordes zuteil wurde, soll es auch hier gesondert erörtert werden. Die Ächtung des Völkermordes bezweckt den Schutz des Lebens, der Freiheit, der persönlichen Sicherheit, den Schutz vor Folter oder grausamer Behandlung, Sklaverei, sowie die Freiheit der Religion, Meinung, Versammlung, der Freizügigkeit und das Recht auf eine Familie[1038].

In der Konvention über die Verhütung und Bestrafung des Völkermordes vom 9. Dezember 1948 bestätigten die vertragsschließenden Parteien, daß Völkermord, ungeachtet seiner Begehung im Krieg oder Frieden, ein Verbrechen darstellt und verpflichteten sich zu dessen Verhütung und Bestrafung, Art. I Genozid-Konvention.[1039] Art. II der Konvention definiert den Begriff des Völkermordes. In Art. III und IV der Völkermordkonvention werden die strafbaren Handlungen sowie der Täterkreis festgelegt. Nach der Konvention kommen sowohl Individuen als auch Hoheitsträger unter Einschluß der „regierenden Personen" als strafbarer Täterkreis in Betracht. Die vertragsschließenden Parteien verpflichten sich in Art. V der Völkermordkonvention zur Ergreifung der gesetzgeberischen Maßnahmen, um die Anwendung der Konvention sicherzustellen. Die Bundesrepublik Deutschland hat unter Befolgung dieser Verpflichtung den Art. 220 a StGB erlassen.[1040] In Art. VI der Konvention erfolgt die Festlegung der gerichtlichen Zuständigkeit. Da Art. VI der Völkermordkonvention regelt, daß eine Person, der ein in der Konvention normiertes Verhalten zur Last gelegt wird, „vor ein zuständiges Gericht des Staates, in dessen Gebiet die Handlung begangen worden ist oder vor ein internationales Strafgericht" gestellt werden soll, wurde hier die Geltung des Territorialitätsprinzips vereinbart. Die Konvention geht damit nicht von der Verfolgung des Völkermordes auf der Grundlage des Weltrechtsprinzips aus. In Art. VII des Abkommens erfolgt die Normierung des Grundsatzes „aut dedere aut iudicare".

Somit ist festzustellen, daß die Völkermordkonvention ein System universeller Strafgewalt nicht kennt, da die Strafbefugnis und korrespondierend damit die Strafverfolgungspflicht den Territorialstaat treffen.[1041] Die Regelung des Art. VI der Völkermordkonvention ist überflüssig, da sich die Strafhoheit bereits aus der territorialen Souveränität ergibt. Die Genocidium-Konvention wurde vielfach und heftig kritisiert. Jescheck hält sie für nicht ausreichend um den Mindeststandard internationaler Ordnung und Sicherheit zu gewährleisten, da lediglich die Geltung des Territorialitätsprinzips normiert wurde.[1042] Angesichts der i.d.R. zumindest mittelbaren Beteiligung der Regierungen bei derartigen Verbrechen geht Jescheck davon aus, daß die Konvention keine große Bedeutung erlangen wird, da die Staaten, mit Ausnahme der Fälle, in denen es zu einem politischen Umsturz kommt, ungern in eigener Sache richten.[1043] Zu kritisieren ist ferner, daß die Konvention zwar die nationalen, ethni-

---

[1037] Als praktisches Beispiel sei hier der Fall der Indianer in Honduras genannt, die den Eroberer Kolumbus p.m. wegen Völkermordes, der Zerstörung von Kulturen und der Vergewaltigung zum Tode verurteilt haben, vgl. FAZ vom 14.10.1998.

[1038] S. Bassiouni, Proscribing function of International Criminal Law, S. 1462.

[1039] Die Genozid-Konvention ist abgedruckt in Sartorius II, Ordnungsziffer 48.

[1040] Die Konvention ist für die Bundesrepublik am 22.2.1955 in Kraft getreten (BGBl. II 1955, S. 210). An dieser Stelle sei noch darauf hinzuweisen, daß nicht alle Staaten die Völkermordkonvention ratifiziert haben.

[1041] Vgl auch: Oeter, Kriegsverbrechen, ZaöRV 45 (1985), S. 34.

[1042] S. Jescheck, Genocidium, S. 659.

schen, rassischen und religiösen Gruppen als schutzwürdig erachtet, nicht aber die ebenso schutzwürdigen politischen und kulturellen Gruppen.

Die h.M. geht davon aus, daß zum einen die Bestimmungen der Genozid-Konvention gewohnheitsrechtlich gelten[1044] und zum anderen, trotz der anderslautenden Bestimmung in der Genozidkonvention, jeder Staat Genozidakte nach dem Weltrechtsprinzip durch seine nationalen Gerichte aburteilen kann.[1045] Dies wird u.a. durch nationale Strafgesetze wie §§ 220 a, 6 Nr. 1 StGB verdeutlicht, die die Geltung des Universalitätsgrundsatzes festlegen.[1046] Auch der IGH stellte 1951 in seinem Gutachten zur Völkermord-Konvention fest, daß die völkergewohnheitsrechtliche Geltung der Strafbarkeit des Völkermordes außer Frage stünde.[1047] Das Verbot des Völkermordes wird teilweise sogar als ius cogens erachtet und dieser Schutzbereich auf den Schutz vor kollektiver Diskriminierung aus Gründen der Rasse, Hautfarbe, Abstammung oder ethnischen und nationalen Zugehörigkeit erweitert.[1048]

d. Verbrechen gegen den Frieden

Wie bereits dargelegt[1049] wurde bis zum ersten Weltkrieg von einem unbeschränkten „ius ad bellum" der Staaten ausgegangen, das keinen Raum für strafrechtliche Verantwortlichkeiten ließ.[1050] Die Art. 227 sowie 231 des Versailler Vertrages, die sich ausweislich ihres Regelungsgehaltes lediglich auf den ersten Weltkrieg beziehen, enthalten eine Abwendung von diesem unbeschränkten Kriegsführungsrecht und indizieren einen Wandel in der völkerrechtlichen Auffassung des Krieges.[1051] Der gegen den deutschen Kaiser in Art. 227 des Versailler Vertrages erhobene Vorwurf leitet sich aus der Verantwortlichkeit für die Begehung eines Verbrechens gegen den Frieden her.[1052] Auch im Zusammenhang mit der Reparationspflicht wurde diskutiert, ob diese Verknüpfung nunmehr als Präzedenz für eine internationale Kriminalisierung des Angriffskrieges angesehen werden kann, da aus der in Art. 231 des Versailler Vertrages festgelegten Schuld Deutschlands, die in dem Angriff gesehen wurde,

---

[1043] Vgl. Jescheck, Genocidium, S. 659.

[1044] So auch: Bremer, Internationale Verbrechen, S. 118; Kadelbach, Zwingendes Völkerrecht, S. 274 ff, 284; Jescheck, Genocidium, 659; Hollweg, Das neue Internationale Tribunal, JZ 1993, S. 986.

[1045] Vgl. hierzu: BGH NStZ 1999, S. 396 (397), der ausführt, daß die Völkermordkonvention einer Aufnahme des Weltrechtsprinzips in die nationalen Rechtsordnungen nicht entgegenstehe und aus Art. VI der Konvention lediglich den Schluß zieht, dieser würde die Mitgliedstaaten nicht zur Einführung des Weltrechtsprinzips verpflichten. S. auch: Zimmermann, Die Schaffung eines ständigen Internationalen Strafgerichtshofes, ZaöRV 58 (1998), S. 86 ff; Heintschel v. Heinegg, Die Errichtung des Jugoslawien-Strafgerichtshofes, S. 77 f; Triffterer, Bestandsaufnahme, S. 190; Jescheck, Entwicklung, GA 1981, S. 58; Bremer, Internationale Verbrechen, S. 118; a.A: wohl Oeter, Kriegsverbrechen, ZaöRV 45 (1985), S. 34 f, der die Auffassung vertritt, daß die Strafbefugnis allein den Territorialstaat treffe.

[1046] Als Beispiel für ein nationales Gerichtsverfahren sei der Fall Eichmann genannt, in dem der Oberste Gerichtshof Israels zur Begründung seiner Zuständigkeit davon ausging, daß sich die Strafbarkeit und die universelle Jurisdiktion direkt aus dem Völkerrecht ergebe.

[1047] ICJ Rep. 1951, 15 (23) vom 28.Mai 1951.

[1048] Vgl. Kadelbach, Zwingendes Völkerrecht, S. 284.

[1049] Vgl. Kap. 1 A III 2.

[1050] Vgl. hierzu: Gornig, Verantwortlichkeit, NJ 1992, S. 7.

[1051] So auch: Schmitt, Angriffskrieg, S. 24.

[1052] Vgl. Anmerkung Quaritsch zu Schmitt, Angriffskrieg, S. 237.

u.U. eine strafrechtliche Schuld konstruiert und der Angriffskrieg demzufolge als völkerstrafrechtliches Verbrechen anzusehen sein könnte. Wie bereits ausgeführt, ist dieser Gedankengang unzutreffend, da aus der unter der Überschrift „Wiedergutmachungen" festgelegten Kriegsschuld lediglich finanzielle Verpflichtungen hergeleitet werden sollten und im übrigen bereits damals zwischen einer kriminellen Schuld einzelner Personen und dem eine Schadensersatzpflicht begründenden Staatsunrecht getrennt wurde, so daß in Versailles kein neues völkerstrafrechtliches Verbrechen geschaffen werden sollte.[1053] Auch in der Nachkriegszeit wurde ein solches Verbrechen nicht begründet.[1054] Dies folgt zum einen aus dem Kriegsächtungspakt von 1928, der eine individuelle Strafbarkeit nicht begründet hat und dies auch nicht sollte. Zum anderen vermochten auch die Statute der IMTs für Nürnberg und Tokio, die nicht nur die Aburteilung des Angriffskrieges vorsahen, sondern auch die Planung, Vorbereitung sowie die Beteiligung an der Planung und Verschwörung unter Einfluß der britischen „conspiracy-Theorie" mit einbezogen[1055], ein solches Verbrechen nicht zu begründen, so daß den Tatbeständen von Nürnberg nicht ohne weiteres eine völkergewohnheitsrechtliche Geltung zukommt.[1056] Die einstimmige Bestätigung der Nürnberger Grundsätze durch die Generalversammlung der UN nach dem zweiten Weltkrieg wird, wie bereits ausgeführt, nicht als positivrechtliche Verankerung entsprechender Tatbestände im Völkerrecht angesehen.[1057] V.Weber wies bereits 1934 darauf hin, daß die Kriegsächtungsbewegung die moralische Norm nicht zu einer rechtlichen Norm zu erheben vermochte.[1058] Seit Nürnberg gab es bei den Verbrechen gegen den Frieden keine wesentliche Weiterentwicklung.[1059] Es erscheint daher als fraglich, ob die Aggression nach dem gegenwärtigen Stand der Rechtsentwicklung als gewohnheitsrechtlich anerkanntes völkerrechtliches Verbrechen anzusehen ist. Hier ist zu berücksichtigen, daß es wegen dieses Delikts nur ein Mal, nämlich bei den Nürnberger Prozessen, zu einer Verurteilung kam. Die Staatenpraxis bietet daher für die Annahme eines solchen Rechtsgrundsatzes oder einer derartigen Regel des Gewohnheitsrechts keinen Anhaltspunkt; vielmehr hat der Angriffskrieg weder vor noch nach den Nürnberger Urteilen, trotz einer Vielzahl von Aggressionen, Anlaß zur Einleitung von Strafverfahren gegen Individuen gegeben.[1060] Zudem fehlt es an entsprechenden nationalen Strafbestimmungen.[1061] Lediglich § 80 StGB stellt die Vorbereitung eines Angriffskrieges nach Art. 26 Abs. 1 GG unter Strafe. Die Statute der „ad hoc-Tribunale" sehen eine Strafbarkeit der Aggression ebenfalls nicht vor. Zwar wird die Strafbarkeit des Angriffskrieges von der Politik und der Moral gefordert, allerdings vermag dies einen Straftatbestand nicht zu begründen, zumal sich die Staaten bis heute nicht auf eine Definition des Angriffs einigen konnten. Bereits im Jahr 1934 stellte v.Weber fest: „...bei aller Einmütigkeit in der Verurteilung des An-

---

[1053] So auch Schmitt, Angriffskrieg, S. 30 f.

[1054] Vgl. hierzu: Blumenwitz, Das Verbrechen gegen den Frieden, S. 84, mit weiteren Nachweisen.

[1055] S. Dahm, Materielles Völkerstrafrecht, S. 57.

[1056] Vgl. hierzu: Blumenwitz, Das Verbrechen gegen den Frieden, S. 86, der dies u.a. auf die fehlende Definition des Angriffs zurückführt.

[1057] Vgl. Triffterer, Völkerstrafrecht im Wandel, S. 1486.

[1058] S. v.Weber, Strafgerichtsbarkeit, S. 68.

[1059] Vgl. hierzu: De La Pradelle, Nürnberger Prinzipien, S. 133.

[1060] Vgl. Blumenwitz, Das Verbrechen gegen den Frieden, S. 89; Dahm, Materielles Völkerstrafrecht, S. 66 f; Gornig, Verantwortlichkeit, NJ 1992, S. 7 f.

[1061] So auch: Zimmermann, Die Schaffung eines ständigen Internationalen Strafgerichtshofes, ZaöRV 58 (1998), S. 73.

griffskrieges besteht darüber, was ein Angriffskrieg eigentlich sei, lebhafter Streit".[1062] In den seither vergangenen 66 Jahren hat die Intensität der Auseinandersetzung nicht abgenommen. Somit ist festzustellen, daß auch nach dem zweiten Weltkrieg ein derartiges Gewohnheitsrecht oder ein anerkannter Rechtsgrundsatz nicht begründet wurde.[1063]

Erschwerend tritt hinzu, daß nach wie vor massive Unklarheiten dahingehend bestehen, welchen Inhalt der Begriff des Verbrechens gegen den Frieden hat, da trotz intensivster Bemühungen bislang noch keine verbindliche Übereinkunft hinsichtlich der Definition der Aggression bzw. des Angriffs erzielt werden konnte.[1064] Diese Unklarheiten konnte auch die am 14. Dezember 1974 von der Generalversammlung der Vereinten Nationen erlassene Resolution Nr. 3314[1065], die eine Definition der Aggression enthält, nicht beheben. Diese vermag weder eine verbindliche Definition des Angriffs bzw. des Angreifers zu geben, noch begründet sie eine strafrechtliche Verantwortlichkeit des Individuums für die Begehung eines Verbrechens gegen den Frieden.[1066] Die Angriffsdefinition stellt lediglich eine unverbindliche Richtlinie für den Sicherheitsrat dar, die ihn in seinem Ermessen nicht beschränkt.[1067] Die Resolution zählt in ihrem Art. 3 die Angriffshandlungen auf. In Art. 4 der Resolution wird festgestellt, daß die Aufzählung der Handlungen nicht erschöpfend ist und der Sicherheitsrat noch andere Handlungen als Aggression feststellen kann. Zudem findet sich in Art. 6 der Resolution die Feststellung, daß der Anwendungsbereich der UN-Charta durch die Resolution in keiner Weise eingeschränkt wird. Diese „Definition" wirft die Frage nach ihrer Rechtfertigung auf, da eine erschöpfende Regelung nicht erfolgt ist und das Ermessen des Sicherheitsrates in keiner Weise eingeschränkt wird, so daß er selbst bei Vorliegen der wesentlichen Angriffsmerkmale noch zu einem anderen Ergebnis gelangen kann.[1068] Aus diesem Grund wirft Blumenwitz der Angriffsresolution zu Recht vor, sie weise „Elemente hochgradiger Unbestimmtheit auf, deren konkrete Anwendung im Einzelfall weiterhin offenbleibt."[1069] Hinsichtlich einer Verantwortlichkeit stellt die Richtlinie lediglich in Art. 5 fest, daß eine Aggression zu internationaler Verantwortung führt. Eine Stellungnahme, wessen Verantwortlichkeit hier begründet werden soll, findet sich nicht.[1070] Daher ist diese unbestimmte Richtlinie nicht als taugliche Grundlage für eine völkerrechtliche Verfolgung individueller Verbrechen gegen den Frieden anzusehen.[1071] Die Bedeutung der Angriffsdefinition ist allenfalls in der Feststellung des Art. 5 S. 2 der Richtlinie, „Ein Angriffskrieg ist ein Verbrechen gegen den Weltfrieden", zu sehen, da der Angriffskrieg aus dem allgemeinen Begriff der Angriffshandlung herausgehoben und als Verbrechen gegen den internationalen Frieden bezeichnet wird.[1072] Demzufolge vermag die Aggressionsdefinition obiges Ergebnis nicht zu ändern.

[1062] Vgl. v.Weber, Strafgerichtsbarkeit, S. 72 f.

[1063] S. Kadelbach, Zwingendes Völkerrecht, S. 71; Bremer, Internationale Verbrechen, S. 84.

[1064] Vgl. mit weiteren Nachweisen: Hoffmann, Verantwortung, S. 81.

[1065] Abgedruckt in: Archiv des Völkerrechts 16 (1974/75), S. 397 ff, sowie in der Textsammlung Sartorius II, Ordnungsziffer 5.

[1066] Ahlbrecht, Völkerrechtliche Strafgerichtsbarkeit, S. 195 f.

[1067] Jescheck, Entwicklung, GA 1981, S. 54.

[1068] Vgl. hierzu Art. 2 der Resolution demzufolge der Beweis des ersten Anscheins von dem Sicherheitsrat z.B. wegen Geringfügigkeit außer Kraft gesetzt werden kann.

[1069] Blumenwitz, Das Verbrechen gegen den Frieden, S. 89.

[1070] Vgl. hierzu auch: De La Pradelle, Nürnberger Prinzipien, S. 133.

[1071] S. Blumenwitz, Das Verbrechen gegen den Frieden, S. 89.

[1072] Vgl. Jescheck, Entwicklung, GA 1981, S. 54.

Bezüglich des Friedensbegriffes des Art. 39 UN-Charta ist auszuführen, daß dieser derzeit eine extensive Interpretation erfährt, so daß unter Frieden nicht nur der Zustand der Gewaltlosigkeit, sondern auch die zwischenstaatliche Grundordnung fällt.[1073] Da fundamentale Menschenrechte und das Selbstbestimmungsrecht zum ius cogens zählen und daher erga omnes wirken, kann bei Verletzungen des Selbstbestimmungsrechts, der grundsätzlichen Menschenrechte, bei der Verletzung von Minderheiten- und Gruppenrechten und bei der Behinderung friedenssichernder Maßnahmen der UNO eine Bedrohung oder der Bruch des Weltfriedens festgestellt werden.[1074]
Abschließend ist festzustellen, daß zwar teilweise davon ausgegangen wird, daß Angriffskriege nach derzeit geltendem Völkerrecht strafbar seien, jedoch eine strafrechtliche Verantwortlichkeit eines Individuums nicht begründet wird.[1075] Das Recht der individuellen und kollektiven Selbstverteidigung, welches die Satzung der Vereinten Nationen unberührt läßt, ist keineswegs als Relikt des „ius ad bellum" anzusehen, sondern vielmehr als Beweis für die Tatsache, daß der Krieg ein völkerrechtliches Verbrechen darstellt, gegen das die Selbstverteidigung zulässig ist.[1076]

In den Bereich des Verbrechens gegen den Frieden fällt auch die kontrovers diskutierte Problematik der humanitären Intervention. Als humanitäre Intervention wird ein Eingreifen zur Verhinderung oder zur Beendigung von schwersten Menschenrechtsverletzungen in einem fremden Staat bezeichnet.[1077] Diese dient in erster Linie dem Schutz fremder Personen im Ausland, kann aber auch eigene Staatsangehörige betreffen.[1078] Da das Eingreifen auf fremdem Hoheitsgebiet das Wesensmerkmal der humanitären Intervention ist, tritt das Spannungsverhältnis zwischen der Souveränität der Staaten, dem Gewaltverbot der UN-Charta und dem Schutz der Menschenrechte deutlich zutage, so daß ein angemessener Ausgleich gefunden werden muß. Während das klassische Völkerrecht das Recht zur humanitären Intervention gewohnheitsrechtlich anerkannte[1079], änderte sich dies unter der UN-Charta und v.a. dem Gewaltanwendungsverbot. Die Diskussion über die Rechtfertigung der humanitären Intervention wurde im Zusammenhang mit dem Kosovo-Einsatz der NATO[1080] im

---

[1073] Vgl. auch: Blumenwitz, Die Vereinten Nationen als Friedensstifter, BayVBl. 1995, 707.

[1074] Vgl. Blumenwitz, Die Vereinten Nationen als Friedensstifter, BayVBl. 1995, 707 f.

[1075] So auch Triffterer, Bestandsaufnahme, S. 204; Jescheck, Entwicklung, GA 1981, S. 54. Auch Ronneberg, Verbrechen gegen den Frieden, S. 202, kommt in ihrer Dissertation zu dem Ergebnis, daß das Völkerrecht keine unmittelbare Strafbarkeit für das Führen eines Angriffskrieges als ein Verbrechen gegen den Frieden begründe.

[1076] Vgl. Kimminich, Der internationale Schutz des Einzelnen, Archiv des Völkerrechts 15 (1971/72), S. 410.

[1077] So: Laubach, Humanitäre Intervention, ZRP 1999, S. 277; Deiseroth, Humanitäre Intervention und Völkerrecht, NJW 1999, S. 3084, der einen Überblick über den gegenwärtigen Diskussionsstand und eine Übersicht über die Wissenschaftler gibt, die eine humanitäre Intervention bei Vorliegen bestimmter Voraussetzungen befürworten und jene, die sie ablehnen.

[1078] Vgl. hierzu auch: Blumenwitz, Die humanitäre Intervention, S. 455; Deiseroth, Humanitäre Intervention und Völkerrecht, NJW 1999, S. 3084.

[1079] Vgl. Blumenwitz, Die humanitäre Intervention, S. 453.

[1080] Im Kosovo sollte die Beachtung der Menschenrechte durchgesetzt werden, wobei sich die NATO in der Lage wähnte, dieses Ziel auch erreichen zu können und die Auffassung vertrat, daß demgegenüber die staatliche Souveränität Jugoslawiens zurücktreten müsse. Die Luftangriffe der NATO waren nicht durch einen entsprechenden Beschluß des Sicherheitsrates legitimiert.

Jahr 1999 v.a. in der Tagespresse[1081] geführt. Dieser Einsatz der NATO stellte insoweit ein Novum dar, als „die militärischen Maßnahmen in erster Linie nicht unmittelbar bedrohten Menschen helfen, sondern darauf zielen, daß ein menschenfeindliches Regime seine Politik ändert. Derartige Operationen sind mit ungleich größeren Risiken verbunden als eine punktuelle Rettungsaktion auf fremden Staatsgebiet".[1082] Jugoslawien[1083] hat am 29. April 1999 erfolglos eine Klage vor dem IGH angestrengt und den zehn NATO-Staaten wegen der Luftangriffe auf sein Territorium und seine Bevölkerung Völkermord vorgeworfen und die Beendigung der Luftangriffe sowie die Leistung von Kompensationen begehrt. Zudem wurde die Ergreifung vorläufiger Maßnahmen verlangt. Der IGH hat die Eilanträge, mit denen eine Unterbrechung der Luftangriffe erreicht werden sollte, abgelehnt und erklärte sich unzuständig für die von Jugoslawien beantragten vorläufigen Maßnahmen. Nach geltendem Völkerrecht steht das Recht zur humanitären Intervention ausschließlich der UN zu. Allerdings muß zwischen dem Gewaltanwendungsverbot der UN-Charta und dem Schutz der Menschenrechte ein Ausgleich gefunden werden.[1084] Die Zulässigkeit der humanitären Intervention ist umstritten.[1085] Die Befürworter[1086] der humanitären Intervention

[1081] Vgl. Blanke, Das Dilemma zwischen Menschenrecht und Völkerrecht, FR vom 29.3.1999 Nr. 74, S. 8, der die Auffassung vertritt, daß der NATO Einsatz verdeutliche, daß die Mehrzahl der westlichen Demokratien nicht länger bereit sei, Völkerrecht als Selbstzweck oder Selbstschutz für die Unantastbarkeit der Regierungen anzusehen, so daß der Einsatz zeige, daß nach Auffassung der an ihm beteiligten Staaten die Legitimität des Völkerrechts in seiner Schutzfunktion für die Menschenrechte bestehe. Teilweise wird das Eingreifen der NATO als „bedeutender Schritt zu einer Veränderung der Völkerrechtsordnung" gefeiert, FAZ vom 25.3.1999, Nr. 71, S. 6. Auch Fastenrath, Intervention ohne UN-Mandat, FAZ vom 22.4.1999, Nr. 93, S. 5, ist der Auffassung, daß die Bereitschaft des UN-Sicherheitsrates gegen schwere und systematische Menschenrechtsverletzungen mit Sanktionen nach Kapitel VII der UN Charta vorzugehen, wie auch die Bereitschaft einzelner Staaten mit oder ohne UN-Mandat aus humanitären Gründen in anderen Staaten zu intervenieren, einen Wandel des Völkerrechts anzeige, die mit der Entwicklung des internationalen Menschenrechtsschutzes einhergingen. Fastenrath ist der Ansicht, der Menschenrechtsschutz sei immer höher bewertet und auf eine Stufe mit dem Gewaltverbot gestellt worden, so daß auch humanitäre Interventionen in einem engen Rahmen zulässig seien. Auch Klein, Keine innere Angelegenheit, FAZ vom 21.6.1999, Nr. 140, S. 15, vertritt die Auffassung, daß das Einschreiten der NATO aus völkerrechtlicher Sicht zulässig gewesen sei; ebenso: Senghaas, Recht auf Nothilfe, FAZ vom 12.7.1999, Nr. 158, S. 12, der darüber hinausgehend feststellt, daß die Intervention nicht nur erlaubt, sondern geboten war. Demgegenüber geht Wirth, Zurück zur Lehre des gerechten Krieges?, FR vom 7.4.1999, Nr. 80, S. 4, von der Rechtswidrigkeit des NATO-Einsatzes aus und führt die Konsequenzen des völkerrechtswidrigen Einsatzes, wie z.B. die Nichtigkeit eines erzwungenen Friedensvertrages, die evtl. Strafbarkeit der deutschen Parlamentarier nach § 80 StGB, etc., vor Augen. Auch Weber, Rechtsverstoß, Fortentwicklung oder Neuinterpretation?, FAZ vom 9.7.1999, Nr. 156, S. 8, geht davon aus, daß die UN-Charta das Gewaltverbot über dem Prinzip des Menschenrechtsschutzes einstufe, so daß die Menschenrechte zwar Achtung genössen, aber nicht in derselben Weise den Schutz beanspruchten, wie gemäß Art. 51 UN-Charta dem Prinzip der territorialen Integrität der Staaten und der Unverletzlichkeit der Grenzen zuteil werde, zumal die Menschenrechte zu den inneren Angelegenheiten eines Staates zählten. Auch Tönnies, FAZ vom 7.6.1999, Nr. 128, S. 12, vertritt die Auffassung, daß die humanitäre Intervention unzulässig und nicht erlaubt sei.

[1082] Blumenwitz, Krieg zwischen Bonn und Belgrad ? Die Welt 7.4.1999, S. 10.

[1083] Die Anklage ist im Internet unter folgender Adresse abrufbar: htttp://www.icj-cij.org (10.1.2000).

[1084] Vgl. Blumenwitz, Krieg zwischen Bonn und Belgrad ? Die Welt 7.4.1999, S. 10.

[1085] Vgl. hierzu: Scholz, Die Zulieferung, S. 243 ff, mit weiteren Nachweisen.

[1086] So z.B. Scholz, Die Zulieferung, S. 246, die feststellt, daß vor dem Hintergrund, daß die Betrachtung der Menschenrechte bei der Definition der Friedensbedrohung innerhalb des Kap. VII der UN-Charta erheblich an Bedeutung gewonnen habe, auch dem einzelnen Staat in Extremfällen, wie z.B. der Lähmung des kollektiven Systems der UN oder auch der Verletzung wichtiger „erga omnes-Normen" durch einen Staat, ein Recht auf humanitäre Intervention zuzubilligen sei.

rechtfertigen diese z.B. damit, daß sich die einzelstaatliche Gewaltanwendung nicht gegen die „territoriale Unversehrtheit“ oder gegen die „politische Unabhängigkeit“ i.S.v. Art. 2 Nr. 4 UN Charta richte und im übrigen die Geltung des Gewaltverbotes des Art. 2 Abs. 4 UN Charta unter dem Vorbehalt der Funktionsfähigkeit kollektiver Mechanismen zur Sicherung der Menschenrechte stünde.[1087] Allerdings räumen auch einige Befürworter ein, daß die humanitäre Intervention zwar das im Völkerrecht geltende Prinzip der Gleichordnung der Staaten durchbreche und ihm auch die Gefahr eines Mißbrauchs innewohne, so daß sie i.d.R. verboten sei, die humanitäre Intervention allerdings bei Vorliegen einer besonderen Rechtfertigung unter bestimmten Voraussetzungen zulässig und dann nicht als Verstoß anzusehen sei.[1088] Falk vertritt die Auffassung, daß das derzeitige Völkerrecht eine humanitäre Intervention von Staaten oder internationalen Organisationen ausschließlich bei Völkermord oder Verbrechen gegen die Menschlichkeit ausdrücklich erlaube, so daß sie in den anderen Fällen keine rechtliche Grundlage im Völkerrecht oder in der UN-Charta fände, aber auf der anderen Seite auch nicht untersagt würde.[1089] Falk stellt fest: „Die ‚humanitäre Intervention‘ befindet sich im Irgendwo zwischen ‚rechtmäßig‘ und ‚rechtswidrig‘“, so daß die Frage der Rechtmäßigkeit oder Rechtswidrigkeit in jedem Fall im Rahmen einer Einzelabwägung getroffen werden müsse.[1090] Demgegenüber wird die Auffassung vertreten, daß seit dem Inkrafttreten der UN-Charta die militärische humanitäre Intervention durch Einzelstaaten völkerrechtswidrig sei, da sie gegen das völkerrechtliche Gewaltverbot verstoße, welches Ausnahmen gerade nicht mehr zulasse.[1091] Demzufolge sei eine humanitäre Intervention völkerrechtswidrig; auch könnten sich die angreifenden Staaten nicht auf einen völkerrechtlichen Rechtfertigungsgrund berufen.[1092] Blumenwitz vertritt die Auffassung, daß die Funktionsfähigkeit kollektiver Maßnahmen auszubauen sei, so daß die Anwendung militärischer Gewalt, als Mittel der internationalen Politik, der Verfügungsgewalt einzelner Staaten entzogen sein sollte.[1093] Eine Entscheidung dieses Streits kann hier dahinstehen, da sich eine solche Problematik vor dem IStGH derzeit nicht stellt. Allerdings ist festzustellen, daß die Versuche, die zur Rechtfertigung der humanitären Intervention unternommen werden, Parallelen zu der Theorie des „bellum iustum“ aufweisen. Die Tatsache, daß ein Angriff auf ein fremdes Staatsgebiet mit der massiven Verletzung von Menschenrechten gerechtfertigt wird, ist als die Reaktivierung dieser Theorie anzu-

---

[1087] Vgl. die Zusammenfassung bei: Deiseroth, Humanitäre Intervention und Völkerrecht, NJW 1999, S. 3085, der die humanitäre Intervention für völkerrechtswidrig hält.

[1088] So: Laubach, Humanitäre Intervention, ZRP 1999, S. 277, die feststellt, daß weder rechtlich, noch tatsächlich, von einem Gewaltmonopol der UNO, demgemäß selbige über den Einsatz militärischer Mittel befindet, auszugehen sei. Dies folge bereits aus dem Recht der Staaten auf Selbstverteidigung.

[1089] Vgl. hierzu: Falk, Humanitäre Intervention, S. 503 ff, der ausführt, daß bei Völkermord und Verbrechen gegen die Menschlichkeit nicht nur das Recht, sondern sogar die Pflicht der Staaten und internationalen Organisationen zur Intervention bestünde. Diese Pflicht zum Handeln leitet Falk entweder aus den Nürnberger Prinzipien oder aus Art. 1 der Völkermordkonvention ab.

[1090] Falk, Humanitäre Intervention, S. 511, der auf S. 503 f die Kriterien zur Analyse der rechtlichen Situation anführt.

[1091] Vgl. hierzu: Deiseroth, Humanitäre Intervention und Völkerrecht, NJW 1999, S. 3085 ff mit weiteren Nachweisen.

[1092] Vgl. Deiseroth, Humanitäre Intervention und Völkerrecht, NJW 1999, S. 3086 ff, 3088.

[1093] So: Blumenwitz, Die humanitäre Intervention, S. 460 f. Blumenwitz weist darauf auf S. 465 f hin, daß durch eine Erweiterung der Reaktionsmöglichkeiten der UN das Völkerrecht zunehmend in den innerstaatlichen Bereich übergriffe, so daß eine Umstrukturierung der Organe der UN und deren Verantwortungsbereiche erforderlich wäre und das Handeln auf Rechtsgrundsätzen beruhen müsse.

sehen, da, hier wie dort, davon ausgegangen wird, ein Angriffskrieg sei bei Vorliegen eines „gerechten“ Grundes gerechtfertigt.[1094]

e. Abgrenzung der Tatbestände

Die Abgrenzung der Tatbestände des Völkerstrafrechts ist nicht immer einfach, da z.B. das Verbrechen gegen die Menschlichkeit dieselben Rechtsgüter schützt, wie das Kriegsverbrechen.[1095] Die Abgrenzungsprobleme werden dadurch erschwert, daß Verbrechen gegen die Menschlichkeit in bewaffneten Konflikten begangen werden können, aber nicht müssen, so daß sich hier weitere Überschneidungen ergeben und eine klare Differenzierung zwischen den beiden Delikten nicht immer möglich ist. Erschwerend tritt hinzu, daß Kriegsverbrechen auch in bewaffneten innerstaatlichen Konflikten verübt werden, was die Abgrenzungsprobleme abermals verschärft. Der entscheidende Unterschied zu den Verbrechen gegen die Menschlichkeit liegt darin, daß sich die Kriegsverbrechen im Kriege gegen Angehörige des Kriegsgegners richten, während die Verbrechen gegen die Menschlichkeit i.d.R. gegen Angehörige des eigenen Staates verübt werden.[1096] Da Kriegsverbrechen auch in bewaffneten inneren Konflikten begangen werden können, ist dies allerdings nicht immer als taugliches Abgrenzungskriterium anzusehen. I.d.R. werden Kriegsverbrechen zugleich Verbrechen gegen die Menschlichkeit sein.[1097] Taugliche Abgrenzungshilfen können daher, angesichts der „Annäherung der Tatbestände“, nicht gegeben werden. Vielmehr ist bei jeder strafrechtlich relevanten Handlung eine Subsumtion unter die jeweils in Betracht kommenden Tatbestände durchzuführen.

2. Völkerrechtliche Verbrechen im weiteren Sinne

Da sich, wie bereits vorausgreifend erwähnt, das Statut des IStGH und damit die Strafgewalt des IStGH auf die Kernverbrechen beschränkt, ist auf die völkerrechtlichen Verbrechen im weiteren Sinne lediglich in der gebotenen Kürze einzugehen, da sie derzeit noch nicht von Interesse für den IStGH sind.
Bei den völkerrechtlichen Verbrechen im weiteren Sinne handelt es sich um solche Taten, die i.d.R. einen grenzüberschreitenden Bezug aufweisen und sich gegen Rechtsgüter richten, die die Staaten als schützenswert erachten. Allerdings sind nicht

---

[1094] An dieser Stelle ist allerdings die uneinheitliche Anwendungspraxis der humanitären Intervention zu kritisieren. Als Beispiel sind die Tschetschenien-Konflikte zu nennen, bei denen es um den Verbleib Tschetscheniens bei Rußland geht, den Rußland militärisch durchsetzen will. In diesem Konflikt hat Rußland den Schulterschluß mit China gesucht. Beide Staaten verwehren sich, im Hinblick auf die angedrohten Sanktionen der EU, unter Verweis auf ihre Atomwaffen, gegen jede Einmischung in ihre Souveränität und ihre inneren Angelegenheiten, sollten auch Menschenrechte verletzt werden. Die massive Verletzung von Menschenrechten in diesen Auseinandersetzungen steht außer Frage. Dennoch hat sich die Staatengemeinschaft, anders als in Jugoslawien, nicht zu einem Einschreiten veranlaßt gesehen, so daß diese Ungleichheit zu kritisieren ist. Bei der Entscheidung des „Ob“ einer humanitären Intervention stehen demnach politische und wirtschaftliche Erwägungen im Vordergrund, so daß der Schutz der Menschenrechte offensichtlich nur eine untergeordnete Rolle spielt. Diese Praxis ist der Ausdruck einer gewissen Willkür, die mit einem Einschreitungsermessen nicht gerechtfertigt werden kann.

[1095] So: Bassiouni, Proscribing function of International Criminal Law, S. 1461.

[1096] S. Buchner, Die Rechtswidrigkeit der Taten von Mauerschützen, S. 250.

[1097] Vgl. Jescheck, Kriegsverbrechen, S. 373.

alle, der hierunter fallenden Tatbestände, als Völkerstrafrecht i.S. obiger Definition[1098] anzusehen, da es sich überwiegend lediglich um nationale Rechtsgüter handelt, deren Schutz durch internationale Abkommen und die grenzüberschreitende Zusammenarbeit verbessert werden soll, so daß diese Tatbestände ihren Ursprung gerade nicht im Völkerrecht zum Schutz international definierter Rechtsgüter haben. Wie bereits ausgeführt, sind einige dieser Tatbestände völkergewohnheitsrechtlich anerkannt und werden sogar als zwingende Normen des Völkerrechts erachtet.[1099] Ein Großteil dieser Verbrechen ist in völkerrechtlichen Verträgen niedergelegt, die neben der Zusammenarbeit auch Strafpflichten der Staaten regeln, so daß diese Delikte als sog. „treaty based-crimes" bezeichnet werden. In den Bereich der völkervertraglichen Verbrechen fallen u.a. die Sklaverei, der Frauen- und Kinderhandel, die Pornographie, die Falschmünzerei, die Luftpiraterie, die Geiselnahme, Angriffe gegen Diplomaten, der Terrorismus, die Apartheid und auch die Folter.[1100] Teilweise gehören die hier genannten Tatbestände bereits zum Verbrechen gegen die Menschlichkeit, so daß eine exakte Grenzziehung abermals erschwert wird. Da diese Delikte z.T. im souveränitätsfreien Raum begangen werden oder zumindest einen grenzüberschreitenden Charakter aufweisen, ist eine wirksame Bekämpfung auf eine internationale Kooperation angewiesen.

Vorab ist darauf hinzuweisen, daß die nun folgende Aufzählung der in internationalen Abkommen enthaltenen Strafpflichten lediglich beispielhaft ist und keinen Anspruch auf Vollständigkeit erhebt. Eine völkervertragliche Strafpflicht wurde z.B. für die Piraterie[1101], die Luftpiraterie[1102], die Geiselnahme[1103] vereinbart und ist in der „Internati-

---

1098 Vgl. zur Definition: Kap. 1 A II.

1099 Kadelbach, Zwingendes Völkerrecht, S. 284 ff, 306 ff, 314 f, zählt den Schutz des Einzelnen, das Recht auf Leben, den Schutz vor Folter, die Freiheit vor Sklaverei und Menschenhandel, das Verbot von Kollektivstrafen, die Verbote von Piraterie, Flugzeugentführung, Angriffe gegen international geschützte Personen und Geiselnahme sowie den Grundsatz der persönlichen Verantwortlichkeit in der Strafverfolgung zum ius cogens.

1100 Vgl. hierzu: Wilkitzki, Die völkerrechtlichen Verbrechen, ZStW 99 (1987), S. 465 ff, m.w.N.

1101 So: Kadelbach, Zwingendes Völkerrecht, S. 307 f, 344.

1102 Hierunter fallen laut Bassiouni, Proscribing function of International Criminal Law, S. 1465, alle Handlungen, die darauf abzielen, ein Flugzeug gewaltsam oder durch Drohungen einzunehmen, um es zu zerstören, oder die Sicherheit des Flugzeuges dadurch zu gefährden, daß die Sicherheit einer beliebigen Person an Bord bedroht, oder zerstört oder der Flugbetrieb beeinflußt wird. Geschützte Rechtsgüter sind das Leben, die Freiheit und die persönliche Sicherheit. Angesichts der erheblichen Gefahr für die Flugverkehrssicherheit und die Sicherheit der Passagiere ist es zu dem Abschluß von internationalen Konventionen gekommen. Zu nennen sind hier die Tokioter „Convention on Offences and Certain Other Acts on Board of an Aircraft" vom 14.9.1963, die lediglich die internationale Zuständigkeit für Straftaten, die an Bord von Luftfahrzeugen begangen werden regelt, ohne selbst Straf-, Auslieferungs-, und Rechtshilfepflichten zu enthalten, vgl. BGBl. 1969 II, S. 121, Gesetz vom 4.2.1969 zu dem Abkommen vom 14.9.1963 über strafbare und bestimmte andere an Bord von Luftfahrzeugen begangene Handlungen. Die Haager „Convention for the Suppression of Unlawful Seizure of Aircraft" vom 16.12.1970 verpflichtet die Vertragsstaaten zur Sicherstellung ihrer Strafgewalt in Bezug auf Flugzeugentführungen und, sofern die Auslieferung des Täters verweigert wird, zur strafrechtlichen Verfolgung, vgl. AJIL 65 (1971), S. 440. In diesem Zusammenhang ist § 316c StGB, der gefährliche Angriffe auf den Luft- und Seeverkehr unter Strafe stellt, sowie § 6 Nr. 3 StGB, der das Weltrechtsprinzip anordnet, zu berücksichtigen. Die in Montreal geschlossene „Convention for the Suppression of Unlawful Acts against the safety of Civil Aviation" vom 23.9.1971 ergänzt die Haager Vorschriften durch entsprechende Schutzvorschriften gegen Flugzeugsabotage, AJIL 66 (1972), S. 455.

1103 Auch die Geiselnahme hat sich auf internationaler Ebene zu einer ernsten Gefahr für den Frieden und die Sicherheit entwickelt. Gemäß der „International Convention against the Taking of Hostages" vom 18. Dezember 1979 ist der Täter einer Geiselnahme entweder strafrechtlich zu verfolgen oder auszuliefern, vgl. BGBl. 1980 II, S. 1361, Gesetz vom 15.10.1980 zu dem internationalen

onal Convention for the prevention of the pollution of the sea by oil" vom 2. Mai 1954 ebenso enthalten wie in dem internationalen Abkommen zur Bekämpfung der Falschmünzerei vom 20. April 1929[1104] und der „Convention pour la répression et l'abolition de la traite des êtres humains et de l'exploitation de la prostitution d'autrui" vom 2. Dezember 1949, in der ebenfalls weitgehende Strafpflichten für den Menschenhandel und Ausbeutung der Prostitution aufgestellt werden.[1105] Das am 25. September 1926 geschlossene Genfer Anti-Sklaverei-Abkommen sowie die Anti-Sklaverei-Konvention vom 4. September 1956 verpflichten die Vertragsstaaten zum Erlaß von Strafbestimmungen und zur Bekämpfung der Sklaverei.[1106] Das Pariser Übereinkommen vom 4. Mai 1910 zur Bekämpfung des Mädchenhandels[1107] sowie das internationale Übereinkommen zur Unterdrückung des Frauen- und Kinderhandels vom 30. September 1921[1108] führten zur Auferlegung von Strafpflichten auch für die Bundesrepublik Deutschland. Am 11. Oktober 1933 wurde das Genfer Abkommen über die Bekämpfung des Handels mit volljährigen Frauen geschlossen.[1109] Seitdem wurden weitere internationale Verträge geschlossen. Auch die Bekämpfung der Sklaverei sowie des Sklavenhandels wurde in zahlreichen Abkommen erstrebt. In diesem Zusammenhang sind die Deklaration gegen den Sklavenhandel im Anhang der Wiener Kongreßakte von 1815, der Quintupelvertrag von 1841, die Berliner Kongo-Akte und die Generalakte der Brüsseler Antisklaverei–Konferenz von 1890 zu nennen, die jedoch bislang zu keinem völkergewohnheitsrechtlichem Verbot des Sklavenhandels führten.[1110] In den Art. 4 der EMRK sowie der Allgemeinen Erklärung der Menschenrechte der UN erfolgt die Verurteilung der Sklaverei. Nach dem Übereinkommen vom 25. September 1926[1111]und dem Zusatzübereinkommen von 7. September 1956[1112] über die Abschaffung der Sklaverei, des Sklavenhandels und sklavereiähnlicher Einrichtungen und Praktiken ist die Bundesrepublik zur Bestrafung verpflichtet.[1113] Die Bundesrepublik Deutschland ist darüber hinaus vertraglich verpflichtet, Zwangsarbeit einzelner zu Gunsten anderer Individuen sowie sklavereiähnliche Praktiken wie z.B. Leibeigenschaft, Zwangsehe, etc. zu untersagen und das Verbot strafrechtlich zu sanktionieren.[1114] Weitere vertragliche Strafpflichten bestehen aufgrund des Pariser Vertrages vom 18. März 1884 bezüglich des Seekabelschutzes, bezüglich des Schutzes und der Erhaltung der Meere, wobei die Konventi-

Übereinkommen vom 18.12.1979 gegen Geiselnahme. In diesem Zusammenhang ist auch § 239 b StGB zu sehen.

1104 RGBl.1933 II, S. 913; Wiederanwendung durch Bekanntmachung vom 11.1.1955: BGBl.1955 II, S. 8; vgl. hierzu: Hettinger, Völkerrechtliche Verpflichtungen, S. 102.

1105 Vgl. zu dem Ganzen: Jescheck, Neueste Entwicklung, S. 591.

1106 Vgl. hierzu: Hoffmann, Verantwortung, S. 54.

1107 RGBl. 1913 S. 31 ff; Wiederanwendung durch Bekanntmachung vom 15.12.1955: BGBl. 1955 II, S. 1134.

1108 RGBl. 1924 II, S. 181; Wiederanwendung durch Bekanntmachung vom 6.10.1956: BGBl. 1956 II, S. 925.

1109 Vgl. hierzu: Hoffmann, Verantwortung, S. 55.

1110 Vgl. Hettinger, Völkerrechtliche Verpflichtungen, S. 109.

1111 RGBl. 1929 II, S. 63; Wiederanwendung: BGBl. 1953 II, S. 116, 1955 II, S. 98; 187; 626 u.a.

1112 BGBl. 1958 II, S. 203, Gesetz vom 4.7.1958.

1113 S. Hettinger, Völkerrechtliche Verpflichtungen, S. 109.

1114 BGBl. 1956 II, S. 640, Gesetz betreffend das Übereinkommen Nr. 29 der internationalen Arbeitsorganisation vom 28.Juni 1930 über Zwangs- oder Pflichtarbeit.

on der Überfischungskonferenz vom 5. April 1946[1115] und die Konvention zur Verhütung der Ölverschmutzung des Meeres vom 12. Mai 1954[1116], die der Bundesrepublik Deutschland umfangreiche Strafpflichten auferlegen, zu nennen sind.[1117] Auch das Abkommen vom 19. März 1902[1118] zum Schutze der für die Landwirtschaft nützlichen Vögel legt Strafpflichten auf. Weitere Strafpflichten zur gemeinsamen Bekämpfung von Rauschgift und Alkohol sind in dem Opium-Abkommen vom 23. Januar 1912[1119], dem Abkommen über die Betäubungsmittel vom 19. Februar 1925[1120], dem Abkommen zur Beschränkung der Herstellung und zur Regelung der Verteilung der Betäubungsmittel vom 13. Juli 1931[1121], sowie dem internationalen Vertrag zur Unterdrückung des Branntweinhandels unter den Nordseefischern auf hoher See vom 16. November 1887[1122] enthalten[1123]. Am 12. September 1923 wurde in Genf das internationale Abkommen zur Bekämpfung der Verbreitung und des Vertriebs von unzüchtigen Veröffentlichungen geschlossen[1124], demzufolge die Verbreitung, usw. von unzüchtigen Schriften etc. zu bestrafen ist. Daneben bestehen zahlreiche weitere Konventionen, die den Schutz gemeinschaftlicher Interessen verfolgen, z.B. im Bereich des Post - und Fernmeldewesens, zum Kampf gegen Seuchengefahr, etc. Teilweise werden noch weitere Tatbestände wie z.B. die Waffendelikte, die Delikte gegen das nationale Kulturerbe, der unerlaubte Umgang mit Nuklearmaterial, der ungesetzliche Gebrauch der Post- und Fernmeldewege sowie unerlaubte Rundfunkausstrahlungen und die Verbreitung unrichtiger Nachrichten, die Bestechung von Amtsträgern, die Beleidigung ausländischer Staaten und Staatsorgane und die Fälschung von Personaldokumenten dem Bereich der völkerrechtlichen Verbrechen im weiteren Sinne zugeordnet, deren Zugehörigkeit zu selbigem allerdings strittig ist.[1125]

3. Problematik der internationalen Rechtsnormsetzung und verfassungsrechtliche Fragen

Bislang war das internationale Recht, das die individuelle strafrechtliche Verantwortung zum Gegenstand hatte, rudimentär.[1126] Da zahlreiche internationale Regelungen nicht einmal die relevanten Verbrechenselemente im Detail bestimmten, wurde z.B. den Erfordernissen des Bestimmtheitsgrundsatzes nicht genügt, der eine wesentliche

---

[1115] BGBl. 1954 II, S. 469, Gesetz zur Änderung und Durchführung des Geseztes über den Beitritt der Bundesrepublik Deutschland zur Konvention vom 5.4.1946 der internationalen Überfischungskonferenz vom 22.12.1959, BGBL.1959 II, S. 1511.

[1116] BGBl. 1956 II, S. 379, Gesetz über das internationale Übereinkommen zur Verhütung der Verschmutzung der See durch ÖL vom 21.3.1956.

[1117] Vgl. Hettinger, Völkerrechtliche Verpflichtung, S. 92 f.

[1118] RGBl. 1906, S. 89; Wiederanwendung, BGBl.1953 II, S. 150.

[1119] RGBl.1921, S. 6.

[1120] RGBl.1929 II, S. 407.

[1121] RGBl.1933 II, S. 319; alle drei Abkommen werden ausweislich BGBl.1953 II, S. 116, 1955 II, S. 88 wieder angewendet.

[1122] RGBl. 1894, S. 427; Wiederanwendung: BGBl.1952 II, 435, 973.

[1123] Vgl. zu dem Ganzen: Hettinger, Völkerrechtliche Verpflichtung, S. 95 ff.

[1124] RGBl.1925 II, S. 287; Wiederanwendung: BGBl.1953 II, S. 593, 116; 1955 II, S. 98.

[1125] Vgl. hierzu die umfassende Aufzählung von Bassiouni bzw. von der ILC der UN, bei Triffterer, Völkerstrafrecht im Wandel, S. 1490, Fn. 58-63.

[1126] So auch: Cassese, The Statute of the International Criminal Court, EJIL 10 (1999), S. 148.

Garantie für den Angeklagten darstellt.[1127] Vielmehr verhält es sich so, daß internationale Regelungen i.d.R. ein breites Spektrum von Verbrechen umfassen, ohne dieses im einzelnen durch Skizzierung des verbotenen Verhaltens oder Definition des mentalen Elements einzuschränken.[1128] Zu diesem Ergebnis kam auch Roggemann anläßlich seiner Untersuchung zum ICTY, da er feststellte, daß die „supranationale Strafnormsetzung" Schwächen aufweise.[1129] Somit ist festzustellen, daß die in internationalen Abkommen enthaltenen Beschreibungen von Verstößen gegen das Abkommen i.d.R. noch nicht annähernd den an einen regulären Straftatbestand zu stellenden Anforderungen genügen, da nicht nur eine exakte Umschreibung des Verbots, sondern auch die Androhung einer Sanktion, sowie eine Festlegung des subjektiven Elements, etc., fehlt.[1130] Zudem fehlen i.d.R. Regelungen über den Problemkreis Täterschaft/Teilnahme und eine Klärung der Fragen der Rechtfertigung bzw. der Entschuldigung. Diese Tatsachen können sich, je nach Ausgestaltung des nationalen Rechtssystems als problematisch erweisen, so daß hier zu unterscheiden ist, ob ein Rechtssystem Tatbestände und Strafdrohungen im Sinne einer kontinentalen Strafrechtstradition erfordert oder entsprechend dem anglo-amerikanischen Rechtssystem auch ohne dem Gebot der Bestimmbarkeit und dem Analogieverbot genügende Normen auskommt. In diesem Zusammenhang ist nochmals in Erinnerung zu rufen, daß selbst eine Transformation einer Norm des Völkerstrafrechts ohne Einfluß auf seine Rechtsnatur ist. Wie bereits dargelegt, kann eine Tat gemäß Art. 103 Abs. 2 GG in der Bundesrepublik nur bestraft werden, wenn die Strafbarkeit gesetzlich bestimmt war, bevor die Tat begangen wurde. Hieraus folgt, daß sowohl der Straftatbestand als auch die Strafart vor Begehung der Tat gesetzlich bestimmt sein müssen. Art 104 Abs. 1 GG fordert, daß das Strafmaß ebenfalls gesetzlich bestimmt sein muß. Nach dem in der Bundesrepublik geltenden strengen Legalitätsgrundsatz („n.c., n.p.s.l.s.") sind als „Gesetz" nur geschriebene Normen im formellen Sinn, nicht hingegen Gewohnheitsrecht, anzusehen.[1131] Da Normen des Völkerstrafrechts den verfassungsrechtlichen Anforderungen der Bundesrepublik Deutschland i.d.R. nicht genügen, ist hier der Erlaß entsprechender nationaler Strafrechtsnormen geboten. So scheidet z.B. eine unmittelbare Anwendbarkeit des Verbrechens gegen die Menschlichkeit, das den Anforderungen des Art. 103 Abs. 2 GG nicht genügt, in der Bundesrepublik aus.[1132] Demgemäß erfolgt in Deutschland das Zusammenwirken von Völkerrecht und nationalem Recht derzeit dergestalt, daß das Völkerrecht die Grenze zwischen Recht und Unrecht definiert und im Rahmen der Rechtswidrigkeit Berücksichtigung findet, der Tatbestand und die Bestimmung der Strafe hingegen dem nationalen Recht entnommen werden.[1133] Wie bereits ausgeführt können bestimmte völ-

---

[1127] Vgl. hierzu: Cassese, The Statute of the International Criminal Court, EJIL 10 (1999), S. 148.

[1128] S. Cassese, The Statute of the International Criminal Court, EJIL 10 (1999), S. 148, der z.B. Art. 2, 3 und 5 des Statuts des ICTY nennt. Zudem führt er an, daß sowohl die Statute des ICTR und des ICTY, das Londoner Abkommen vom 8.5.1945 als auch das KRG Nr. 10 „other inhumane acts" als Verbrechen gegen die Menschlichkeit bezeichnen, diese aber, anders als beim Statut des IStGH, nicht näher eingegrenzt würden.

[1129] Vgl. hierzu: Roggemann, Strafgerichtshof, S. 58 f.

[1130] Vgl. hierzu: Roggemann, Strafgerichtshof, S. 58 f; Cassese, The Statute of the International Criminal Court, EJIL 10 (1999), S. 148 f.

[1131] Hettinger, Völkerrechtliche Verpflichtung, S. 11.

[1132] So auch: Buchner, Die Rechtswidrigkeit der Taten von Mauerschützen, S. 270 f.

[1133] Dahm, Völkerstrafrecht, S. 54.

kerrechtliche Regelungen bzw. das Völkergewohnheitsrecht, die Bestrafung gebieten, so daß der Staat in diesen Fällen als „Vollstrecker des Völkerrechts“ fungiert.[1134]

III. Der allgemeine Teil und die allgemeinen Rechtsgrundsätze des Völkerstrafrechts

Die praktische Anwendung des Völkerstrafrechts erfordert neben dem Bestehen von materiellen Tatbeständen und Strafdrohungen auch das Vorhandensein allgemeiner Regeln, die im Völkerrecht nur rudimentär vorgesehen sind, da das Völkerstrafrecht keinen allgemeinen Teil kennt.[1135] [1136] Demnach sind für die Beurteilung der Rechtswidrigkeits-, Schuld-, Versuchs- und Teilnahmefragen keine umfassenden Regelungen vorhanden, so daß die Möglichkeit des Rückgriffs auf die allgemeinen Lehren des Strafrechts in den nationalen Rechtsordnungen gegeben ist.[1137] Hier bestehen mehrere Anknüpfungspunkte. So kann z.B. eine Bezugnahme auf das Heimatrecht des Angeklagten erfolgen, die lex fori, das Recht des Begehungsortes oder das Recht des verletzten Staates gewählt werden, wobei die entsprechenden Normen auf ihre Vereinbarkeit mit den Grundwerten der Völkerrechtsgemeinschaft zu überprüfen sind.[1138] Es können aber auch allgemeine Rechtsgrundsätze, die allen Staaten gemeinsam sind, angewendet werden.[1139] Auch von den „ad hoc-Tribunalen“ gehen wichtige Impulse für die Entwicklung eines allgemeinen Teils aus.

1. Strafrecht Allgemeiner Teil

a. Tatbestandsmäßigkeit

Im Rahmen der objektiven Tatbestandsmäßigkeit ist zu prüfen, ob sich das Verhalten des Täters als Verletzung völkerstrafrechtlicher Normen darstellt. In diesem Zusammenhang ist, da nicht alle Verstöße gegen das Völkerrecht eine Bestrafung wie im nationalen Recht erfodern, zunächst die Abgrenzung der objektiv strafbaren Handlungen problematisch. Dieses Problem kann auf zweierlei Weise gelöst werden. Zum einen kann diese Aufgabe, wie überwiegend im anglo-amerikanischen Rechtskreis[1140] erfolgt, dem Richter übertragen werden, zum anderen kann die Abgrenzung

---

[1134] Dahm, Völkerstrafrecht, S. 53.

[1135] Vgl. hierzu: Jescheck, Verantwortlichkeit der Staatsorgane, S. 198; Buchner, Die Rechtswidrigkeit der Taten von Mauerschützen, S. 255.

[1136] Auch in Ansehung der Nürnberger Gerichte ist festzustellen, daß sich zwar die Tatbestände aus dem Statut des IMT sowie dem KRG 10 ergaben, diese jedoch nur wenige unzureichende Regeln des allgemeinen Strafrechts enthielten, so daß schlußendlich, wie dem IMT-Urteil selbst entnommen werden kann, versucht wurde, allgemeine Rechtsgrundsätze anzuwenden, die allen Staaten gemeinsam waren.

[1137] So auch: Dahm, Völkerstrafrecht, S. 55.

[1138] Vgl. Jescheck, Verantwortlichkeit der Staatsorgane, S. 198.

[1139] Vgl. Jescheck, Verantwortlichkeit der Staatsorgane, S. 198.

[1140] Vgl. hierzu: Jescheck, Verantwortlichkeit der Staatsorgane, S. 232, der zu Recht darauf hinweist, daß die praktische Bedeutung des Unterschiedes zwischen dem kontinental-europäischen und dem anglo-amerikanischen Verbrechensbegriff nicht überschätzt werden dürfe, da der richterliche Rechtsschaffungsprozeß bereits in der Vergangenheit abgeschlossen worden sei und eine stren-

der strafbaren Handlungen durch abstrakt generelle Normen wie im kontinentalen Rechtskreis geschehen, vorgenommen werden.[1141] Die Frage, der Ausgestaltung des Völkerstrafrecht als Gesetzesrecht oder als Richterrecht, ist nach wie vor ungeklärt.[1142]
Ein allgemeiner, die Behandlung des subjektiven Tatbestandes regelnder Rechtsgrundsatz läßt sich im Bereich des Völkerstrafrechts nicht aufstellen.[1143] Allerdings kommen als Anknüpfungspunkt völkerstrafrechtlicher Handlungen grundsätzlich nur vorsätzliche Begehungsweisen in Betracht.[1144] Die erforderliche subjektive Unrechtskomponente wird i.d.R. dem jeweiligen Tatbestand zu entnehmen sein.

b. Rechtswidrigkeit und Schuld

Auch im Völkerrecht kann ein von der Rechtsordnung gebilligtes Verhalten nicht strafbar sein. Während allerdings im nationalen Recht die Rechtswidrigkeit i.d.R. ausschließlich an der nationalen Rechtsordnung gemessen wird, müssen im Völkerrecht das staatliche Recht, das Völkerrecht und das Naturrecht in ihrem Verhältnis zueinander berücksichtigt werden.[1145]
Nach deutschem Recht ist eine Handlung rechtswidrig, wenn sie im Widerspruch zu der Gesamtrechtsordnung steht.[1146] Die Rechtswidrigkeit der Tat ist ein allgemeines Verbrechensmerkmal.[1147] Da der Tatbestand vertyptes Unrecht wiedergibt, wird die Rechtswidrigkeit der tatbestandsmäßigen Handlung indiziert, wobei dieses Indiz durch einen Rechtfertigungsgrund (Unrechtsausschließungsgrund) beseitigt werden kann.[1148] Hierunter fällt nach h.M. jeder, dem generellen Verbot vorgehender Erlaubnissatz, der sich wegen der Einheit der Rechtsordnung aus den Normen des gesamten geschriebenen und ungeschriebenen Rechts ergeben kann.[1149] Eine derartige Prüfung an der Gesamtrechtsordnung, die nur einheitlich für alle Rechtsgebiete erfolgen kann, wird im Völkerrecht dadurch erschwert, daß hier zahlreiche regelungsfreie Bereiche existieren und gerade nicht auf ein geschlossenes Normensystem zurückgegriffen werden kann. Zudem ist i.d.R die strafrechtliche Verantwortlichkeit der Staatsorgane für Handlungen, die sie namens und im Auftrag des Staates begangen haben, Gegenstand des Völkerstrafrechts, so daß die im staatlichen Recht anerkannten Rechtfertigungsgründe, die auf den Schutz privater Rechtsgüter und Interessen

---

ge Präjudizwirkung von den Vorentscheidungen ausgehe, so daß die Rechtstradition heute nunmehr als das Gegenstück zu den Tatbeständen anzusehen sei.

[1141] S. Jescheck, Verantwortlichkeit der Staatsorgane, S. 230 f.

[1142] Vgl. hierzu: Jescheck, Verantwortlichkeit der Staatsorgane, S. 234, m.w.N.

[1143] Vgl. Jescheck, Verantwortlichkeit der Staatsorgane, S. 250, der auf S. 242 ff, feststellt, daß die Unterschiede zwischen dem kontinental-europäischen und dem anglo-amerikanischen Verständnis des Vorsatzes und insbesondere der Behandlung der Irrtumsproblematik unüberbrückbar erscheinen.

[1144] Vgl. Triffterer, Bestandsaufnahme, S. 224, der darauf hinweist, daß sich auch vereinzelt Vorsatz-Fahrlässigkeitskombinationen fänden.

[1145] Vgl. hierzu: Jescheck, Verantwortlichkeit der Staatsorgane, S. 202.

[1146] S. Wessels/Beulke, Strafrecht AT, § 8 I 1; Lackner/Kühl, StGB, Vor § 13 StGB Rn. 16.

[1147] So auch: BGHSt 2, 194 (195), Beschluß des Großem Senates für Strafsachen vom 18.3.1952; Tröndle/Fischer, StGB, Vor § 13 StGB, Rn. 24.

[1148] So: Lackner/Kühl, StGB, Vor § 13 StGB Rn. 17.

[1149] Vgl. Lackner/Kühl, StGB, Vor § 13 StGB Rn. 17. Entgegen Jescheck, Verantwortlichkeit der Staatsorgane, S. 202, wird heute ein Unterschied zwischen formeller und materieller Rechtswidrigkeit nicht mehr anerkannt, vgl. hierzu: Tröndle/Fischer, StGB, Vor § 13 StGB, Rn. 24.

ausgerichtet sind, ausscheiden.[1150] Allerdings haben sich auch im völkerrechtlichen Bereich eigene Rechtfertigungsgründe entwickelt, die im folgenden besprochen werden sollen. Als problematisch ist zudem die Rechtswidrigkeit des Unterlassens, insbesondere die Frage, ob Staatsorgane völkerrechtswidrige Handlungen der ihnen Untergebenen hätten verhindern müssen, einzustufen.[1151] Daher stehen auch in diesem Bereich noch zahlreiche Fragen zur Beantwortung offen.

Der Grundsatz „keine Strafe ohne Schuld" stellt einen wesentlichen Bestandteil des Strafrechtsbewußtseins dar, wobei auch hier Uneinigkeit über den Inhalt der Schuld besteht und daher keine für den Bereich des Völkerstrafrechts verbindlichen Maßstäbe zu finden sind.[1152] Unter dem Begriff der Schuld wird i.d.R. der persönliche Vorwurf bzw. das Unwerturteil über die Tat verstanden.[1153] Der Gegenstand des Schuldvorwurfs ist somit, nach deutschem Verständnis, „die in der rechtswidrigen Tat zum Ausdruck kommende fehlerhafte Einstellung des Täters zu den Verhaltensanforderungen der Gesamtrechtsordnung" so daß „Schuld" die Vorwerfbarkeit der Tat im Hinblick auf die ihr zugrundeliegende rechtlich tadelnswerte Gesinnung bedeutet.[1154] Gegenstand des nationalen sowie des Völkerstrafrechts ist ausschließlich die kriminelle Schuld.[1155] Bislang entnahm das Völkerrecht die Schuld den einzelnen Rechtsordnungen, ohne sie in eigenständiger Weise auszuformen, wobei jedoch Übereinstimmung dahingehend besteht, „daß die Schuld einen Vorwurf oder die Vorwerfbarkeit des Unrechts im weitesten Sinn bedeutet".[1156] Dem nächsten Gliederungspunkt vorausgreifend ist bereits an dieser Stelle festzustellen, daß auch im völkerstrafrechtlichen Bereich eine Schuldunfähigkeit aufgrund einer Intoxikation oder in Folge einer anderen Form der geistigen Unzulänglichkeit als möglich erscheint.[1157]

c. Defences bzw. Straffreistellungsgründe

Zur Terminologie ist auszuführen, daß hier der Begriff „Straffreistellungsgründe"[1158] bzw. „defences"[1159] zur Bezeichnung der Rechtfertigungs- und Entschuldigungsgrün-

---

[1150] Vgl. Jescheck, Verantwortlichkeit der Staatsorgane, S. 219 f.

[1151] In diesem Bereich treten Probleme mit dem Grundsatz „nullum crimen" auf, da die Rechtspflicht zum Handeln, d.h. die Garantenstellung, i.d.R aus dem ungeschriebenem Recht, z.B. dem Gewohnheitsrecht, folgt. Zudem ist die Frage der Zumutbarkeit sorgfältig zu prüfen; vgl. hierzu: Dahm, Völkerstrafrecht, S. 77 f.

[1152] Vgl. hierzu: Jescheck, Verantwortlichkeit der Staatsorgane, S. 243.

[1153] So: Hettinger, Völkerrechtliche Verpflichtung, S. 30.

[1154] Wesssels/Beulke, Strafrecht AT, § 10 I 3. Das deutsche Strafrecht beruht auf dem Schuld- und Verantwortungsprinzip, das auf der Fähigkeit des Menschen, sich frei und richtig zwischen Recht und Unrecht zu entscheiden, basiert.

[1155] Vgl. Jescheck. Verantwortlichkeit der Staatsorgane, S. 242.

[1156] Hettinger, Völkerrechtliche Verpflichtung, S. 31.

[1157] So auch: Nill-Theobald, Defences, S. 384, die zu Recht auf S. 386, feststellt, daß die Massenhypnose, d.h. die Manipulation der Bevölkerung mittels Propagandaveranstaltungen etc. als Schuldausschließungsgrund ausscheide, da mit diesem Argument eine Strafverfolgung von Menschen, die nicht als manipulierte willenslose Maschinen anzusehen sind, verhindert werden könnte.

[1158] So auch: Zimmermann, Die Schaffung eines ständigen Internationalen Strafgerichtshofes, ZaöRV 58 (1998), S. 8.

[1159] Vgl. hierzu: Nill-Theobald, die sich im Rahmen ihrer Dissertation mit den defences auseinandersetzt und der die Verwendung der weiten, alle Verteidigungsgründe umfassenden, englischen

de verwendet wird, da dem anglo-amerikanischen Strafrecht eine solche Differenzierung fremd ist. Nill-Theobald definiert die völkerstrafrechtlichtlichen Straffreistellungsgründe als „die Gesamtheit aller Straffreistellungsgründe, die völkerrechtlich anerkannt sind und das Individuum bei völkerstrafrechtlichen Verbrechen vom Vorwurf strafbaren Verhaltens befreien".[1160] Der aus dem Bereich des common law stammende Begriff „defence" umfaßt „Umstände, die im weitesten Sinne geeignet sind, Voraussetzungen strafbaren Verhaltens - d.h. actus reus (objektiver Tatbestand) oder mens rea (kriminelles Bewußtsein) - und damit das Vorliegen eines „offence" (Delikt) auszuschließen".[1161] Der Bereich der völkerrechtlichen Straffreistellungsgründe ist nach wie vor weitestgehend umstritten. Die Rechtsfolgen der einzelnen defences, die hier nicht abschließend besprochen werden können, sind verschiedene und reichen von einer Strafbefreiung bis zu einer Strafmilderung.

aa. Repressalie

Vorab ist darauf hinzuweisen, daß angesichts des im Völkerrecht geltenden einheitlichen Unrechtsbegriffs eine Beschränkung der für die Haftung der Staaten entwickelten Rechtfertigungsgründe auf die Deliktshaftung ausscheidet und diese auch im Bereich der völkerstrafrechtlichen Verantwortlichkeit angewendet werden können, sofern nicht der Sinn und Zweck des Rechtfertigungsgrundes dem entgegensteht.[1162] Die Repressalie stellt den wichtigsten völkerrechtlichen Rechtfertigungsgrund dar und ist angesichts ihrer Bedeutung und Häufigkeit als Rechtfertigungsgrund, an den Anfang zu stellen.[1163] Repressalien[1164] sind „Maßnahmen eines Völkerrechtssubjekts

---

Terminologie als vorzugswürdig erscheint, da hierdurch u.a. bestehende Unsicherheiten vermieden werden, die durch die deutschen Termini Rechtswidrigkeits- und Schuldausschließungsgründe hervorgerufen würden.

[1160] Nill-Theobald, Defences, S. 394.

[1161] Nill-Theobald, Defences, S. 57, die ausführt, daß dieser Begriff in einem weiten oder engeren Sinne verstanden werden könne. Während die weite Begriffsdefinition alle nur denkbaren Umstände des materiellen Strafrechts und des prozessualen Rechts, die einer Verurteilung des Täters entgegenstehen, erfasse, ist nach der engen Begriffsdefinition die Strafbarkeit ausgeschlossen, obwohl der Täter die Merkmale des actus reus und der mens rea zunächst erfüllt habe. Nill-Theobald, a.a.O., S. 387 f, 393 f, untergliedert die defences in drei Gruppen: die „absolute defences", die „situation defences" und die „non defences". Während es sich bei den „absolute defences" um Straffreistellungsgründe mit strafausschließender Wirkung handelt, ist die strafbefreiende Wirkung der „situation defences", die Teilelemente anderer defences enthalten, von den Umständen des Einzelfalls abhängig. Die Gruppe der „non defences" bilden Verteidigungsstrategien, denen man eine strafbefreiende Wirkung grundsätzlich absprechen sollte, oder deren Anwendungsbereich von vornherein aus dem Völkerstrafrecht herausfällt.

[1162] So auch: Gornig, Verantwortlichkeit, NJ 1992, S. 10.

[1163] Vgl. hierzu: Jescheck, Verantwortlichkeit der Staatsorgane, S. 221.

[1164] Die Repressalie ist von anderen völkerrechtlichen Selbsthilfemaßnahmen, der militärischen Notwendigkeit, der Retorsion und dem Selbstverteidigungsrecht des Staates abzugrenzen, vgl. hierzu: Nill-Theobald, Defences, S. 287 f. Die militärische Notwendigkeit erfordert, anders als die Repressalie, keine vorausgehende Völkerrechtsverletzung. Die Retorsion stellt im Gegensatz zur Repressalie eine zulässige Vergeltungsmaßnahme dar, die als Reaktion auf einen unfreundlichen Akt ergehen kann und von dem anderen Staat seinerseits als unfreundlicher Akt empfunden wird und daher als milderes Mittel anzusehen ist. Das auf dem Gedanken der Selbsterhaltung beruhende Selbstverteidigungsrecht beschränkt sich darauf, einen rechtswidrigen Angriff abzuwehren, während die Repressalie einen selbständigen Eingriff in die Rechtsgüter des Gegners darstellt, um diesen zu dem rechtmäßigen Verhalten zu bewegen, vgl. hierzu: Nill-Theobald, Defences, S. 287 f.

gegenüber einem anderen Völkerrechtssubjekt, die an sich rechtswidrig wären, die aber, da Folgemaßnahme einer von der Gegenseite begangenen Rechtsverletzung, als nicht rechtswidrig betrachtet werden, wenn und soweit sie zur Veranlassung der Abstellung dieser Rechtsverletzung ergriffen werden und hierzu geeignet sind".[1165] Die Zulässigkeit der Repressalie beruht auf dem völkerrechtlichen Prinzip der Gegenseitigkeit (Reziprozität).[1166] Gegenrepressalien, die sich gegen rechtmäßige Repressalienmaßnahmen richten, sind völkerrechtswidrig, da die Repressalie als Reaktion auf eine Völkerrechtsverletzung rechtmäßig ist.[1167] Eine Gegenrepressalie ist nur dann zulässig, wenn ein Repressalienexzeß vorliegt, der aufgrund der Überschreitung des Repressalienrechts selbst ein völkerrechtliches Delikt darstellt, da im Rahmen des Repressalienrechts der Grundsatz der Verhältnismäßigkeit und der Proportionalität einzuhalten ist.[1168] Aus dem Prinzip der Verhältnismäßigkeit der Repressalie folgt, daß sie die Schwere des Verstoßes der Gegenseite angemessen berücksichtigen muß und abzubrechen ist, sobald von dem völkerrechtswidrigem Verhalten Abstand genommen wird.[1169] Hieraus folgt auch, daß die Repressalie keinen Strafcharakter hat.[1170] Im Bereich des Rechts der Repressalie sind nach wie vor etliche Fragen offen, so daß insbesondere die exakten Voraussetzungen der Repressalie sowie die Problematik der Verhältnismäßigkeit nicht abschließend geklärt sind.[1171] Die Repressalie tritt als Friedens- oder als Kriegsrepressalie auf.[1172] Die völkerrechtliche Legitimation der Repressalie ist umstritten.[1173] Nill-Theobald vertritt die Auffassung, daß die Repressalie im geltenden Völkerrecht eine erforderliche und berechtigte Gegenmaßnahme darstelle, die in zahlreiche völkerrechtliche Verträge Eingang gefunden habe und auch im Bereich des Völkerstrafrechts als defence in Betracht komme.[1174]

[1165] Berber, Lehrbuch des Völkerrechts Bd. 3, S. 95.

[1166] In dem Bereich der Repressalie wird der „tu quoque-Einwand" relevant, demzufolge sich ein Angeklagter, der das Vorliegen des Repressalienrechts nachweisen kann, mit dem rechtfertigenden Einwand, auch die Gegenseite habe Völkerrechtsverletzungen begangen, gehört werden muß, vgl. hierzu: Jescheck, Verantwortlichkeit der Staatsorgane, S. 223.

[1167] Vgl. hierzu: Berber, Lehrbuch des Völkerrechts Bd. 3, S. 97.

[1168] Vgl. Berber, Lehrbuch des Völkerrechts Bd. 3, S. 97.

[1169] S. Jescheck, Verantwortlichkeit der Staatsorgane, S. 222.

[1170] So auch: Triffterer, Bestandsaufnahme, S. 239.

[1171] In diesem Zusammenhang kritisiert Jescheck, Verantwortlichkeit der Staatsorgane, S. 223, daß die Anwendung von Repressalien zu einem „chaotischen Zustand der völligen Rechtlosigkeit und zu einer fortlaufenden Kette immer schwererer Völkerrechtsverletzungen auf beiden Seiten" führe.

[1172] Vgl. hierzu auch: Jescheck, Verantwortlichkeit der Staatsorgane, S. 222.

[1173] Eine Übersicht des Streitstandes findet sich bei Nill-Theobald, Defences, S. 299 ff.

[1174] Vgl. Nill-Theobald, Defences, S. 327, 336 f, einen eignen Normvorschlag des defence „Repressalie", der den kleinsten gemeinsamen Nenner darstellt, skizziert:

„(1) Repressaliensubjekte sind:

i) Passivlegitimation

Die verletzende Partei, Alliierte unter gemeinsamen Oberkommando, die UNO und andere unterstellte Truppenverbände und die neutralen Staaten.

ii) Aktivlegitimation

Die verletzte Partei und, im Falle unmittelbarer Betroffenheit, die Alliierten unter gemeinsamen Oberkommando sowie die UNO und andere unterstellte Truppenverbände.

(2) Repressalienobjekte dürfen nur sein: Militärische Personen und Ziele. Außerdem zivile Ziele, die für die Bevölkerung weder lebensnotwendig noch „risikobehaftet" sind und kein Kulturgut darstellen. Ferner darf der Lebensraum nicht zerstört werden.

bb. Notstand

Der Begriff des Notstandes umfaßt verschiedene Varianten. In diesem Bereich ist zwischen dem völkerrechtlichen Notstand (Staatennotstand), dem allgemeinen Notstand (necessity) und dem Nötigungsnotstand (duress, compulsion, coercion) zu unterscheiden.[1175]

Der völkerrechtliche Notstand wird im Völkerrecht nur unter bestimmten Voraussetzungen als Rechtfertigungsgrund für Staaten anerkannt.[1176] I.d.R. wird dieser Rechtfertigungsgrund, aus dem eine weitgehende Befreiung von völkerrechtlichen Pflichten abgeleitet wird, aus dem „Grundrecht der Selbsterhaltung der Staaten" hergeleitet.[1177] Der völkerrechtliche Notstand erfordert das Vorliegen einer gegenwärtigen oder unmittelbar bevorstehenden schweren Gefahr, die eine Bedrohung der Existenz eines Staates, seines Territorial- und Personalbestandes oder seiner Unabhängigkeit darstellt, die nicht in einem rechtswidrigen Angriff zu liegen braucht und nicht anders als durch die völkerrechtswidrige Maßnahme abwendbar ist.[1178] Zur Anordnung des Notstands sind nur die obersten Staats- und Militärführungsorgane und ggf. die aus-

---

(3) Der Einsatz von Atomkraft als Repressalienmittel muß dann erlaubt sein, wenn die angreifende Konfliktpartei zuerst auf solche Waffen zugegriffen hat und die bestehenden Kriegsrechtsverletzungen nicht durch andere Mittel gestoppt werden können.

(4) Repressalie ist nur als ultima ratio zulässig

(5) Bestehen eines sachlichen Zusammenhanges zwischen Repressalienmaßnahme und –ziel

(6) Wahrung des Verhältnismäßigkeitsgrundsatzes: ...

(7) Anordnung der Repressalie durch eine autorisierte Befehlsgewalt.

(8) Überprüfung bezüglich Ergreifendürfens der Repressalienmaßnahme durch eine neutrale Instanz."

[1175] Vgl. zur internationalen Terminologie: Nill-Theobald, Defences, S. 173 f. Mit coercion wird zum einen die auf ein menschliches Verhalten zurückgehende Notstandslage bezeichnet und hierunter zum anderen eine Notstandslage verstanden, in der der Handelnde keine Wahlmöglichkeit hatte und zu einer Handlung genötigt wurde. Der Begriff der compulsion hingegen bezeichnet eine Notstandslage, die durch physische Gewalteinwirkung von Menschen verursacht wird, so daß im Gegensatz zu coercion hier nur die vis absoluta gemeint ist und sich die Begriffe coercion und compulsion lediglich in der Art der Gewalteinwirkung unterscheiden aber wegen der durch Zwang abgenötigten Handlung synonym verwendet werden können. Demgegenüber kommt dem Begriff duress keine darüberhinausgehende Bedeutung zu, da es sich hierbei um die moderne Bezeichnung für coercion und compulsion handelt. Der Begriff der necessity beschreibt eine Notstandslage, die durch Naturkräfte bzw. Naturgewalten oder andere Umstände verursacht wurde, wobei nach der derzeitigen Auffassung, keine Beschränkung mehr hinsichtlich des Ursprungs der Notstandslage besteht und vielmehr das Merkmal der Güterabwägung entscheidend sein soll. Allerdings weist Nill-Theobald hinsichtlich der Begrifflichkeiten darauf hin, daß die Literatur unterschiedliche Anknüpfungspunkte innerhalb des Notstandsrechts wähle, so daß von einer einheitlichen Terminologie nicht gesprochen werden könne. Nach deutschem Begriffsverständnis bezeichnen diese vier Begriffe lediglich zwei verschiedene Defences, so daß die Begriffe coercion, duress und compulsion die Situation des Nötigungsnotstandes, der eine Drohung voraussetzt beschreiben und necessity als allgemeiner Notstand zu verstehen ist, der die Gefahr einer Rechtgutverletzung voraussetzt, vgl. zu alledem: Nill-Theobals, Defences, S. 173 ff. Das deutsche Recht differenziert zwischen dem rechtfertigenden und dem entschuldigenden Notstand.

[1176] Vgl. auch: Gornig, Verantwortlichkeit, NJ 1992, S. 10; Jescheck, Verantwortlichkeit der Staatsorgane, S. 220.

[1177] Vgl. hierzu Jescheck, Verantwortlichkeit der Staatsorgane, S. 220, der die Berufung auf einen völkerrechtlichen Notstand zu Recht als das „Haupteinfallstor des Chaos" bezeichnet und Klarheit über die rechtlichen Voraussetzungen fordert.

[1178] Vgl. Gornig, Verantwortlichkeit, NJ 1992, S. 10; Jescheck, Verantwortlichkeit der Staatsorgane, S. 220.

führenden Unterorgane, bei Vorliegen der Notstandsvoraussetzungen, befugt.[1179] In dem Bereich der individuellen strafrecht-lichen Verantwortung kann der Staatennotstand allenfalls ein Indiz sein.

Zur Lösung der Frage, ob der allgemeine strafrechtliche Notstand als defence auch für Einzelpersonen anzusehen ist, kann nicht auf völkerrechtliche Regelungen zurückgegriffen werden, da solche nicht nachweisbar sind.[1180] In den Nürnberger Urteilen hat die Notstandsproblematik durchaus eine Rolle gespielt, jedoch kann hierin eine völkerrechtlich anerkannte Lösung des Notstandsproblems nicht gesehen werden.[1181] Allerdings vertritt die wohl h.L. die Auffassung, daß der allgemeine Notstand für alle Delikte einen Straffreistellungsgrund darstellen kann.[1182] Insbesondere in Ansehung der Kriegsverbrechen und Verbrechen gegen die Menschlichkeit, sieht das Völkerrecht keine Regel vor, die eine Ausnahme von diesem Prinzip, daß Notstand als defence dienen kann, fordert.[1183] Allerdings sind hier enge Voraussetzungen zu erfüllen.[1184] Die Erhebung des defence eines allgemeinen Notstands setzt das Vorliegen einer Notstandslage, d.h. einer gegenwärtigen und unabwendbaren Gefahr voraus, die bei Vorliegen eines ungewöhnlichen Zustandes, der den Eintritt eines Schadens wahrscheinlich macht, ohne daß dieser von der Handlung eines anderen Menschen abhängt, gegeben ist.[1185] Da nahezu jedes materielle und immaterielle Interesse schützenswert ist, ist der Kreis der notstandsfähigen Rechtsgüter sehr weit zu ziehen.[1186] Die erforderliche Notstandshandlung muß geeignet und mit Gefahrabwendungswillen begangen worden sein, so daß die Zwangslage für den Tatentschluß ebenfalls kausal war.[1187] Auf die Frage der Verhältnismäßigkeit von verteidigtem und verletztem Rechtsgut ist ein besonderes Gewicht zu legen.[1188]

[1179] So: Jescheck, Verantwortlichkeit der Staatsorgane, S. 221.

[1180] Vgl. hierzu: Nill-Theobald, Defences, S. 175 ff, die zu Recht darauf hinweist, daß die vorhandenen Entwürfe von Regierungs- und Nichtregierungsorganisationen keine Verbindlichkeit beanspruchen.

[1181] Vgl. hierzu: Nill-Theobald, Defences, S. 187.

[1182] Vgl. hierzu: Oellers-Frahm/Specht, Die Erdemovic-Rechtsprechung, ZaöRV 58 (1998), S. 402, 407 ff; Jescheck, Verantwortlichkeit der Staatsorgane, S. 268, der feststellt, daß sich für diesen Bereich ebenfalls allgemeine völkerrechtliche Grundsätze, die von den Staaten mit Ausnahme Rußlands, vertreten werden, dahingehend aufstellen ließen, daß die Berufung auf eine Gefahr oder Bedrohung auch im Völkerrecht als zulässiges Verteidigungsmittel anerkannt werde, das ggf. entschuldigend wirke.

[1183] Vgl. hierzu: Oellers-Frahm/Specht, Die Erdemovic-Rechtssprechung, ZaöRV 58 (1998) S. 402, 407 ff.

[1184] Vgl. hierzu: Oellers-Frahm/Specht, Die Erdemovic-Rechtssprechung, ZaöRV 58 (1998), S. 394, 402, 407 ff.

[1185] Vgl. Jescheck, Verantwortlichkeit der Staatsorgane, S. 268; Nill-Theobald, Defences, S. 227.

[1186] Vgl. Jescheck, Verantwortlichkeit der Staatsorgane, S. 268; Nill-Theobald, Defences, S. 227.

[1187] S. Nill-Theobald, Defences, S. 227 ff, die einen eigenen Normvorschlag unterbreitet:

„(i)Notstandslage:

Gegenwärtige und unabwendbare Gefahr für Leib oder Leben.

(ii) Notstandshandlung:

-bedeutet Interessenabwägung im Sinne einer Güterabwägung

-die notstandsbedingte Tötung ist unter besonderen Umständen zulässig.

(iii) Gefahrabwendungswille

(iv)Rechtsfolge:

Als Rechtsfolge kommt excuse in Betracht, weil es nicht vorstellbar ist, daß die Gefahrabwendung

Die Kriegsnotwendigkeiten (nécessités de la guerre, military necessity) werden i.d.R. nicht als eigenständiger Straffreistellungsgrund, sondern als Unterfall des völkerrechtlichen Notstandes bzw. des Staatennotstandes, angesehen.[1189] Außer der begrifflichen Gemeinsamkeit bestehen keine weiteren Verbindungen zu der necessity, so daß es sich hier um ein eigenes Verteidigungsmittel mit eigenen Regeln handelt.[1190] Die militärische Notwendigkeit bezeichnet „die Situation eines Staates, die diesen zwingt, gegenüber einem anderen Staat eine Völkerrechtsverletzung zu begehen, um sich aus einer Kriegsgefahr zu retten".[1191] Grundsätzlich können Verletzungen des Kriegsrechts nicht mit dem Einwand der militärischen Notwendigkeit gerechtfertigt werden.[1192] Allerdings kommt den Kriegsnotwendigkeiten die Eigenschaft eines besonderen völkerrechtlichen Rechtfertigungsgrundes zu, sofern das positive Kriegsrecht Normen unter den Vorbehalt stellt, daß sie keine Anwendung finden sollen, sofern militärische Notwendigkeiten entgegenstehen.[1193] Demzufolge kann die militärische Notwendigkeit ein völkerstrafrechtlicher defence sein, soweit das positive Recht den Rechtsbruch erlaubt.[1194]

Bei dem Nötigungsnotstand handelt es sich ebenfalls um einen selbständigen Straffreistellungsgrund für das Individuum, dem nicht nur im Rahmen eines „Handelns auf Befehl" eine strafbefreiende Wirkung zukommt.[1195] Auch bezüglich des Nötigungsnotstandes liegen weder völkerrechtlich anerkannte Regelungen noch Kodifikationsversuche vor; entsprechenden Entwürfen von Regierungs- und Nichtregierungsorganisationen kommt keine völkerrechtliche Verbindlichkeit zu.[1196] Ebenso wie der allgemeine Notstand setzt auch der Nötigungsnotstand das Vorliegen einer Notstandslage voraus, die eine bestehende Drohung oder Gewalt für den Täter darstellt, wobei eine bloße Dauergefahr nicht ausreicht.[1197] Die in subjektiver Hinsicht von dem Gefahrabwendungswillen getragene Notstandshandlung zum Schutz der notstandsfähigen Rechtsgüter Leib und Leben muß erforderlich und die Tat ultima ratio sein.[1198]

---

durch ein Kriegsverbrechen im Rahmen des rechtfertigenden Notstands Berücksichtigung finden kann. Zudem kommt bei notstandsbedingter Tötung nur die Möglichkeit der excuse in Betracht."

[1188] Vgl. hierzu: Jescheck, Verantwortlichkeit der Staatsorgane, S. 268

[1189] So auch: Jescheck, Verantwortlichkeit der Staatsorgane, S. 221.

[1190] S. Nill-Theobald, Defences, S. 231.

[1191] Vgl. Nill-Theobald, Defences, S. 232.

[1192] So auch: Jescheck, Verantwortlichkeit der Staatsorgane, S. 221.

[1193] Vgl. hierzu: Jescheck, Verantwortlichkeit der Staatsorgane, S. 221, m.w.N; sowie: Nill-Theobald, Defences, S. 240, m.w.N. über die Normen, welche die Zulässigkeit der military necessity explizit bestätigen und solche, die die Zulässigkeit der military necessity voraussetzen.

[1194] So: Nill-Theobald, Defences, S. 240, die zudem fordert, daß auch in anderen Fällen, in denen die Einhaltung kodifizierter Regelungen nicht möglich sei, die militärische Notwendigkeit als strafbefreiender oder strafmildernder defence in Betracht kommen müsse.

[1195] Vgl. Nill-Theobald, Defences, S. 276.

[1196] S. Nill-Theobald, Defences, S. 245 ff, 175 ff. Auch die Nürnberger Urteile weisen in der Behandlung dieses defence eine einheitliche Linie nicht auf, so daß auch hier eine allgemein anerkannte Rechtsüberzeugung i.S.e. Völkergewohnheitsrechts nicht erkennbar ist, vgl. hierzu: Nill-Theobald, Defences, S. 247 ff, 251.

[1197] Nill-Theobald, Defences, S. 277.

[1198] Vgl. hierzu: Nill-Theobald, Defences, S. 277 ff, die hier ebenfalls einen eigenen Normvorschlag des Nötigungsnotstandes bzw. Befehlsnotstandes unterbreitet:

„(i) Notstandslage

cc. Handeln auf Befehl

Grundvoraussetzung zur Erreichung dieses Problems ist das Vorliegen eines Über-Unterordnungsverhältnisses, wobei der militärische Grad des Befehlsempfängers unerheblich ist.[1199] In diesem Bereich besteht ein Spannungsverhältnis zwischen dem Schutz der Menschenrechte auf der einen und der Schlagfertigkeit der Armee auf der anderen Seite. Die Gefährdung der nur durch eine strenge Disziplin gesicherten Schlagfertigkeit der Armee wäre zu befürchten, sofern der Untergebene jeden Befehl auf seine Rechtmäßigkeit überprüfte, so daß dem Befehlsempfänger, aus militärischen Erwägungen, nur in Ausnahmefällen das Recht eingeräumt sein sollte, die Ausführung des Befehls zu verweigern.[1200] Daher ging die Wissenschaft im Mittelalter dahin, daß die Soldaten den Befehlen ihrer Vorgesetzten zu gehorchen hatten, es sei denn, die Ungerechtigkeit des Auftrages war evident.[1201] Diese im Mittelalter wurzelnden Gedanken, sind nicht etwa überholt, sondern fanden teilweise mit leichten Modifizierungen Eingang in die Gesetzbücher.[1202] Im Rahmen der Nürnberger Pro-

---

Im Fall der Befehlsverweigerung muß eine Gefahr aufgrund einer Drohung oder durch Gewalt für Leib oder Leben für den Täter oder einer ihm nahestehenden Person bestehen. Diese muß gegenwärtig sein, d.h. es muß die Augenblicklichkeit der Gefahr gegeben sein.

(ii) Notstandshandlung

Die Notstandshandung muß als ultima ratio-Maßnahme erforderlich und geeignet sein, die Gefahr abzuwenden. Die Erforderlichkeit der Notstandshandlung ist ausgeschlossen:

1. *wenn Ausweichmöglichkeiten bestehen und diese wiederum zumutbar sind.*
2. *Die Zumutbarkeit ist ausgeschlossen, wenn:*

- *der Wert des gefährdeten Rechtsgutes (Notstandstäters) größer ist, als der des Verletzten.*
- *persönliche Fähigkeiten und Eigenschaften des Befehlsempfängers das Ausweichen der Befehlsausführung unmöglich machen.*
- *Umstände des Falles vorliegen, die einen un- bzw.übermenschlichen Heldenmut abverlangen (z.B. „Pistole an die Schläfe").*

(iii) Gefahrabwendungswille

(iv) Rechtsfolge

Als Rechtsfolge kommt Schuldausschluß bzw. „excuse" in Betracht, weil der Notstandstäter gezwungenermaßen auf die Seite des Unrechts tritt und die Tat deswegen rechtswidrig bleibt....Im äußersten Fall kann auch die Tötung eines anderen Menschen zulässig sein, soweit die in (ii) beschriebenen Umstände vorliegen."

Vgl. auch: Oellers-Frahm/Specht, Die Erdemovic-Rechtsprechung, ZaöRV 58 (1998), S. 408, die zu Recht darauf hinweisen, daß an die Mitglieder von Kampfparteien höhere Anforderungen an deren Opferbereitschaft zu stellen seien, da insbesondere Soldaten eine besondere Ausbildung im Umgang mit Lebensgefahren erhalten hätten, so daß von ihnen erwartet werden könne, daß sie eine höhere Widerstandskraft als ein Zivilist haben. Daher scheidet in solchen Fällen i.d.R eine Entschuldigung aus. Allerdings besteht dann die Möglichkeit, besondere Zwangslagen im Rahmen der Strafzumessung angemessen zu berücksichtigen.

[1199] Vgl. hierzu: Verdross, Kriegshandlung, S. 59.

[1200] Vgl. Verdross, Kriegshandlung, S. 57.

[1201] S. Verdross, Kriegshandlung, S. 48, mit weiteren Nachweisen.

[1202] Vgl. hierzu: Verdross, Kriegshandlung, S. 49 ff, der hier die unterschiedlichen Regelungen der damaligen (1920) Militärgesetzbücher der einzelnen Länder aufführt. Bemerkenswert ist, daß in dem Kapitel des englischen Manuals of military law, das sich mit den Gesetzen und Gebräuchen des Landkriegs befaßte, Art. 443 regelte, daß solche Soldaten, die auf Befehl ihrer Regierung oder eines Vorgesetzten, kriegsrechtswidrige Handlungen begangen haben, vom Gegner nicht als Kriegsverbrecher bestraft werden konnten, so daß in diesem Fall nur der verantwortliche Kommandant ergriffen werden konnte oder Repressalien gerechtfertigt waren.

zesse wurde das Handeln auf Befehl von den Kritikern dieser Prozesse gegen die individuelle Verantwortlichkeit ins Feld geführt.[1203] Die Verteidigung vertrat die Auffassung, daß eine Person nicht für Taten bestraft werden könne, die sie in Befolgung von Befehlen begehe.[1204] Demgegenüber lehnten Art. 8 des IMT-Statuts, Art. 6 des Statuts für den Fernen Osten sowie Art. II 4 lit. (b) des KRG 10 eine strafausschließende Wirkung des verbindlichen Befehls ab und sahen lediglich die Möglichkeit einer Strafmilderung vor. Dem schloß sich der IMT in seinem Urteil an. Diese Auffassung war bereits zum damaligen Zeitpunkt heftig umstritten[1205], so daß das Nürnberger Recht nicht über schon bestehendes Völkergewohnheitsrecht hinsichtlich des Handelns auf Befehl verfügte, sondern neue Grundsätze schaffte.[1206] Die Problematik des Handelns auf Befehl wurde auch im Verfahren gegen die ehemaligen deutschen SS-Offiziere Priebke und Hass relevant. In dem von Priebke und Hass angestrengten Revisionsverfahren vor dem italienischen Kassationsgerichtshof, das diese gegen ihre Verurteilung wegen des „Blutbades in der Fosse Ardeatine" im Jahr 1944 wegen mehrfachen Mordes eingeleitet hatten, forderte der oberste Militär-Generalstaatsanwalt Garino einen neuen Prozeß und damit die Aufhebung der Urteile vom 7. März 1998.[1207] Garino verlangte die Berücksichtigung mildernder Umstände gemäß des italienischen Militärstrafgesetzbuches, da die beiden SS-Offiziere Priebke und Hass den Befehl eines Vorgesetzten ausgeführt hätten, so daß er offenbar einen Verstoß des angefochtenen Urteils gegen das italienische Militärstrafgesetzbuch erkannte und um die Disziplin der Truppe fürchtete.[1208]

Die Frage der Behandlung sowie der völkerstrafrechtlichen Konsequenzen eines dienstlichen Befehls, also des Widerstreits zwischen dienstlichem Gehorsam und den Normen der Strafrechtsordnung, ist umstritten. Zur Lösung dieses Problems werden unterschiedliche Theorien vertreten. Hier stehen sich das Prinzip der unbedingten Nichtverantwortlichkeit (respondeat superior), das dem Untergebenen bei Berufung auf einen Befehl einen Strafbefreiungsgrund zubilligt und das der unbedingten Verantwortlichkeit (absolute liability), das für eine strikte Bestrafung der Verbrecher eintritt, gegenüber.[1209] Bei dem „manifest illegality principle" (obéissance avec réserves, Prinzip der beschränkten Verantwortlichkeit, conditional liability) handelt es sich um eine vermittelnde Lösung, derzufolge sich der Untergebene dann nicht auf den Befehl berufen kann, wenn er die Völkerrechtswidrigkeit kannte oder diese für ihn offensichtlich war.[1210] Zusammenfassend ist festzustellen, daß, während die „respondeat superior-Theorie" das Handeln auf Befehl grundsätzlich als defence zuläßt, die „absolute liability-doctrine" dies verneint und nach dem „manifest illegality-principle"

[1203] Vgl. hierzu: Woetzel, The Nuremberg Trials, S. 118.

[1204] Vgl. Woetzel, The Nuremberg Trials, S. 118.

[1205] S. Dahm, Völkerstrafrecht, S. 74.

[1206] Vgl. hierzu: Nill-Theobald, Defences, S. 102 f. Nill-Theobald stellt nach ihrer Untersuchung der Judikatur fest, daß auch den Entscheidungen der Gerichte ein gemeinsamer Tenor nicht zugrundeliege, S. 80 ff, 106 ff. So verfolgte z.B. das Leipziger Rechtsgericht aufgrund der Vorschriften des § 47 MStGB eine strenge Militärdisziplin und den umfassenden Schutz des Soldaten, während der IMT Nürnberg auf der Grundlage der strengen Theorie der absolute liability handelte. Demgegenüber wurden in den Nürnberger Nachfolgeprozessen die Irrtums- und Zwangssituation im Rahmen eines Befehls beachtet und der Befehl ggf. sogar als schuldausschließender Faktor berücksichtigt.

[1207] Vgl. FAZ vom 18.11.1998, S. 4.

[1208] Vgl. FAZ vom 18.11.1998, S. 4.

[1209] Vgl. hierzu: Nill-Theobald, Defences, S. 67 f, m.w.N; Gaeta, The Defence of Superior Orders, EJIL 10 (1999), S. 175 ff, m.w.N., die zwischen der absolute und der conditional liability differenziert, wobei letztere den Befehl als Verteidigung anerkennt.

[1210] Vgl. Nill-Theobald, Defences, S. 68, m.w.N.

solute liability-doctrine“ dies verneint und nach dem „manifest illegality-principle“ das Handeln auf Befehl unter bestimmten Voraussetzungen als ein defence anzusehen sein kann, nämlich in den Fällen, in denen der Befehl nicht offensichtlich rechtswidrig ist, bzw. dem Untergebenen die Rechtswidrigkeit nicht bekannt war.[1211] Auch die staatlichen Rechtsordnungen lösen dieses Problem unterschiedlich.[1212] Es kann aber davon ausgegangen werden, daß die vermittelnde Lösung für die meisten Staaten der Erde Gültigkeit beansprucht.[1213] Bezüglich des deutschen Rechts ist davon auszugehen, daß dieses weder dem „respondeat superior-Prinzip“ noch dem der absolute liability folgt, sondern nach einer Lösung sucht, die zwischen diesen Prinzipien liegt, mit der Folge, daß das Prinzip der beschränkten Verantwortlichkeit seine Gültigkeit behält.[1214] So hat z.B. das OLG Freiburg bereits 1950 festgestellt, daß sich der Untergebene, der den Befehl ausgeführt hat, bei offensichtlicher Rechtswidrigkeit oder bei Kenntnis, daß der Befehl eine Handlung betraf, welche ein Vergehen oder Verbrechen bezweckt, nicht auf das vermeintlich fehlende Unrechtsbewußtsein berufen kann.[1215] Zudem stellte es fest, daß, wenn eine Strafbarkeit des Befehlsempfängers gegeben ist, der Richter die Befehlsgebundenheit als besonderen Strafzumessungsgrund zugunsten des Untergebenen berücksichtigen kann.[1216] Demnach kommt ein Schuldausschluß durch den rechtswidrigen Befehl nur dann in Betracht, wenn der Befehlsempfänger die Illegalität nicht kannte und diese auch nicht offensichtlich war.[1217]

Allerdings läßt sich bis heute keine allgemeingültige, das Befehlsproblem regelnde völkerrechtliche Vorschrift nachweisen.[1218] Ferner bestehen in diesem Bereich zu viele Unstimmigkeiten, so daß das Handeln auf Befehl bislang noch keine grundsätzliche völkerrechtliche Anerkennung gefunden hat.[1219] Weiterhin ist in diesem Zusammenhang problematisch, ob das Handeln auf Befehl als eigener defence anzusehen ist oder nur im Rahmen anderer Straffreistellungsgründe Berücksichtigung findet. So könnte es in dem Bereich des Handelns auf Befehl z.B. zu Überschneidungen mit dem Notstand kommen, der als ein Straffreistellungsgrund für den Be-

---

1211 Vgl. Nill-Theobald, Defences, S. 67 f, 160.

1212 Vgl. hierzu: v.Mangoldt, Das Kriegsverbrechen, Jahrbuch für Internationales und Ausländisches Öffentliches Recht II/III (1948/1949), S. 308; Jescheck, Verantwortlichkeit der Staatsorgane, S. 255 ff, der eine rechtsvergleichende Betrachtung anstellt.

1213 So auch: Nill-Theobald, Defences, S. 160, m.w.N.

1214 So: Nill-Theobald, Defences, S. 108 ff, 133 ff. Nill-Theobald stellt fest, daß gleiches für das amerikanische Recht gelte, a.a.O., A. 149, 160; Jescheck, Verantwortlichkeit der Staatsorgane, S. 256 f.

1215 OLG Freiburg, Urteil vom 9.2.1950, JZ 1951, S. 85 f.

1216 OLG Freiburg, JZ 1951, S. 85 (86); vgl. auch: Jescheck, Verantwortlichkeit der Staatsorgane, S. 257.

1217 S. Nill-Theobald, Defences, S. 165, die zudem darauf hinweist, daß sowohl das deutsche als auch das amerikanische Recht das objektive bzw. tatsächliche Vorliegen der offensichtlichen Rechtswidrigkeit erfordern. Die offensichtliche Illegalität ist i.d.R. bei eklatanten Rechtsverstößen gegeben. Jescheck, Verantwortlichkeit der Staatsorgane, S. 261 f, hebt hervor, daß, sofern der Untergebene die Rechtswidrigkeit der Befehls, der in diesem Fall nicht bindend sei, erkenne, er sowohl rechtswidrig als auch schuldhaft handelt. Bei der Schutzwürdigkeit des Vertrauens auf die Rechtmäßigkeit des Befehls wirkt der rechtswidrige Befehl, so Jescheck, entschuldigend.

1218 So: Bremer, Internationale Verbrechen, S. 56; Nill-Theobald, Defences, S. 67 ff, 80.

1219 Demgegenüber scheint Gornig, Verantwortlichkeit, NJ 1992, S. 11, davon auszugehen, es habe sich ein allgemeiner Rechtsgrundsatz dahingehend entwickelt, daß der Untergebene so lange nicht bestraft werde, als er auf die Rechtmäßigkeit des Befehls vertrauen durfte, so daß die Strafbarkeit zu bejahen sei, sobald er die Völkerrechtswidrigkeit erkennen konnte oder mußte. Dies kann nicht bestätigt werden.

fehlsgehorsam herangezogen werden kann.[1220] Abgrenzend ist festzustellen, daß, sobald der Zwang des Unterordnungsverhältnisses die Stufe des Notstandes erreicht hat, dieser rechtliche Gesichtspunkt und nicht mehr der Befehl maßgebend ist.[1221] Allerdings kann in den Fällen des Vorliegens der Strafbarkeit, sofern die Berufung auf den defence des Handelns auf Befehl erfolglos blieb, angesichts des staatlichen Zwanges und der damit korrespondierenden Gehorsamspflicht, ggf. eine Straffreiheit aus dem Gesichtspunkt des Notstandes in Betracht kommen.[1222] Auch könnte je nach Sachverhalt der Gesichtspunkt eines Verbotsirrtums im Vordergrund stehen.
Für diesen Bereich ist der vermittelnden Lösung mit der Maßgabe zu folgen, daß das Handeln auf Befehl grundsätzlich nicht als Straffreistellungsgrund anzusehen sein sollte, hiervon aber in den Fällen eine Ausnahme zu machen ist, in denen sich der Befehlsempfänger über die Rechtswidrigkeit des Befehls im Irrtum befand und diese Rechtswidrigkeit des Befehls nicht offensichtlich war, da heutzutage ein blinder Gehorsam nicht mehr gefordert wird. Daher ist die Behandlung, die die Problematik des höheren Befehls durch das Statut des IMT und die ihm nachgebildeten Bestimmungen in Art. 7 Abs. 4 ICTY-Statut und Art. 6 Abs. 4 ICTR-Statut erfahren hat, zu kritisieren und zu fordern, daß eine völkerstrafrechtliche Befehlsvorschrift die Erkenntnisse des Prinzips der beschränkten Verantwortlichkeit berücksichtigen sollte.[1223]
Zuletzt ist auf die strittige Frage, ob völkerrechtswidrige Befehle überhaupt verbindlich sein können, hinzuweisen. Diesem Problemkreis kommt allerdings keinerlei Relevanz für die Arbeit zu, so daß auf eine Erörterung, insbesondere der Problematik des Art. 25 GG, verzichtet wird.

dd. Irrtum

In diesem Bereich ist zwischen dem Irrtum über Tatsachen und dem Rechts- bzw. Verbotsirrtum zu differenzieren. Problematisch ist in diesem Zusammenhang v.a. der Irrtum über eine völkerrechtliche Norm, so daß die Behandlung des Rechtsirrtums im internationalen Bereich erhebliche Probleme aufwirft. Dies folgt aus der Tatsache, daß das Völkerrecht oft unklar ist und z.T. widersprüchliche Regelungen beinhaltet, so daß die Zulassung des Irrtums einer Bestrafung in zahlreichen Fällen entgegen-

[1220] Vgl. hierzu: Dahm, Völkerstrafrecht, S. 76.

[1221] So: Jesckeck, Verantwortlichkeit der Staatsorgane, S. 255.

[1222] Vgl. Jescheck, Verantwortlichkeit der Staatsorgane, S. 262.

[1223] Vgl. hierzu: Nill-Theobald, Defences, S. 166 f, die darauf hinweist, daß diese Vorschriften nicht als Vorbild einer zukünftigen völkervertraglichen Befehlsvorschrift dienen könnten und einen eigenen Normvorschlag unterbreitet:

„(i) Der völkerrechtswidrige Befehl ist ein Straffreistellungsgrund (defence), mit der Rechtsfolge des Schuldausschlusses (excuse), wenn ein strafrechtswidriger Befehl vorliegt und der Soldat die Illegalität des Befehls weder kannte noch diese offensichtlich war.

(ii) Grundsätzlich ist der Befehl kein Straffreistellungsgrund, wenn der Befehl offensichtlich strafrechtswidrig war. Dies ist zumindest dann der Fall, wenn es sich um Kriegsverbrechen handelt, die eklatante Verstöße gegen das Völkerrecht implizieren, weil deren Ungeheuerlichkeit aufgrund des natürlichen Rechtsgefühls bewußt sein muß.

(iii) Im Fall des offensichtlich strafrechtswidrigen Befehls besteht die Möglichkeit der Strafmilderung, soweit festgestellt wird, daß ein wohlbegründeter Irrtum vorlag, weil der Soldat subjektiv nicht die Möglichkeit hatte, die Illegalität des Befehls zu erkennen. Das Fehlen einer solchen normgemäßen Willensbildung ist dann anzunehmen, wenn z.B. eine verzweifelte Gefechtslage vorliegt, Zermürbung durch hohe Verluste eingetreten ist oder Erschöpfung durch langdauernden Einsatz besteht."

stehen könnte. Zudem unterscheiden sich die nationalen Rechtsordnungen in der Behandlung des Irrtums erheblich.[1224] Daher wird dieser nationale Verteidigungseinwand bislang im Völkerstrafrecht nicht anerkannt.[1225] Demgegenüber wird gefordert, daß, wenn das Völkerstrafrecht ein Schuldstrafrecht sein soll, auch ein Irrtum über Tatsachen beachtlich sein muß.[1226] Gleiches wird für das Unrechtsbewußtsein verlangt, so daß auch hier das Bewußtsein der Rechtswidrigkeit der Tat gefordert wird und daher ein vertretbarer und im Einklang mit der Rechtsordnung stehender Irrtum Berücksichtigung finden sollte.[1227] Diese Forderungen sind vom Standpunkt eines deutschen Rechtsempfindens zu teilen.

ee. Einwilligung, Pflichtenkollision und Selbstverteidigung bzw. völkerrechtliche Notwehr

Die Einwilligung scheidet als völkerstrafrechtlicher defence grundsätzlich aus, da, selbst wenn eine solche in Erwägung gezogen werden sollte, es i.d.R. an dem Vorliegen der Freiwilligkeit als dem maßgebenden Element fehlt.[1228]
Ebensowenig kann die in Deutschland anerkannte Pflichtenkollision ohne weiteres in das Völkerstrafrecht übernommen werden, so daß das Rechtsinstitut vielmehr einer eigenen völkerrechtsspezifischen Lösung zugeführt werden muß.[1229]
Auch das völkerrechtliche Notwehrrecht ist nicht als völkerstrafrechtlicher defence anzusehen, da es lediglich auf Staaten Anwendung findet, während es sich im Rahmen des Völkerstrafrechts nur um die persönliche Notwehr handeln kann, die Gegenstand des nationalen Notwehrrechts ist, so daß eine völkerstrafrechtliche Regelung des Notwehrrechts aufgrund einer rechtsvergleichenden Betrachtung der nationalen Rechtssysteme gefunden werden muß.[1230]

ff. „Tu quoque-Einwand"

Die Berufung auf Straftaten der Gegenseite als Strafausschließungsgrund („tu quoque-Einwand") wurde bereits im Rahmen der Nürnberger Prozesse relevant. Die Erhebung dieses Einwandes erfolgte vor dem Hintergrund, daß die Aburteilung der Besiegten durch Sieger erfolgte, die ebenso eine strafrechtliche Verantwortung auf sich geladen haben.[1231] Bemerkenswerter Weise hatte der IMT Nürnberg in seinem Urteil davon abgesehen, von Doenitz wegen bestimmter Anklagen über den uneinge-

---

[1224] Vgl. hierzu: Nill-Theobald, Defences, S. 343 ff.

[1225] So wohl auch: Nill-Theobald, Defences, S. 349.

[1226] Vgl. Jescheck, Verantwortlichkeit der Staatsorgane, S. 251.

[1227] So: Jescheck, Verantwortlichkeit der Staatsorgane, S. 254. Auch Verdross, Kriegshandlung, S. 65 stellt, ohne zwischen den unterschiedlichen Ausgestaltungsformen und Folgen eines Irrtums zu differenzieren, fest, daß nur dem Soldaten die Tat zuzurechnen sei, der in Kenntnis des völkerrechtlichen Verbots gehandelt habe.

[1228] So: Nill-Theobald, Defences, S. 351.

[1229] So auch: Nill-Theobald, Defences, S. 357. Gerade in diesem Bereich könne sich erhebliche Probleme ergeben, da eine Kollision zwischen völkerrechtlichen (Unterlassungs-)Pflichten mit einer innerstaatlichen Handlungspflicht durchaus denkbar erscheint, vgl. Nill-Theobald, a.a.O., S. 356.

[1230] So auch: Nill-Theobald, Defences, S. 363 f.

[1231] Vgl. hierzu: Jescheck, Verantwortlichkeit der Staatsorgane, S. 277.

schränkten U-Boot-Krieg zu verurteilen.[1232] Bei dem „tu quoque-Einwand“ handelt es sich um ein auf dem völkerrechtlichen Gegenseitigkeitsprinzip (Reziprozitätsgrundsatz) beruhendes Prinzip des Völkerrechts.[1233] Dieser Einwand läßt sich auf die Frage reduzieren, ob ein Staat einem anderen eine Rechtsverletzung vorwerfen kann, deren er sich selbst schuldig gemacht hat. Demgegenüber ist das Prinzip der „clean hands“ in den nationalen Strafprozessen als Strafausschließungsgrund o.ä. nicht anerkannt.[1234] Ein derartiger Strafausschließungsgrund findet in dem staatlichen Recht keine Rechtfertigung, da es dem Angeklagten unbelassen bleibt, durch die Erstattung einer Anzeige, die Strafverfolgungs- bzw. Ermittlungsbehörden auf die Spur eines anderen zu lenken, der ebenfalls derartige Verbrechen begangen hat.[1235] Zudem ist die sich im Strafprozeß stellende Situation mit der völkerrechtlichen Lage nicht vergleichbar, so daß sich u.a. die Frage stellt, wer die „Gegenseite“ ist. Hieraus folgt, daß der „tu quoque-Einwand“ seine Berechtigung zwar im Völkerrecht, nicht jedoch im nationalen Strafrecht hat, so daß hier erneut die bikausale Natur des Völkerstrafrechts relevant wird. Die Anerkennung des „tu quoque-Einwands“ als defence im Völkerstrafrecht ist strittig.[1236] Die wohl überwiegende Lehre ist der Auffassung, daß dem „tu quoque-Prinzip“, welches im Völkerrecht von großer Bedeutung ist, im Völkerstrafrecht keine strafbefreiende Wirkung zukommt.[1237] Dieser zutreffenden Auffassung ist zu folgen, da eine Anerkennung als Strafausschließungsgrund, angesichts der oftmals gleichartigen Verstöße, zu einer erheblichen Reduzierung der Wirksamkeit eines Weltstrafgerichts sowie des Völkerstrafrechts an sich führen würde. Zudem ist zu berücksichtigen, daß es im Bereich des Völkerstrafrechts um die strafrechtliche Verantwortung des Individuums geht und bei der Beurteilung der individuellen Verantwortung der Gedanke der Reziprozität gerade nicht im Vordergrund steht.

gg. Immunität der Staatsorgane und „act-of-state-doctrine“

Bezüglich der Problematik der Staatenimmunität wurde eine partielle Durchbrechung dieses Grundsatzes, angesichts ihrer Auswirkungen auf die Weltgemeinschaft, die nur für die Kernverbrechen gewährt wird, vertreten, so daß die Staatenimmunität, bzw. die Immunität der Staatsorgane in diesem Bereich keinen Schutz vor Bestrafung gewährt und insoweit als defence ausscheidet.[1238]
Aus der „act-of-state-doctrine“ wird teilweise, entgegen obiger Definition, der Schluß gezogen, daß hoheitliche Akte eines souveränen Staates oder seiner Organe im

[1232] Vgl. Woetzel, The Nuremberg Trials, S. 121.

[1233] S. Nill-Theobald, Defences, S. 365.

[1234] Vgl. hierzu: Wright, Nuremberg, S. 248.

[1235] So auch: Jescheck, Verantwortlichkeit der Staatsorgane, S. 277.

[1236] Vgl. den Diskussionsstand bei Nill-Theobald, Defences, S. 367 ff.

[1237] Vgl. Nill-Theobald, Defences, S. 369 ff. Woetzel, The Nuremberg Trials, S. 120, vertritt die Auffassung, daß es sich bei Taten, die durch internationalen Brauch und allgemeine Übung geduldet werden, nicht um Verbrechen handele, so daß eine Straffreiheit dann in Betracht gezogen werden könne, wenn ausreichender Beweis für die Schlußfolgerung vorhanden ist, daß ein Akt straffrei von einer großen Anzahl anderer Personen begangen werde.

[1238] Vgl. hierzu: Kap. 1 B II 2 a. So auch: Nill-Theobald, Defences, S. 382, für den gesamten Bereich des Völkerstrafrechts mit der Begründung, daß andernfalls erhebliche Strafbarkeitslücken bestünden und im übrigen derartige Verbrechen nicht als anerkannte hoheitliche Tätigkeit bewertet werden könnten, da die Begehung von Verbrechen nicht zur rechtlich anerkannten Zuständigkeit der Organe gehörten.

Ausland gerichtliche Immunität genössen.[1239] Wie bereits festgestellt, ist die „act-of-state-doctrine", mangels Anerkennung außerhalb des anglo-amerikanischen Rechtskreises, nicht als allgemeine Regel des Völkerrechts anzusehen. Die „act-of-state-doctrine" findet damit keine Anerkennung als Straffreistellungsgrund.[1240]

d. Täterschaft und Teilnahme

Auch im Bereich des Völkerstrafrechts ist sowohl eine täterschaftliche[1241] Begehung als auch die Teilnahme an bzw. die Unterstützung einer fremden Tat möglich. Der im Völkerrecht geltende Teilnahmebegriff ist weit auszulegen.[1242] Dies wirft z.B. in den Fällen Probleme auf, in denen der Haupttäter Immunität genießt, so daß sich hier die Frage nach der Behandlung des Teilnehmers stellt. Daher sind auch in diesem Bereich noch viele Fragen ungeklärt. Einigkeit besteht lediglich dahingehend, daß der Tatbeitrag des Teilnehmers für den Erfolg der Haupttat irgendwie mitursächlich gewesen sein muß und für die Bestrafung der Teilnahme der gleiche Strafrahmen wie für die Bestrafung der Haupttat vorgesehen ist.[1243] Der besonderen Teilnahmeform der conspiracy des anglo-amerikanischen Strafrechts kommt keine besondere Bedeutung zu, da diese Teilnahmeform einer tatbestandlichen Fixierung nicht zugänglich ist und eine, vom kontinentalen Strafrecht abgelehnte, „strafrechtliche Generalklausel darstellt, die dem richterlichen Ermessen jede nur denkbare Freiheit gibt"[1244]. Bislang findet sich keine einheitliche allgemeinverbindliche Regelung der Täterschaft bzw. der Teilnahme, so daß die Begehungs- und Beteiligungsformen i.d.R. direkt in den Tatbeständen mit angeführt sind.[1245]
Instruktiv zu der Abgrenzungsproblematik der mittelbaren Täterschaft von der Teilnahme sind die Ausführungen des BGH in seinem Urteil vom 8. November 1999[1246] in dem er das Urteil des Berliner Landgerichts gegen den letzten Staats- und Parteichef der DDR Krenz sowie die Politbüromitglieder Kleiber und Schablowski bestätigt hat. Der BGH kommt zu dem Ergebnis, daß sich die Angeklagten als Mitglieder des SED-Politbüros und im Fall Krenz zusätzlich als Mitglied des Nationalen Verteidigungsrates und verantwortlicher Sekretär des Zentralkommittees der SED für Sicherheitsfragen in den streitgegenständlichen vier Todesfällen an der Berliner Mauer

---

[1239] Vgl. hierzu: Ambos, Nuremberg revisited, StV 1997, S. 42.

[1240] Vgl. Ambos, Nuremberg revisited, StV 1997, S. 42.

[1241] Hier kommen sämtliche Täterformen von der mittelbaren Täterschaft bis zur Mittäterschaft in Betracht.

[1242] Vgl. hierzu auch: Jescheck, Verantwortlichkeit der Staatsorgane, S. 272.

[1243] Vgl. hierzu im einzelnen: Jescheck, Verantwortlichkeit der Staatsorgane, S. 272, der auf den Seiten 269 ff die Regelungen der verschiedenen Rechtsordnungen rechtsvergleichend gegenüberstellt.

[1244] Jescheck, Verantwortlichkeit der Staatsorgane, S. 276. Laut Jescheck, a.a.O., S. 273 ff, liegt die conspiracy in der Verabredung zweier oder mehrerer Personen, zur Begehung einer ungesetzlichen Handlung oder einer gesetzlichen Handlung mit ungesetzlichen Mitteln, wobei weder mit den Vorbereitungsmaßnahmen noch mit den Ausführungshandlungen begonnen worden sein müsse und für alle Ausführungshandlungen, die Komplizen zu irgendeiner Zeit begangen haben, gehaftet werde. Da die Strafbarkeit der conspiracy die Ausführung der verabredeten Handlung nicht voraussetze, liege das einzig greifbare Merkmal in der Verabredung.

[1245] Vgl. hierzu: Seidel/Stahn, Das Statut, Jura 1999, S. 19. Allerdings enthalten die Statute der „Ad hoc-Tribunale" eine weitgehende Regelung der Täterschaft und Teilnahme, Art. 7 Abs. 1 ICTY-Statut, Art. 6 Abs. 1 ICTR-Statut.

[1246] BGH Urt. v. 8.11.1999, 5 StR 632/98.

des Totschlages in mittelbarer Täterschaft schuldig gemacht haben.[1247] Daher habe eine Strafbarkeit nur als Gehilfen auszuscheiden, weil das Politbüro das umfassend und unkontrolliert herrschende Führungszentrum und damit das höchste Machtorgan der DDR gewesen sei, das sich Organisationsstrukturen geschaffen und aufrechterhalten habe, um das von ihm Gewollte durchzusetzen.

e. Vollendung, Versuch, Unterlassung

Ebenso wie im nationalen Recht ist auch im Bereich des Völkerstrafrechts eine Verwirklichung des Tatbestandes durch die aktive Begehung oder Unterlassung[1248] des tatbestandlich umschriebenen Verhaltens möglich. Die Gewährleistung der Strafbarkeit des Unterlassens ist notwendige und sinnvolle Voraussetzung eines effektiven Strafrechtsschutzes. Wie auch im deutschen Recht sind sowohl an die Rechtspflicht zur Erfolgsabwendung (Garantenpflicht) als auch an die Kausalität, besondere Anforderungen zu stellen, die im völkerrechtlichen Bereich im Einzelnen umstritten sind und von den einzelnen Staaten unterschiedlich gehandhabt werden, so daß ein allgemeiner Grundsatz über die Rechtswidrigkeit der Unterlassungstat nicht aufgestellt werden kann.[1249] Gleichermaßen ist die Strafbarkeit des Versuchs denkbar.[1250] Allerdings hat sich der strafbefreiende Rücktritt vom Versuch oder die tätige Reue im Völkerstrafrecht noch nicht durchgesetzt.[1251] I.d.R. fehlen allgemeine, die Begehungsformen aufführende Regelungen, da sich diese bereits aus den Aufzählungen und Umschreibungen der Begehungsarten in den Tatbeständen ergeben. Teilweise findet sich, wie in den Statuten der „ad hoc-Tribunale", eine doppelte Regelung, die sowohl spezifisch deliktsbezogen als auch allgemein ist. Demzufolge sind auch in diesem Bereich noch viele Fragen ungeklärt und allgemeine Regeln des Völkerstrafrechts nicht existent.

f. Internationale Strafen

Die Strafen gegen Einzelpersonen können ohne weiteres dem innerstaatlichen Recht entnommen werden.[1252] Diese Feststellung ist allerdings mit einer Einschränkung bezüglich der in einigen Rechtsordnungen vorgesehenen Todesstrafe zu versehen, so daß der Vorschlag, die Anwendung der Todesstrafe von der Zulässigkeit derselben im Heimatstaat des Täters abhängig zu machen, angesichts des einzuhaltenden Gebots der Gleichbehandlung aller vor dem Gesetz, abzulehnen ist.[1253] Demnach kommen im Bereich des Völkerstrafrechts sowohl Freiheits- als auch Geldstrafen in Betracht. Allerdings erscheint angesichts der Schwere, der die internationale Gemeinschaft verletzenden völkerstrafrechtlichen Verbrechen, die ausschließliche Ver-

---

[1247] BGH Urt. v. 8.11.1999, 5 StR 632/98.

[1248] So auch: Triffter, Bestandsaufnahme, S. 224 f, der darauf hinweist, daß Art. 86 Abs. 1 des ersten Zusatzprotokolls von 1977 zu entnehmen sei, daß die Kriegsverbrechen, soweit sie nicht als reine Tätigkeitsdelikte konzipiert sind, auch durch Unterlassung begangen werden könnten.

[1249] Für weitergehende Informationen vgl. Jescheck, Verantwortlichkeit der Staatsorgane, S. 223 ff, 225.

[1250] So auch: Trifterer, Bestandsaufnahme, S. 232 f.

[1251] Vgl. Triffterer, Bestandsaufnahme, S. 242.

[1252] So auch: v.Weber, Strafgerichtsbarkeit, S. 94.

[1253] Vgl. hierzu: v.Weber, Strafgerichtsbarkeit, S. 94 f.

hängung von Geldstrafen als nicht ausreichend, so daß diese allenfalls gemeinsam mit Freiheitsstrafen verhängt werden sollen. Bezüglich der Strafzumessung ist festzustellen, daß sich die Schwere der Strafe nach der Schwere des Verbrechens richtet.[1254]

2. Allgemeine Rechtsgrundsätze

a. „Nullum crimen, nulla poena sine lege"

Wie bereits festgestellt, handelt es sich bei dem Grundsatz „nullum crimen sine lege", jedenfalls hinsichtlich der materiellen Strafbarkeitsgrundlagen um einen international anerkannten Grundsatz, dem durch die Existenz jeglicher Norm, ob geschrieben oder ungeschrieben, zum Tatzeitpunkt Genüge getan wird.[1255]

b. „Ne bis in idem"

Art. 103 Abs. 3 GG verwehrt die mehrmalige Verurteilung eines Straftäters durch deutsche Gerichte und ist damit die wichtigste Wirkung der materiellen Rechtskraft. Das verfassungsrechtliche Verbot der erneuten Strafklage nach rechtskräftigem richterlichen Sachentscheid gilt allerdings nur, wenn ein Gericht der Bundesrepublik Deutschland entschieden hat.[1256] Demnach steht Art. 103 Abs. 3 GG einer neuerlichen strafrechtlichen Verfolgung einer im Ausland rechtskräftig abgeurteilten Tat durch die zuständigen Organe der Bundesrepublik Deutschland, soweit nicht das ausländische Urteil als vollstreckbar anerkannt, vollzogen und hierdurch auf den deutschen Strafanspruch verzichtet wird, nicht entgegen.[1257] Das BVerfG stellt fest, daß eine allgemeine Regel des Völkerrechts des Inhalts, daß eine Person, wegen desselben Lebenssachverhalts, dessentwegen sie bereits in einem dritten Staat zu einer Freiheitsstrafe verurteilt worden sei und diese Strafe auch schon verbüßt habe, in einem anderen Staat nicht neuerlich angeklagt oder verurteilt werden dürfe oder die bereits verbüßte Strafe angerechnet oder berücksichtigt werden müsse, nicht bestehe.[1258] Zudem wird der Grundsatz „ne bis in idem" von zu vielen Staaten abgelehnt als das er eine zwischenstaatliche Geltung entfalten könnte.[1259] Eine ausreichende Grundlage für die gewohnheitsrechtliche Ableitung des Prinzips besteht daher nicht, so daß der Satz „ne bis in idem", trotz allgemeiner Anerkennung im Recht

---

[1254] Vgl. v.Weber, Strafgerichtsbarkeit, S. 94.

[1255] S. oben: Kap. 1 A IV; a.A: Gornig, Verantwortlichkeit, NJ 1992, S. 11, der weder von einer Geltung als allgemeiner Rechtsgrundsatz noch von einer völkergewohnheitsrechtlichen Anerkennung ausgeht.

[1256] BVerfG NJW 1987, S. 2155, 2156.

[1257] BVerfG NJW 1987, S. 2155, 2156.

[1258] BVerfG NJW 1987, S. 2155, 2157 ff. Das BVerfG stellte zwar im Wege einer rechtsvergleichenden Betrachtung die zunehmende Tendenz staatlicher Gesetzgebung fest, im Ausland ergangene Verurteilungen zu Freiheitsstrafen, die verbüßt wurden oder auch Freisprüche, bei der Durchführung neuerlicher Strafverfahren, teilweise als Verfahrenshindernisse zu werten oder zumindest, bei einer neuerlichen Verurteilung, auf den Strafausspruch anzurechnen und im Hinblick auf die Dauer des Strafvollzuges zu berücksichtigen. Allerdings habe diese zunehmende Entwicklung noch nicht die erforderliche weltweite Breite, um das Bestehen einer allgemeinen Regel des Völkerrechts i.S.d. Art. 25 GG annehmen zu können.

[1259] Vgl. Ambos, Zum Stand der Bemühungen, ZRP 1996, S. 267, mit weiteren Nachweisen.

vieler einzelner Staaten, kein Satz des Völkerrechts ist.[1260] Hier ist zu berücksichtigen, daß eine Internationalisierung dieses Prinzips die Konsequenz hätte, daß fremde Strafurteile anerkannt werden müßten und ein Verbrauch des eigenen Strafanspruchs durch ein Strafurteil eines anderen Staates einträte.[1261] Dies ist angesichts der verschiedenen Rechtssysteme sowie der unterschiedlichen Strafrechtspolitik problematisch. Zudem ist zu berücksichtigen, daß, anders als im innerstaatlichen Recht, wo der Satz „ne bis in idem" ein Schutzrecht für den einzelnen darstellt, er im Völkerrecht von einem Staat als Instrument benutzt werden könnte, um die Strafansprüche aller anderen Staaten auszuschließen und zwar ohne das Verbrechen seiner gerechten Strafe zugeführt zu haben.[1262] Demnach läßt sich dieses Prinzip des innerstaatlichen Rechts nicht ohne weiteres ins Völkerrecht übertragen.
Allerdings kommt das BVerfG zu dem Ergebnis, daß der Grundsatz „ne bis in idem" eine allgemeine Regel des Völkerrechts i.S.d. Art. 25 GG insoweit darstelle, als die eine neuerliche Verurteilung eines Angeklagten in demselben Staat verwehrt werde.[1263]

[1260] Vgl. hierzu: Graefrath, Das Verbot der Doppelbestrafung, NJ 1988, S. 61.

[1261] Vgl. Graefrath, Das Verbot der Doppelbestrafung, NJ 1988, S. 61.

[1262] S. Graefrath, Das Verbot der Doppelbestrafung, NJ 1988, S. 61, der als Beispiel die Kriegsverbrecherprozesse in Deutschland nach dem ersten Weltkrieg nennt.

[1263] BVerfG NJW 1987, S. 2155, 2158.

KAPITEL 2: DAS ROME STATUTE OF THE INTERNATIONAL CRIMINAL COURT VOM 17. JULI 1998 (A/CONF.183/9)

A. Allgemeines, Aufbau und Regelungsumfang des Statuts[1]

Wie bereits dargelegt, finden sich in der Literatur unzählige Veröffentlichungen zu der Thematik eines Weltstrafgerichtshofes mit der Forderung nach dessen Errichtung und Aufstellung der Anforderungen, wie ein solcher auszusehen habe, etc.[2], auf die hier nicht im einzelnen eingegangen werden kann. Folglich wurde die Verabschiedung des Statuts eines internationalen Strafgerichtshofes am 17. Juli 1998 in Rom von der Wissenschaft weitestgehend mit Enthusiasmus und Begeisterung aufgenommen. So stellt Bos fest, „...as regards to the most serious crimes that exists, the international society has evolved into an international community: a community that no longer accepts impunity for such crimes."[3] Kaul ist der Auffassung, daß in Rom „...ein neues Kapitel des Völkerrechts und des internationalen Strafrechts aufgeschlagen" worden sei.[4] Fast einer identischen Wortwahl bedient sich auch Hermsdörfer, der ebenfalls feststellt, mit der Verabschiedung des Statuts des Internationalen Strafgerichtshofes „hat die Staatengemeinschaft ein neues Kapitel des Völkerstrafrechts aufgeschlagen".[5] Zudem betrachtet Hermsdörfer das Statut nicht nur als eine wichtige Rechtsquelle, sondern als die Verdeutlichung eines internationalen Rechtsstandards, an dem die Staaten ihr nationales Strafrecht messen müßten.[6] In ähnlicher Weise äußerte sich auch der damalige Bundesaußenminister Kinkel, der die Prämisse formulierte, daß „...die Fundamente gelegt [wurden] für eine neue herausragende Institution, welche die Herrschaft des Rechts in den internationalen Beziehungen fördern wird".[7] Cassese nennt den IStGH eine „revolutionary institution", die in die Souveränität der Staaten einbreche, indem Staatsangehörige einer internationalen Strafgerichtsbarkeit unterworfen würden und bezeichnet den IStGH als „...significant building block in the construction of a truly international legal communi-

---

1 Rome Statute of the International Criminal Court, adopted by the United Nations Diplomatic Conference of Plenipotentiaries on the Establishment of an International Criminal Court on 17.July 1998, UN-Doc. A/Conf. 183/9; ILM 37 (1998), S. 999 ff. Im Internet abrufbar unter: http://www.un.org/icc (26.7.1998); eine deutsche Übersetzung des Statuts ist abgedruckt in: EuGRZ 1998, S. 618 ff. In Internationale Politik 1998, S. 82 ff findet sich eine auszugsweise Übersetzung.

2 Vgl. hierzu z.B.: Kempner, My Lai, ZRP 1970, S. 30, der angesichts der Ereignisse in My Lai und vor dem Hintergrund gewöhnlicher kriegsrechtlicher Verfahren gegen Befehlsempfänger die Errichtung eines Weltstrafgerichtshofes forderte. Vgl. auch: Gornig, Verantwortlichkeit, NJ 1992, S. 14, der ebenfalls einen internationalen Strafgerichtshof mit einer internationalen Anklagebehörde insbesondere vor dem Hintergrund der Verantwortlichkeit politischer Funktionsträger nach Völkerrecht forderte. Vgl. Grebing, Schaffung eines Internationalen Strafgerichtshofes, GA 1976, S. 109; Sur, La Convention de Rome, Revue Génerale de Droit International Public, Tome CIII (1999), S. 29 ff; Carrillo-Salcedo, Droit International, Revue Génerale de Droit International Public, Tome CIII 1999, S. 23 ff; Condorelli, La Cour Pénale Internationale, Revue Génerale de Droit International Public, Tome CIII (1999), S. 7 ff.

3 Bos, A Perspective, S. 470.

4 Kaul, Das Ringen um seine Zuständigkeit, S. 190.

5 Hermsdörfer, Statut des Internationalen Strafgerichtshofes, Internationale Politik 11 (1998), S. 55.

6 Vgl. Hermsdörfer, Statut des Internationalen Strafgerichtshofes, Internationale Politik 11 (1998), S. 60.

7 Kinkel, Der Internationale Strafgerichtshof, NJW 1998, S. 2650.

ty."[8] Cassese stuft das Statut von Rom als einen erheblichen Fortschritt des Prozeßrechts ein und betrachtet es als ausgewogene Lösung zwischen den Bedenken der Staaten und den Bedürfnissen des Völkerstrafrechts, wobei er auch die den Opfern zugedachte Rolle als sehr innovativ erachtet.[9] Ambos führte zutreffend aus: „...das Statut stellt das Ergebnis eines jahrelangen politisch-rechtlichen Verhandlungsprozesses dar, der von der Suche nach konsensfähigen Lösungen und maximaler Kompromißbereitschaft geprägt war. Es ging nicht um dogmatisch ausgereifte und widerspruchsfreie rechtliche Lösungen, sondern allein darum, die verschiedenen, doch überwiegend politischen Interessen der - mächtigen – Staaten auf einen gemeinsamen Nenner zu bringen".[10] Kaul stellt ebenfalls fest, daß der Vertrag von Rom einen Kompromiß enthalte, führt aber weiter aus, daß das Statut teilweise perfektionistisch anmutende Bestimmungen zum Gerichtsaufbau, zum Strafverfahren und zur Strafvollstreckung vorsehe, wobei besonderer Wert auf die Beachtung rechtsstaatlicher Grundsätze und Verfahrensregeln gelegt worden sei und das Werk als „...große zivilisatorische Kodifikationsleistung" bezeichnet.[11] Kaul führt weiter aus, „...daß in Rom fast wider Erwarten ein Statut erreicht werden konnte, welches für die Errichtung eines ausreichend starken und unabhängigen Gerichtshofs eine tragfähige Grundlage bildet".[12] Fastenrath stellt ebenfalls fest, daß in Rom einiges erreicht worden sei, was angesichts des Widerstandes einiger Staaten viel sei.[13] Weiterhin wird eine ideologische Evolution der internationalen Gemeinschaft festgestellt, die im Begriff ist, die Natur des internationalen Rechts zu ändern und zudem eine bisher einmalige Situation der nationalen Souveränität konstatiert.[14] Erstmals werden die Prinzipien der völkerrechtlichen Verbrechen von Individuen systematisch erfaßt und definiert sowie das matererielle Recht kodifiziert.[15]
Auch der Europarat hat sich wiederholt für die Errichtung einer internationalen Strafgerichtsbarkeit ausgesprochen. Die Recommendation 1189 (1992) der Parliamentary Assembly of the Council of Europe on the establishment of an international criminal court to judge war crimes, die durch die Resolution 999 (1993) und die Recommendation 1367 (1998), Reform of the United Nations, bestätigt worden ist, sieht vor: „The Assembly recommends establishing an international criminal court by means of a multilateral convention to be drafted by an international diplomatic conference convened under the auspies of the United Nations...The Assembly...recommends...to prepare a convention on the setting up of a criminal court, and support such action". In Doc. 6587 (1992) wurde gefordert, daß ein internationaler Strafgerichtshof mit folgenden fünf Merkmalen ausgestattet sein sollte: „stability, permanence, independence, effectiveness and worldwide jurisdiction"[16]. Das Europäische Parlament hat sich ebenfalls in verschiedenen Entschließungen für die Errichtung eines Internationalen

---

8 Vgl. Cassese, The Statute of the International Criminal Court, EJIL 10 (1999), S.145.

9 So: Cassese, The Statute of the International Criminal Court, EJIL 10 (1999), S. 170.

10 Ambos, Der neue Internationale Strafgerichtshof, NJW 1998, S. 3746.

11 Kaul, Durchbruch in Rom, VN 1998, S. 129.

12 Kaul, Durchbruch in Rom, VN 1998, S. 129.

13 Vgl. Fastenrath, Der Internationale Strafgerichtshof, JuS 1999, S. 635.

14 So: Carrillo-Salcedo, Droit International, Revue Générale de Droit International Public, Tome CIII (1999), S. 24 f; Vgl. auch Condorelli, La Cour Pénale Internationale, Revue Générale de Droit International Public, Tome CIII (1999), S. 7 f.

15 Vgl. Condorelli, La Cour Pénale Internationale, Revue Générale de Droit International Public, Tome CIII (1999), S. 9.

16 Doc. 6587, Report on the establishment of an international criminal court to judge war crimes vom 26.3.1992 of the Parliamentary Assembly of the Council of Europe.

Strafgerichtshofs ausgesprochen. In seiner Resolution vom 18. Juni 1998 forderte es die Teilnehmer der Konferenz auf, sich aktiv um einen erfolgreichen Abschluß der Arbeiten zu bemühen und bei den wesentlichen Grundfragen keine Kompromisse einzugehen.

Die Konferenz von Rom und das dort beschlossene Vertragswerk sind als erheblicher Erfolg für die UN anzusehen, da nur in einem solchen Rahmen der Weltorganisation die Zusammenführung der unterschiedlichen Systeme gelingen konnte. Das Statut spiegelt die gemeinsame Überzeugung der Verhandlungsdelegationen über den Stand des Völkerstrafrechts wieder. Der IStGH beruht, ebenso wie die „ad hoc-Tribunale", auf der Erkenntnis, daß ein dauerhafter Friede nur durch Gerechtigkeit und nicht durch Verdrängung oder Rache zu erreichen ist.[17] Der hochgradig politische Komplex eines Weltstrafgerichtshofes stellt auch in moralischer und rechtlicher Hinsicht eine Herausforderung dar. Die umstrittenen Punkte sind überwiegend politischer Natur und eng mit dem Problemkreis der Staatensouveränität verbunden. Bereits an dieser Stelle sei darauf hingewiesen, daß gegen einen IStGH und damit gegen die Verfolgung völkerstrafrechtlicher Verbrechen auf internationaler Ebene u.a. eingewandt wird, daß es einen Wandel in der Struktur des Völkerrechts bedeute, der der Entwicklung der Verfassung der Staatengemeinschaft vorgreife und für das Strafrecht eine bundesstaatliche Organisation der Welt antizipiere, die es in Wirklichkeit noch nicht gebe.
Das Statut von Rom ist ein außerordentlich vielschichtiges und verwobenes Vertragswerk und v.a ein Kompromiß, was nach jahrelangen diplomatischen Verhandlungen zwischen zuletzt 160 Staaten nicht überrascht. Hauptfunktion des IStGH ist es, Individuen für Verbrechen zur Verantwortung zu ziehen, die wegen ihrer Schwere nicht nur die unmittelbaren Opfer selbst, sondern die internationale Gemeinschaft als solche berühren. Das Vertragswerk trägt das Zeichen der starken politischen sowie diplomatischen Differenzen über bestimmte zentrale Fragen und zeigt die Schwierigkeit diese zu beseitigen.[18] Als bemerkenswert stellt Cassese heraus, daß, anders als bei anderen, unter der Schirmherrschaft der Vereinten Nationen zustandegekommenen Abkommen, kaum vorbereitende Arbeiten, die die Debatten und Verhandlungen auf der Konferenz von Rom wiedergeben, existierten.[19] Ursache hierfür ist der Umstand, daß die verschiedenen Ansichten einander fast unversöhnlich gegenüber standen, so daß hier erheblicher Diskussionsbedarf entstand und die Verhandlungen sowohl aus Vereinfachungsgründen als auch zwecks Verhinderung eines Gesichtsverlusts der Staaten bei einem Positionswechsel informell geführt wurden.[20]
Das Statut ist ein umfangreiches Vertragswerk mit Regelungen zum materiellen Strafrecht sowie zum Strafprozeß-, Strafvollstreckungs-, Gerichtsverfassungs-, Rechtshilfe- und Auslieferungsrecht. Das „Rome Statute of the International Criminal Court" besteht aus einer Präambel und insgesamt 128 Artikeln. Das Statut setzt sich aus 13 Teilen zusammen. Der erste Teil „Establishment of the Court" (Art. 1-4 IStGH-Statut) beschäftigt sich u.a. mit der Errichtung des IStGH und seinem Verhältnis zu den Vereinten Nationen. Im zweiten Teil „Jurisdiction, Admissibility and Applicable Law" (Art. 5 bis 21 IStGH-Statut) wird die Gerichtsbarkeit des IStGH, die Zulassung

---

[17] Vgl. hierzu die Präambel des Statuts.

[18] Vgl. Cassese, The Statute of the International Criminal Court, EJIL 10 (1999), S. 145.

[19] Vgl. Cassese, The Statute of the International Criminal Court, EJIL 10 (1999), S. 145.

[20] Vgl. Cassese, The Statute of the International Criminal Court, EJIL 10 (1999), S. 145, der sein Befremden darüber äußert, daß der Text des Statuts nur in einer Sprache entworfen war und Monate später noch keine Übersetzung der anderen fünf Sprachen erhältlich war.

von Verfahren sowie das anwendbare Recht geregelt. Der dritte Teil beschäftigt sich mit den „General Principles of Criminal Law" (Art. 22-33 IStGH-Statut). Hierunter fallen u.a. der Grundsatz „nullum crimen sine lege", das Rückwirkungsverbot und das Prinzip der individuellen strafrechtlichen Verantwortlichkeit. Die Frage, ob auch juristische Personen strafrechtlich zur Verantwortung gezogen werden können, war auf der Konferenz heftig umstritten. Der vierte Teil des Statuts „Composition and Administration of the Court" (Art. 34-52 IStGH-Statut) regelt die Zusammensetzung und Verwaltung des Gerichts. Der fünfte Teil „Investigation and Prosecution" (Art. 53-61 IStGH-Statut) beschäftigt sich mit der Ermittlung und Strafverfolgung. Der sechste Teil „The Trial" (Art. 62-76 IStGH-Statut) normiert die Hauptverhandlung sowie die Rechte des Angeklagten, den Schutz und die Entschädigung von Zeugen. Der siebte Abschnitt „Penalties" (Art. 77-80 IStGH-Statut) regelt die Strafen, der achte „Appeal and Revision" (Art. 81-85 IStGH-Statut) die Berufung sowie die Revision, der neunte „International Cooperation and Judicial Assistance" (Art. 86-102 IStGH-Statut) die internationale Zusammenarbeit und Gerichtshilfe. Der zehnte Teil „Enforcement" (Art. 103-111 IStGH-Statut) beschäftigt sich mit der Vollstreckung, der elfte „Assembly of State Parties" (Art. 112 IStGH-Statut) mit der Versammlung der Vertragsstaaten, der zwölfte „Financing" (Art. 113-118 IStGH-Statut) mit der Finanzierung des IStGH und der dreizehnte Abschnitt „Final Clauses" (Art. 119-128 IStGH-Statut) regelt die Schlußbestimmungen wie u.a. das Inkrafttreten des IStGH, den Rücktritt, den Ausschluß von Vorbehalten, etc.
Die Arbeiten für den IStGH wurden noch nicht abgeschlossen, so daß noch weitere Tätigkeiten zur Errichtung des IStGH erforderlich sind. Diese wurden in einer mit der Schlußakte der Konferenz von Rom verabschiedeten Entschließung über die künftige IStGH-Vorbereitungskommission aufgezählt und umfassen folgende Maßnahmen: Die Erarbeitung einer Verfahrensordnung des Gerichtshofes; die Ausarbeitung eines Vertrages betreffend des Verhältnisses zwischen den UN und dem Gerichtshof; die Erarbeitung grundlegender Regelungen für das Sitzabkommen zwischen der UN und den Niederlanden als Gastland; die Erstellung der Finanzregeln; eines Vertrags über Privilegien und Immunitäten des Gerichtshofes; eines Haushalts für das erste Finanzjahr und die Erstellung der Geschäftsordnung für die Vertragsstaatenversammlung. Weiterhin ist hervorzuheben, daß die Konferenz von Rom in einigen entscheidenden Punkten keine Einigung erzielt und die Entscheidung bis zu der Annahme von Änderungen des Statuts aufgeschoben hat. Dies betrifft u.a. die Definition des Verbrechens des Angriffskrieges (Art. 5 Abs. 1 lit. (d), Abs. 2 IStGH-Statut), die Artikulation der Elements of crime (Art. 9 Abs. 1 IStGH-Statut) und auch die Bestimmung der Waffen, deren Gebrauch gegen das Verbot überflüssiger Verletzungen oder unnötiger Leiden verstößt oder die unter Verstoß gegen das Völkerrecht unterschiedslos wirken (Art. 8 Abs. 2 lit. (b)(xx) IStGH-Statut). Somit wurde mit der Verabschiedung des Statuts zwar ein entscheidender Durchbruch erzielt. Allerdings ist aber noch viel zu tun, damit der IStGH wirklich errichtet werden kann.

B. Formeller Teil

I. Rechtsnatur des IStGH und anwendbares Recht

Der IStGH mit Sitz in Den Haag (Art. 3 des Statuts)[21] wird als ständige Einrichtung mit internationaler Rechtspersönlichkeit (Art. 1, 4 IStGH-Statut) errichtet. Diese

[21] Neben Den Haag hatten sich auch Nürnberg und Rom als Sitz für den IStGH interessiert. Für Den Haag spricht, daß dort bereits gute Erfahrungen mit dem IGH und dem ICTY gemacht worden sind

Rechtspersönlichkeit ist zum einen recht weitgehend, zum anderen begrenzt durch die Aufgaben und Zwecke des IStGH, da Art. 4 Abs. 1 S. 2 des Statuts bestimmt: „It shall also have such legal capacity as may be necessary for the excercise of its functions and the fulfilment of its purposes." Aus dieser Regelung i.V.m. Abs. 2 folgt die rechtliche Befugnis des IStGH zum Abschluß spezieller Abkommen, z.B. über Rechtshilfe.[22]
Der IStGH wird angesichts seiner Völkerrechtspersönlichkeit selbst mit den Niederlanden sein Sitzstandsabkommen schließen (Art. 3 Abs. 2 IStGH-Statut). Gemäß Art. 2 des Statuts wird der IStGH mit den Vereinten Nationen in Beziehung gebracht.[23] Das Verhältnis zur UNO wird durch eine Sondervereinbarung zwischen dieser und der Vertragsstaatenversammlung geregelt werden.

Als Rechtsgrundlagen des IStGH kamen zwei Möglichkeiten in Betracht: zum einen die Errichtung durch ein internationales Abkommen, zum anderen die Schaffung durch eine Resolution des Sicherheitsrates.[24] Anders als den „ad hoc-Tribunalen" liegt dem IStGH ein völkerrechtlicher Vertrag zugrunde. Daher wurde für die Errichtung des IStGH nicht die zeitsparende und „einfachere" Lösung der Schaffung als Unterorgan des Sicherheitsrates[25] gewählt, sondern vielmehr langwierige Vertragsverhandlungen und zahlreiche Kompromisse in Kauf genommen. Diese Entscheidung ist zu begrüßen, da, wie bereits dargelegt wurde, die Rechtsgrundlage einer Sicherheitsratsresolution nach wie vor in Frage gestellt wird.[26] Zudem wird hierdurch die Legitimation der Institution durch eine umfassende und intensive Beteiligung der Staaten erhöht. Auf diese Weise wird ferner die Rolle der einzelnen Nationalstaaten gestärkt, so daß diese eher bereit sind, unter Einschränkung ihrer Souveränität Kompetenzen auf den IStGH zu übertragen. Dieser Weg wurde gewählt, um dem Gerichtshof die notwendige Autorität und Bindung an den Willen der Staaten zu geben.[27] Die bei den „ad hoc-Tribunalen" gewählte sog. Sicherheitsratslösung könnte demgegenüber eine solche Akzeptanz nicht für sich in Anspruch nehmen.[28] Die Vertragslösung erweist sich lediglich insoweit als nachteilig, als die Errichtung des Tribunals längere Zeit in Anspruch nehmen kann und letztlich die Gefahr besteht, daß sich nur eine geringe Anzahl von Staaten beteiligt. Betrachtet vom Standpunkt des Vertragsrechts stellt sich das Statut von Rom als multilaterales internationales Abkommen dar, das sich erheblich von anderen multilateralen Abkommen unterscheidet.[29] Dies folgt aus dem bereits erwähnten hochpolitischen Charakter der Materie. Die Vertragsparteien sind „Herren der Institution". Eine ausreichende Rechtsgrundlage ist

---

und fast alle Staaten der Erde dort über diplomatische Vertretungen verfügen, wodurch die Kontakte zwischen dem IStGH und den Regierungen erleichtert werden.

22 Bejahend für den Fall des ICTY bereits: Scholz, Die Zulieferung, S. 51 ff.

23 Vgl. hierzu: Roggemann, Auf dem Weg, ZRP 1996, 391, der die Auffassung vertritt, dem IStGH solle die Rechtsstellung eines UN-Organs verliehen werden so daß die UN-Charta dementsprechend zu ergänzen sei.

24 Ambos, Establishing an International Criminal Court, EJIL 7 (1996), S. 521 ff.

25 Hierfür wäre lediglich die Zustimmung von nur neun Mitgliedern des Sicherheitsrates, einschließlich der fünf ständigen, erforderlich gewesen, Art. 27 Abs. 3 UN-Charta.

26 So z.B.: Graefrath, Internationale Strafgerichtsbarkeit, S. 315. „Eine Regelung, die es den Vetomächten überläßt, die Jurisdiktion des Internationalen Strafgerichtshofes zur Strafverfolgung internationaler Verbrechen zu begründen oder auszuschließen, ist mit dem grundlegenden Prinzip der souveränen Gleichheit der Staaten nicht zu vereinbaren". Vgl. auch: Kap. 1 A III 6 a.

27 So: Seidel/Stahn, Das Statut, Jura 1999, S. 17.

28 S. Nill-Theobald, Anmerkungen, ZStW 108 (1996), S. 234.

29 Vgl. Cassese, The Statute of the International Criminal Court, EJIL 10 (1999), S. 145.

damit in Form des völkerrechtlichen Vertrags gegeben. Durch diese vertragliche Ausgestaltung unterscheidet sich das Statut von Rom erheblich von seinen „Vorbildern", den Kriegsverbrechertribunalen von Nürnberg und Tokio sowie den internationalen Tribunalen von Den Haag und Arusha. Diese wurden von den Siegermächten eines Krieges bzw. vom Sicherheitsrat der Vereinten Nationen eingesetzt und damit den Betroffenen einseitig aufgezwungen, was zu Kompetenzstreitigkeiten und zur Bestreitung der Zuständigkeit führte.

Ferner ist die Rechtsnatur des IStGH zu erörtern. Zu prüfen ist zunächst, ob es sich bei dem International Criminal Court um ein völkerrechtliches Gericht handelt. Gerichtshöfe, die eine völkerrechtliche Grundlage haben, werden im englischen Sprachraum i.d.R. als „international" bezeichnet. Der Begriff „international" ist sehr weitgehend und wird speziell im Völkerrecht verwendet, um einen zwischen mehreren Staaten bestehenden Sachverhalt zu beschreiben, wobei sich die Verwendung dieses Begriffes nicht abschließend eingrenzen läßt, da dieser Begriff auch für andere Fälle mit Mehrstaatenbezug eingesetzt wird.[30] Bezüglich der Frage, was das juristische Wesen eines völkerrechtlichen Gerichts ausmacht, wurde bereits festgestellt, daß das völkerrechtliche Gericht Rechtsprechungsbefugnisse hat, die über die Befugnisse eines staatlichen Gerichts oder eines Besatzungsgerichts hinausgehen, da es zum einen „...über Hoheitsakte der seiner Rechtsprechung unterworfenen Staaten judizieren" kann und zum anderen berechtigt ist, „...unmittelbar die Völkerrechtswidrigkeit staatlichen Rechts auszusprechen...".[31] Da hierdurch die nationale Gerichtsbarkeit zugunsten der Völkerstrafgerichtsbarkeit beschränkt wird[32], ist mit diesen Befugnissen ein massiver Eingriff in die staatliche Souveränität verbunden, so daß ein solches Gericht auf einer besonderen völkerrechtlichen Grundlage errichtet werden muß.[33] Als weitere Kriterien kommen das von dem Gericht anzuwendende Recht sowie die Zusammensetzung eines Gerichts in Betracht. Entscheidend ist ferner, ob das Gericht aufgrund Völkerrechts, z.B. Vertragsvölkerrecht, errichtet wurde.[34] Ausschlaggebendes Kriterium ist laut Hoffmann die Frage, „...aus welcher Rechtsordnung ein Gericht seine Zuständigkeit empfängt", da die Kompetenzzuweisung aus einer Rechtsordnung die Zugehörigkeit zu einer Rechtsordnung bedeute.[35] Entsprechend dieser Definition steht außer Frage, daß es sich bei dem IStGH um ein völkerrechtliches Gericht handelt, da er unmittelbar auf die Staatsbürger durchgreifen kann, auf völkervertraglicher Grundlage beruht und letztlich auch die Tatbestände dem Völkerstrafrecht zuzuordnen sind.
Zudem stellt sich hier die Frage der Supranationalität des IStGH.[36] In diesem Bereich ist zu differenzieren. Der IStGH wurde auf völkerrechtlicher Grundlage errichtet und ist somit im formellen Sinne als völkerrechtliches Gericht anzusehen. Sein Regelungsgegenstand, d.h. die im Statut normierten Straftatbestände, gehörten, wie noch

[30] So: Scholz, Die Zulieferung, S. 61.

[31] Jescheck, Verantwortlichkeit der Staatsorgane, S. 150. S. Kap. 1 A III 4 a.

[32] Vgl. Siegert, Völkerstrafprozeßrecht, S. 9.

[33] So: Buchner, Die Rechtswidrigkeit der Taten von Mauerschützen, S. 200, FN 334; Dahm, Völkerstrafrecht, S. 19.

[34] Dies ist nach Hoffmann, Verantwortung, S. 159 nicht als taugliches Abgrenzungskriterium anzusehen, da aufgrund Vertragsvölkerrechts gerade auch nationale Instanzen geschaffen werden können und vice versa.

[35] Vgl. hierzu: Hoffmann, Verantwortung, S. 160.

[36] Diese Thematik ist strikt von der bereits verneinten Frage, ob der IStGH supranationales Strafrecht anwendet, zu trennen.

zu zeigen sein wird[37], dem Völkerstrafrecht an, so daß es sich hier auch um Völkerrecht im materiellen Sinn handelt. Zu prüfen ist daher, ob der IStGH selbst als supranationale Einrichtung anzusehen ist. Eine internationale Organisation bzw. Institution hat nach allgemeinem Völkerrecht supranationalen Charakter, wenn eine Übertragung von Hoheitsrechten der Mitgliedstaaten auf die Organisation erfolgt ist, mit der Folge, daß diese Übertragung von Hoheitsrechten eine entsprechende Herausbildung eigenständiger Rechte der supranationalen Organisationen nach sich zieht, so daß die Organisation in dem ihr übertragenen Bereich, sei es konkurrierend oder ausschließlich, eigenständige Kompetenz- und Eingriffsrechte wahrnimmt.[38] Demnach setzt die Erreichung der Ebene der Supranationalität den Verzicht auf die Souveränität in bestimmten Teilbereichen ursprünglich staatlicher Hoheitsgewalt bzw. eine Übertragung von Hoheitsrechten voraus.[39] Die Supranationalität einer Organisation ist dann gegeben, wenn die Handlungen und Maßnahmen autonom durch sie begründet sind und den individuellen Adressaten der Maßnahme unmittelbar betreffen.[40] Supranationale Gemeinschaften üben „imperium" aber kein „dominum" aus, da Ihnen die Befugnis fehlt, über das mit ihrer Herrschaft überzogene Gebiet zu verfügen.[41] Daneben gibt es supranationale Instanzen, d.h. „...einzelne Menschen oder Menschengruppen, die für eine nicht organisierte Staatengemeinschaft tätig sind, ohne daß diese Staatengemeinschaft selbst Rechtsfähigkeit besitzt, wohingegen die Instanz mit Rechtsfähigkeit ausgestattet ist".[42] Zu der Frage der begrifflichen Einordnung eines von der Staatenordnung geschaffenen Gerichts werden verschiedene Auffassungen vertreten. Die „traditionell-materiellrechtliche Position" nimmt die begriffliche Einordnung des Gerichts nach dem dem Gerichtshof zugrundeliegenden Völkerstrafrecht vor.[43] Da dem Völkerstrafrecht aber unabhängig von dem Übertragungswillen der einzelnen Staaten Geltung verschafft werden soll, lehnen Vertreter der materiellrechtlichen Ausgangsposition die Bezeichnung eines Völkerstrafgerichts als supranational ab.[44] Demgegenüber stellt die „individualbezogen-prozedurale Position" fest, daß ein Gerichtshof, der Individuen für deren strafrechtlich relevantes Verhalten zur Rechenschaft zieht, quasi staatliche Gewalt ausübt[45], so daß, ausgehend von den Befugnissen des Gerichts, dieses als supranational bezeichnet wird. Die Vertreter dieser Auffassung stellen zur begrifflichen Einordnung auf die dem Gericht eigene hoheitliche Eingriffsgewalt und die unmittelbare Durchschlagskraft auf das Individuum ab, das einem Strafverfahren unterworfen wird, dessen Regeln nicht von seinem Heimatstaat stammen, so daß nach Scholz sowohl das ICTY als auch ein allgemeiner Strafgerichtshof supranational sind.[46]

---

[37] Vgl. hierzu: Kap. 2 C I.

[38] Vgl. Scholz, Die Zulieferung, S. 58 ff, 61 f, die die EU als Beispiel nennt.

[39] So: Scholz, Die Zulieferung, S. 61.

[40] S. Scholz, Die Zulieferung, S. 80.

[41] Vgl. Hoffmann, Verantwortung, S. 12.

[42] Hoffmann, Verantwortung, S. 13, der beispielhaft die frühere europäische Donaukommission für die untere Donau vom 30.3.1856 nennt, die nach Triffterer sowohl die an ein völkerrechtliches Strafrecht im formellen als auch im materiellen Sinn zu stellenden Anforderungen genügt, wobei dem nicht der Umstand entgegenstehe, daß die Normen ausschließlich Verwaltungsstrafrecht enthalten; vgl. Triffterer, Materielles Völkerstrafrecht, S. 183.

[43] Vgl. hierzu: Scholz, Die Zulieferung, S. 64 f, m.w.N.

[44] Vgl. hierzu: Scholz, Die Zulieferung, S. 64 f

[45] S. Scholz, Die Zulieferung, S. 66.

[46] So: Scholz, Die Zulieferung, S. 65, 80 f.

Es kann somit festgestellt werden, daß es sich bei dem IStGH um einen internationalen, durch einen völkerrechtlichen Vertrag geschaffenen Körper handelt, der seine Macht von dem Willen der Vertragsstaaten erhält. Er ist darüber hinaus als supranationale Institution anzusehen, da die Mitgliedstaaten einen Teilbereich ihrer Strafhoheit und somit einen Kernbereich ihrer nationalen Souveränität übertragen haben. Hiermit geht die Herausbildung eigener Rechte des IStGH einher, dessen Kompetenzen allerdings durch das Statut begrenzt sind. Zwar entscheidet ein Gericht auf der Grundlage des materiellen Rechts, allerdings sind der Verfahrensablauf sowie seine Kompetenzen und Befugnisse für die Einordnung maßgebend und nicht das Zustandekommen des materiellen Rechts. Triffterer[47] betrachtet das supranationale Recht als zwischen dem nationalen und dem Völkerrecht stehend. Dem kann aber nicht gefolgt werden, da die Supranationalität über die Ebene des Völkerrechts hinausgehen und eine zusätzliche „Qualifikation“ beschreiben kann - nämlich die Übertragung der Souveränität. Demgemäß ist der IStGH als supranationales Gericht anzusehen, da hinausgehend über „reguläre“ völkerrechtliche Verträge eine Übertragung von Kompetenzen erfolgt, mit denen die Entstehung von Rechten der supranationalen Organisation korrespondiert, da die Staaten einen Teil ihrer Strafhoheit übertragen haben und somit dem IStGH ein Tätigwerden überhaupt erst ermöglichen. Demgegenüber vertritt Bassiouni die Auffassung, der IStGH sei nicht als supranationale sondern als internationale Institution anzusehen, da er eine Funktion ausübe, die ihm die Mitgliedstaaten einzeln und kollektiv durch Vertrag und nationale Gesetzgebung übertragen haben, so daß eine Beeinträchtigung der nationalen Souveränität nicht vorliege.[48] Die freiwillige Übertragung eines Teils der staatlichen Souveränität ändert jedoch nichts an der Tatsache ihrer Übertragung, so daß die oben dargelegten Merkmale der Supranationalität entgegen der Auffassung von Bassiouni erfüllt sind.

Die Frage des anwendbaren Rechts wurde in Art. 21 des Statuts geregelt, der eine Hierarchie der anwendbaren Normen vorsieht. Gemäß Art. 21 Abs. 1 lit. (a) IStGH-Statut sind in erster Linie das Statut, die noch zu definierenden konkretisierenden Auslegungsregeln für die Tatbestände (elements of crime, Art. 9 IStGH-Statut) sowie die Verfahrens- und Beweisregeln (RPE, Art. 51 IStGH-Statut) anzuwenden. An zweiter Stelle sollen die völkerrechtlichen Verträge und Grundsätze gelten (Art. 21 Abs. 1 lit. (b) IStGH-Statut). Sollte hier noch keine Regelung erzielt werden können, so kann erst an letzter Stelle auf die allgemeinen Grundsätze des nationalen Rechts zurückgegriffen werden, sofern diese im Einklang mit dem Statut und dem Völkerrecht stehen (Art. 21 Abs. 1 lit. (c) IStGH-Statut). Ferner kann das Gericht Prinzipien und Rechtsregeln aus früheren Entscheidungen anwenden (Art. 21 Abs. 2 IStGH-Statut). In Art. 21 des Statuts wurde ein Stufenverhältnis niedergelegt, so daß die Normen der nächsten Stufe erst dann zum Einsatz kommen, wenn Normen der vorausgehenden Stufe nicht sachdienlich sind. Art. 21 Abs. 3 des Statuts legt fest, daß die Anwendung und Interpretation zuvor genannter Normen im Einklang mit den international anerkannten Menschenrechten stehen muß und jegliche Diskriminierung, aus welchen Gründen auch immer, zu unterbleiben hat. In dem Statut des IStGH wird daher das anwendbare Recht genau festgelegt. Maßgebend für ein internationales Gericht und durch Art. 21 des Statuts auch für den IStGH ist, daß es seine Entscheidungen auf der Grundlage des Rechts und nicht auf der Basis wechselhafter politi-

[47] Vgl. Triffterer, Materielles Völkerstrafrecht, S. 148.

[48] So: Bassiouni, Favouring the Establishment of the International Criminal Court, Journal of International Affairs 52 (1999), S. 798.

scher Überzeugungen zu treffen hat.[49] Da es sich um ein völkerrechtliches Rechtssprechungsorgan handelt, hat es die Aufgabe, das bestehende Völkerrecht und nicht das nationale Recht anzuwenden.[50]

II. Organisation des IStGH

Die Struktur des Gerichts weist eine enge Orientierung an die beiden „ad hoc-Strafgerichtshöfe" für das ehemalige Jugoslawien und Ruanda auf. Der Gerichtshof setzt sich gemäß Art. 34 des Statuts aus vier Organen zusammen: dem Präsidium (Presidency); dem aus drei Einheiten bestehenden Gericht, d.h. einem Berufungssenat (Appeals Division), einem Strafsenat (Trial Division) und einem Vorverfahrenssenat (Pre-Trial Division); der Anklagebehörde (Office of the Prosecutor) und der Kanzlei (Registry). Ergänzend ist noch die Vertragsstaatenversammlung (Assembly of State Parties) zu nennen, die allerdings nicht als Organ des IStGH anzusehen ist. Die Erfahrungen der beiden „ad hoc-Tribunale" haben gezeigt, daß ein effektives Funktionieren des Gerichts maßgeblich von einer stimmigen, administrativen und organisatorischen Infrastruktur abhängt.[51]

Für die Organe bzw. ihre jeweiligen Amtsinhaber gleichermaßen gilt Art. 45 IStGH-Statut, demgemäß die Richter, der Chefankläger sowie dessen Stellvertreter, der Registrator und sein Vertreter vor Aufnahme ihrer Tätigkeit feierlich versichern, ihre Aufgaben unparteiisch bzw. unvoreingenommen und gewissenhaft zu erfüllen.

Als wichtige Regelung ist Art. 46 des Statuts zu nennen, der die Amtsenthebung für die Richter, den Chefankläger, dessen Vertreter, den Registrator und seinen Stellvertreter regelt. Als Amtsenthebungsgründe nennt das Statut die Begehung einer nachweislich schweren Verfehlung oder die schwere Verletzung der Amtspflichten nach dem Statut, wie sie in der Verfahrensordnung und den Beweisregeln festgelegt ist (Art. 46 Abs. 1 lit. (a) IStGH-Statut) sowie die mangelnde Befähigung zur Wahrnehmung der ihm nach dem Statut obliegenden Aufgaben (Art. 46 Abs. 1 lit. (b) IStGH-Statut). Die Amtsenthebung erfolgt nach einem entsprechenden Beschluß der Vertragsstaatenversammlung, der, je nach der zu enthebenden Person, mit der erforderlichen Mehrheit in geheimer Wahl gefaßt werden muß (Art. 46 Abs. 1, Abs. 2 IStGH-Statut). So erfordert beispielsweise die Amtsenthebung eines Richters nicht nur eine Zweidrittelmehrheit der Stimmen der Vertragsstaaten sondern auch eine Empfehlung, die von den übrigen Richtern mit einer Zweidrittelmehrheit gefaßt sein muß (Art. 46 Abs. 2 lit. (a) IStGH-Statut). Hieraus folgt, daß die an die Enthebung eines Richters aus dem Amt gestellten Anforderungen äußerst hoch gesteckt sind und demnach der zuvor formulierten Forderung[52], daß, um einem Mißbrauch vorzubeugen, eine Amtsenthebung nur unter erschwerten Bedingungen im Rahmen eines streng reglementierten Verfahrens erfolgen darf, durch eine „doppelte Sicherung" genügt wurde. Die Enthebung des Chefanklägers erfordert eine Zweidrittelmehrheit der Stimmen der Vertragsstaaten (Art. 46 Abs. 2 lit. (b) IStGH-Statut); die des stellvertre-

---

[49] Vgl. hierzu: Oellers-Frahm/Specht, Die Erdemovic-Entscheidung, ZaöRV 58 (1998), S. 405 ff, 412, 414, die anläßlich der Erdemovic-Enscheidung des ICTY das Sondervotum des Richters Cassese bestätigen.

[50] Vgl. Oellers-Frahm/Specht, Die Erdemovic-Rechtsprechung, ZaöRV 58 (1998), S. 405 ff, 412, 414.

[51] So: Rwelamira, Administration, S. 153 f.

[52] Vgl. Kap. 1 C II.

tenden Anklägers bedarf ebenso einer Zweidrittelmehrheit der Vertragsstaaten sowie einer Empfehlung des Chefanklägers (Art. 46 Abs. 2 lit. (c) IStGH-Statut). Demgegenüber kann die Amtsenthebung des Registrators und seines Stellvertreters von einer absoluten Mehrheit der Richter gefaßt werden (Art. 46 Abs. 3 IStGH-Statut). Diese Anforderungen entsprechen dem Verhältnismäßigkeitsgrundsatz und zeigen die Detailtreue des Statuts. Art. 46 Abs. 4 des Statuts regelt ein Anhörungs-, Antrags- und Beweisführungsrecht der zu enthebenden Person sowie den Ausschluß der betroffenen Person in dieser Sache. Die Regelung, die diese Materie in dem Statut gefunden hat, ist unter rechtsstaatlichen Erwägungen nicht zu beanstanden und verletzt in keiner Weise das Recht auf den gesetzlichen Richter. Auch dem deutschen Richtergesetz (DRiG) ist eine Amtsenthebung nicht unbekannt. Eine solche wurde in § 30 DRiG geregelt.

Art. 47 des Statuts sieht die Ergreifung disziplinarischer Maßnahmen gegen Richter, den Chefankläger, seinen Stellvertreter, den Registrator und dessen Vertreter für Verstöße vor, die nicht das Gewicht der in Art. 46 Abs. 1 IStGH-Statut genannten haben. Weitergehende Regelungen werden die RPE vorsehen. Diese Vorschrift ist nicht geeignet, Zweifel an der Gewährleistung der Unabhängigkeit der Amtsführung der Richter zu wecken. Auch das DRiG sieht disziplinarische Maßnahmen vor. Der Richter untersteht insoweit einer Dienstaufsicht, als seine Unabhängigkeit nicht beeinträchtigt wird (§ 26 DRiG). Gegen die deutschen Richter kann ein Disziplinarverfahren, für das die Vorschriften der Bundesdisziplinarordnung sinngemäß gelten (§ 63 DRiG) vor einem Disziplinargericht eingeleitet werden (§§ 61 ff DRiG). Auch Disziplinarmaßnahmen können verhängt werden (§ 64 DRiG).

Die Gewährung von Immunitäten und Privilegien ist zur Sicherung der effektiven Arbeit des IStGH erforderlich.[53] Daher wurde in Art. 48 Abs. 1 des Statuts normiert, daß das Gericht auf dem Staatsgebiet jeder Vertragspartei solche Privilegien und Immunitäten genießt, die zur Erfüllung seiner Aufgaben erforderlich sind. Dieser Grundsatz hat seine spezifische Ausgestaltung in den weiteren Absätzen erfahren. So sieht Art. 48 Abs. 2 des Statuts vor, daß die Richter, der Chefankläger und dessen Vertreter sowie der Registrator die Privilegien und Immunitäten genießen, die auch den Häuptern der diplomatischen Missionen gewährt werden, sofern ihre Handlungen in Zusammenhang mit der Arbeit des IStGH stehen. Diese Immunität wirkt auch nach Beendigung des Amtes für die in offizieller Mission getätigten Handlungen weiter und schützt vor jeglicher rechtlichen Verfolgung (Art. 48 Abs. 2 IStGH-Statut). Die dem Stellvertreter des Registrators sowie den Stäben der Anklagebehörde und der Registratur gewährten Privilegien, Immunitäten und Annehmlichkeiten sind weniger weitgehend und erstrecken sich auf solche, die zur Ausübung ihrer Funktionen erforderlich sind (Art. 48 Abs. 3 IStGH-Statut). Auch den Beratern, Experten, Zeugen oder anderen Personen, die am Sitz des Gerichts anwesend sein müssen, soll eine solche Behandlung zuteil werden, die für ein ordnungsgemäßes Funktionieren des IStGH erforderlich ist (Art. 48 Abs. 4 IStGH-Statut). In Art. 48 Abs. 5 des Statuts sind die Voraussetzungen geregelt, unter denen die Privilegien und Immunitäten aufgehoben werden können. Hierbei wurden an die Aufhebung der Privilegien für die Richter und den Chefankläger die höchsten Anforderungen gestellt. An dieser Stelle sei festgestellt, daß die Gewährung der Privilegien und Immunitäten, die bereits im ersten Kapitel als wünschenswert gefordert wurde[54], dem IStGH und seinen Organen

[53] So: Tolbert, in: Triffterer, Commentary, Art. 48, Rn. 4.

[54] S. Kap. 1 C II.

eine ungehinderte Aufgabenerfüllung gewährleistet und sich als äußerst sachdienlich erweisen wird. Es besteht daher keine Gefahr, daß der IStGH durch die Androhung oder Vornahme einer strafrechtlichen Verfolgung zum Spielball politischer Interessen wird. Auch wird so eine unabhängige Amtsführung im sensiblen internationalen Bereich gewährleistet. Es liegt in der Natur der Sache, daß diese Immunitäten und Privilegien nur von Vertragsstaaten gewährt werden können, so daß das Statut nicht den untauglichen Versuch zur Verpflichtung von Drittstaaten unternahm, sondern in diesem Bereich differenzierte.

Art. 49 des Statuts beschäftigt sich mit der Vergütung, den Zulagen und den Spesen der Richter, des Anklägers, seines Vertreters, des Registrators sowie dessen Stellvertreters. Über die genaue Ausgestaltung wird die Vertragsstaatenversammlung befinden.

1. Die Richter und das Präsidium (Art. 35 ff IStGH-Statut)

Dem Ziel größtmöglicher Repräsentativität und Glaubwürdigkeit wird durch die Vorgaben an die Zusammensetzung des IStGH (Art. 36 Abs. 8 IStGH-Statut) und die einmalige Amtszeit von neun Jahren Rechnung getragen.[55] Eine Wiederwahl scheidet grundsätzlich aus (Art. 36 Abs. 9 lit (a) IStGH-Statut). Das Gericht wird grundsätzlich mit 18 unabhängigen Richtern besetzt sein (Art. 36 Abs. 1 IStGH-Statut). Allerdings kann das Präsidium unter Angabe der Gründe eine Erhöhung der Anzahl der Richter vorschlagen (Art. 36 Abs. 2 lit. (a) IStGH-Statut). Der Registrator wird diesen Vorschlag den Vertragsstaaten zukommen lassen. Dieser Vorschlag wird dann von der Vertragsstaatenversammlung erörtert und gilt bei der Billigung einer Zweidrittelmehrheit der Mitglieder der Vertragsstaaten als angenommen (Art. 36 Abs. 2 lit. (b) IStGH-Statut). Sofern ein Vorschlag auf Erhöhung der Anzahl der Richter angenommen wurde, findet die Wahl der zusätzlichen Richter in der nächsten Versammlung in dem noch darzustellenden Wahlverfahren statt (Art. 36 Abs. 2 lit. (c) (i) IStGH-Statut). Gleichermaßen kann das Präsidium eine Reduzierung der Zahl der Richter vorschlagen, über die die Vertragsstaatenversammlung im vorgeschilderten Verfahren zu befinden hat, wobei die Mindestzahl von 18 Richtern allerdings nicht unterschritten werden darf (Art. 36 Abs. 2 lit. (c) (ii) IStGH-Statut).
Cassese stellt fest, daß das Statut einige Besonderheiten enthält, die von einem gewissen Mißtrauen gegenüber den Richtern zeugen.[56] Zum einen wird verlangt, daß die Richter nicht nur über die entsprechende fachliche Kompetenz sondern auch über einen hohen moralischen Charakter, Integrität und Unparteilichkeit verfügen müssen. Art. 36 Abs. 3 lit. (a) IStGH-Statut hat folgenden Wortlaut:

> The judges shall be chosen from among persons of high moral character, impartiality and integrity who possess the qualifications required in their respective States for appointment to the highest judicial offices

---

[55] Gemäß Art. 36 Abs. 9 lit. (b) IStGH-Statut ist die erste Richterwahl dergestalt gestaffelt, daß ein Drittel der Richter für drei Jahre, ein weiteres Drittel für sechs und das letzte Drittel für die vollen neun Jahre gewählt wird. Die Wiederwahl der auf drei Jahre gewählten Richter für eine volle Amtsperiode ist möglich.

[56] Vgl. Cassese, The Statute of the International Criminal Court, EJIL 10 (1999), S. 163, der beispielsweise die Vorschriften über die Befreiung und Ausschließung von Richtern, Art. 41, die Amtsenthebung, Art. 46, sowie disziplinarische Maßnahmen nach Art. 47 des Statuts nennt.

Weiterhin wird in lit. (b) gefordert, daß alle als Richter in Betracht kommenden Kandidaten über eine gefestigte Kompetenz im materiellen Strafrecht sowie im Strafprozeßrecht und über die erforderliche Erfahrung verfügen sollten oder aber eine gefestigte Kompetenz im Völkerrecht wie z.B. im humanitären Völkerrecht sowie eine breite Erfahrung, die für die Arbeit des Gerichts von Bedeutung ist, besitzen sollten. Neben dieser fachlichen Qualifikation wird noch gefordert, daß mindestens eine Arbeitssprache fließend gesprochen und beherrscht wird (Art. 36 Abs. 3 lit. (c), 50 IStGH-Statut). Dieser Regelung ist zu entnehmen, daß die im ersten Kapitel dieser Arbeit an die Richter gestellten charakterlichen und fachlichen Anforderungen voll erfüllt werden. Es ist davon auszugehen, daß die Besetzung mit Richtern einer, im Vergleich zu nationalen Gerichten, derart hohen Qualifikation, im Vergleich zu nationalen Gerichten, zu einer Reduzierung der Fehlerquote führen wird.[57] Zur Vermeidung der Dominanz nationaler Interessen eines Vertragsstaates wurde in Art. 36 Abs. 7 des Statuts geregelt, daß nicht mehr als ein Richter aus einem Land stammen soll. Die durch die Vertragsstaaten erfolgende Nominierung der Kandidaten richtet sich nach einem Verfahren, das in Art. 36 Abs. 4 des IStGH-Statut normiert ist und ebenfalls den höchsten Anforderungen genügt. Die Kandidaten müssen dem sie benennenden Staat nicht angehören, aber Bürger eines Vertragsstaates sein. Hieraus folgt, daß kein Staatsangehöriger eines Drittstaates Richter sein kann (Art. 36 Abs. 4 lit. (b) IStGH-Statut). Die Vertragsstaatenkonferenz kann ein beratendes Kommitee einrichten, sofern dies angebracht erscheint (Art. 36 Abs. 4 lit. (c) IStGH-Statut). Das Verfahren zur Wahl der Richter wurde in Art. 36 Abs. 6 IStGH-Statut geregelt. Die hier zur Wahl stehenden Richter lassen sich zwei Listen entnehmen: von der Liste A sollen in der ersten Wahl zunächst mindestens neun Richter mit besonderer theoretischer und praktischer Erfahrung im strafrechtlichen Bereich (vgl. Art. 36 Abs. 3 lit. (b) (i) des Statuts) und von einer Liste B mindestens fünf Richter mit solcher Erfahrung im völkerrechtlichen Bereich (Art. 36 Abs. 3 lit. (b) (ii) des Statuts) gewählt werden (Art. 36 Abs. 5 IStGH-Statut). Die Wahl der Richter erfolgt in geheimer Wahl durch die Vertragsstaatenversammlung. Gewählt sind die 18 Kandidaten, welche die höchste Anzahl von Stimmen und eine Zweidrittelmehrheit der anwesenden und abstimmenden Vertragsstaaten enthalten (Art. 36 Abs. 6 lit. (a) IStGH-Statut). Sollte die erforderliche Anzahl von Richtern in der Abstimmung nicht gewählt werden, so finden so lange weitere Abstimmungen nach dem vorbezeichneten Verfahren statt, bis die erforderliche Anzahl der Richter gewählt ist (Art. 36 Abs. 6 lit. (b) IStGH-Statut). Bei der Auswahl der Richter sollten die Vertragsstaaten auf eine Repräsentation der maßgeblichen Rechtssysteme der Welt, eine gerechte geographische Repräsentation sowie schließlich von Männern und Frauen achten und auch Richter mit speziellen Kenntnissen z.B. auf dem Gebiet der geschlechtsspezifischen Kriminalität oder Gewalt gegen Kinder in Betracht ziehen (Art. 36 Abs. 8 IStGH-Statut).

Art. 37 des Statuts regelt den Fall der Vakanz. In einem solchen Fall wird eine Wahl nach Art. 36 des Statuts durchgeführt (Art. 37 Abs. 1 IStGH-Statut). Der die freie Stelle ausfüllende Richter tritt in die noch verbleibende Amtszeit seines Vorgängers ein. Ist diese drei Jahre oder kürzer, so kann er im Verfahren nach Art. 36 des Statuts wiedergewählt werden (Art. 37 Abs. 2 IStGH-Statut). Diese internationale Besetzung gewährleistet u.a. die Neutralität des Gerichts, da sich angesichts dieser Besetzung des IStGH ein „national-personales" Band zwischen Richtern und Beschuldigten nicht bilden kann.[58]

---

[57] So: Scholz, Die Zulieferung, S. 185.

[58] Vgl. Scholz, Die Zulieferung, S. 186.

Neben den bereits dargelegten fachlichen und persönlichen Anforderungen normiert Art. 40 des Statuts die für die unabhängige Ausübung eines Richteramtes erforderlichen Voraussetzungen:

1. The judges shall be independent in the performance of their functions.
2. Judges shall not engage in any activity which is likely to interfere with their judicial functions or to affect confidence in their independence.
3. Judges required to serve on a full-time basis at the seat of the court shall not engage in any other occupation of a professional nature.

Fragen, die die Anwendung der Abs. 2 und 3 betreffen werden von der absoluten Mehrheit der Richter entschieden, wobei der betroffene Richter von der Entscheidung ausgeschlossen ist (Art. 40 Abs. 4 IStGH-Statut).

Als eine weitere wichtige Regelung ist Art. 41 des Statuts zu nennen, der die Befreiung und den Ausschluß der Richter normiert. Gemäß Art. 41 Abs. 1 IStGH-Statut kann das Präsidium einen Richter im Einklang mit der RPE, auf dessen Ersuchen von der Wahrnehmung einer Aufgabe nach dem Statut befreien. Art. 41 Abs. 2 IStGH-Statut enthält eine Befangenheitsregelung. Demzufolge nimmt ein Richter an einer Sache nicht teil, wenn ein Grund vorliegt, aus dem berechtigte Zweifel an der Unparteilichkeit des Richters geltend gemacht werden können (Art. 41 Abs. 2 lit. (a) IStGH-Statut). Nach diesem Absatz wird ein Richter u.a. dann ausgeschlossen, wenn er zuvor in irgendeiner Eigenschaft an dieser, beim Gerichtshof anhängigen Sache oder einer damit zusammenhängenden Sache auf einzelstaatlicher Ebene beteiligt war, welche die Person betraf, gegen die sich die Ermittlungen oder die Strafverfolgung richten. Das Befangenheitsantragsrecht für den Ausschluß eines Richters steht nach diesem Absatz sowohl dem Ankläger als auch der Person, gegen die sich die Ermittlungen oder die Strafverfolgung richten, zu (Art. 41 Abs. 2 lit. (b) IStGH-Statut). Alle Fragen, welche die Befangenheit eines Richters betreffen, werden von den Richtern selbst mit absoluter Mehrheit entschieden (Art. 41 Abs. 2 lit. (c) IStGH-Statut). Der betroffene Richter, der von der Entscheidung ausgeschlossen wird, kann zu der Angelegenheit Stellung nehmen. Diese Regelung wirft in rechtsstaatlicher Hinsicht ebenfalls keine Bedenken auf und schränkt weder die gerichtliche Unabhängigkeit ein, noch verletzt sie das Recht auf den gesetzlichen Richter. Vielmehr ist ihr zu entnehmen, daß das Statut die Garantie eines unabhängigen und unparteiischen Richter sehr ernst nimmmt, so daß auch diese Regelung als optimale (Über-)Erfüllung des Grundsatzes des gesetzlichen Richters zu sehen ist, die über die Regelung der StPO hinausgeht. Die StPO nimmt in nicht zu beanstandender Weise an, daß die der Mitwirkung als erkennender Richter vorausgehende richterliche Tätigkeit keine Befangenheit begründet.[59] Daher stellt es nach der deutschen StPO keinen Ausschlußgrund dar, wenn der erkennende Richter in derselben Sache als Ermittlungsrichter tätig war.[60] Demgegenüber geht die Regelung des Statuts des IStGH über das deutsche Prozeßrecht hinaus. Es ist daher festzustellen, daß die im Statut in Ansehung der Richter enthaltenen Regelungen rechtsstaatlichen Grundsätzen vollumfänglich genügen. Zudem enthält das Statut Vorschriften, die sich i.d.R. nicht in einem Grundtext, sondern die sich allenfalls in nachgeordneten Vorschriften bzw. Ergänzungen finden lassen.[61] Hieraus folgt, daß die Teilnehmer der Bevollmächtig-

---

[59] BGHSt 9, 233 f.

[60] Vgl. hierzu: Kleinknecht/Meyer-Goßner, StPO, § 23 Rn. 1 f; BGHSt 9, 233 (235).

[61] Vgl. Cassese, The Statute of the International Criminal Court, EJIL 10 (1999), S. 163.

tenkonferenz diesem Bereich eine hohe Priorität einräumten und ihn in dem Statut selbst und nicht in den RPE o.ä. geregelt wissen wollten.
Auch die RPE können von Richtern lediglich vorgeschlagen werden und müssen von der Vertragsstaatenkonferenz nach Art. 51 IStGH-Statut mit einer Zweidrittelmehrheit der Mitglieder der Vertragsstaatenkonferenz angenommen werden. Dies scheint eine Reaktion auf die Statute des ICTY und ICTR zu sein, bei denen die Richter gewissermaßen die Regeln schafften und auch gleichzeitig die Entscheidungen trafen.[62] Allerdings ist hier zu berücksichtigen, daß für die Übertragung dieser Aufgabe auf die Richter gute Gründe sprachen. So handelte es sich bei den von dem ICTR und ICTY angenommenen RPE um die ersten dieser Art, die erhebliche Nachbesserungsarbeiten erforderlich machten, die sich auf diese Weise kurzfristig durchführen ließen.[63] Dies ist nach dem Statut des IStGH nicht mehr möglich. Allerdings sieht Art. 51 Abs. 3 IStGH-Statut eine provisorische Lösung vor.

Das Präsidium ist für die Verwaltung des Gerichts, wobei die Anklagebehörde ausgenommen ist und die anderen, ihm durch das Statut übertragenen Aufgaben, zuständig (Art. 38 Abs. 3 IStGH-Statut).[64] Die das Präsidium bildenden Richter dienen diesem hauptamtlich (Art. 35. Abs. 2 IStGH-Statut). Die Richter wählen den Präsidenten sowie den ersten und zweiten Vizepräsidenten mit absoluter Mehrheit für drei Jahre, sofern deren Richteramtszeit nicht schon vorher zu Ende geht. Eine einmalige Wiederwahl ist möglich (Art. 38 Abs. 1 IStGH-Statut). Das Präsidium sollte in allen Bereichen von gegenseitigem Interesse versuchen, eine Übereinstimmung und Koordination mit der Anklagebehörde zu erzielen (Art. 38 Abs. 4 IStGH-Statut).
Abschließend ist noch darauf hingewiesen, daß das Statut die Beteiligung von Richtern, die nicht über eine juristische Vorbildung verfügen, d.h. Laienrichter oder Schöffen bzw. einer „jury", ohne die ein amerikanisches Strafverfahren undenkbar wäre, nicht vorsieht. Das Fehlen einer „jury" ist vor dem Hintergrund der hohen fachlichen Qualifikation der Richter des IStGH verständlich. Diese hohen Anforderungen an die Qualifikation der Richter sollen der Vermeidung von Fehlern dienen. Dieses Ziel würde durch die Aufnahme von Schöffen konterkariert, da hier die Gefahr der Erhöhung der Fehlerquote besteht. Daher ist angesichts der Bedeutung und des Umfanges der abzuurteilenden völkerrechtlichen Verbrechen der Verzicht auf die Laienrichter zu begrüßen.

2. Die Rechtsprechungseinheiten (Art. 34 lit. (b), Art. 39 IStGH-Statut)

Sobald wie möglich nach der Richterwahl bildet der IStGH die in Art. 34 lit. (b) des Statuts genannten Senate (Art. 39 Abs. 1 IStGH-Statut). Der Berufungssenat besteht aus dem Präsidenten und vier anderen Richtern. Der Strafsenat besteht, ebenso wie der Vorverfahrenssenat, aus mindestens sechs Richtern (Art. 39 Abs. 1 IStGH-Statut[65]). Die richterlichen Aufgaben des IStGH werden in jedem Senat von Kammern wahrgenommen (Art. 39 Abs. 2 lit. (a) IStGH-Statut). Die Berufungskammer setzt sich aus allen Richtern des Berufungssenats zusammen (Art. 39. Abs. 2 lit. (b) (i) IStGH- Statut). Die Aufgaben der Strafkammer werden von drei Richtern des Strafsenats wahrgenommen (Art. 39 Abs. 2 lit. (b) (ii) IStGH-Statut). Auch die Aufga-

[62] Vgl. Cassese, The Statute of the International Criminal Court, EJIL 10 (1999), S. 163.

[63] Vgl. Cassese, The Statute of the International Criminal Court, EJIL 10 (1999), S. 163.

[64] Vgl. zu den Aufgaben des Präsidiums: Deschênes, in: Triffterer, Commentary, Art. 38, Rn. 8.

[65] Hier wird auch die Zuteilung der Richter nach Qualifikation und Erfahrung geregelt.

ben der Vorverfahrenskammer werden entweder von drei Richtern des Vorverfahrenssenates oder aber von einem Einzelrichter dieses Senats wahrgenommen, sofern das Statut und die RPE dies vorsehen (Art. 39 Abs. 2 lit. (b) (iii) IStGH Statut). Die Richter des Berufungssenates, die diesem i.d.R. für ihre gesamte Amtszeit angehören (Art. 39 Abs. 3 lit. (b) IStGH-Statut)[66], können zeitweise dem Straf- oder Vorverfahrenssenat zugeteilt werden, sofern der Arbeitsanfall dies erfordert (Art. 39 Abs. 4 IStGH Statut). Allerdings muß dann sichergestellt sein, daß ein Richter, der in der Vorverfahrensphase mit einer Sache betraut war, nicht auch in der Strafkammer, vor die der Fall gelangt, sitzt (Art. 39 Abs. 4 IStGH-Statut). Diese Regelung ist als gerichtsverfassungsrechtliche Ausgestaltung des Art. 41 IStGH-Statut anzusehen, die einen „Sicherheitsmechanismus“ enthält und verhindern soll, daß es zur Selbstablehung und zu Befangenheitsanträgen kommt.

3. Die Anklagebehörde (Art. 34 lit. (c), 42 IStGH-Statut)

Ein effektives internationales Strafgericht setzt nicht nur einen unabhängigen Ankläger voraus, sondern auch den geeigneten Rahmen, in welchem dem Ankläger die volle „Entfaltungsfreiheit“ ohne irgendwelche Beschränkungen gewährleistet wird.[67] Die Anklagebehörde (Art. 34 lit. (c), 42 IStGH-Statut) handelt unabhängig als selbständiges Organ des Gerichtshofes (Art. 42 Abs. 1 IStGH-Statut).[68] Sie wird vom Chefankläger oder Generalstaatsanwalt in eigener Autonomie geführt und verwaltet (Art. 42 Abs. 2 IStGH-Statut) ohne daß sie Weisungen der anderen Organe oder externer Quellen unterworfen wäre.[69] Die Anklagebehörde hat die Aufgabe, Verweisungen und substantiierte Informationen über Verbrechen, die in die Zuständigkeit des Gerichtshofes fallen, entgegenzunehmen und zu prüfen. Ferner obliegt ihr die Durchführung der Ermittlungen und schließlich die Vertretung der Anklage vor dem IStGH (Art. 42 Abs. 1 IStGH-Statut). Zur Sicherung der Unabhängigkeit wurde bestimmt, daß weder der Chefankläger noch andere Mitglieder der Behörde Anweisungen einer externen Quelle annehmen noch dementsprechend handeln dürfen (Art. 42 Abs. 1 IStGH-Statut). Bei der Wahrnehmung seiner Aufgaben wird der Chefankläger von einem oder mehreren Vertretern (Deputy Prosecutors) unterstützt, die andere Nationalitäten als er selbst haben sollten (Art. 42 Abs. 2 IStGH-Statut). Der Generalstaatsanwalt und seine Vertreter werden in geheimer Wahl mit der absoluten Mehrheit der Mitglieder der Vertragsstaatenversammlung für neun Jahre gewählt und sind nicht wiederwählbar (Art. 42 Abs. 4 IStGH-Statut). Auch der Chefankläger und seine Vertreter sollen den hohen, an ihre Moral, Sach- und Fachkenntnis gestellten Anforderungen genügen (Art. 42 Abs. 3 IStGH-Statut). Aus diesem Grund sollen sie jegliche Aktivitäten, die geeignet wären, mit ihrem Amt in Konflikt zu geraten oder aber das Vertrauen in ihre Unabhängigkeit zu zerstören, vermeiden (Art. 42 Abs. 5 IStGH-Statut). In Art. 42 Abs. 6, 7 und 8 des Statuts besteht die Möglichkeit auch den Chefankläger bzw. seine Vertreter, auf eigenen Antrag, von einem bestimmten Fall zu entbinden bzw. ihn von einer Sache abzuziehen, in der seine Unvoreingenommenheit nicht zweifelsfrei feststeht. Über derartige Fragen entscheidet die Berufung-

---

[66] Für die Richter des Straf- und Vorverfahrenssenates ist lediglich eine dreijährige Tätigkeit in den jeweiligen Kammern vorgesehen (Art. 39 Abs. 3 lit. (a) IStGH-Statut).

[67] Vgl. Rwelamira, Administration, S. 167 f.

[68] So auch: Rwelamira, Administration, S. 168; Bergsmo/Harhoff, in: Triffterer, Commentary, Art. 42, Rn. 7.

[69] Vgl. Bergsmo/Harhoff, in: Triffterer, Commentary, Art. 42, Rn. 7.

kammer u.a. auf Ersuchen des Betroffenen (Art. 42 Abs. 8 IStGH-Statut). Diese Regelungen gehen über die Normen der StPO hinaus, die derartige „Befangenheits- oder Ausschlußregeln“ für die Staatsanwälte nicht vorsieht, obwohl dies wünschenswert erschiene. Auch dieser Aspekt spricht für die Ausgewogenheit des Statuts und trägt der überwiegend anglo-amerikanischen Ausgestaltung des Strafverfahrens Rechnung. Schließlich kann der Chefankläger noch Berater mit rechtlicher Fachkenntnis u.a. für geschlechtsspezifische und gegen Kinder gerichtete Kriminalität ernennen (Art. 42 Abs. 9 IStGH-Statut). Der Chefankläger kann seinen Stab ebenfalls selbständig ernennen (Art. 44 Abs. 1 IStGH-Statut). In Ausnahmefällen kann der Ankläger den Sachverstand von kostenlos tätig werdenden Personen annehmen, der ihm, zur Unterstützung seiner Arbeit von Vertragsstaaten, GOs, oder NGOs angeboten wird (Art. 44 Abs. 4 IStGH-Statut). Hierzu werden von der Vertragsstaatenkonferenz noch die entsprechenden Richtlinien erlassen. Zu der Stellung des Staatsanwalts ist die „Freiburg-Deklaration“ von Interesse, die von führenden Experten aus 32 verschiedenen Ländern ausgearbeitet worden war und in der die wesentlichen Grundsätze zur Unabhängigkeit und Verantwortlichkeit von Staatsanwälten, wie sie in völkerrechtlichen Instrumenten und nationalen Strafrechtssystemen anerkannt und angewendet werden und deshalb auch bei einer internationalen Instanz Berücksichtigung finden sollten, herausgearbeitet wurden.[70]

4. Die Registratur (Art. 34 lit. (d), 43 IStGH-Statut)

Die von dem Registrator geführte Registratur ist für die Verwaltung und Dienstleistungen des Gerichts zuständig (Art. 43 Abs. 1 IStGH-Statut). Der hauptamtliche Registrator, der dem Präsidenten direkt unterstellt ist (Art. 43 Abs. 2 IStGH-Statut), wird auf fünf Jahre gewählt und kann einmal wiedergewählt werden (Art. 43 Abs. 5 IStGH-

[70] Zu diesem Workshop, der in Kooperation zwischen dem Freiburger Max-Planck-Institut für ausländisches und internationales Strafrecht und dem Office of the Prosecutor des ICTY und des ICTR, am 28./29.5.1998 in Freiburg im Breisgau stattfand sowie der diesen abschließenden „Freiburg-Deklaration“ zur Stellung der Staatsanwaltschaft eines ständigen internationalen Strafgerichtshofes: Ruegenberg, Independence and Accountability of the Prosecutor, ZRP 1999, S. 68 f. Ziel des Workshops, der unter internationaler Beteiligung stattfand, war es, wesentliche Grundsätze zur Unabhängigkeit und Verantwortlichkeit von Staatsanwälten festzustellen, wie sie in völkerrechtlichen Instrumenten und nationalen Strafrechtssystemen anerkannt und angewendet werden und daher auch bei einer internationalen Strafgerichtsinstanz Berücksichtigung finden sollten. In der „Freiburg-Deklaration“ wurden die Mindestanforderungen an die Unabhängigkeit und Verantwortlichkeit des Verfolgungsorgans eines internationalen Strafgerichts formuliert, deren Einhaltung erforderlich ist, um die Achtung der Rechtsstaatlichkeit zu garantieren und Gerechtigkeit herzustellen. Die „Freiburg-Deklaration“ enthält u.a. die Forderungen, daß die Staatsanwaltschaft ein eigenständiges, unabhängiges Organ des Gerichts sein sollte, welches die Doppelfunktion Verfolgung und Ermittlung haben sollte. Sie sollte mit allen, für eine effektive Ermittlung und Verfolgung erforderlichen Befugnissen und Hilfsmitteln ausgestattet sein. Hierunter fallen z.B. die Befugnis zur Beweissicherung, zur Ergreifung von Maßnahmen zum Zeugenschutz, die Sicherstellung der Befolgung gerichtlicher Anordnungen und auch das Recht, die Unterstützung nationaler Behörden, internationaler Organisationen, NGOs und anderen Körperschaften und Einzelpersonen in Anspruch nehmen zu dürfen. Hiermit sollte die Verpflichtung der Staaten korrespondieren, die Staatsanwaltschaft zur Erfüllung ihrer Aufgaben imstand zu setzten. Die Staatsanwaltschaft sollte sowohl bei der selbständigen Einleitung, bei der Durchführung von Ermittlungs- und Strafverfolgungsmaßnahmen als auch bei der Auswahl der anzuklagenden Personen volles Ermessen der zu erhebenden Tatvorwürfe haben, wobei allgemeine Ermessensrichtlinien aufgestellt werden können. Zuständigkeitsverweise einer politischen Körperschaft dürfen das Ermessen nicht beschränken. Eingriffs- und Zwangsbefugnisse, die persönliche Rechte und Freiheiten betreffen, bedürfen eines vorherigen richterlichen Ermächtigung. Daneben werden auch von der Staatsanwaltschaft einzuhaltende Pflichten formuliert, wie die Abgabe begründeter öffentlicher Stellungnahmen.

Statut). Der Registrator, dessen Charakter ebenfalls den hohen moralischen Anforderungen entsprechen soll (Art. 43 Abs. 3 IStGH-Statut), wird von den Richtern in einer geheimen Abstimmung mit absoluter Mehrheit gewählt, wobei sie die Empfehlungen der Vertragsstaatenversammlung berücksichtigen (Art. 43 Abs. 4). Der Registrator kann seine Mitarbeiter selbständig auswählen (Art. 44 Abs. 1 des Statuts). In Ausnahmefällen kann das Gericht den Sachverstand von gratis tätig werdenden Personen annehmen, der ihm von Vertragsstaaten, GOs, oder NGOs angeboten wird, um die Organe bei ihrer Arbeit zu unterstützen (Art. 44 Abs. 4 IStGH-Statut). Hierzu werden von der Vertragsstaatenkonferenz noch die entsprechenden Richtlinien erlassen. Von Bedeutung ist noch, daß der Registrator innerhalb der Registratur eine Opfer- und Zeugen-Einheit zu errichten hat, die in Absprache mit der Anklagebehörde Sicherheits- und Schutzvorkehrungen für die Zeugen und Opfer trifft und den genannten Personenkreis berät sowie, ggf. durch geeignetes Personal, psychologisch betreut (Art. 43 Abs. 6 IStGH-Statut). Eine solche Einheit ist notwendig, da sich der Zugang zu den Zeugen und Opfern als problematisch gestaltet, da diese i.d.R traumatisiert und verängstigt sind.[71] Der Zeugenbeweis ist i.d.R., mangels Erreichbarkeit entsprechender Urkunden, das Hauptbeweismittel und angesichts der Erlebnisse der Zeugen und Opfer für die Anklagebehörde mit einem erheblichen Prozeßrisiko verbunden, so daß hier eine besondere Betreuung erforderlich wird.[72] Bereits im Vorfeld der Konferenz bestanden erhebliche Differenzen, ob die Zeugenberatungsstelle bei der Anklagebehörde oder bei der Registratur angesiedelt sein soll. Die hier gewählte Lösung der Angliederung an die Registratur ist vorzugswürdig, da diese, anders als die Anklagebehörde, am Verfahren selbst unbeteiligt ist und daher von beiden Seiten benannte Zeugen betreuen kann.

5. Die Vertragsstaatenversammlung (Art. 112 IStGH-Statut)

Die Vertragsstaatenversammlung ist vor dem Hintergrund zu sehen, daß der Gerichtshof auf einem völkerrechtlichen Vertrag beruht, so daß die Vertragsparteien die „Herren der Verträge“ und damit auch der Institution sind. Demzufolge handelt es sich bei der Vertragsstaatenkonferenz um das politische Kontroll- und Entscheidungs- "organ" des Gerichts.[73] Die Vertragsstaatenversammlung trifft selbst die für das Gericht maßgebenden Entscheidungen und nicht etwa der Sicherheitsrat oder die Generalversammlung der UN. Diese Unabhängigkeit von den Organen der UN manifestiert sich u.a. in der Tatsache, daß sämtliche Positionen und hier v.a. die Schlüsselpositionen, nicht von der Generalversammlung oder dem Sicherheitsrat, sondern durch die Vertragsstaatenversammlung besetzt werden, die z.B. die Richter und den Chefankläger (Art. 36 und 42 Abs. 4 IStGH-Statut) wählt und auch über de-

---

[71] Vgl. hierzu: Uertz-Retzlaff, Die praktische Arbeit des Jugoslawien-Strafgerichtshofes, S. 97.

[72] Vgl. Uertz-Retzlaff, Die praktische Arbeit des Jugoslawien-Strafgerichtshofes, S. 97. In diesem sensiblen Bereich ist zu berücksichtigen, daß Zeugen, z.B. in einem Kreuzverhör, verunsichert werden können. Auch kann das Tribunal keinen Zeugen zu einer Aussage zwingen, so daß die Gefahr besteht, daß ein Zeuge aus Angst seine Aussage vor dem IStGH nicht wiederholt und aus diesem Grund dem Opfer und Zeugenschutz ein großer Stellenwert zukommt. Dieser Schutz ist v.a. durch ein diskretes Vorgehen der Ermittlungsbehörden sicherzustellen, in dem z.B. Opfer und Zeugen Codenamen erhalten und die weitgehende Anonymität der gefährdeten Zeugen und Opfer gewährleistet wird. Die psychische Betreuung ist von erheblicher Wichtigkeit, da in der Hauptverhandlung v.a. die Gefahr einer Retraumatisierung und Bloßstellung besteht. Eine besondere Problematik bieten die sog. Rotkreuzzeugen, da die Mitarbeiter der internationalen Rotkreuzbewegung bei einer Aussage vor dem Gericht evtl. in Konflikt mit den Prinzipien ihrer Bewegung geraten.

[73] Vgl. Seidel/Stahn, Das Statut, Jura 1999, S. 15.

ren Amtsenthebung befindet (Art. 46 IStGH-Statut). Die Versammlung ist zudem eine Interessenvertretung der Vertragsstaaten. Sie ist eine nichtständige Einrichtung. Der Vertragsstaatenversammlung obliegt neben verschiedenen Überwachungsaufgaben die Verabschiedung von Verfahrens- und sonstigen Bestimmungen, die Dienstaufsicht über das Präsidium, den Ankläger und den Registrator betreffend der Verwaltung des IStGH, die Finanzplanung, die Wahl der Richter sowie die Änderung ihrer Anzahl (Art. 36 IStGH-Statut), etc. (Art. 112 Abs. 2 IStGH-Statut).
Die Versammlung tritt jährlich zusammen; u.U. können Sondertagungen abgehalten werden (Art. 112 Abs. 6 IStGH-Statut). Jeder Vertragsstaat entsendet einen Vertreter in die Versammlung (Art. 112 Abs. 1 IStGH-Statut) und hat eine Stimme (Art. 112 Abs. 7 IStGH-Statut). Ein Vertragsstaat kann sein Stimmrecht verlieren, wenn er erheblich mit der Zahlung seiner Beiträge in Rückstand gerät[74], wobei die Vertragsstaatenversammlung ihm die Ausübung des Stimmrechts gestatten kann, wenn er den Zahlungsverzug nicht zu vertreten hat (Art. 112 Abs. 8 IStGH-Statut). Entscheidungen sollen i.d.R. konsensual getroffen werden. Kann ein Konsens nicht herbeigeführt werden, so ist, sofern das Statut nichts anderes vorsieht, bei wesentlichen Sachentscheidungen („matters of substance") eine Zweidrittelmehrheit der Anwesenden und Abstimmenden erforderlich, wobei die Versammlung beschlußfähig ist, wenn die absolute Mehrheit der Vertragsparteien anwesend ist. Bloße Verfahrensentscheidungen („matters of procedure") werden mit einer einfachen Mehrheit der Anwesenden und Abstimmenden beschlossen (Art. 112 Abs. 7 IStGH-Statut). Die Versammlung gibt sich eine eigene Geschäftsordnung (Art. 112 Abs. 9 IStGH-Statut). Neben den Vertragsstaaten besteht die Versammlung auch aus Beobachterstaaten, die lediglich das Statut oder die Schlußakte unterzeichnet haben. Diese können an der Versammlung teilnehmen und haben einen Beobachterstatus (Art. 112 Abs. 1 IStGH-Statut). Ebenso können der Präsident des IStGH, der Chefankläger, der Registrator oder deren Vertreter nach Bedarf an den Sitzungen der Versammlung oder des Bureaus teilnehmen (Art. 112 Abs. 5 IStGH-Statut). Die Versammlung verfügt über ein „bureau" (Präsidium), das aus einem Präsidenten, zwei Vizepräsidenten und 18 von der Versammlung für eine dreijährige Amtszeit gewählten Mitgliedern besteht (Art. 112 Abs. 3 IStGH-Statut). Dieses „bureau", das einen repräsentativen Charakter hat, tritt nach Bedarf, mindestens aber einmal jährlich, zusammen und ist der Versammlung bei der Wahrnehmung ihrer Aufgaben behilflich. Schließlich kann die Versammlung, soweit dies erforderlich sein sollte, Nebenorgane wie z.B. einen unabhängigen Aufsichtsmechanismus für die Inspektion, Evaluierung und Prüfung des Gerichtshofes mit dem Ziel der Erhöhung seiner Leistungsfähigkeit und Wirtschaftlichkeit einsetzen (Art. 112 Abs. 4 IStGH-Statut).
Zur Regelung der Zusammenarbeit mit den Vereinten Nationen und hier v.a. dem Sicherheitsrat ist, wie bereits ausgeführt, der Abschluß einer gesonderten Vereinbarung vorgesehen, die von dem Präsidenten des Gerichtshofs abzuschließen ist, zuvor aber der Billigung durch die Vertragsstaatenversammlung bedarf (Art. 2 des Statuts).

II. Adressaten des IStGH bzw. strafrechtliche Verantwortlichkeit nach dem Statut

1. Adressaten

Art. 25 Abs. 1 IStGH-Statut beschränkt die Gerichtsbarkeit des IStGH ratione personae auf natürliche Personen. Nach Art. 25 Abs. 2 IStGH-Statut richtet sich das Un-

[74] Vgl. hierzu: Die Finanzierung des IStGH, Kap. 2 B IX.

rechtsurteil ausschließlich an die natürliche Person selbst. Demnach kommen Staaten als Adressaten des Statuts nicht in Betracht, da es hier ausschließlich um die individuelle strafrechtliche Verantwortlichkeit geht, mit der Folge, daß sich die Frage der Staatenverantwortung der Zuständigkeit des IStGH entzieht. Demnach stellen sich hier die oben angeführten Probleme der strafrechtlichen Verantwortlichkeit der Staaten nach Völkerrecht nicht.[75]
Die Beschränkung der strafrechtlichen Verfolgung auf Einzelpersonen ist zu begrüßen, da hierdurch gruppen- bzw. rassenbezogene Aspekte und damit Konfliktpotential vermieden wird.[76] Die strafrechtliche Verpflichtung von Einzelpersonen auf der Grundlage einer direkten Bindung des Individuums an völkerrechtliche Ge- und Verbote stößt auf keinerlei Bedenken, da zum einen die h.M. eine direkte Verantwortung des einzelnen nach Völkerrecht bejaht, ohne daß es der Umsetzung der entsprechenden Normen in nationales Recht bedarf[77] und zum anderen die hier normierten Tatbestände, wie noch zu zeigen sein wird[78], den verfassungsrechtlichen Anforderungen des Grundgesetzes genügen.

2. Problematik der Staatenimmunität

Art. 27 IStGH- Statut beschäftigt sich mit der Unerheblichkeit der amtlichen Eigenschaft und hat folgenden Wortlaut:

1. This Statute shall apply equally to all persons without any distinction based on official capacity. In particular, official capacity as a Head of State or Government, a member of a Government or parliament, an elected representative or a government official shall in no case exempt a person from criminal responsibility under this Statute, nor shall it, in and of itself, constitute a ground for reduction of sentence.

2. Immunities or special procedural rules which may attach to the official capacity of a person, whether under national or international law, shall not bar the court from exercising its jurisdiction over such a person.

Hieraus folgt, daß nicht nur die offizielle Stellung als Staats- und Regierungsvertreter eines Verantwortlichen ohne Belang für seine strafrechtliche Verantwortung ist, sondern auch bestehende innerstaatliche oder völkerrechtliche Immunitäten und besondere Verfahrensregeln den IStGH nicht an der Ausübung seiner Gerichtsbarkeit hindern und demzufolge derartige Einwände nicht erfolgreich erhoben werden können.[79] Dies folgt zudem aus den Abs. 4, 5 und 6 der Präambel, die feststellt, daß die schwersten Verbrechen, welche die internationale Gemeinschaft als Ganzes angehen, nicht unbestraft bleiben dürfen und der Straflosigkeit ein Ende gesetzt werden muß. Die Festlegung des Umfangs der persönlichen strafrechtlichen Haftung des ausführenden staatlichen Organs gehört zum Kernbereich der staatlichen Souveränität.[80] Dem Statut kann jedoch entnommen werden, daß die Vertragsstaaten auf die

---

[75] Vgl. Kap. 1 B I.

[76] So auch in Ansehung des ICTY: Oellers-Frahm, Das Statut des ICTY, ZaöRV 54 (1994), S. 419.

[77] Vgl. hierzu: Oellers-Frahm, Das Statut des ICTY, ZaöRV 54 (1994), S. 419.

[78] Vgl. hierzu: Kap. 2 C I.

[79] Durch diese Entscheidung des Statuts wird die Behandlung, die der Fall Pinochet durch das höchste Gericht Großbritanniens erfahren hat, bestätigt.

[80] Vgl. hierzu: Stuby, Staatliche Souveränität, S. 440.

Ihnen zustehende Staatenimmunität ausdrücklich verzichten, so daß die Befassung und Aburteilung von hoheitlichen Handlungen durch den IStGH, angesichts dieses wirksamen freiwilligen Verzichts der Vertragsstaaten, nicht als Verletzung der nationalen Souveränität anzusehen ist. Es bedarf keiner weiteren Ausführungen, daß diese Beschränkung und der Verzicht auf die Staatenimmunität nur für die im Statut genannten Tatbestände gilt. Eine Milderung der Strafe scheidet ebenfalls aus.[81]
Wie dem Fall Pinochet entnommen werden kann, bestehen im Bereich der Staatenimmunität erhebliche Rechtsunsicherheiten, so daß unterschiedliche Entscheidungen der verschiedenen nationalen Gerichte zu befürchten sind. Somit dient das Statut der Rechtssicherheit, da nun klar geregelt ist, daß weder die amtliche Eigenschaft noch eine Immunität von der strafrechtlichen Verantwortung befreien bzw. der Gerichtsbarkeit des IStGH erfolgreich entgegengehalten werden können. Angesichts der eindeutigen Regelung stellt sich auch nicht die problematische Frage, wie mit noch amtierenden Staatsoberhäuptern verfahren werden soll, da diese von der grundsätzlichen Norm des Art. 27 IStGH-Statut nicht ausgenommen sind.

IV. Abgrenzung zu den sonstigen Anwendungs- und Durchsetzungsinstanzen des Völkerstrafrechts

Während im ersten Kapitel die in Betracht kommenden Institutionen zur Anwendung und Durchsetzung des Völkerstrafrechts aufgezeigt wurden, soll nunmehr eine Abgrenzung der vorgestellten Mechanismen unter Berücksichtigung der Frage, wie sich die Verfolgung völkerstrafrechlicher Verbrechen am effektivsten verwirklichen läßt, erfolgen.

1. Verhältnis und Abgrenzung zur nationalen Gerichtsbarkeit

Sowohl der IStGH als auch die nationalen Gerichte sind zur Verfolgung völkerstrafrechtlicher Verbrechen berufen, so daß sich die Frage stellt, in welchem Verhältnis sie zueinander stehen. Da im hier zu untersuchenden Fall keine Rechtsordnungen konkurrieren, können die Prinzipien der Strafrechtsanwendung nicht zur Lösung herangezogen werden.[82]

a. Abgrenzung

Das Verhältnis des IStGH zu der nationalen Gerichtsbarkeit wurde in dem Statut selbst geregelt.[83] Zur Charakterisierung dieses Verhältnisses sind der zehnte Absatz der Präambel: „Emphasizing that the International Criminal Court established under this Statute shall be complementary to national criminal jurisdictions“, die identische Wiederholung in Art. 1: „...and shall be complementary to national criminal jurisdictions...“ sowie Art. 17 ff des Statuts als inhaltliche Ausgestaltung und Präzisierung des

---

81 So auch: Triffterer, in: Triffterer, Commentary, Art. 27 Rn. 18.

82 So auch: Scholz, Die Zulieferung, S. 46, für den Bereich des ICTY.

83 Vgl. hierzu: Holmes, Complementarity, S. 43 ff, der die Behandlung, die diese Thematik durch die ILC und die Preparatory Commission im Vorfeld und schließlich bei den Verhandlungen der Konferenz von Rom selbst erfahren hat, schildert. Auf den S. 51 ff legt Holmes eingehend die von den einzelnen Delegationen vertretenen unterschiedlichen Auffassungen, die verschiedenen Diskussionspapiere und den Gang der Verhandlungen, dar. S. auch: Williams, in: Triffterer, Commentary, Art. 17, Rn. 1 ff.

Grundsatzes der Komplementarität[84] zu nennen. Somit wurde in der Präambel der Grundsatz der Komplementarität als institutioneller Leitsatz vorangestellt und in ausgewogener Weise in dem Statut präzisiert. Dieses Prinzip ist als wesentlicher Grundpfeiler des Statuts anzusehen, der die Gerichtsbarkeit des IStGH zugunsten der nationalen Gerichte beschränkt.[85] Die nationalen Gerichte und der IStGH haben eine konkurrierende Zuständigkeit.[86] Demnach sind in erster Linie die nationalen Gerichte für die Ausübung der Gerichtsbarkeit über Völkermord, Verbrechen gegen die Menschlichkeit, Kriegsverbrechen und das Verbrechen der Aggression zuständig. Diese vorrangige Zuständigkeit der nationalen Gerichte wird durch entsprechende Zulässigkeitsregeln in Art. 17 des Statuts gesichert.[87] Als nationale Gerichtsbarkeit ist hier nicht nur die des Tatortstaates, sondern die eines jeden Staates gemeint, sofern dessen Gerichte sich als zuständig erachten.[88]
Art. 17 Abs. 1 IStGH-Statut regelt den bedeutsamen Grundsatz, daß der Gerichtshof nur dann tätig werden kann, wenn die einzelstaatlichen Strafverfolgungsorgane zur angemessenen Verfolgung der Tat unfähig oder unwillig sind:

1. Having regard to paragraph 10 of the Preamble and article 1, the court shall determine that a case is inadmissable where:
(a) The case is being investigated or prosecuted by a State which has jurisdiction over it, unless the State is unwilling or unable genuinely to carry out the investigation or prosecution;
(b) The case has been investigated by a State which has jurisdiction over it and the State has decided not to prosecute the person concerned, unless the decision resulted from the unwillingness or inability of the State genuinely to prosecute; ...
(d) The case is not of sufficient gravity to justify further action by the court..."

Demzufolge ist ein Verfahren vor dem IStGH grundsätzlich unzulässig, wenn in einer Sache von einem Nationalstaat Ermittlungen oder eine strafrechtliche Verfolgung durchgeführt wurden bzw. nach Abschluß der Ermittlungen eine strafrechtliche Verfolgung nicht vorgenommen wird oder die in Rede stehende Tat nicht ausreichend schwer ist, um die Intervention des Gerichtshof zu rechtfertigen. Hierdurch ist klargestellt, daß der IStGH die nationalen Gerichte nicht ersetzen, sondern nur ergänzen soll. Dieser Vorrang der nationalen Gerichtsbarkeit steht unter dem Vorbehalt, daß nicht von einer ernsthaften Unfähig- bzw. Unwilligkeit zur Durchführung der Ermittlungen oder der Strafverfolgung auszugehen ist. Das Statut regelt in Art. 17 Abs. 2 und 3, in welchen Fällen von einer Unwilligkeit und wann von einer Unfähigkeit auszugehen ist.

1. In order to determine unwillingness in a particular case, the court shall consider, having regard to the principles of due prosess recognized in international law, whether one or more of the following exist, as applicable:
(a) The proceedings were or are being undertaken or the national decision was made for the purpose of shielding the person concerned from criminal responsibility for crimes within the jurisdiction of the court referred to in article 5;

---

84 Vgl. hierzu: Cassese, The Statute of the International Criminal Court, EJIL 10 (1999), S. 158 f; Schlunck, Diskussionsstand vor der Diplomatischen Konferenz, S. 168 ff; Sur, La Convention de Rome, Revue Génerale de Droit International Public, Tome CIII (1999), S. 42 f.

85 So: La Haye, The International Criminal Court, NILR 1999, S. 8.

86 Vgl. Schlunck, Diskussionsstand vor der Diplomatischen Konferenz, S. 170.

87 Vgl. hierzu: Ambos, Zum neuen Internationalen Strafgerichtshof, JA 1998, S. 988 und La Haye, The International Criminal Court, NILR 1999, S. 8

88 Diese Frage ist für den IStGH nicht anders zu beantworten als für den ICTY, bei dem von diesem Grundsatz auszugehen ist, vgl. BGH NStZ 1999, S. 396, 397.

(b) There has been an unjustified delay in the proceedings which in the circumstances is inconsistent with an intent to bring the person concerned to justice;
(c) The proceedings were not or are not being conducted independently or impartially, and they were or are being conducted in a manner which, in the circumstances, is inconsistent with an intent to bring the person to justice.
2. In order to determine inability in a particular case, the court shall consider whether, due to a total or substantial collapse or unavailability of its national judicial system, the state is unable to obtain the accused or the necessary evidence and testimony or otherwise unable to carry out ist proceedings.

Ein mangelnder Wille zur Strafverfolgung ist z.B. bei Einleitung eines „Schauverfahrens", um die betreffende Person vor Strafverfolgung zu schützen, anzunehmen bzw. bei einer gegen einen Strafverfolgungswillen sprechenden Verfahrensverzögerung oder aber, wenn die Durchführung des Verfahrens nicht unabhängig oder unparteiisch ist.[89] Durch die nationale Strafverfolgung sollte sichergestellt sein, daß das Strafverfahren den Kern des strafrechtlichen Unrechtsgehalts der jeweiligen Tat erfaßt und sich das Strafmaß in einem angemessenen Rahmen hält, d.h. nicht erheblich von den in derartigen Fällen verhängten Sanktionen abweicht.[90] Zur Bestimmung der Unfähigkeit sind neben dem völligen oder wesentlichen Zusammenbruch der nationalen Gerichtsbarkeit noch weitere Indizien wie die Frage, ob sich der Beschuldigte während des laufenden Ermittlungsverfahrens in Untersuchungshaft befand, etc. zu berücksichtigen.[91] Eine solche Unfähigkeit wird i.d.R. zu bejahen sein, wenn die Hoheitsgewalt nicht mehr über das gesamte Staatsgebiet ausgeübt werden kann.
Als problematisch können sich die Fälle erweisen, in denen die nationalen Behörden überraschend zügig reagieren, so daß sich die Frage stellt, ob den Angeklagten ein „faires Verfahren" gemacht wurde.[92] Bemerkenswert ist, daß das Statut entgegen dem urspünglich vorgesehenen Begriff „effectively" das Wort „genuinely" verwendet. Dies ist vor dem Hintergrund erklärlich, daß aus souveränitätsbezogenen Erwägungen sichergestellt werden sollte, daß der IStGH nicht die Angemessenheit staatlicher Strafverfolgungsverfahren als solcher überprüft. Allerdings soll durch die Verwendung des Wortes „genuinely" gewährleistet werden, daß nur ernsthafte und mit dem Ziel einer möglichen Aburteilung durchgeführte nationale Strafverfahren die Ausübung der Gerichtsbarkeit des IStGH verhindern können. Die Entscheidung, ob die Unfähigkeit oder Unwilligkeit eines Staates gegeben ist, steht dem IStGH, auf der Grundlage der Kriterien des Art. 17 des Statuts, in eigener Zuständigkeit selbst zu. Dies folgt aus Art. 19 Abs. 1 des Statuts, demgemäß der IStGH in jeder Sache seine Zuständigkeit prüft und aus eigener Initiative über die Zulässigkeit einer Sache nach Art. 17 des Statuts entscheidet. Auch die Formulierung des Art. 17 Abs. 2 und 3 des Statuts „...the court shall consider..." setzt dies voraus. An dieser Stelle ist auf die zu

[89] Vgl. zu den Fragen der Unfähigkeit und Unwilligkeit: La Haye, The International Criminal Court, NILR 1999, S. 8 ff; Zimmermann, Die Schaffung eines ständigen internationalen Strafgerichtshofes, ZaöRV 58 (1998), S. 97 ff; Ambos, Analyse des Rom-Statuts, ZStW 111 (1999), S. 183.

[90] S. Zimmermann, Die Schaffung eines ständigen Internationalen Strafgerichtshofes, ZaöRV 58 (1998), S. 98.

[91] So: Zimmermann, Die Schaffung eines ständigen Internationalen Strafgerichtshofes, ZaöRV 58 (1998), S. 98 f, mit dem Hinweis, daß es hier darauf ankommen wird, ob sich die Verfahrensdauer noch im Rahmen dessen hält, was bei vergleichsweisen nationalen Verfahren üblich ist.

[92] Vgl. hierzu: Schlunck, Diskussionsstand vor der Diplomatischen Konferenz, S. 170, die als Beispiel die Hinrichtung von 22 Personen, die in Ruanda zum Tode verurteilt wurden, nennt. Auch in Kroatien wurden zahlreiche Verfahren wegen während des Bürgerkrieges begangener Kriegsverbrechen durchgeführt. Von diesen Verfahren wird behauptet, daß es sich um summarische Verfahren gegen serbische Angeklagte gehandelt habe, die nicht dem Grundsatz eines „fairen Verfahrens" genügt hätten.

erwartenden Probleme hinzuweisen, da der Nachweis des in Art. 17 Abs. 2 des Status enthaltenen subjektiven Elements schwer zu führen sein wird.[93] Ferner ist zu berücksichtigen, daß die Beweislast in diesen Fällen bei dem IStGH liegt und der Nachweis der subjektiven Komponente nur in den wenigen Fällen gelingen dürfte, zumal der Ankläger bzw. das Gericht in den seltensten Fällen im Besitz der relevanten Daten sein wird.

Im Rahmen dieser Bestimmung ist auf den Problemkreis der Amnestiegesetze bzw. der Begnadigung hinzuweisen, der keine (Ausnahme-) Regelung im Statut erfahren hat.[94] Hier stellt sich die Problematik, daß einige nationale Gesetze den Tätern von Verbrechen gegen die Menschlichkeit, Kriegsverbrechen oder Völkermord ohne eine nähere Untersuchung der Verantwortlichkeiten Amnestie gewähren. Im Lichte des Art. 17 des Statuts könnte eine solche Situation von dem IStGH als Unwilligkeit zur Durchführung von Untersuchungen oder strafrechtlichen Verfolgungen gewertet werden.[95] Brisanterweise ergäbe sich dann die Situation, daß die Täter im eigenen Land Amnestie genießen, von dem IStGH aber abgeurteilt werden können.[96] Allerdings stellt sich hier die Frage, ob ein solches Amnestiegesetz oder eine Generalamnestie als Entscheidung, die zu dem Zweck getroffen wurde, „eine Person" vor strafrechtlicher Verantwortlichkeit zu schützen, anzusehen ist.[97] Anders könnte es hingegen in einer vergleichbaren Situation aussehen, in der der Staat abweichend vom oben geschilderten Fall, die Verantwortlichkeit untersucht hat, so daß der IStGH bei dieser Konstellation ggf. zur Unzulässigkeit gelänge.[98] Eine Lösung dieses Problems sieht das Statut nicht vor, so daß diese Frage offen bleiben muß.

Es kann daher zusammengefaßt werden, daß ein Verfahren vor dem IStGH nur zulässig ist, wenn die nationale Justiz nicht willens oder fähig ist, einen in ihre Zuständigkeit fallenden Sachverhalt zu verfolgen und der Fall die ausreichende Schwere aufweist.[99] Somit hat der IStGH anders als die „ad hoc-Tribunale", keine Vorrangzuständigkeit.[100] Vielmehr hängt es von der Effizienz und Ernsthaftigkeit der nationalen Strafverfolgung ab, ob der IStGH einen Fall an sich ziehen darf.[101] Demnach kann der IStGH seine Gerichtsbarkeit nicht ausüben und hat die Sache als unzulässig abzuweisen, wenn eine Sache bereits von einem Staat untersucht und/oder strafrechtlich verfolgt sowie verurteilt worden ist oder wenn die Sache untersucht und von einer strafrechtlichen Verfolgung abgesehen bzw. der Angeklagte freigesprochen wurde.[102] In diesem Fall „ruht die Gerichtsbarkeit" des IStGH.[103] Folglich tragen in erster Linie die (Vertrags-)Staaten die Verantwortung für die strafrechtliche Verfolgung der in dem Statut normierten Verbrechen.[104]

---

[93] Vgl. hierzu auch: Holmes, Complementarity, S. 75 f.

[94] S. Holmes, Complementarity, S. 76, der als größten Schwachpunkt des Komplementaritätsregimes ansieht, daß Vorschriften über eine Begnadigung nicht in dem Statut enthalten sind.

[95] Vgl. La Haye, The International Criminal Court, NILR 1999, S. 10.

[96] Vgl. La Haye, The International Criminal Court, NILR 1999, S. 10.

[97] Vgl. hierzu: Hoffmeister/Knoke, Das Vorermittlungsverfahren, ZaöRV 59 (1999), S. 799.

[98] Vgl. La Haye, The International Criminal Court, NILR 1999, S. 10.

[99] So auch: Ambos, Zum neuen Internationalen Strafgerichtshof, JA 1998, S. 988.

[100] Vgl. hierzu: Ambos, Der neue Internationale Strafgerichtshof, NJW 1998, S. 3744.

[101] S. Ambos, Der neue Internationale Strafgerichtshof, NJW 1998, S. 3744.

[102] Vgl. La Haye, The International Criminal Court, NILR 1999, S. 10.

[103] S. Schlunck, Diskussionsstand vor der Diplomatischen Konferenz, S. 170.

[104] So auch: Condorelli, La Cour Pénale Internationale, Revue Générale de Droit International Public, Tome CIII (1999), S. 20.

Von dem Grundsatz der Komplementarität sind auch Art. 18, der vorläufige Zulässigkeitsentscheidungen betrifft sowie Art. 19 des Statuts, der Zuständigkeits- und Zulässigkeitsrügen regelt, bestimmt.[105]

Art. 18 Abs. 1 IStGH-Statut bestimmt, daß in den Fällen, in denen Vertragsstaaten eine Situation an den IStGH herantragen (Art. 13 lit. (a) i.V.m. Art. 14 und 53 IStGH-Statut) oder der Ankläger, autorisiert durch die Vorverfahrenskammer, von Amts wegen ermittelt (Art. 13 lit. (c) i.V.m. Art. 15, 53 IStGH-Statut), der Ankläger alle Vertragsstaaten sowie die üblicherweise zuständigen Staaten zu unterrichten hat. Demzufolge findet der Grundsatz der Komplementarität auch im Verhältnis zu „Drittstaaten", d.h. Nicht-Vertragsparteien, Anwendung.[106] Dies wird auch gestützt durch den Wortlaut des Art. 17 des Statuts, der von „a state" ausgeht und damit nicht das Erfordernis aufstellt, es müsse sich um einen Vertragsstaat handeln, da das Statut sehr genau zwischen „a state" und „state parties" differenziert. Zur Verhinderung einer Beweismittelvernichtung, des Verschwindens von Personen oder aber zum Schutz von Personen kann der Ankläger den Umfang der zu übermittelnden Informationen entsprechend reduzieren. Um einer Verfahrensverschleppung entgegenzuwirken sieht Art. 18 Abs. 2 IStGH-Statut vor, daß der Staat binnen Monatsfrist nach Zugang der Benachrichtigung das Gericht informieren kann, ob er Ermittlungen aufnimmt bzw. bereits aufgenommen hat und vom Staatsanwalt die Verweisung in seinen Zuständigkeitsbereich erbitten.[107] Aus dem Grundsatz der Komplementarität folgt, daß sich der Ankläger dem Wunsch des Staates, selbst zu ermitteln, zu beugen hat, sofern nicht die Vorverfahrenskammer seine Untersuchung autorisiert (Art. 18 Abs. 2 IStGH-Statut). Gegen die Entscheidung der Vorverfahrenskammer steht sowohl dem Ankläger als auch dem Staat der Weg zu der Berufungskammer offen (Art. 18 Abs. 4 IStGH-Statut). Der Ankläger kann die Rückverweisung in den staatlichen Zuständigkeitsbereich nach sechs Monaten, aber auch immer dann überprüfen, wenn Anhaltspunkte für die Unwilligkeit oder Unfähigkeit des Staates zur Durchführung der Untersuchung vorliegen (Art. 18 Abs. 3 des Statuts).[108] Als Kontrollmechanismus ist die Regelung des Art. 18 Abs. 5 des Statuts anzusehen, demgemäß der Ankläger von dem jeweiligen Staat periodische Informationen über die Ermittlungen anfordern kann. Der Ankläger des IStGH kann zur Sicherstellung der nationalen Strafverfolgung durch sein Informationsrecht Druck durch Kontrolle auf die nationalen Strafverfolgungsbehörden ausüben.[109] Dem Umstand, daß sich in S. 2 die Regelung findet, daß Vertragsstaaten diesem Begehren umgehend Folge zu leisten haben, ist zu entnehmen, daß dies für Drittstaaten gerade nicht gilt. Da selbige durch den Vertrag nicht verpflichtet werden können, müssen sie dem Informationsbegehren auch keine Folge leisten. Allerdings ist Art. 18 IStGH-Statut zu entnehmen, daß hier Drittstaaten in ihren Interessen betroffen werden können. Zwar müssen sie auf entsprechende Begehren und Anträge des IStGH nicht reagieren, jedoch ist die Situation denkbar, daß die Vorverfahrenskammer eine Untersuchung des Anklägers autorisiert, obwohl die

---

[105] Vgl. hierzu: Zwanenburg, The Statute for an International Criminal Court, EJIL 10 (1999), S. 132; Ambos, Analyse des Rom-Statuts, ZStW 111 (1999), S. 175 ff; ders., Zum neuen Internationalen Strafgerichtshof, JA 1998, S. 988 ff; ders., Der neue Internationale Strafgerichtshof, NJW 1998, S. 3743 ff; Schlunck, Diskussionsstand vor der Diplomatischen Konferenz, S. 168 ff.

[106] Vgl. Cassese, The Statute of the International Criminal Court, EJIL 10 (1999), S. 159.

[107] So: Ambos, Der neue Internationale Strafgerichtshof, NJW 1998, S. 3744; ders. Analyse des Rom-Statuts, ZStW 111 (1999), S. 184.

[108] Vgl. Ambos, Analyse des Rom-Statuts, ZStW 111 (1999), S. 184.

[109] So: Schlunck, Diskussionsstand vor der Diplomatischen Konferenz, S. 162 f. Problematisch ist dieses Recht im sicherheitsrelevanten Bereich, so daß sich hier die Frage stellt, inwieweit hiervon Gebrauch gemacht werden kann

Sache im eigenen Staat untersucht wird, so daß dies als Eingriff in die Strafhoheit und damit den Kernbereich der staatlichen Souveränität anzusehen wäre. Zu einem solchen Konflikt käme es in den Fällen, in denen sich ein Drittsstaat aufgrund seines extensiven Internationalen Strafrechts zur Aburteilung zuständig erachtet, von dessen Zustimmung die Gerichtsbarkeit des IStGH dann letztlich nicht abhängt (Art. 12 des Statuts), so daß er übergangen wird. Hierin könnte ein Eingriff in die staatliche Souveränität gesehen werden. Allerdings ist zu berücksichtigen, daß durch eine extensive Erweiterung der eigenen Strafgewalt das Gebot der Rücksichtnahme verletzt und hierdurch in die Hoheitsgewalt eines fremden, aufgrund des Territorialitäts- oder Personalprinzips völkerrechtlich vorrangig zuständigen Staats eingegriffen würde, so daß ein solcher Verletzerstaat nicht schutzwürdig ist und demnach eine Souveränitätsverletzung ausscheiden muß. Schließlich ist hier zu berücksichtigen, daß noch weitere Regulative, wie z.B. in Form des Art. 12 IStGH-Statut vorhanden sind, so daß ein solcher Fall kaum denkbar erschiene und es letztendlich nicht zu einem Verfahren käme.[110] Art. 18 Abs. 6 des Statuts gibt dem Ankläger die Möglichkeit, bis zu einer Entscheidung durch das Gericht sowie in dem Fall der Zurückverweisung, ausnahmsweise die Vornahme beweissichernder Maßnahmen zu beantragen.[111] Zusammenfassend ist festzustellen, daß die Regelung des Art. 18 IStGH-Statut als erhebliche Beschränkung zu erachten ist, da der Ankläger seine Ermittlungen für sechs Monate zurückstellen muß, sofern ein betroffener Staat dies unter Hinweis auf seine eigenen Ermittlungen beantragt. Ein derartiger Zeitverlust kann die Ermittlungen und den Ermittlungserfolg empfindlich stören. Erschwerend tritt hinzu, daß bei einem, nach Auffassung des Anklägers mißbräuchlichen Verhalten der Staaten (Art. 18 Abs. 3 des Statuts) wie z.B. einer Ermittlung nur zum Schein, die Ermittlungsbefugnis nicht automatisch an den IStGH zurückfällt, sondern vielmehr die Vorverfahrenskammer hierüber zu befinden hat. Legt der betroffene Staat gegen diese Entscheidung Rechtsmittel ein, ist erst mit Zurückweisung der Berufung die Befugnis des Anklägers zur Fortführung seiner Ermittlungen sichergestellt. Der Regelung des Art. 18 ist zu entnehmen, daß das Statut deutlich auf den Vorrang nationaler Rechtsverfolgung abstellt und diesen sichert. Dies könnte sich in der künftigen Praxis des Gerichtshofs als Verfahrenshindernis erweisen.

Im Rahmen von Art. 19 hat der IStGH seine Zuständigkeit und die Zulässigkeit von Amts wegen zu prüfen. Art. 19 des Statuts erfaßt auch die in Art. 18 geregelten Zulässigkeitsfragen, so daß die damit bestehende doppelte Zulässigkeitsprüfung über Art. 18 und 19 die Gefahr der Verfahrensverschleppung oder gar –blockierung in einem sehr frühen Verfahrensstadium in sich trägt.[112] Dieser Gefahr soll durch die Präklusionsvorschrift des Art. 18 Abs. 7 IStGH-Statut begegnet werden, derzufolge eine erneute Zuständigkeitsrüge desselben Staates im Rahmen von Art. 19 des Statuts nur aufgrund zusätzlicher bedeutsamer Tatsachen oder einer wesentlichen Änderung der Umstände erhoben werden kann.[113] Das Bemühen, die prozessualen Anfechtungsmöglichkeiten im Vorverfahren soweit wie möglich zu beschränken, zeigt

[110] Vgl. hierzu: Kap. 2 B V 1.

[111] Vgl. hierzu: Ambos, Analyse des Rom-Statuts, ZStW 111 (1999), S. 184.

[112] Vgl. auch: Ambos, Zum neuen Internationalen Strafgerichtshof, JA 1998, S. 988; ders. Analyse des Rom-Statuts, ZStW 111 (1999), S. 183. Aus diesem Grund haben die gerichtshoffreundlichen Staaten Art. 18 IStGH-Statut stets für überflüssig erachtet.

[113] Vgl. Ambos, Analyse des Rom-Statuts, ZStW 111 (1999), S. 183. Das Wort „nur" ist in der Vorschrift nicht enthalten, muß nach Auffassung von Ambos aber hineingelesen werden, damit sie ihren Zweck, der in der Verhinderung von Verfahrensverschleppungen liegt, erfüllen kann. Diese Norm wurde auf Betreiben der gerichtshoffreundlichen Staaten aufgenommen.

sich auch in Art. 19 Abs. 4 des Statuts, wonach die Zulässigkeit grundsätzlich nur einmal von einer Person oder einem Staat vor dem Beginn des Verfahrens gerügt werden kann.[114] Neben dem Beschuldigten, einer mit Haftbefehl gesuchten Person oder einem zur Strafverfolgung zuständigen Staat[115] kann auch ein Staat, dessen „ad hoc-Einverständnis“ nach Art. 12 des Statuts erforderlich ist, Zuständigkeits- oder Zulässigkeitsrügen erheben (Art. 19 Abs. 2 des Statuts). Nur in den Fällen, in denen die Staaten Zuständigkeits- bzw. Zulässigkeitsrügen erhoben haben, soll der Ankläger seine Ermittlungen bis zum Ergehen einer Entscheidung einstellen (Art. 19 Abs. 7 IStGH-Statut). Ebenso wie im Fall des Art. 18 IStGH-Statut kann der Ankläger den Gerichtshof bis zu einer Entscheidung durch diesen, um die Ermächtigung zur Durchführung von Beweissicherungsmaßnahmen ersuchen (Art. 19 Abs. 8 IStGH-Statut). Gelangt das Gericht aufgrund des Grundsatzes der Komplementarität (Art. 17 des Statuts) zu dem Ergebnis, daß eine Sache unzulässig ist, so kann der Ankläger eine Wiederaufnahme bei Vorliegen neuer Tatsachen beantragen (Art. 19 Abs. 10 IStGH-Statut). Wie im Fall des Art. 18 des Statuts hat der Ankläger, auch im Rahmen des Art. 19 Abs. 11 IStGH-Statut, bei der Verweisung einen Unterrichtungsanspruch und kann regelmäßige Informationen über den Verfahrensstand verlangen; im umgekehrten Fall steht dem betroffenen Staat ein Unterrichtungsanspruch zu. Art. 19 Abs. 6 des Statuts nimmt eine Abgrenzung zu den Zuständigkeiten der Vorverfahrenskammer, d.h. zu Art. 18 IStGH-Statut vor. Demnach sollen alle Anfechtungen der Zulässigkeit oder Zuständigkeit des IStGH, die zeitlich gesehen vor der Bestätigung der Anklage liegen, an die Vorverfahrenskammer und danach an die Verfahrenskammer gerichtet werden. Die Staaten haben daher zunächst die Möglichkeit, im Rahmen des Art. 18 IStGH-Statut, die Ermittlungen zu verzögern und sodann, ab Bestätigung der Anklage, auf der Grundlage des Art. 18 IStGH-Statut zu agieren. Hierbei ist allerdings zu berücksichtigen, daß der IStGH und v.a. der Ankläger, einem mißbräuchlichen Verhalten nicht gänzlich hilflos gegenüber steht, sondern in angemessener Weise reagieren kann. Gemäß Art. 19 Abs. 3 des Statuts können auch Opfer Eingaben bezüglich der Zuständigkeit oder Zulässigkeit machen.

Das Komplementaritätsprinzip ist als Schutzprinzip zugunsten der Staaten anzusehen. Daher ist davon auszugehen, obwohl diese Konstellation im Statut keine Regelung erfahren hat, daß die Staaten auf den ihnen gewährten Schutz auch verzichten und dem Gerichtshof in einer Sache freiwillig die Gerichtsbarkeit einräumen können.[116] Als eine weitere Schutzmaßnahme zugunsten der Staaten ist Art. 20 Abs. 3 i.V.m. Art. 17 Abs. 1 lit. (c) des Statuts zu nennen, der seine Grundlage ebenfalls in dem Komplementaritätsgrundsatz hat[117] und das Verbot der Doppelbestrafung normiert. Art. 20 Abs. 3 IStGH-Statut legt fest, daß eine Person, der bereits von einem anderen Gericht, dies umfaßt auch die nationalen Gerichte, der Prozeß wegen Begehung der Kernverbrechen gemacht wurde, nicht erneut wegen desselben Verhaltens von dem IStGH verurteilt werden kann.[118] Hieraus folgt nicht nur, daß der IStGH die Urteile der nationalen Gerichte nicht aufheben kann, sondern auch, daß er diese grundsätzlich zu respektieren hat, so daß hier der Grundsatz „ne bis in idem“ An-

---

[114] S. Ambos, Analyse des Rom-Statuts, ZStW 111 (1999), S. 183.

[115] Hieraus folgt daß auch Drittstaaten die gleichen prozessualen Rechte zur Anfechtung der Zulässigkeit gewährt werden.

[116] So auch: Seidel/Stahn, Das Statut, Jura 1999, S. 16.

[117] Vgl. Holmes, Complementarity, S. 42, 56 ff.

[118] Die Klausel „with respect to the same conduct“ dient der Klarstellung, daß eine Bestrafung wegen eines anderen Verhaltens durchaus möglich ist, vgl. hierzu: Holmes, Complementarity, S. 59.

wendung findet. Diese Regelung birgt eine erhebliche Mißbrauchsgefahr, die von der Bevollmächtigtenkonferenz auch erkannt worden ist, so daß in Art. 20 Abs. 3 lit. (a) und (b) des Statuts versucht wurde, diesem Mißbrauch vorzubeugen. Demnach gilt der Grundsatz „ne bis in idem“ bezüglich der anderen Gerichte nicht, wenn das nationale Verfahren darauf ausgerichtet war, die Person vor strafrechtlicher Verantwortlichkeit für in die Zuständigkeit des IStGH fallender Verbrechen zu schützen oder das Verfahren in anderer Weise nicht unabhängig und unparteiisch gemäß den völkerrechtlich anerkannten Grundsätzen eines ordnungsgemäßen Verfahrens und in einer Weise geführt wurde, die mit der Absicht, die Person vor Gericht zu bringen, unvereinbar war.[119] Zur Verwirklichung des Prinzips des Vorrangs der nationalen Strafgerichtsbarkeit sind die nationalen Rechtsordnungen an das Statut des IStGH anzupassen, um gegenüber dem IStGH zu gewährleisten, daß durch die nationalen Gerichte eine Strafverfolgung und Vollstreckung im gleichen Umfang wie durch den Strafgerichtshof erfolgen wird. Dem Anpassungsbedarf wird i.d.R. durch eine tatbestandliche Identität zwischen dem Statutsstrafrecht und dem nationalen Strafrecht zu entsprechen sein.

Eine Verletzung der Vertragsstaaten in ihrer staatlichen Souveränität ist nicht ersichtlich. Die nationale Souveränität wäre unter dem Regime des Komplementaritätsgrundsatzes ohnehin nur bei einem Versagen der nationalen Rechtssysteme, d.h. in den Fällen, in denen der IStGH ein Verfahren an sich zieht, tangiert. Allerdings ist in diesen Fällen zu berücksichtigen, daß eine Verletzung der staatlichen Souveränität ausscheidet, wenn eine freiwillige Einschränkung der Souveränität durch die Staaten dadurch erfolgt, daß sie an der Schaffung völkerrechtlicher Strafbestimmungen, an der Schaffung des Gerichts und dessen Gerichtsbarkeit einsetzenden Regeln mitwirken, die ein derartiges Vorgehen gestatten.[120] In diesem Zusammenhang seien die Verfahren des IGH und dessen Vorgängers erwähnt, die angesichts der freiwilligen Unterwerfung unter die Gerichtsbarkeit ebenfalls nicht als Verletzungen der staatlichen Souveränität anzusehen sind, selbst wenn über die Rechtmäßigkeit staatlichen Handelns befunden wurde.[121] Auch eine Verletzung der Drittstaaten in ihrer staatlichen Souveränität erscheint ausgeschlossen.[122]

Abschließend ist festzustellen, daß das Prinzip der Komplementarität dem Schutz staatlicher Strafhoheit dienen und Kompetenzkonflikte mit den nationalen Rechtsordnungen vermeiden soll.[123] Durch diese Regelung sollten die Vorbehalte der Staaten, die um die Gewährleistung ihrer staatlichen Souveränität besorgt waren, zerstreut werden. Nunmehr hängt es von den Staaten und der dort praktizierten Strafverfolgung ab, ob der IStGH tätig werden kann oder nicht.[124] Der Komplemetaritätsgrundsatz verdeutlicht, daß der IStGH die nationalen Gerichte nicht ersetzt, sondern ggf. nur ergänzt. Auch soll die nationale Verfolgung von Menschenrechtsverletzungen durch die Statute des IStGH, ICTY und des ICTR nicht ausgeschlossen, sondern stimuliert werden.[125] Dadurch wurde dem Grundsatz der Souveränität der Staaten

---

[119] Auch hier eröffnen sich den Staaten erhebliche Mißbrauchsmöglichkeiten indem ein Strafverfahren formell rechtmäßig durchgeführt und der Täter sodann begnadigt wird, so daß Art. 20 des Statuts einem Verfahren vor dem IStGH entgegensteht, sofern nicht die Vereitelungsabsicht nachgewiesen werden kann, vgl. hierzu: Holmes, Complementarity, S. 76 f; sowie Kap. 2 D III 3.

[120] So auch Hoffmann, Verantwortung, S. 32 f, 135.

[121] Vgl. Hoffmann, Verantwortung, S. 32 f.

[122] Vgl. hierzu: Kap. 2 D II.

[123] Vgl. Seidel/Stahn, Das Statut, Jura 1999, S. 16.

[124] S. Ambos, Analyse des Rom-Statuts, ZStW 111 (1999), S. 183.

[125] So auch Werle, Menschenrechtsschutz durch Völkerstrafrecht, ZStW 109 (1997), S. 823.

genügt, da sie es selber in der Hand haben durch eine effiziente Strafverfolgung vor den nationalen Gerichten dem Gerichtshof die Zuständigkeit abzuschneiden. Der IStGH ist als „Sicherheitsnetz“ für die Mängel der Staaten anzusehen.[126] Das Prinzip der Komplementarität trifft überwiegend auf Zustimmung.[127] Der Erfolg von Rom ist zu einem Großteil auf die hier gefundene Regelung zurückzuführen, die die Achtung vor der nationalen Souveränität dokumentiert und dem IStGH zwar eine Interventionsmöglichkeit eröffnet, diese aber erst bei Erfüllung klar geregelter Kriterien gegeben ist.[128] Allerdings birgt das Prinzip der Komplementarität auch eine erhebliche Mißbrauchsgefahr, da es von den Staaten als Schutz gegen die internationale Gerichtsbarkeit eingesetzt werden kann.[129] Dieses Bemühen wird i.d.R. bei „staatsgelenkter Kriminalität“ festzustellen sein. Diese Gefahr verschärft sich dadurch, daß der Grundsatz der Komplementarität auch im Verhältnis zu Drittstaaten, d.h. Nichtvertragsparteien Anwendung findet. Angesichts der zweifellos vorhandenen Mißbrauchsmöglichkeiten stellt sich die Frage, ob der IStGH Versuchen der Staaten, die internationale Rechtsprechung zu umgehen, hilflos gegenüber stehen wird oder aber die ihm an die Hand gegebenen Instrumente wirksam einzusetzen vermag.

b. Der dezentrale Charakter des Völkerrechts

Anders als das innerstaatliche Recht verfügt das Völkerrecht derzeit weder über ein zentrales, über den Staaten stehendes Gesetzgebungsorgan, noch über eine von dem Willen der Streitteile, unabhängige Gerichtsbarkeit und schließlich auch nicht über eine zentrale Gewalt zur Durchsetzung des Rechts.[130] Dies gilt auch für den Bereich der Vereinten Nationen, da in Art. 2 Ziff. 1 UN-Charta ausdrücklich normiert wurde: „ Die Organisation beruht auf der souveränen Gleichheit aller ihrer Mitglieder“. Ergänzend findet sich in Art. 2 Ziff. 7: „Aus dieser Charta kann eine Befugnis der Vereinten Nationen zum Eingreifen in Angelegenheiten, die ihrem Wesen nach zur inneren Zuständigkeit eines Staates gehören oder eine Verpflichtung der Mitglieder, solche Angelegenheiten einer Regelung auf Grund dieser Charta zu unterwerfen, nicht abgeleitet werden“, wobei die Anwendung von Zwangsmaßnahmen nach Kapitel VII UN-Charta unberührt bleibt. Angesichts dieser Grundsätze ergeben sich bei der Errichtung einer internationalen Gerichtsbarkeit, d.h. einer „Zentralisierung der Strafverfolgung“, Probleme. Verdross/Simma stellen angesichts des Beruhens der Weltorganisation auf der souveränen Gleichheit der Mitgliedstaaten zutreffend fest: „Würde daher ein effektiv wirksames überstaatliches Gesetzgebungsorgan eingesetzt werden, so wäre die Souveränität der Staaten und damit zugleich das VR aufgehoben, da es zum Wesen der Souveränität gehört, keinem fremden Willen unterworfen zu sein. Eine solche Umgestaltung der Staatengemeinschaft wäre natürlich denkbar. In einem solchen Fall würde jedoch das VR durch ein Weltstaatsrecht oder Weltbundesstaat abgelöst werden“.[131] Eine Zentralisierung führte daher zu erhebli-

---

[126] Vgl. La Haye, The International Criminal Court, NILR 1999, S. 11.

[127] So: Cassese, The Statute of the International Criminal Court, EJIL 10 (1999), S. 158.

[128] S. Holmes, Complementarity, S. 74.

[129] Vgl. Cassese, The Statute of the International Criminal Court, EJIL 10 (1999), S. 159.

[130] Vgl. hierzu Verdross/Simma, Universelles Völkerrecht, § 40, die darauf hinweisen, daß angesichts dieser Tatsachen das Völkerrecht im Gegensatz zum Herrschaftsrecht- als „Koordinationsrecht“ oder als „genossenschaftliches Recht“ bezeichnet wird. Die teilweise verwendete Bezeichnung der „primitiven Struktur des Völkerrechts“ wird von Verdross/Simma kritisiert.

[131] Verdross/Simma, Universelles Völkerrecht, § 41.

chen Problemen, da in die bisherige Struktur des Völkerrechts eingegriffen und diese in einem sensiblen Bereich geändert würde. In diesem Zusammenhang sind noch einige Ausführungen zu dem Begriff der Souveränität veranlaßt. Dieser Begriff hat verschiedene Facetten. So bedeutet die völkerrechtliche Souveränität, „...daß die Staaten untereinander keiner überstaatlichen Macht, sondern bloß dem vom zwischenstaatlichen Konsens getragenen Völkerrecht untergeordnet sind".[132] Die innerstaatliche Souveränität bedeutet, daß der Staat für seine Angehörigen und auf seinem Gebiet der oberste Herrschaftsverband und die oberste Entscheidungsinstanz ist.[133] Auch die Mediatisierung des Menschen, die, wie bereits ausgeführt, einige Auflockerungen erfahren hat, spiegelt diese dezentrale Struktur des Völkerrechts wieder. Grundlage dieser Mediatitisierung ist das Verständnis der Bindung der Staaten untereinander an das Völkerrecht, während der Einzelne nur der Staatsgewalt unterworfen ist und das Völkerrecht ihn nicht unmittelbar zu treffen vermag.

c. Verfolgung völkerstrafrechtlicher Verbrechen durch nationale Gerichte als Alternative zum IStGH

An dieser Stelle ist zu untersuchen, ob der Verfolgung völkerstrafrechtlicher Verbrechen durch die nationalen Gerichte der Vorzug gegenüber der Ahndung durch einen Internationalen Weltstrafgerichtshof zu geben ist, so daß die Gründe, die für oder gegen eine internationale bzw. nationale Strafverfolgung streiten, abzuwägen sind und eine sinnvolle Lösung gesucht wird.

aa. Argumente für eine nationale und gegen eine internationale Strafverfolgung

Für die Strafverfolgung auf nationaler Ebene sprechen v.a. die Fortschritte, die in der letzten Zeit insbesondere von der deutschen Justiz erzielt wurden, da die strafrechtliche Verfolgung völkerstrafrechtlicher Verbrechen und damit einhergehend die Entwicklung des Völkerstrafrechts auf nationaler Ebene, anders als auf internationaler Ebene, äußerst erfolgreich war. Die nationalen Gerichte gehen zunehmend dazu über, Menschenrechtsverletzungen zu ahnden bzw. ahnden zu wollen, wobei es hier teilweise zu eklatanten Mißverhältnissen kommt. So will z.B. Spanien den ehemaligen chilenischen Diktator Pinochet vor seine Gerichte stellen, hat aber seine eigene Bürgerkriegsgeschichte und die dort begangenen Verbrechen noch nicht aufgearbeitet. Aus diesem Grund findet sich die häufig vertretene Auffassung, das Völkerstrafrecht lasse sich derzeit am effektivsten von der nationalen Gerichtsbarkeit auf der Grundlage des Weltrechtsprinzips verwirklichen.[134] Auch könnte für die nationale Gerichtsbarkeit die Gewährleistung eines rechtsstaatlichen Grundsätzen genügenden Verfahrens sprechen. Zudem gilt das Strafrecht eines Staates für alle gewaltunterworfenen Bürger gleichermaßen, so daß i.d.R. die Gleichheit in der Strafverfolgung

---

[132] Verdross/Simma, Universelles Völkerrecht, § 35.

[133] Vgl. hierzu: Verdross/Simma, Universelles Völkerrecht, § 35, die auf den daneben bestehenden Begriff der politischen Souveränität hinweisen, der die Befugnis eines Staates zur selbständigen Ausübung aller wesentlichen Staatsfunktionen beschreibt.

[134] Vgl. auch: De La Pradelle, Nürnberger Prinzipien, S. 138, der dies kritisiert, da es in die Zeit vor Nürnberg zurückführe, der aber den „ad hoc-Gerichten" skeptisch gegenüber steht und die Wirksamkeit bei der Anwendung des materiellen Nürnberger Rechts durch die einzelstaatlichen Gerichte als gewährleistet erachtet.

gewährleistet wird. Für die ausschließliche Verfolgung durch die nationalen Gerichte streitet ferner der dezentrale Charakter des Völkerrechts. Diesem Charakter steht die Zentralisation durch eine internationale Strafverfolgung entgegen, da die Strafhoheit den souveränen Staaten zusteht. Die Staaten sind primär zur Untersuchung von Verbrechen und der anschließenden Aburteilung zuständig.
Zudem sprechen wichtige praktische Aspekte für eine Strafverfolgung durch die Staaten.[135] Dies folgt aus dem Umstand der Orts- und Sachnähe und hier v.a. aus der schnellen Erreichbarkeit der Beweismittel angesichts der örtlichen Nähe. So besteht die effektive Möglichkeit der Verfolgung, Aufarbeitung und Ermittlung, die nicht als Eingriff von außen abgelehnt wird. Die Staaten befinden sich i.d.R. in der besten Ausgangsposition, da sich in ihrem Hoheitsbereich nicht nur der Schuldige, sondern auch die Beweismittel befinden, so daß sie die Möglichkeit haben, die Tat schnell, effektiv und unmittelbar zu untersuchen.[136] Diese Arbeit kann ein internationaler Gerichtshof i.d.R. nicht leisten, so daß die Beweismittelvernichtung bzw. ein Beweismittelverlust droht, da für den Ermittlungserfolg gerade die rasche und umgehende Untersuchung, die Sammlung von Beweisen, etc., solange diese noch erreichbar sind, notwendig ist. Auch darf hier nicht vergessen werden, daß die nationale Gerichtsbarkeit weit gefächert ist und auch geringfügigere Delikte umfaßt, die der IStGH nicht berücksichtigen kann.[137] Die Vorteile der staatlichen Strafgerichtsbarkeit liegen zudem darin, daß das Bestehen der Strafhoheit ebensowenig wie die Strafrechtstatbestände als Rechtsgrundlagen der Bestrafung einer Rechtfertigung bedürfen, da sie selbstverständlich sind und schließlich die Zuständigkeit der nationalen Gerichte eindeutig aus dem Internationalen Strafrecht folgt.[138] Abschließend ist noch darauf hinzuweisen, daß in bestimmten Fällen der Menschenrechtsschutz von den Nationalstaaten besser gewährleistet wird als durch eine „Paketlösung" auf internationaler Ebene.[139]
Gegen eine internationale Strafgerichtsbarkeit spricht, daß die Errichtung zwischenstaatlicher Organisationen erst dann sinnvoll erscheint, wenn es einen Weltstaat gibt, der derzeit nicht existiert. Auch haftet den internationalen Gerichten der Vorwurf der Siegerjustiz und die Verfolgung lediglich von „Sündenböcken" an, die sich selbst ins Abseits manövriert haben und gegen die ein Einschreiten als „ungefährlich" erscheint. Zu Recht werden die erheblichen Nachteile kritisiert, die hauptsächlich in der fehlenden Unmittelbarkeit der Beweise liegen.[140] Dies ist darauf zurückzuführen, daß häufig die erforderlichen und umgehenden Untersuchungen am Tatort nicht oder nicht umgehend vorgenommen werden können, die Erreichbarkeit der Zeugen nicht gewährleistet ist, Zeugen i.d.R. nicht gegenübergestellt werden können, die Beweisaufnahme u.U. von einem ausländischen Richter vorgenommen wird, so daß nur auf das Protokoll zurückgegriffen werden kann und schließlich der Richter möglicherweise ihm unbekanntes Recht anwenden muß, so daß erhebliche Fehlerquellen bei der Beurteilung und bei der Beweiserhebung zu befürchten sind, die u.U. Beweisverwertungsverbote nach sich ziehen.[141] Zudem findet sich die Feststellung, eine Verpflichtung der internationalen Strafgerichtsbarkeit auf eine Art Legalitätsprinzip mit Verfol-

[135] So auch: Rubin, Another View of the International Criminal Court, Journal of International Affairs 52 (1999), S. 784, der sich für eine Lösung im nationalen Bereich einsetzt.

[136] Vgl. Cassese, The Statute of the International Criminal Court, EJIL 10 (1999), S. 158.

[137] Vgl. Cassese, The Statute of the International Criminal Court, EJIL 10 (1999), S. 158.

[138] So: Jescheck, Verantwortlichkeit der Staatsorgane, S. 158.

[139] Vgl. Ambos, Establishing an International Criminal Court, EJIL 7 (1996), S. 539.

[140] So z.B. von: Oehler, Deutsches Strafanwendungsrecht, S. 117.

[141] S. Oehler, Deutsches Strafanwendungsrecht, S. 117.

gungs- und Anklagezwang sei undenkbar.[142] Schließlich wird noch der Einwand erhoben, daß eine internationale Strafgerichtsbarkeit „nicht Gerechtigkeit i.S.v. Gleichbehandlung herstellen, sondern nur ein Exempel statuieren" könne, da sie sich nur mit den bedeutsamen Fällen befassen kann und nicht mit der Vielzahl gleichgelagerter Fälle untergeordneter Bedeutung, so daß bei letzteren die Gleichbehandlung nicht gewährleistet werde.[143] Die Erwartung, daß Völkerstrafrecht nur durch internationale Gerichte durchgesetzt werden könne, wird als unrealistisch angegriffen, da diese lediglich eine starke symbolische Rolle spiele und mehr als unabhängiges Organ wahrgenommen würde, so daß die nationalen Gerichte für die Durchsetzung des Völkerstrafrechts entscheidend seien.[144] Zudem ist noch darauf hinzuweisen, daß der zwischenstaatliche Bereich äußerst sensibel ist, so daß „Systemstörungen" hier weitgehende Konsequenzen haben können. Auch wird so die Souveränität der Staaten gewahrt.

bb. Argumente für eine internationale und gegen eine nationale Strafverfolgung

Für eine internationale Gerichtsbarkeit spricht, daß eine internationale Aufarbeitung einer nationalen überlegen ist, da sie unparteiischer sein kann. Z.T wird die Auffassung vertreten, daß lediglich in die Errichtung des einer internationalen Strafgerichtsbarkeit die Hoffnung gesetzt werden könne, daß Menschenrechtsverletzungen auch gegen den Willen des Regimes oder der Nachfolgeregierung bestraft werden können.[145] Daher ist als Argument für die Zuständigkeit eines Weltstrafgerichts anzuführen, daß andernfalls u.U. eine Ahndung durch nationale Gerichte, trotz entsprechender Abkommen und Konventionen, unterbliebe und nur durch einen internationalen Strafgerichtshof „positiv-generalpräventiv das verletzte Normbewußtsein in der Welt wiederhergestellt werden kann".[146] Neben Aspekten der positiven Generalprävention sprechen auch negativ-generalpräventive Erwägungen für die Zuständigkeit eines internationalen Gerichts, so daß hierdurch mögliche Verbrecher abgeschreckt werden können, wenn sie damit rechnen müssen, vor Gericht gestellt zu werden.[147] Zu nennen sind weiter individualpräventive Gründe, um zukünftigen Taten dieser Täter vorzubeugen.[148] Zudem wird der sich bei Friedensverhandlungen mit Kriegsverbrechern stellende Konflikt zwischen Gerechtigkeit und Frieden nicht mehr einseitig gelöst. Es ist daher zu erwarten, daß ein internationales Strafgericht eine hohe Akzeptanz genießt und nicht mit dem Einwand der „Siegerjustiz" oder einer parteiischen Strafrechtspflege konfrontiert sein wird.

Eine weltweite strafrechtliche Verfolgung völkerstrafrechtlicher Verbrechen durch die jeweiligen nationalen Gerichte hat den erheblichen Nachteil, daß unterschiedliche nationale Verfahrens- und Strafmaßregeln auf im Prinzip identische Sachverhalte angewandt werden. Es erscheint daher zweifelhaft, ob sich auf diesem Wege eine

---

[142] Vgl. Jäger, Makroverbrechen, S. 336.

[143] Vgl. Jäger, Makroverbrechen, S. 337.

[144] So auch: Bianchi, The Pinochet Case, EJIL 10 (1999), S. 250.

[145] Vgl. Schilling, Ungeschriebene Strafpflichten, ZÖR 54 (1999), S. 405 f.

[146] Ostendorf, Thesen, ZRP 1996, 467.

[147] So: Ostendorf, Thesen, ZRP 1996, 467.

[148] Vgl. Ostendorf, Thesen, ZRP 1996, 467.

Gerechtigkeit erzielen läßt. Eine einheitliche strafrechtliche Verfolgung bestünde dann nicht, sondern vielmehr eine ungleiche und uneinheitliche Praxis, die, je nach nationaler Ausgestaltung und System, zu einer unterschiedlichen Behandlung der Täter und Sachverhalte führte. Wie das oben angeführte Beispiel Pinochet und Spanien belegt, werden oftmals innere Konflikte von den nationalen Gerichten nicht aufgearbeitet. Zudem wird die Strafverfolgung durch die nationalen Gerichte vielfach nicht als ausreichend erachtet, so daß das Ausland die Urteile häufig als zu milde kritisierte. [149] Oftmals versagen die nationalen Systeme bei der staatsverstärkten Kriminalität[150], so daß sich z.B., trotz der nationalen Gerichtsbarkeit, eine „Grauzone" in Form der sog. „Tribunals of Opinion" entwickelt hat, die Möglichkeiten zur Überwindung der staatlichen Verweigerungshaltung aufzeigen.[151] Diese Tribunale haben sich vorgenommen, durch Aktionen der internationalen Öffentlichkeit menschenrechtsverachtende Regime anzuprangern und potentielle Täter abzuschrecken.[152] Laut Rigaux führte die Enttäuschung der Öffentlichkeit über die Tatsache, daß es bislang nicht zu der Errichtung einer internationalen Strafgerichtsbarkeit kam, zu der Gründung dieser „Tribunals of Opinion", die ohne offizielle Machtausstattung versuchen, einen neuen Weg zu beschreiten.[153]
Die unter aa. geforderte „Ausdehnung des Weltrechtsprinzips" wirft ebenfalls Probleme auf. Es wurde bereits dargelegt, daß die Strafgewalt des Tatort- oder des Heimatstaates des Täters nach völkerrechtlichen Grundsätzen als vorrangige Zuständigkeit anzusehen ist, so daß, angesichts des Eingriffs in die Rechte anderer Staaten, ein völkerrechtlicher Rechtfertigungsgrund vorliegen muß, um eine Verletzung, der sich aus dem Völkerrecht ergebenen Schranken, insbesondere des Grundsatzes der Nichteinmischung, auszuschließen. Die Geltung des Universalitätsprinzips ist i.d.R. völkergewohnheitsrechtlichen oder -vertraglichen Normen zu entnehmen. Eine sichere und zweifelsfreie Ermittlung völkergewohnheits-rechtlicher Normen ist ebenso problematisch wie die Erzielung einer vertraglichen Einigung, die das Weltrechtsprinzips vorsieht, so daß bereits bei der „Ausdehnung des Weltrechtsprinzips" erste Probleme auftreten, da die Staaten in Bereichen, die ihre Souveränität tangieren, äußerst verhalten reagieren. Selbst für den Fall, daß es zu einer Vereinbarung oder Geltung des Weltrechtsprinzips käme und der verfolgende Staat nicht der Tatort- oder Heimatstaat ist, so wäre u.U. mit außenpolitischen Konflikten etc. zu rechnen, da sich einige Staaten, trotz der Geltung des Universalitätsprinzips, in ihrer Souveränität

---

[149] In diesem Zusammenhang ist auf die Entrüstung der italienischen und deutschen Öffentlichkeit über das (erste) Cavalese-Urteil eines amerikanischen Militärgerichts hinzuweisen, das den AFI Captain Ashby von dem Vorwurf der fahrlässigen Tötung freigesprochen hatte. Ashby hatte bei einem Übungsflug im Jahr 1998 in der Nähe des italienischen Ortes Cavalese mit seinem Aufklärungsflugzeug ein Skiliftkabel durchtrennt und dadurch den Tod der 20 in der Gondel befindlichen Urlauber verschiedener Nationalität verursacht. Die Zweifel der europäischen Bevölkerung an der Durchführung eines „fairen Verfahren" verdeutlichen die Skepsis, die einem ausländischen Urteil entgegengebracht wird. Vgl. auch: FAZ vom 6.3.1999, Nr. 55, S. 1 und 8.

[150] Vgl. Naucke, Staatsverstärkte Kriminalität, S. 70 ff, der eine internationale Verfolgung der staatsverstärkten Kriminalität fordert und im Bereich der nationalen Ahndung eine Privilegierung feststellt, die er z.T. auf juristische Irrtümer zurückführt, S. 82 f.

[151] Vgl. hierzu: Rigaux, Internationale Tribunale, S. 151 ff.

[152] Vgl. Rigaux, Internationale Tribunale, S. 151 ff.

[153] S. Rigaux, Internationale Tribunale, S. 151, der darauf hinweist, daß diese Tribunale weder Strafprozesse führen, noch Einzelpersonen verurteilen, sondern sich vielmehr mit Grundsatzfragen auseinandersetzen, wie der Überwindung der Straffreiheit von Menschlichkeitsverbrechen und der Frage, welche Taten einen Verstoß gegen das Kriegsrecht darstellen. Die Urteile dieser „Tribunals of Opinion", denen so berühmte Persönlichkeiten wie Jean-Paul Satre angehört haben, sind auf einer anderen Ebene wirksam, S. 164. Vgl. hierzu auch: Bos, A Perspective, S. 469 f.

verletzt fühlen könnten. Dies könnte zu außenpolitischen Spannungen und so ggf. zu einer Gefährdung des Weltfriedens führen. Auch entfielen bei Geltung des Weltrechtsprinzips die praktischen Vorteile der unmittelbaren Sach- und Beweisnähe, wenn der verfolgende Staat nicht der Tatortstaat wäre. Zudem ist die Anwendung des Weltrechtsprinzips durch die nationalen Gerichte nicht widerspruchsfrei. So wurde bereits oben[154] kritisiert, daß der BGH, über den Wortlaut des § 6 StGB hinaus, das Erfordernis eines legitimierenden Anknüpfungspunktes aufstellt. Hieraus folgt, daß die bundesdeutsche Strafgerichtsbarkeit, trotz Bestehens einer die Geltung des Weltrechtsprinzips anordnenden Regelung, diesen Grundsatz nicht vollständig anerkennt, da andernfalls die Aufstellung zusätzlicher Erfordernisse wie des Inlandbezuges überflüssig wäre. Somit erscheint, selbst in den Bereichen, in denen die Geltung des Weltrechtsprinzips eine völkerrechtliche Anerkennung erfahren hat, die Verfolgung völkerstrafrechtlicher Verbrechen nicht gewährleistet, da die nationalen Rechtsordnungen z.T. einschränkende Anforderungen aufstellen und, wie die deutsche Gerichtsbarkeit im Fall des Fehlens des legitimierenden Anknüpfungspunktes, ein von Amts wegen zu berücksichtigendes Verfahrenshindernis annehmen. Schließlich sind die bereits erwähnten politischen Grenzen des Weltrechtsprinzips, insbesondere die der außenpolitischen Opportunität (§ 153c Abs. 1 Ziff. 1 StPO) zu berücksichtigen. Daher besteht auch im Bereich der nationalen Strafverfolgung die Gefahr, daß nicht rechtsstaatliche Grundsätze sondern politische Erwägungen maßgeblich sein können.[155] Somit ist das Argument, eine nationale Strafverfolgung sei vorzugswürdig, da für diese rechtsstaatliche Grundsätze bestimmend seien, während im internationalen Bereich mit politisch-motivierten Entscheidungen zu rechnen sei, so nicht haltbar, da solche auch im nationalen Bereich nicht ausgeschlossen werden können.

Im übrigen gewährleisten auch nicht alle denkbaren Staaten, die vorrangig zuständig sein könnten, ein rechtsstaatlichen Grundsätzen genügendes Verfahren. Zutreffend wird festgestellt, daß durch eine Ahndung auf der Grundlage des Weltrechtsprinzips die Chancen einer effektiven Bestrafung von Verletzungen, die die gesamte Menschheit betreffen, erhöht werden.[156] Allerdings weist Gornig zutreffend vor dem Hintergrund der Verantwortlichkeit politischer Funktionsträger nach Völkerrecht darauf hin, daß eine Verhaftung und Aburteilung von Staatsoberhäuptern im Ausland auf der Grundlage des Weltrechtsprinzips schwere internationale Konflikte nach sich zöge, was durch die Errichtung eines internationalen Strafgerichtshofes verhindert werden könne.[157] Ferner sprechen gegen eine nationale Gerichtsbarkeit die Einschränkungen, die sich diese durch uneinheitliche Regelungen zur Immunität, Exemtion, etc. gefallen lassen muß, so daß hier weitere Problemkreise, die ebenfalls zu einer Einschränkung der nationalen Gerichtsbarkeit führen können, zu berücksichtigen sind und abermals international zu unterschiedlichen Entscheidungen führen können. Letztlich ist zu berücksichtigen, daß die nationalen Gerichte ihre Aufgaben nur dann effizient erfüllen können, wenn sie sich als Gerichte eines Weltstaates fühlen und sich von der nationalen Ebene lösen, da sie bei der Verfolgung völkerstrafrechtlicher Verbrechen nicht als nationale Gerichte tätig werden. Daher werden die nationalen Gerichte in verschiedenen „Aufgabenbereichen“ tätig, zum einen im nationalen, zum anderen im internationalen. Dies wirft zu Recht die Frage nach einer Überforderung

---

[154] Kap. 1 C I 1 a.

[155] Vgl. hierzu: Kleinknecht/Meyer-Goßner, StPO, § 153 c StGB, Rn, 1.

[156] Vgl. auch: De La Pradelle, Nürnberger Prinzipien, S. 138.

[157] S. Gornig, Verantwortlichkeit, NJ 1992, S. 14.

der nationalen Richter auf, deren fachliche Qualifikation i.d.R. hinter der großen Sach- und Fachkenntnis der Richter eines internationalen Gerichts zurückbleiben dürfte. Schließlich ist festzustellen, daß der Schutz der Menschenrechte grundsätzlich eine staatliche Aufgabe ist, so daß dem Völkerstrafrecht lediglich eine subsidiäre Funktion zukommt. Allerdings können schwerwiegende Menschenrechtsverletzungen eine Bedrohung des internationalen Friedens und der Sicherheit der Menschheit darstellen, so daß die Übernahme dieser Schutzfunktion durch das Völkerstrafrecht keine Einmischung in die innerstaatlichen Angelegenheiten nach Art. 2 Ziff. 7 der UN-Charta darstellt.[158]

Letztlich ist darauf hinzuweisen, daß derzeit die nationalen Rechtsordnungen den anerkannten Strafverfolgungsaufträgen des Völkerstrafrechts nicht ohne weiteres und vollumfänglich genügen, so daß die Präventionswirkung entsprechend vermindert ist.[159] Da derzeit eine effektive Verfolgung völkerstrafrechtlicher Verbrechen nach dem „indirect enforcement model" nicht in allen Staaten gewährleistet ist, kann es hier auf Grund des Fehlens entsprechender nationaler Regelungen, z.T. zu Strafverfolgungslücken und einer nicht angemessenen Strafverfolgung kommen.[160] Auch diese Tatsache spricht für eine für alle Rechtsunterworfenen gleichermaßen geltende Strafverfolgung durch einen Weltstrafgerichtshof, da eine Anpassung der Rechtsordnungen aller Staaten und damit eine Vereinheitlichung dieses Bereichs, nicht erwartet werden kann.

cc. Abwägung und Ergebnis

Wie die Gegenüberstellung der verschiedenen Argumente verdeutlicht, haben beide Alternativen Vor- und Nachteile und sind nicht einschränkungslos zu akzeptieren, so daß bislang alle Systeme mit z.T. ernstzunehmenden Argumenten kritisiert wurden, aber auch ihre Vorzüge haben. Dies wirft die Frage auf, aus welchem Grund ein Ausschlußverhältnis favorisiert werden sollte. Unter Abwägung der oben geschilderten Argumente erscheint eine Kombination der jeweiligen Stärken und Schwächen der Institutionen als effektivste Gewähr zur Durchsetzung des Völkerstrafrechts. Als sinnvolle Kombination ist der Grundsatz der Komplementarität anzusehen.
Es ist daher grundsätzlich der Strafverfolgung durch die nationalen Gerichte, u.a. aus praktischen Erwägungen, der Vorzug zu geben, da diese Art der Strafverfolgung die staatliche Souveränität gewährleistet und im Einklang mit dem dezentralen Charakter des Völkerrechts steht. Allerdings ist ebenfalls zu berücksichtigen, daß die Verfolgung und Ahndung völkerstrafrechtlicher Verbrechen durch die Staaten selbst, v.a.

---

[158] So auch: Triffterer, Bestandsaufnahme, S. 201.

[159] Vgl. hierzu: Bremer, Internationale Verbrechen, S. 159 ff, 247, 395 f, die im Rahmen ihrer Dissertation in einer rechtsvergleichenden Betrachtung feststellt, daß der deutsche Gesetzgeber zwar seinem grundsätzlichen Strafverfolgungsauftrag i.S.d. Genfer Konventionen nachkomme, die bestehenden Strafnormen indes nicht als angemessene, effektive und rechtsstaatlich unbedenkliche Strafverfolgungsmöglichkeiten erachtet. Zudem genügen laut Bremer die deutschen Strafnormen nicht den tatbestandlichen Anforderungen der Genfer Konventionen. Bremer stellt sodann fest, daß eine präventive Bekämpfung völkerstrafrechtlicher Verbrechen durch das deutsche Strafverfolgungsmodell nicht möglich sei und zudem eine effektive Durchführung von Strafverfahren gegen Kriegsverbrecher nicht gewährleistet würde, S. 249. Auch die durch die Schweiz erfolgte Umsetzung ist nach Bremer lückenhaft, vgl. S. 251 ff, 296 ff, gleiches gilt für Belgien, S. 301 ff, 354 und Großbritannien, S. 359 ff, 392 ff.

[160] Vgl. hierzu: Bremer, Internationale Verbrechen, S. 395 ff, die darauf hinweist, daß nur von einer effektiven nationalen Strafverfolgung eine Präventivwirkung ausgeht.

bei der sog. staatsverstärkten Kriminalität häufig nicht gewährleistet ist. Vor diesem Hintergrund kommt der internationalen Gerichtsbarkeit als ultima ratio eine besondere Bedeutung zu.[161] Gegen eine solche Ausgestaltung sprechen auch keine souveränitätsbezogenen Einwände der (zukünftigen) Mitgliedstaaten des IStGH, die sich freiwillig für eine komplementäre internationale Strafverfolgung entscheiden und dieser Strafhoheit im Rahmen der vertraglichen Lösung übertragen. Zudem ist der IStGH nicht befugt, die Staaten über den Bereich der Organisationsgewalt hinaus durch generelle Normen zu verpflichten. Dies folgt bereits aus der Beschränkung seiner Rechtsfähigkeit (Art. 4 Ziff. 1 des Statuts) auf das zur Ausübung seiner Funktionen erforderliche Maß. Demnach wird durch den IStGH nicht das gesamte Normen- und Wertesystem des Völkerrechts verändert, sondern lediglich ein Teilaspekt herausgegriffen und durch die Staaten, die als Völkerrechtssubjekte zu derartigen Änderungen befugt sind, einvernehmlich modifiziert.
Daher ist grundsätzlich dem dezentralen Charakter des Völkerrechts, unter Wahrung der Souveränität der Staaten, der Vorzug zu geben und nur im Fall des „Versagens" der nationalen Systeme, eine Zentralisierung dergestalt durchzuführen, daß rechtsstaatlichen Grundsätzen genügt wird. Das Eingreifen durch eine internationale Institution erscheint allerdings nur dann als sinnvoll, wenn die internationalen Verfahren rechtsstaatlichen Anforderungen genügen, so daß dann das Argument, eine internationale Gerichtsbarkeit betreibe lediglich eine Siegerjustiz, entkräftet werden kann. Der IStGH ist eine Gradwanderung zwischen dem Grundsatz der Zentralisation und der Dezentralisation, dem Grundsatz der Gerechtigkeit und der Siegerjustiz, gegangen wobei das Statut, wie noch zu zeigen sein wird, die Probleme befriedigend löst.
Bei der Problematik der effektiven Anwendung und Durchsetzung der Normen des Völkerstrafrechts stellt sich zudem die Frage, ob durch eine Einführung der Gerichtsbarkeit des IStGH das mit dem Charakter des Völkerrechts unvereinbare Subordinationsprinzip Eingang in das Völkerrecht finden würde. Dies kann verneint werden, da die Ausübung der Gerichtsbarkeit durch den IStGH, in der hier vorgesehenen Weise, nicht zur Einführung des Subordinationsprinzips in das Völkerrecht führt. Vielmehr sind in diesem Bereich zwei Ebenen zu unterscheiden: während es im Verhältnis der Staaten zueinander keine Subordination geben kann („par in parem non habet imperium"), sondern nur die freiwillige Übertragung von Hoheitsrechten an z.B. eine zwischenstaatliche Einrichtung, besteht im Verhältnis zu dem einzelnen ein Über-Unterordnungsverhältnis. Durch die Errichtung des IStGH wird die grundsätzliche Trennung der beiden Ebenen nicht aufgehoben, so daß nach wie vor das Subordinationsprinzip nur im Verhältnis zu dem einzelnen gilt, d.h. zwischen dem die Strafgewalt innehabenen Hoheitsträger und dem gewaltunterworfenen Individuum. Dies ist auch nach der Schaffung eines IStGH grundsätzlich nicht anders, mit dem Unterschied, daß die Staaten, die als „Zwischenelemente" und vormalige Träger der Hoheitsgewalt noch vorhanden sind, durch die Übertragung der Strafhoheit, bei „Versagen" der nationalen Rechtsordnung „übergangen" werden können. Nach wie vor führt das Völkerstrafrecht und seine Vervollkommnung durch die Schaffung des IStGH nicht zur Einführung eines Subordinationsprinzips auf der staatlichen Ebene. Dies hat insbesondere zu gelten, als ein „Staatenstrafrecht" bereits ausgeschlossen wurde und durch den IStGH auch nicht anerkannt wurde. Der IStGH ist folglich als „Wächter der Menschenrechte" anzusehen, der im Fall des Scheiterns der nationalen Rechtssysteme einspringt und sich auf der Grundlage des Komplementaritätsprinzips als sinnvolle Ergänzung der nationalen Strafjustiz darstellt.

[161] S. Thürer, Vom Nürnberger Tribunal zum Jugoslawien-Tribunal und weiter, SZIER 1993, S. 506 f.

2. Verhältnis und Abgrenzung zur Besatzungsgerichtsbarkeit

Da die Anwendung völkerstrafrechtlicher Normen durch Besatzungsgerichte möglich ist, sind hier Überschneidungen denkbar. Allerdings handelt es sich bei den Besatzungsgerichten i.d.R. nicht um völkerrechtliche Gerichte, so daß hier ein wesentlicher Unterschied zum IStGH besteht. Ferner ist darauf hinzuweisen, daß die Besatzungsgerichte nicht als staatliche Gerichte anzusehen sind, so daß der Grundsatz der Komplementarität, Art. 17 des Statuts, Ansehung der Besatzungsgerichte keine Anwendung findet. Dies folgt aus dem Umstand, daß die Besatzungsmacht im besetzten Gebiet i.d.R. nicht die Staatsgewalt des besetzten Gebietes ausübt, sondern ihr vielmehr eine der Gebietshoheit ähnliche Zwangsgewalt zukommt, die einer treuhänderischen Verwaltung gleicht.[162] Demnach ist die Besatzungsmacht nicht als „...a state which has jurisdiction over it..." i.S.d. Art. 17 des Statuts des IStGH, anzusehen, so daß der Grundsatz der Komplementarität in Ansehung der Besatzungsmacht keine Anwendung findet und der IStGH im Kollisionsfalle Vorrang hätte. Dies ist nicht zu beanstanden, da den Besatzungsgerichten, ob zu Recht oder zu Unrecht, der Vorwurf der Siegerjustiz anhaftet.

3. Verhältnis und Abgrenzung zur internationalen Gerichtsbarkeit

Auch hier soll zunächst eine Abgrenzung zu dem IStGH erfolgen und sodann geprüft werden, ob sich auf internationaler Ebene wirksamere Instrumente zur Durchsetzung des Völkerstrafrechts finden lassen.

a. IGH

Bei der Abgrenzung der beiden Institutionen ist festzustellen, daß geringfügige Überschneidungen durchaus denkbar sind. Dies ergibt sich aus der Tatsache, daß sich die Zuständigkeit des IGH gemäß Art. 36 Abs. 1 des IGH-Statuts „...auf alle ihm von den Parteien unterbreiteten Rechtssachen..." erstreckt. Gemäß Art. 36 Abs. 2 befindet der IGH über die Auslegung eines Vertrages (lit. a), über jede Frage des Völkerrechts (lit. b), etc. Demzufolge erscheint es nicht ausgeschlossen, daß sich der IGH mit einer Rechtssache auseinanderzusetzten hat, die in den Bereich des Völkerstrafrechts fällt. Allerdings geschieht dies mit einer anderen Zielsetzung und unter einem anderen Blickwinkel. Dem IGH obliegt lediglich die Klärung einer abstrakten Rechtsfrage. Daß ihm eine strafrechtliche Kompetenz gerade nicht zukommt, folgt bereits aus dem Umstand, daß nicht die Individuen sondern nur die Staaten parteifähig sind. Somit kann der IGH nicht die Aufgaben wahrnehmen, die einem Strafgericht obliegen. Zudem ist eine vom IGH festgestellte völkerrechtliche Verantwortlichkeit von Staaten streng von einer individuellen Verantwortlichkeit zu unterscheiden, so daß diese Rechtsbereiche selbständig nebeneinander stehen.[163] Demnach setzt sich der IGH nicht mit der konkreten Verantwortung individuell handelnder Personen auseinander, sondern verbleibt auf der „Staatenebene", so daß die Verfahrensgegenstände „staatsbezogen" sind.[164] Demgegenüber wird dem IStGH eine Strafhoheit übertra-

---

[162] Vgl. hierzu: Seidl-Hohenveldern, Völkerrecht, Rn. 1861 f.

[163] Vgl. hierzu: Heintschel v.Heinegg, Die Errichtung des Jugoslawien-Tribunals, S. 74, FN 31, 32, mit weiteren Nachweisen, der eine Kompetenzüberschneidung ratione materiae und personae ausschließt.

[164] So: Scholz, Die Zulieferung, S. 63 f.

gen. Seine Zuständigkeit ist gemäß Art. 25 des Statuts nur auf natürliche Personen beschränkt.

Die Durchsetzung einer humanitären Rechtsordnung durch den IGH scheidet aus.[165] Dies könnte allenfalls mittelbar erfolgen. Allerdings ist in diesen Zusammenhang wiederum zu berücksichtigen, daß die Gerichtsbarkeit des IGH nicht obligatorisch, sondern lediglich fakultativ ist, was einer effektiven strafrechtlichen Verfolgung ebenfalls entgegenstünde. Abschließend ist festzustellen, daß angesichts der unterschiedlichen Zielsetzungen und Kompetenzen der Gerichte Überschneidungen durchaus denkbar aber unbeachtlich sind. Im übrigen hätte eine Entscheidung des IGH keinerlei Bindungswirkung für den IStGH, da die Urteile des IGH nur die Streitparteien in Bezug auf die Sache binden (Art. 59 des IGH-Statuts).

Schließlich stellt sich die Frage, aus welchem Grund nicht eine Änderung des Statuts vorgenommen und dem IGH strafrechtliche Kompetenzen zugebilligt worden sind. Für ein solches Vorgehen hätte zum einen gesprochen, daß dieses Gericht der Weltbevölkerung bereits vertraut ist und es zum anderen eine einheitliche völkerrechtliche Rechtsprechung gegeben hätte. Allerdings ist in diesem Zusammenhang die grundverschiedene Struktur und Rechtsgrundlage der Gerichte zu berücksichtigen, die die Trennung beider Gerichtszweige zur Vermeidung von Verwechslungen nahelegt. Abschließend ist darauf hinzuweisen, daß der IGH mit der Lösung eines zwischen den Vertragsparteien des IStGH entstandenen Streites befaßt sein kann, soweit dieser nicht die judiziellen Funktionen des IStGH betrifft.[166]

b. Schiedsgerichtsbarkeit

Überschneidungen des IStGH mit der völkerrechtlichen Schiedsgerichtsbarkeit scheiden aus. Dies folgt aus dem Sinn und Zweck der völkerrechtlichen Schiedsgerichte, der in der friedlichen Beilegung zwischenstaatlicher Streitigkeiten und keineswegs in der strafrechtlichen Verfolgung des Individuums liegt. Im übrigen würde ein Strafverfahren vor einem Schiedsgericht den an ein rechtsstaatliches Verfahren zu stellenden Anforderungen kaum gerecht werden.

c. Europäischer Gerichtshof für Menschenrechte

Abgrenzend ist festzustellen, daß der Europäische Gerichtshof für Menschenrechte keinerlei Kompetenzen auf dem Gebiet des Strafrechts hat, so daß Überschneidungen mit dem IStGH nur bei einer Änderung seiner Zuständigkeit möglich wären. Denkbar ist allerdings eine Kooperation der beiden Institutionen dergestalt, daß der Europäische Gerichtshof für Menschenrechte dem IStGH umfassende Rechtshilfe leistet.

---

[165] Vgl. Hollweg, Das Neue Internationale Tribunal, JZ 1993, S. 988.

[166] Vgl. hierzu: Art. 119 Abs. 2 IStGH-Statut.

d. Kriegsverbrechertribunale (Art. 41 UN-Charta)

Hier sollen die Institutionen voneinander abgegrenzt und untersucht werden, ob die Errichtung von „ad hoc-Tribunalen“ durch den Sicherheitsrat auf der Grundlage des Kapitel VII der UN-Charta als sinnvolle Alternative zum IStGH anzusehen ist, die u.U. eine effektivere Verfolgung der Verletzungen des Völkerstrafrechts gewährleistet.

aa. Abgrenzung

Der wesentliche Unterschied zwischen dem IStGH und den Tribunalen liegt, wie bereits mehrfach ausgeführt, in der Rechtsgrundlage. Während die „ad hoc-Tribunale“ auf einer Resolution des Sicherheitsrates nach Kapitel VII der UN-Charta beruhen, basiert der IStGH auf einem völkerrechtlichen Vertrag. Die unterschiedlichen Rechtsgrundlagen haben, wie noch zu zeigen sein wird, erhebliche Konsequenzen. Gemeinsam ist den Institutionen, daß sie als supranationale, völkerrechtliche Rechtsprechungsorgane zu qualifizieren sind. Während es sich bei den Tribunalen der UN um „ad hoc-Gerichte“ mit eng begrenzter Zuständigkeit handelt, ist der IStGH als ständiges Gericht anzusehen, der über alle im Statut aufgeführten Verbrechen befinden kann, sofern sein Zuständigkeitsbereich eröffnet ist.

Zu der Frage, ob sich Kompetenzüberschneidungen zwischen dem IStGH und den „ad hoc-Tribunalen“ ergeben können, nehmen weder die Statute der „ad hoc-Tribunale“ noch das des IStGH Stellung. Allerdings ist hier das zeitliche Moment zu berücksichtigen. Gemäß Art. 11 des Statuts des IStGH ist seine Zuständigkeit nur für Verbrechen, die nach Inkrafttreten des Statuts begangen wurden, gegeben. Demgemäß erscheint es bei einem langen Ratifikationsprozeß als möglich, daß bei Inkrafttreten des Statuts des IStGH die anderen Tribunale ihre Arbeit bereits eingestellt haben. Möglicherweise wird in den noch nicht fertig gestellten RPE des IStGH eine das Verhältnis zu den „ad hoc-Tribunalen“ festlegende Regelung enthalten sein. Denkbar erscheint, daß hier beide Institutionen parallel nebeneinander arbeiten. Nicht auszuschließen wäre ebenfalls die Übernahme von Verfahren durch den IStGH, sofern die Voraussetzungen seiner Gerichtsbarkeit gegeben sind. Allerdings ergeben sich solche Überschneidungen nur, sofern die Gerichtsbarkeit des IStGH eröffnet ist und auch die Tribunale zuständig wären. Denkbar wäre zudem der Abschluß eines das Verhältnis klärenden Vertrages zwischen den „ad hoc-Tribunalen“ und dem IStGH.

bb. Verfolgung völkerstrafrechtlicher Verbrechen durch „ad hoc-Tribunale“ als Alternative zum IStGH[167]

Die Aneinanderreihung von „ad hoc-Tribunalen“ zur strafrechtlichen Verfolgung von Verstößen gegen das Völkerstrafrecht erscheint als möglich. Dies könnte dergestalt aussehen, daß der Sicherheitsrat der UN bei jeder Bedrohung des Friedens, die z.B. in einer massiven Menschenrechtsverletzung zu sehen ist, auf der Grundlage des VII Kapitels ein „ad hoc-Tribunal“ errichtet. Hier beginnen bereits die Probleme. Bei dem Sicherheitsrat handelt es sich um ein politisches Organ, das auf der Grundlage des Opportunitätsprinzips agiert. Angesichts der unterschiedlichen Interessen der ständi-

---

[167] Vgl. hierzu: Sur, La Convention de Rome, Revue Génerale de Droit International Public, Tome CIII (1999), S. 45.

gen Mitglieder des Sicherheitsrates wird eine Einigung auf die Errichtung eines Tribunals nur in den Staaten möglich sein, in denen kein Mitglied des Sicherheitsrates politische oder wirtschaftliche Interessen verfolgt, so daß ein Konsens schwer zu erzielen sein dürfte. Dies läuft daraus hinaus, daß das „Ob" der Strafverfolgung nicht von rechtsstaatlichen Erwägungen bestimmt ist, sondern hier vielmehr Entscheidungen getroffen werden, die von politischen, geopolitischen sowie wirtschaftlichen Überlegungen und Interessengeflechten bestimmt sind. Eine Gleichheit der Strafverfolgung wärde nicht gewährleistet, da nur einige „Sündenböcke" betroffen wären. Dies hätte erhebliche Auswirkungen auf die Akzeptanz der Tribunale, da ein Ausnahmecharakter und die Selektivität der Strafverfolgung für jedes Strafrecht ein Problem darstellen. Zudem vermittelt ein „ad hoc-Tribunal" eher den Eindruck von Siegerjustiz und ist daher dazu angetan, Mißtrauen zu schaffen sowie zu Widerständen der betroffenen Bevölkerung zu führen, was einer internationalen Akzeptanz ebenfalls entgegensteht.[168] Zudem geht von den Tribunalen wenig präventive Wirkung aus, da ihre Einsetzung erst im nachhinein durch den Sicherheitsrat erfolgt. Da potentielle Täter nie wissen, ob sie mit einer strafrechtlichen Verfolgung zu rechnen haben, ist der Abschreckungseffekt und damit die Präventionswirkung gering, da keine Sicherheit besteht, ob und wann sich der Sicherheitsrat zur Errichtung eines „ad hoc-Tribunals" durchringt. Angesichts der Vielzahl und weltweiten Verbreitung der Verbrechen erscheint die Jurisdiktion der „ad hoc-Gerichte" für ein bestimmtes regionales Konfliktfeld als unzureichend. Vor diesem Hintergrund ist die Aneinandereihung nachträglich eingesetzter „ad hoc-Tribunale" nicht geeignet, um eine universelle Gerechtigkeit zu erreichen, da nur eine einheitliche Gerichtsorganisation Gerechtigkeit und Rechtssicherheit gewährleisten und Differenzen auf der Auslegungsebene oder der Rechtsanwendungsebene vermeiden kann. Zudem bedeutet die Errichtung eines „ad hoc-Tribunals" auf der Grundlage einer Resolution des Sicherheitsrates eine schwerere Beeinträchtigung der nationalen Souveränität sowohl der betroffenen als auch der anderen Staaten, die zur Mitwirkung, Auslieferung etc. verpflichtet sind. Derartige Souveränitätsverletzungen gehen von dem IStGH, dem die Staaten freiwillig einen Teil ihrer Strafhoheit übertragen, nicht aus. Schließlich ist zu berücksichtigen, daß die Funktion eines internationalen Gerichts neben der Prävention auch in der Bewährung des Rechts und dem Täter-Opfer-Ausgleich, der Aufklärung, und der Stabilisierung des nationalen Rechtsempfindens liegen soll, und es somit Aufgaben zu erfüllen hat, die eine gewisse Zeit in Anspruch nehmen[169], so daß ein „ad hoc-Gericht" diese Aufgaben nicht erfüllen kann. Zudem geht von den „ad hoc-Tribunalen" eine andere Signalwirkung aus, so daß demgegenüber ein ständiger Weltstrafgerichtshof ein ganz anderes Gewicht hat. Abschließend ist festzustellen, daß die Einsetzung verschiedener „ad hoc-Tribunale" auf der Grundlage von Resolutionen des Sicherheitsrates keine effektive Durchsetzung des Völkerstrafrechts gewährleisten, sondern diese Selektivität die weitere Entwicklung des Völkerstrafrecht hemmt.[170] Schließlich benötigt der Gerichtshof zur Erlangung größtmöglicher Unterstützung eine allgemeine Akzeptanz. Daß mit Hilfe eines Sicherheitsratsbeschlusses ein derartig breiter Konsens nicht zu erzielen wäre, folgt bereits aus der Diskussion über die Legitimation der „ad hoc-Tribunale". Diese Kritik gipfelt in der Forderung, daß mit Abschluß eines Friedensvertrages die Tribunale ihre Arbeit einstellen müßten, da es sich bei ihrer Errichtung allein um friedenserhaltende Maßnahmen handelt. Eine solche Forderung würde die Legitimation und das Ansehen des Internationalen

[168] So auch: Ostendorf, Thesen, ZRP 1996, 468.

[169] S. Roggemann, Strafgerichtshof, S. 50.

[170] So auch: Bianchi, The Pinochet Case, EJIL 10 (1999), S. 250.

Strafgerichtshofes untergraben. Ein universelles Rechtsbewußtsein kann so nicht geschaffen werden.

4. Verhältnis zur UNO und hier insbesondere zum Sicherheitsrat

Wie bereits ausgeführt wird der IStGH in einem besonderen Abkommen in eine Beziehung zu den UN gebracht. Hierdurch wird die Autorität und der universell angelegte Charakter des Gerichts festgelegt.[171] Auch die Staaten erachten eine enge Beziehung des IStGH zu den Vereinten Nationen als äußerst wichtig, da durch derartige Verknüpfungen der internationale Charakter sowie die moralische Autorität hervorgehoben werden. Demnach ist auch dieses Verhältnis darzustellen und auf die sich hier ergebenen Problemfelder hinzuweisen, auf die an anderer Stelle der Arbeit noch vertieft eingegangen wird.

Im Rahmen dieses Gliederungspunktes ist zu berücksichtigen, daß die UNO und ihr politisches Organ, der Sicherheitsrat, nicht in erster Linie als „Anwendungs- und Durchsetzungsmechanismen des Völkerstrafrechts" zu bezeichnen sind. Vielmehr verhält es sich so, daß der IStGH ausweislich Abs. 3 seiner Präambel vor dem Hintergrund gegründet wurde, daß die schweren Verbrechen den Frieden, die Sicherheit und das Wohl der Welt bedrohen, so daß die Gründung des IStGH u.a. den Zweck der Friedenserhaltung und –wiederherstellung verfolgt. Aufgrund dieser Funktion ergeben sich Überschneidungen zum Aufgabenbereich der UN, die ausweislich ihrer Präambel und Art. 1 Abs. 1 UN-Charta in erster Linie das Ziel der Wahrung des Weltfriedens und der internationalen Sicherheit verfolgt. Der Sicherheitsrat trägt nach Art. 24 Abs. 1 UN-Charta die Hauptverantwortung für die Wahrung des Weltfriedens.[172] Da die Strafdrohung das kriminelle Verhalten beeinflußt und Gerechtigkeit i.d.R. Frieden ermöglicht bzw. bringt, kommt dem IStGH neben dem Sicherheitsrat eine wichtige Rolle in der Friedenssicherung zu. Das Verhältnis des IStGH zum Sicherheitsrat wurde zu Recht als ein „neuralgischer Punkt" bezeichnet.[173] Dies ist in erster Linie auf die Natur des Sicherheitsrates zurückzuführen. Dieser verfügt ausweislich der UN-Charta, sofern er einen Friedensbruch nach Art. 39 UN-Charta festgestellt hat, über eindeutige Handlungsoptionen, wobei es sich hier nicht um einen rechtlichen Mechanismus, sondern um rein politische Entscheidungen handelt.[174] Blumenwitz stellt daher zu Recht fest, daß es „...weiterhin keine ‚Weltinnenpolitik' [gibt], sondern das Direktorium der mit Vetorecht ausgestatteten Großmächte, die nicht nach Legalität sondern nach Opportunität entscheiden und oft egoistischen Interessen folgen".[175] Daher unterscheiden sich die beiden Organe erheblich. Während der Sicherheitsrat als politisches Organ der UNO mit der Aufrechterhaltung des internationalen Friedens betraut ist, handelt es sich bei dem IStGH um ein Gericht, das durch die Ahndung von schweren Verbrechen Gerechtigkeit erreichen soll. Diese unter-

---

[171] Vgl. Seidel/Stahn, Das Statut, Jura 1999, S. 15.

[172] Vgl. hierzu: Blumenwitz, Die Vereinten Nationen als Friedensstifter, BayVBl. 1995, 706 ff.

[173] So: Schmidt-Jortzig, Ständiger Strafgerichtshof, Recht Nr. 4, 1998, S. 59, führt zutreffend aus: "Es überrascht kaum, daß die ständigen Mitglieder des Sicherheitsrates den Gerichtshof gerne als dessen nachgeordnetes Organ sehen würden. Ein Gericht, das diesen Namen verdient, muß indessen unabhängig sein – auch von einem Veto im Sicherheitsrat. Andernfalls verankern wir nicht die ‚rule of law' in der Völkergemeinschaft, sondern das Recht des Stärkeren. Daran kann den Verfechtern des Rechts nicht liegen."

[174] Vgl. hierzu: Blumenwitz, Die Vereinten Nationen als Friedensstifter, BayVBl.1995, S. 706.

[175] Blumenwitz, Die Vereinten Nationen als Friedensstifter, BayVBl.1995, S. 706.

schiedliche Natur wirft erhebliche Probleme auf, da, je nach Ausgestaltung des Verhältnisses zum Sicherheitsrat und durch die Einräumung zu großer Befugnisse an selbigen, der IStGH Gefahr läuft, seinen rechtsstaatlichen Charakter zu verlieren und einer politisch motivierten Beeinflussung zu unterliegen. Auf diese Weise könnte „durch die Hintertür" das Opportunitätsprinzip eingeführt werden und ein politisches Strafrecht drohen.
Bezüglich der Ausgestaltung des Verhältnisses von Sicherheitsrat zu IStGH vertritt die Mehrheit der Staaten die Auffassung, daß der Sicherheitsrat Fälle, in denen er strafbares Verhalten wähnt, an den IStGH herantragen können soll.[176] Dies ist nicht weiter zu beanstanden, da hierdurch eine Beeinflussung in den Kernbereichen ausscheidet und somit dem IStGH und der internationalen Gemeinschaft die politische Unterstützung durch den Sicherheitsrat signalisiert wird, so daß infolge dieser Rückendeckung durch den Sicherheitsrat, auf die Staaten mehr Druck ausgeübt werden kann.[177] Die klare Festschreibung dieser Befugnis diente zudem der Rechtssicherheit und würde dem Entstehen von Kompetenzproblemen entgegenwirken. Zudem ist zu berücksichtigen, daß der Sicherheitsrat, ohne die Einräumung dieses Rechts, Anreiz zur Schaffung zusätzlicher „ad hoc-Gerichte" hätte, die er besser kontrollieren kann.[178] Die innere Rechtfertigung dieses Rechts findet sich u.a. in der UN-Charta, die den Sicherheitsrat als das herausragende internationale Organ, dem die Verantwortung für die Aufrechterhaltung von Frieden und Sicherheit obliegt, ansieht, so daß auch das Statut des IStGH diese Verantwortlichkeit akzeptieren muß. Würde das Recht, Situationen an den IStGH heranzutragen, beschnitten, so hätte dies mit an Sicherheit grenzender Wahrscheinlichkeit Auswirkungen auf die Bereitschaft, Anordnungen, etc. des IStGH auszuführen.
Problematischer wäre hingegen die Zubilligung eines Rechts zur Unterbrechung von Untersuchungen. Als Argument für diese Befugnis wird beispielsweise der Umstand angeführt, daß eine gerichtliche Untersuchung einen Friedensprozeß unterbrechen könnte. Zudem sei es für das Gericht nicht angebracht, in einer Sache, in der der Sicherheitsrat tätig wird, Ermittlungen mit Bezug zu dieser Situation einzuleiten. Auf der anderen Seite birgt dies die Gefahr der inzidenten Kontrolle eines unabhängigen überparteilichen Justizorgans durch ein politisches Organ. Hierdurch würde das Gericht politisiert und seine Unabhängigkeit und Legitimität gefährdet. Auch könnte dies als Druckmittel, z.B. bei Friedensverhandlungen, eingesetzt werden. Ferner ist kritisch zu hinterfragen, ob das Tätigwerden des Gerichtshofes in der Tat einer vom Sicherheitsrat angestrebten Lösung im Wege stünde und eine friedliche Beilegung des Konfliktes behinderte. Schließlich kann eingewendet werden, daß diese Art der Kontrolle auf der nationalen Ebene unbekannt sei, so daß sie auch auf internationaler Ebene unterbleiben müsse.
Allerdings ist auch zu berücksichtigen, daß sich die Funktionen von IStGH und Sicherheitsrat ergänzen. Gerade am Beispiel der „ad hoc-Tribunale" läßt sich die Verbindung von Politik und Gerichtsbarkeit und insbesondere die „Abkoppelung" der Gerichtsbarkeit von der Politik verfolgen.[179] Zudem ist davon auszugehen, daß eine an-

---

[176] Zur Rolle des Sicherheitsrates und des IStGH: The UN Security Council and the International Criminal Court: How should they relate ?, Report of the 29th United Nations Issues Conferene. Hier wird die Thematik umfassend erörtert.

[177] Vgl. Report of the 29th United Nations Issues Conference: The UN-Security Council and the International Criminal Court: How should they relate ? S. 21.

[178] Vgl. Report of the 29th United Nations Issues Conference, The UN-Security Council and the International Criminal Court: How should they relate ? S. 22.

[179] Vgl. die Ausführungen in Kap. 1 A III 6 a zu der Tadic-Entscheidung hinsichtlich des Selbstverständnisses des ICTY.

dauernde Kooperation zwischen dem Sicherheitsrat und dem IStGH zur Erhöhung der Effektivität des Gerichts angebracht ist. Dies folgt aus der Tatsache, daß der IStGH ohne die „politische Rückendeckung“ des Sicherheitsrates ernsthafte Probleme bei der Durchsetzung seiner Anordnungen, Arrestbefehle, etc. gegenüber aufsässigen und kooperationsunwilligen Staaten haben könnte.[180] Demnach wird der IStGH ggf. auf die Hilfe des Sicherheitsrates angewiesen sein.[181] Die Art und Weise, in der der Sicherheitsrat seine Aufgabe, den Frieden zu sichern und die Sicherheit aufrechtzuerhalten, wahrnimmt, kann die Arbeit des IStGH entweder unterstützen oder behindern. Gleiches gilt für den IStGH, da auch umgekehrt eine Behinderung der Arbeit des Sicherheitsrates durch ein Tätigwerden des IStGH denkbar erscheint. Ungeachtet der Ausgestaltung des formellen Verhältnisses im Statut, werden diese beiden Organe immer Berührungspunkte haben, da insbesondere auch die strafrechtliche Verfolgung, Anklage und das Urteil durchaus eine politische Dimension haben.[182]

Abschließend ist darauf hinzuweisen, daß diese Fragen in einem engen Zusammenhang mit der Reform des Sicherheitsrates stehen. So bemerkte Grassi bereits im Jahr 1955 die „Unzulänglichkeit“ des Sicherheitsrates und stellte fest: „Die Uneinigkeit zwischen den Großmächten hat, kraft des Vetorechts, die Tätigkeit des Sicherheitsrates lahmgelegt und zugleich die ganze Organisation, wenigstens in ihren wichtigsten Funktionen, zum Stillstand verurteilt“.[183] Diese Einschätzung ist, ungeachtet der Beendigung des kalten Krieges, nach wie vor zutreffend. Reformbestrebungen, die insbesondere darauf zielten, den nicht mehr zeitgemäßen exklusiven Kreis der ständigen Mitglieder zu erweitern, blieben erfolglos, da die ständigen Mitglieder zur Aufgabe ihrer Machtposition nicht bereit sind. Dies wird nicht nur aus der Tatsache deutlich, daß sie Reformbestrebungen ablehnten, sondern folgt v.a. aus dem Umstand, daß der künftige Strafgerichtshof nach dem Willen der ständigen Mitglieder, nur mit dem Mandat und nur nach den Weisungen des Weltsicherheitsrates ermitteln können soll. In diesem Zusammenhang sind insbesondere die Bemühungen der Bundesrepublik Deutschland zu nennen, die bislang und wohl auch zukünftig erfolglos bleiben.[184]

---

[180] Vgl. Report of the 29th United Nations Issues Conference, The UN-Security Council and the International Criminal Court: How should they relate ? S. 18.

[181] Vgl. Report of the 29th United Nations Issues Conference, The UN-Security Council and the International Criminal Court: How should they relate ? S. 19. Angesichts der amerikanischen Ablehnung und Verweigerungshaltung erscheint eine solche Unterstützung als unwahrscheinlich.

[182] Als Beispiel für die politische Dimension einer Anklage sei die umstrittene Anklage des amtierenden Präsidenten der Bundesrepublik Jugoslawien (Serbien und Montenegro) Milosevic wegen Kriegsverbrechen vor dem ICTY genannt. Diese erfolgte im Mai 1999 durch die damalige Chefanklägerin des ICTY Louise Arbour. Das Brisante an dieser Anklage ist, daß sie während eines bewaffneten Konfliktes gegen ein amtierendes Staatsoberhaupt erfolgte. Hieran wurde Kritik laut, da man hierdurch eine Erschwerung der Friedensverhandlungen oder gar ein Abreißen der Bemühungen befürchtete, da die westlichen Demokratien mit einem Politiker, der auch offiziell schwerster Verbrechen beschuldigt wird, nicht mehr verhandeln kann; vgl. auch FAZ vom 28.5.1999, S. 1, 2, 3.

[183] Vgl. Grassi, Rechtsstellung, S. 30 f.

[184] Deutschland begründet den Anspruch auf einen ständigen Sitz im Sicherheitsrat mit dem Argument, daß der Sicherheitsrat an die Gegebenheiten, die sich seit seiner Schaffung im Jahr 1945 und seiner bisher einzigen Reform im Jahr 1963 geändert haben und vor allen an die gesteigerte deutsche Verantwortlichkeit, die sich in zivilen, finanziellen, militärischen, humanitären etc. Zuwendungen und Aktionen äußere, anzupassen sei.

Im Rahmen der Arbeit wird konkret zu prüfen sein, ob die Ausgestaltung, die das Verhältnis des IStGH zu dem Sicherheitsrat im Statut des IStGH erfahren hat, eine Gefährdung des rechtsstaatlichen Charakters des Gerichts darstellt, mit der Konsequenz, daß der IStGH nicht mehr als Justizorgan, sondern als politisch gelenktes Instrument anzusehen ist.

5. Die Wahrheitskommissionen

Wie bereits ausgeführt, dienen die Wahrheitskommissionen lediglich der Ermittlung der historischen Wahrheit, so daß eine strafrechtliche Verfolgung völkerstrafrechtlicher Verbrechen durch die Wahrheitskommissionen selbst nicht erfolgt.[185] Während die Wahrheitskommissionen eine Aussöhnung „von innen her" verfolgen, wendet der IStGH Recht „von außen" an. Zudem beruht der IStGH, anders als die Wahrheitskommissionen, auf dem Sanktionsgedanken sowie der Genugtuung der Rechtsgemeinschaft durch die Bestrafung und bezweckt die Prävention. Kompetenzüberschneidungen scheiden daher aus.
Die Frage, welcher Aufarbeitungsmethode der Vorzug zu geben ist, d.h. einem justizförmigen Verfahren oder aber einer Wahrheitskommission, etc. ist schwierig zu beantworten und wirft die grundsätzliche rechtspolitische Problematik der Strafe oder aber einer Amnestie auf. Die Entscheidung, die in jedem Einzelfall anders aussehen kann, wird maßgeblich durch das Resultat eines Konflikts und seine Auswirkungen auf das Gleichgewicht der Kräfte beeinflußt, d.h. ob Konflikte durch militärische Niederlagen oder durch ausgehandelte Abmachungen beendet wurden.[186] So ist nach Konflikten, in denen das alte Regime eine militärische Niederlage erleidet und die Macht bei einer neuen Regierung konzentriert ist, eine nationale oder internationale Strafverfolgung möglich, während in Konflikten, die durch eine Lösung auf dem Verhandlungswege beendet wurden, aufgrund des Gleichgewichts der Kräfte, eine nationale Strafverfolgung als realistische Option i.d.R. ausscheidet.[187] Maßgebend für die Frage, welche Art der Konfliktlösung letztendlich gewählt wird, sind ferner die Überzeugungen und Ziele der politischen Führer über das Verhältnis Frieden und Gerechtigkeit, so daß oben genannte Faktoren bei der Lösung zusammenwirken und sich schematische Lösungen verbieten.[188] So kann, wie in Südafrika, eine Wahr-

[185] Vgl. hierzu: Tomuschat, Von Nürnberg nach Den Haag, Die Friedenswarte 70 (1995), S. 164.

[186] Mit dieser Frage beschäftigen sich Sieff/Wright, Reconciling Order and Justice? Journal of International Affairs 52 (1999), S. 759 f.

[187] Vgl. hierzu: Sieff/Wright, Reconciling Order and Justice ? Journal of International Affairs 52 (1999), S. 759 f. Sieff und Wright weisen a.a.O., S. 761 ff, darauf hin, daß daneben das „transnational advocacy network" eine wichtige Rolle spiele. Hierunter fällt die Verbreitung von Wissen über Verbrechen durch „transnational advocacy networks", d.h. durch die Medien, politische Aktivisten und inländische oder internationale Menschenrechtsorganisationen. Der Sinn und Zweck dieser Publizierung liegt darin, glaubhafte, politisch verwertbare Informationen zu schaffen und diese zur Mobilisierung der öffentlichen Meinung sowie zur Ausübung von Druck auf die politischen Eliten und Regierungen strategisch einzusetzen, um Gerechtigkeit zu erreichen. Durch diese Strategie produziert „transnational advocacy networks" Wissen über Verbrechen, das sowohl die Eliten als auch die Masse mobilisiert und die Regierungen, denen teilweise der Zugang zu diesen Informationen fehlt oder die diese zurückhalten, zur Reaktion nötigt. Die Mitglieder dieses Geflechtes vertreten die Auffassung, daß für einen dauerhaften Frieden Gerechtigkeit und Wahrheit essentiell seien und wirken der traditionellen Auffassung, ein dauerhafter Frieden sei nur für die Aufgabe der Gerechtigkeit zu erlangen, entgegen.

[188] Vgl. Sieff/Wright, Reconciling Order and Justice ? Journal of International Affairs 52 (1999), S. 769 ff.

heitskommission Befriedung herbeiführen. Demgegenüber war die Errichtung einer Wahrheitskommission bei Beendigung des DDR-Regimes nicht möglich, da insbesondere die Bürger der ehemaligen DDR eine strafrechtliche Verfolgung wünschten und auch die frei gewählte Volkskammer eine Amnestie ablehnte. Von ausschlaggebender Bedeutung ist zudem die Bereitschaft der Opfer zur Versöhnung, die nicht erzwingbar ist. Zudem bestehen die Opfer von Menschenrechtsverletzungen i.d.R. auf einer strafrechtlichen Ahndung, da sie die Schuldigen zum einen bestraft sehen wollen, zum andern die öffentliche Anerkennung dessen, was ihnen widerfahren ist, wünschen. Diese öffentliche Anerkennung kann nur ein öffentliches Strafverfahren leisten, das das Unrecht aufdeckt, Verantwortungen kennzeichnet und letztlich die Wahrheit dokumentiert, so daß kein Raum für die Verfälschung der Wahrheit bleibt. Wichtig für die Bürger eines zerrissenen Landes und förderlich für den Einigungsprozeß ist, daß durch die Feststellung der Verantwortlichkeiten einzelner der Entstehung einer Kollektivschuld oder eines anonymen Systemunrechts vorgebeugt wird.[189] Durch eine strafrechtliche Aufarbeitung wird zudem künftiges Konfliktpotential beseitigt und die Grundlage für einen dauerhaften Frieden gelegt. Für die Überlebenden von Massenverbrechen stellt bekanntermaßen die Bestrafung der Täter einen unverzichtbaren Beitrag zu ihrem Heilungsprozeß dar, so daß eine strafrechtliche Aufarbeitung für eine von schweren Menschenrechtsverletzungen zerrüttete Gesellschaft wichtig ist. Auch die Gerechtigkeit verlangt die Bestrafung der Schuldigen, durch die einer Selbstjustiz der Opfer zuvor gekommen werden kann und der Kreislauf der Gewalt unterbrochen wird.[190]

Auf der anderen Seite ist zu berücksichtigen, daß einige demokratische Systeme, wie z.B. in Chile, erst im Verhandlungswege durch das Eingehen entsprechender Kompromisse erzielt werden konnten, da die früheren Herrscher nur bei der Gewährung einer Amnestie der Umstrukturierung eines vormals diktatorischen Staates in ein demokratisches System zustimmen. Zudem ist zu überlegen, ob die Stabilität einer jungen und „wackligen" Demokratie dadurch gefährdet werden sollte, daß die Vergangenheit in aller Öffentlichkeit dokumentiert und individuelle Schuld judiziert wird. Auch ist zu berücksichtigen, daß durch eine strafrechtliche Verfolgung der Verantwortlichen als Kriegspartei Friedensprozesse belastet werden können. Daher stellt sich die Frage nach dem geringeren Übel. Die Mehrzahl der, an einem Verhandlungsprozeß mit Diktatoren beteiligten Politiker, wird die Gewährung einer Amnestie als „Preis für die Demokratie" als geringeres Übel erachten und einem Strafverzicht zustimmen. Es liegt auf der Hand, daß durch ein demokratisches System der Weltfrieden gewahrt bzw. wiederhergestellt werden kann, der insbesondere durch menschenrechtsverachtende Regime gefährdet wird. Folge einer solchen Amnestieregelung ist die Straffreiheit im Inland. Jeder Versuch einer Strafverfolgung „von außen" wird als massiver Eingriff in die staatliche Souveränität empfunden werden und die junge Demokratie erheblichen innenpolitischen Problemen aussetzen sowie ggf. spalten. Andererseits ist zu berücksichtigen, daß eine Amnestie, insbesondere wenn massive Menschenrechtsverletzungen begangen wurden, nicht zur Einigung eines Volkes, das sich aus Opfern und Tätern zusammensetzt und nach wie vor zerrissen ist, beiträgt. Vorstehenden Ausführungen ist zu entnehmen, daß es in diesem Bereich keine „Patentlösung" gibt, sondern jede Entscheidung mit massiven Vor- und Nachteilen verbunden ist, die in jedem Einzelfall abzuwägen sind.

---

[189] Vgl. hierzu: Blumenwitz, Die Strafe im Völkerrecht, ZfP 1997, S. 348; Ferencz, A Prosecutors Account, Journal of International Affairs 52 (1999), S. 464.

[190] Vgl. Blumenwitz, Die Strafe im Völkerrecht, ZfP 1997, S. 347 f.

In diesem Zusammenhang ist auch auf den Einfluß der Öffentlichkeit hinzuweisen, die nicht nur im ersten Weltkrieg, sondern auch im zweiten Weltkrieg oder auch sonst die Verurteilung der „Schuldigen“ begehrte.[191] Daher stellt sich die Frage, ob derartigen Forderungen, insbesondere wenn sie nicht aus dem eigenen Staat stammen, nachzukommen ist.

In diesem Bereich der Entscheidung, auf welche Weise völkerrechtliche Verbrechen aufzuarbeiten und zu verfolgen sind, um den Frieden in einem zerrütteten Staat und damit auch in der Staatengemeinschaft wiederherzustellen bzw. aufrechtzuerhalten, treten die strukturellen Unterschiede des Völkerrechts und des Strafrechts deutlich zutage, so daß zwischen beiden Systemen grundlegend zu differenzieren ist. Hier zeigt sich erneut, daß das Völkerrecht und das Strafrecht auf grundsätzlich anderen Werten beruhen. Dies hat zur Folge, daß im Bereich des Strafrechts andere Überlegungen angestellt werden müssen als im Bereich des Völkerrechts, in dem grundsätzlich komplexere Sachverhalte zu berücksichtigen sind. So gilt im innerstaatlichen Strafrecht der Grundsatz der Rigorosität. Die Rechtfertigung dieses Grundsatzes liegt in dem Umstand begründet, daß das Strafrecht sowohl dem Schutz als auch der Prävention dient. Diese Zwecke können aber nur bei einer „rigorosen“ Anwendung des Strafrechts erreicht werden und die Normen des Strafrechts gleichmäßig und für alle Gewaltunterworfenen gelten. Ein selektives Strafrecht hingegen vermag diese Strafzwecke nicht zu erfüllen. Daher ist der staatliche Strafanspruch in allen Fällen zu realisieren und durchzusetzen. Die Errichtung von Wahrheitskommsissionen widersprechen folglich den Grundsätzen und Werten des Starfrechts, wenn eine Strafverfolgung oder Amnestie unterbleibt. Mit strafrechtlichen Erwägungen könnte demzufolge die Einrichtung einer Wahrheitskommission nicht gerechtfertigt werden, wohingegen völkerrechtliche Wertungen dies durchaus ermöglichen. Im Völkerrecht stehen andere bzw. zusätzliche Werte im Mittelpunkt, so daß hier i.d.R ein globaler Blickwinkel eingenommen und unter Abwägung aller Aspekte die Errichtung einer Wahrheitskommission oder der Erlaß von Amnestiegesetzen durchaus als beste Lösung zur Erreichung und Sicherung des Weltfriedens als des vorrangigen Ziels des Völkerrechts anzusehen sein kann. Bei der Beurteilung völkerrechtlicher Fragen sind i.d.R. eine Vielzahl von Aspekten in die Betrachtung einzustellen, so daß sich schematische Lösungen und die Applikation einiger Prinzipien auf die spezielle Situation eine Landes bzw. eines Konfliktes verbietet.

6. Ergebnis

Die in dem Statut gewählte Lösung einer „Verbindung“ der nationalen mit der internationalen Gerichtsbarkeit im Rahmen des Grundsatzes der Komplementarität erscheint als effektivster Weg zur Verfolgung völkerstrafrechtlicher Verbrechen. Diese Lösung trägt auch dem Souveränitätsgedanken angemessen Rechnung. Im Wege

[191] Zu nennen ist hier z.B. der Fall der deutschen Brüder LaGrand, die in Arizona, USA, trotz des massiven internationalen Protests und einer Entscheidung des IGH hingerichtet wurden. Die Gouverneurin von Arizona bekräftigte mehrfach, daß diese Strafe verhängt worden sei, weil es die Wähler von Arizona so wollten. Hieraus folgt, daß diese Entscheidung nicht im Dienst der Gerechtigkeit stand, sondern vielmehr zur zweckgerichteten Verfolgung der politischen Ziele erfolgte; vgl. FAZ vom 4.3.1999, Nr. 53, S. 16. Vgl. zum Fall LaGrand und der dort eingetretenen Verletzung des Rechts auf konsularische Betreuung gemäß Art. 36 WKK nach der Verhaftung und den sich hieraus ergebenen Konsequenzen sowie der Rechtslage, den Beitrag von Nagel/Norba, Der Fall LaGrand, JA 2000, S. 132 ff. Vgl. auch: FAZ vom 4.3.1999, Nr. 53, S. 16.

eines „Auffangsprinzips“ wird gewährleistet, daß der IStGH auf der Grundlage der Komplementarität die Fälle abdeckt, bei denen die nationalen Rechtssysteme versagen. Dies stellt eine theoretisch optimale Sicherung der Strafverfolgung der völkerstrafrechtlichen Verbrechen dar, deren praktischer Wert sich aber erst in der Umsetzung zeigen wird. Auch die Errichtung von Wahrheitskommissionen erscheint nicht grundsätzlich als ausgeschlossen.

V. Formelle Zuständigkeit bzw. Gerichtsbarkeit des IStGH

Die Problematik der Zuständigkeit des IStGH ist eine der Schlüsselfragen des Statuts, die auf der Bevollmächtigtenkonferenz in Rom heftig umstritten war und Anlaß zu schweren Auseinandersetzungen, insbesondere mit der amerikanischen Delegation[192], bot. Die Erörterung der Vorgeschichte, insbesondere das Verhalten der einzelnen Staaten bei den Verhandlungen sowie die hier diskutierten verschiedenen Vorschläge würden den Rahmen der Arbeit sprengen, so daß sich an dieser Stelle nur mit dem Statut nicht aber den verschiedenen vertretenen Auffassungen, die sich letztendlich nicht durchsetzen konnten, auseinandergesetzt wird.[193] Am Tage der Annahme des Statuts haben drei maßgebliche Staaten, die USA, China und Indien, dieses abgelehnt. Diese Ablehnung ist in erster Linie auf den Mechanismus für die Etablierung der Zuständigkeit des Gerichts zurückzuführen.[194] Die genannten Staaten legten großen Wert auf die Festlegung des Prinzips, daß die Eröffnung der Gerichtsbarkeit des IStGH von der Zustimmung der Staaten im jeweiligen Einzelfall abhängen sollte (opt in, opt out), was insbesondere durch Art. 12 des Statuts nicht gewahrt sei.[195] Zudem wurde behauptet, daß die die Zuständigkeit des IStGH begründenden Vorschriften das Prinzip der „universal jurisdiction“ in sich trügen und daher auch „Nicht-Vertragsstaaten“ der Gerichtsbarkeit des IStGH unterworfen und für diese Staaten Verpflichtungen begründet würden.[196] Im folgenden wird die Stichhaltigkeit dieser Befürchtungen darzulegen sein.[197]

---

[192] Die Vereinigten Staaten erhoben starke Einwände gegen die Zuständigkeitsregelung des Art. 12 des Statuts, obwohl diese Norm in langen Nachtsitzungen bei den Verhandlungen in Rom erarbeitet worden war und sowohl die Skeptiker als auch die Befürworter versöhnen sollte, vgl. hierzu FAZ vom 2.6.1999, Nr. 125, S. 16. Vgl. hierzu auch: Williams, in: Triffterer, Commentary, Art. 12 Rn. 1 ff.

[193] Vgl. hierzu: La Haye, The International Criminal Court, NILR 1999, S. 4 ff, m.w.N, die die verschiedenen vertretenen Auffassungen und diskutierten Möglichkeiten sowie Vorschläge zur Ausgestaltung der Gerichtsbarkeit des IStGH diskutiert. Vgl. weiterhin zu der Verhandlungsgeschichte der Zuständigkeitsfrage des IStGH, den vertretenen Optionen, Lösungsansätzen und Vorschlägen, dem Verlauf der Beratungen und zu der schließlich erzielten Lösung, den Beitrag von Kaul, Das Ringen um seine Zuständigkeit, S. 177 ff.

[194] Vgl. die Stellungnahmen zu der Abstimmung in dem Plenary Committee am 17.7.1998. Zu finden sind diese im Internet: http://www.un.org/icc/pressrel (26.7.1998). Datum. Indien wehrte sich zudem gegen die dem Sicherheitsrat zugedachte Rolle. Kurz vor der Abstimmung über die Annahme des Statutes durch eine Abstimmung des Plenary Committee präsentierte Indien zwei letzte Änderungsvorschläge, deren einer vorsah, dem Sicherheitsrat alle ihm gewährten Rechte zu entziehen und deren zweiter den Einschluß der Massenvernichtungswaffen forderte. In dem Committee of the whole wurde über diese Änderungswünsche abgestimmt und die Änderungsvorschläge schließlich abgelehnt. Vgl. hierzu auch: La Haye, The international Criminal Court, NILR 1999, S. 3.

[195] Vgl. hierzu: La Haye, The International Criminal Court, NILR 1999, S. 3.

[196] S. La Haye, The International Criminal Court, NILR 1999, S. 3.

[197] Vgl. hierzu auch: Kap. 2 D III.

Die Gerichtsbarkeit des IStGH wurde in den Art. 11-16 des Statuts geregelt. In diesem Zusammenhang ist von Bedeutung, daß der im englischen Original verwendete Begriff der „Jurisdiction" nach anglo-amerikanischem Sprachgebrauch sowohl die Gerichtsbarkeit als auch die Zuständigkeit umfaßt, die im deutschen Sprachgebrauch strikt unterschieden werden. Auch die Berufungskammer hat in der Tadic-Zwischenentscheidung festgestellt, daß dem Begriff der „Jurisdiction", gerade im Völkerrecht, ein weites Verständnis zugrunde gelegt werden müsse, so daß hiervon nicht nur die Zuständigkeit im eigentlichen Sinne, sondern auch die Rechtsmacht erfaßt sei.[198] Vor diesem Hintergrund wird der Begriff in diesem weiten Sinn und unter „Jurisdiction" die formelle Zuständigkeit verstanden[199], so daß für die Zwecke des Statuts davon ausgegangen wird, daß zwischen den Begriffen „Gerichtsbarkeit" und „Zuständigkeit" keine Unterschiede bestehen und hier synonym verwendet werden.

1. Art. 12 IStGH-Statut

Art. 12 des Statuts, der die Voraussetzungen der Ausübung der Gerichtsbarkeit regelt, hat folgenden Wortlaut:

1. A State which becomes a Party to this Statute thereby accepts the jurisdiction of the court with respect to the crimes referred to in article 5.
2. In the case of article 13, paragraph (a) or (c), the court may exercise its jurisdiction if one or more of the following States are Parties to this Statute or have accepted the jurisdiction of the court in accordance with paragraph 3:

(a) The State on the territory of which the conduct in question occured or, if the crime was committed on board a vessel or aircraft, the State of registration of that vessel or aircraft;
(b) The State of which the person accused of the crime is a national.

3. If the acceptance of a State which is not a Party to this Statute is required under paragraph 2, that State may, by declaration lodged with the Registrar, accept the exercise of jurisdiction by the court with respect to the crime in question. The accepting State shall cooperate with the court without any delay or exception in accordance with Part 9.

Gemäß Art. 12 Abs. 1 des Statuts besitzt der IStGH die unmittelbare Zuständigkeit (inherent jurisdiction) für die in Art. 5 des Statuts aufgeführten Verbrechen.[200] Diese Zuständigkeit wird ihm, ohne besondere Zustimmung der Vertragsparteien, ipso facto durch deren Beitritt zum Statut, übertragen.[201] Als weitere Voraussetzung für die Ausübung der Gerichtsbarkeit verlangt Art. 12 Abs. 2 IStGH-Statut, in den Fällen, in denen keine Überweisung durch den Sicherheitsrat vorliegt[202], daß entweder der Staat, auf dessen Hoheitsgebiet das fragliche Verhalten geschehen ist und bzw. oder der Staat, dem die des Verbrechens beschuldigte Person angehört, entweder Vertragsparteien des Statuts sind oder aber die „ad hoc-Zustimmung" nach Art. 12 Abs. 3 des Statuts eines dieser Staaten oder ggf. beider, vorliegt.[203] [204] In Ansehung des

[198] Vgl. hierzu: Heintschel v.Heinegg, Die Errichtung des Jugoslawien-Strafgerichtshofes, S. 64 f.

[199] So auch: Ambos, Analyse des Rom-Statuts, ZStW 111 (1999), S. 180.

[200] Vgl. hierzu: Irmscher, Das Römische Statut, Kritische Justiz 1998, S. 482. Hierdurch wurden Vorschläge wie beispielsweise das „opt in, opt out-System" weitgehend verworfen.

[201] S. Irmscher, Das Römische Statut, Kritische Justiz 1998, S. 482.

[202] Vgl. hierzu: Kap. 2 V 2 b.

[203] Diese Voraussetzung der Gerichtsbarkeit wird gerade von Menschenrechtsorganisationen als die größte Enttäuschung der Konferenz bezeichnet. So hat beispielsweise Human Rights Watch den sog. südkoreanischen Vorschlag unterstützt, der vorsah, daß entweder die Zustimmung des Ge-

Art. 12 IStGH-Statut wird daher zu Recht von einem „drei-stufigen Zuständigkeitsmodell" ausgegangen, auf dessen ersten Stufe (Art. 12 Abs. 1 des Statuts) ein Staat mit dem Vertragsbeitritt die Gerichtsbarkeit automatisch akzeptiert.[205] Bevor die nächste Stufe erreicht wird, ist zu differenzieren, wer die Situation an den Ankläger herangetragen hat. Sofern der Sicherheitsrat tätig geworden ist, ist die Prüfung an dieser Stelle beendet und die Gerichtsbarkeit des IStGH gegeben, ohne daß weitere Voraussetzungen erfüllt werden müßten. Liegt hingegen die Situation einer Staatenklage[206] oder einer „proprio motu-Ermittlung" des Anklägers[207] vor, so werden als alternative Anknüpfungspunkte auf der zweiten Stufe die Zustimmung des Tatort- oder des Täterstaates anerkannt, so daß die Gerichtsbarkeit dann gegeben ist, wenn der Tatort oder der Täterstaat Vertragspartei ist und es in diesem Fall keiner gesonderten Zustimmungserklärung bedarf, Art. 12 Abs. 2 des Statuts.[208] Auf der dritten Stufe kann ein Staat, der nicht Vertragspartei, aber Tatort- oder Täterstaat ist, die Zuständigkeit jederzeit ad hoc in einem konkreten Fall akzeptieren, Art. 12 Abs. 2 i.V.m. Abs. 3 IStGH-Statut.[209] In diesem Fall ist der Staat auf der Grundlage des 9. Kapitels des Statuts zur Zusammenarbeit verpflichtet.[210] Das völkerrechtliche Konsensprinzip wird hierdurch gewahrt, da eine Zustimmung der Vertragsparteien im Zuge der Ratifikation weiterhin erforderlich ist.[211] Diese kann lediglich aus Gründen der politischen Opportunität für den Einzelfall erteilt oder entzogen werden, da ein solcher Strafgerichtshof „à la carte" in Rom abgelehnt wurde.[212]

Demgemäß konnte für die Kernverbrechen das Prinzip der automatischen Jurisdiktion durchgesetzt werden, weil Art. 12 Abs. 1 des Statuts eine automatische Anerkennung der Zuständigkeit des Gerichtshofs für die in Art. 5 IStGH-Statut genannten De-

---

wahrsamsstaats des Täters oder des Staats der Nationalität der Opfer die Zuständigkeit des IStGH begründet. Auch Condorelli, La Cour Pénale Internationale, Revue Générale de Droit International Public, Tome CIII (1999), S. 16 f, kritisiert diese Regelung.

[204] Problematisch ist die Frage, ob die Zustimmung des Staates des Begehungsortes ausreicht, wenn dem Verdächtigen in diesem Land Immunität zugesichert worden ist. Dies ist z.B. bei allen Blauhelm-Einsätzen üblich. Die Vereinten Nationen bzw. die Entsendestaaten schließen mit dem Aufenthaltsort Abkommen über die Befreiung des Militär- und Polizeipersonals von der örtlichen Strafgerichtsbarkeit. Es erscheint daher widersprüchlich, daß ein Staat zwar auf seine Strafgewalt verzichtet, andererseits diese aber noch auf den IStGH übertragen kann. In diesem Zusammenhang ist der Sinn und Zweck der gewährten Immunität zu berücksichtigen, der darin liegt, den Soldaten o.ä. vor einer unbekannten, möglicherweise voreingenommenen oder rechtsstaatlichen Grundsätzen nicht entsprechenden Justiz zu schützen. Solchen Zumutungen wären die Soldaten vor dem IStGH nicht ausgesetzt. Im übrigen würden hier Verbrechen abgeurteilt, für die die Immunität eigentlich nicht vorgesehen ist. Schließlich ist noch Art. 27 Abs. 2 IStGH-Statut zu berücksichtigen. Vgl. hierzu: Kap. 2 B III.

[205] So: Ambos, Der neue Internationale Strafgerichtshof, NJW 1998, S. 3744; ders, Zum neuen Internationalen Strafgerichtshof, JA 1998, S. 988; ders. Ambos, Analyse des Rom-Statuts, ZStW 111 (1999), S. 181 ff.

[206] Vgl. hierzu: Kap. 2 V 2 a.

[207] Vgl. Kap. 2 V 2 c.

[208] Vgl. Ambos, Zum neuen Internationalen Strafgerichtshof, JA 1998, S. 988, ders. ZStW 111 (1999), S. 181.

[209] S. Ambos, Zum neuen Internationalen Strafgerichtshof, JA 1998, S. 988, ders. ZStW 111 (1999), S. 181.

[210] Vgl. Williams, in: Triffterer, Commentary, Art. 12 Rn. 17.

[211] Vgl. hierzu: Irmscher, Das Römische Statut, Kritische Justiz 1998, S. 482.

[212] Vgl. mit weiteren Nachweisen: Irmscher, Das Römische Statut, Kritische Justiz 1998, 482 f.

likte bei Ratifizierung bzw. Beitritt zum Statut vorsieht.[213] Diese Festschreibung ist als wirklicher Fortschritt anzusehen, da bislang in dem Beitritt zu einem Vertrag, durch den ein Gericht eingesetzt wurde, nicht automatisch die Akzeptanz seiner Gerichtsbarkeit zu sehen war, so daß die Vertragspartnereigenschaft und die Gerichtsbarkeit Gegenstand verschiedener Abkommen waren.[214] Die Tatsache, daß in einer Handlung sowohl der Beitritt zum Statut als auch die Anerkennung der Gerichtsbarkeit zu sehen ist, stellt einen bedeutsamen Fortschritt dar.[215] Dies ist Voraussetzung, um einen unabhängigen internationalen Strafgerichtshof mit einer obligatorischen Gerichtsbarkeit zu erreichen. Diese Regelung begründet zudem den Vorteil, daß ein Vertragsstaat, auf dessen Territorium es zur Begehung der sog. Tathandlungen kommt, sich nicht spontan der Zuständigkeit des Gerichtshofes entziehen kann, sondern nur vom Vertrag nach Art. 127 des Status zurücktreten kann, wobei dieser Rücktritt nur für die Zukunft wirkt.[216] Der Grundsatz der automatischen Jurisdiktion geht auf einen Vorschlag der Bundesrepublik Deutschland zurück, die sich für eine automatische universelle Zuständigkeit des IStGH für die Kernverbrechen einsetzte.[217] [218] Der Begriff der „inhärenten Gerichtsbarkeit" für die Kerntatbestände bedeutet, daß die Vertragsstaaten, ausgehend vom Weltrechtsprinzip, dem IStGH dieselbe Gerichtsbarkeit zubilligen können, die sie selbst ausüben dürfen.[219] Demzufolge könnte auch der IStGH nach dem Weltrechtsprinzip Strafhoheit, ebenso wie die Staaten, die ihm selbige übertragen haben, obwohl der Täter weder Angehöriger eines Vertragsstaates ist, noch die Tat auf dem Hoheitsgebiet eines Vertragsstaates ausgeübt wurde, genießen.[220]

Allerdings kann festgestellt werden, daß die relativ weite Vorschrift des Art. 12 Abs. 1 des Statuts, der die inhärente Jurisdiktion begründet, für die Fälle der Staatenklage und der „proprio motu-Ermittlung" des Anklägers eine erhebliche Einschränkung durch Art. 12 Abs. 2 des Statuts erfährt, so daß der IStGH letztlich nicht auf der Grundlage einer ihm von den Vertragsstaaten übertragenen Strafgewalt, die diese aus dem Weltrechtsprinzip herleiten, tätig wird, sondern diese „erweiterte Zuständigkeit" durch das Zustimmungserfordernis des Territorial- und Heimatstaates quasi ausgeschaltet wird und die Frage, ob das Weltrechtsprinzip überhaupt gegeben wä-

---

213 So auch: Seidel/Stahn, Das Statut, Jura 1999, S. 17.

214 So auch: Lee, The Rome Statute, S. 28.

215 So: Lee, The Rome Statute, S. 28.

216 Seidel/Stahn, Das Statut, Jura 1999, S. 17; Vgl. Kap. 2 X 3.

217 Vgl. den im März/April 1999 unterbreiteten Vorschlag UN Doc. A/AC 249/1998/DP.2. Das Diskussionspapier erläuterte dies dergestalt, daß nach dem modernen Internationalen Strafrecht Völkermord, Verbrechen gegen die Menschlichkeit und Kriegsverbrechen in Übereinstimmung mit dem Weltrechtsprinzip überall, von allen Staaten der Erde, ungeachtet der Nationalität des Täters, Opfers, des Tatortes etc. strafrechtlich verfolgt werden können, so daß, da die Staaten national universale Gerichtsbarkeit ausüben können, sie durch Ratifikation des Gerichtshof-Statuts auch dem IStGH universale Jurisdiktion übertragen können.

218 Vgl. hierzu: Kaul, Durchbruch in Rom, VN 1998, S. 128. Die Regelung, daß entweder der Territorialstaat oder der Staat, dessen Staatsangehöriger der mutmaßliche Täter ist, Vertragspartei des Statuts sein müssen, bleibt sowohl deutlich hinter der von der deutschen Seite vorgeschlagenen universalen Jurisdiktion als auch dem südkoreanischen Vorschlag zurück.

219 So auch: Schlunck, Diskussionsstand vor der Diplomatischen Konferenz, S. 166.

220 Vgl. Schlunck, Diskussionsstand vor der Diplomatischen Konferenz, S. 166 f. Ursprünglich war diese Regelung nur für den Völkermord vorgesehen und für die anderen Delikte das „opt in/opt out-System": Dieses Verfahren hätte zu einer unübersichtlichen internationalen Gerichtsbarkeit des IStGH geführt, bei dem der IStGH in jedem Einzelfall hätte prüfen müssen, welche Staaten inwieweit die Gerichtsbarkeit des IStGH anerkannt haben.

re, bedeutungslos ist. Angesichts des Erfordernisses der Zustimmung von Tatort- und Heimatstaat, die, wie bereits dargelegt, ohnehin vorrangig zuständig sind und an deren Zuständigkeit keine Zweifel bestehen, scheiden Souveränitätsverletzungen von Drittstaaten ebenso wie eine unzulässige „third party jurisdiction" aus.[221] Gleiches gilt grundsätzlich auch im Anwendungsbereich des Weltrechtsprinzips, so daß hier ebenfalls Verletzungen der staatlichen Souveränität ausscheiden würden. Vielmehr wären Souveränitätsverletzungen von Drittstaaten nur bei einer unbeschränkt ausübbaren inhärenten Jurisdiktion zu befürchten, die auf der Grundlage einer von den Staaten, die weder Tatort- noch Täterstaaten sind, übertragenen Strafhoheit erfolgt, die diese irrtümlich aus dem Weltrechtsprinzip herleiten, obwohl für den in Frage stehenden Tatbestand selbiges gerade keine Anwendung findet. Übte der IStGH in einem solchen Fall die ihm vermeintlich übertragene Strafhoheit aus, so wäre die Verletzung eines Dritttstaates in seiner nationalen Souveränität denkbar. Da hier allerdings die Sicherung des Art. 12 Abs. 2 IStGH-Statut eingebaut wurde, scheidet eine solche aus. Vielmehr bleibt die Gerichtsbarkeit des IStGH hinter ihren Möglichkeiten zurück, da selbst im Fall der Geltung des Weltrechtsprinzips nicht die vom Gewahrsamsstaat oder einem beliebigen Vertragsstaat im Wege des Abs. 1 übertragene Hoheitsgewalt ausreicht, sondern das Erfordernis des Abs. 2 nach wie vor, ungeachtet des Weltrechtsprinzps, gilt. Aus diesem Grund ist die Beschränkung zu bedauern, auf der anderen Seite aber festzustellen, daß die Regelung so „wasserdicht" ist und der Einwand einer unzulässigen „third party jurisdiction" nicht erfolgreich erhoben werden kann, da hier die Ausübung der Gerichtsbarkeit eine Zustimmung der Staaten, die zweifellos zur strafrechtlichen Verfolgung befugt sind, erfordert und Streitigkeiten über die Geltung und das Ausmaß des Weltrechtsprinzips vermieden werden. Zudem wird so eine einheitliche Anwendung des Statuts in Ansehung der umfaßten Verbrechen auf alle Vertragsstaaten gleichermaßen gesichert. Hieraus folgt, daß der IStGH faktisch bei einer Staatenklage oder einer durch den Ankläger eingeleiteten Strafermittlung nur zuständig ist, wenn sich die im Statut genannten Verbrechen auf dem Staatsgebiet eines Vertragsstaates ereignet haben oder ein Staatsangehöriger eines Vertragsstaates das Verbrechen begangen hat. Hierdurch wird der Aktionsradius des IStGH eingeschränkt und das Weltrechtsprinzip ignoriert. Als Unstimmigkeit ist daher die „Machtlosigkeit" des IStGH in den Fällen zu bezeichnen, in denen in einem Land unter Billigung oder Unterstützung staatlicher Autorität Verbrechen wie Genozid, Kriegsverbrechen in einem Bürgerkrieg oder Verbrechen gegen die Menschlichkeit begangen werden und der Staat zur Zeit der Begehung der Verbrechen die Zuständigkeit des IStGH nicht anerkannt hat. Demzufolge besteht durch die derzeitige Regelung in dem Fall, daß bei einem inneren Konflikt der fragliche Staat weder Vertragspartei ist noch die Zuständigkeit ad hoc anerkennt, eine Strafbarkeitslücke.

Bei einer Lösung, die zur Begründung der Zuständigkeit auf den Gewahrsam abgestellt hätte, wäre es möglich gewesen, die Taten, die in Bürgerkriegen begangen wurden, zu bestrafen, sobald der Täter das Land verläßt.[222] Diese erhebliche Begrenzung der Zuständigkeit des IStGH ist auf die Intervention der ständigen Mitglieder des Sicherheitsrates zurückzuführen. Gleiches gilt auch für die Jurisdiktions-

---

[221] Vgl. Kap. 2 D II, III.

[222] Vgl. hierzu: Kaul, Das Ringen um seine Zuständigkeit, S. 190, der ebenfalls bedauert, daß sich der südkoreanische Vorschlag, nicht hat durchsetzen können, demgemäß die Wirksamkeit und die Handlungsmöglichkeiten des IStGH gegenüber Drittstaaten und dort stattfindenden internen bewaffneten Konflikten erheblich verbessert worden wäre; so auch: Kinkel, Der Internationale Strafgerichtshof, NJW 1998, 2651.

Begrenzung durch die Übergangsregelung für Kriegsverbrechen, Art 124 IStGH-Statut. Demzufolge haben Vertragsstaaten die Möglichkeit, für sieben Jahre ab ihrem Vertragsbeitritt die Verfolgung von auf ihrem Territorium oder von ihren Staatsangehörigen begangenen Kriegsverbrechen auszuschließen.[223] Die Übergangsbestimmung des Art. 124 IStGH-Statut schafft de facto ein „opt out-regime" für Kriegsverbrechen, das die Natur der Rechtsprechung ändert und das Konzept der inhärenten und automatischen Jurisdiktion des Gerichts über die Kernverbrechen konterkariert.[224] Zudem ist diese Lösung als Vorteil der Vertragsstaaten gegenüber den Nichtvertragsstaaten anzusehen, da letztere nicht von dem „opt out-regime" profitieren können, der Vertragsstaat hingegen doch,[225] so daß es hier zu einer Ungleichbehandlung kommen kann. Die abzulehnende Regelung des Art. 124 IStGH-Statut ist auf einen französischen Vorschlag zurückzuführen, der ursprünglich auch für Verbrechen gegen die Menschlichkeit gelten sollte.[226] Angesichts der deutschen Bemühungen konnte diese Derogation der Gerichtsbarkeit auf Kriegsverbrechen und auf eine Frist von sieben Jahren begrenzt werden.[227]
Weist hingegen der Sicherheitsrat der Vereinten Nationen dem Ankläger eine Situation auf der Grundlage des 7. Kapitels der UN Charta zu, so hat er weltweite Zuständigkeit. Zudem findet Art. 124 IStGH-Statut keine Anwendung. Auch hierin ist keine Souveränitätsverletzung zu sehen, da zum einen die Kompetenz des Sicherheitsrates zu bejahen ist, und zum anderen in diesem Bereich der Souveränitätsvorbehalt der Staaten keine Anwendung findet.

2. Die Trigger Mechanisms

Sofern die in Art. 12 des Statuts normierten Voraussetzungen für die Eröffnung der Gerichtsbarkeit erfüllt sind kann die Rechtsprechung des Gerichts auf dreierlei Weise ausgelöst (sog. „trigger mechanisms"[228], Art. 13 IStGH-Statut) und sodann, vorbehaltlich des Art. 17 IStGH-Statut, ausgeübt werden. Art. 13 des Statuts, der die Ausübung der Gerichtsbarkeit regelt und damit die trigger mechanisms normiert, hat folgenden Wortlaut:

> The Court may exercise its jurisdiction with respect to a crime referred to in article 5 in accordance with the provisions of this Statute if:
> (a) A situation in which one or more of such crimes appears to have been committed is referred to the Prosecutor by a State Party in accordance with article 14;

---

[223] Vgl. hierzu: Kinkel, Der Internationale Strafgerichtshof, NJW 1998, 2651, der diese Regelung kritisiert.

[224] So auch: La Haye, The International Criminal Court, NILR 1999, S. 17.

[225] Vgl. La Haye, The International Criminal Court, NILR 1999, S. 17, die darauf hinweist, daß dieser Artikel auf der Review-Konferenz, die sieben Jahre nach Inkrafttreten des Statuts stattfinden soll, überprüft werden wird.

[226] S. Kaul, Durchbruch in Rom, VN 1998, S. 128.

[227] Vgl. Kaul, Durchbruch in Rom, VN 1998, S. 128, der feststellt, daß sich der französische Vorschlag eines „state consent regimes" für jedes einzelne Verfahren, oder der weitere Vorschlag, die Zuständigkeit in völliger Wahlfreiheit für die Statutsverbrechen selektiv zu bejahen oder zu verneinen, glücklicherweise nicht habe durchsetzen können, da eine solche Regelung zur Folge gehabt hätte, daß die Gerichtsbarkeit von dem Gutdünken der Vertragsstaaten abhängig und Opportunitätsgesichtspunkte entscheidend gewesen wären.

[228] Vgl. zu den bis zuletzt schwierigen Verhandlungen auf der Bevollmächtigtenkonferenz und dem sodann erreichten „Kompromißpaket: Wilmhurst, Jurisdiction, S. 133 ff.

(b) A situation in which one or more of such crimes appears to have been committed is referred to the Prosecutor by the Security Council acting under Chapter VII of the Charter of the United Nations; or
(c) The Prosecutor has initiated an investigation in respect of such a crime in accordance with article 15.

Art. 13 IStGH-Statut ist zu entnehmen, daß Verfahren vor dem IStGH von den Vertragsstaaten, dem Sicherheitsrat oder aber der Anklagebehörde, hingegen nicht von Individuen, initiiert werden können, indem die Genannten bestimmte „Situationen" an den IStGH herantragen. Der Begriff „Situationen" wurde bewußt gewählt, um zu verhindern, daß aus politischen Gründen bestimmte Individuen angeklagt und auf diese Weise eine Politisierung des Prozesses eintritt.[229] Zudem obliegt es dem Gericht selbst zu entscheiden, welche Personen überprüft und ggf. verurteilt werden sollen und welche nicht, so daß durch die Verwendung dieses Begriffes die Unabhängigkeit des Gerichts, insbesondere vom Sicherheitsrat, dokumentiert werden soll.[230] Wie noch näher darzulegen sein wird, kann hier von einem „zweigleisigen System" gesprochen werden, d.h. der Befassung infolge einer Überweisung des Weltsicherheitsrates auf der einen und der Staatenklage sowie der „propriu motu-Befugnis" des Anklägers auf der anderen Seite.[231]

a. Staatenklage

Gemäß Art. 13 lit. (a) i.V.m. Art. 14 des Statuts können die Vertragsstaaten eine Situation an den Ankläger herantragen. Diese Möglichkeit bleibt einem Nichtvertragsstaat, selbst wenn er die Zuständigkeit des IStGH in einem bestimmten Fall anerkannt hat, verschlossen.[232] Gemäß Art. 14 Abs. 2 IStGH-Statut hat der Vertragsstaat den Ankläger mit ihm zu Verfügung stehenden Dokumentationen zu versorgen. Es steht zu erwarten, daß die Staaten sehr zurückhaltend sein werden, wenn es darum geht, einem anderen Staat in einem formalisierten Verfahren derart schwere Verbrechen vorzuwerfen. In dem Fall der Staatenklage hat der Ankläger nach Art. 18 Abs. 1 IStGH-Statut, alle betroffenen Staaten umgehend zu informieren. Eine Autorisierung der Ermittlungen durch die Vorverfahrenskammer ist nicht erforderlich.

b. Überweisung durch den Sicherheitsrat

Der Weltsicherheitsrat hat nach Art. 13 lit. (b) IStGH-Statut die Möglichkeit, sofern er nach Kapitel VII der UN-Charta tätig wird, eine Situation an den Ankläger zu verweisen. In diesem Zusammenhang wird erneut die Frage des Verhältnisses des Gerichtshofs zum Weltsicherheitsrat relevant.[233] Zunächst ist wiederum die bedeutsame Rolle des Sicherheitsrates zu vergegenwärtigen, welche die UN-Charta diesem zuweist. Diese Verantwortlichkeiten und Befugnisse werden durch das Statut des IStGH, wie bereits dargelegt, nicht tangiert, so daß das Statut ihnen vielmehr Rechnung tragen muß. Das Statut ist diesen „Pflichten" u.a. dadurch nachgekommen, daß

---

[229] So auch: Hoffmeister/Knoke, Das Vorermittlungsverfahren, ZaöRV 59 (1999), S. 788.

[230] So: Yee, The International Criminal Court and the Security Council, S. 148.

[231] Vgl. Hoffmeister/Knoke, Das Vorermittlungsverfahren, ZaöRV 59 (1999), S. 806.

[232] So auch: Williams, in: Triffterer, Commentary, Art. 13, Rn. 15, Art. 15 Rn. 10.

[233] Diese Frage gehört zu den wichtigsten und umstrittensten Problemkreisen des Statuts. Vgl. hierzu: Yee, The International Criminal Court and the Security Cuncil, S. 143.

dem Weltsicherheitsrat in Art. 13 lit. (b) die Befugnis zur Initiierung eines Verfahrens eingeräumt wurde. Die Einräumung eines solchen Rechts ist nicht zu beanstanden.[234] So ist zu berücksichtigen, daß der Sicherheitsrat im Rahmen seiner Kompetenzen nach Kap. VII der UN Charta internationale „ad hoc-Tribunale" errichten kann, so daß ihm die UN-Charta, bei Vorliegen der Voraussetzungen des siebten Kapitels, erst recht die Befugnis vermittelt, ein bereits bestehendes Gericht mit derartigen Aufgaben zu betrauen, so daß weder eine Kompetenzüberschreitung noch eine Kompetenzunterschreitung vorliegt.[235] Um zu verhindern, daß es neben dem IStGH zur Schaffung von „ad hoc-Tribunalen" kommt, die neben diesem judizieren, wurde dem Sicherheitsrat daher in Situationen, in denen die Voraussetzungen für ein Handeln nach dem VII. Kapitel der UN-Charta gegeben sind, das Recht eingeräumt, eine solche Angelegenheit an den IStGH zu überweisen, so daß das Gericht in diesem Fällen quasi als „Hilfsorgan" der UNO tätig werden soll und insofern eine Doppelfunktion hat.[236] Dies ist als eine sinnvolle und vorausschauende Regelung anzusehen, da auf diese Weise Kompetenz-, Legitimations- und Abgrenzungsproblemen vorgebeugt und der Effektivität der Völkerstrafgerichtsbarkeit gedient wird.[237] Auch wird durch die Gewährung eines solchen Initiativrechts nicht nachteilig in die gerichtlichen Kompetenzen des IStGH eingegriffen. Diese Befugnis des Sicherheitsrates hat weitreichende Konsequenzen, da die Anträge alle Mitgliedstaaten der UN, ungeachtet der Frage, ob sie Mitglieder des Statuts sind, binden. Aus diesem Grund sind solche Anträge eine „scharfe Waffe" mit vielfältigen Auwirkungen, z.B. auf die Kooperationspflichten[238], wie im Laufe der Arbeit noch zu zeigen sein wird. Somit ist diese Befugnis für die Effektivität des Gerichtshofs, insbesondere gegenüber Nichtvertragsparteien, von erheblicher Bedeutung, da es in diesen Fällen keine Rolle mehr spielt, ob der betreffende Staat Mitglied des Statuts ist oder nicht, so daß der IStGH auch Verbrechen, die sich auf dem Territorium von Nichtvertragsparteien ereigneten, strafrechtlich verfolgen kann.[239]

Der Sicherheitsrat ist demgemäß das einzige Organ, das, ohne daß die Zustimmung von Territorial- oder Heimatstaat vorliegen muß, den Gerichtshof durch eine Resolution auf der Grundlage des siebten Kapitels der UN Charta mit einer Ländersituation befassen kann, Art. 12 Abs. 2 IStGH-Statut.[240] Diese Befugnis des Sicherheitsrates hat daher den Vorteil, daß die Verweigerung der erforderlichen Zustimmung eines Staates, durch ein Herantragen der Sache seitens des Weltsicherheitsrates an das Gericht, der Ausübung der Gerichtsbarkeit durch den IStGH nicht mehr entgegen steht. Dies ermöglicht dem Sicherheitsrat ein Einschreiten in den Fällen, in denen Staaten zögern und die erforderliche Zustimmung nicht erteilen wollen. Allerdings sei nochmals darauf hingewiesen, daß der Sicherheitsrat, wie Art. 13 lit. (b) des Statuts entnommen werden kann, nach Kap. VII der UN-Charta handeln muß, so daß er in

---

[234] Vgl. hierzu: Kap. 2 B IV 4. Zu der hiergegen vorgebrachten Kritik: Yee, The International Criminal Court and the Seurity Council, S. 146 f.

[235] So auch: Zimmermann, Die Schaffung eines Internationalen Strafgerichtshofes, ZaöRV 58 (1998), S. 94. Auch Seidel/Stahn, Das Statut, Jura 1999, S. 16, weisen darauf hin, daß der Sicherheitsrat in diesen Fällen nicht mehr als Gerichtsgründer agieren muß, sondern den IStGH wie ein „ad hoc-Gericht" nutzen kann. S. auch: Hoffmeister/Knoke, Das Vorermitttlungsverfahren, ZaöRV 59 (1999) S. 789 f.

[236] Vgl. hierzu: Irmscher, Das Römische Statut, Kritische Justiz 1998, S. 480.

[237] So auch: Hoffmeister/Knoke, Das Vorermittlungsverfahren, ZaöRV 59 (1999). S. 790.

[238] Vgl. hierzu: Kap. 2 B VII.

[239] Vgl. Seidel/Stahn, Das Statut, Jura 1999, S. 16.

[240] So: Seidel/Stahn, Das Statut, Jura 1999, S. 16.

diesem Fall auch die zur Durchsetzung entsprechende Kraft hat. Vor diesem Hintergrund ist die Entbindung von den Beschränkungen, die für den Fall der Staatenklage oder der „proprio motu-Befugnis" des Anklägers gelten, nicht zu beanstanden, da durch die Aufstellung weitergehender Anforderungen, wie z.B. eines Zustimmungserfordernisses, die Kompetenzen des Sicherheitsrates, die ihm die UN-Charta vermittelt, beschnitten würden. Da der Sicherheitsrat auf der Grundlage des siebten Kapitels der UN-Charta handelt, wären derartige Beschränkungen als mittelbare Verletzung der UN-Charta anzusehen und sind daher abzulehnen. Eine Souveränitätsverletzung sowie eine unzulässige „third party jurisdiction" kann hierin nicht gesehen werden, da der Sicherheitsrat im Rahmen des siebten Kapitels der UN-Charta tätig wird und daher der Souveränitätsvorbehalt ohnehin eingeschränkt ist.

In diesem Zusammenhang ist zu berücksichtigen, daß sich der Sicherheitsrat bei der Überweisung von Fällen an den IStGH, angesichts der weitreichenden Konsequenzen, ebenso schwer tun wird, wie bei der Errichtung von „ad hoc-Tribunalen".[241] So ist z.B. die Überweisung von Delikten, die von Staatsangehörigen eines der fünf ständigen Sicherheitsratsmitgliedern begangen wurden, wenig wahrscheinlich. Ebenso unwahrscheinlich ist die Überweisung von Situationen bezüglich Staaten, in denen ein ständiges Mitglied des Sicherheitsrates politische oder wirtschaftliche Interessen verfolgt oder das unter seinem Schutz steht. Hinzu tritt die Ablehnung, die der IStGH durch Staaten wie die USA erfahren hat, so daß, v.a. angesichts der Ankündigung der USA, den IStGH zu „boykottieren", nicht mit einer großzügigen Überweisungspraxis zu rechnen sein wird. Zudem ist noch darauf hinzuweisen, daß im Fall einer Überweisung durch den Sicherheitsrat weder die Vorverfahrenskammer eingeschaltet werden muß, noch der Ankläger nach Art. 18 des Statuts alle betroffenen Staaten zu informieren hat. Abschließend ist festzustellen, daß auch für den Sicherheitsrat, entsprechend seiner bedeutenden Rolle im System der Friedenssicherung der UNO, eine weitgehende Befugnis im Zusammenhang mit der Eröffnung des Verfahrens vorgesehen ist. In diesen Fällen kommt den Urteilen des IStGH auch hinsichtlich der Staaten Bindungswirkung zu, die dem Statut nicht beigetreten sind. Dies ergibt sich nicht aus dem Statut, sondern aus Art. 25 i.V.m. Art. 41 UN-Charta.[242] Da die Bindungswirkung bei einer Überweisung durch den Sicherheitsrat aus Art. 25 UN-Charta folgt, werden durch das Statut für Drittstaaten ohne deren Zustimmung keine zusätzlichen Pflichten begründet, so daß gegen Art. 34 WVK nicht verstoßen wurde.[243]

c. „Ex officio-Befugnis" des Anklägers unter besonderer Berücksichtigung der Rolle des Anklägers

Die Rechte und Befugnisse des Anklägers wurden nicht nur auf der Bevollmächtigtenkonferenz in Rom, sondern bereits im Vorfeld heftig und erbittert diskutiert.[244] Wie

---

[241] Derzeit wird verstärkt die Errichtung eines „ad hoc-Tribunals" für Ost-Timor diskutiert. So hat bereits eine UN-Untersuchungskommission eine entsprechende Empfehlung abgegeben. Das Tribunal soll, sofern es zu einer Errichtung kommt, womit angesichts des Widerstandes der ständigen Sicherheitsratsmitglieder Rußland und China nicht zu rechen ist, nur für die schweren Menschenrechtsverletzungen des Jahres 1999 zuständig sei; vgl. hierzu: FAZ vom 26.1.2000, Nr. 21, S. 7; sowie vom 19.2.2000 Nr. 42, S. 8. Ein solches Tribunal wird auch für Kambodscha gefordert, wobei hier die innerstaatliche Aufarbeitung im Vordergrund steht, vgl. FAZ vom 8.2.2000, Nr. 32, S. 8.

[242] So auch: Irmscher, Das Römische Statut, Kritische Justiz 1998, 480.

[243] Vgl. Irmscher, Das Römische Statut, Kritische Justiz 1998, 480.

[244] Vgl. hierzu: Fernández de Gurmendi, The Role of the Prosecutor, S. 175 ff; vgl. zu der Vorgeschichte auch: Bergsmo/Pejic, in: Triffterer, Commentary, Art. 15, Rn. 1 ff; La Haye, The International Criminal Court, NILR 1999, S. 15 f, m.w.N.

bereits ausgeführt, trafen in Rom im wesentlichen zwei konträre Ansätze aufeinander. Während sich die „like-minded states" für einen unabhängigen Ankläger einsetzten, der „proprio motu-Befugnisse" haben sollte, bestanden die gerichtshofrestriktiven Staaten darauf, daß nur die Staaten und der Sicherheitsrat die Befugnis zur Initiierung von Ermittlungen haben sollten.[245] Am Ende der Verhandlungen stand ein Kompromiß. So konnte sich in Rom schließlich der Ankläger mit „proprio motu-Befugnissen" durchsetzen, wobei die Wahl zwischen dem Nürnberger-Modell[246] und dem der „ad hoc-Tribunale" von Jugoslawien und Ruanda[247], obgleich mit erheblichen Restriktionen, auf das letztere fiel. Diese „ex officio-Befugnis" ist nicht grenzenlos. So wurden einige Kontrollen in das Statut eingebaut, um den Vorwurf eines zu mächtigen Anklägers, der seine Macht leicht mißbrauchen könnte, zu umgehen. V.a. die Vereinigten Staaten äußerten Bedenken vor politisch motivierten Verfahren, die durch einen unabhängigen Ankläger eingeleitet werden können. Die Befürchtungen der Kompetenzüberschreitungen durch den Ankläger sind allerdings unberechtigt[248], da das Statut selbst einige „Sicherungsmechanismen" zwecks Verhinderung eines Machtmißbrauchs enthält.[249] So sieht der Kompromiß von Rom die Koppelung der „proprio motu-Befugnis" des Anklägers mit einer autorisierenden Entscheidung der Vorverfahrenskammer sowie eine hohe Verdachtsschwelle[250] vor (Art. 13 lit. (c), 15 IStGH-Statut). Aus diesem Grund kann den Befürchtungen der USA entgegengehalten werden, daß der Ankläger, sofern er vom Vorliegen hinreichender Gründe für die Aufnahme förmlicher Untersuchungen überzeugt ist, zunächst die Zustimmung der Vorverfahrenskammer einholen muß und gemäß Art. 15 Abs. 3 und 4 des Statuts erst dann in das förmliche Ermittlungsverfahren nach Art. 53 ff des Statuts überleiten darf, wenn diese den Ankläger ermächtigt hat.[251] Der Ankläger ist demgemäß einer sehr frühen vorgerichtlichen Kontrolle unterworfen[252], so daß sich hier der Wunsch vieler Verhandlungsdelegationen nach einer „Zügelung" des Anklägers durchsetzen konnte. Auch das Argument, die staatliche Souveränität könne durch die „proprio motu-Zuständigkeit" des Anklägers geschwächt werden, welcher zum Ombudsmann degradiert und mit allgemeinen Beschwerden überflutet würde, hilft nicht weiter.[253] Zum einen ist der Ankläger nur für die Verfolgung der schwersten Verbrechen zu-

245 Vgl. hierzu: Cassese, The Statute of the International Criminal Court, EJIL 10 (1999), S. 161.

246 Hiernach ist der Ankläger ein Beamter des Staates, der die Untersuchung initiiert hat, so daß er von diesem Staat ernannt ist und auch unter seiner Kontrolle verbleibt.

247 Bei diesem Modell ist der Ankläger ein unabhängiges und unparteiisches Organ.

248 Vgl. hierzu: Schlunck, Diskussionsstand vor der Diplomatischen Konferenz, S. 160. Schlunck vertrat bereits vor der Bevollmächtigtenkonferenz in Rom die Auffassung, daß die v.a. von den USA und Frankreich erhobenen Einwände sich nicht auf juristische Erwägungen stützen ließen, sondern vielmehr politischer Natur seien.

249 Vgl. hierzu auch: Fernández de Gurmendi, The Role of the Prosecutor, S. 187 f; Schlunck, Diskussionsstand vor der Diplomatischen Konferenz, S. 158 ff.

250 Vgl. hierzu: Hoffmeister/Knoke, Das Vorermittlungsverfahren, ZaöRV 59 (1999), S. 791, die darauf hinweisen, daß, anders als im deutschen Strafverfahren, bei dem nach §§ 158, 160 StPO ein einfacher Anfangsverdacht ausreicht, der Ankläger des IStGH vom Vorliegen einer „reasonable basis" ausgehen muß, die nach deutschen Recht erst für die Erhebung der Anklage nach §§ 170, 200 ff StPO erforderlich ist.

251 So auch: Bergsmo/Pejic, in: Triffterer, Commentary, Art. 15, Rn. 10.

252 Vgl. hierzu: Ambos, Zum Internationalen Strafgerichtshof, JA 1998, S. 990, der darauf hinweist, daß demgegenüber erst im deutschen Zwischenverfahren eine gerichtliche Kontrolle der staatsanwaltlichen Tätigkeit erfolgt und dies beispielsweise auch in Frankreich und den Vereinigten Staaten nicht anders sei.

253 Vgl. Zwanenburg, The Statute for an International Criminal Court, EJIL 10 (1999), S. 136 f.

ständig, zum anderen muß jede Untersuchung durch die Vorverfahrenskammer autorisiert werden, was aber nicht als Indiz für das weitere Verfahren anzusehen ist. Diese interne Kontrolle durch den IStGH ist nicht zu beanstanden und stellt keine unzumutbare, die Kompetenzen des Anklägers aushöhlende Beschränkung dar. Vielmehr ist diese Kontrolle durch die Vorverfahrenskammer hinnehmbar, da der Strafgerichtshof mit eigener Völkerrechtspersönlichkeit und eigenem Haushaltsrecht rechtlich von den Vertragsstaaten unabhängig ist und damit nicht deren staatlich-administrativen oder politischen Kontrolle unterliegt.[254] Zudem ist zu berücksichtigen, daß der Ankläger bei politisch heiklen Ermittlungen durch die Autorisierung der Vorverfahrenskammer die Unterstützung des Gerichts erhält und seine Position hierdurch eine Stärkung erfährt.[255]

Nach Art. 13 lit. (c), 15 IStGH-Statut kann der Ankläger eine Ermittlung von Amts wegen initiieren, wenn er Informationen über die Begehung von Verbrechen erhält, die in die Gerichtsbarkeit des IStGH fallen.[256] Als taugliche Informationsquelle kommen u.a. auch Regierungs- und Nichtregierungsorganisationen sowie jede, von dem Ankläger als geeignet erachtete zuverlässige Quelle[257], in Betracht (Art. 15 Abs. 2 IStGH-Statut). Sofern der Ankläger zu dem Schluß gelangt, daß eine hinreichende Grundlage für die Aufnahme der Ermittlungen gegeben ist, so unterbreitet er der Vorverfahrenskammer einen Antrag auf Autorisierung von Ermittlungen (Art. 15 Abs. 3 IStGH-Statut). Bemerkenswert ist hier die den Opfern eingeräumte Rolle, da der Ankläger nach Art. 15 Abs. 3 des Statuts vorsehen kann, daß Opfer bei der Vorverfahrenskammer in Übereinstimmung mit den Verfahrens- und Beweisregeln vorstellig werden. Sofern die Vorverfahrenskammer der Auffassung ist, daß eine hinreichende Grundlage besteht, so kann sie den Beginn der Ermittlungen autorisieren, wobei dieser Entscheidung in keiner Hinsicht Präjudizwirkung zukommt, Art. 15 Abs. 4 IStGH-Statut. Die Ablehnung der Autorisierung steht einem erneuten, auf neuen Informationen basierenden Antrag des Anklägers nicht entgegen, so daß die Entscheidung der Vorverfahrenskammer nicht in Rechtskraft erwächst (Art. 15 Abs. 5 IStGH-Statut).

Abschließend ist festzustellen, daß zugunsten eines effektiven und unabhängigen Strafgerichtshofes die „ex officio-Befugnis" des Anklägers erreicht werden konnte. Auch wenn hier gemäß Art. 15 des Statuts eine Kontrolle durch die Vorverfahrenskammer besteht, ist dies dennoch als wichtige Errungenschaft anzusehen.[258] Das Organ der selbständigen Staatsanwaltschaft sichert die Unabhängigkeit des IStGH von zwischenstaatlichen Zwängen und Machtinteressen. Die Durchsetzung der „ex officio-Befugnisse" des Anklägers, d.h. ohne vorherige Zwischenschaltung einer Staatenklage oder einer Überweisung durch den Sicherheitsrat, wird v.a. von den Menschenrechtsorganisationen, als eine der großen Errungenschaften von Rom bezeichnet.[259] Hieraus folgt insbesondere, daß der Ankläger auch Sachverhalte aufgreifen kann, die aus politischen Gründen gemieden wurden, so daß die Unabhängigkeit

---

[254] So auch: Hermsdörfer, Das Statut des Internationalen Strafgerichtshofes, Internationale Politik 11 (1998), S. 58.

[255] So: Hoffmeister/Knoke, Das Vorermittlungsverfahren, ZaöRV 59 (1999), S. 793.

[256] Vgl. Cassese, The Statute of the International Criminal Court, EJIL 10 (1999), S. 161.

[257] Hier wären z.B. Menschenrechtsorganisationen denkbar

[258] So auch: Kaul, Durchbruch in Rom, VN 1998, S. 128. Kaul weist darauf hin, daß dieser Konstellation ein deutsch-argentinischer Vorschlag zugrunde gelegen habe, dem sogar Frankreich zustimmen konnte, welches bis dato die „ex officio-Befugnisse" abgelehnt hatte.

[259] So auch: Seidel/Stahn, Das Statut, Jura 1999, S. 16.

des Anklägers insbesondere in den Fällen von Nutzen ist, in denen weder der Sicherheitsrat noch die Staaten aus politischen Gründen eine Situation an den Sicherheitsrat herantragen. Dies hat umso mehr zu gelten, als eine Staatenklage selten sein dürfte und auch, angesichts der skeptischen bzw. ablehnenden Haltung einiger ständiger Mitglieder des Sicherheitsrates, mit einer eingeschränkten Verweisungspraxis zu rechnen ist, so daß die „proprio motu-Befugnis" eine weitgehende Befassung des IStGH und zudem die Gleichheit aller vor dem Gesetz gewährleistet.[260] Für Staatsangehörige der fünf ständigen Mitglieder des Sicherheitsrates gelten insoweit keine Sonderregeln. Die im Statut des IStGH vorgesehene „ex officio-Befugnis" stellt im Vergleich zu den „ad hoc-Tribunalen", denen der Sicherheitsrat den Kreis der zu verfolgenden Delikte zeitlich und räumlich vorgeben hatte, eine wesentliche Erweiterung dar.[261]

3. Aufschub der Ermittlungen oder der Strafverfolgung nach Art. 16 IStGH-Statut

Im Rahmen dieses Gliederungspunktes stellt sich erneut die Frage der Ausgestaltung des grundsätzlichen Verhältnisses von Sicherheitsrat und IStGH.[262] Durch die Gewährung eines Eingriffsrechts wird dem Sicherheitsrat die Möglichkeit eröffnet, Einfluß auf den IStGH zu nehmen, so daß dieser Punkt heftig umstritten war.[263] Während ein Teil der Staaten und v.a. die ständigen Mitglieder des Sicherheitsrates eine weitgehende Abhängigkeit vom Sicherheitsrat und ggf. dessen Zustimmung in jedem Fall forderten, wurde diesem weitgehenden Eingriffsrecht von einem anderen Teil der Staaten, die jegliche Eingriffsbefugnisse des Sicherheitsrates ablehnten, zu Recht entgegengetreten und konnte sich, wie bereits dargelegt, nicht durchsetzen. Dies ist zu begrüßen, da die Unabhängigkeit der Rechtspflege bei einer Abhängigkeit von dem politischen Organ Sicherheitsrat, mit der Gefahr einer politisch motivierten Einflußnahme, nicht gewährleistet wäre. Hier ist nochmals auf die Problematik hinzuweisen, daß der IStGH, bei Einräumung zu großer Befugnisse an den Sicherheitsrat, Gefahr läuft, seinen rechtsstaatlichen Charakter zu verlieren und einer politisch motivierten Beeinflussung zu unterliegen, so daß nicht das Legalitätsprinzip Maßstab des Handelns ist, sondern vielmehr das Opportunitätsprinzip und ein politisches Strafrecht droht. Als Kompromiß zwischen den widerstreitenden Meinungen, die sich z.T. unversöhnlich gegenüberstanden, ist Art. 16 des Statuts anzusehen, der folgenden Wortlaut hat:

> No investigation or prosecution may be commenced or proceeded with under this Statute for a period of 12 months after the Security Council, in a resolution adopted under Chapter VII of the Charter of the United Nations, has requested the Court to that effect; that request may be renewed by the Council under the same conditions.

Ausweislich des Art. 16 des Statuts, der als Gegenstück zu Art. 13 lit. (b) anzusehen ist, kann der Sicherheitsrat, aus übergeordneten Gründen der Friedenssicherung,

---

[260] So auch: Hoffmeister/Knoke, Das Vorermittlungsverfahren, ZaöRV 59 (1999), S. 793.

[261] Vgl. hierzu: Zimmermann, Die Schaffung eines Internationalen Strafgerichtshofes, ZaöRV 58 (1998), S. 92.

[262] Vgl. hierzu bereits: Kap. 2 B IV 4; V 2 b.

[263] Vgl. hierzu: Yee, The International Criminal Court and the Security Council, S. 143 ff, 149 ff, der die hier vertretenen unterschiedlichen Auffassungen darlegt. Vgl. zu der Verhandlungsgeschichte auch: Bergsmo/Pjic, in: Triffterer, Commentary, Art. 16 Rn. 1 ff.

sowohl sämtliche Ermittlungen als auch die Strafverfolgung des IStGH unterbrechen.[264] Diese unbegrenzt erneuerbare Unterbrechung ist zeitlich auf 12 Monate befristet. Die Einräumung eines solchen Rechts ist zweifellos als erheblicher Eingriff in die Kompetenzen des IStGH anzusehen, der nicht ohne weiteres zu befürworten ist. Allerdings ist auch hier die große Verantwortung, die der Sicherheitsrat ausweislich der UN-Charta für die Wahrung des Weltfriedens trägt, zu vergegenwärtigen, der auch das Statut des IStGH gerecht werden muß, was an derartigen „Einbruchstellen" erfolgt. Hervorzuheben ist zudem, daß die „Sperrwirkung" nicht automatisch bei Befassung des Sicherheitsrates mit einer Situation eintritt, sondern das Statut hier gewisse Schranken aufgebaut hat. So wird eine verbindliche Anweisung durch eine Resolution nach Kap. VII UN-Charta vorausgesetzt.[265] Demgemäß muß der Sicherheitsrat eine positive Entscheidung treffen und den IStGH um eine Verschiebung der Untersuchungen ersuchen. Hierfür ist gemäß Art. 27 Abs. 3 UN-Charta die Zustimmung von neun Mitgliedern des Sicherheitsrats, unter Einschluß der fünf ständigen Mitglieder, erforderlich. Demnach reicht das negative Votum eines Sicherheitsratsmitgliedes noch nicht aus, um ein Tätigwerden des IStGH zu verhindern.[266] Hieraus folgt, daß der Aufschub der Ermittlungen und der Strafverfolgung nicht automatisch eintritt, sondern erst das Ergebnis eines formellen Ersuchens durch den Sicherheitsrat auf der Basis einer Resolution nach Kapitel VII der UN-Charta für einen Zeitraum von 12 Monaten ist. Dieser Beschluß des Sicherheitsrates kann beliebig erneuert und demgemäß das Tätigwerden des IStGH beliebig lange blockiert werden. Zu der Frage, was in diesem Fall mit eventuellen Beweisen geschieht, nimmt das Statut keine Stellung.[267]

Art. 16 IStGH-Statut ist als sinnvolle Kompromißlösung anzusehen, da den ständigen Mitgliedern des Sicherheitsrates weder ein Veto-Recht eingeräumt wurde, noch die Rechtsprechung des Gerichts in den Fällen, in denen sich der Sicherheitsrat mit einer Situationen auf der Grundlage des siebten Kapitels der UN-Charta beschäftigt, prinzipiell ausgeschlossen ist.[268] Somit wurde in Rom ein Kompromiß gefunden, der keine derart starke Abhängigkeit des IStGH vom Sicherheitsrat vorsieht.[269] Zu bedauern ist, daß Art. 16 des Statuts nicht die Ergreifung entsprechender angemessener Maßnahmen durch den Sicherheitsrat bezüglich der Situation, in der ein oder mehrere ernsthafte Verbrechen begangen wurden, voraussetzt, so daß das Risiko besteht, daß der Sicherheitsrat die Arbeit des IStGH durch die Qualifizierung einer Situation als Friedensbruch blockieren kann allerdings von der Ergreifung anderer Maßnahmen absieht.[270] Angesichts dieser Regelung ist nicht davon auszugehen, daß der IStGH einer zu großen politischen Einflußnahme des Sicherheitsrates unterliegt, die zu einem Verlust seines rechtsstaatlichen Anforderungen genügenden Charakters führt. Vielmehr wurde hier eine sinnvolle Lösung des Spannungsverhältnisses

---

[264] Vgl. Bergsmo/Pejic, in: Triffterer, Commentary, Art. 16, Rn. 11 ff.

[265] Vgl. hierzu: Seidel/Stahn, Das Statut, Jura 1999, S. 16; Irmscher, Das Römische Statut, Kritische Justiz 1998, 480.

[266] Vgl. Seidel/Stahn, Das Statut, Jura 1999, S. 16.

[267] Auf die aus einer Unterbrechung resultierenden vielzähligen Probleme, die in dem Statut ungelöst blieben, weisen Bergsmo/Pejic, in: Triffterer Commentary, Art. 16, Rn. 19, hin.

[268] So auch: La Haye, The International Criminal Court, NILR 1999, S. 12 f. Vgl. hierzu auch mit weiteren Nachweisen zu den unterschiedlichen Entwürfen: Irmscher, Das Römische Statut, Kritische Justiz 1998, 480 f.

[269] S. La Haye, The International Criminal Court, NILR 1999, S. 13.

[270] Vgl. hierzu: La Haye, The International Criminal Court, NILR 1999, S. 14.

der Verantwortlichkeiten, die in der Charta der Vereinten Nationen festgelegt sind und den Erfordernissen, denen ein unabhängiges Gericht genügen muß, gefunden. Daher ist die Ausgestaltung, die das Verhältnis IStGH zu dem Sicherheitsrat in dem Statut des IStGH erfahren hat, nicht zu beanstanden und stellt keine Gefahr für den rechsstaatlichen Charakter des Gerichts dar, weil zu große und unbeschränkte Eingriffsbefugnisse des Sicherheitsrates vermieden worden sind. Diese, dem Sicherheitsrat verliehenen Befugnisse sind, angesichts der UN-Charta und der dort festgelegten Befugnisse und Verantwortlichkeiten, die durch das Statut nicht eingeschränkt werden dürfen, hinzunehmen.

4. Weitere Beschränkungen der Gerichtsbarkeit

Als weitere Beschränkung der Gerichtsbarkeit ist Art. 11 des Statuts zu nennen, der die Gerichtsbarkeit des IStGH ratione temporis begrenzt und damit die Einhaltung des Grundsatzes „nullum crimen" garantiert.[271] Art. 11 IStGH-Statut begrenzt die Gerichtsbarkeit auf die Verbrechen, die nach Inkrafttreten des Statuts begangen wurden. Sofern ein Staat nach Inkrafttreten des Statuts Vertragspartei wird, so kann der IStGH seine Gerichtsbarkeit grundsätzlich nur in Bezug auf die Verbrechen ausüben, die nach Inkrafttreten des Statuts für diesen Staat, begangen wurden, sofern der Staat nicht eine Erklärung nach Art. 12 Abs. 3 IStGH-Statut abgegeben hat. Diese Vorschrift dient ebenfalls dem Schutz der nationalen Souveränität, da nicht an in der Vergangenheit liegende Sachverhalte angeknüpft wird. Auch der Grundsatz „ne bis in idem" (Art. 20 IStGH-Statut) beschränkt die Zuständigkeit des IStGH.[272] Als weitere Beschränkung der Gerichtsbarkeit ist Art. 26 IStGH-Statut zu nennen, demzufolge der IStGH seine Gerichtsbarkeit nur über eine Person ausüben darf, die zur Zeit der Tatbegehung 18 Jahre alt war. Die Problematik der jugendlichen Straftäter wurde daher in dem Statut nicht als eine Frage der kriminellen Verantwortung, sondern als eine juristische behandelt, so daß die komplizierte Thematik der Bestimmung der Altersgrenze sowie der Strafmündigkeit umgangen wird.

5. Die Zulässigkeit

Die Fragen der Zulässigkeit sind, wie bereits ausgeführt,[273] in den Art. 17 bis 19 IStGH-Statut geregelt. Art. 17 des Statuts definiert den bereits in der Präambel sowie in Art. 1 des Statuts enthaltenen Grundsatz der Komplementarität, demgemäß der Gerichtshof nur tätig werden kann, wenn die nationale Gerichtsbarkeit nicht willens oder nicht in der Lage ist, ein in ihre Zuständigkeit fallendes Verbrechen zu verfolgen und der Fall von ausreichender Schwere ist. Nach Art. 17 ff IStGH-Statut ist ein Verfahren vor dem IStGH grundsätzlich unzulässig, wenn ein nationales Verfahren durchgeführt wird oder die in Rede stehende Tat nicht ausreichend schwer ist, um die Intervention des Gerichtshofs zu rechtfertigen. An dieser Stelle kann auf obige Ausführungen Bezug genommen werden. Der Grundsatz der Komplementarität trägt dem Prinzip der Souveränität der Staaten Rechnung und vermeidet eine unnötige Einschränkung derselben. Art. 18 und 19 des Statuts sehen eine komplizierte doppelte Zuständigkeitsprüfung vor, die es den zuständigen Staaten ermöglicht, ein Verfahren an sich zu ziehen bzw. ihre Zuständigkeit vor dem des IStGH zu rügen.

[271] Vgl. hierzu: Kap. 2 C III 2 a.

[272] Vgl. La Haye, The International Criminal Court, NILR 1999, S. 10.

[273] S. Kap. 2 B IV 1.

Zudem ist nochmals darauf hinzuweisen, daß eine Anfechtung der Zulässigkeit möglich ist.

VI. Verfahrensordnung

Ein Strafverfahren muß, will es rechtsstaatlichen Anforderungen genügen, dem Prinzip des „fair trial“[274] genügen.[275] Es ist als „oberster Grundsatz des gesamten Strafverfahrensrechts“ einzuordnen.[276] Bei diesem Grundsatz handelt es sich um ein auf der Ebene des Verfassungsrechts angesiedeltes allgemeines Prinzip des Verfahrensrechts, das als Leitlinie bei der Ausgestaltung des Verfahrensrechts zu beachten ist und seine Grundlage in dem Rechtsstaatsprinzip hat.[277] Dieser Grundsatz ist auf das Strafverfahren vor einem supranationalen Gericht übertragbar, da es ebenso wie das nationale Strafverfahren nach einer strengen Verfahrensordnung abläuft.[278]
Die allgemeine Menschenrechtserklärung der Vereinten Nationen von 1948, der IPbpR und die dritte Genfer Konvention über die Behandlung von Kriegsgefangenen enthalten Menschenrechtsgarantien mit strafverfahrensrechtlicher Relevanz, die eine universelle Anerkennung erfahren haben.[279] Für den europäischen Bereich ist zudem die EMRK zu nennen. Im deutschen Strafverfahren stellt die Bindung der StPO an das Grundgesetz und hier v.a. an die allgemeinen Grundrechte sowie die Justizgrundrechte einen wesentlichen Aspekt dar. Ein exakter Vergleich der Regeln der Statuts mit der StPO ist entbehrlich, da allgemein anerkannt ist, daß sich die Regeln z.B. anderer Nationalstaaten zwar von dem deutschen Recht unterscheiden, aber die Gesamtbetrachtung auch dieser Normen dazu führen kann, daß das Verfahren als rechtsstaatlich anzusehen ist. Daher erscheint es als ausreichend, fremde Strafverfahren an dem Grundsatz des „fair trial“ zu messen, ohne daß hier die das nationale Verfahrensrecht bestimmenden Maßstäbe angewandt werden.
Bereits vorausgreifend ist festzustellen, daß die Verfahrensordnung des IStGH eine „internationale Ausgestaltung“ erfahren hat, die aus einer Mischung verfahrensrechtlicher Regelungen der Rechtssysteme des civil law sowie des common law, besteht.[280] Dies ist zu begrüßen, da ein internationales Gericht nicht einer Rechtsordnung den Vorzug vor anderen geben sollte, so daß hier Kompromisse zwischen den zentralen Strafrechtssystemen gesucht und gefunden wurden.[281] Diese Tatsache ist in vielerlei Hinsicht vorteilhaft. Zum einen sichert diese Vermischung der Systeme in der Verfahrensordnung die Neutralität des IStGH.[282] Zum anderen können sich die Richter nicht in alter Gewohnheit auf das ihnen vertraute Verfahrensrecht stützen, so daß hierdurch die Unvoreingenommenheit der Richter unterstützt wird.[283]

---

[274] Vgl. zu dem inhaltlichen Garantien dieses Grundsatzes z.B. Art. 6 EMRK.

[275] Vgl. hierzu: Scholz, Die Zulieferung, S. 191 ff.

[276] Roxin, Strafverfahrensrecht, § 2 B; § 11 V.

[277] So auch: Kleinknecht/Meyer-Goßner, StPO, Einl. Rn. 19.

[278] So: Scholz, Die Zulieferung, S. 192.

[279] Vgl. hierzu: Scholz, Die Zulieferung, S. 188.

[280] An dieser Stelle sei nochmals darauf verwiesen, daß die RPE des IStGH bei Fertigstellung der Arbeit noch nicht vorlagen und daher nicht gewürdigt werden konnten.

[281] So: Fernández de Gurmendi, Negotiations, S. 220, die auf den folgenden Seiten über den langwierigen Prozeß, einen Kompromiß zwischen den verschiedenen Rechtssystemen zu erarbeiten und die Unterschiede zu überwinden, berichtet.

[282] Vgl. hierzu: Scholz, Die Zulieferung, S. 186.

[283] Vgl. Scholz, Die Zulieferung, S. 186.

Das Verfahren vor dem IStGH folgt allerdings mehr dem „civil law model" („inquisitorial system") als dem „common law model" („adversarial model").[284] Als Beispiel ist anzuführen, daß die Untersuchungen und die Strafverfolgung dem Ankläger und nicht etwa einem untersuchenden Richter oder einer Kammer anvertraut wurde, der nicht nur die Beweise zusammentragen, sondern die Sache auch strafrechtlich vertreten muß. Auch sind dem Statut die typischen Merkmale eines adversatorischen Verfahrens zu entnehmen, wie z.B. die Tatsache, daß nicht etwa ein Richter dem Gericht die Beweise vorstellt, sondern die Beweise in mündlichen Verhandlungen und Ausstellungen von den einzelnen Parteien angeboten werden und das Gericht über die Zulassung befindet. Allerdings finden sich auch einige Ansätze, die dem kontinentaleuropäischen Strafverfahren entnommen worden sind. Zu nennen ist zunächst Art. 54 Abs. 1 lit. (a) IStGH-Statut, dem zu entnehmen ist, daß es sich bei dem Ankläger nicht nur ein Instrument der ausführenden Justiz handelt, dessen Augenmerk als Partei ausschließlich darauf gerichtet ist, die überführenden Beweise so, wie der Ankläger sie sieht, vorzulegen und für die Aburteilung des Angeklagten zu sorgen. Der Ankläger ist vielmehr sowohl Partei des Verfahrens als auch ein unabhängiger Ermittler der Wahrheit bzw. ein „Organ der Gerechtigkeit".[285] Allerdings dürfte ein Vergleich mit der Staatsanwaltschaft als der „objektivsten Behörde der Welt", wie sie in § 170 StPO postuliert wird, zu weit gehen. Hinzu tritt die Existenz der Vorverfahrenskammer, so daß diese letztlich darüber entscheidet, ob der Ankläger eine Sache strafrechtlich verfolgen darf oder nicht. Schließlich können auch die Opfer an dem Verfahren teilnehmen und Wiedergutmachung, etc. verlangen. In dem Hauptverfahrensstadium kommt der Strafkammer bezüglich der Beweise, eine aktive Rolle zu, die typisch für das kontinentaleuropäische System ist.[286] Schließlich hat der Angeklagte gemäß Art. 67 Abs. 1 lit. (h) IStGH-Statut das Recht, mündliche oder schriftliche Stellungnahmen zu seiner Verteidigung abzugeben. Demgegenüber sieht das common law für den Angeklagten, der mit einem Zeugen konfrontiert wird, keine derartige Regelung vor; hier kann der Angeklagte an dem Geschehen nur durch einen Zeugen und nur unter bestimmten Voraussetzungen in eigener Sache teilnehmen.[287] Schließlich ist noch darauf hinzuweisen, daß das Statut an einigen Stellen jeden Hinweis unterläßt, ob das Verfahren adversatorisch oder inquisitorisch durchgeführt werden soll[288], so daß hier die RPE eine Klärung bringen werden.

1. Die Verfahrens- und Beweisregelungen

Ebenso wie die beiden „ad hoc-Tribunale" soll auch der IStGH konkretisierende Verfahrensregelungen erhalten (Art. 51 IStGH-Statut).[289] Diese Regeln sollen die effektive Arbeit des Gerichts sicherstellen und Stabilität sowie Klarheit gewährleisten.[290] Sie werden allerdings nicht wie bei den „ad hoc-Tribunalen", von den Richtern selbst er-

---

[284] Vgl. hierzu: Cassese, The Statute of the International Criminal Court, EJIL 10 (1999), S. 168 f.

[285] S. Cassese, The Statute of the International Criminal Court, EJIL 10 (1999), S. 168 f.

[286] Vgl. hierzu: Art. 64 IStGH-Statut.

[287] Cassese, The Statute of the International Criminal Court, EJIL 10 (1999), S. 169.

[288] Vgl. hierzu: Cassese, The Statute of the International Criminal Court, EJIL 10 (1999), S. 169, der darauf hinweist, daß das Statut nicht anzeige, ob die Folge der Presentation der Beweise die typische des common law sein wird (examination-in-chief, cross-examination, re-exanimation). Auch zeige das Statut nicht an, ob Berufungen dem kontinentalen oder dem common law System folgen.

[289] Vgl. hierzu auch: Ambos, Der neue Internationale Strafgerichtshof, NJW 1998, S. 3744.

[290] So: Broomhall, in: Triffterer, Commentary, Rn. 10.

lassen, sondern sollen von einer Anfang 1999 einberufenen Vorbereitungskommission entwickelt und von der Vertragsstaatenversammlung mit einer Zwei-Drittel-Mehrheit verabschiedet werden (Art. 51 Abs. 1 IStGH-Statut). Gemäß Art. 51 Abs. 3 IStGH-Statut sind die Richter allerdings in dringenden Fällen, mit einer zwei Drittel Mehrheit zum Erlaß provisorischer Regelungen befugt, die so lange in Kraft bleiben, bis sie von der nächsten ordentlichen oder außerordentlichen Vertragsstaatenversammlung angenommen, abgeändert oder abgelehnt werden. Die Richter dürfen zudem Verfügungen (regulations), welche die Funktionsweise des Gerichts betreffen, erlassen (Art. 52 IStGH-Statut). Ähnlich dem Grundsatz des Art. 31 GG regelt Art. 51 Abs. 5 des Statuts das Rangverhältnis zwischen dem Statut und den RPE und bestimmt, daß in einem Konfliktfalle das Statut vorherrscht. Eingedenk der Regelung des Art. 51 Abs. 4 des Statuts, die vorsieht, daß die RPE, deren Änderungen und alle provisorischen Regeln im Einklang mit dem Statut stehen müssen, ist ein solcher Konflikt nur schwer vorstellbar. Das Statut des IStGH unterscheidet sich auch insofern von den Statuten der beiden „ad hoc-Tribunale“, als es das Verfahrensrecht bei weitem ausführlicher regelt.

Die RPE sind von nicht zu unterschätzender Bedeutung für die Unabhängigkeit und die Effektivität des Gerichts. Ziel der Vorbereitungskommission wird es sein, die höchsten internationalen Ansprüche zu erfüllen und ein „faires Verfahren“ zu gewährleisten.[291] Teilweise wurde kritisiert, daß, während die Rechte in dem Stadium des Hauptverfahrens eine ausreichende Regelung in dem Statut erfahren hätten, das Statut die Rechte von Personen während einer Untersuchung weniger ausführlich regele und auch z.B. nicht geregelt werde, welche Personen in diese Kategorie fielen. So müsse definiert werden, welche Personen in den Bereich des Art. 55 des Statuts fielen, zudem sollte über das Recht zu Schweigen Klarheit herrschen. Es steht zu erwarten, daß die RPE des IStGH diese Fragen ebenso umfassend regeln werden wie die umfangreichen RPE der „ad hoc-Tribunale“ dies vorsehen.[292] Trotz der ausführlichen Regelung, die das Verfahren in dem Statut des IStGH selbst erfahren hat, findet sich an vielen Stellen des Statuts eine Bezugnahme auf die RPE.[293] Die sich hierin ausdrückende Genauigkeit verdeutlicht die hohen Anforderungen, die an ein rechtsstaatlichen Anforderungen genügendes Strafverfahren vor dem IStGH gestellt werden und denen das Verfahren, wie noch zu zeigen sein wird, auch genügt.

[291] Das Lawyers Committee for Human Rights hat zu diesem Zweck Empfehlungen herausgegeben: Lawyers Committee for Human Rights: Pre-Trial Rights in the Rules of Procedure and Evidence, International Criminal Court Briefing Series Volume 2, Number 3, February 1999.

[292] Derzeit umfassen die RPE des ICTY 125 Regeln. May/Wierda, Trends, Columbia Journal of Transnational Law, 37 (1999), S. 729 ff, weisen darauf hin, daß demgegenüber die RPE des IMT für den Fernen Osten ebenso kurz waren, wie die des IMT Nürnberg. Während die Verfahrensregeln der Charta des IMT 11 Regeln umfaßten, verfügt der IMT für den Fernen Osten lediglich über neun.

[293] Art. 15 Abs. 3; Art 21 Abs. 1 lit. (a); Art. 31 Abs. 3; Art. 39 Abs. 2 lit. (b) (iii); Art. 41 Abs. 1, Abs. 2 lit. (a); Art. 46 Abs. 1 lit. (a), Abs. 4; Art. 47; Art. 50 Abs. 1, Abs. 2; Art. 51 Abs. 1, Abs. 2 lit. (a), lit. (b), lit. (c), Abs. 3, Abs. 4, Abs. 5; Art. 52 Abs. 1; Art. 57 Abs. 2 lit. (b), Abs. 3 lit. (e); Art 64 Abs. 1; Art. 68 Abs. 3; Art. 69 Abs. 1, Abs. 2, Abs. 4, Abs. 5; Art. 70 Abs. 2, Abs. 3; Art. 71 Abs. 1, Abs. 2; Art. 72 Abs. 5 lit. (d); Art. 75 Abs. 1; Art. 76 Abs. 2; Art. 77 Abs. 2 lit. (a); Art. 78 Abs. 1; Art. 81 Abs. 1 lit. (a) (i) (ii) (iii), lit. (b) (i) (ii) (iii) (iv), Abs. 2 lit. (a), Abs. 3 lit. (b), (c), (i) (ii); Art. 82 Abs. 1 lit. (a), lit. (b), lit. (c), lit. (d), Abs. 3, Abs. 4; Art. 84 Abs. 2 lit. (c); Art. 87 Abs. 1 lit. (a), Abs. 2; Art. 92 Abs. 3; Art. 93 Abs. 8 lit. (c); Art. 103 Abs. 3 lit. (a); Art. 110 Abs. 4 lit. (c), Abs. 5; Art. 112 Abs. 2 lit. (g).

Die Vorbereitungskommission tagte vom 16.- 26. Februar 1999, vom 26. Juli - 13. August 1999 und vom 29. November - 17. Dezember 1999. Die provisorische Tagesordnung vom 3. Februar 1999, die in dem ersten Treffen am 16. Februar 1999[294] von dem Vorbereitungssausschuß auch bestätigt wurde[295], sah folgende Punkte vor: Eröffnung der Sitzung, Wahl der Amtsträger, Annahme der Tagesordnung, Organisation der Arbeit, Vollzug der Resolution F des Final Act of the United Nations Diplomatic Conferene of Plenipotentiaries on the Establishment of the International Criminal Court [296], die am 17. Juli 1998 angenommen worden war und Paragraph 4 der Resolution 53/105 der Generalversammlung vom 8.12.1998[297] sowie die Annahme des Berichts.[298] Gemäß § 2 der Resolution F besteht die Vorbereitungskommission aus Repräsentanten von Staaten, die die Schlußakte der Rom-Konferenz des Jahres 1998 unterzeichneten und solchen Staaten, die eingeladen worden sind, an der Konferenz teilzunehmen. § 6 und 7 der Resolution legen den weiteren Teilnehmerkreis fest. Nach § 6 der Resolution können Vertreter von Organisationen und anderen Wesen, die von der Generalversammlung eine Einladung erhalten haben, ebenso als Beobachter teilnehmen wie interessierte regionale NGOs und andere internationale Körperschaften wie der ICTY und der ICTR. Gemäß § 7 der Resolution können NGOs an der Arbeit der Vorbereitungskommission durch die Teilnahme an den Plenarsitzungen und den anderen öffentlichen Sitzungen teilhaben. § 4 der Resolution bestimmt den Aufgabenbereich, der u.a vorsieht, daß von der Vorbereitungskommission zudem erörtert werden solle, wie die Effektivität und die Akzeptanz des IStGH gefördert werden könne. Die Liste der Dokumente, die bereits bei der ersten Sitzung der Vorbereitungskommission ausgegeben wurde, hat eine beachtliche Länge, so daß angesichts der Schwerpunkte der Arbeit von einer Referierung des Diskussionsstandes, der unterschiedlichen Auffassungen, Ansätze, Vorschläge in den unterschiedlichsten Papieren Abstand genommen wird.[299] Zu dem rechtlichen Charakter der Vorbereitungskommission ist auszuführen, daß diese lediglich übergangsweise eingesetzt wird und mit dem Inkrafttreten des Statuts sowie der Vertragsstaatenversammlung außer Kraft tritt.[300] Diese Vorbereitungskommission hat, anders als die Vertragsstaatenversammlung, keine Entscheidungsbefugnis, so daß sie nur Empfehlungen aussprechen kann.[301]

Der Zusammenfassung der Arbeit des sechsten Kommittees der Generalversammlung ist zu entnehmen, daß hinsichtlich der Ausarbeitung der RPE ein erheblicher Fortschritt erzielt worden ist. Demgegenüber erfordert die Ausarbeitung der „ele-

---

[294] United Nations Preparatory Commission for the International Criminal Court, PCNIStGH/1999/L.3/Rev.1 vom 2.3.1999.

[295] Vgl. hierzu auch: Rao, Assembly of State Parties, S. 418 ff.

[296] UN Doc. A/CONF.183/10 (17.7.1998).

[297] GA Res. 53/105 vom 8.12.1998, UN GAOR, Fifty-third Session, Supplement No. 105.

[298] United Nations Preparatory Commission for the International Criminal Court, PCNIStGH/1999/L.1, vom 3.2.1999. Bereits an dieser Stelle sei darauf hinzuweisen, daß diese Dokumente unter http://www.un.org/law/icc/prepcom/does.htm (2.1.2000) im Internet abrufbar sind.

[299] Vgl. hierzu Annex I „List of Documents issued at the first session of the Preparatory Commission (16 – 26 February 1999)" zu PCNIStGH/1999/L.3/Rev.1. Zudem finden sich weitere Appendixes, der zum einen ein von dem Koordinator vorgeschlagenes Diskussionspapier zu dem 5. Teil des Rom-Statuts „Investigation and Prosecution" enthält sowie zum anderen Art. 6 und 8, des Statuts betrifft.

[300] Vgl. hierzu: Rao, Assembly of States Parties, S. 414.

[301] Vgl. Rao, Assembly of States Parties, S. 415.

ments of crime“ noch weitere Anstrengungen. Im Juni 2000 sollen die „elements of crime“ und die RPE fertiggestellt sein.[302]

2. Das förmliche Ermittlungsverfahren

Das Statut regelt in seinem sechsten Teil (Art. 53 bis 61) das förmliche Ermittlungsverfahren.

a. Einleitung des förmlichen Ermittlungsverfahrens unter besonderer Berücksichtigung der Rechte und Pflichten der Verfahrensbeteiligten

Wie bereits dargelegt, kann ein Ermittlungsverfahren auf Grund eines Verweises des UN-Sicherheitsrates, eines Vertragsstaates oder ex officio auf Grund eigenständiger Ermittlungen des Anklägers initiiert werden („trigger mechanism“, Art 13 IStGH-Statut).[303] Art. 53 des Statuts beschäftigt sich sodann mit der Einleitung von förmlichen Ermittlungen durch den Ankläger, ungeachtet der Frage des Initiators der Ermittlungen. Art. 52 des Statuts ist somit für alle drei „trigger mechanisms“ gleichermaßen einschlägig. Allerdings ist hier zu berücksichtigen, daß im Fall der „ex officio-Ermittlung“ die Vorverfahrenskammer die Aufnahme der Ermittlungen autorisiert haben muß.[304] Gemäß Art. 53 Abs. 1 des Statuts, hat sich der Ankläger vor Aufnahme der Ermittlungen davon zu überzeugen, daß eine vernünftige Basis für die Untersuchung existiert. Der Ankläger hat daher bei seiner Entscheidung über die Einleitung des Ermittlungsverfahrens zu prüfen, ob hinreichende Verdachtsmomente für die Begehung eines in die Zuständigkeit des IStGH fallenden Verbrechens vorliegen, die Sache nach Art. 17 des Statuts zulässig wäre und schließlich hat er zu überprüfen, ob die Ermittlungen den „interests of justice“ dienen. Im Fall der Aufnahme des förmlichen Ermittlungsverfahrens findet Art. 18 Abs. 1 des Statuts Anwendung, so daß der Ankläger die zuständigen Staaten hierüber sofort in Kenntnis setzen muß, um diese beispielsweise in die Lage zu versetzen, auf der Grundlage des Grundsatzes der Komplementarität, ihre Gerichtsbarkeit auszuüben. Demgemäß kann jeder zuständige Staat, hierzu zählen auch Drittstaaten, nach Art. 18 Abs. 2 des Statuts die Aufnahme von Ermittlungen der Anklagevertretung dadurch verhindern, daß er selbst, binnen Monatsfrist, Strafverfolgungsmaßnahmen einleitet. Gegen den Entzug der Ermittlungen kann sich die Staatsanwaltschaft dann nur durch die Einschaltung der Vorverfahrens- bzw. Berufungsinstanz wehren. Somit haben die Staaten wie bereits dargelegt[305], die Möglichkeit die Strafverfolgung vor dem IStGH zum einen dadurch zu „blockieren“, daß sie selbst Ermittlungen aufnehmen, verurteilen oder freisprechen, zum anderen treten diese Folgen auch dann ein, wenn ein Staat sich ent-

---

[302] Vgl. Summaries of the work of the Sixth Committee, Agenda Item 158, im Internet verfügbar unter: http://www.un.org/law/cod/sixth/54/summary.htm (2.1.2000).

[303] Vgl. hierzu auch: Ambos, Der neue Internationale Strafgerichtshof, NJW 1998, S. 3745.

[304] Dies folgt aus dem Wortlaut des Art. 15 Abs. 4 des Statuts, demgemäß die Vorverfahrenskammer „the commencement of the investigation“, d.h. den Beginn der Untersuchung und nicht etwa deren Fortführung autorisiert. Hieraus folgt, daß bis zu diesem Zeitpunkt eine förmliche Ermittlung i.S.d. Art. 53 des Statuts noch nicht vorliegt, eine solche in Folge der Einwilligung der Vorverfahrenskammer vielmehr erst eingeleitet werden kann, sofern der Ankläger dies im Rahmen des Art. 53 IStGH-Statuts beschließt. So auch: Bergsmo/Pejic, in: Triffterer, Commentary, Art. 15 Rn. 10. Allerdings ist auch zu berücksichtigen, daß Art. 15 Abs. 4 von einer „reasonable basis to proceed with an investigation“ spricht, so daß das Statut insoweit widersprüchlich ist.

[305] Vgl. hierzu: Kap. 2 B IV 1.

schließt nicht zu verfolgen, sofern die Entscheidung nicht auf Unwilligkeit oder Unfähigkeit zurückzuführen ist.
Art. 53 Abs. 2 des Statuts normiert die Fälle, in denen der Ankläger nach seinen Ermittlungen zu dem Ergebnis gelangt, daß eine hinreichende Grundlage für die Strafverfolgung nicht gegeben ist. Demgemäß verfügt der Ankläger über eine weitreichende Befugnis, da er die von dem politischen Organ des Sicherheitsrates oder aus politischen Gründen von den Staaten an ihn herangetragenen Fälle, aussieben kann.[306] Somit steht Art. 53 des Statuts dem Vorwurf, der IStGH könne zu politischen Zwecken mißbraucht werden, entgegen.[307] Die Vorschrift verleiht dem Ankläger die Befugnis festzustellen, daß er eine ausreichende Basis für die strafrechtliche Verfolgung, selbst wenn die Sache von dem Sicherheitsrat an ihn verwiesen wurde, nicht zu erkennen vermag. Bemerkenswert sind die Erwägungen, die einer solchen Feststellung zugrundegelegt werden können. So kann sowohl aus rechtlichen als auch aus faktischen Gründen von einer Verfolgung abgesehen werden. Eine Verfolgung scheidet z.B. bei einer Unzulässigkeit nach Art. 17 des Statuts aus. Entscheidend ist jedoch, daß der Ankläger, gemäß Art. 53 Abs. 2 lit. (c) des Statuts, von einer Strafverfolgung absehen kann, wenn unter Berücksichtigung aller Umstände, wie z.B. der Schwere des Verbrechens, der Interessen des Opfers, des Alters und der Gebrechlichkeit des mutmaßlichen Täters, etc., die Verfolgung nicht im Interesse der Gerechtigkeit liegen würde. Diese Regelung ist von maßgeblicher Bedeutung, da sie dem Ankläger die Rolle eines unabhängigen und unparteiischen Organs verschafft, das für die Interessen der Gerechtigkeit und die Durchsetzung des Rechts zuständig ist, so daß der Ankläger alle politisch motivierten Vorstöße blockieren kann und eine ausgewogene Beziehung zwischen politischen Wesen wie Staaten und dem Sicherheitsrat auf der einen Seite und dem Sachwalter der Gerechtigkeit auf der anderen Seite besteht.[308] Kommt der Ankläger zu dem Schluß, daß die Sache nicht weiter verfolgt werden soll, so hat er die Vorverfahrenskammer sowie den Initiator des Verfahrens zu informieren (Art. 53 Abs. 2 IStGH-Statut). Auf Ersuchen des verweisenden Staates oder des Sicherheitsrates kann die Vorverfahrenskammer die Entscheidung des Anklägers, das Verfahren einzustellen, nachprüfen und den Ankläger ersuchen, diese abzuändern, Art. 53 Abs. 3 lit. (a) IStGH-Statut. Hieraus folgt, daß es für eine Überweisung des Sicherheitsrates, zumindest in diesem Bereich, keinen Sonderweg gibt, so daß er kein weitgehenderes Einflußrecht auf den IStGH hat und hierdurch die Unabhängigkeit des IStGH und des Anklägers geschützt wird.[309] Entscheidungen des Anklägers, die dieser auf die „interests of justice" gestützt hat, kann die Vorverfahrenskammer auf eigene Initiative hin überprüfen. In diesem Fall wird die Entscheidung des Anklägers nur wirksam, wenn sie von der Vorverfahrenskammer bestätigt wird (Art. 53 Abs. 3 lit. (b) IStGH-Statut). Diese Regelung stellt ein positives Regulativ der Entscheidungen, die aus den „interests of justice" getroffen werden dar, das bei einer gerichtlichen Bestätigung die Position des Anklägers stärkt. Der Ankläger ist an seine Entscheidungen nicht gebunden, sondern kann diese jederzeit ändern (Art. 53 Abs. 4 IStGH-Statut).

---

[306] Vgl. hierzu: Cassese, The Statute of the International Criminal Court, EJIL 10 (1999), S. 162.

[307] Als Beispiel einer solchen Intention sei der Fall des Kurdenführers Öcalan genannt, der vor ein internationales Strafgericht gestellt werden wollte, um dieses als Podium für die Erörterung der Kurdenfrage nutzen zu können, vgl. hierzu: FAZ vom 28.11.1998, S. 1; FAZ vom 1.12.1999, Nr. 279, S. 9; FAZ vom 6.12.1999, S. 4; Fastenrath, Wer soll Öcalan der Prozeß machen ? FAZ vom 7.12.1998, S. 6.

[308] S. Cassese, The Statute of the International Criminal Court, EJIL 10 (1999), S. 162.

[309] So auch: Hoffmeister/Knoke, Das Vorermittlungsverfahren, ZaöRV 59 (1999), S. 799.

Art. 54 des Statuts regelt die Pflichten und Befugnisse des Anklägers bei den Ermittlungen. Von charakterisierender Bedeutung ist Art. 54 Abs. 1 lit. (a) des Statuts, demgemäß der Ankläger die Ermittlungen zum Zweck der Wahrheitsfindung auf alle Tatsachen und Beweismittel ausdehnt, die zur Bewertung der Frage, ob eine strafrechtliche Verantwortung nach dem Statut besteht, sachdienlich sein können und hierbei sowohl die be- als auch die entlastenden Umstände gleichermaßen zu erforschen hat. Zudem hat der zur Objektivität und Wahrheitssuche verpflichtete Ankläger die persönlichen Interessen von Opfern und Zeugen, die Art des Verbrechens und die Rechte des Beschuldigten zu beachten.[310] Ferner hat der Ankläger durch die Ergreifung der geeigneten Maßnahmen die wirksame Untersuchung und Strafverfolgung der in die Zuständigkeit des IStGH fallenden Verbrechen zu gewährleisten (Art. 54 Abs. 1 lit. (b) IStGH-Statut). In Ansehung der Befugnisse des Anklägers ist zwischen Maßnahmen ohne Eingriffscharakter, die er selbständig vornehmen kann und solchen mit Eingriffscharakter, die er bei der Vorverfahrenskammer beantragen muß, zu differenzieren. Die Bedeutung der Vorverfahrenskammer ist daher nicht auf die Entscheidung, „ob" ein Ermittlungsverfahren durchgeführt wird, beschränkt, da sie auch die Frage des „wie", d.h. die Durchführung desselben maßgeblich beeinflußt.[311]
Art. 54 Abs. 3 des Statuts normiert das Recht des Angeklagten zur selbständigen Vornahme von Maßnahmen ohne Eingriffscharakter. Demgemäß kann der Ankläger Beweise sammeln und prüfen, Vernehmungen durchführen, einen Staat oder eine zwischenstaatliche Organisation um Zusammenarbeit ersuchen und, sofern dies dem Statut nicht entgegensteht, zu diesem Zweck die entsprechenden Vereinbarungen abschließen, vertrauliche Informationen unter Verschluß halten und entsprechende Schutz- und Sicherheitsvorkehrungen zur Gewährleistung der Vertraulichkeit von Informationen, des Schutzes einer Person oder der Beweissicherung ergreifen oder beantragen.

Sofern der Ankläger ohnehin nur begrenzt mögliche Zwangsmaßnahmen vornehmen will, setzen diese die Zustimmung der Vorverfahrenskammer voraus. Bei derartigen Entscheidungen handelt i.d.R. der Einzelrichter.[312] So ist der Ankläger zur Durchführung von Ermittlungen auf dem Hoheitsgebiet eines Staates nur im Einklang mit den Vorschriften des neunten Teils des Statuts über die Kooperation (Art. 54 Abs. 2 lit. (a)) oder in den Fällen befugt, in denen die Vorverfahrenskammer diese Untersuchung autorisiert hat (Art. 54 Abs. 2 lit. (b) i.V.m. Art. 57 Abs. 3 lit. (d) des Statuts).[313]
Nach Art. 57 Abs. 3 lit. (d) des Statuts kann die Vorverfahrenskammer ermittelnde Maßnahmen auf dem Gebiet einer Vertragspartei in den Fällen genehmigen, in denen sie feststellt, daß ein Staat aus Gründen, die im Rechtssystem des Staates liegen, nicht in der Lage ist dem Kooperationsersuchen nachzukommen, oder weil die staatlichen Autoritäten nicht erreichbar sind. Diese weitgehende Regelung ist dennoch nicht als unzulässiger Eingriff in die staatliche Souveränität anzusehen, weil die Vertragsstaaten in diesem Bereich auf die nationale Souveränität verzichten und, wie dem Wortlaut der Vorschrift zu entnehmen ist, diese Ermächtigung auf Vertragsstaaten beschränkt ist, so daß Drittstaaten nicht betroffen sind.
Die Vorverfahrenskammer kann zudem Maßnahmen zum Zeugen- und Opferschutz, zur Beweissicherung sowie zur Vermögensbeschlagnahme anordnen (Art. 57 IStGH-

[310] Vgl. hierzu auch: Art. 67 Abs. 2 des Statuts, demgemäß der Ankläger der Verteidigung, sobald dies möglich ist, entlastende oder strafmildernde Beweise vorlegen soll.

[311] Vgl. hierzu: Ambos, Analyse des Rom-Statuts, ZStW 111 (1999), S. 195.

[312] Vgl. hierzu Art. 57 Abs. 2 IStGH-Statut.

[313] S. auch: Guariglia/Harris, in: Triffterer, Commentary, Art. 57, Rn. 16 ff.

Statut).[314] Gemäß Art. 56 des Statuts hat die Vorverfahrenskammer bei Vorliegen einer einzigartigen, zu einem späteren Zeitpunkt nicht mehr vorhandenen Ermittlungsmöglichkeit („unique investigative opportunity") besondere Anordnungsbefugnisse, sofern der Ankläger die Durchführung entsprechender Beweissicherungsmaßnahmen beantragt. Art. 56 Abs. 2 IStGH-Statut führt die hierunter fallenden Befugnisse beispielhaft auf. So kann die Vorverfahrenskammer z.B. die Tonbandaufnahme einer Beweisaufnahme, die Zulassung eines Experten oder eines Anwalts oder die Ernennung eines Richters zur Beweisaufnahme veranlassen. Derartige beweissichernde Maßnahmen kann die Vorverfahrenskammer gemäß Art. 56 Abs. 3 IStGH-Statut auch auf eigene Initiative vornehmen, wenn ihr nach Beratung mit dem Ankläger dessen Untätigkeit nicht gerechtfertigt erscheint. Der Ankläger kann gegen diese Entscheidung Rechtsmittel ergreifen (Art. 56 Abs. 3 lit. (b) IStGH-Statut). Nach Art. 56 Abs. 4 des Statuts gelten für die Zulässigkeit dieser Beweise die Regeln des Hauptverfahrens.
Die praktisch wichtigste Befugnis der Vorverfahrenskammer findet sich in Art. 58 des Statuts, der die Kammer zur Anordnung der Verhaftung oder Vorführung eines Verdächtigen ermächtigt.[315] Art. 58 Abs. 1 des Statuts regelt, daß der Erlaß eines Haftbefehls angeordnet werden darf, wenn vernünftige Gründe die Annahme rechtfertigen, daß eine Person ein in die Zuständigkeit des IStGH fallendes Verbrechen begangen hat und die Verhaftung notwendig erscheint, um ihre Anwesenheit während des Hauptverfahrens sicherzustellen, den ungestörten Ermittlungs- und Verfahrensablauf zu gewährleisten oder die weitere Begehung des einschlägigen Verbrechens oder damit zusammenhängender Verbrechen durch diese Person zu verhindern. Zur Rechtfertigung des letzten Haftgrundes wurde angeführt, daß die Schwere des betreffenden Verbrechens auch eine präventive Untersuchungshaft wegen Fortsetzungs- oder Wiederholungsgefahr rechtfertige.[316] Der Haftbefehl bleibt bis zu seinem gerichtlichen Widerruf in Kraft. Er bildet die Grundlage einer vorläufigen Festnahme oder einer Festnahme und Überstellung nach dem 9. Kapitel des Statuts. Die Vorverfahrenskammer kann nach Art. 58 Abs. 7 des Statuts einen Vorführbefehl erlassen, sofern sie diesen als ausreichende Gewähr für die Anwesenheit des Beschuldigten im Hauptverfahren erachtet. Ebenso wie der Haftbefehl hat auch der Vorführbefehl eine ausreichende Identifikation des Beschuldigten, den Termin der Verhandlung, eine Beschreibung der zur Last gelegten Verbrechen sowie eine detaillierte Tatsachenfeststellung zu enthalten. Gemäß Art. 59 des Statuts, der das Festnahmeverfahren im Gewahrsamsstaat regelt, ist eine Vertragspartei zur Vollstreckung des Haftbefehls des IStGH und zur Bereithaltung der hierin bezeichneten Person zur Überstellung verpflichtet. Die Überprüfungsbefugnis der nationalen Behörden beschränkt sich gemäß Art. 59 Abs. 2 des Statuts, auf die Feststellung, ob der Haftbefehl auf die betreffende Person zutrifft, diese in einem ordentlichen Verfahren festgenommen und ihre Rechte beachtet wurden, so daß keine Befugnis zur Überprüfung der materiellen Rechtmäßigkeit besteht.[317] Auch hier wird keine Verpflichtung von Drittstaaten begründet, sondern lediglich festgestellt, daß ein Vertragsstaat die geeigneten Maßnahmen im Einklang mit dem neunten Teil des Statuts und seinem Recht ergreift.

---

314 Vgl. hierzu: Ambos, Analyse des Rom-Statuts, ZStW 111 (1999), S. 196.

315 So auch: Ambos, Analyse des Rom-Statuts, ZStW 111 (1999), S. 196.

316 Vgl. hierzu: Ambos, Analyse des Rom-Statuts, ZStW 111 (1999), S. 197, der zu Recht kritisiert, daß diese Argumentation die Unschuldsvermutung nicht hinreichend berücksichtige, nach der jeder Untersuchungshäftling bis zu seiner Verurteilung als unschuldig zu gelten habe und daher die Untersuchungshaft nur eine verfahrenssichernde Funktion erfüllen dürfe.

317 So auch: Ambos, Analyse des Rom-Statuts, ZStW 111 (1999), S. 197.

Art. 60 des Statuts legt die Rechte der dem Gericht übergebenen Person fest und bestimmt, daß diese nach Übergabe an das Gericht über die ihr zur Last gelegten Verbrechen sowie die ihr zur Verfügung stehenden Rechtsmittel zu informieren ist. Die Vorverfahrenskammer hat sich, alsbald nach Überstellung des Beschuldigten an das Gericht, davon zu überzeugen, daß der Beschuldigte über den Tatvorwurf und seine Rechte ausreichend informiert wurde (Art. 60 Abs. 1 IStGH-Statut). Gemäß Art. 60 Abs. 2 des Statuts kann der Verdächtige eine vorläufige Haftentlassung bis zu Beginn des Hauptverfahrens beantragen, der stattzugeben ist, wenn die Haftvoraussetzungen des Art. 58 Abs. 1 des Statuts entfallen sind. Die Vorverfahrenskammer hat die Entscheidung über die Festhaltung oder Freilassung einer Person in regelmäßigen Abständen zu überprüfen und z.B. bei einer unentschuldbaren Verfahrensverzögerung eine Haftentlassung in Betracht zu ziehen. Gemäß Art. 60 Abs. 3 bis 5 des Statuts kann sie dann einen (weiteren) Haftbefehl zur Sicherstellung der Anwesenheit des entlassenen Verdächtigen erlassen. Bezüglich der freiheitsbeschränkenden Maßnahmen ist daher festzustellen, daß diese bereits eine detaillierte, rechtsstaatlichen Grundsätzen genügende Regelung im Statut erfahren haben und durch die RPE noch weiter ausgestaltet werden.

Art. 55 des Statuts legt die Rechte des Beschuldigten während des Ermittlungsverfahrens fest. Diese entsprechen dem internationalen Standard. So gilt das Selbstbelastungsverbot, die Freiheit von Zwang oder Drohung und das Recht auf einen Übersetzer. Zudem ist der Beschuldigte bei der ersten Vernehmung über die Tatvorwürfe, sein Schweigerecht und sein Recht auf anwaltlichen Beistand v.a. auch während der Vernehmungen zu unterrichten.[318] Ferner sind bei der Durchführung sämtlicher Maßnahmen die Rechte der Verteidigung strikt einzuhalten. Diese ausdrückliche Sicherung der Rechte des Beschuldigten bereits im Ermittlungsverfahren ist zwingend, da ein nur im Hauptverfahren gewährter Schutz unzureichend wäre.[319]
Die Tatsache, daß der Ankläger nur sehr begrenzt zur Anwendung von Zwangsmaßnahmen in der Lage ist und diese, sofern sie in Betracht zu ziehen sind, mit Ausnahme des Art. 57 Abs. 3 lit. (d) IStGH-Statut, nicht nur die Ermächtigung durch die Vorverfahrenskammer, sondern i.d.R. auch die Kooperation des betroffenen Staates voraussetzen, wird ebenso kritisiert, wie der Umstand, daß es dem Ankläger an einem unabhängigen Durchsetzungsapparat fehlt, so daß er auf die Zusammenarbeit mit den Vertragsstaaten zur Durchführung seiner Untersuchungen angewiesen ist.

b. Confirmation hearing

Erstrebt der Ankläger die Erhebung einer Anklage gegen den Beschuldigten, so kommt es nur bei einer Bestätigung der Anklage durch die Vorverfahrenskammer nach Art. 61 des Statuts zur Einleitung des Hauptverfahrens. Gemäß Art. 61 Abs. 1 des Statuts muß innerhalb eines angemessenen Zeitraumes, nachdem der Beschuldigte dem IStGH überstellt wurde bzw. freiwillig erschienen ist, eine mündliche Verhandlung zur Bestätigung der Tatvorwürfe durchgeführt werden (sog. „confirmation hearing"). Die Anhörung erfolgt grundsätzlich in Anwesenheit des Angeschuldigten und seines Vertreters. Unter den engen Voraussetzungen des Art. 61 Abs. 2 des Statuts kann diese Anhörung in Abwesenheit des Angeschuldigten durchgeführt werden. In solchen Fällen soll der Angeschuldigte von einem Anwalt vertreten wer-

[318] Vgl. hierzu: Ambos, Analyse des Rom-Statuts, ZStW 111 (1999), S. 198.

[319] S. Hall, in: Triffterer, Commentary, Art. 55, Rn. 1.

den, sofern dies aus Gerechtigkeitserwägungen notwendig erscheint. Der Angeschuldigte muß bereits eine angemessene Zeit vor der Anhörung über die Tatvorwürfe und die vorliegenden Beweismittel informiert werden (Art. 61 Abs. 3 IStGH-Statut). Der Ankläger kann seine Ermittlungen bis zum Beginn der Anhörung fortsetzen und Tatvorwürfe ändern oder zurückziehen (Art. 61 Abs. 4 IStGH-Statut). Dies ist dem Angeschuldigten rechtzeitig mitzuteilen. In der Anhörung hat der Ankläger jeden Tatvorwurf ausreichend zu beweisen, wobei er sich auf Urkundenbeweise oder zusammenfassende Beweise („summary evidence") unter Verzicht auf eine unmittelbare Zeugenvernehmung stützen kann (Art. 61 Abs. 5 IStGH-Statut). Gemäß Art. 61 Abs. 6 des Statuts kann der Angeschuldigte die gegen ihn erhobenen Tatvorwürfe in der Anhörung bestreiten, die präsentierten Beweismittel anfechten und eigene Beweise vorlegen. Auf der Grundlage der Anhörung hat die Vorverfahrenskammer zu entscheiden, ob ausreichende Beweise zur Stützung der fundierten Überzeugung, daß der Angeschuldigte die ihm zur Last gelegten Verbrechen begangen hat, bestehen (Art. 61 Abs. 7 IStGH-Statut). Die Vorverfahrenskammer hat drei Möglichkeiten. Sie kann die Tatvorwürfe bestätigen und den Angeschuldigten der Strafkammer zur Durchführung eines Strafverfahrens über die bestätigten Tatvorwürfe übergeben; die Tatvorwürfe mangels hinreichender Beweise zurückweisen oder die Verhandlung vertagen und den Ankläger zur Vorlage weitergehender Beweise oder zur Änderung seines Tatvorwurfs auffordern. Da dieser Entscheidung keine Rechtskraft zukommt, bleibt es dem Ankläger unbenommen, im Fall der Zurückweisung, die Bestätigung zu einem späteren Zeitpunkt unter Vorlage zusätzlicher Beweise zu ersuchen (Art. 61 Abs. 8 IStGH-Statut).

Dieses Parallelen zum deutschen Zwischenverfahren aufweisende Verfahren führt zu einer Überprüfung der Anklage durch eine gerichtliche Instanz und dient somit dem Schutz des Angeschuldigten vor einem Eingriff in seine Rechte. So soll gewährleistet sein, daß ein massiv in die Grundrechte eines Individuums eingreifendes Strafverfahren erst dann durchgeführt wird, wenn ein hinreichender Tatverdacht besteht, den nicht nur der Ankläger bejaht, sondern auch eine gerichtliche Instanz. Dies spricht ebenfalls für die Ausgewogenheit des Statuts.

3. Das Hauptverfahren

Das Statut regelt in den Art. 62 bis 76 die Grundzüge des Hauptverfahrens, dessen nähere Ausgestaltung durch die RPE erfolgen wird.

a. Ablauf und Beweisaufnahme

Die Hauptverhandlung findet gemäß Art. 63 Abs. 1 des Statuts in Anwesenheit des Angeklagten am Sitz des Gerichts statt (Art. 62 des Statuts). Das Statut kennt kein Verfahren in absentia. Allerdings kann der Angeklagte bei kontinuierlicher Störung der Hauptverhandlung entfernt werden. In diesem Fall ist sicherzustellen, daß er dem Verfahren durch die entsprechenden technischen Vorrichtungen folgen und seinem Anwalt die notwendigen Anweisungen erteilen kann (Art. 63 Abs. 2 IStGH-Statut).

Art. 64 des Statuts legt in groben Zügen den Verlauf der Hauptverhandlung fest. Die Strafkammer hat dafür Sorge zu tragen, daß das Verfahren fair und zügig unter Achtung der Rechte des Angeklagten sowie unter Berücksichtigung des Zeugen- und Opferschutzes durchgeführt wird. Die Verhandlung erfolgt grundsätzlich öffentlich

(Art. 64 Abs. 7 IStGH-Statut).[320] Aus Gründen des Zeugen- und Opferschutzes sowie zum Schutz vertraulicher Informationen kann die Öffentlichkeit ausgeschlossen werden (Art. 64 Abs. 7 S. 2, 68 Abs. 2 IStGH-Statut). Die Verhandlung beginnt mit der Verlesung der von der Vorverfahrenskammer bestätigten Anklage (Art. 64 Abs. 8 lit. (a) IStGH-Statut). Die Strafkammer hat sich davon zu überzeugen, daß der Angeklagte die gegen ihn erhobenen Tatvorwürfe verstanden hat. Dem amerikanischen Recht folgend hat der Angeklagte die Möglichkeit schuldig oder nicht schuldig zu plädieren. Die Verhandlung wird von dem Vorsitzenden Richter geleitet, der durch geeignete Maßnahmen die faire und unparteiische Durchführung des Verfahrens zu gewährleisten hat. Zudem hat die Strafkammer die Erstellung eines vollständigen Protokolls, das bei dem Registrator hinterlegt wird, sicherzustellen (Art. 64 Abs. 10 IStGH-Statut). Die Strafkammer soll die notwendigen Maßnahmen zum Zeugen- und Opferschutz einleiten. Zudem hat sie die gleichen Kompetenzen wie die Vorverfahrenskammer und kann die Anwesenheit und Aussage von Zeugen oder die Beiziehung von Urkunden anordnen, den Schutz vertraulicher Informationen sowie des Angeklagten, der Zeugen und Opfer verfügen, die Vorlage weiterer Beweise verlangen und auch sonst über jede, für das Verfahren relevante Sache entscheiden (Art. 64 Abs. 6 IStGH-Statut).

Gemäß Art. 64 Abs. 8 lit. (a), 65 des Statuts hat der Angeklagte die Möglichkeit, ein Schuldeingeständnis („admission of guilt") abzugeben, was die Durchführung eines besonderen, abgekürzten Verfahrens nach sich ziehen kann. Wurde ein Schuldeingeständnis abgegeben, hat die Strafkammer zu ermitteln, ob der Angeklagte die Art und die Folgen seiner Erklärung versteht, diese freiwillig und willentlich von dem Angeklagten nach einer Besprechung mit seinem Verteidiger getätigt wurde und das Schuldeingeständnis schließlich von den tatsächlichen Feststellungen in der Sache getragen wird (Art. 65 Abs. 1 IStGH-Statut). Sofern die Strafkammer vom Vorliegen der Voraussetzungen des Abs. 1 überzeugt ist, kann sie den Angeklagten sofort, entsprechend des Geständnisses, verurteilen und die Strafe ohne zusätzliche Strafzumessungsverhandlung festlegen (Art. 65 Abs. 2 i.V.m. Art 76 Abs. 2 IStGH-Statut).[321] Liegen die Voraussetzungen des Abs. 1 hingegen nicht vor, so erachtet die Kammer das Schuldeingeständnis als nicht erteilt so daß sie die Überleitung in das reguläre Verfahren anzuordnen hat und den Fall an eine andere Kammer verweisen kann (Art. 65 Abs. 3 IStGH-Statut). Ist die Kammer der Auffassung, daß es einer vollständigeren Darlegung der Tatsachen des Falles bedarf, kann sie zusätzliche Beweise von dem Ankläger anfordern oder anordnen, daß das Verfahren unter den regulären Verfahrensbestimmungen weitergeführt wird, wobei sie das Schuldeingeständnis als nicht erteilt erachten und das Verfahren zur Fortsetzung an eine andere Kammer verwiesen werden kann (Art. 65 Abs. 4 IStGH-Statut). Absprachen

---

[320] Demnach gilt auch vor dem IStGH der Öffentlichkeitsgrundsatz, der im Recht der Bundesrepublik in Art. 169 GVG seinen Niederschlag findet. Bezüglich der Problematik der Ausstrahlug von Gerichtsverfahren in Funk und Fernsehen, Art. 169 S. 2 GVG, vertritt Scholz, Die Zulieferung, S. 219, die Auffassung, daß hier eine andere Betrachtungsweise als im deutschen Recht geboten sei, da das Kontrollelement, das in früheren Zeiten wesentlicher Aspekt der Öffentlichkeit gewesen sei, in einem internationalen Strafverfahren an Bedeutung gewinne, was in die Abwägung mit einfließen müsse, da bei einem solchen Gericht ein erhöhtes öffentliches Interesse bestünde.

[321] So auch Ambos, Analyse des Rom-Statuts, ZStW 111 (1999), S. 199. Wie noch zu zeigen sein wird, sieht Art. 76 Abs. 2 des Statuts vor, daß mit Ausnahme der Fälle des Art. 65 des Statuts noch eine Strafzumessungsverhandlung erfolgen kann. Hieraus ergibt sich, daß eine solche in den Fällen des Art. 65 des Statuts gerade nicht einberufen werden kann.

zwischen Ankläger und Verteidiger bezüglich der Tatvorwürfe, des Geständnisses oder der Strafe sind für das Gericht nicht bindend (Art. 65 Abs. 5 IStGH-Statut).[322]

Art. 69 des Statuts regelt die Grundzüge der Beweisaufnahme und normiert den Grundsatz, daß die Zeugen persönlich vor dem IStGH aussagen müssen (Art. 69 Abs. 2 IStGH-Statut). Demgemäß ist die Beweisaufnahme grundsätzlich mündlich und unmittelbar durchzuführen. Von diesem Prinzip können Ausnahmen gemacht werden, solange die Rechte des Angeklagten hierdurch nicht beeinträchtigt werden. Insbesondere aus Gründen des Zeugenschutzes kann z.B. eine Tonband- bzw. Videowiedergabe oder die Verlesung von Aussagen zulässig sein.[323] Jeder Zeuge hat sich vor Erstattung seiner Aussage zur Erteilung einer wahrheitsgemäßen Aussage zu verpflichten (Art. 69 Abs. 1 IStGH-Statut).
Die Parteien haben das Recht Beweise vorzulegen, über deren Relevanz und Zulässigkeit die Kammer entscheidet (Art. 69 Abs. 3, Abs. 4, vgl. auch Art. 64 Abs. 9 lit. (a) IStGH-Statut). Bei seiner Entscheidung hat das Gericht v.a. den Beweiswert und die möglichen Auswirkungen auf die Fairneß des Verfahrens zu berücksichtigen. Auch die Kammer kann die Eingabe der Informationen anregen, die sie zur Ermittlung der Wahrheit für erforderlich erachtet (Art. 69 Abs. 3 des Statuts). Gemäß Art. 69 Abs. 6 des Statuts muß allgemein Bekanntes nicht bewiesen werden, kann aber vom Gericht zur Kenntnis genommen werden. Art. 69 Abs. 7 des Statuts normiert ein Beweisverwertungsverbot und legt fest, daß Beweise, die unter Verletzung des Statuts oder international anerkannter Menschenrechte gewonnen wurden, unverwertbar sein sollen, wenn diese Verletzung erhebliche Zweifel an ihrer Zuverlässigkeit weckt oder die Zulassung dieser Beweise der Integrität des Verfahrens zuwider läuft (Art. 69 Abs. 7 IStGH-Statut).

Das Statut mißt dem Schutz nationaler Sicherheitsinteressen eine besondere Bedeutung zu, so daß diese Regeln von besonderer Relevanz sind[324] und u.U. die Beweis-

---

[322] Vgl. hierzu auch: Ambos, Der neue Internationale Strafgerichtshof, NJW 1998, S. 3745. Dies steht im Einklang mit dem deutschen Recht, da die Frage, inwieweit „deals" eingegangen werden dürfen, hier höchst umstritten ist und Absprachen allgemein als unzulässig und nicht bindend erachtet werden. Die Frage der „Verständigung im Strafprozeß" ist äußerst heikel, da massive Bedenken gegen den „Handel mit der Gerechtigkeit" erhoben werden. So dürfen der staatliche Strafanspruch, die Einhaltung der Verfahrensgrundsätze, die rechtliche Subsumtion sowie die Grundsätze der Strafbemessung nicht in das Belieben und zur freien Disposition der Prozeßbeteiligten und des Gerichts gestellt werden; vgl. Kleinknecht/Meyer-Goßner, StPO, Einl. 119b. Das im amerikanischen Recht praktizierte „plea bargaining" wäre in der Bundesrepublik in dieser Form nicht zulässig. Allerdings erachten weder das BVerfG noch der BGH derartige Absprachen als grundsätzlich unzulässig, S. Kleinknecht/Meyer-Goßner, StPO, Einl. Rn. 119c ff. Zusammenfassend ist festzustellen, daß zur Wirksamkeit der Absprachen im Strafprozeß folgende Regeln zu beachten sind: „1.) Alle Prozeßbeteiligten müssen in die Erörterung einbezogen werden; 2) Das Verfahrensergebnis muß materiell-rechtlich zulässig und unter Berücksichtigung aller Umstände vertretbar sein; 3.) ein Geständnis muß auf seine Glaubwürdigkeit überprüft werden, sich aufdrängende Beweiserhebungen dürfen deswegen nicht unterbleiben; 4.) der Inhalt der Absprache ist in der Hauptverhandlung bekanntzugeben; 5.) Absprachen sind zwar nicht bindend, jedoch sollte von ihnen ohne -offenzulegenden- trifftigen Grund nicht abgewichen werden" Kleinknecht/Meyer-Goßner, StPO, Einl. Rn 119 e. Allerdings ist weiter zu befürchten, daß angesichts der Überlastung der Strafjustiz, die auf andere Weise nicht behoben werden kann, es sich auf Dauer wohl nicht vermeiden lassen wird, die „Verständigung" im Strafprozeß zu institutionalisieren.

[323] Vgl. hierzu: Ambos, Der neue Internationale Strafgerichtshof, NJW 1998, S. 3745.

[324] So auch: Dixon/Duffy, in: Triffterer, Commentary, Art. 72, Rn. 1 f; Ambos, Der neue Internationale Strafgerichtshof, NJW 1998, S. 3745, mit weiteren Nachweisen. Ambos verweist auf die außerordentliche Relevanz der Regeln zum Schutz der nationalen Sicherheitsinteressen, die im Blaskic-Verfahren vor dem ICTY eine herausragende Rolle gespielt haben.

erhebung erheblich einschränken bzw. beeinflussen können. Die im Statut gefundene Lösung stellt sich als Kompromiß zwischen dem Interesse des IStGH am Zugriff auf Beweise und dem Sicherheitsbedürfnis der Staaten dar.[325] Art. 72 des Statuts findet in allen Fällen Anwendung, in denen die Offenlegung von Informationen oder Dokumenten eines Staates die nationalen Sicherheitsinteressen dieses Staates nach seiner Auffassung beeinträchtigen würde (Art. 72 Abs. 1 IStGH-Statut). Demgemäß findet diese Vorschrift nicht nur bei der Offenlegung bestimmter Schriftstücke, sondern auch in den Fällen Anwendung, in denen eine Person, unter Berufung auf staatliche Sicherheitsinteressen, die Auskunft verweigert (Art. 72 Abs. 2 IStGH-Statut). Ein Staat hat ein Interventionsrecht, wenn er von der möglichen Offenlegung bestimmter Informationen oder Schriftstücke, die seine Sicherheitsinteressen berühren, erfährt (Art. 72 Abs. 4 IStGH-Statut).

In diesen Fällen wird ein „Schlichtungsverfahren“ ausgelöst, in dem das Problem unter Zusammenwirken des Staates mit dem Ankläger, der Verteidigung, der Vorverfahrenskammer oder der Strafkammer zunächst auf kooperativen Wege gelöst werden soll (Art. 72 Abs. 5 IStGH-Statut). In Betracht kommt zunächst die Änderung oder Klarstellung des gerichtlichen Ersuchens; die Suche nach einer anderen Informationsquelle; die Erlangung der Information in einer anderen Form oder von einem anderen Staat; eine Einigung über die Bedingungen, unter denen die verlangte Hilfe gewährt werden könnte, wie z.B. die gekürzte oder zusammengefaßte Vorlage der Information etc. Sollte der Staat nach diesem Versuch zur einvernehmlichen Lösung des Konflikts noch der Auffassung sein, eine Beeinträchtigung der nationalen Sicherheitsinteressen läge vor, so hat er den Ankläger, unter Darlegung seiner Bedenken, hierüber in Kenntnis zu setzen (Art. 72 Abs. 6 IStGH-Statut). Sofern das Gericht feststellt, daß dieser Beweis für die Frage der Schuld oder Unschuld des Angeklagten erforderlich ist, so bestehen folgende Möglichkeiten: handelt es sich um eine Information oder ein Dokument, die auf der Grundlage der allgemeinen Zusammenarbeitsvorschriften des neunten Teils verlangt wurde und der Vertragsstaat den in Art. 93 Abs. 4 des Statuts genannten Weigerungsgrund geltend gemacht hat, so kann das Gericht zunächst weitere, ggf. geheime Beratungen mit dem Staat durchführen (Art. 72 Abs. 7 lit. (a) (i) IStGH-Statut). Sofern der IStGH zu dem Ergebnis gelangt, der Staat genüge seinen Zusammenarbeitspflichten nicht, so kann er den Fall vor die Vertragsstaatenversammlung bringen oder ggf. an den UN-Sicherheitsrat verweisen (Art. 72 Abs. 7 lit. (a) (ii) IStGH-Statut). Schließlich kann das Gericht in der Verhandlung gegen den Angeklagten diejenigen Folgerungen hinsichtlich des Erwiesenseins oder Nichterwiesenseins einer Tatsache ziehen, die den Umständen nach als angemessen erscheinen (Art. 72 Abs. 7 lit. (a) (iii) IStGH-Statut). In allen anderen Fällen kann das Gericht entweder die Offenlegung anordnen oder die entsprechenden Rückschlüsse ziehen (Art. 72 Abs. 7 lit. (b) IStGH-Statut). Art. 72 des Statuts findet, wie seinem Wortlaut zu entnehmen ist, sowohl auf Vertragsstaaten als auch auf Drittstaaten Anwendung. Eine Verletzung von Drittstaaten ist auch durch diese, auf den ersten Blick weitreichend erscheinende Vorschrift, nicht zu erwarten. Dies folgt aus der Tatsache, daß Art. 72 des Statuts notwendigerweise voraussetzt, daß die Informationen bzw. Dokumente aus der Sphäre des sich in seinen nationalen Sicherheitsinteressen berührt fühlenden Staates stammen[326] und dem IStGH von dem Staat selbst bereits zugänglich gemacht worden sind oder auf Ersuchen des Gerichts zugänglich gemacht werden sollen. Gerade in den Fällen, in denen der IStGH bereits

---

[325] So auch: Ambos, Der neue Internationale Strafgerichtshof, NJW 1998, S. 3745.

[326] Art. 72 Abs. 1 des Statuts hat folgenden Wortlaut: *„This article applies in any case where the disclosure of the information or documents of a State would, in the opinion of that state,...“*

über Informationen aus staatlicher Sphäre verfügt, muß eine Verletzung dieses Staates ausscheiden, da der Staat, mangels Begründung einer Kooperationspflicht für Drittstaaten durch das Statut, diese Information oder Dokumente dem IStGH selbst zugänglich gemacht hat. Insoweit liegt also eine freiwillige Kooperation unter Verzicht auf gewisse Rechte vor. In den Fällen, in denen ein Drittstaat dem IStGH noch keinerlei Informationen übermittelt hat, ist eine Rechtsverletzung nicht denkbar, da die Verpflichtung eines Drittstaates zur Kooperation durch das Statut nicht begründet wurde und dieser daher von der „zur Verfügungstellung" brisanter Informationen absehen kann. Auch eine Verletzung der Vertragsstaaten scheidet aus.

Art. 73 des Statuts bezweckt den Schutz des ungehemmten Informations- und Nachrichtenflusses.[327] Durch diese Vorschrift soll verhindert werden, daß ein Vertragsstaat, der eine bereits zuvor bestehende Geheimhaltungspflicht gegenüber einem Drittstaat hat, durch das Statut zur Verletzung dieser Pflicht gezwungen wird.[328] Demnach ist der IStGH auch bei Informationen oder Schriftstücken, die von dritter Seite, wie beispielsweise von einem anderen Staat, einer zwischenstaatlichen oder internationalen Organisation stammen, von der Kooperationswilligkeit der betroffenen Staaten abhängig (Art. 73 IStGH-Statut). Diese weitere Beschränkung der Beweisaufnahme verdeutlicht die Bestrebung des Statuts, jegliche Verpflichtungen und Beeinträchtigungen von Drittstaaten zu vermeiden. Art. 73 des Statuts regelt, daß, sofern der IStGH einen Vertragsstaat zur Übergabe eines Dokumentes oder einer Information ersucht, die sich in dessen Gewahrsam befindet und dem Vertragsstaat von einem anderen Staat, einer zwischenstaatlichen oder internationalen Organisation übergeben wurde, der Staat zunächst diese dritte Seite um Öffnung des Dokumentes oder der Information ersuchen muß. Stammt diese Information oder das Dokument von einem Vertragsstaat, so hat dieser der Öffnung entweder zuzustimmen oder zu versuchen, den Punkt nach Art. 72 des Statuts zu lösen. Sofern das Dokument oder die Information von einem Nichtvertragsstaat stammt und dieser die Öffnung ablehnt, so hat der ersuchte Staat den IStGH darüber zu informieren, daß er sich zur Übermittlung des Dokumentes oder der Information angesichts der bereits zuvor bestehenden Verpflichtung zur Vertraulichkeit gegenüber dem Informanten, außer Stand sieht. Dies ist vom IStGH zu akzeptieren. Diese Regelung verdeutlicht, daß das Statut bestrebt ist, jegliche Verletzung von Drittstaaten, sei sie unmittelbar oder mittelbar, zu vermeiden. Zudem werden auch die Vertragsstaaten nicht zum Bruch bestehender Absprachen mit Drittstaaten verpflichtet.

Abschließend ist darauf hinzuweisen, daß die räumliche Trennung des Gerichtsortes von dem Tatort im heutigen Zeitalter kein Problem mehr darstellt, weil Zeugen, mittels Flugzeugs, zu dem Gerichtsort gebracht werden können und, sofern dies nicht gewährleistet wäre, die Möglichkeit von Video-Konferenzen besteht, so daß mit moderner Technologie und Kommunikationssystemen einiges ausgeglichen werden kann.[329] Auch Dokumente können heutzutage schnell vervielfältigt werden, es kann Film- und Videomaterial betrachtet werden. Zudem besteht die Möglichkeit der Simultanübersetzung. Derzeit wird beim ICTY simultan in drei Sprachen übersetzt, so daß ein simultanes Protokoll in jeder einzelnen Sprache erhältlich ist.[330] Zudem zeigt beim ICTY ein Monitor auf jedem Tisch des Gerichtsraumes simultan auf verschie-

---

[327] Duffy, in: Triffterer, Commentary, Art. 73 Rn. 1.

[328] Duffy, in: Triffterer, Commentary, Art. 73 Rn. 1.

[329] Vgl. hierzu: May/Wierda, Trends, Columbia Journal of Transnational Law 37 (1999), S. 734.

[330] Vgl. May/Wierda, Trends, Columbia Journal of Transnational Law 37 (1999), S. 734.

denen Kanälen das Protokoll, die Abschrift, einen Blick auf den Sprechenden und Ausstellungsstücke, die auf dem Overhead-Projektor plaziert sind, zudem können Abschriften auf Laptop-Computern mit Anmerkungen versehen werden.[331] Daher können die Nachteile einer räumlichen Trennung mit den heutigen technischen Möglichkeiten zwar nicht vollständig kompensiert, aber weitestgehend beherrscht werden.

b. Die Rechte des Angeklagten

Die Rechte des Angeklagten sind zum einen in den allgemeinen Verfahrensvorschriften enthalten, zum anderen haben sie eine eigenständige Regelung in den Art. 66 und 67 des Statuts erfahren. Auch sie werden noch eine nähere Ausgestaltung durch die RPE erfahren, so daß hier von einer detaillierten Erörterung und Prüfung abgesehen und lediglich die vorhandenen Regelungen dargelegt werden.
Art. 66 des Statuts legt die Geltung der Unschuldsvermutung fest. Demnach hat jede Person so lange als unschuldig zu gelten, bis ihre Schuld erwiesen ist (Art. 66 Abs. 1 IStGH-Statut). Gemäß Art. 66 Abs. 2 des Statuts hat der Ankläger die Schuld des Angeklagten zu beweisen. Das Gericht darf den Angeklagten nur dann verurteilen, wenn es von der Schuld des Angeklagten jenseits vernünftiger Zweifel („beyond reasonable doubt") überzeugt ist (Art. 66 Abs. 3 IStGH-Statut). Gemäß Art. 67 Abs. 1 des Statuts hat der Angeklagte Anspruch auf eine öffentliche, faire und unparteiliche Verhandlung. Zudem sieht das Statut weitere Mindestgarantien vor. Der Angeklagte ist in der Sprache, die er versteht und spricht, unverzüglich über Art, Grund und Inhalt der gegen ihn erhobenen Anklage zu unterrichten (Art. 67 Abs. 1 lit. (a) IStGH-Statut). Dem Angeklagten muß hinreichend Zeit und Gelegenheit zur Vorbereitung seiner Verteidigung und zum Verkehr mit einem Verteidiger seines Vertrauens gewährt werden (Art. 67 Abs. 1 lit. (b) IStGH-Statut). Das Verfahren muß, ohne unangemessene Verzögerung durchgeführt werden (Art. 67 Abs. 1 lit. (c) IStGH-Statut). Der Angeklagte hat grundsätzlich, mit Ausnahme des Falles des Art. 63 Abs. 2 IStGH-Statut, das Recht, bei der Verhandlung anwesend zu sein und sich selbst zu verteidigen oder sich durch einen Verteidiger seiner Wahl vertreten zu lassen, wobei er, sofern er keinen Verteidiger hat, über dieses Recht zu unterrichten ist. Sofern es die „interests of justice" gebieten, ist ihm ggf. unentgeltlich ein Verteidiger beizuordnen (Art. 67 Abs. 1 lit. (d) IStGH-Statut). Der Angeklagte kann Fragen an die Belastungszeugen stellen oder stellen lassen und die Vernehmung von Entlastungszeugen unter den für die Belastungszeugen geltenden Bestimmungen erwirken sowie weitere Verteidigungs- und Beweismittel präsentieren (Art. 67 Abs. 1 lit. (e) IStGH-Statut). Der Angeklagte kann die kostenlose Beiziehung eines sachkundigen Dolmetschers und die Übersetzungen verlangen, die zur Gewährleistung des Gebots der Fairneß erforderlich sind, sofern Teile des Verfahrens oder dem Gericht vorliegende Schriftstücke nicht in der Sprache, die der Angeklagte spricht und versteht, verfaßt sind (Art. 67 Abs. 1 lit. (f) IStGH-Statut). Art. 67 Abs. 1 lit. (g) des Statuts regelt das Selbstbelastungsverbot. Demgemäß kann der Angeklagte nicht gezwungen werden, gegen sich als Zeuge auszusagen oder sich schuldig zu bekennen. Zudem hat er das Recht zu Schweigen, ohne daß dies bei der Feststellung von Schuld oder Unschuld in Erwägung gezogen wird. Dem Angeklagten steht es frei, zu seiner Verteidigung eine unbeeidigte mündliche oder schriftliche Erklärung abzugeben (Art. 67 Abs. 1 lit. (h) IStGH-Statut). Schließlich darf dem Angeklagten nicht eine umgekehrte Beweislast oder Gegenbeweislast auferlegt werden (Art. 67 Abs. 1 lit. (i) IStGH-Statut). Gemäß Art. 67 Abs. 2 des Statuts hat der Ankläger der Verteidigung sobald praktisch

[331] S. May/Wierda, Trends, Columbia Journal of Transnational Law, 37 (1999), S. 734.

möglich, die in seinem Besitz oder seiner Verfügungsgewalt befindlichen strafentlastenden oder strafmildernden Beweismittel offenzulegen, die zum teilweisen oder vollständigen Nachweis der Unschuld des Angeklagten geeignet sind, sich schuldmindernd auswirken können oder die Glaubwürdigkeit der Beweismittel des Anklägers mindern. Zudem wurde bereits auf das dem Angeklagten zu gewährende rechtliche Gehör hingewiesen.
Angesichts dieser in dem Statut selbst enthaltenen Regelungen, kann festgestellt werden, daß die Rechte des Angeklagten dem allgemeinen menschenrechtlichen Standard entsprechen[332], der seine nähere Konkretisierung in Art. 11 der allgemeinen Erklärung der Menschenrechte, Art. 6 EMRK und den Art. 14, 15 IPbpR erfahren hat. Der in Art. 67 des Statuts aufgeführte Katalog der Mindestgarantien ist fast wortgleich mit dem des Art. 14 Abs. 3 IPbpR.

c. Der Zeugen- und Opferschutz

Die Regelungen des Statuts, die sich mit der Rolle der Zeugen sowie der Opfer beschäftigen, sind als verdienstvoll anzusehen. So können die Opfer in zweifacher Weise an den Geschehnissen des Verfahrens teilnehmen. Gemäß Art. 68 Abs. 3 des Statuts können sie ihre Ansichten und Sorgen bezüglich der rechtlichen und der tatsächlichen Angelegenheiten vorbringen. Diese Vorschrift ist von maßgeblicher Bedeutung, da erstmals in internationalen strafrechtlichen Verfahren den Opfern gestattet wird, hieran durch Darlegung ihrer Ansichten und Bedenken entweder persönlich oder durch ihren rechtlichen Beistand bezüglich der Punkte, die für das weitere Vorgehen wesentlich sind, teilzunehmen.[333] Die Stellung der Opfer und der Zeugen wird in den RPE noch eine weitere Spezifizierung und Definition erfahren. Als weitere maßgebliche Neuerung zugunsten der an dem Verfahren teilnehmenden Opfer ist der Umstand zu werten, daß die Opfer die Möglichkeit haben, Reparationen zu erhalten (Art. 75 IStGH-Statut).[334] Eine derartige Stellung der Opfer vor einer internationalen Instanz ist bislang einzigartig, da die den Opfern im Statut des IStGH zuerkannte Rolle keine Entsprechung in den vorangegangenen Tribunalen von Nürnberg, Tokio, Jugoslawien und Ruanda findet.[335]
Gemäß Art. 68 Abs. 1 des Statuts soll das Gericht die notwendigen Maßnahmen zum Opfer- und Zeugenschutz treffen. Zu schützen sind neben der Sicherheit auch das physische und psychische Wohlergehen sowie die Ehre und Privatsphäre dieses Personenkreises. Diese Belange sind auch von dem Ankläger bei seinen Ermittlungen und den Verfolgungsmaßnahmen zu beachten. Zwischen diesen Maßnahmen und den Rechten des Angeklagten besteht ein Spannungsverhältnis, da die Rechte des Angeklagten in allen Fällen zu wahren sind. Aus Gründen des Opfer- und Zeugenschutzes kann es beispielsweise zu Ausnahmen von dem Grundsatz der Unmittelbarkeit der Beweisaufnahme kommen, so daß in solchen Fällen die Zeugenvernehmung nicht vor dem Gericht selbst erfolgt (Art. 68 Abs. 2 IStGH-Statut). Dies wird v.a. in Verfahren wegen sexueller Gewalt oder Gewalt gegen Kinder relevant. Sofern die persönlichen Interessen eines Opfers berührt sind, kann dessen Stellungnahme über einen anwaltlichen Beistand in das Verfahren eingebracht werden (Art. 68 Abs.

---

[332] So auch: Ambos, Analyse des Rom-Statuts, ZStW 111 (1999), S. 202; ders. Ambos, Zum neuen Internationalen Strafgerichtshof, JA 1998, S. 991.

[333] Vgl. hierzu: Cassese, The Statute of the International Criminal Court, EJIL 10 (1999), S. 167.

[334] Vgl. Cassese, The Statute of the International Criminal Court, EJIL 10 (1999), S. 167.

[335] S. Cassese, The Statute of the International Criminal Court, EJIL 10 (1999), S. 168.

3 IStGH-Statut). Zudem kann der Ankläger Beweise zurückhalten oder in anderer Form vorlegen, wenn diese eine schwerwiegende Bedrohung der Sicherheit eines Zeugen oder seiner Familie darstellen (Art. 68 Abs. 5 IStGH-Statut). Schließlich kann auch ein Staat die Ergreifung der notwendigen Maßnahmen zum Schutz seiner Bediensteten oder Vertreter sowie vertraulicher oder brisanter Informationen beantragen (Art. 68 Abs. 6 IStGH-Statut). Das Statut verfügt damit über einen hoch anzusiedelnden Schutz von Tatopfern und Zeugen.[336] Allerdings gilt bei den gesamten Maßnahmen, daß sie die Rechte des Angeklagten nicht beeinträchtigen dürfen.

d. Das Urteil

Art. 74 des Statuts regelt die an ein Urteil des IStGH zu stellenden Anforderungen. In Art. 74 Abs. 1 des Statuts wird der Grundsatz der ununterbrochenen Gegenwart der Richter festgelegt, die in jeder Phase der Verhandlung und während der gesamten Dauer der Beratungen anwesend sein müssen. Das Präsidium kann einen oder mehrere Ersatzrichter bestimmen, die in jeder Phase der Verhandlung beiwohnen und an die Stelle eines Mitglieds der Kammer treten, wenn dieses nicht mehr in der Lage sein sollte, weiter anwesend zu sein. Durch diese „Vorsichtsmaßnahme" wird dem Gebot des gesetzlichen Richters genügt. Art. 74 Abs. 2 IStGH-Statut bestimmt, daß sich das Urteil auf der Beweiswürdigung und dem gesamten Verfahren gründet. Zudem darf das Urteil nicht über die in der Anklage dargestellten Tatsachen und Umstände hinausgehen (Begrenzungsfunktion der Anklage). Schließlich gilt, vergleichbar dem deutschen Recht, der Mündlichkeitsgrundsatz, da daß das Gericht sein Urteil nur auf die ihm in der Hauptverhandlung vorgelegten und diskutierten Beweise stützen darf.[337]

Die Richter entscheiden nach geheimer Beratung möglichst konsensual und, sofern dies nicht möglich sein sollte, mehrheitlich (Art. 74 Abs. 3 IStGH-Statut). Das schriftlich ergehende Urteil enthält eine ausführliche Begründung, wobei Minderheitsvoten aufgeführt werden sollen (Art. 74 Abs. 5 IStGH-Statut). Die gesamte Entscheidung oder ggf. eine Zusammenfassung derselben soll öffentlich verkündet werden.

Im Falle einer Verurteilung soll das Gericht die angemessene Strafe festlegen (Art. 76 Abs. 1 IStGH-Statut). Das Strafmaß kann ebenfalls sofort oder erst nach einer gesonderten Strafzumessungsverhandlung verkündet werden. Die Strafkammer kann aus eigener Initiative und soll auf Antrag des Staatsanwaltes oder des Angeklagten eine zusätzliche Strafzumessungsverhandlung, mit Ausnahme des Falles eines Geständnisses (Art. 65 IStGH-Statut), vor Abschluß des Prozesses anberaumen.[338] Demnach setzt auch das Statut, dem amerikanischen Recht folgend, die Trennung von Schuld- und Straffeststellung voraus (Schuldinterlokut).[339] Dem deutschen Rechtsverständnis folgend, demgemäß das Urteil sowohl den Schuld- als auch den

---

[336] So auch: Hermsdörfer, Das Statut des Internationalen Strafgerichtshofes, Internationale Politik, 11 (1998), S. 57.

[337] Vgl. Ambos, Zum neuen Internationalen Strafgerichtshof, JA 1998, S. 991. Der Mündlichkeitsgrundsatz des bundesdeutschen Rechts beruht auf der Prämisse, daß sich das Urteil nur auf den mündlich vorgetragenen Prozeßstoff beziehen darf (§ 261 StPO).

[338] Vgl. Schabas, in: Triffterer, Commentary, Art. 76, Rn. 2.

[339] Vgl. hierzu: Ambos, Zum Stand der Bemühungen, ZRP 1996, 266, der darauf hinweist, daß hinter dieser Trennung die Hoffnung steht, daß das über die Schuldfrage entscheidende Gericht nicht vor der Schuldfestellung durch die Angaben zur Person beeinflußt wird. Ambos weist zu Recht darauf hin, daß diese Gefahr v.a. bei den amerikanischen Jury-Gerichten, nicht aber bei Richtern zu befürchten ist.

Strafausspruch enthält, ist davon auszugehen, daß sowohl der Schuldausspruch als auch die Straffeststellung als Bestandteile des Urteils, d.h. der gerichtlichen Entscheidung anzusehen sind, wenngleich sie nach dem Statut des IStGH zu trennen sind.
Das Urteil kann zudem die Grundsätze einer möglichen Opferentschädigung festlegen kann (Art. 75 Abs. 1 des Statuts). Art. 75 des Statuts ermöglicht dem Gericht die Formulierung von Grundsätzen, die die Entschädigungsfragen der Opfer regeln und die Restitution, Kompensation und Rehabilitation an die Opfer vorsehen. Auf dieser Grundlage kann das Gericht entweder auf Antrag oder bei außergewöhnlichen Umständen auf eigene Veranlassung in seiner Entscheidung den Umfang und das Ausmaß des Schadens, des Verlustes bzw. der Verletzung der Opfer festsetzen und die Prinzipien, auf deren Grundlage es handelt, feststellen. Auf dieser Basis kann die Strafkammer, auf Antrag oder von Amts wegen, den Schadensumfang in einem konkreten Fall bestimmen. Die Strafkammer kann sodann, ggf. nach Anhörung der Betroffenen, eine Entschädigungsanordnung gegen den Verurteilten erlassen oder eine Entschädigung aus dem Treuhandfonds des Gerichts (Art. 79 des Statuts) anordnen. Erstere wird nach den Vorschriften über die Zusammenarbeit (Art. 93 Abs. 1 IStGH-Statut) und über die Vollstreckung von Geldstrafen und Einziehung (Art. 109 IStGH-Statut) durchgesetzt.[340] Für die Entscheidung, daß der IStGH auch über Wiedergutmachungen und Entschädigungen befindet, spricht, daß er eine Gerichtsbarkeit in den Fällen ausüben wird, in denen nationale Rechtssysteme versagen, so daß eine Verweisung der Opfer auf den nationalen Rechtsweg wenig sachdienlich wäre.[341] Zudem hat sich der IStGH mit der i.d.R. sehr komplexen Materie eingehend auseinandergesetzt, so daß eine erneute Einarbeitung der nationalen Gerichte als vermeidbar erscheint, zumal durch die „doppelte Inanspruchnahme" und das Abwarten des für die Vertragsstaaten bindenden Schuldspruches des IStGH auch der zeitliche Aspekt zu berücksichtigen ist.

Demgemäß kann das Urteil neben der Feststellung von Schuld und Strafe auch Feststellungen zu dem Umfang und Ausmaß des Schadens, der Verletzung sowie des Verlustes enthalten. Es kann zudem konkrete angemessene Reparationsmaßnahmen an oder in Ansehung der Opfer, die auch Restitutions-, Kompensations-, und Rehabilitationsmaßnahmen beinhalten können, vorsehen. Dies reflektiert den umfassenden Opferschutz, den das Statut vermittelt.

4. Rechtsmittel

In diesem Bereich ist zu differenzieren zwischen der Berufung gegen Urteile (Art. 81 IStGH-Statut) und gegen sonstige Verfahrensentscheidungen (Art. 82 IStGH-Statut) sowie der Revision (Art. 84 IStGH-Statut). Die nähere Ausgestaltung dieser Rechtsmittel wird durch die RPE erfolgen.
Gemäß Art. 81 des Statuts können sowohl der Ankläger als auch der Verurteilte gegen das Urteil als solches, d.h. den Schuld- oder Freispruch sowie gegen die Strafzumessungsentscheidung, Berufung einlegen. Der Ankläger kann seine Berufung gegen den Schuldausspruch mit dem Vorliegen eines Verfahrensmangels, eines Tatsachenirrtums oder eines Rechtsirrtums begründen (Art. 81 Abs. 1 lit. (a) IStGH-Statut). Demgegenüber kann der Verurteilte und der Ankläger, sofern er das

[340] Vgl. Kap. 2 C IV.

[341] Schlunck, Diskussionsstand vor der Diplomatischen Konferenz, S. 165.

Rechtsmittel zu Gunsten des Verurteilten einlegt, seinen Angriff gegen den Schuldausspruch, neben den genannten Gründen auf „any other ground that affects the fairness or reliability of the procedings or decision" stützen (Art. 81 Abs. 1 lit. (b) IStGH-Statut). Ferner können sowohl der Ankläger als auch der Verurteilte Berufung gegen den Strafausspruch wegen Unverhältnismäßigkeit zwischen dem Verbrechen und dem Strafmaß einlegen (Art. 81 Abs. 2 lit. (b) IStGH-Statut). Hat die Berufungskammer im Rahmen einer Berufung gegen die Strafzumessungsentscheidung Zweifel an der Verurteilung als solcher, kann sie dem Ankläger und dem Verurteilten vorschlagen, die Berufung auf diese zu erweitern und Gründe nach Art. 81 Abs. 1 lit. (a) und (b) des Statuts vorzubringen (Art. 81 Abs. 2 lit. (b) des Statuts). Gleiches gilt im umgekehrten Falle wenn die Berufungskammer bei einer gegen den Schuldspruch gerichteten Berufung zu dem Schluß kommt, daß Gründe für eine Herabsetzung des Strafmaßes gegeben sind (Art. 81 Abs. 2 lit. (c) IStGH-Statut). Der Verurteilte bleibt während des Berufungsverfahrens grundsätzlich in Haft (Art. 81 Abs. 3 IStGH-Statut).[342]

Art. 82 des Statuts regelt die Berufung gegen sonstige Entscheidungen. Demzufolge können beide Parteien gegen Zuständigkeits,- Zulässigkeits- oder Haftentscheidungen sowie sonstige Entscheidungen, die einen Gegenstand betreffen, der die faire und zügige Führung des Verfahrens und das Ergebnis des Prozesses deutlich beeinflußt, Berufung einlegen (Art. 82 Abs. 1 IStGH-Statut). Art. 82 des Statuts bietet daher die Möglichkeit, Entscheidungen der Vorverfahrenskammer, verfahrensleitende Entscheidungen der Strafkammer sowie Zwischenentscheidungen über die Zuständigkeit des IStGH oder die Zulässigkeit des Verfahrens anzugreifen. Zudem kann der von der Entscheidung der Vorverfahrenskammer nach Art. 57 Abs. 3 lit. (d) des Statuts betroffene Staat oder der Ankläger diese Entscheidung angreifen (Art. 82 Abs. 2 IStGH-Statut). Die Berufung hat, sofern die Berufungskammer keine andere Anweisung trifft, nach Art. 82 Abs. 3 des Statuts keinen Suspensiveffekt.

Art. 83 des Statuts legt die Vorgehensweise bei einer Berufung fest und bestimmt zunächst, daß die Berufungskammer, zum Zwecke des Vorgehens nach Art. 81 des Statuts, dieselben Befugnisse wie die Strafkammer hat (Art. 83 Abs. 1 IStGH-Statut). Gemäß Art. 83 Abs. 2 IStGH-Statut hat die Berufungskammer die Möglichkeit, die angegriffene Entscheidung zu ändern oder ein neues Verfahren vor einer anderen Verfahrenskammer anzuordnen. Von Bedeutung ist, daß diese Vorschrift das Verbot der „reformatio in peius" in den Fällen, in denen der Verurteilte oder der Ankläger zugunsten des Verurteilten Berufung eingelegt haben, normiert. Bei einer Berufung gegen die Strafzumessungsentscheidung kann die Berufungskammer die Entscheidung ändern (Art. 83 Abs. 3 IStGH-Statut). Das Berufungsurteil muß mit Mehrheitsentscheidung ergehen und die Gründe, auf die es sich stützt sowie die Minderheitsvoten angeben (Art. 83 Abs. 4 IStGH-Statut). Die Entscheidung kann in Abwesenheit der freigesprochenen oder verurteilten Person ergehen (Art. 83 Abs. 5 IStGH-Statut).

Von der Berufung ist die in Art. 84 des Statuts geregelte „Revision" eines rechtskräftigen Schuld oder Strafausspruchs zu unterscheiden. Diese kann von dem Verurteilten, seinen Hinterbliebenen oder dem Ankläger zu Gunsten des Verurteilten bei der Berufungskammer begehrt werden, wenn neue Beweismittel bekannt geworden sind,

---

[342] Art. 81 Abs. 3 des Statuts regelt auch die Vorgehensweise im Falle eines erstinstanzlichen Freispruchs sowie die Situation, daß die Haftzeit des Verurteilten die verhängte Freiheitsstrafe überschreitet.

die im Zeitpunkt der Verhandlung nicht vorlagen, dies nicht ganz oder teilweise der antragstellenden Partei zuzuschreiben ist und sofern diese neuen Beweismittel von solcher Wichtigkeit sind, daß sie wahrscheinlich bei entsprechender Würdigung zu einem anderen Urteil geführt hätten (Art. 84 Abs. 1 lit. (a) IStGH-Statut). Die Revision kommt zudem in Betracht, wenn sich herausstellt, daß entscheidende Beweismittel, die in der Verhandlung berücksichtigt wurden und auf denen das Urteil beruht, gefälscht sind oder ein die Amtsenthebung eines oder mehrerer Richter nach Art. 46 des Statuts rechtfertigender Grund vorliegt (Art. 84 Abs. 1 lit. (b) und (c) IStGH-Statut). Erachtet die Berufungskammer den Antrag für begründet, so kann sie die ursprüngliche Strafkammer noch einmal zusammenrufen, eine neue Strafkammer bestimmen oder selbst über die Revision entscheiden (Art. 84 Abs. 2 IStGH-Statut).

Art. 85 des Statuts bestimmt, daß eine zu Unrecht in Untersuchungshaft genommene oder irrtümlich verurteilte Person einen durchsetzbaren Entschädigungsanspruch hat und bestimmt dessen Voraussetzungen. Beruht die Haftstrafe auf einer irrtümlichen Verurteilung, so besteht ein Entschädigungsanspruch, wenn nicht das Urteil von dem irrtümlich Verurteilten verschuldet wurde (Art. 85 Abs. 2 IStGH-Statut). Eine Person, die sich zu Unrecht in Untersuchungshaft befand, ist zu entschädigen, wenn sie aufgrund eines schweren und erheblichen Justizfehlers in Untersuchungshaft geraten ist (Art. 85 Abs. 3 IStGH-Statut). Diese restriktive Formulierung dient dem Ausschluß von Entschädigungsansprüchen in den Fällen, in denen das Verfahren aus tatsächlichen Gründen, z.B. wegen einer Überlastung des Gerichts, eingestellt worden ist und die Schuld oder Unschuld des Inhaftierten nicht festgestellt wird.[343]

5. Ergebnis

Abschließend kann festgestellt werden, daß die Regelung des Verfahrens in dem Statut bereits eine sehr genaue Ausgestaltung erfahren hat, so daß schon auf dieser Grundlage, die noch von den RPE konkretisiert werden wird[344], die Durchführung eines fairen, rechtsstaatlichen Grundsätzen genügenden justizförmigen Verfahrens gewährleistet ist.[345] Sowohl die Ausgestaltung des Verfahrens als auch die verbürgten Rechte des Angeklagten entsprechen den allgemeinen menschenrechtlichen Standards. Die das deutsche Strafverfahrensrecht bestimmenden Verfahrensgrundsätze, d.h. der Unmittelbarkeitsgrundsatz, der Öffentlichkeitsgrundsatz und der Mündlichkeitsgrundsatz gelten auch im Verfahren vor dem IStGH. Somit ist festzustellen, daß es sich bei dem im Statut normierten Strafverfahren um ein ausgewogenes System handelt, das sowohl die Interessen der Staaten als auch das Verlangen nach internationaler Justiz berücksichtigt.[346]

Ferner ist darauf hinzuweisen, daß sich derzeit, allein aus dem Umstand, daß Formulierungen dem common law entnommen sind, noch nicht schließen läßt, daß das System des Völkerstrafrechts dem common law folgt, da eine teilweise Übernahme

---

[343] Vgl. hierzu: Ambos, Analyse des Rom-Statuts, ZStW 111 (1999), S. 203 f.

[344] Die RPE dürfen den Garantien des Statuts weder widersprechen noch diese einschränken, vgl. Art. 51 Abs. 4, Abs. 5 IStGH-Statut.

[345] So auch: Bausback, Art. 16 II GG, NJW 1999, S. 3320, der feststellt, daß das Statut des IStGH ein objektiv gerechtes Strafverfahren hinreichend verbürge, da das vorgesehene Verfahren den durch das internationale Recht geschützten Verfahrensgewährleistungen hinreichend Rechnung trage.

[346] Vgl. Cassese, The Statute of the International Criminal Court, EJIL 10 (1999), S. 162.

von Begriffen keine Grundlage für eine derart weitreichende Schlußfolgerung bietet.[347] Zudem kann im Bereich des Völkerstrafrechts nicht ohne weiteres auf das nationale Rechts zurückgegriffen werden, da sich das Völkerstrafrecht mit Verbrechen eines anderen Ausmaßes beschäftigt.[348] Dies wird von Art. 21 des Statuts bestätigt.

VII. Internationale Zusammenarbeit und Rechtshilfe

Vorab ist darauf hinzuweisen, daß die anderen internationalen Gerichte, mit Ausnahme der „ad hoc-Tribunale“, i.d.R. die Ausschöpfung des nationalen Rechtsweges voraussetzen. Hieraus folgt, daß zu dem Zeitpunkt, in dem eine Sache ein internationales Gericht erreicht, der Sachverhalt eine umfassende Aufarbeitung und Klärung erfahren hat, so daß von der internationalen Instanz keine Ermittlungsarbeit mehr zu leisten ist, sondern nur noch Rechtsfragen zu klären sind. Diese Feststellungen treffen auf den IStGH nicht zu, da es sich bei diesem um ein Gericht erster Instanz handelt, welches den zumeist sehr komplexen Sachverhalt erst noch ermitteln muß, bevor es zur Anwendung des materiellen Völkerstrafrechts schreiten kann. Die Aufklärung wird dadurch erschwert, daß der IStGH, anders als die nationalen Autoritäten, nicht über Vollzugs- und Vollstreckungsorgane verfügt, so daß der IStGH, ebenso wie die „ad hoc-Tribunale“, auf die Kooperation der Staaten angewiesen ist, die damit für die Effektivität des Prozesses von essentieller Bedeutung ist.[349] Ohne die Vermittlung nationaler Autoritäten können weder Haftbefehle des IStGH durchgesetzt noch Beweismaterial beschlagnahmt, Zeugen zur Aussage bewegt, der Tatort abgesucht werden, etc., so daß die Mitwirkung der Staaten zur Durchsetzung der Entscheidungen, Anordnungen und Ersuchen des IStGH von maßgeblicher Wichtigkeit ist, da der IStGH ohne diese Kooperation arbeitsunfähig wäre.[350] Somit ist der IStGH, mehr als andere internationale Institutionen, auf diese Kooperation angewiesen, da seine Handlungen einen direkten Einfluß auf die Individuen haben, die in den souveränen Staaten leben und deren Rechtsprechung unterworfen sind. Dies gilt nicht nur für die Ermittlung des Sachverhalts, die Vernehmung von Zeugen, etc., sondern v.a. für die Ergreifung des Beschuldigten, da das Statut des IStGH ein „trial in absentia“ nicht vorsieht.[351] An dieser Stelle sei darauf hingewiesen, daß bereits den Staaten, bei im Raume stehenden Makroverbrechen, die Aufklärung äußerst schwer fällt, so daß diese Aufgabe für den IStGH, der auf die Unterstützung z.T. kooperationsunwilliger Staaten angewiesen ist, ungleich schwerer wird. Die Frage der Kooperation der Staaten wird über den Erfolg und Mißerfolg des IStGH entscheiden, da nur dann eine strafrechtliche Verfolgung und Verurteilung möglich ist, wenn der Sachverhalt erforscht und die entsprechenden Beweise sowie der Tatverdächtige verfügbar sind. An dieser Stelle sollen die erheblichen Zweifel an der Kooperationswilligkeit der Staaten zum Ausdruck gebracht werden, da selbst von Staaten, die dem IStGH aufgeschlossen gegenüberstehen, nicht ohne weiteres erwartet werden kann, daß sie Ermittlungen im eigenen Land, die i.d.R. als Beschränkungen der nationalen Souveränität empfunden werden, dulden. Es muß damit gerechnet werden, daß Verfahren

---

[347] So auch: Oellers-Frahm/Specht, Die Erdemovic-Rechtssprechung, ZaöRV 58 (1998), S. 406.

[348] Vgl. Oellers-Frahm/Specht, Die Erdemovic-Rechtssprechung, ZaöRV 58 (1998), S. 406 f.

[349] So auch: Cassese, The Statute of the International Criminal Court, EJIL 10 (1999), S. 164.

[350] Vgl. Mochochoko, International Cooperation, S. 305, der zudem einen informativen Überblick über die Vertragsverhandlungen und die dort zu bewältigenden Probleme vermittelt. Vgl. auch: Cassese, The Statute of the International Criminal Court, EJIL 10 (1999), S. 164.

[351] So auch: Seidel/Stahn, Das Statut, Jura 1999, S. 20.

gegen fremde Staatsangehörige, sofern politische Erwägungen dies zulassen, tatkräftig unterstützt und solche mit maßgeblicher Beteiligung eigener Staatsangehöriger blockiert werden.[352]

In dem Bereich der Rechtshilfe sind Bestrebungen für ein „neues Verständnis“ derselben zu verzeichnen, da, so wird festgestellt, beim Völkerstrafrecht souveränitätsbezogene Aspekte und Einwendungen angesichts des allen Staaten zustehenden Strafanspruchs nicht im Vordergrund stünden. Allerdings legen die im Rahmen der Bevollmächtigtenkonferenz in Rom mühsam erzielten Kompromisse in diesem souveränitätsrelevanten Bereich dar, daß diese theoretische Bestrebung noch weit von der Praxis entfernt ist. So unterscheidet sich das Statut des IStGH im Bereich der Zusammenarbeit wesentlich von denen des ICTY und des ICTR. Grund hierfür ist, daß die Staaten bei der Aushandlung des Statuts großen Wert auf die Wahrung ihrer nationalen Souveränität gelegt haben.[353] Zudem ist auch hier die unterschiedliche Rechtsgrundlage der Gerichte zu berücksichtigen. Während die „ad hoc-Tribunale“ auf einer für alle Staaten verbindlichen Resolution des Sicherheitsrates auf der Grundlage des VII. Kapitels der UN-Charta beruhen, handelt es sich bei dem IStGH um eine von den souveränen Staaten auf vertraglicher Basis geschaffene Institution.[354]

Abschließend ist festzustellen, daß der IStGH das Recht nur mit den Staaten und nicht gegen sie durchsetzen kann. Daher ist nur dann eine erfolgsversprechende Arbeit des IStGH gewährleistet, wenn die einzelnen Staaten, die sich an ihm beteiligen, auch konstruktiv mit ihm zusammen arbeiten. Dies betrifft v.a. die Festnahme und Inhaftierung von Personen und die Übergabe oder Überstellung des Beschuldigten an den IStGH. Daher ist der Erlaß von Regelungen über die internationale Rechtshilfe im Verhältnis zum IStGH essentiell. Zudem müssen dem Gericht Zwangsmittel an die Hand gegeben werden, mit deren Hilfe es gegen Vertragsstaaten vorgehen kann,

---

352 Der Irak bietet ein eindrucksvolles Beispiel eines Repertoires an Blockademöglichkeiten, über das die Staaten verfügen. So verstand es der Irak den Rüstungskontrolleuren der UNO immer neue Steine in den Weg zu legen.

353 Vgl. hierzu: Cassese, The Statute of the International Criminal Court, EJIL 10 (1999), S. 164 ff, der darauf hinweist, daß bezüglich der Ausgestaltung der Kooperation die Wahl zwischen zwei Modellen bestanden habe. Cassese nennt hier zum einen das „inter-state-Modell“. In diesem sind die Beziehungen zwischen dem Gericht und den Staaten so ausgestaltet, wie eine juristische zwischenstaatliche Kooperationen in strafrechtlichen Angelegenheiten. Nach diesem Modell hat der IStGH keine überlegene Autorität über die Staaten, sondern nur die rechtliche Kraft, über von Individuen begangene Verbrechen, die der staatlichen Souveränität unterworfen sind, zu entscheiden. Der IStGH kann den Staat jedoch nicht zur Zusammenarbeit zwingen. Zum anderen nennt Cassese das „supra-state Modell“, welches sich von den traditionellen Abkommen, bei denen alle kooperierenden Staaten gleichrangig sind, unterscheidet. Nach diesem Modell ist der IStGH in der Lage, verbindliche Befehle an die Staaten zu richten und im Fall der mangelnden Kooperation, entsprechende Durchsetzungsmechanismen in Gang setzen. Nach diesem Ansatz könnte der IStGH abschließend in Beweisangelegenheiten entscheiden, so daß Staaten z.B. nicht befugt wären, Beweismaterial aus selbstdefinierten Gründen nationaler Interessen zurückzuhalten. Der IStGH wäre dann mit einer Autorität über die Staaten ausgestattet, die sich maßgeblich von den anderen Institutionen unterschiede. Der ICTR und der ICTY folgen dem „supra-state-Modell“.

354 Vgl. hierzu: Art. 29 des Statuts des ICTY und die Regeln 40, 56, etc. der RPE des ICTY. Die Verpflichtung der Staaten zur Zusammenarbeit folgt v.a. aus Art. 29 des Statuts des ICTY sowie der Regel 56 der RPE. Im Fall der fehlenden Kooperation kann der Sicherheitsrat eingeschaltet werden. Bemerkenswert ist hier zudem die Regel 58 derzufolge die in Art. 29 ICTY-Statut dargelegten Verpflichtungen allen rechtlichen Hinderungsgründen vorgehen, die nach innerstaatlichem Recht oder nach den von dem betreffenden Staat geschlossenen Auslieferungsverträgen für die Übergabe oder Überstellung des Beschuldigten bestehen.

die ihre hieraus resultierenden Verpflichtungen nicht erfüllen. Das Statut regelt in seinem neunten Teil (Art. 86 bis 102) die internationale Zusammenarbeit und Rechtshilfe sowohl in Ansehung der Vertragsstaaten als auch der Drittstaaten. Die Zusammenarbeit mit einem supranationalen Gericht unterscheidet sich, wie bereits dargelegt,[355] von der herkömmlichen Rechtshilfe mit der Folge, daß die souveränitätsgeprägten Bedenken kritisch zu reflektieren sind.

1. Die Vertragsparteien

a. Kooperationspflichten der Vertragsparteien

Art. 86 des Statuts begründet die allgemeine Verpflichtung der Vertragsstaaten zur Zusammenarbeit.[356] Demzufolge steht es den Vertragsstaaten nicht frei, über entsprechende Ersuchen des IStGH zu befinden, sondern vielmehr sehen die Vorschriften des Statuts die Verpflichtung der Staaten sowie deren Gerichte und Beamten zur Kooperation vor.[357] Diese allgemeine Pflicht zur Zusammenarbeit ist nicht isoliert zu betrachten, sondern sie steht im Zusammenhang mit den nachfolgenden Regeln des 9. Teils des Statuts.[358]
Art. 87 IStGH-Statut normiert die allgemeinen Bestimmungen zu den Gerichtshilfeersuchen des IStGH. Gemäß Art. 87 Abs. 1 des Statuts ist der Gerichtshof befugt, die Vertragsstaaten um Zusammenarbeit zu ersuchen. Entsprechende Ersuchen des Gerichts sollen auf diplomatischem oder auf jedem sonstigen geeigneten Wege an den betreffenden Vertragsstaat ergehen, der dieses grundsätzlich vertraulich zu behandeln hat (Art. 87 Abs. 2, 3 IStGH-Statut). Gemäß Art. 88 des Statuts haben die Vertragsparteien sicherzustellen, daß ihr nationales Recht die nach dem Statut spezifizierte Zusammenarbeit ermöglicht, so daß das nationale Prozeßrecht den Notwendigkeiten der Zusammenarbeit anzupassen ist. Als Formen der Zusammenarbeit nennt das Statut zum einen die Überstellung einer Person (Art. 89 ff des Statuts) und zum anderen die sonstigen Arten der Zusammenarbeit (Art. 93 ff IStGH-Statut).

Als wichtigste Form der Zusammenarbeit ist die Überstellung anzusehen (Art. 89-92 IStGH-Statut).[359] Zu Klärung der Begrifflichkeiten ist auszuführen, daß das Statut zwischen der Auslieferung und der Überstellung differenziert (Art. 102 IStGH-Statut). Während unter der Überstellung die Übergabe einer Person durch einen Staat an den IStGH verstanden wird, betrifft die Auslieferung die Übergabe zwischen Staaten (Art. 102 IStGH-Statut). Art. 89 des Statuts regelt die Überstellung von Personen an den Gerichtshof. Der IStGH kann jedem Staat, auf dessen Hoheitsgebiet eine Person aufgefunden wurde bzw. an den Staat des vermuteten Aufenthaltsorts, ein Ersuchen um Festnahme und Überstellung der Person übermitteln und den Staat um Zusammenarbeit bei der Festnahme und Überstellung der Person bitten. Diesem Ersuchen haben die Vertragsstaaten, im Einklang mit ihrem innerstaatlichen Recht, Folge zu leisten (Art. 89 Abs. 1 IStGH-Statut). Geht die verfolgte Person unter Berufung auf den Grundsatz „ne bis in idem“ vor einem staatlichen Gericht gegen die Überstellung

[355] Vgl. hierzu: Kap. 1 C III.

[356] Vgl. hierzu: Creß, in Triffterer, Commentary, Art. 86, Rn. 1 f.

[357] So auch: Mochochoko, International Cooperation, S. 309.

[358] Vgl. Creß, in: Triffterer, Commentary, Art. 86 Rn. 8.

[359] So: Ambos, Analyse des Rom-Statuts, ZStW 111 (1999), S. 205.

vor, so hat der Staat den IStGH zu konsultieren um festzustellen, ob eine erhebliche Entscheidung über die Zulässigkeit ergangen ist. Ist die Sache zulässig, so fährt der ersuchte Staat mit der Erledigung des Ersuchens fort. Bei Anhängigkeit einer Zulässigkeitsentscheidung kann der ersuchte Staat die Entscheidung über das Überstellungsersuchen so lange aufschieben, bis der IStGH eine Entscheidung über die Zulässigkeit fällt, Art. 89 Abs. 2 IStGH-Statut. Gemäß Art. 101 des Statuts gilt auch im Fall der Überstellung an den IStGH der Grundsatz der Spezialität, so daß grundsätzlich nur eine Bestrafung wegen der im Überstellungsgesuch bezeichneten Taten in Betracht kommt, wobei allerdings eine andere rechtliche Bewertung hierdurch nicht ausgeschlossen wird.

Da das Statut nicht zwischen der Überstellung eigener und fremder Staatsangehöriger differenziert, stellt sich erneut die Frage, ob Art. 16 Abs. 2 GG der Erfüllung der in dem Statut normierten Verpflichtung zur Auslieferung auch von Deutschen entgegensteht bzw. eine Änderung des Art. 16 Abs. 2 GG vor Ratifizierung des Statuts erforderlich ist. Wie bereits oben[360] dargelegt, steht Art. 16 Abs. 2 GG einer Überstellung Deutscher an ein internationales Tribunal nicht zwingend entgegen. Demnach ist ein Beitritt Deutschlands zu dem Statut des IStGH ohne eine Änderung des Art. 16 Abs. 2 GG möglich.[361] Die Errichtung eines ständigen Weltstrafgerichtshofes stellt eine grundlegende Änderung der internationalen Rahmenbedingungen dar, die auch bei der Interpretation des Art. 16 Abs. 2 GG zu berücksichtigen sind.[362] In diesem Zusammenhang ist zu berücksichtigen, daß sich die Überstellung Deutscher an den IStGH maßgebend von der regulären Auslieferung an ein fremdes, unbekanntes Rechtssystem unterscheidet, da hier eine Überstellung an eine internationale Institution erfolgt, an deren Schaffung die Bundesrepublik maßgebend mitgewirkt, der sie einen Teil ihrer nationalen Souveränität übertragen hat[363] und die schließlich den an ein faires Strafverfahren zu stellenden rechtsstaatlichen Anforderungen genügt. Demzufolge ist an oben gefundenem Ergebnis[364] festzuhalten, demgemäß eine Überstellung deutscher Staatsangehöriger an den IStGH als Auslieferung i.S.d. Art. 16 Abs. 2 GG anzusehen ist, dieser einer Überstellung deutscher Bürger an den IStGH nicht entgegensteht, so daß eine Änderung des Grundgesetzes nicht erforderlich und eine Anpassung dieses Artikels allenfalls aus Gründen der Rechtssicherheit und der Klarheit zu empfehlen wäre.

---

[360] Vgl. hierzu: Kap. 1 C III 1.

[361] So auch: Bausback, Art. 16 Abs. 2 GG, NJW 1999, S. 3320. Bausback geht davon aus, daß eine Einschränkung des Auslieferungsverbotes Deutscher an ausländische Staaten nicht nur im Wege der Auslegung des Begriffs „an das Ausland" sondern, im Falle eines Beitritts, aus dem Grundsatz der Völkerrechtsfreundlichkeit und dem Prinzip offener Staatlichkeit sogar geboten sei. So sei im Fall des Beitritts Deutschlands eine restriktive Auslegung des Art. 16 Abs. 2 GG geboten. Dies ergebe sich aus dem Umstand, daß Art. 16 Abs. 2 GG unter Berücksichtigung des Gesamtkontexts der Verfassung auszulegen sei, so daß für die restriktive Auslegung nach einem Beitritt Deutschlands zu dem Statut der Grundsatz der Völkerrechtsfreundlichkeit und der Leitgedanke einer offenen Staatlichkeit, Art. 23, 26 GG, streite. Zudem sei Bestandteil der Völkerrechtsfreundlichkeit eine völkerrechtsfreundliche Auslegung des nationalen Rechts, so daß nach dieser Auslegungsregel diejenige Deutung einer Bestimmung den Vorrang genieße, die zugleich den völkerrechtlichen Verpflichtungen entspreche. Diese völkerrechtlichen Verpflichtungen müßten bei einem verfassungskonformen Beitritt auch bei der Auslegung des Art. 16 Abs. 2 GG Berücksichtigung finden. Vgl. auch zum Grundsatz der völkerrechtskonformen Auslegung: Kreuzer, Die unmittelbare Anwendbarkeit, JA 1998, S. 732.

[362] Vgl. Bausback, Art. 16 II GG, NJW 1999, S. 3320.

[363] Vgl. Bausback, Art. 16 II GG, NJW 1999, S. 3320.

[364] Vgl. hierzu: Kap. 1 C III 1.

In den Bereich der Auslieferung fällt auch die Entführung und Überstellung mutmaßlicher Kriegsverbrecher. Diese Problematik stellte sich z.B. vor dem ICTY, angesichts der Fälle, in denen multinationale Truppen wie die IFOR oder SFOR, vor dem ICTY angeklagte und mit Haftbefehl gesuchte mutmaßliche Kriegsverbrecher festsetzten, ohne daß ein dieses Vorgehen legitimierendes Abkommen wie z.B. das Daytoner Abkommen vorhanden war. Eine Entführung ist bei der Verbringung einer Person, gleich welcher Nationalität, in ein anderes Land durch gezielte, einem Staat zurechenbare Handlungen, die auf fremden Territorium ausgeführt werden, gegeben, sofern ein Rechtfertigungsgrund fehlt sowie bei einer inoffiziellen Überstellung durch den Gewahrsamsstaat ohne ein formales oder rechtliches Verfahren.[365] Diese Definition kann auch auf den an Stelle eines Staates stehenden und zugunsten der Staatengemeinschaft handelnden Weltstrafgerichtshof übertragen werden.[366] Eine solche Entführung vom Hoheitsgebiet eines anderen Staates stört nicht nur die völkerrechtlich garantierte Ordnung der Staatengemeinschaft, sondern verletzt auch die territoriale Integrität eines anderen Staates und das in Art. 2 Abs. 7 der UN-Charta niedergelegte Interventionsverbot.[367] Als Parallele der Entführung ist die ebenfalls heftig umstrittene humanitäre Intervention zu nennen, da beiden Instituten das Eindringen in fremdes Staatsgebiet gemein ist.[368] Die Problematik einer dem IStGH zurechenbaren Entführung dürfte sich hier nicht stellen, da sich der IStGH, ausweislich des Statuts, an das reguläre Auslieferungsverfahren zu halten hat und Überstellungsersuchen in einem streng reglementierten Verfahren nur an den Gewahrsamsstaat, nicht jedoch an multinationale Truppen richten kann. Dennoch kann eine eigenmächtige, völkerrechtswidrige[369] Entführung durch die Staaten nicht ausgeschlossen werden, so daß sich in diesen Fällen die Frage stellt, welche Auswirkungen eine solche auf ein Verfahren vor dem IStGH hat. Der Grundsatz „male captus bene detentus" spricht auch im Fall einer völkerrechtswidrigen Entführung für die Durchführung eines Strafverfahrens, so daß sich ein rechtlicher Mangel bei der Festnahme später im Gerichtsverfahren nicht mehr fortwirkt, da, sofern der Entführte als Beweismittel im weiteren Sinn erachtet wird, das Völkerrecht die Verwertung von Beweismitteln grundsätzlich auch dann gestattet, wenn sie unter Verletzung fremder Gebietshoheit erlangt sind.[370] Eine durch die Staaten erfolgende Verletzung des Völkerrechts kann dem IStGH nicht zugerechnet werden. Das Statut sieht keine Regelung der Entführungsproblematik vor, da es nicht damit rechnet, daß diese Fragen relevant werden könnten.

Mit Problemen ist allerdings in den Fällen zu rechnen, in denen das Ersuchen des IStGH um Überstellung einer Person mit dem Auslieferungsantrag eines anderen Staates wegen desselben Verbrechens konkurriert. Art. 90 des Statuts regelt die

---

[365] S. Scholz, Die Zulieferung, S. 233 f, die als Beispiele einer Entführung die Fälle Noriega und Eichmann nennt. Zu denken wäre auch an den Fall Öcalan.

[366] Vgl. Scholz, Die Zulieferung, S. 234.

[367] Vgl. hierzu: Scholz, Die Zulieferung, S. 238.

[368] S. Scholz, Die Zulieferung, S. 242 ff, mit weiteren Nachweisen. Vgl. hierzu auch: Kap. 1 D II 1 d.

[369] Bezüglich der Abgrenzung völkerrechtswidrig - völkerrechtskonform vertritt Scholz, Die Zulieferung, S. 233 ff, 258 ff, 288, die Auffassung, daß eine Entführung in den Fällen rechtmäßig sei, in denen ein Staat, auf dessen Gebiet völkerstrafrechtliche Verbrechen begangen worden seien, die Auslieferung verweigert, da er seine territoriale Souveränität verwirke. Gewähre hingegen ein Staat, auf dessen Gebiet keine völkerrechtlichen Verbrechen begangen worden seien, dem Beschuldigten nur Schutz, sei die Entführung zwar völkerrechtswidrig, allerdings verbiete der Grundsatz „dolo facit qui petit quod statim redditurus est", eine Rückgabe des Beschuldigten; Scholz, a.a.O., S. 233 ff, 263 ff, 288.

[370] So: Scholz, Die Zulieferung, S. 266.

Problematik der konkurrierenden Ersuchen.[371] Wird ein Vertragsstaat nach Art. 89 des Statuts von dem IStGH um Überstellung einer Person und zudem von einem anderen Staat um die Auslieferung derselben Person wegen desselben Verhaltens ersucht, so teilt er dies sowohl dem IStGH als auch dem anderen Staat mit. Handelt es sich bei dem anderen ersuchenden Staat ebenfalls um einen Vertragsstaat, so räumt er dem Ersuchen des IStGH den Vorrang ein, wenn der IStGH gemäß Art. 18 und 19 des Statuts die Zulässigkeit bejaht hat oder noch bejaht (Art. 90 Abs. 2 IStGH-Statut). Der ersuchte Staat kann dem Auslieferungsersuchen des anderen Staates erst stattgeben, wenn der IStGH die Zuständigkeit verneint hat (Art. 90 Abs. 3 IStGH-Statut). Handelt es sich bei dem ersuchenden Staat nicht um einen Vertragsstaat des Statuts, so räumt der ersuchte Staat dem Ersuchen des IStGH nur dann den Vorrang ein, wenn er nicht völkerrechtlich zur Auslieferung an den anderen Staat verpflichtet ist und der Gerichtshof entschieden hat, daß die Sache zulässig ist (Art. 90 Abs. 4 IStGH-Statut). Demzufolge ist, bei Bestehen einer völkerrechtlichen Verpflichtung gegenüber dem Drittstaat, dessen Ersuchen der Vorrang einzuräumen. Allerdings kann sich der ersuchte Staat, trotz Bestehens der völkerrechtlichen Verpflichtung zur Auslieferung an Drittstaaten unter Abwägung aller erheblichen Umstände dennoch für eine Auslieferung an den IStGH entscheiden (Art. 90 Abs. 6 IStGH-Statut). Demgemäß steht es dem Vertragsstaat frei, nach Durchführung einer Interessenabwägung, trotz Vorrangs des Ersuchens des Drittstaats, die Person an den IStGH zu überstellen. Liegt eine Entscheidung des IStGH über die Zulässigkeit noch nicht vor, kann der Vertragsstaat nach eigenem Ermessen verfahren (Art. 90 Abs. 5 IStGH-Statut). Allerdings stellt sich die Frage nach der Vorgehensweise, wenn ein Staat, der die Zuständigkeit des IStGH ad hoc anerkannt hat, mit einem Nichtvertragsstaat vertragliche Beziehungen unterhält, die durch die Auslieferung von Personen verletzt würden.[372] Da das Statut keine detaillierte Regelung der „ad hoc-Anerkennung" enthält, erscheint es nicht ausgeschlossen, daß derartige Fragen in einem Vertrag zwischen dem IStGH und dem jeweiligen Staat geregelt werden.[373]

Betreffen die konkurrierenden Auslieferungsersuchen hingegen unterschiedliche Tatvorwürfe, so räumt der ersuchte Staat auch hier dem Ersuchen des Gerichtshofs den Vorrang ein, sofern nicht eine völkerrechtliche Auslieferungsverpflichtung gegenüber dem anderen Staat besteht (Art. 90 Abs. 7 lit. (a) IStGH-Statut). Allerdings kann sich der ersuchte Staat auch in einem solchen Fall für eine Auslieferung an den IStGH entscheiden (Art. 90 Abs. 7 lit. (b) IStGH-Statut). Demgemäß hat der ersuchte Vertragsstaat, bei Bestehen einer völkerrechtlichen Verpflichtung auch hier eine Abwägungsentscheidung zu treffen, wobei er insbesondere die Art und Schwere der Tat in die Abwägung einbeziehen soll. Art. 91 des Statuts legt die an ein Festnahme- und Auslieferungsersuchen zu stellenden formellen Anforderungen fest.[374] Gemäß Art. 92 des Statuts kann der IStGH bis zur Vorlage des Übergabeersuchens und der in Art. 91 des Statuts aufgeführten Schriftstücke, um vorläufige Festnahme des Verfolgten

---

[371] Vgl. hierzu auch: Seidel/Stahn, Das Statut, Jura 1999, S. 20.

[372] Vgl. hierzu: Cassese, The Statute of the International Criminal Court, EJIL 10 (1999), S. 160 f.

[373] Art. 12 Abs. 3 S. 2 des Statuts regelt lediglich: *The accepting State shall cooperate with the Court without any delay or Exeption in accordance with Part 9.* Hieraus folgt nicht zwingend eine analoge Anwendung der Kooperationsregelungen, so daß vielmehr davon auszugehen ist, daß der ad hoc anerkennende Staat das Ausmaß der ihn treffenden Verpflichtungen selbst bestimmen kann.

[374] Das schriftliche Festnahme- und Überstellungsersuchen soll nach Art. 91 des Statuts u.a. Informationen zur gesuchten Person, ihren möglichen Aufenthaltsort, eine Kopie des Haftbefehls und die für den Überstellungsvorgang notwendigen Schriftstücke und Erklärungen enthalten. Bei einer schon verurteilten Person sollen eine Kopie des Haftbefehls, des Urteils und Informationen zur Identifizierung der Person vorgelegt werden.

ersuchen (Art. 92 Abs. 2 IStGH-Statut). Der vorläufig Festgenommene ist aus der Haft zu entlassen, wenn der ersuchte Staat das Übergabeersuchen und die in Art. 91 des Statuts vorgesehen Schriftstücke nicht innerhalb einer von den RPE festzulegenden Frist erhält (Art. 92 Abs. 3 IStGH-Statut). Diese Entlassung ist ohne Auswirkung auf die spätere Festnahme und Überstellung (Art. 92 Abs. 4 IStGH-Statut). Gemäß Art. 89 Abs. 3 lit. (a) des Statuts genehmigt ein Vertragsstaat die Durchlieferung eines von einem anderen Staat an den IStGH zu Übergebenden durch sein Hoheitsgebiet. Auch die Übermittlung des Durchlieferungsersuchens erfolgt im Einklang mit Art. 87 des Statuts.[375]

Andere Formen der Zusammenarbeit sind in Art. 93 des Statuts geregelt.[376] Demgemäß haben die Vertragsstaaten den Ersuchen des Gerichtshofs über verschiedene Formen der Gerichtshilfe im Zusammenhang mit Ermittlungen und der Strafverfolgung stattzugeben. Hierunter fallen:

- die Identifizierung und Feststellung des Aufenthalts von Personen oder das Auffinden von Gegenständen,
- die Beweisaufnahme einschließlich beeideter Zeugenaussagen und die Beibringung von Beweismitteln einschließlich von Sachverständigengutachten,
- die Vernehmung von strafrechtlich verfolgten Personen bzw. solchen, gegen die ermittelt wird,
- die Zustellung von Schriftstücken,
- die Erleichterung des freiwilligen Erscheinens von Personen als Zeugen oder Sachverständige vor dem IStGH,
- die vorübergehende Überstellung von Personen,
- die Untersuchung von Orten und Stätten,
- die Durchführung von Durchsuchungen und Beschlagnahmen,
- die Bereitstellung von Akten und Schriftstücken,
- der Opfer und Zeugenschutz sowie die Sicherstellung von Beweismitteln,
- die Identifizierung, das Aufspüren und Einfrieren oder die Beschlagnahme von Vermögensgegenständen, etc.,
- und schließlich alle anderen Formen der Rechtshilfe, die darauf gerichtet sind, dem IStGH die Ermittlung der Verbrechen und deren Strafverfolgung zu erleichtern, sofern dies im Einklang mit dem nationalen Recht steht.

Sollte eine solche Rechtshilfemaßnahme gegen fundamentale rechtliche Prinzipien des nationalen Rechts des ersuchten Staates verstoßen, so hat der Staat den Gerichtshof zu konsultieren und zu versuchen, eine Lösung des Problems herbeizuführen. Hier sollte überlegt werden, ob die Unterstützung in einer anderen Weise oder unter bestimmten Bedingungen gegeben werden könnte. Ist eine gesetzeskonforme Lösung des Problems nicht möglich, so sollte der IStGH das Ersuchen ändern (Art. 93 Abs. 3 IStGH-Statut). Art. 93 Abs. 4 des Statuts regelt das Recht des Vertragsstaates, ein Rechtshilfeersuchen unter Hinweis auf Art. 72 IStGH-Statut abzulehnen.[377] Lehnt der Vertragsstaat das Ersuchen ab, so hat er den IStGH oder den Ankläger hiervon in Kenntnis zu setzen, nachdem er geprüft hat, ob die Rechtshilfe vorbehaltlich bestimmter Bedingungen oder zu einem anderen Zeitpunkt oder auf andere Weise geleistet werden kann (Art. 93 Abs. 5 und 6 des Statuts). Im Rahmen sonstiger Rechtshilfe kann der IStGH eine zeitweilige Überstellung einer Person zur Iden-

[375] Eine Genehmigung der Durchlieferung ist nicht erforderlich, wenn die Person auf dem Luftweg befördert wird und eine Zwischenlandung nicht vorgesehen ist (Art. 89 Abs. 3 lit. d IStGH-Statut).

[376] Vgl. hierzu: Prost/Schlunck, in: Triffterer, Commentary, Art. 93 Rn. 1 ff.

[377] Vgl. hierzu: Kap. 2 B VI 3 a.

tifizierung oder Vernehmung beantragen, wenn sowohl die Person freiwillig nach Belehrung als auch der ersuchte Staat zustimmen. Gemäß Art. 93 Abs. 7 ist diese Person dann in Gewahrsam zu nehmen und nach Durchführung der vorgesehenen Maßnahmen in den ersuchten Staat zurückzuführen. Zudem kann der Gerichtshof um zeitweilige Überstellung eines Häftlings ersuchen (Art. 93 Abs. 7 IStGH-Statut).
Gemäß Art. 93 Abs. 8 IStGH-Statut hat der Ankläger grundsätzlich die Vertraulichkeit der Informationen zu gewährleisten. Übermittelt ein Staat dem Ankläger die Schriftstücke vertraulich, so kann der Ankläger diese lediglich zum Zwecke der Erlangung neuer Beweismittel verwenden, sofern der Staat nicht später der Offenlegung zustimmt. Konkurrieren mehrere Rechtshilfeersuchen, so soll der ersuchte Staat versuchen, beiden Ersuchen Rechnung zu tragen (Art. 93 Abs. 9 IStGH-Statut). Sofern dies nicht möglich ist, gelten die in Art. 90 des Statuts formulierten Regeln zur Behandlung konkurrierender Überstellungsersuchen. Betrifft das Ersuchen Informationen, Vermögensgegen-stände oder Personen, die kraft eines internationalen Abkommens der Verfügungsgewalt eines Drittstaates oder einer internationalen Organisation unterstehen, teilt der ersuchte Staat dies dem IStGH mit, der sein Ersuchen dann an den Drittstaat oder die Organisation richtet. Der IStGH kann seinerseits den Vertragsstaaten bei der Durchführung eines nationalen Strafverfahrens, bezüglich der in seine Zuständigkeit fallenden Verbrechen, Rechtshilfe leisten (Art. 93 Abs. 10 IStGH-Statut). Art. 96 des Statuts regelt die an ein Ersuchen nach Art. 93 des Statuts zu stellenden Anforderungen; Art. 99 des Statuts die Durchführung dieser Ersuchen.
Der Vertragsstaat kann in Absprache mit dem IStGH die Erledigung eines Ersuchens wegen laufender Ermittlungen oder Strafverfolgung aufschieben (Art. 94 IStGH-Statut). Gemäß Art. 95 des Statuts kann die Vollstreckung eines Rechtshilfeersuchens, wenn selbiges in ein laufendes Ermittlungsverfahren eingreift, bis zu dessen Ende aufgeschoben werden, sofern ein Zulässigkeitsrechtsstreit gemäß Art. 18, 19 IStGH-Statut anhängig ist, es sei denn, der IStGH hat die Sicherung notwendiger Beweise durch den Ankläger genehmigt.
Bereits während der Vertragsverhandlungen äußerten die Staaten Bedenken dahingehend, durch Kooperationspflichten gegenüber dem IStGH mit bestehenden internationalen Verpflichtungen in Konflikt geraten zu können.[378] Vor diesem Hintergrund ist auch die Regelung des Art. 98 des Statuts zu sehen. Demnach können sich weitere Rechtshilfehindernisse durch die Immunitätsrechte von Personen aus Drittstaaten oder vertragliche Verpflichtungen des ersuchten Staates gegenüber Drittstaaten ergeben. In diesen Fällen kann der ersuchte Staat, ähnlich wie beim Zugriff auf von Drittstaaten stammende Beweise (Art. 73 des Statuts) einem Rechtshilfeersuchen des IStGH nur nachkommen, wenn der Drittstaat auf seine Immunitäts- und sonstigen Rechte verzichtet. Art. 98 des Statuts sieht vor, daß der IStGH kein Übergabe- oder Rechtshilfeersuchen verfolgen darf, das den ersuchten Staat zwingen würde, in Bezug auf die innerstaatliche oder diplomatische Immunität einer Person oder das Eigentum eines Drittstaates entgegen seinen völkerrechtlichen Verpflichtungen zu handeln, sofern er sich nicht zuvor der Zusammenarbeit des Drittstaates im Hinblick auf die Aufhebung der Immunität, etc. versichern kann (Art. 98 Abs. 1 IStGH-Statut). Zudem kann der IStGH kein Übergabeersuchen verfolgen, das den ersuchten Staat zwingen würde, entgegen seinen Verpflichtungen aus internationalen Übereinkünften zu handeln, denen zufolge die Übergabe eines Angehörigen des Entsendestaates an den Gerichtshof die Zustimmung dieses Staates voraussetzt, sofern er sich nicht zuvor der Zusammenarbeit des Entsendestaates im Hinblick auf die Zustimmung zur

[378] Vgl. Prost/Schlunck, in: Triffterer, Commentary, Art. 98, Rn. 1.

Übergabe versichern kann (Art. 98 Abs. 2 IStGH-Statut). Die Regelung des Art. 98 des Statuts hat keinerlei Einfluß auf Art. 27 IStGH-Statut.[379]

Die Vollstreckung aller Rechtshilfeersuchen richtet sich grundsätzlich nach dem nationalen Strafprozeßrecht und nach dem Ersuchen selbst (Art 99 Abs. 1 IStGH-Statut). Ersuchen ohne Zwangscharakter, wie beispielsweise eine Zeugenvernehmung, können während des Ermittlungsverfahrens vom Ankläger selbst, nach Konsultation mit der ersuchten Vertragspartei, vollstreckt werden, wenn erforderlich auch ohne Anwesenheit nationaler Behörden (Art. 99 Abs. 4 IStGH-Statut).[380] Eine Regelung bezüglich der Ersuchen mit Zwangscharakter enthält Art. 99 des Statuts nicht. Hieraus ist zu schließen, daß derartige Ersuchen ausschließlich von den nationalen Autoritäten vollzogen werden können.[381]

b. Vertragspflichtverletzungen

Während in dem, der Konferenz von Rom zugrundeliegenden Vertragsentwurf, noch weitreichende Verweigerungsgründe („grounds of refusal") im Hinblick auf die Pflicht zur Zusammenarbeit enthalten waren, konnten solche Bestrebungen der gerichtshofrestriktiven Staaten weitestgehend abgewiesen werden.[382] Nach dem Statut des IStGH darf ein Staat ein Rechtshilfeersuchen nur im Hinblick auf seine nationalen Sicherheitsinteressen im Sinne von Art. 72 des Statuts ablehnen bzw. ist in den Fällen, in denen gegen nationale Rechtsgrundsätze verstoßen wird, eine einvernehmliche Lösung zu finden. Leistet ein Vertragsstaat, entgegen den Bestimmungen des Statuts, dem Ersuchen des Gerichtshofs um Zusammenarbeit keine Folge und hindert er dadurch den IStGH an der Wahrnehmung seiner Aufgaben und Befugnisse nach dem Statut, kann der IStGH eine entsprechende Feststellung treffen und die Angelegenheit an die Vertragsstaatenversammlung oder, sofern eine Verweisung des Sicherheitsrates vorliegt, an diesen verweisen (Art. 87 Abs. 7 IStGH-Statut). Das Informieren der Vertragsstaatenkonferenz bei Nichterfüllung der Kooperationspflichten dürfte kaum als ein taugliches Sanktionselement anzusehen sein. Dies folgt nicht nur aus der Größe der Vertragsstaatenversammlung, sondern auch aus dem seltenen Zusammentreten und den dort vertretenen unterschiedlichen Positionen. Aus diesem Grund werden die Vorsehungen des Statuts für den Fall der Vertragspflichtverletzung als nicht weitreichend genug kritisiert. Vielmehr, so wird festgestellt, hätten Gegenmaßnahmen, die der IStGH ergreifen könnte, spezifiziert werden sollen oder ein Vertragsstaat zur Ergreifung von Gegenmaßnahmen autorisiert werden müssen bzw. in den Fällen, in denen eine Einigung nicht zu erzielen sei, jeder Vertragsstaat zur Ergreifung von Gegenmaßnahmen ermächtigt werden sollen. [383] Ggf. hätte der Sicherheitsrat auch in den Fällen, in denen er die Sache nicht an den IStGH herangetragen hat, auf der Grundlage des VII. Kapitels der UN Charta zur Ergreifung der geeigneten Sanktionen ermächtigt werden sollen.[384] Die in dem Statut festgelegten Sanktionsmöglichkeiten sind wenig weitreichend, so daß die Kritik

---

[379] So: Prost/Schlunck, in: Triffterer, Commentary, Art. 98, Rn. 2.

[380] Vgl. hierzu: Ambos, Analyse des Rom-Statuts, ZStW 111 (1999), S. 207, der darauf hinweist, daß die sog. „on site" Befugnisse des Anklägers sehr umstritten sind.

[381] So auch: Ambos, Analyse des Rom-Statuts, ZStW 111 (1999), S. 207.

[382] Vgl. hierzu: Kaul, Durchbruch in Rom, VN 1998, S. 129.

[383] So auch: Cassese, The Statute of the International Criminal Court, EJIL 10 (1999), S. 166.

[384] So auch: Cassese, The Statute of the International Criminal Court, EJIL 10 (1999), S. 166.

durchaus berechtigt ist. Lediglich das Eingreifen des Sicherheitsrates ist als taugliches Sanktionsmittel zur Durchsetzung der Kooperationspflichten anzusehen. Andererseits ist zu berücksichtigen, daß die Vertragsstaatenversammlung über eine Verurteilung des Verhaltens des seine Kooperationspflichten verletzenden Vertragsstaates hinausgehen und z.B. angemessene Gegenmaßnahmen, wie die Verhängung wirtschaftlicher Sanktionen, in Erwägung ziehen kann.[385]

2. Drittstaaten

Die allgemeine Pflicht zur Zusammenarbeit erstreckt sich, im Einklang mit dem Grundsatz „pacta tertiis nec nocent nec prosunt", nicht auf Drittstaaten.[386] Art. 87 Abs. 5 lit. (a) des Statuts regelt jedoch, daß der IStGH jeden Staat, der nicht Vertragsstaat des Statuts ist, bitten kann, aufgrund einer „ad hoc-Regelung", einer Vereinbarung mit diesem Staat oder auf jeder anderen geeigneten Grundlage nach dem neunten Teil des Statuts, Hilfe zu gewähren. Bereits der „vorsichtigen" Formulierung des Art. 87 Abs. 5 des Statuts: „...may invite...to provide assistance" ist zu entnehmen, daß es sich hier lediglich um die rechtlich unverbindliche Möglichkeit, um Rechtshilfe zu bitten, handelt.[387] Die Drittstaaten sind in ihrer Entscheidung frei und können sich entweder zu dem Abschluß entsprechender Vereinbarungen entschließen, mit der Folge, daß sie auf dieser Grundlage zur Zusammenarbeit aufgefordert werden können oder eine Kooperation verweigern. Sollte der Abschluß eines derartigen Abkommens erfolgen, so bleibt die Verletzung der freiwillig begründeten Verpflichtungen nicht folgenlos. Leistet ein Drittstaat, der eine solche „ad hoc-Regelung" oder eine Vereinbarung mit dem IStGH eingegangen ist, einem Rechtshilfeersuchen keine Folge, so kann der IStGH die Vertragsstaatenversammlung oder im Fall einer Überweisung des Sicherheitsrates, diesen hiervon unterrichten (Art. 87 Abs. 5 IStGH-Statut). Demzufolge scheidet eine Souveränitätsverletzung aus, da Pflichten von Nichtvertragsstaaten nur dort entstehen können, wo sie freiwillig begründet wurden. Ist dies erfolgt, so sind diese auch einzuhalten. Die Frage, ob der Sicherheitsrat Drittstaaten, die kein entsprechendes Kooperationsabkommen mit dem IStGH abgeschlossen haben, verpflichten kann, wurde im Statut des IStGH nicht ausdrücklich geregelt. Sie ist zu bejahen, da der Sicherheitsrat im Fall der Überweisung auf der Grundlage des siebten Kapitels der UN-Charta handelt und somit auch Nichtvertragsstaaten zur Kooperation verpflichten kann. Dies ergibt sich aus der Tatsache, daß sich die Frage, ob der Staat durch den Sicherheitsrat zur Kooperation verpflichtet werden kann, nicht nach dem Statut, sondern danach richtet, ob der Anwendungsbereich von Kap. VII UN-Charta eröffnet ist.[388] Somit ist festzustellen, daß mit Ausnahme des Falles der Verweisung durch den Weltsicherheitsrat nur die Vertragsstaaten gemäß Art. 86 des Statuts oder aber Drittstaaten, die eine entsprechende Vereinbarung mit dem IStGH getroffen haben, im Rahmen dieses Abkommens zur Zusammenarbeit verpflichtet sind, so daß nur in diesen Fällen die Sanktionsmechanismen greifen.[389]

---

[385] So: Kreß/Prost, in: Triffterer, Commentary, Art. 87, Rn. 37.

[386] Vgl. auch: Creß, in: Triffterer, Commentary, Art. 86, Rn. 3.

[387] Vgl. Seidel/Stahn, Das Statut, Jura 1999, S. 20.

[388] S. Seidel/Stahn, Das Statut, Jura 1999, S. 20.

[389] Vgl. Ambos, Der neue Internationale Strafgerichtshof, NJW 1998, S. 3746.

Gemäß Art. 89 Abs. 1 IStGH Statut kann der IStGH Drittstaaten zudem um die Festnahme und Übergabe von Personen ersuchen. Anders als für die Vertragsparteien werden auch hier für den Nichtvertragsstaat, der keine Rechtshilfevereinbarung mit dem IStGH geschlossen hat, Kooperationspflichten nicht begründet. Auch im Bereich der sonstigen Rechtshilfe kann der IStGH gemäß Art. 93 Abs. 9 lit. (b) des Statuts ein Ersuchen an einen Drittstaat oder eine internationale Organisation richten. Die Begründung einer Kooperationspflicht erfolgt hierdurch ebenfalls nicht. Zudem zeigt die Behandlung konkurrierender Ersuchen, daß Verletzungen von Nichtvertragsstaaten ausgeschlossen werden sollen, da bei dem Bestehen entsprechender völkerrechtlicher Verpflichtungen die Ersuchen von Drittstaaten grundsätzlich vorrangig sind. Entscheidet sich der Vertragsstaat unter Abwägung aller Umstände dennoch dafür, dem Ersuchen des IStGH stattzugeben, so stellt dies keine Verletzung des Drittstaates, die auf das Statut bzw. den IStGH zurückzuführen wäre, dar. Diese Verletzung wird vielmehr von dem ersuchten souveränen Vertragsstaat vorgenommen, der sich für die Verletzung der gegenüber dem Drittstaat bestehenden völkerrechtlichen Verpflichtung entschieden hat, wozu ausweislich des Statuts keine Verpflichtung bestand. Der umfassende Schutz der Drittstaaten ist zudem den Art. 73 und 98 des Statuts zu entnehmen. Gemäß Art. 87 IStGH-Statut können auch zwischenstaatliche Organisationen an der Zusammenarbeit beteiligt werden.

VIII. Strafvollstreckung bzw. Durchsetzung der Anordnungen des IStGH

Die Strafvollstreckung ist im zehnten Teil des Statuts (Art. 103 bis 111), geregelt. Art. 103 Abs. 1 IStGH-Statut normiert das System der Staatenliste[390]. Dieses bestimmt, daß eine Freiheitsstrafe grundsätzlich in einem Staat vollstreckt werden soll, der sich dazu gegenüber dem Gerichtshof, unter bestimmten Bedingungen, bereit erklärt hat (Art. 103 IStGH-Statut). In Ausübung seines Ermessens bei der Staatenwahl hat der IStGH die in Art. 103 Abs. 3 des Statuts festgelegten Kriterien zu berücksichtigen. So ist auf die gleichmäßige Verteilung der Verurteilten zu achten, die Anwendung allgemein anerkannter Vollstreckungsstandards zu gewährleisten sowie die Auffassungen und die Staatsangehörigkeit des Verurteilten zu berücksichtigen. Sofern ein Vollstreckungsstaat nicht gefunden wird, erfolgt die Vollstreckung im Sitzstaat des IStGH. Der Staat kann die Strafvollstreckung im konkreten Fall aus bestimmten Gründen ablehnen. Sollte der Vollstreckungsstaat bestimme Maßnahmen, die die Vollstreckung beeinträchtigen könnten, beabsichtigen, so hat er den Gerichtshof 45 Tage vor Inkrafttreten der Maßnahmen zu informieren (Art. 103 Abs. 2 lit. a IStGH-Statut). Diese Konstellation ist ein Anwendungsfall des Art. 104 IStGH-Statut, demnach der Verurteilte, ggf. auf eigenen Antrag, in einen anderen Staat überführt werden kann. Das Urteil des IStGH ist gemäß Art. 105 des Statuts für die Vertragsstaaten verbindlich und darf von diesen nicht geändert werden. Maßgebend für die Art und Weise der Vollstreckung ist das nationale Recht des Vollstreckungsstaates, das jedoch internationalen Standards zu entsprechen hat und von dem IStGH überwacht wird (Art. 106 IStGH-Statut). Zudem hat der Vollstreckungsstaat den ungehinderten und vertraulichen Verkehr zwischen dem IStGH und dem Verurteilten zu gewährleisten (Art. 106 Abs. 3 IStGH-Statut). Bei Flucht aus der Haft kann der Vollstreckungsstaat, nach Konsultation mit dem IStGH, die Überstellung des Flüchtigen vom Aufenthaltsort verlangen oder den Gerichtshof ersuchen, die Überstellung zu beantragen (Art. 111 IStGH-Statut). Gemäß Art. 107 Abs. 1 IStGH-Statut soll der Verurteilte nach Verbü-

[390] Wie bei den „ad hoc-Tribunalen" wird eine Staatenliste erstellt.

ßung der Haftstrafe in seinen Heimatstaat überführt werden, d.h. in den zu seiner Aufnahme verpflichteten Staat oder in einen anderen zur Aufnahme bereiten Staat, sofern ihm der Vollstreckungsstaat kein Aufenthaltsrecht gewährt.[391] Die Vertragsstaaten sollten gemäß Art. 109 IStGH-Statut Geldstrafen und Einziehungsmaßnahmen nach ihrem nationalen Recht und unter Berücksichtigung der Interessen gutgläubiger Dritter vollstrecken.

IX. Die Finanzierung des IStGH

Das Statut regelt in seinem zwölften Teil (Art. 113-118) die Grundzüge der Finanzierung des Gerichts. Über den Haushalt und den Beitragsschüssel ist gesondert zu befinden. Die Finanzierung des Gerichts erfolgt durch die veranlagten Beiträge der Vertragsstaaten, die sich nach Art. 117 des Statuts richten und durch die von den Vereinten Nationen bereitgestellten Mitteln (vgl. Art. 115 IStGH-Statut). Zudem kann das Gericht freiwillige Zuwendungen von Regierungen, internationalen Organisationen, Individuen, Korporationen, etc. annehmen, sofern dies im Einklang mit den von der Vertragsstaatenversammlung aufzustellenden Kriterien steht. Somit spiegeln die Regeln der Finanzierung den starken Einfluß der Vertragsstaaten wieder, da der IStGH, anders als die beiden „ad hoc-Tribunale" nicht ausschließlich von dem Haushalt der UN getragen wird, sondern die UN insbesondere die Kosten der Verfahren zu tragen hat, die auf der Überweisung einer Ländersituation durch den Sicherheitsrat nach Art. 13 lit. (b) IStGH-Statut beruhen. Die Kosten des IStGH sind noch nicht absehbar, allerdings liefern die Einzeltribunale für das ehemalige Jugoslawien und Ruanda, die im Jahr zusammen ca. 100 Millionen US-Dollar kosten, erste Anhaltspunkte. Nichtregierungsorganisationen haben für den IStGH ein Minimum von 10 Millionen US-Dollar veranschlagt, wenn die Arbeit ruht. Verfolgt das Gericht aber einen oder mehrere Fälle, u.U. verbunden mit aufwendigen Beweisaufnahmen in entlegenen Erdteilen, so können die Kosten auf mehr als 100 Millionen US-Dollar ansteigen. Die Frage der Finanzierung des IStGH war auf der Bevollmächtigtenkonferenz in Rom höchst umstritten, da insbesondere die USA die Auffassung vertraten, nur die Vertragsstaaten sollten den IStGH finanzieren, in der Hoffnung, daß viele kleine finanzschwache Staaten durch die Eigenfinanzierung abgeschreckt und von einem Beitritt absehen würden.[392] Die Aufbürdung der Finanzierung auf die Mitgliedstaaten erscheint aus diesem Grund als nachteilig, da sich finanziell schwache Staaten in der Tat an einem Vertragsbeitritt gehindert sehen könnten, so daß eine Finanzierung über das reguläre UN-Budget dieser Gefahr entgegenwirkte.[393] Auf der anderen Seite bestünde in dem Fall der Finanzierung durch die UN das Risiko einer politischen Manipulation, so daß die hier gewählte Variante vorzugswürdig ist.

---

[391] Vgl. zur Frage der Auslieferung des Verurteilten an einen anderen Staat, Art. 107 Abs. 3, 108 IStGH-Statut.

[392] In diesem Zusammenhang ist Art. 112 Abs. 8 IStGH-Statut erneut relevant. Vgl. hierzu: Kap. 2 B II 5.

[393] Tomuschat, Ein Internationaler Strafgerichtshof, EA 1994, S. 67.

X. Die Schlußbestimmungen

Die Schlußbestimmungen wurden in dem 13. Teil des Statuts (Art. 119-128) geregelt.

1. Vorbehalte

Art. 120 IStGH-Statut bestimmt ebenso knapp wie eindeutig:

No reservations may be made to this Statute.[394]

Das Verbot jeglicher Vorbehalte ist zu begrüßen und stellt sich als wichtige Errungenschaft dar, weil auf diese Weise die Rechtseinheit gesichert wird.[395] Zudem ist die Regelung insoweit bemerkenswert, als bei den anderen benannten internationalen Gerichten und sonstigen völkerrechtlichen Abkommen Vorbehalte i.d.R. möglich sind. Die Regelung des Art. 120 IStGH-Statut bezweckt den Schutz des Gerichts vor den Bestrebungen zur Aushöhlung seiner Gerichtsbarkeit, so daß eine „Gerichtsbarkeit à la carte" ausgeschlossen werden soll. Als Ausnahme von diesem Grundsatz ist Art. 124 IStGH-Statut zu nennen, der dem Vertragsstaat die Möglichkeit einräumt, durch eine Erklärung, er erkenne die Zuständigkeit des IStGH nicht an, die strafrechtliche Verfolgung von Kriegsverbrechen für einen Zeitraum von sieben Jahren zu „blockieren".[396] Diese Regelung stellt nichts anderes dar, als die von Art. 120 abgelehnten Vorbehalte.

2. Vertragsänderungen bzw. Überprüfungen des Statuts

Während Art. 121, 122 IStGH-Statut die Änderungen des Statuts regeln, beschäftigt sich Art. 123 IStGH-Statut mit der Überprüfung des Statuts.
Nach Art. 121 Abs. 1 IStGH-Statut kann ein Vertragsstaat sieben Jahre nach Inkrafttreten des Statuts substanzielle Änderungen desselben vorschlagen.[397] Diese müssen gemäß Art. 121 Abs. 2 IStGH-Statut zunächst durch die Vertragsstaatenversammlung mit einfacher Mehrheit zur Behandlung angenommen werden. Dann muß die eigentliche Änderung mit einer Zweidrittelmehrheit in der Vertragsstaatenversammlung oder auf einer besonderen einberufenen Review Conference[398] angenommen werden. Eine Vertragsänderung soll ein Jahr nach Ratifikation oder Annahme durch sieben Achtel der Vertragsstaaten für alle Vertragsstaaten in Kraft tre-

---

394 Vgl. hierzu: Art. 19 WVK.

395 So auch: Sur, La Convention de Rome, Revue Génerale de Droit International Public, Tome CIII (1999), S. 41.

396 Cassese, The Statute of the International Criminal Court, EJIL 10 (1999), S. 146. Vgl. hierzu auch Wilmhurst, Jurisdiction, S. 140 f, die auf die offenen Fragen, welche die Vorschrift des Art. 124 des Statuts aufwirft, hinweist und dies auf die Tatsache zurückführt, daß Art. 124 erst am Ende der Verhandlungen hinzugefügt worden sei. So regele diese Norm nicht, ob nach dem Ablauf der sieben Jahre Kriegsverbrechen abgeurteilt werden könnten, die während dieses Zeitraumes und nach Inkrafttreten des Statuts begangen worden seien. Insoweit wäre ein Hinweis auf Art. 11 des Statuts klärend gewesen.

397 Vgl. zu dem Verfahren, etc. Art. 121 IStGH-Statut.

398 Diese soll vom Generalsekretär der UN 7 Jahre nach Inkrafttreten des Statuts einberufen werden und sich insbesondere mit den Verbrechenstatbeständen des Art. 5 des Statuts beschäftigen (Art. 123 IStGH-Statut).

ten (Art. 121 Abs. 4 IStGH-Statut). Sollte in diesem Fall eine Vertragspartei die Änderung nicht akzeptieren, so gewährt Art. 121 Abs. 6 IStGH-Statut ein außerordentliches Kündigungsrecht. Eine besondere Regelung gilt für Änderungen des Art. 5 des Statuts. Solche Änderungen treten nur für diejenigen Vertragsstaaten ein Jahr nach Hinterlegung ihrer Ratifikations- und Annahmeerklärung in Kraft, die die Änderung angenommen haben (Art. 121 Abs. 5 IStGH-Statut). Diese Regelung ist problematisch, da der IStGH in solchen Fällen seine Gerichtsbarkeit nicht einheitlich und für alle Gewaltunterworfenen gleichermaßen ausübt, sondern eine „Zwei-Klassen-Gerichtsbarkeit" entsteht, die im Bereich des Strafrechts verhindert werden sollte. Angesichts dieser Regelung erscheint eine Verletzung dieses, die Änderung ablehnenden Staates in seiner nationalen Souveränität als ausgeschlossen. Gleiches gilt für die anderen, in Art. 121 des Statuts geregelten Vertragsänderungen, die ein Staat, der diese ablehnt, nicht ohne weiteres akzeptieren muß, sondern vom Vertrag zurücktreten kann. Demzufolge wird selbst bei Vertragsänderungen die Souveränität der Vertragsstaaten gewahrt.
Institutionelle Änderungen, d.h. solche, die die Organisation und Zusammensetzung des Gerichts betreffen, sind gemäß Art. 122 des Statuts jederzeit möglich. Sie müssen von der Vertragsstaatenkonferenz oder der Review Conference mit einer Zwei-Drittel- Mehrheit angenommen werden und treten sechs Monate nach Annahme durch die Staatenversammlung oder eine mögliche Review Konferenz in Kraft (Art. 122 Abs. 2 IStGH-Statut).
Art. 123 des Statuts bestimmt, daß der Generalsekretär der Vereinten Nationen sieben Jahre nach Inkrafttreten des Statuts eine Review Konferenz (Überprüfungskonferenz) zur Überprüfung etwaiger Vertragsänderungen einberuft. Nach diesem Zeitpunkt kann der Generalsekretär zu jedem Zeitpunkt und zu dem oben genannten Zweck, d.h. zwecks sachgerechter Anpassung des Statuts, eine solche Konferenz einberufen (Art. 123 Abs. 2 IStGH-Statut).

3. Rücktritt

Art. 127 Abs. 1 IStGH-Statut regelt das Recht eines jeden Vertragsstaats durch, eine an den Generalsekretär der Vereinten Nationen gerichtete schriftliche Notifikation jederzeit von dem Statut zurückzutreten. Die Angabe von Gründen sieht das Statut nicht vor. Der Rücktritt wird ein Jahr nach Eingang der Notifikation wirksam, sofern in dieser nicht ein späterer Zeitpunkt angegeben ist. Art. 127 Abs. 2 IStGH-Statut regelt klarstellend, daß der Rücktritt nur für die Zukunft wirkt und den Vertragsstaat nicht von den bereits entstandenen Verpflichtungen, einschließlich der finanziellen, entbindet. Demzufolge berührt der Rücktritt weder eine etwaige Zusammenarbeit mit dem Gerichtshof im Zusammenhang mit den strafrechtlichen Ermittlungen und Verfahren, bei denen der zurücktretende Staat zur Zusammenarbeit verpflichtet war und die begonnen wurden, bevor der Rücktritt in Kraft trat, noch die weitere Behandlung einer Angelegenheit, mit welcher der IStGH bereits befaßt war, bevor der Rücktritt in Kraft trat. Somit hat das Statut die Gefahr, daß sich ein Vertragsstaat durch einen Rücktritt von ihm unangenehmen Verpflichtungen oder Verfahren entziehen will, erkannt und ist bemüht dieser entgegenzutreten. Demnach werden laufende Verfahren nicht beeinträchtigt. Zudem hat der Gerichtshof die Möglichkeit zur umgehenden Einleitung von Ermittlungen, sobald er Kenntnis von einem Rücktritt erhält.
Wie bereits erwähnt, sieht Art. 121 Abs. 6 IStGH-Statut ebenfalls ein Rücktrittsrecht vor. Art. 121 Abs. 6 IStGH-Statut gewährt ein außerordentliches, befristetes Rücktrittsrecht, das binnen Jahresfrist auszuüben ist. Art. 127 Abs. 1 des Statuts findet

keine Anwendung, da in diesem Fall der Rücktritt mit sofortiger Wirkung zulässig ist. Art. 127 Abs. 2 bleibt, wie der ausdrücklichen Regelung des Art. 121 Abs. 6 zu entnehmen ist, unberührt. Die Tatsache, daß auch in einem solchen Fall bereits entstandene Vertragspflichten nicht umgangen werden können, ist als überaus positiv hervorzuheben.

4. Inkrafttreten des Statuts

Das IStGH-Statut ist ein völkerrechtlicher Vertrag, der bis zu seinem Inkrafttreten noch verschiedene Stadien zu durchlaufen hat. Die Annahme des Statuts auf der Bevollmächtigtenkonferenz in Rom im Jahr 1998, wofür nach Art. 9 Abs. 2 WVK grundsätzlich eine Zweidrittelmehrheit der abstimmenden Staaten erforderlich war, bedeutet lediglich die Fixierung des Vertragstextes. Eine Bindung an das Statut wurde auch durch die nachfolgende Unterzeichnung nicht herbeigeführt.[399] Eine solche setzt nach Art. 125 IStGH-Statut die Ratifikation, Annahme, Genehmigung oder den Beitritt durch die Unterzeichnerstaaten voraus. Inzwischen haben 95 Staaten das Statut unterschrieben.[400] Bereits bei den Vorverhandlungen stellte sich die Frage nach der Anzahl der erforderlichen Ratifikationen. Während ein Teil der Verhandlungsteilnehmer dafür plädierte, die Zahl in Anlehnung an die Genozid-Konvention, zu deren Inkrafttreten nur 20 Staaten zustimmen mußten, niedrig zu halten, ist der Auffassung derer, die für die letztendlich verwirklichte Zahl 60 stimmten, zu folgen, da nur durch eine hohe Anzahl der Ratifikationen die Stärke des IStGH gesichert bzw. zunächst erst einmal erreicht werden kann. Würde der IStGH nur von einer geringen Anzahl kleiner oder mittelgroßer Staaten unterstützt, so führte dies in absehbarer Zeit nicht nur zu politischen, sondern auch zu finanziellen Problemen. Der Nachteil des Erfordernisses der Unterstützung durch eine Vielzahl von Staaten liegt darin, daß sich das Verfahren und damit das Inkrafttreten des IStGH verzögert. Angesichts der am 3. April 2000 vorliegenden Ratifikationen von nur sieben Staaten[401], ist davon auszugehen, daß das Verfahren noch einige Zeit in Anspruch nehmen wird, da hierfür i.d.R. die Zustimmung oder Beteiligung der nationalen Parlamente erforderlich ist. Das deutsche Grundgesetz sieht hierfür ein Vertragsgesetzgebungsverfahren nach Art. 59 Abs. 2 S. 1 GG vor, in dessen Rahmen auch die Problematik des Art. 16 Abs. 2 GG zu prüfen und diese Norm des Grundgesetzes ggf. zu ändern ist. Angesichts der hohen Anzahl an erforderlichen Ratifikationen werden z.T. Zweifel dahingehend geäußert, ob das Erreichen dieser Zahl als sicher gelten kann.[402] Eine informelle Umfrage unter den Mitgliedern der EU Staaten ergab, daß diese das Abkommen voraussichtlich bis zum Ende des Jahres 2000 ratifiziert haben werden.[403]

Art. 126 Abs. 1 IStGH-Statut bestimmt, daß das Statut am ersten Tag des Monats in Kraft tritt, der auf den sechzigsten Tag nach der Hinterlegung der 60. Ratifikations-, Annahme-, Genehmigungs- oder Beitrittsurkunde bei dem Generalsekretär der Ver-

---

[399] Die Staaten, die das Statut unterzeichnet haben, genießen in der Vertragsstaatenversammlung einen Beobachterstatus, vg. Art. 112 Abs. 1 IStGH-Statut, vgl. Kap. 2 B II 5.

[400] Der aktuelle Ratifikations- und Unterzeichnerstatus ist im Internet abrufbar: http://www.un.org/law/icc/statute/status.htm (8.4.2000).

[401] Vgl. http://www.un.org/law/icc/statute/status.htm (8.4.2000).

[402] Irmscher, Das Römische Statut, Kritische Justiz 1998, S. 484, der sehr skeptisch ist und angesichts der Ablehnung der USA und Chinas die baldige Errichtung nicht für sehr wahrscheinlich hält.

[403] FAZ vom 1.3.1999, Nr. 50, S. 6.

einten Nationen folgt.[404] Für jeden Staat, der sich nach Hinterlegung der 60. Urkunde dem Statut anschließt, tritt es am ersten Tag des Monats, der auf den sechzigsten Tag nach der Hinterlegung seiner Urkunde folgt, in Kraft.

5. Klärung von Streitpunkten

Als positiv ist die Regelung des Art. 119 Abs. 1 IStGH-Statut hervorzuheben, wonach der IStGH über alle die judiziellen Funktionen des Gerichts betreffenden Streitfragen selbst befindet. Demgemäß ist festzustellen, daß das Gericht alle wesentlichen Fragen selbst entscheidet, was als Ausdruck seiner Autorität anzusehen ist.[405]
Art. 119 Abs. 2 IStGH-Statut bestimmt, daß alle sonstigen Streitpunkte an die Vertragsstaatenversammlung herangetragen werden können, die entweder selbst versucht, den Streit zu lösen oder aber die Sache an den IGH zur Entscheidung überweist.

C. Materieller Teil

I. Verbrechenstatbestände

Im Gegensatz zu dem 1993 von der ILC vorgelegten Entwurf, der bezüglich der Verbrechenskategorien nur den Verweis auf einzelne völkerrechtliche Kodifikationen enthielt[406] und zur Fassung von 1994, die neben einer solchen Bezugnahme vier gewohnheitsrechtlich anerkannte Delikte zumindest noch benannte[407], enthält das verabschiedete Statut des IStGH zunächst die Aufzählung und sodann die Definition der Verbrechen.[408] Die Liste der zu erfassenden Tatbestände war ein großer Streitpunkt. Zwar bestand weitgehend Einigkeit über die Berücksichtigung der Kernverbrechen, allerdings war die Aufnahme der treaty based-crimes[409] umstritten, was den Arbeitsentwürfen, die fortlaufend während der Konferenz erstellt wurden, zu entnehmen ist. Umstritten war zudem der Umfang der Kernverbrechen. Im Verlauf der Arbeiten des Vorbereitungsauschusses hat die Aufnahme der treaty based-crimes zunehmend an Zustimmung verloren, so daß eine Beschränkung der Zuständigkeit des IStGH auf die Kernverbrechen in den Vordergrund rückte.[410] Das Statut reflektiert die

---

[404] Vgl. hierzu: Art. 14 WVK.

[405] So auch: Clark, in: Triffterer, Commentary, Art. 119, Rn. 1.

[406] Report of the ILC on the work of its 45th Session, UN GAOR, 48th Session, Supp.No. 10 (A/48/10); abgedruckt in ILM 33 (1994), S. 253 (256).

[407] Report of the ILC on the work of its 46th Session, UN GAOR, 49th Session, Supp. No. 10 (A/49/10); abgedruckt in Netherl. Int. Law Rev. 1995, S. 207. Den Anforderungen des Legalitätsprinzips wäre nicht genügt worden.

[408] Vgl. zu der Problematik, insbesondere zu den Prepcom Sitzungen, in denen über diese Notwendigkeit bereits Einigkeit herrschte: Irmscher, Das Römische Statut, Kritische Justiz 1998, S. 467, Fn. 21, m.w.N.

[409] Vgl. Kap. 1 D II.

[410] So: Zimmermann, Die Schaffung eines ständigen Internationalen Strafgerichtshofes, ZaöRV 58 (1998), S. 79, der dies u.a. auf die Tatsache zurückführt, daß nicht alle der in Betracht kommenden Konventionen eine ausreichende weltweite Akzeptanz gefunden hätten und daher nicht dem geltenden Völkerrechts zugerechnet werden könnten.

gefundene Einigung auf diese vier Kernverbrechen[411], so daß die Rechtsprechung des Gerichts ausschließlich die Verbrechenskategorien der völkerrechtlichen Verbrechen im engeren Sinne, d.h. den Völkermord, das Verbrechen gegen die Menschlichkeit, das Kriegsverbrechen und den Angriffskrieg, erfaßt. Damit wurden die völkerrechtlichen Verbrechen im weiteren Sinne und insbesondere die i.d.R. hierunter fallenden treaty based-crimes zunächst ausgeschlossen und damit nicht zum Gegenstand einer zentralisierten internationalen Strafverfolgung gemacht.[412] Allerdings fand der Bereich der treaty based-crimes, eine Erwähnung im Anhang des Statuts, so daß im Rahmen einer Revisionskonferenz diese Fragen erörtert werden sollen.[413]

Die verhandlungsführenden Staaten haben sich insoweit in Rom als realistisch erwiesen, als zunächst nur die Verbrechen Eingang in das Statut gefunden haben, die über eine feste Grundlage im Normenbestand des Völkerstrafrechts verfügen.[414] Für den Ausschluß der völkerrechtlichen Verbrechen im weiteren Sinne und v.a. der treaty based-crimes wie dem Terrorismus und dem Drogenhandel spricht, daß derartige Verbrechen, angesichts des derzeitigen Stadiums der internationalen Beziehungen, am Besten auf nationaler Ebene untersucht und verfolgt werden können.[415] Auch bestünde hier die Gefahr, daß das Gericht mit relativ belanglosen Fällen, die einen anderen Charakter als die Kernverbrechen aufweisen, überlastet würde.[416] Demzufolge ist die Verfolgung völkerrechtlicher Verbrechen im weiteren Sinne durch einen IStGH nicht geboten, da in diesem Bereich, durch die Gestaltung der betreffenden internationalen Konventionen zu einer Harmonisierung der nationalen Strafnormen gelangt werden kann und auf diese Weise, z.B. unter Vereinbarung des Prinzips „aut dedere, aut iudicare", eine Verurteilung durch die nationalen Gerichte gewährleistet wäre.[417] Daher scheint die Aufnahme von Verbrechen, zu deren Eindämmung bereits Verträge bestehen, als überflüssig, da diese Verträge i.d.R. adäquate Möglichkeiten der Bestrafung vorsehen. In diesem Zusammenhang sei ebenfalls reflektiert, daß der Gerichtshof die nationalen Gerichte nicht ersetzen, sondern für bestimmte schwere Verbrechen nur ergänzen soll, die die Staatengemeinschaft als Ganzes angehen. Zwar fallen hierunter auch die Bereiche der Drogenkriminalität und des Terrorismus, bezüglich derer ebenfalls internationale Abkommen bestehen, jedoch ist zu berücksichtigen, daß die Staaten in diesem Bereich unterschiedliche Strategien verfolgen. Gerade in der Anfangsphase ist die Akzeptanz des Gerichtshofes von essentieller Bedeutung, so daß die Beschränkung auf die „Kernverbrechen", an deren internationaler Verfolgungswürdigkeit niemand zweifelt, opportun ist. Daher erscheint die Erhebung von Maximalforderungen in diesem Bereich als wenig sinnvoll, da der Blick für das politisch Mögliche nicht verloren gehen sollte.
Zudem ist zu berücksichtigen, daß das Maß an Souveränität, das die Staaten opfern müßten, proportional zu dem Katalog der zu verhandelnden Straftaten ist, so daß die Bereitschaft der Staaten zur Übertragung von Souveränität mit einer Ausweitung des Kataloges immer geringer werden dürfte. So rechnet Ambos bezüglich der Tatbe-

---

411 Vgl. hierzu: Stahn, Internationaler Menschenrechtsschutz, Kritische Justiz 1999, S. 346 ff, der sich in seinem Beitrag mit den konkreten menschenrechtlichen Bezügen der Tatbestände des Statuts auseinandersetzt.

412 Vgl. zu den Hintergründe: La Haye, The International Criminal Court, NILR 1999, S. 2 f.

413 S. Seidel/Stahn, Das Statut, Jura 1999, S. 17.

414 S. Seidel/Stahn, Das Statut, Jura 1999, S. 17.

415 Vgl. hierzu: Cassese, The Statute of the International Criminal Court, EJIL 10 (1999), S. 146.

416 Vgl. Hebel/Robinson, Crimes, S. 86.

417 Vgl. Grebing, Schaffung eines Internationalen Strafgerichtshofes, GA 1976, S. 110.

stände, die das Statut umfassen soll, mit einem umgekehrt proportionalen Verhältnis zwischen der Zahl der einbezogenen Taten und der Zahl der Vertragsstaaten, da „...je mehr - völkerrechtlich umstrittene - Taten der Gerichtsbarkeit unterfallen, desto weniger Staaten werden wohl bereit sein, sich dieser Gerichtsbarkeit zu unterwerfen".[418] Schließlich sei auch an dieser Stelle darauf hingewiesen, daß das Völkerstrafrecht grundsätzlich dem Schutz der eigenen Rechtsgüter der Völkergemeinschaft dient und nur subsidiär und ausnahmsweise Schutz für in erster Linie den staatlichen Rechtsordnungen anvertraute Rechtsgüter gewährleistet.[419] Hier ist zudem der besondere Charakter des Völkerstrafrechts zu berücksichtigen, der gerade nicht in der intensiven Kooperation zur Verfolgung von nach staatlichem Recht strafbaren Verhaltensweisen liegt.[420] Daher ist festzustellen, daß derzeit die Aufnahme der Kernverbrechen in das Statut mit der Folge des Vorgehens der internationalen Gemeinschaft nur in diesen Ausnahmefällen als vorzugswürdig erscheint, da sich viele Verbrechen, die einen grenzüberschreitenden Bezug aufweisen, mit den traditionellen Methoden der internationalen Zusammenarbeit in der Rechtspflege ausreichend ahnden lassen.[421] Diese Beschränkung steht im Einklang mit dem Prinzip der Dezentralisierung des Völkerrechts und der grundsätzlichen Subsidiarität des Völkerstrafrechts.

Bereits vorgreifend ist festzustellen, daß das Statut erstmals völkervertragliche und präzise ausgehandelte sowie genau umschriebene Straftatbestände enthält[422], so daß die Aufnahme und Definition der vier Tatbestände zu Recht als ein „immenser Fortschritt" bezeichnet wird.[423] Zur Einordnung der normierten Straftatbestände ist festzustellen, daß diese nach allen oben angeführten Theorien[424] als Völkerstrafrecht anzusehen sind. Im Einklang mit der „Unmittelbarkeitstheorie" folgt die strafrechtliche Verantwortlichkeit direkt aus dem Völkerrecht, nämlich u.a. aus dem Statut selbst. Die festgelegten Kernverbrechen dienen dem Schutz von Rechtsgütern, die mehreren Staaten gemeinsam oder der ganzen Menschheit zugehören, so daß die hier normierten Tatbestände ebenfalls nach dem Schutzgegenstand und dem Regelungsbereich dem Völkerstrafrecht zuzuordnen sind. Die im zweiten Teil des Statuts aufgeführten Straftatbestände können weitgehend als Kodifikation weltweit geltenden Völkergewohnheitsrechts aufgefaßt betrachtet werden.[425] Zimmermann geht darüber hinaus davon aus, daß es sich bei den „allermeisten Tatbeständen" des Statuts um ius cogens handelt.[426]

Das Statut nimmt in den Art. 5-8 eine Definition der Verbrechenstatbestände vor. Hervorzuheben ist noch Art. 10 des Statuts wonach die Vorschriften in keiner Weise das bestehende Völkerrecht beschränken oder präjudizieren. Die Aufnahme des Art.

---

[418] Ambos, Zum Stand der Bemühungen, ZRP 1996, S. 264.

[419] So auch: Triffterer, Bestandsaufnahme, S. 209.

[420] Vgl. Triffterer, Bestandsaufnahme, S. 209.

[421] Vgl. auch Tomuschat, Die Arbeit der ILC, S. 274.

[422] Vgl. hierzu: Kaul, Durchbruch in Rom, VN 1998, S. 127.

[423] So: Schomburg, Die neue Weltordnung, ZRP 1993, S. 309. Vgl. hierzu auch: Graefrath, Die Verhandlungen der UN-Völkerrechtskommission, ZStW 104 (1992), S. 196 f, der bereits im Jahr 1992 davon ausging, daß die Begründung der ausschließlichen Kompetenz des Gerichtshofes für den gesamten Bereich des Kodex unrealistisch sei.

[424] Vgl. oben Kap. 1 A II.

[425] Vgl. Seidel/Stahn, Das Statut, Jura 1999, S. 17.

[426] So: Zimmermann, Die Schaffung eines ständigen Internationalen Strafgerichtshofes, ZaöRV 58 (1998), S. 84.

9 IStGH-Statut, demzufolge weitere Tatbestandsmerkmale (elements of crime) für die in Art. 6 bis 8 des Statuts festgelegten Verbrechen von der Vertragsstaatenversammlung definiert werden sollen, erfolgte auf Verlangen der gerichtshofskeptischen Staaten, die durch die Anbindung des Inkrafttretens des Statuts an die Definition der „elements of crime" das Tätigwerden des Gerichtshofes weiter hinauszögern wollten.[427] Allerdings verdeutlicht die Formulierung des Art. 9 des Statuts, daß dieses Ansinnen von den gerichtshoffreundlichen Staaten verhindert werden konnte, da Art. 9 IStGH-Statut lediglich die unverbindliche Forderung, den IStGH in der Auslegung und Anwendung der Art. 6 bis 8 durch die Verbrechenselemente zu unterstützen, enthält.[428] Art. 9 Abs. 3 des Statuts bestimmt, daß die Verbrechenselemente „shall be consistent with the Statute"[429], so daß Versuche, den Charakter der aufgenommenen Verbrechen durch entsprechende Verbrechenselemente zu „manipulieren", scheitern müssen. Art. 9 IStGH-Statut ist in Ansehung der Tatbestände der Art. 6 bis 8 des Statuts weitgehend wirkungslos und wohl nur bezüglich der noch nicht definierten Aggression von tatsächlicher Relevanz.[430] Ähnlich wie im deutschen Recht ist auch das Statut in allgemeine Grundsätze, vergleichbar einem allgemeinen Teil und einzelne Verbrechenstatbestände, vergleichbar einem besonderen Teil, untergliedert.

Abschließend ist festzustellen, daß die Übertragung der Strafbefugnis seitens der Staaten auf den IStGH auf keinerlei Bedenken trifft, da bezüglich der Tatbestände weitestgehend das Weltrechtsprinzips gilt und im übrigen Art. 12 IStGH-Statut die Zustimmung des zuständigen Staates voraussetzt. Auch eine unzulässige Ausdehnung der Strafgewalt ist zu verneinen, da die Vertragsstaaten, selbst bei einer Überschreitung des völkergewohnheitsrechtlich gesicherten Bereiches, in der Gestaltung der Tatbestände weitgehend frei sind, der Grundsatz „n.c., n.p.s.l.s." beachtet wird[431] und ein unzulässiger Durchgriff auf Angehörige von Drittstaaten letztlich nicht erfolgt. An dieser Stelle ist darauf hinzuweisen, daß den Staaten die Ausgestaltung des materiellen nationalen Strafrechts unbenommen bleibt. Sie können demnach ein Verhalten als strafwürdig erachten und einen entsprechenden Straftatbestand schaffen. Diese Befugnis folgt aus der Strafhoheit der Staaten. Erst recht können sie entsprechende völkerrechtliche Verträge schließen und die hier normierten Straftatbestände in ihr nationales Strafrecht einfließen lassen. Einzig zu beachtende Grenze im Verhältnis zu Dritten ist der Grundsatz des „nullum crimen". Da die Vertragsstaaten zur Anpassung der nationalen Rechtsordnungen verpflichtet sind, folgt in Staaten wie Deutschland die Strafbarkeit zudem aus dem nationalen Recht, welches neben die völkerrechtliche Norm tritt. Diese Begründung einer Strafbefugnis durch die Schaffung entsprechender materieller Tatbestände bzw. die Erweiterung der bestehenden Vorschriften, die mit der Übertragung dieser Strafbefugnis auf den IStGH einhergeht, ist, selbst bei einer Überschreitung des völkergewohnheitsrechtlich anerkannten Bereichs, nicht zu beanstanden, so daß es auf das Internationale Strafrecht und die Frage der Geltung des Weltrechtsprinzips sowie dessen unzulässige Ausdehung auf völkergewohnheitsrechtlich nicht anerkannte Tatbestände letztlich nicht ankommt.

---

[427] Vgl. hierzu: Hebel/Robinson, Crimes, S. 87 f; Ambos, Analyse des Rom-Statuts, ZStW 111 (1999), S. 192.

[428] Vgl. Hebel/Robinson, Crimes, S. 88; Ambos, Analyse des Rom-Statuts, ZStW 111 (1999), S. 192.

[429] Vgl. hierzu: Gadirov, in: Triffterer, Commentary, Art. 9 Rn. 40. Gadirov stellt fest, daß das Statut hiermit das Prinzip „lex posterior derogat legi priori" habe ausschließen wollen und vielmehr dem Satz „lex superior derogat legi inferiori" folge.

[430] S. Ambos, Analyse des Rom-Statuts, ZStW 111 (1999), S. 192.

[431] Vgl. Kap. 2 C III 2 a.

Demnach ist festzustellen, daß Territorial- und Heimatstaat, die vorrangig zuständig sind, ihr nationales Strafrecht entsprechend gestalten und diese materielle Strafkompetenz sowie ihre Strafhoheit auf eine internationale Institution übertragen können. Folglich wurde die Zuständigkeit des IStGH in nicht zu beanstandener Weise auf eine ad hoc arrangierte Abtretung bzw. die Übertragung rein nationaler Strafbefugnisse gegründet. Ein solches Vorgehen, das vom Prinzip her bereits bei den Nürnberger Prozessen praktiziert wurde, da hier ebenfalls die „vermeintlichen Strafbefugnisse" von den Siegermächten auf den IMT übertragen worden waren, ist nicht zu beanstanden, zumal das Rückwirkungsverbot eingehalten wird.

1. Völkermord (Art. 5 Abs. 1 lit. (a), 6 IStGH-Statut)

Gemäß Art. 5 Abs. 1 lit. (a), 6 des Statuts ist der IStGH zur Aburteilung des Völkermordes (the crime of genocide) zuständig. Art. 6 IStGH-Statut gibt für die Zwecke des Statuts folgende Definition des Völkermordes:

For the purpose of this Statute, „genocide" means any of the following acts committed with intent to destroy, in whole or in part, a national, ethnical, racial or religious group, as such:

(a) Killing members of the group;
(b) Causing serious bodily or mental harm to members of the group;
(c) Deliberately inflicting on the group conditions of life calculated to bring about it's physical destruction in whole or in part;
(d) Imposing measures intended to prevent births within the group;
(e) Forcibly transferring children of the group to another group.

An dieser Stelle sei daran erinnert, daß sowohl von der völkergewohnheitsrechtlichen Geltung der Bestimmungen der Genozid-Konvention als auch von der Anwendbarkeit des Weltrechtsprinzips bei Genozidakten auszugehen ist[432], so daß zunächst zu untersuchen ist, ob das Statut und die Genozid-Konvention im wesentlichen deckungsgleich sind.
Ebenso wie die Genozid Konvention (Art. I) geht auch das Statut des IStGH von der Strafbarkeit des Völkermordes sowohl in Friedens- als auch in Kriegszeiten aus, da Art. 6 des Statuts keinerlei den Geltungsbereich betreffende Einschränkung enthält. Art. II der Völkermordkonvention umfaßt die Tötung von Mitgliedern der Gruppe, die Verursachung schwerer körperlicher und seelischer Schäden an Mitgliedern der Gruppe, das vorsätzliche Aufzwingen von Lebensbedingungen, die geeignet sind, die Gruppe ganz oder teilweise physisch zu vernichten, die Auferlegung von Maßnahmen, mit denen Geburten innerhalb der Gruppe verhindert werden sollen, und die gewaltsame Überführung von Kindern von einer Gruppe in eine andere, sofern die Handlungen in der Absicht begangen werden, eine nationale, ethnische, rassische oder religiöse Gruppe als solche ganz oder teilweise zu zerstören.[433] Der Vergleich zwischen Art. 6 des IStGH-Statuts mit Art. II der Genozidkonvention verdeutlicht, daß das Statut eine inhaltsgleiche Regelung enthält. Art. 6 des Statuts und Art. II der Völkermordkonvention sind identisch, so daß das Statut nicht über den anerkannten

[432] Vgl. hierzu die Ausführungen in Kap. 1 D II 1 C.

[433] Siehe hierzu: Bassiouni, Proscribing function of International Criminal Law, S. 1462.

Regelungsbereich der Völkermordkonvention hinausgeht.[434] Somit ist festzustellen, daß das Statut des IStGH lediglich den Tatbestand des Völkermordes normiert, der bereits völkergewohnheitsrechtlich anerkannt ist und auf der Grundlage des Weltrechtsprinzips verfolgt werden kann. Art. 6 IStGH-Statut ist daher in keiner Hinsicht konstitutiv, sondern nur deklaratorisch, da er den anerkannten Standard des Völkerstrafrechts lediglich wiederholt. Vor dem Hintergrund sowohl der gewohnheitsrechtlichen Anerkennung des Völkermordes als auch der Geltung des Weltrechtsprinzips ist die Übertragung der gegebenen nationalen Strafgewalt auf eine internationale Instanz nicht zu beanstanden, so daß in diesem Fall selbst über Angehörige von Drittstaaten gerichtet werden könnte[435], da die internationale Instanz in diesem Fall, ungeachtet der Zustimmung eines oder mehrerer betroffener Staaten, mit weltweiter Jurisdiktion ausgestattet werden kann.[436]

Im Gegensatz zu den anderen Tatbeständen des Statuts erfordert der Völkermord das Vorliegen einer besonderen Absicht („intent to destroy"), die auf die Zerstörung der geschützten Tatobjekte gerichtet sein muß.[437] Der klar gefaßte Tatbestand ist in sich widerspruchsfrei und genügt dem Bestimmtheitsgrundsatz. Die diskutierte Erweiterung des Opferkreises über die durch die Völkermordkonvention geschützten nationalen, ethnischen, rassischen, oder religiösen Gruppen hinaus auf die ebenso schutzwürdigen politischen[438] und gesellschaftlichen bzw. kulturellen Gruppen konnte sich nicht durchsetzten. Dies ist ohne weitere praktische Auswirkung, da Straftaten dieser Art bereits von der Kategorie des Verbrechens gegen die Menschlichkeit erfaßt sind. Die den Anwendungsbereich beschränkende Voraussetzung, daß Völkermord Teil eines Plans oder „state policy" sein soll, wurde nicht vorgesehen.
Bezüglich der zu erwartenden Auslegungsprobleme ist darauf hinzuweisen, daß fraglich erscheint, ob die Tötung einer lediglich geringen Anzahl von Mitgliedern einer Gruppe ausreicht, um den Tatbestand des Völkermordes zu erfüllen, da die genaue Zahl der Opfer nicht spezifiziert ist. Der ICTR stellte in seiner Jean-Paul Akayesu-Entscheidung[439] fest, daß auch eine Einzeltat bei Vorliegen des dolus specialis erfaßt sei, da der Völkermord in objektiver Hinsicht nicht die Zerstörung einer Gruppe in ihrer Gesamtheit, sondern nur die Absicht, eine nationale, ethnische, rassische oder religiöse Gruppe vollständig oder teilweise zu zerstören, voraussetzt.[440] In diesem Zusammenhang ist jedoch zu berücksichtigen, daß die Tatbestände des Statuts des IStGH enger gefaßt sind, so daß die den Richtern zustehenden Rechtschöpfungsspielräume entsprechend geringer sind. Angesichts des Wortlautes des Statuts des

---

[434] Vgl. auch: Condorelli, La Cour Pénale Internationale, Revue Générale de Droit International Public, Tome CIII (1999), S. 9.

[435] Vgl. hierzu Art. 12 IStGH-Statut, demzufolge die Zustimmung bzw. Mitgliedschaft eines Staates, der aufgrund des Weltrechtsprinzips zur Strafverfolgung berechtigt ist, gerade nicht ausreicht, sofern er nicht Tatort oder Täterstaat ist.

[436] Vgl. Zimmermann, Die Schaffung eines ständigen Internationalen Strafgerichtshofes, ZaöRV 58 (1998), S. 86 ff.

[437] Vgl. hierzu: Schabas, in: Triffterer, Commentary, Art. 6 Rn. 4; Zwanenburg, The Statute for an International Criminal Court, EJIL 10 (1999), S. 133.

[438] Diese waren im Statut des IMT noch geschützt worden.

[439] ICTR-Trial Chamber I, The Prosecutor v. Jean-Paul Akayesu, Judgement, Case No. ICTR-96-4-T, 2.9.1998, sowie Sentence, 2.10.1998, im Internet unter: http://www.un.org/icty (5.4.2000); Zusammenfassung: ILM 37 (1998), S. 1399; vgl. auch hierzu: Ambos/Ruegenberg, Internationale Rechtsprechung zum Straf- und Strafverfahrensrecht, NStZ-RR 1999, S. 203 ff.

[440] So: Ambos/Ruegenberg, Internationale Rechtsprechung zum Straf- und Strafverfahrensrecht, NStZ-RR 1999, S. 204.

IStGH bezüglich der Tathandlungen „Killing Members", „Causing...harm to members" ist davon auszugehen, daß die Tötung, etc. eines Mitgliedes der Gruppe, angesichts des verwendeten Plurals, noch nicht ausreicht, wohl aber die von zwei Mitgliedern, sofern die entsprechende subjektive Tatseite gegeben ist, d.h. die Absicht dahingeht, die Gruppe teilweise oder vollständig zu vernichten. Wie viele Mitglieder der Gruppe im einzelnen dieser Absicht zum Opfer fallen, kann dahinstehen, so daß, sofern mindestens zwei Personen der Gruppe betroffen waren, ein Verbrechen des Völkermordes gegeben ist.
Abschließend ist noch darauf hinzuweisen, daß in Art. VI der Völkermordkonvention die Zuständigkeit einer internationalen Strafgerichtsbarkeit begründet wird, so daß die Vertragsstaaten dieser Konvention bereits ihr Einvernehmen mit der Rechtsprechung eines Internationalen Strafgerichts über Völkermord zum Ausdruck gebracht haben. Aus diesem Grund ist die Rechtsprechung des IStGH über Völkermord inhärent für eine Vertragspartei der Genozid-Konvention, so daß weitere Einwilligungen der Vertragsparteien eigentlich nicht erforderlich sind.

2. Verbrechen gegen die Menschlichkeit (Art. 5 Abs. 1 lit. (b), 7 IStGH-Statut)

Gemäß Art. 5 Abs.1 lit. (b) des Statuts ist der IStGH zur Aburteilung des Verbrechens gegen die Menschlichkeit zuständig. Art. 7 des Statuts legt den Tatbestand des Verbrechens fest und definiert die Tatbestandsmerkmale:

1. For the purpose of this Statute „crimes against humanity" means any of the following acts when committed as part of a widespread or systematic attack directed against any civilian population, with knowledge of the attack:

(a) Murder;
(b) Extermination;
(c) Enslavement;
(d) Deportation or forcible transfer of population;
(e) Imprisonment or other severe deprivation of physical liberty in violation of fundamental rules of international law;
(f) Torture;
(g) Rape, sexual slavery, enforced prostitution, forced pregnancy, enforced sterilization, or any other form of sexual violence of comparable gravity;
(h) Persecution against any identifiable group or collectivity on political, racial, national, ethnic, cultural, religious, gender as defined in paragraph 3, or other grounds that are universally recognized as impermissible under international law, in connection with any act referred to in this paragraph or any crime within the jurisdiction of the Court;
(i) Enforced disappearance of persons;
(j) The crime of apartheid
(k) Other inhumane acts of a similar character intentionally causing great suffering, or serious injury to body or to mental or physical health.

2. For the purpose of paragraph 1:

(a) „Attack directed against any civilian population" means a course of conduct involving the multiple commission of acts referred to in paragraph 1 against any civilian population, pursuant to or in furtherance of a State or organizational policy to commit such attack;
(b) „Extermination" includes the intentional infliction of conditions of life, inter alia the deprivation of access to food and medicine, calculated to bring about the destruction of part of a population;
(c) „Enslavement" means the exercise of any or all of the powers attaching to the right of ownership over a person and includes the exercise of such power in the course of trafficking in persons, in particular women and children;

(d) „Deportation or forcible transfer of population" means forced displacement of the persons concerned by expulsion or other coercive acts from the area in which they are lawfully present, without grounds permitted under international law;
(e) „Toture" means the intentional infliction of severe pain or suffering, whether physical or mental, upon a person in the custody or under the control of the accused; except that torture shall not include pain or suffering arising only from, inherent in or incidental to, lawful sanctions;
(f) „Forced pregnancy" means the unlawful confinement, of a woman forcibly made pregnant, with the intent of affecting the ethnic composition of any population or carrying out other grave violations of international law. This definition shall not in any way be interpreted as affecting national laws relating to pregnancy;
(g) „Persecution" means the intentional and severe deprivation of fundamental rights contrary to international law by reason of the identity of the group or collectivity;
(h) „The crime of apartheid" means inhumane acts of a character similar to those referred to in paragraph 1, committed in the context of an institutionalized regime of systematic oppression and domination by one racial group over any other racial group or groups and commited with the intention of maintaining that regime;
(i) „Enforced disappearance of persons" means the arrest, detention or abduction of persons by, or with the authorization, support or acquiescence of, a State or a political organization, followed by a refusal to acknowledge that deprivation of freedom or to give information on the fate or whereabouts of those persons, with the intention of removing them from the protection of the law for a prolonged period of time.

3. For the purpose of this Statute, it is understood, that the term „gender" refers to the two sexes, male and female, within the context of society. The term „gender" does not indicate any meaning different from the above.

Der Katalog der Tatbestände wurde nicht nur im Vergleich zu Nürnberg, sondern auch gegenüber den „ad hoc-Tribunalen", die als Orientierungshilfen dienten, erweitert. Neu eingeführt sind beispielsweise der Tatbestand der erzwungenen Schwangerschaft („forced pregnancy")[441] und das Verschwindenlassen von Personen („enforced disappearance of persons"). Der komplexe Art. 7 IStGH-Statut stellt sich als Kompromißlösung von mit peinlicher Genauigkeit geführten Verhandlungen dar.[442] Während einige der in Art. 7 des Statuts beschriebenen Handlungen, die als Verbrechen gegen die Menschlichkeit anzusehen sind, weiter gehen als in den bestehenden gesetzlichen Materialien, wurde die Schwelle für den IStGH, wann solche Handlungen als Verbrechen gegen die Menschlichkeit anzusehen sind, höher gesetzt. So sieht das Statut des IStGH, anders als die Statute des IMT Nürnberg und des ICTY vor, daß Verbrechen gegen die Menschlichkeit in Verfolgung eines großangelegten oder systematischen Angriffs begangen werden müssen, so daß es sich nicht lediglich um hiervon losgelöste vereinzelte Akte handeln darf.[443] Dieses Erfordernis stellt sich als tatbestandliche Einschränkung des Verbrechens gegen die Menschlichkeit dar. Die Frage, ob diese Erfordernisse kumulativ oder alternativ aufgestellt werden sollten, wurde in Rom intensiv diskutiert und war bereits im Vorfeld heftig umstritten.[444] Die „Oder-Variante" konnte sich durchsetzen. Dies dürfte im Einklang mit geltendem Völkergewohnheitsrecht stehen.[445] So sehen z.B. auch das Statut des

[441] Dieser Tatbestand betrifft die insbesondere für den Konflikt in Bosnien-Herzegovina typischen Vergewaltigungen zum Zweck der Auslöschung der ethnischen Identität der gezeugten Kinder.

[442] Für weitere Hintergrundinformationen vgl.: Hebel/Robinson, Crimes, S. 90 f.

[443] Vgl. hierzu auch: Dixon, in: Triffterer, Commentary, Art. 7 Rn. 92; Zimmermann, Die Schaffung eines ständigen Internationalen Strafgerichtshofes, ZaöRV 58 (1998), S. 53.

[444] Vgl. Dixon, in: Triffterer, Commentary, Art. 7, Rn. 4; Holmes/Robinson, Crimes, S. 94 f.

[445] S. Zimmermann, Die Schaffung eines ständigen Internationalen Strafgerichtshofes, ZaöRV 58 (1998), S. 53.

ICTR[446] sowie die Rechtsprechung des ICTY[447] das alternative Vorliegen dieser Voraussetzungen vor, so daß ein kumulatives Erfordernis als Rückschritt anzusehen wäre. Zudem wurde auch das Merkmal des „Angriffs" restriktiv definiert. Das Erfordernis von mehreren Akten sowie das Vorhandensein einer auf die Begehung eines Angriffs gerichteten Politik eines Staates oder einer Organisation in Verbindung mit dem subjektiven Element der Kenntnis von dem Angriff sind als erhebliche Schwelle anzusehen. Das Tatbestandsmerkmal „knowledge of the attack" erfordert das Wissen des Täters, daß ein Angriff gegen die Zivilbevölkerung geführt wird und seine Handlung damit im Zusammenhang steht, so daß der Täter den Zusammenhang sehen muß, in dem die Akte erfolgen.[448] Nicht erforderlich ist, daß ihm jedes Detail des Angriffs bekannt ist.[449] Art. 7 des Statuts setzt in subjektiver Hinsicht keineswegs das Vorliegen einer diskriminierenden Absicht oder eines solchen Grundes voraus.[450] Sofern diese Voraussetzungen erfüllt sind, so kann auch ein einzelner Akt ein Verbrechen gegen die Menschlichkeit darstellen.

Das Erfordernis zusätzlicher besonderer subjektiver Tatbestandselemente, z.B. daß die Taten auf Grund einer bestimmten Motivationslage begangen worden sein müssen, wurde nicht aufgestellt.[451] In subjektiver Hinsicht ist „lediglich" die Kenntnis des Angriffs erforderlich.[452] Bezüglich der sonstigen Anforderungen in subjektiver Hinsicht gilt Art. 30 des Statuts, der als allgemeine Regel für alle Tatbestände gilt, sofern diese nicht etwas anderes bestimmen.

Als problematisch erwies sich die Umschreibung des Rahmens und der einzelnen Tatbestände des Verbrechens gegen die Menschlichkeit, deren Tathandlungen zum Teil mit nationalen Straftatbeständen wie Totschlag und Vergewaltigung identisch sind und dennoch von diesen abgegrenzt werden müssen.[453] Dieser Unterscheidung dient die Eingangsformulierung in Art. 7 Abs. 1 des Statuts.[454] Der Tatbestand des Verbrechens gegen die Menschlichkeit wurde äußerst sorgfältig formuliert. Wie zunächst der Aufzählung der Tathandlungen in Abs. 1 und den sodann folgenden Definitionen in Abs. 2 entnommen werden kann, genügt der Tatbestand vollumfänglich dem strengen Legalitätsprinzip des Art. 103 Abs. 2 GG und damit auch dem im Völkerrecht geltenden eingeschränkten Bestimmtheitsgrundsatz, der bei Bestehen einer völkerrechtlichen Norm ein geschriebenes Gesetz nicht erfordert. Die auslegungsbedürftigen Tathandlungen sind im Sinne größtmöglicher strafrechtlicher Bestimmtheit in Art. 7 Abs. 2 des Statuts präzise (legal-)definiert.[455] Hiervon ist selbst für die Generalklausel des Art. 7 Abs. 1 lit. (k) IStGH-Statut auszugehen, die keineswegs als „konturenloser Auffangtatbestand" anzusehen ist, sondern den Kreis der in Betracht kommenden Tathandlungen einengt, indem, anders als in Nürnberg, als Mindest-

---

446 Art. 3 des Statuts lautet: *„The International Tribunal for Rwanda shall have the power to prosecute persons responsible for the following crimes when committed as part of a widespread or systematic attack."*

447 Urteil im Fall Tadic vom 7.5.1997, IT-94-1 (Trial Chamber II), para 648; ILM 36 (1997), S. 943.

448 Vgl. hierzu: Zwanenburg, The Statute for an International Criminal Court, EJIL 10 (1999), S. 134.

449 So: Dixon, in: Triffterer, Commentary, Art. 7, Rn. 15.

450 Vgl. Dixon, in: Triffterer, Commentary, Art. 7, Rn. 16.

451 Anders: Art. 3 des Statuts des ICTR.

452 Vgl. hierzu: Ambos, Analyse des Rom-Statuts, ZStW 111 (1999), S. 193, demzufolge dieses subjektive Element über die bisherigen völkerrechtlichen Erfordernisse hinausgeht.

453 Vgl. Seidel/Stahn, Das Statut, Jura 1999, S. 17.

454 S. Seidel/Stahn, Das Statut, Jura 1999, S. 17.

455 Vgl. auch: Ahlbrecht, Völkerrechtliche Verbrechen, S. 372; Seidel/Stahn, Das Statut, Jura 1999, S. 18.

schwelle andere unmenschliche Handlungen vergleichbarer Art gefordert werden, mit denen vorsätzlich großes Leid oder eine schwere Beeinträchtigung der körperlichen Unversehrtheit, der geistigen oder körperlichen Gesundheit verursacht wird.[456] Aus der engen Anbindung durch das Erfordernis der Begehung sonstiger unmenschlicher Handlungen ähnlicher Art an die anderen bestimmten Tatbestände folgt ebenfalls die Bestimmtheit der Generalklausel. Es steht zu erwarten, daß sich die Aufnahme der Generalklausel zur Erfassung schwerer Verbrechen, an die bei Schaffung des Statuts nicht gedacht worden ist, als vorteilhaft erweist.[457] Angesichts dieser klaren Definition kann nicht länger von der „Konturenlosigkeit" des Tatbestandes des Verbrechens gegen die Menschlichkeit ausgegangen werden. Dem, angesichts der gegebenen Definitionen, eng gefaßten Tatbestand ist zu entnehmen, daß die den Richtern des IStGH eingeräumten Rechtschöpfungsspielräume wesentlich enger sind als jene, die den Richtern der „ad hoc-Tribunale" gewährt werden.
Ein Akzessorietätsverband dergestalt, daß Verbrechen gegen die Menschlichkeit im Zusammenhang mit einem bewaffneten Konflikt oder dem Verbrechen gegen den Frieden begangen werden müssen, wurde in dem Statut des IStGH nicht vorgesehen. Demzufolge können Verbrechen gegen die Menschlichkeit sowohl in einem kriegerischen Konflikt als auch zu Friedenszeiten begangen werden. Damit wird eine entsprechende Weiterentwicklung des Völkergewohnheitsrechts nach Nürnberg anerkannt.[458] Die verschiedentlichen Versuche der Staaten der arabischen Liga, die von China und Indien unterstützt wurden, diesen Tatbestand dergestalt einzuschränken, daß er nur auf die Verbrechen, die in bewaffneten Konflikten stattfinden, anzuwenden ist, konnten sich nicht durchsetzten.[459] Eine solche Beschränkung auf Taten, die während eines bewaffneten Konfliktes begangen worden sind, wäre als Rückschritt im Vergleich zu bereits bestehenden völkergewohnheitsrechtlichen Normen anzusehen.[460]
Zudem ist die Beteiligung staatlicher Stellen keineswegs ein Element des objektiven Tatbestandes. Dies folgt zum einen aus der Tatsache, daß ein solches Erfordernis nicht aufgestellt wurde. Zum anderen ergibt sich dies aus Art. 7 Abs. 2 lit. (a) IStGH-Statut, demgemäß der Angriff auf die Zivilbevölkerung in Verfolgung einer auf einen

---

[456] So auch: Zimmermann, Die Schaffung eines ständigen Internationalen Strafgerichtshofes, ZaöRV 58 (1998), S. 63. Zimmermann vertritt die Aufassung, daß die Aufnahme einer Generalklausel in Form von „anderen unmenschlichen Akten" nur dann dem Bestimmtheitsgrundsatz entspreche, wenn sie mit einer qualifizierenden Einschränkung versehen sei, wonach es sich um vergleichbare schwerwiegende Handlungen handeln müsse, die ernsthafte körperliche oder geistige Schäden herbeiführen.

[457] Als Anwendungsfall dieser Norm wären z.B. Menschenversuche denkbar.

[458] Vgl. Hermsdörfer, Statut des Internationalen Strafgerichtshofes, Internationale Politik 11 (1998), S. 56.

[459] Vgl. hierzu auch: Holmes/Robinson, Crimes, S. 92 f.

[460] Vgl. hierzu: Zimmermann, Die Schaffung eines ständigen Internationalen Strafgerichtshofes, ZaöRV 58 (1998), S. 55, der dies begrüßt und zur Begründung darauf hinweist, daß die inzwischen von 40 Staaten ratifizierte UN-Konvention über die Nichtverjährbarkeit von Kriegsverbrechen und Verbrechen gegen die Menschlichkeit ebenfalls davon ausginge, daß Verbrechen gegen die Menschlichkeit auch im Frieden begangen werden könnten. Diesem Ergebnis steht nach Auffassung von Zimmermann, nicht die im Statut des ICTY enthaltene Beschränkung entgegen, da eine solche Beschränkung im Statut des ICTR gerade nicht enthalten sei. Auch habe die Berufungskammer im Fall Tadic ausgeführt, daß nach geltendem Völkergewohnheitsrecht Verbrechen gegen die Menschlichkeit keine Beziehung zu anderen Taten wie etwa Kriegsverbrechen haben müßten, so daß der Sicherheitsrat, durch die Aufnahme der entsprechenden Formulierung in Art. 5 ICTY-Statut den Tatbestand des Verbrechens gegen die Menschlichkeit enger als die völkerrechtliche lex lata gefaßt habe.

solchen Angriff gerichteten Politik eines Staates oder einer Organisation oder zur Unterstützung dieser Politik begangen wird. Ferner sieht Art. 7 Abs. 2 lit. (i) des Statuts vor, daß das Verschwindenlassen durch einen Staat bzw. eine politische Organisation oder mit deren Ermächtigung, Unterstützung oder Duldung begangen worden sein muß. Die anderen Tatbestände und Definitionen sehen keine den Täterkreis einschränkenden Merkmale vor. Hieraus folgt, daß die Beteiligung staatlicher Stellen keineswegs Tatbestandsmerkmal ist, da auch „organizations" derartige Verbrechen begehen können.
Bezüglich des in Betracht kommenden Täterkreises sind Abgrenzungsprobleme zu erwarten. I.d.R. wird sowohl auf der Täter- als auch auf der Opferseite ein Kollektivcharakter zu bejahen sein. Daher stellt sich die Frage, ob nur der Staat als Urheber in Betracht kommt oder auch de facto gebietskontrollierende Einheiten und sonstige Gruppen.[461] Vor dem Hintergrund obiger Ausführungen sind die vorgenannten Gruppierungen in den Täterkreis einbezogen. Des weiteren stellt sich hier die Frage nach dem Tatbeitrag des einzelnen Täters, insbesondere ob die Einfügung einer Einzeltat, wie vom ICTY im Fall Tadic entschieden, in den deliktischen Gesamtzusammenhang ausreichend ist, wobei dies die weitere Frage aufwirft, wie das „sich einfügen" beschaffen sein mußte.[462] Über diese Fragen wird der IStGH zu befinden haben. Anders als die Kriegsverbrechen richten sich die Verbrechen gegen die Menschlichkeit ausschließlich gegen die Zivilbevölkerung. Demnach können Verbrechen gegen die Menschlichkeit nicht gegenüber Angehörigen feindlicher Truppen begangen werden, da nur die Zivilbevölkerung Schutzobjekt ist.[463]
Wie oben bereits festgestellt wurde[464], ist die Strafbarkeit des Verbrechens gegen die Menschlichkeit völkergewohnheitsrechtlich anerkannt, wobei allerdings hinsichtlich des genauen Umfangs des Verbrechens verschiedenen Auffassungen vertreten werden. Erschwerend tritt hinzu, daß der Tatbestand durch das Statut eine Ausweitung erfahren hat. Daher ist zweifelhaft, ob alle hier aufgenommenen Tatbestände des Verbrechens gegen die Menschlichkeit völkergewohnheitsrechtlich anerkannt sind. Diese Frage kann in letzter Konsequenz dahinstehen, da der IStGH nicht auf der Grundlage einer an ihn „abgetretenen" aus dem Weltrechtsprinzip i.V.m. einer völkergewohnheitsrechtlich geltenden Norm folgenden Strafhoheit handelt, sondern nur soweit der Territorialstaat oder der Staat, der aufgrund des aktiven Personalitätsprinzips zur strafrechtlichen Ahndung zuständig wäre, zustimmt. Daher trifft, wie bereits dargelegt wurde, die Übertragung der Strafhoheit und –kompetenz der vorrangig zuständigen Staaten weder in materieller noch in prozessualer Hinsicht auf Bedenken. Die Zustimmung eines Staates, dessen Zuständigkeit „lediglich" aus dem Welt-

[461] Vgl. zu dieser Problematik im Rahmen der Tadic-Entscheidung: Kreß, Der Jugoslawien-Strafgerichtshof im Grenzbereich, S. 53 ff, der darauf hinweist, daß dieses Kriterium auf Opferseite durch das Erfordernis weit verbreiteter oder systematischer Begehung und auf Urheberseite in der Steuerung des Gesamtgeschehens durch eine Gruppe dargestellt werde, wobei er Zweifel äußert, ob die Bestimmung des Kollektivs auf Urheberseite zu weit geraten sei. Die Kammer vertrat in diesem Punkt, daß es sich bei dem Verbrechen gegen die Menschlichkeit nicht um ein Sonderdelikt handelt, so daß sich das Einfügen "konkludent und unilateral" durch den Täter gestalten könne, so daß nur ein bloßes „gleichförmiges" Mitmachen, ohne daß irgendein Einvernehmen mit Vertretern des steuernden Kollektivs erforderlich wäre, ausreicht.

[462] Vgl. hierzu Kreß, Der Jugoslawien-Strafgerichtshof im Grenzbereich, S. 53 ff, der die Auffassung der Kammer referiert und kritisiert.

[463] Demgegenüber waren sowohl US-amerikanische Militärgerichte als auch der oberste Gerichtshof für die britische Zone nach dem zweiten Weltkrieg davon ausgegangen, daß auch Angehörige des Militärs Opfer von Verbrechen gegen die Menschlichkeit sein können, vgl. hierzu: Zimmermann, Die Schaffung eines ständigen Internationalen Strafgerichtshofes, ZaöRV 58 (1998), S. 56.

[464] Vgl. Kap. 1 D II 1 b.

rechtsprinzip folgt, wäre hingegen bei völkergewohnheitsrechtlich nicht anerkannten Normen bzw. Fehlen einer solchen Vereinbarung, nicht ausreichend. Demnach trifft der Umstand, daß die Staaten dem Verbrechen gegen die Menschlichkeit u.U. Tatbestände zugeordnet haben, die keine völkergewohnheitsrechtliche Anerkennung genießen, auf keinerlei Bedenken, da insbesondere Drittstaaten keine Nachteile zu befürchten haben, die über die hinausgingen, welche sie ohnehin bei Auslandstaten eigener Staatsangehöriger träfen.

Bezüglich der einzelnen Tatbestände des Verbrechens gegen die Menschlichkeit, die hier nicht sämtlichst besprochen werden sollen, ist festzustellen, daß Art. 8 Abs. 1 lit. (e) des Statuts im Einklang mit dem KRG Nr. 10 sowie den beiden Statuten der „ad hoc-Tribunale" ungerechtfertigte Inhaftierungen ebenfalls als Verbrechen gegen die Menschlichkeit betrachtet. Hiervon sind allerdings die rechtmäßig verhängten Freiheitsstrafen abzugrenzen, die ausgenommen sind. Die Inhaftierungen müssen sich als Verstoß gegen elementare Rechtsnormen des universellen Völkerrechts oder die allgemeinen Rechtsgrundsätze i.S.d. Art. 38 Abs. 1 lit. c) des IGH-Statuts darstellen.

In Ansehung des Tatbestandes der Folter ist hervorzuheben, daß das Statut eine Legaldefinition enthält, so daß die Norm hierdurch die notwendige Bestimmtheit des Tatbestandes erfährt. Derzeit wird die Folter i.d.R. zur Bekämpfung der Gegner eines Staates verwendet. Das Folterverbot wurde in Art. 5 der Allgemeinen Erklärung der Menschenrechte und in Art. 3 der EMRK verankert. Problematisch ist allerdings, ob nur staatliche Handlungen den Tatbestand der Folter erfüllen können[465] oder auch nichtstaatliche Akte als Folter zu qualifizieren sind. Bislang hat nur das Verbot der staatlichen Folter eine gewohnheitsrechtliche Anerkennung gefunden.[466] Der Tatbestand des Statuts sieht eine Beschränkung auf staatliche Akte nicht vor, so daß von einer solchen auch nicht auszugehen ist.

Ebenfalls nicht unumstritten ist die Aufnahme der Vergewaltigung als ein Verbrechen gegen die Menschlichkeit. Auch dieses Delikt wurde in den Statuten der „ad hoc-Tribunale" als Verbrechen gegen die Menschlichkeit angesehen. Vor den „ad hoc-Tribunalen" ist es bereits zu Anklagen und Verurteilungen wegen dieser Verbrechen gekommen. Auch die Generalversammlung der Vereinten Nationen hat im Jahr 1995 erneut bestätigt, daß Vergewaltigungen unter bestimmten Umständen nicht nur Kriegsverbrechen sondern auch Verbrechen gegen die Menschlichkeit darstellen können.[467] Zudem ist die Vergewaltigung von Frauen durch staatliche Organe vom Europäischen Gerichtshof für Menschenrechte[468] als Form der Folter angesehen worden. Neben der Vergewaltigung werden aber noch andere Formen der sexuellen Gewalt als Folter anerkannt, so daß davon ausgegangen werden kann, daß Akte vergleichbarer Schwere als Verbrechen gegen die Menschlichkeit anzusehen sein dürften.[469] Da Art. 7 Abs. 1 lit. (g) IStGH-Statut bezüglich der sonstigen Formen der sexuellen Gewalt ausdrücklich das Erfordernis „of comparable gravity" aufgenommen hat, wurde der gewohnheitsrechtlich gesicherte Bereich des Tatbestandes des Verbrechens gegen die Menschlichkeit eingehalten. Allerdings ist auch dieser Be-

---

[465] So wohl noch: Bassiouni, Proscribing function of International Criminal Law, S. 1464.

[466] So auch: Zimmermann, Die Schaffung eines ständigen Internationalen Strafgerichtshofes, ZaöRV 58 (1998), S. 58. Vgl. auch Art. 1 der UN-Folterkonvention.

[467] Vgl. hierzu: Zimmermann, Die Schaffung eines ständigen Internationalen Strafgerichtshofes, ZaöRV 58 (1998), S. 60.

[468] Europäischer Gerichtshof für Menschenrechte, Aydin v. Türkei, Urteil vom 25.9.1997, Recueil des Arrêts et Décisions 1997-VI No. 50, S. 1867 ff.

[469] So: Zimmermann, Die Schaffung eines ständigen Internationalen Strafgerichtshofes, ZaöRV 58 (1998), S. 61 f.

reich nicht unumstritten.[470] Der „heilige Stuhl" hat, unter Rückhalt der Staaten der arabischen Liga, eine konzertierte Aktion gegen den Einschluß der Vergewaltigung und die Verfolgung auf Grund des Geschlechts initiiert, die letztlich scheiterte, da sowohl die erzwungene Schwangerschaft als auch das Wort „Geschlecht" (gender) Eingang in das Statut fanden.[471]

Teilweise wird u.a. von Menschenrechtsorganisationen die „Verfolgung aus anderen Gründen" in Art. 7 Abs. 1 lit. (h) des Statuts kritisiert, da diese im Statut ebensowenig spezifiziert sei, wie die Beschränkung auf die „allgemein anerkannten Gründe". Zudem wird das Erfordernis, daß die Verfolgung in Verbindung mit einem anderen Verbrechen des Statuts begangen worden sein muß, als Beschränkung empfunden und hieraus geschlossen, daß die Verfolgung an sich aus der Zuständigkeit des IStGH ausgeschlossen sei. Im Gegensatz hierzu sehe der ICTY die Verfolgung selbst als Verbrechen gegen die Menschlichkeit an. Dem ist entgegenzuhalten, daß der Tatbestand des Verbrechens gegen die Menschlichkeit in dem Statut des IStGH sehr viel differenzierter ausgearbeitet wurde als im Statut des ICTY, in dem er weitgehend als konturenlos anzusehen ist. Das Statut des IStGH führt die wichtigsten Gründe auf, aus denen eine Verfolgung als denkbar erscheint und enthält sogar noch eine Auffangbestimmung „or other grounds", die von dem Gericht auszulegen sein wird, so daß erst die praktische Arbeit des IStGH zeigen wird, ob die Verfolgung in der Tat ausgeschlossen ist. Vom derzeitigen Standpunkt kann hiervon nicht ausgegangen werden. Auch die Verbindung mit den in Art. 7 Abs. 1 des Statuts aufgeführten Handlungen oder aber den anderen Verbrechen, zu deren Aburteilung der IStGH berufen ist, stößt auf keinerlei Bedenken, da eine anderslautende Regelung das „Einfalltor" zur unbeschränkten Ausdehnung der Gerichtsbarkeit des IStGH wäre. Angesichts dieser Regelung ist daher keineswegs davon auszugehen, daß die Verfolgung an sich aus der Zuständigkeit des IStGH ausgeschlossen ist. Vielmehr folgt aus selbiger, daß die Verfolgung aus vielerlei Gründen auch in den Fällen einbezogen wird, in denen sie anläßlich anderer Verbrechen erfolgt, zu deren Aburteilung der IStGH zuständig ist, so daß auch diese Regelung als „versteckte Auffangklausel" der Verfolgungshandlungen aller Tatbestände anzusehen ist. Zudem sehen sowohl das KRG Nr. 10 als auch die Statute der „ad hoc-Tribunale" vor, daß die Verfolgung einzelner Bevölkerungsteile wegen der Zugehörigkeit zu einer bestimmten Gruppe als Verbrechen gegen die Menschlichkeit anzusehen ist. Hierbei verhielt es sich jedoch so, daß die Liste der relevanten Kriterien variierte. Zudem geht das Statut des IStGH insofern über die bisherigen Regeln hinaus, als es auch die Verfolgung aus ethnischen, nationalen, kulturellen und geschlechtsspezifischen Gründen nennt.[472]

Das Verschwindenlassen von Personen fand ebenfalls Eingang in Art 7 Abs. 1 lit. (i) IStGH-Statut. Das Bestehen einer völkergewohnheitsrechtlichen Anerkennung eines entsprechenden Straftatbestandes erscheint als fraglich.[473]

---

[470] Vgl. hierzu: Ambos, Analyse des Rom-Statuts, ZStW 111 (1999), S. 193.

[471] Vgl. auch: Holmes/Robinson, Crimes, S. 100.

[472] Vgl. hierzu auch Zimmermann, Die Schaffung eines ständigen Internationalen Strafgerichtshofes, ZaöRV 58 (1998), S. 62, der feststellt daß hierdurch eine nicht unwesentliche Erweiterung des Straftatbestandes erfolgt sei. Umstritten war bislang auch, ob Verfolgungen auf Grund des Geschlechts unter diesen Tatbestand fallen sollten. Zimmermann geht davon aus, daß sich die Pönalisierung der Verfolgung auf Grund des Geschlechts, die in Art. 2 des Übereinkommens zur Beseitigung jeder Form von Diskriminierung enthaltenen sei, auf die völkergewohnheitsrechtlich verankerte Verpflichtung zur Beseitigung der Diskriminierung von Frauen stützen könne.

[473] Vgl hierzu: Ahlbrecht, Völkerrechtliche Strafgerichtsbarkeit, S. 372; Zimmermann, Die Schaffung eines ständigen Internationalen Strafgerichtshofes, ZaöRV 58 (1998), S. 63; Ambos, Analyse des Rom-Statuts, ZStW 111 (1999), S. 193.

Bezüglich des Tatbestandes der Apartheid, Art. 7 Abs. 1 lit. (j) IStGH-Statut, dessen Aufnahme einen politischen Hintergrund hat, ließen die Verhandlungsdelegationen offen, ob sich bereits ein entsprechender völkergewohnheitsrechtlicher Tatbestand entwickelt hat.[474] „Als Apartheid wird jede institutionalisierte Form einer Politik der Rassentrennung zur Unterdrückung einer Rasse durch eine andere bezeichnet".[475] Apartheid umfaßt die Handlungen, die begangen werden, um die systematische Dominierung über eine Gruppe von Menschen, die einer bestimmten Rasse angehören, zu erlangen oder aufrechtzuerhalten.[476] Jescheck bezeichnet die 1976 in Kraft getretene „International Convention on the Suppression and Punishment of the Crime of Apartheid" vom 30. November 1973, welche die Apartheid als Verbrechen gegen die Menschlichkeit bezeichnet, als das Gegenstück zur „Genocidium-Konvention".[477] Allerdings hat bislang kein Staat der westlichen Gruppe die Anti-Apartheid-Konvention ratifiziert, so daß der Straftat der Apartheid keine gewohnheitsrechtliche Geltung zukommt.[478] Demgegenüber geht Kadelbach davon aus, daß der Schutz vor kollektiver Diskriminierung aus Gründen der Rasse, Hautfarbe, Abstammung oder ethnischen und nationalen Zugehörigkeit als Völkergewohnheitsrecht und sogar als ius cogens anzusehen sei.[479] Bezüglich des Verbrechens der Apartheid ist anzumerken, daß die Formulierung des Statuts restriktiver erscheint als die Definition der Apartheid-Konvention. Dies folgt aus Art. 7 Abs. 2 lit. (h) IStGH-Statut, der das Erfordernis unmenschlicher Handlungen ähnlicher Art, wie die in Abs. 1 genannten, aufstellt und u.a. von Menschenrechtsorganisationen mit dem Argument kritisiert wurde, daß hier fundamentale Aspekte dieses Verbrechens nicht erfaßt worden seien, wie z.B. das Verhindern von politischer, sozialer, ökonomischer oder kultureller Beteiligung einer rassischen Gruppe oder das Trennen der Bevölkerung durch das Schaffen von Reservaten, Ghettos oder das Verbieten von gemischten Ehen. Diese Beschränkung ist vor dem Hintergrund der Präambel, des Art. 1 sowie des Art. 5 des Statuts nicht zu beanstanden, da hier nicht alle völkerrechtlichen Verbrechen erfaßt werden sollen, sondern die Zuständigkeit des IStGH auf die „most serious crimes of concern to the international community as a whole" beschränkt wurde. So mißbilligenswert und strafwürdig derartige Handlungen auch erscheinen, so wäre ihre Aufnahme in das Statut nicht mit dessen Bestimmungen und Zielen vereinbar, so daß hier klare Grenzen zu ziehen sind und auch gezogen wurden.

Demgegenüber hat der Tatbestand des Terrorismus[480] keinen Eingang in die Aufzählung der Verbrechen gegen die Menschlichkeit gefunden.[481] Dies ist u.a. darauf zu-

---

[474] Vgl. Ahlbrecht, Völkerrechtliche Strafgerichtsbarkeit, S. 372; Ambos, Analyse des Rom-Statuts, ZStW 111 (1999), S. 193, der darauf hinweist, daß die völkergewohnheitsrechtliche Geltung strittig sei.

[475] Triffterer, Bestandsaufnahme, S. 191 ff.

[476] Vgl. hierzu: Bassiouni, Proscribing function of International Criminal Law, S. 1462. Bassiouni nennt als Tathandlungen „physical harm, killing, torture, arbitary arrest, imprisonment, imposition of severe living conditions, denial of participation in the political, social, economic and cultural life of the country and physical and legislative separation of the group from the rest of the society".

[477] Vgl. Jescheck, Entwicklung, GA 1981, S. 58.

[478] Vgl. Tomuschat, Die Arbeit der ILC, S. 281 f.

[479] So: Kadelbach, Zwingendes Völkerrecht, S. 284.

[480] Zu der Gefährlichkeit des Terrorismus, vgl. Jescheck, Entwicklung, GA 1981, S. 61 f, demzufolge der Terrorismus nicht nur eine ernsthafte Gefahr für die innere Sicherheit, sondern auch für den Weltfrieden darstellt, da er die Staatsautorität massiv bedroht und die internationale Rechtshilfe in diesem Bereich teilweise versagt, weil einige Regierungen dazu tendieren, die Methoden des Terrorismus zu übernehmen.

rückzuführen, daß man politische und ideologische Konflikte mit den Befreiungsbewegungen, die sich zum Teil der Methoden des Terrorismus bedienen vermeiden wollte.[482] Ein allgemeines Verbot des Terrorismus besteht nicht.[483] Auch ist bislang eine konsensfähige Definition dieses Verbrechens nicht geglückt.[484] Allerdings ist zu berücksichtigen, daß sich die Zusammenarbeit auf internationaler Ebene in diesem Bereich zunehmend bessert, so daß das Fehlen dieses Tatbestandes tragbar ist. Abschließend ist bezüglich der Deliktsgruppe des Verbrechens gegen die Menschlichkeit festzustellen, daß durch die bestimmte Normierung in diesem Bereich eine weitgehende Rechtssicherheit mit Signalwirkung zu erwarten ist, sofern die erforderliche Anzahl Staaten das Statut ratifiziert. Es kann festgestellt werden, daß die in Art. 7 IStGH-Statut aufgeführten Normen überwiegend zum Völkergewohnheits-recht zu zählen sind.[485]

3. Kriegsverbrechen (Art. 5 Abs. 1 lit. (c), 8 IStGH-Statut)

Die Gerichtsbarkeit des IStGH erstreckt sich gemäß Art. 5 Abs. 1 lit. (c), 8 IStGH-Statut auch auf Kriegsverbrechen.[486] Dieser Tatbestand hat eine ebenso umfangreiche wie sorgfältige Ausgestaltung im Statut gefunden, die hier nur auszugsweise wiedergegeben werden soll:

1. The Court shall have jurisdiction in respect of war crimes in particular when committed as a part of a plan or policy or as a part of a large-scale commission of such crimes.

2. For the purpose of this Statute „war crimes“ means:

(a) grave breaches of the Geneva Conventions of 12 August 1949, namely, any of the following acts against persons or property protected under the provisions of the relevant Geneva Convention:

...

(b) Other serious violations of the laws and customs applicable in international armed conflict, within the established framework of international law, namely, any of the following acts:

...

(viii) The transfer, directly or indirectly, by the Occupying Power of parts of its own civilian population into the territory it occupies, or the deportation or transfer of all parts of the population of the occupied territory within or outside this territory;

...

(xx) Employing weapons, projectiles and material and methods of warfare which are of a nature to cause superfluous injury or unnecessary suffering or which are inherently indiscriminate in violation of the international law of armed conflict, provided that such weapons, projectiles and material and methods of warfare are the subject of a comprehensive prohibition and are included in an annex to this Statute, by an amendment in accordance with the relevant provisions set forth in artices 121 and 123;

...

(xxii) Committing rape, sexual slavery, enforced prostitution, forced pregnancy, as defined in article 7, paragraph 2 (f), enforced sterilization, or any other form of sexual violence also constituting a grave breach of the Geneva Conventions;

---

481 Es kann davon ausgegangen werden, daß sowohl die Türkei als auch Sri Lanka aus diesem Grund gegen das Statut gestimmt haben.

482 Vgl. hierzu: Jescheck, Entwicklung, GA 1981, S. 63 f.

483 Kadelbach, Zwingendes Völkerrecht, S. 308.

484 Kadelbach, Zwingendes Völkerrecht, S. 308.

485 Vgl. hierzu: Ahlbrecht, Völkerrechtliche Strafgerichtsbarkeit, S, 372, der darauf hinweist, daß das Verbrechen gegen die Menschlichkeit sowohl tatbestandlich als auch bezüglich der Anwendungsvoraussetzungen eine Erweiterung durch das Statut erfahren habe.

486 Für weitere Hintergrundinformationen vgl. auch hier: Holmes/Robinson, Crimes, S. 107.

...

(xxvi) Conscripting or enlisting children under the age of fifteen years into the national armed forces or using them to participate actively in hostilitiers.

(c) In the case of an armed conflict not of an international character, serious violations of article 3 common to the four Geneva Conventions of 12 August 1949, namely, any of the following acts committed against persons taking no active part in the hostilities, including members of armed forces who have laid down their arms and those placed hors de combat by sickness, wounds, detention or any other cause:

...

(d) Paragraph 2 (c) applies to armed conflicts not of an international character and thus does not apply to situations of internal disturbances and tensions, such as riots, isolated and sporadic acts of violence or other acts of a similar nature.

(e) Other serious violations of the laws and customs applicable in armed conflicts not of an international character, within the established framework of international law, namely, any of the following acts:

...

(f) Paragraph 2 (e) applies to armed conflicts not of an international character and thus does not apply to situations of internal disturbances and tensions, such as riots, isolated and sporadic acts of violence or other acts of a similar nature. It applies to armed conflicts that take place in the territory of a State when there is protracted armed conflict between governmental authorities and organized armed groups or between such groups.

3. Nothing in paragraph 2 (c) and (d) shall affect the responsibility of a Government to maintain or re-establish law and order in the State or to defend the unity and territorial integrity of the State, by all legitimate means.

Vorab ist darauf hinzuweisen, daß auch hier die Frage, inwieweit das Statut bereits geltendes Völkergewohnheitsrecht wiederholt bzw. darüber hinausgeht, aus oben angeführten Gründen dahinstehen kann und daher nicht akribisch genau zu untersuchen ist.[487] Das Statut nimmt in Art. 8 eine umfangreiche Aufzählung der Kriegsverbrechen vor, wobei es eine strikte Trennung zwischen internationalen[488] und nicht internationalen[489] Konflikten vollzieht. Die Liste der Taten, die anläßlich eines internationalen Konfliktes begangen werden, umfaßt 34 Verbrechen. Demgegenüber zählt das Statut 16 Tatbestände auf, die in nicht internationalen Konflikten begangen werden. Bereits den Formulierungen der Tatbestände ist zu entnehmen, daß die Verhandlungsdelegationen nicht etwa neue Normen des Völkerstrafrechts schaffen und damit den Kreis des anerkannten Völkerstrafrechts erweitern wollten, sondern darauf bedacht waren, den durch das geltende Völkerrecht vorgegebenen Rahmen einzuhalten.[490]

Das Statut führt in Art. 8 Abs. 1 IStGH-Statut ein sowohl dem Haager als auch dem Genfer Recht unbekanntes Element ein, indem insbesondere („in particular") solche Verbrechen erfaßt werden, die als Teil eines Plans oder einer Politik oder einer groß-angelegten Begehung ausgeführt wurden.[491] Allerdings ist dieser Formulierung keine große Bedeutung beizumessen, da der Wortlaut eine Anwendung der Norm bei Nichterfüllung dieser Erfordernisse weder ausschließt noch einschränkt und die Be-

---

[487] Vgl. hierzu: Kap. 2 C I 2.

[488] Vgl. hierzu: Art. 8 Abs. 2 lit. (a) und (b) IStGH- Statut.

[489] Vgl.: Art. 8 Abs. 2 lit. (c) und (e) IStGH- Statut. Zu den internen bewaffneten Konflikten: Condorelli, La Cour Pénale Internationale, Revue Générale de Droit International Public, Tome CIII (1999), S. 11 ff, dem die Regelung, die diese Konflikte im Statut gefunden haben, nicht weit genug geht.

[490] So auch: Hebel/Robinson, Crimes, S. 122.

[491] Vgl. Ambos, Analyse des Rom-Statuts, ZStW 111 (1999), S. 193.

gehung als Teil eines Planes oder einer großangelegten Politik keineswegs als erforderliche Tatbestandsvoraussetzung formuliert worden ist, so daß die rechtliche Bedeutung der Worte „in particular" gering ist.[492] Demgegenüber vertritt Irmschler die Auffassung, daß der Formulierung „in particular" eine tatbestandseinschränkende Wirkung dergestalt zuerkannt werden müsse, daß das Gericht für nicht unter diesen Umständen begangene Kriegsverbrechen nur in begründeten Ausnahmefällen zuständig sei.[493] Diese Auffassung vermag nicht zu überzeugen und kann v.a. nicht auf den Wortlaut der Vorschrift gestützt werden, so daß die Rechtsprechung des Gerichts auch diesen Punkt zu klären haben wird. Cassese stellt fest, daß eine solche Einschränkung sowohl für den ICTY als auch für den ICTR sinnvoll gewesen wäre, um die Verfolgung einzelner Grausamkeiten auszuschließen, die anders als großangelegte Aktionen keine Bedrohung der internationalen Ordnung darstellten.[494]
Art. 8 Abs. 2 lit. (a) IStGH-Statut erfaßt die schweren Verstöße gegen die Genfer Konventionen vom 12. August 1949 wobei die verschiedenen Begehungsweisen einzeln und abschließend „namely" aufgeführt sind. Neben der Folter[495] werden hier u.a. die schädlichen Menschenversuche erfaßt. Hierunter fallen alle nicht einvernehmlich vorgenommenen psychischen oder physischen Veränderungen durch Operationen, Injektionen, die Nahrungsaufnahme sowie die Inhalation von Substanzen, wobei das Einvernehmen nur anzunehmen ist, wenn die Person die Einsichtsfähigkeit zur Erklärung des Einverständnisses hat und dies frei erteilt, nachdem sie über die Natur des Experiments und die möglichen Konsequenzen aufgeklärt worden ist.[496] Hierdurch soll das Leben, die Freiheit, die persönliche Sicherheit und das Recht der Familie gewährleistet und vor Folter und grausamer oder inhumaner Behandlung geschützt werden.[497]
Nach Art. 8 Abs. 2 lit. (b) IStGH-Statut sind die dort aufgezählten anderen schweren Verletzungen der Rechtsvorschriften und Gebräuche, die in internationalen bewaffneten Konflikten anwendbar sind, strafbewehrt. Der einführende Satz des Art. 8 Abs. 2 lit. (b) IStGH-Statut begrenzt die Zuständigkeit des Gerichts auf andere schwere Verstöße gegen die Gesetze oder Gebräuche des internationalen Konflikts innerhalb des feststehenden Rahmens des Völkerrechts.[498] Dies verbietet eine extensive Interpretation dieser Verbrechen[499], so daß ein Einklang mit den bestehenden Regeln gewollt ist und nicht etwa eine Überschreitung. Unter Art. 8 Abs. 2 lit. (b) IStGH-Statut fallen v.a. einzelne Verstöße gegen die HLKO und das erste Zusatzprotokoll zu den Genfer Konventionen.

---

[492] Die USA konnten sich mit ihrer Forderung, diese Umstände generell als Voraussetzung für die Strafbarkeit von Kriegsverbrechen zu normieren, nicht durchsetzen.

[493] Vgl. hierzu: Irmscher, Das Römische Statut, Kritische Justiz 1998, S. 476 f, FN 28; so auch: Cassese, The Statute of the International Criminal Court, EJIL 10 (1999), S. 149, der darauf hinweist, daß diese Definition lediglich Auswirkungen auf die Jurisdiktion des IStGH hat, nicht aber die allgemeine anerkannte Definition von Kriegsverbrechen einschränkt .

[494] Cassese, The Statute of the International Criminal Court, EJIL 10 (1999), S. 149.

[495] Die Strafbarkeit der Folter ergibt sich aus den Gebräuchen und Gesetzen des Krieges und ist erstmals in den vier Genfer Konventionen schriftlich verankert worden. Danach ist jede Folter eine „schwere Verletzung" der Konventionen und unterliegt der Strafpflicht der Staaten, vgl. hierzu: Triffterer, Bestandsaufnahme, S. 195.

[496] Bassiouni, Proscribing function of International Criminal Law, S. 1464, der als weiteres Tatbestandsmerkmal formuliert, daß diese Handlungen auf Betreiben von oder unter der Verantwortung eines öffentlichen Beamten begangen werden müssen.

[497] Bassiouni, Proscribing function of International Criminal Law, S. 1464.

[498] S. Hafner, A Response to the American View, EJIL 10 (1999), S. 121.

[499] Vgl. Hafner, A Response to the American View, EJIL 10 (1999), S. 121.

Wie bereits ausgeführt, begrenzt das Statut die Strafbarkeit von Kriegsverbrechen nicht auf den internationalen bewaffneten Konflikt, sondern nennt als Anknüpfungspunkt auch den nicht internationalen bewaffneten Konflikt. Damit trägt das Statut der Tatsache Rechnung, daß bewaffnete Konflikte, in denen schwere Kriegsverbrechen begangen und die größten Leiden verursacht werden, gegenwärtig i.d.R. Bürgerkriege sind. Die Aufnahme der innerstaatlichen Konflikte steht im Einklang mit der Weiterentwicklung des Völkerstrafrechts. Zu diesem Ergebnis kam auch das ICTY, das in seiner bereits erwähnten Tadic-Entscheidung ausführte: „A State-sovereignty-oriented approach has been gradually supplanted by a human-being-oriented approach“[500]. Das ICTY kam in der Tadic-Entscheidung zu dem Ergebnis, daß sich der Anwendungsbereich des Art. 3 der Genfer Konventionen auch auf interne bewaffnete Konflikte beziehe und stellte die These „von der weitgehenden Annäherung der Völkerrechtsordnung des internen an diejenige des internationalen bewaffneten Konflikts hinsichtlich Normenbestandes und persönlicher strafrechtlicher Verantwortlichkeit“ auf.[501] Während die aktuelle Tendenz zu einer Vereinheitlichung geht, die alle Unterschiede verbannen möchte und einen Tatbestand erstrebt, der bei allen Konflikten anwendbar ist, nimmt das Statut eine strikte Trennung des Rechts, das in einem bewaffneten internationalen Konflikt anwendbar ist, von dem, welches in einem internen bewaffneten Konflikt Anwendung findet, vor.[502] Dies ist zu Recht als Rückschritt kritisiert worden.[503] Zudem ist die Jurisdiktion des IStGH über Verbrechen, die in einem internen bewaffneten Konflikt begangen werden, bedeutend restriktiver als jene, die in einem internationalen Konflikt erfolgen, was bereits durch die Anzahl der Tatbestände reflektiert wird. In Art. 8 Abs. 2 lit. (c) IStGH-Statut wird der strafrechtliche Schutz auch auf Situationen bewaffneter Auseinandersetzungen von nicht internationalem Charakter ausgedehnt, sofern gegen den gemeinsamen Art. 3 der Genfer Konventionen verstoßen wurde. Art. 8 Abs. 2 lit. (e) des Statuts erfaßt die im einzelnen benannten anderen schweren Verstöße gegen die Gesetze und Gebräuche des nicht internationalen Krieges, die dem Bereich des zweiten Zusatzprotokolls entnommen wurden. Wie bei allen Tatbeständen des Kriegsverbrechens werden auch hier die Verstöße enumerativ aufgeführt. Nicht abgedeckt wurden die im zweiten Protokoll enthaltenen Verbote wie das Vornehmen kollektiver Bestrafungen, Terrorismus, Sklaverei und Angriffe gegen Installationen, die gefährliche Kräfte enthalten. Der dennoch relativ umfassende Schutz erfährt jedoch im Hinblick auf Art. 8 Abs. 2 lit. (e) IStGH-Statut durch lit. (f) eine Einschränkung dergestalt, daß diese Vorschrift nur auf bewaffnete Konflikte zwischen Regierungstruppen und organisierten bewaffneten Truppen oder zwischen solchen Gruppen, d.h. ohne Beteiligung staatlicher Streitkräfte, Anwendung findet.[504] Zudem werden sowohl für den Bereich des Art. 8 Abs. 2 lit. (c) als auch (e) des Statuts durch lit. (d) und (f) bewaffnete Auseinandersetzungen, die über Störungen der öffentlichen Ordnung und Ausschreitungen im Sinne des zweiten Zusatzprotokolls hinausgehen, aber noch nicht die Schwelle eines bewaffneten Konflikts erreichen, ausgeschlossen, so daß in diesen Fällen nicht vom

[500] Zitiert aus Kreß, Friedenssicherungs- und Konfliktvölkerrecht, EuGRZ 1996, S. 646.

[501] Vgl. hierzu: Kreß, Friedenssicherungs- und Konfliktvölkerrecht, EuGRZ 1996, S. 638 ff, S. 648. So auch: Zimmermann, in: Triffterer, Commentary, Art. 8, Rn. 258.

[502] Vgl. Cassese, The Statute of the International Criminal Court, EJIL 10 (1999), S. 150.

[503] So auch: Cassese, The Statute of the International Criminal Court, EJIL 10 (1999), S. 150.

[504] S. Ambos, Analyse des Rom-Statuts, ZStW 111 (1999), S. 193 f. Vgl. hierzu auch: Hermsdörfer, Das Statut des Internationalen Strafgerichtshofes, Internationale Politik 11 (1998), S. 56, der den letzten Aspekt als Erweiterung des Völkervertragsrechts bezeichnet.

Vorliegen eines bewaffneten, nichtinternationalen Konflikts i.S.d. Art. 8 des Statuts auszugehen ist.[505] Lit. (d) und (f) des Statuts unterscheiden sich dergestalt, daß lit. (d) ausschließlich eine Negativdefinition enthält, während lit. (f) den Wortlaut von lit. (d) zunächst wiederholt und dem eine „positive" Definition des nicht internationalen Konflikts beifügt.[506] Schließlich beläßt Art. 8 Abs. 3 des Statuts der Regierung die Befugnis, mit allen legitimen Mitteln, Gesetz und Ordnung wiederherzustellen. Hier konnten sich die Staaten durchsetzen, die auf die Aufnahme einer Bestimmung drängten, die in enger Anlehnung an Art. 1 Abs. 2 des zweiten Zusatzprotokolls, bloße interne Unruhen generell von der Anwendbarkeit der kriegsrechtlichen Regeln und damit auch von der Zuständigkeit des IStGH ausnehmen will.
Cassese weist darauf hin, daß bei Art. 8 Abs. 2 lit. (b) und (e) IStGH-Statut mit erheblichen Problemen bei der Auslegung zu rechnen sei, da sich in beiden Bestimmungen die Formulierung „within the established framework of international law", die sonst in keinem Tatbestand enthalten sei, finde.[507] Als plausible Erklärung für diese ungewöhnliche Formulierung kommt laut Cassese[508] in Betracht, daß die Handlungen, die in den beiden vorstehenden Normen aufgelistet sind, nur dann als Kriegsverbrechen anzusehen seien, wenn das Völkergewohnheitsrecht sie als solche qualifiziere. Hieraus folge, daß abweichend von den anderen Tatbeständen, in denen das Statut selbst den Inhalt des untersagten Verhaltens bestimme und das Recht direkt den Tatbeständen entnommen und angewendet werden könne, der IStGH hier erst zu entscheiden hätte, ob das allgemeine internationale Recht ein derartiges Verhalten verböte und dann zu prüfen wäre, ob nach Völkergewohnheitsrecht ein derartiger Bruch als Kriegsverbrechen zu qualifizieren sei.[509] Aus der Tatsache, daß für die anderen beiden Klassen der Kriegsverbrechen, die zweifelsohne vom Völkergewohnheitsrecht erfaßt seien, eine derartige Bezugnahme unterblieb, schließt Cassese, daß das Statut zwischen zwei Kategorien von Kriegsverbrechen differenziere, so daß das Statut, angesichts dieser Differenzierung kein unabhängiges rechtliches Regime vorsehe, sondern vielmehr voraussetzt, daß eine mandatorische Untersuchung auf einer „case by case-Basis", auf der Grundlage des gegenwärtigen Völkerstrafrechts durchführt werde.[510] Diese Auffassung kann nicht geteilt werden. Vielmehr ist davon auszugehen, daß durch die Formulierung „within the established framework of international law" deutlich gemacht werden sollte, daß der Rahmen des bestehenden Völkerstrafrechts in diesem Bereich nicht zu überschreiten ist und die hier aufgezählten Tatbestände als derartiges Völkerrecht anzusehen sind. Dies folgt zudem aus der Formulierung „namely the following", die sinnentleert wäre, müßte im Vorfeld noch geklärt werden, ob die verbindlich „namely" aufgelisteten Tatbestände überhaupt dem Völkerrecht unterfallen oder nicht. Ein solcher Widerspruch und das „Infragestellen" der eigenen Regelungen durch die Schöpfer des Statuts kann nicht ohne weiteres vermutet werden. Ferner ist davon auszugehen, daß die Klausel „within the established framework" der Begrenzung des Auslegungsspielraumes dienen soll, so daß der IStGH bei jedem zu prüfenden Sachverhalt exakt zu subsumieren und zu prüfen hat, ob ein neuer Aspekt einer Handlung noch dem Tatbestand unterfällt und er zu diesem Zweck eine Überprüfung des Völkerrechts vornehmen muß. Durch diese Regelung wird den Richtern verdeutlicht, daß ihre Rechtsprechungs- und Schöp-

[505] Vgl. Ambos, Analyse des Rom-Statuts, ZStW 111 (1999), S. 194.

[506] Vgl. Hebel/Robinson, Crimes, S. 120.

[507] Vgl. hierzu: Cassese, The Statute of the International Criminal Court, EJIL 10 (1999), S. 150 f.

[508] Vgl. Cassese, The Statute of the International Criminal Court, EJIL 10 (1999), S. 151.

[509] S. Cassese, The Statute of the International Criminal Court, EJIL 10 (1999), S. 151.

[510] Vgl. Cassese, The Statute of the International Criminal Court, EJIL 10 (1999), S. 151.

fungsmöglichkeiten durch das Völkerrecht, nämlich das „established framework" begrenzt und die Tatbestände im Zweifel restriktriv auszulegen sind. Es ist daher davon auszugehen, daß diese Bezeichnung weitgehend deklaratorisch ist, da die Bereiche des Art. 8 Abs. 2 lit. (a) und (c), anders als die Bereiche der lit. (b) und (e) des Statuts, keine Unstimmigkeiten auslösen dürften, sondern weite Anerkennung genießen, so daß dieser Zusatz bei den lit. (b) und (d) des Statuts zur Klarstellung verwendet wurde und auch in diesen Fällen die Strafbarkeit direkt aus den Tatbeständen entnommen werden kann. Diese sind eng gefaßt und genügen dem Bestimmtheitsgrundsatz.

Als politisch besonders brisant ist das in Art. 8 Abs. 2 lit. (b) (viii) des Statuts enthaltene Verbot von Bevölkerungsverschiebungen anzusehen, so daß diese Norm zu heftigen Auseinandersetzungen und Ablehnung[511] führte. Diese betrafen weniger das in Art. 49 Abs. 1 i.V.m. Art. 147 der Vierten Genfer Konvention enthaltene Verbot der Verschleppungen und Deportationen, das unbestritten ist, sondern vielmehr den in Art. 49 Abs. 6 der Vierten Genfer Konvention enthaltenen Tatbestand, nämlich die Umsiedlung der Bevölkerung des besetzten Teils bzw. die Verschickung oder Verschleppung von Teilen der eigenen Zivilbevölkerung in das besetzte Gebiet.[512] Der Tatbestand des Art. 49 Abs. 6 der Vierten Genfer Konvention ist ebenfalls als ein „grave breach" anzusehen, da diese Regelung durch Art. 85 Abs. 4 lit. a) des ersten Zusatzprotokolls zu einer „schweren Verletzung" erklärt wurde und diese Bestimmung zudem eine gewohnheitsrechtliche Anerkennung erfahren hat.[513] Allerdings wird bezüglich des Art. 8 Abs. 2 lit. (b) (viii) IStGH-Statut die Auffassung vertreten, die Formulierung stimme nicht mit dem Wortlaut der IV. Genfer Konvention überein, so daß Staaten wie z.B. Amerika und Israel die Ratifikation erschwert werde.[514] Zutreffend ist, daß die Formulierung des Statuts von Art. 49 der vierten Genfer Konvention[515] und damit auch von Art. 85 Abs. 4 lit. a des ersten Zusatzprotokolls insoweit abweicht, als sie den Zusatz „directly or indirectly" enthält.[516] Es ist jedoch davon auszugehen, daß dieser Zusatz nicht prima facie von einer möglichen Interpretation ausgeschlossen wird.[517] Diese Erweiterung ist daher nicht zu beanstanden.

Die Frage, welche Waffen als verboten einzustufen waren, deren Gebrauch demnach ein Kriegsverbrechen darstellt, war ebenfalls heftig umstritten.[518] Dieser Streit über ein Verbot des Einsatzes von Nuklearwaffen und die Forderung nach weitreichenden

---

[511] Die Aufnahme des Art. 8 Abs. 2 lit. (b) (viii) IStGH-Statut hat Israel dazu veranlaßt, gegen das Statut zu stimmen, da der Transfer eigener Bevölkerung als Kriegsverbrechen anzusehen ist; vgl.: UN Presss Release, L/Rom/22, vom 17. Juli 1998.

[512] Vgl. hierzu: Zimmermann, Die Schaffung eines ständigen Internationalen Strafgerichtshofes, ZaöRV 58 (1998), S. 68; s. auch: Cotttier, in: Triffterer, Commentary, Art. 8 Rn. 95 ff.

[513] So auch: Zimmermann, Die Schaffung eines ständigen Internationalen Strafgerichtshofes, ZaöRV 58 (1998), S. 68.

[514] So: Wedgwood, An American View, EJIL 10 (1999), S. 98 f.

[515] Art. 49 Abs. 6 der Vierten Genfer Konvention lautet: *„Die Besatzungsmacht darf nicht Teile ihrer eigenen Zivilbevölkerung in das von ihr besetzte Gebiet verschleppen oder verschicken."*

[516] Art. 85 Abs. 4 lit. a) des ersten Zusatzprotokolls hat folgenden Wortlaut: *„...die von der Besatzungsmacht durchgeführte Überführung eines Teiles ihrer eigenen Zivilbevölkerung in das von ihr besetzte Gebiet oder die Verschleppung oder Überführung der Gesamtheit oder eines Teiles der Bevölkerung des besetzten Gebietes innerhalb desselben oder aus demselben unter Verletzung des Artikels 49 des IV Abkommens".*

[517] So auch: Hafner, A Response to the American View, EJIL 10 (1999), S. 120 f.

[518] Vgl. Cottier, in: Triffterer, Commenary, Art. 8 Rn. 180, 185 ff; Holmes/Robinson, Crimes, S. 113 ff.

Waffenverboten konnte nur durch die Aufnahme einer Kompromißlösung entschärft werden. Die Forderung nach der Aufnahme von Nuklearwaffen scheiterte. Dies hatte zur Folge, daß die Staaten, die sich für eine Aufnahme dieser Waffen eingesetzt hatten, die Entfernung der chemischen und bakteriellen Waffen durchsetzen konnten. Als Konsequenz ist die Liste der verbotenen Waffen kurz. Die „Kompromißformel" sieht vor, daß die Vertragsstaatenversammlung zusätzliche Straftatbestände zum Einsatz verbotener Waffen beschließen darf, sofern sie zuvor feststellt, daß sich im Völkerrecht die Überzeugung von einem umfassenden Verbot der betreffenden Waffe herausgebildet hat. Diese Klausel öffnet das Statut für die künftige Rechtsentwicklung und erlaubt die Anpassung des Statuts an den Rechtsfortschritt. Dennoch ist der Ausschluß der nuklearen, chemischen, biologischen und bakteriellen Waffen sowie Landminen zu bedauern, zumal Änderungen nur in dem schwierigen Änderungsverfahren der Art. 121 und 123 des Statuts vorgenommen werden können. Auch wird bezweifelt, daß es jemals zu einer Einigung über diese Frage kommen wird.[519]
Die Frage der Zulässigkeit des Einsatzes von Nuklearwaffen ist höchst strittig.[520] In diesem Bereich konnte eine einvernehmliche Ächtung der Nuklearwaffen, die v.a. an dem Widerstand der Nuklearmächte scheiterte, nicht erzielt werden, so daß, trotz der zahlreichen Konventionen, bislang ein ausdrückliches Verbot bzw. ein internationaler Vertrag zur speziellen Ächtung des Atomwaffeneinsatzes nicht besteht.[521] Allerdings ist zu berücksichtigen, daß sich der Gedanke der Vermeidung unnötiger Leiden durch die Konventionen zieht und auch eine Reihe von Vorschriften bemüht ist, die Auswirkung des Krieges auf die Zivilbevölkerung zu reduzieren. In diesem Zusammenhang ist auf das erste Zusatzprotokoll von 1977 zu verweisen, das die bekannten Verbote wie die Verwendung von Waffen, die unnötige Leiden verursachen, das Verbot von Waffen und Methoden, die unterschiedslos Militär und Zivilpersonen treffen, bestätigt. Enthalten ist gemäß Art. 35, 51 und 55 des ersten Zusatzprotokolls das Verbot von Waffen und Methoden, die erhebliche Opfer an der Zivilbevölkerung oder langfristige und schwere Schäden an der Umwelt hervorrufen. Art. 51 des ersten Zusatzprotokolls thematisiert und definiert in seinen Absätzen 4 und 5 den unterschiedslosen Angriff, so daß aus diesen Regeln ein Verbot der Nuklearwaffen hergeleitet werden könnte. Allerdings haben beispielsweise die USA, Großbritannien und Frankreich erklärt, daß sich die im ersten Zusatzprotokoll eingeführten Bestimmungen nicht auf nukleare Waffen beziehen und die USA und Großbritannien entsprechende Vorbehalte bei der Unterzeichnung beigefügt, denen sich auch die Bundesrepublik Deutschland 1990 bei der Hinterlegung der Ratifizierungsurkunde angeschlossen hatte.[522] Der Wortlaut der Bestimmungen des ersten Zusatzprotokolls umfaßt auch Massenvernichtungswaffen. Abschließend ist festzustellen, daß die Verhandlungsdelegationen, wie in dem Statut niedergelegt, über den Kreis der anerkannten Tatbestände nicht hinausgehen wollen und auch nicht gingen, so daß die Entscheidung über das Verbot der modernen Massenvernichtungswaffen aufgeschoben wird. Dies stellt insbesondere für biologische Waffen einen Mißstand dar, weil diese durch internationales Recht verboten sind. Der Gebrauch von verbotenen

---

[519] Vgl. Cassese, The Statute of the International Criminal Court, EJIL 10 (1999), S. 152.

[520] Vgl. zu dieser Problematik: Paech, Die Nuklearfrage, S. 481 ff.

[521] Vgl. hierzu: Paech, Die Nuklearfrage, S. 487 ff, der auf S. 488 ff, darauf hinweist, daß die UN-Generalversammlung bereits 1961 eine Reihe von Resolutionen erlassen habe, welche die Illegalität des Nuklearwaffeneinsatzes und der –strategie erklärten, jedoch v.a. die westlichen Nuklearmächte gegen diese Resolutionen stimmten und die Versuche, zu einer vertraglichen Ächtung der Nuklearkriegsführung zu gelangen, vereitelten.

[522] Vgl. hierzu Paech, Die Nuklearfrage, S. 492 f, der darauf hinweist, daß der Streit über die Wirksamkeit der Erklärungen bis heute anhält.

Waffen in internen bewaffneten Konflikten wird von dem Statut ebenfalls nicht als Kriegsverbrechen betrachtet. Dies gibt ebenfalls nicht den gegenwärtigen Stand des Völkerrechts wieder, so daß das Statut hinter diesem zurückbleibt. Zudem stellt sich hier die Frage der unverhältnismäßigen Kollateralschäden. Einigkeit besteht dahingehend, daß neben Tötungen von Zivilisten und Schäden an zivilen Objekten auch ausgedehnte, langfristige und ernsthafte Schädigungen der Umwelt unzulässige Kollateralschäden darstellen können.[523] Auch diese Fragen stehen noch zur Klärung an. Zudem bestand Uneinigkeit darüber, ob die in Art. 51 Abs. 5 lit. b des ersten Zusatzprotokolls enthaltene Verhältnismäßigkeitsklausel Aufnahme finden soll oder stattdessen darauf abgestellt werden soll, daß die fraglichen Kollateralschäden durch militärische Notwendigkeiten (military necessity) gerechtfertigt sein könnten[524].

Nicht weniger umstritten war die Aufnahme von sexueller und geschlechtlicher Gewalt für deren Erfassung sich v.a die Frauenverbände erfolgreich eingesetzt haben, die den Schutz der Frauen in bewaffneten Konflikten erstrebten.[525] In Art. 8 Abs. 2 lit. (b) (xxii) IStGH-Statut erfolgte die Aufnahme als eine Kategorie des Kriegsverbrechens, so daß derartige Taten nun nicht mehr als „Ehrenverbrechen" anzusehen sind und die Rechte der Frauen eine Stärkung erfahren haben.[526] Dieser Regelung ist zu entnehmen, daß die sexuelle Gewalt als Waffe im Krieg eine neue Bewertung erfahren hat. Zwischen den Vertretern des „Heiligen Stuhls" und dem „Womens' Caucus", einer NGO, die sich für die Berücksichtigung der Rechte der Frauen in dem Statut einsetze, gab es heftige Auseinandersetzungen über die Frage, ob auch die erzwungene Aufrechterhaltung der Schwangerschaft als Kriegsverbrechen anzusehen sei.[527] Hier vertrat die katholische Kirche die Auffassung, daß die Verhinderung einer Abtreibung nicht als Kriegsverbrechen anerkannt werden könne.[528] Die nunmehr in dem Statut enthaltene Bezeichnung „forced pregnancy" differenziert nicht zwischen der Schwängerung und der Aufrechterhaltung, so daß die Lösung dieses Problems dem IStGH überlassen wird, der diesen Begriff auszulegen hat. Es ist davon auszugehen, daß die in Art. 8 Abs. 2 lit. (b) (xxii) des Statuts niedergelegten Formen sexueller Gewalt zugleich als „grave breaches" i.S.d. Genfer Konventionen anzusehen sind, die dem Begriff der Folter oder der willentlichen Zufügung großer Leiden nach Art. 32 der vierten Genfer Konvention zuzuordnen sind.[529] Art. 8 Abs. 2 lit. (b) (xxii) IStGH-Statut sieht weiterhin vor, daß auch andere Formen sexueller Gewalt strafbar sind, wenn diese zugleich den Tatbestand eines „grave breach" erfüllen.
Art. 8 Abs. 2 lit. (b) (xxvi) des Statuts sieht den Schutz von Kindern in bewaffneten Gebieten vor. Das relevante Schutzalter beträgt 15 Jahre.[530] Bezüglich der Tatbe-

---

[523] Vgl. Zimmermann, Die Schaffung eines ständigen Internationalen Strafgerichtshofes, ZaöRV 58 (1998), S. 67.

[524] Vgl. Zimmermann, Die Schaffung eines ständigen Internationalen Strafgerichtshofes, ZaöRV 58 (1998), S. 67.

[525] Vgl. hierzu auch: Steains, Gender Issues, S. 366 ff, die die erheblichen Differenzen auf der Konferenz darlegt und darauf hinweist, daß die Aufnahme der geschlechtsspezifischen Verbrechen nur einen Problemkreis darstelle. Der andere liege in der Sicherung der „Frauenquote" der Organe des IStGH, vgl. Art. 38 Abs. 8 IStGH-Statut. S. hierzu: Steains, a.a.O., S. 376 ff.

[526] So: Cottier, in: Triffterer, Commentary, Art. 8 Rn. 200.

[527] Vgl. hierzu: Schlunck, Diskussionsstand vor der diplomatischen Konferenz, S. 173.

[528] Vgl.: Schlunck, Diskussionsstand vor der diplomatischen Konferenz, S. 173.

[529] S. Zimmermann, Die Schaffung eines ständigen Internationalen Strafgerichtshofes, ZaöRV 58 (1998), S. 70, mit weiteren Nachweisen.

[530] Von den Menschenrechtsorganisationen wird die Aufnahme von 15 Jahren als relevantes Alter anstelle der geforderten 18 Jahre bedauert.

stände, die Kinder betreffen, wurde die in den Genfer Protokollen verwendete Bezeichnung umformuliert und das Wort „rekrutieren" durch „conscripting or enlisting" ersetzt.[531] Die Aufnahme dieses Tatbestandes als Straftat ist als bedenklich einzustufen, da sowohl das erste Zusatzprotokoll als auch die Kinderkonvention die Vertragsstaaten lediglich verpflichten, eine solche Teilnahme durch geeignete Maßnahmen zu verhindern, so daß ihnen, mangels einer entsprechenden Verpflichtung hinsichtlich des zu erreichenden Ziels, keine strafrechtliche Verpflichtung auferlegt werden kann.[532] Daher ist festzustellen, daß es sich hier um eine Strafnorm handelt, die im humanitären Völkerrecht noch keine Grundlage hat, so daß die Bevollmächtigtenkonferenz hier „legislativ" tätig wurde.[533] Letztlich ist darauf hinzuweisen, daß sich der Umstand, daß ausweislich des Art. 8 Abs. (2) lit. (b) (xxvi), IStGH-Statut Kinder zwischen 15 und 17 Jahren tatbestandsmäßig und rechtswidrig Kriegsverbrechen begehen können, aber gemäß Art. 26 des Statuts von der Gerichtsbarkeit des IStGH ausgenommen sind, als Mißstand darstellt, weil dies der Gewährung einer Immunität für den jugendlichen Kriegsverbrecher nahe kommt.
Als große Schwäche des Statuts ist die „opt-out Klausel" des Art. 124 IStGH-Statut zu nennen.[534] Der Anwendungsbereich dieser Klausel ist auf den Tatbestand des Kriegsverbrechens (Art. 8 IStGH-Statut) beschränkt. Nach der Übergangsbestimmung des Art. 124 IStGH-Statut kann ein Vertragsstaat erklären, daß er für einen einmaligen Zeitraum von sieben Jahren, nachdem das Statut für ihn in Kraft getreten ist, die Zuständigkeit des IStGH für die Kriegsverbrechen nicht anerkennt, wenn ein Verbrechen mutmaßlich von seinen Staatsangehörigen oder auf seinem Hoheitsgebiet begangen wurde. Diese Erklärung kann zurückgezogen werden. Durch diese Norm erfolgt eine „Privilegierung" der Vertragsstaaten, da Drittstaaten oder Staaten, die die Zuständigkeit nur im Einzelfall anerkannt haben, von ihrem Regelungsbereich nicht umfaßt sind. Art. 124 des Statut findet keine Anwendung, sofern der Sicherheitsrat eine Sache überwiesen hat.[535] Art. 124 IStGH-Statut stellt sich als Ausnahme des Grundsatzes des Art. 120 des Statuts dar.
Abschließend ist festzustellen, daß das „ius in bello" das Führen eines fairen Krieges gewährleisten könnte, sofern es eingehalten würde. Ein solcher Garant könnte ein internationaler Gerichtshof sein, so daß das Fehlen eines unabhängigen internationalen Gerichtshofes als Schwäche des Kriegsrechts anzusehen ist.[536] Die Abneigung der Staaten und Kriegführenden gegen eine internationale gerichtliche Kontrolle ihrer Kriegshandlungen, die jüngst bei der Konferenz in Rom erneut offen zutage getreten ist, führte in der Vergangenheit dazu, daß schon bestehende Verpflichtungen zur Unterwerfung unter eine internationale Gerichtsbarkeit für den Kriegsfall oder bei Kriegsbeginn ausdrücklich aufgehoben wurden.[537] Es bleibt zu erwarten, ob dies im Fall des IStGH ebenfalls geschehen wird, sofern er überhaupt in Kraft treten sollte.

---

[531] Vgl. hierzu: Cottier, in: Triffterer, Commentary, Art. 8, Rn. 227 ff.

[532] So auch: Zimmermann, Die Schaffung eines ständigen Internationalen Strafgerichtshofes, ZaöRV 58 (1998), S. 71. Vgl. demgegenüber Art. 4 Abs. 3 lit. (c) des Zweiten Zusatzprotokolls.

[533] Vgl. auch: Hermsdörfer, Das Statut des Internationalen Strafgerichtshofes, Internationale Politik, 11 (1998), S. 56 f.

[534] So auch: Kinkel, Der Internationale Strafgerichtshof, NJW 1998, 2651.

[535] Vgl. Fastenrath, Der Internationale Strafgerichtshof, JuS 1999, 624.

[536] Vgl. hierzu: Berber, Lehrbuch des Völkerrechts Bd. 2, S. 232.

[537] Vgl. Berber, Lehrbuch des Völkerrechts Bd. 2, S. 232 m.w.N. über die Fälle, in denen Staaten bestehende Verpflichtungen für unanwendbar erklärt haben.

Auch die Tatbestände des Kriegsverbrechens geben im Wesentlichen bereits geltendes Völkergewohnheitsrecht wieder. Dem Grundsatz „n.c., n.p.s.l.(s.)" wird durch die exakt formulierten Tatbestände genügt.

4. Das Verbrechen der Aggression (Art. 5 Abs.1 lit. (d), Abs. 2 IStGH-Statut)

Gemäß Art. 5 Abs.1 lit. (d) IStGH-Statut erstreckt sich die Zuständigkeit des Gerichts auch auf das Verbrechen der Aggression. [538] Allerdings vermag diese Aufnahme nichts an dem oben[539] gefundenen Ergebnis zu ändern, so daß eine völkergewohnheitsrechtliche Anerkennung des Verbrechens gegen den Frieden mit der Folge der strafrechtlichen Verantwortlichkeit von Individuen, nach wie vor ausscheidet. Zwar nimmt das Statut des IStGH den Angriffskrieg in die Liste der zu ahndenden Verbrechen auf, enthält aber keine genaue Beschreibung des Tatbestandes und stellt ausdrücklich fest, daß der IStGH erst dann über ein derartiges Verbrechen bescheiden darf, wenn sich die Staaten auf eine Definition einigen konnten.[540] Eine solche „Hülle" ohne Inhalt kann nicht Gegenstand einer völkergewohnheitsrechtlichen Norm sein. Die grundsätzliche Aufnahme des Verbrechens der Aggression in das Statut stellt vor dem Hintergrund des Art. 5 Abs. 2 IStGH-Statut daher nur einen symbolischen Triumph dar.[541] Art. 5 Abs. 2 IStGH-Statut enthält folgende Regelung:

> The court shall exercise jurisdiction over the crime of aggression once a provision is adopted in accordance with articles 121 and 123 defining the crime and setting out the conditions under which the court shall exercise jurisdiction with respect to this crime. Such a provision shall be consistent with the relevant provisions of the Charter of the United Nations.

Die hier gefundene Regelung ist als Kompromiß anzusehen, da auf der einen Seite die Notwendigkeit der grundsätzlichen Aufnahme dieses Straftatbestandes in das Statut von den Verhandlungsteilnehmern der Konferenz in Rom mehrheitlich anerkannt worden ist, auf der anderen Seite eine Einigung über den Inhalt des Verbrechens nach wie vor nicht erzielt werden konnte. Die Problematik der individuellen Verantwortlichkeit für die Begehung der Aggression, die sowohl in der Vorbereitungsphase als auch von der Bevollmächtigtenkonferenz selbst heftig diskutiert worden war, ist als die juristisch und politisch schwierigste Frage anzusehen, die auf der Konferenz in Rom nicht gelöst werden konnte.[542] Um nicht den gesamten IStGH an

---

[538] Bassiouni, Proscribing function of international Law, S. 1458, geht von einem Verbrechen gegen den Frieden aus, wenn ein Staat einen Angriffsakt begeht, der zu definieren ist als Gebrauch bewaffneter Gewalt, die von einem Staat gegen die Souveränität, die territoriale Integrität, die politische Unabhängigkeit eines anderen Staates ausgeht oder in irgendeiner, mit der UN-Charta unvereinbaren Art und Weise, ausgeübt wird. Als Angriffsakte nennt Bassiouni beispielhaft „invasion, attack, military occupation, annexation of territory, blockade of ports or coasts, and allowing a second state to use one's own property to attack a third state". Die Ächtung dieser Angriffsakte dient dem Schutz des Lebens, der Freiheit, der persönlichen Sicherheit, dem Recht auf Eigentum und indirekt dem Schutz vor Folter und unmenschlicher oder erniedrigender Behandlung oder Bestrafung.

[539] Vgl. Kap. 1 D II 1 d.

[540] Vgl. Zimmermann, in: Triffterer, Commentary, Art. 5 Rn. 26.

[541] Vgl. hierzu Ferencz, A Prosecutors Account, Journal of International Affairs 52 (1999), S. 467 f. Ferencz zeigt sich erfreut, daß dieses Verbrechen überhaupt Eingang in das Statut gefunden hat, bedauert jedoch, daß eine Einigung nicht erzielt werden konnte.

[542] Vgl. für weitere Hintergrundinformationen bezüglich der Diskussion über das Verbrechen der Aggression im Vorfeld bzw. auf der Konferenz von Rom selbst: Hebel/Robinson, Crimes, S. 81 ff.

der Frage der Definition der Aggression scheitern zu lassen, wurde vorerst auf selbige verzichtet. Der in Art. 5 Abs. 2 IStGH-Statut getroffene Kompromiß sieht bereits jetzt die Zuständigkeit des IStGH für das Verbrechen der Aggression vor, bestimmt aber weiterhin, daß der Gerichtshof seine Gerichtsbarkeit erst ausüben darf, wenn die Vertragsstaatenversammlung oder eine Überprüfungskonferenz eine Begriffsbestimmung der Aggression ausgearbeitet hat und die Zuständigkeit des Gerichts in einer späteren Revisionskonferenz gemäß Art. 123 des Statuts oder im Wege der Verabschiedung eines sonstigen Anhanges gemäß Art. 121 IStGH-Statut begründet worden ist. Wie bereits dargelegt, scheidet eine Vertragsänderung zu Lasten eines Vertragsstaates aus.[543] Der Bereich des Art. 5 Abs. 2 des Statuts ist äußerst problemträchtig. Hier wird erneut das Verhältnis zum Sicherheitsrat relevant[544], so daß sich auch an dieser Stelle die Streitfrage nach der Unabhängigkeit des Gerichts auf der einen Seite und der Verantwortung des Sicherheitsrates nach der UN-Charta auf der anderen Seite stellt. So findet sich die v.a. von Menschenrechtsorganisationen vertretene Forderung, man sollte bei der Erarbeitung der Definition des Begriffes „Angriff" nicht zulassen, daß ein solcher nur dann vorliege, wenn der Sicherheitsrat ihn für gegeben erachte. Allerdings stellt Art. 5 Abs. 2 des Statuts fest, daß die Definition im Einklang mit den maßgebenden Vorschriften der UN-Charta stehen muß, so daß die Kompetenzen und die Verantwortung des Sicherheitsrates nicht negiert werden dürfen. In diesem Zusammenhang ist die UN-Charta zu betrachten, derzufolge der Sicherheitsrat die Hauptverantwortung für die Wahrung des Weltfriedens trägt, die er namens der Mitgliedstaaten der Organisation ausübt (Art. 24 UN-Charta). In Art. 39 UN-Charta wird dem Sicherheitsrat die alleinige Kompetenz zur Feststellung einer Aggressionshandlung seitens eines Staates gegeben. Dies schließt jedoch nicht aus, daß der IStGH über einen Tatbestand nach Art. 39 UN-Charta entscheidet.[545] Der Verantwortung und den Befugnissen des Sicherheitsrates muß auch das Statut des IStGH Folge leisten, das nicht als integraler Bestandteil der UN-Charta anzusehen ist. Dies folgt nicht in erster Linie aus Art. 5 Abs. 2 IStGH-Statut, sondern vielmehr aus Art. 103 UN-Charta, demnach die Satzung der Vereinten Nationen vor allen anderen Verpflichtungen der Mitgliedstaaten Vorrang hat, so daß Art. 5 Abs. 2 IStGH-Statut insoweit nur deklaratorisch ist. Demnach unterliegt auch das Statut des IStGH den Bindungen und Beschränkungen des Art. 103 der UN-Charta, so daß die Verpflichtungen aus der Charta, ungeachtet der Vereinbarungen der Vertragsparteien vorrangig sind. Hieraus folgt, daß der Sicherheitsrat in maßgebender Form zu beteiligen ist.[546] Dies birgt abermals die Gefahr, eines „politischen Strafrechts" auf der Grundlage des Opportunitätsprinzips und einer Unterminierung des rechtsstaatlichen Charakters des Verfahrens. Allerdings ist in diesem Zusammenhang zu berücksichtigen, daß dies nicht als „Mangel" des Statuts des IStGH anzusehen ist, sondern diese „Last" bereits in der UN-Charta, für den IStGH unabänderlich, festgelegt wurde, so daß der IStGH diese „Altlast" zu übernehmen und vor dem Hintergrund der Regelungen der Art. 103 und 24 sowie 39 UN-Charta die hier verankerten Befugnisse und Verantwortlichkeiten zu akzeptieren hat. Der „Mangel" liegt daher im System der UN.
Für eine Beteiligung des Sicherheitsrates spricht, daß eine Anklageerhebung vor dem IStGH wegen einer Aggression ohne vorherige Ermächtigung durch den Sicher-

543 Vgl. Kap. 2 B X 2.

544 S. Irmscher, Das Römische Statut, Kritische Justiz 1998, S. 478.

545 So auch: Zimmermann, Die Schaffung eines ständigen Internationalen Strafgerichtshofes, ZaöRV 58 (1998), S. 76 f.

546 So auch: Yee, The International Criminal Court and the Security Council, S. 145.

heitsrat zu einer Eskalation der Situation führen und somit dem Sicherheitsrat die Erfüllung seiner Aufgaben erschweren könnte.[547]
Dieser Bereich ist zudem mit zahlreichen Folgeproblemen belastet, da in Ansehung des Verbrechens der Aggression sämtliche Punkte umstritten sind. So stellt sich z.B. die Frage nach der Auswirkung einer Feststellung des Sicherheitsrates auf ein mögliches Strafverfahren vor dem IStGH. Eine solche Feststellung könnte z.B. Bindungswirkung für den IStGH haben. Auch die Problematik der Zulässigkeit präventiver Selbstverteidigung sowie des strafbaren Personenkreises, d.h. der Verantwortlichkeit des Regierungschefs, der Parlamentarier, der Regierungsmitglieder, etc. sind zu regeln.[548] Als delikat kann sich ferner die Tatsache erweisen, daß auf der einen Seite die Aggression sowie eine damit einhergehende Annexion eine Staates entschieden abgelehnt und verurteilt werden, auf der anderen Seite, wie im ehemaligen Jugoslawien, die Resultate eines solchen Vorgehens als Verhandlungsergebnisse anerkannt werden.[549] Die Regelung, die der Angriffskrieg erfahren bzw. gerade nicht erfahren hat, wird z.T. heftig kritisiert, so daß die Auslassung dieses schweren Verbrechens als nachträgliche Ablehnung der Nürnberger Prozesse und als stille Umkehrung von der Ächtung des Krieges selbst aufgefaßt werden.[550] Auch wird die Tatsache, daß 55 Jahre nach Nürnberg die für einen Angriffskrieg Verantwortlichen nicht belangt werden können, als Rückschritt im Völkerstrafrecht kritisiert.[551] Diese Kritik ist nicht vollumfänglich berechtigt, da bereits aufgezeigt wurde, daß eine völkergewohnheitsrechtliche Geltung mit der Folge der Begründung einer strafrechtlichen Verantwortlichkeit von Individuen für die Begehung eines Angriffskrieges nicht bestand, sondern lediglich ein einmaliger Präzedenzfall in Form der Nürnberger Prozesse. Daher kann, wo keine völkergewohnheitsrechtliche Geltung zu verzeichnen war, auch nicht von einem „Rückschritt des Völkerstrafrechts" ausgegangen werden, sondern allenfalls von seiner Stagnation. Zudem ist auch der symbolische[552] Charakter der Aufnahme des Verbrechens der Aggression in das Statut zu berücksichtigen.
Abschließend ist festzustellen, daß angesichts der hier zutage tretenden Probleme, eine Einigung über diese Fragen in näherer Zukunft als unwahrscheinlich ausgeschlossen werden kann. Die Tatsache, daß über einen der vier Tatbestände, über die der IStGH zu befinden hat, noch keine Einigung erzielt wurde ist als bedauernswert zu bezeichnen, andererseits ist diese „Lücke" nicht so gravierend, daß sie die Position des IStGH zu schwächen vermag.

5. Sonstige Tatbestände

Neben den in Art. 5 genannten Verbrechen ist der IStGH gemäß Art. 70 f des Statuts auch für bestimmte Delikte gegen die Rechtspflege zuständig (Art 70 f).[553] Allerdings

---

[547] Vgl. Zimmermann, Die Schaffung eines ständigen Internationalen Strafgerichtshofes, ZaöRV 58 (1998), S. 77.

[548] Vgl. hierzu: Roggemann, Strafgerichtshof, S. 56 f.

[549] S. Roggemann, Strafgerichtshof, S. 57, der befürchtet, daß auf diese Weise Rechtfertigungsgründe geschaffen werden könnten.

[550] So: Ferencz, Von Nürnberg nach Rom, Policy Paper 8, S. 8.

[551] Vgl. Irmscher, Das Römische Statut, Kritische Justiz 1998, S. 478.

[552] Dies folgt aus der Tatsache, daß zukünftig jedes beliebige Verbrechen im Wege der Abänderung des Statuts im vorgeschriebenem Verfahren aufgenommen werden kann.

[553] Vgl. hierzu auch: Ambos, Analyse des Rom-Statuts, ZStW 111 (1999), S. 194.

sind diese Tatbestände strikt von den Kernverbrechen des Art. 5 IStGH-Statut zu trennen.[554] Diese Trennung wird vom Statut selbst vorgenommen.
Bei diesen Rechtspflegedelikten ist zwischen den Straftaten nach Art. 70 IStGH-Statut und bloßem Fehlverhalten nach Art. 71 IStGH-Statut zu differenzieren. Als Straftaten werden z.B. die Falschaussage, die Vorlage gefälschter oder falscher Beweise, die rechtswidrige Beeinflussung eines Zeugen oder eines Gerichtsbeamten sowie Korruptionstaten betrachtet (Art. 70 Abs. 1 IStGH-Statut). In diesen Fällen kann der IStGH eine Freiheitsstrafe bis zu fünf Jahren oder Geldstrafe oder beides verhängen (Art. 70 Abs. 3 IStGH-Statut). Gemäß Art. 70 Abs. 4 des Statuts haben die Vertragsstaaten die in dieser Vorschrift enthaltenen Straftaten in ihre nationalen Strafgesetze aufzunehmen, so daß ein Vertragsstaat mit der Verfolgung der Taten beauftragt werden kann (Art. 70 Abs. 4 lit. (b) IStGH-Statut). Aus dem Umstand, daß der IStGH die Sache zur strafrechtlichen Verfolgung an die Staaten verweisen kann, folgt der Vorrang der Strafverfolgung des IStGH vor den nationalen Gerichten. Dies stellt nicht etwa eine partielle Aufhebung des Grundsatzes der Komplementarität dar, weil die in Art. 70 IStGH-Statut festgelegten Straftaten gegen die Ausübung der Strafrechtspflege des IStGH ohnehin nur bei einer Eröffnung der Zuständigkeit des IStGH verübt werden können. Vielmehr verdeutlicht die hier gegebene Abgabemöglichkeit abermals den erheblichen Stellenwert, der der nationalen Strafverfolgung durch das Statut zugewiesen wird. Es stellt sich weiterhin die Frage, wer als Täter in Betracht kommt, da Art. 70 des Statuts hierzu keine Regelung enthält. Aus der Vorschrift selbst folgt jedoch, daß Staaten, die regelmäßig als Täter einer „Zeugenpräparierung" anzusehen sind, nicht mit strafrechtlichen Mitteln verfolgt werden können. Vielmehr gelten auch hier die allgemeinen Regeln des Statuts, so daß sich die strafrechtliche Verfolgung gegen die Individuen richtet, wobei eine hoheitliche Tätigkeit unschädlich ist und nicht vor der strafrechtlichen Verfolgung schützt.
Im Falle eines Fehlverhaltens vor Gericht, kann der IStGH gemäß Art. 71 des Statuts administrative Sanktionen, mit Ausnahme der Freiheitsstrafe, wie etwa die zeitweilige oder dauernde Entfernung aus dem Gerichtssaal oder eine Geldstrafe verhängen.

6. Abgrenzung der einzelnen Tatbestände

An dieser Stelle wird auf die Ausführungen in Kap. 1 D II 1 e Bezug genommen, da die Abgrenzung der Tatbestände nach wie vor erhebliche Probleme aufwirft und auch das Statut zwar eine exakte Definition der Tatbestände, aber keine neuen Abgrenzungshilfen vorsieht, so daß auch hier exakt zu subsumieren ist. Demnach hat das Statut die Abgrenzung nicht vereinfacht, da z.B. nach wie vor eine Identität der Rechtsgüter besteht, so daß die Abgrenzung nur über die Tathandlungen erfolgen kann. Die Abgrenzungsprobleme zwischen den Verbrechen gegen die Menschlichkeit und den Kriegsverbrechen werden dadurch verschärft, daß das Statut sowohl die internationalen als auch die nicht internationalen bewaffneten Konflikte erfaßt. Zudem sieht Art. 7 des Statuts vor, daß Verbrechen gegen die Menschlichkeit „against any civilian population" begangen werden können, so daß der Schutzbereich nicht mehr auf die Angehörigen des eigenen Staates beschränkt ist und dieses Kriterium als Abgrenzungsmerkmal folglich ausfällt. Allerdings können Verbrechen gegen die Menschlichkeit nicht gegen Kombattanten, sondern ausschließlich gegen die Zivilbevölkerung begangen werden.

---

[554] So auch: Harris, in: Triffterer, Commentary, Art. 70 Rn. 2.

II. Problematik der internationalen Rechtsnormsetzung und verfassungsrechtliche Fragen

Wie unter Kap. 1 D II 3 ausgeführt, war das internationale Recht, das die strafrechtliche Verantwortung des Individuums zum Gegenstand hatte, äußerst lückenhaft und genügte beispielsweise nicht dem Bestimmtheitsgrundsatz. Während Roggemann anläßlich seiner Untersuchung des Jugoslawientribunals noch feststellte, daß die „supranationale Strafnormsetzung" Schwächen aufweise[555], läßt sich diese Feststellung in Ansehung des Statuts des IStGH nicht mehr aufrechterhalten. Anders als noch in den Statuten des ICTY und des ICTR kommt den Beschreibungen der Verstöße in dem Statut des IStGH durchaus Tatbestandsqualität zu. So erfolgte beispielsweise in Art. 8 IStGH-Statut eine spezifische und detaillierte Beschreibung der verschiedenen Beispiele des Kriegsverbrechens.[556] Auch Art. 7 IStGH-Statut definiert das Verbrechen gegen die Menschlichkeit präzise.[557] Dies gilt ebenfalls bezüglich des Verbrechens des Völkermordes (Art. 6 IStGH-Statut). Da die Definition des Verbrechens gegen den Frieden noch aussteht, kann zu diesem Problem derzeit keine Stellung genommen werden. Demzufolge ist davon auszugehen, daß die in dem Statut des IStGH geleisteten Beschreibungen und Definitionen dem im deutschen Strafrecht geltenden strengen Gesetzlichkeitsbegriff genügen und damit a maiore ad minus auch dem völkerrechtlichen Gesetzmäßigkeitsbegriff. Dies gilt auch, wie noch zu zeigen sein wird, für die Androhung der Sanktion, die Festlegung der Strafart und des Strafrahmens, die von dem Statut erbracht worden ist. Zudem ist auch die Regelung von Täterschaft und Teilnahme sowie die der Straffreistellungsgründe als ausreichend zu erachten[558], so daß eine internationale Rechtsnormsetzung im Bereich des Völkerstrafrechts auf keinerlei Bedenken stößt, sofern sie in der Art und Weise, wie hier geschehen, erfolgt. Somit hat das Statut von Rom die früheren Mängel weitgehend umgangen und dadurch einen wesentlichen Beitrag zu der Entstehung eines substantiierten Völkerstrafrechts geleistet.[559] Die Tatbestände des IStGH-Statuts geben fast ausschließlich geltendes Völker(gewohnheits)recht wieder. Bei den völkergewohnheitsrechtlichen Delikten handelt es sich um solche mit „erga omnes-Charakter", so daß derartige Verbrechen grundsätzlich alle Staaten in ihren Rechten verletzen und daher auch alle Staaten befugt sind, hiergegen strafrechtlich vorzugehen.[560] Auf diese Weise wird ein eigener Strafanspruch verwirklicht.

III. Der allgemeine Teil des Strafrechts und die allgemeinen Rechtsgrundsätze

Angesichts der in dem Statut von Rom enthaltenen Regelung des allgemeinen Teils sowie der allgemeinen Rechtsgrundsätze des Völkerstrafrechts ist zu erwarten, daß von dem Statut eine maßgebende Beeinflussung der allgemeinen Lehren des Völkerstrafrechts ausgehen wird.

---

[555] Vgl. hierzu: Roggemann, Strafgerichtshof, S. 58 f.

[556] Vgl. hierzu: Cassese, The Statute of the International Criminal Court, EJIL 10 (1999), S. 149.

[557] Vgl. Cassese, The Statute of the International Criminal Court, EJIL 10 (1999), S. 150.

[558] Vgl. hierzu nachfolgend: Kap. 2 C III; a.A. für den Bereich des ICTY: Roggemann, Strafgerichtshof, S. 58 f.

[559] Vgl. hierzu: Cassese, The Statute of the International Criminal Court, EJIL 10 (1999), S. 149.

[560] So auch: Zimmermann, Die Schaffung eines ständigen Internationalen Strafgerichtshofes, ZaöRV 58 (1998), S. 90.

1. Strafrecht Allgemeiner Teil

a. Tatbestandsmäßigkeit

Das Statut des IStGH hat sich für die Ausgestaltung des Völkerstrafrechts als Gesetzesrecht entschieden und sieht, wie vorstehend dargelegt, eine klare und bestimmte Regelung der Straftatbestände, über die der IStGH befinden kann, vor. Demnach hat zur Bestimmung der objektiven Tatbestandsmäßigkeit eine juristische Subsumtion des Täterverhaltens unter die jeweiligen Tatbestände zu erfolgen, so daß für ein Richterrecht kein Raum bleibt. Diese detaillierten Regelungen dokumentieren in aller Deutlichkeit die Ablehnung, die souveräne Staaten einem internationalen Gericht im allgemeinen und im besonderem mit einer freien Rechtsschöpfungs- und Strafzumessungsbefugnis entgegenbringen.

Art. 30 des Statuts legt die subjektiven Tatbestandsvoraussetzungen fest[561]:

1. Unless otherwise provided, a person shall be criminally responsible and liable for punishment for a crime within the jurisdiction of the court only if the material elements are committed with intent and knowledge.
2. For the purpose of this article, a person has intent where:
(a) In relation to conduct, that person means to engage in the conduct;
(b) In relation to a consequence, that person means to cause that consequence or is aware that it will occur in the ordinary course of events.
3. For the purpose of this article „knowledge" means awareness that a circumstance exists or a consequence will occur in the ordinary course of events. „Know" and „knowingly" shall be construed accordingly.

Demgemäß erfaßt das Statut grundsätzlich nur vorsätzliches Handeln, so daß eine fahrlässige Begehungsweise grundsätzlich ausscheidet, falls nicht eine andere Regelung getroffen wurde.[562] Ebenso wie im deutschen Strafrecht setzt sich der Vorsatz aus einem Willens- („intent", Absicht) und einem Wissenselement („knowledge") zusammen. Bei der Bestimmung des Willenselements wird gemäß Abs. 2 danach unterschieden, ob sich diese auf das Verhalten oder die herbeigeführte Folge beziehen muß. Gemäß Art. 30 Abs. 2 lit. (a) des Statuts muß der Täter das Verhalten wollen. Art. 30 Abs. 2 lit. (b) des Statuts erfordert bezüglich der Folgen, daß der Täter diese verursachen will bzw. läßt es ausreichen, daß sich der Täter bewußt ist, daß die Folge bei einem normalen Verlauf der Dinge eintreten wird. Aus der Definition des Art. 30 Abs. 2 lit. (b) des Statuts folgt, daß bedingter Vorsatz lediglich bezüglich der Konsequenzen ausreicht, sofern der direkte Vorsatz nicht vorliegt.[563] Als Wissen oder Kenntnis ist das Bewußtsein anzusehen, daß ein Umstand vorliegt oder eine Folge bei einem typischen Kausalverlauf eintreten wird (Art. 30 Abs. 3 IStGH-Statut). Dieser Regelung sowie den Definitionen ist zu entnehmen, daß die schwächere Vorsatzform des bedingten Vorsatzes (dolus eventualis) bzw. der recklessness nicht erfaßt

---

561 Vgl. hierzu auch: Ambos, Analyse des Rom-Statuts, ZStW 111 (1999), S. 188.

562 Vgl. hierzu auch: Piragoff, in: Triffterer, Commentary, Art. 30 Rn. 14, m.w.N.; bezüglich des subjektiven Tatbestandes wurde z.B. in Art. 8 und 28 des Statuts eine andersweitige Regelung getroffen, vgl. hierzu: Kap. 2 C III d.

563 So auch: Seidel/Stahn, Das Statut, Jura 1999, S. 20.

werden.[564] Der Ausschluß des dolus eventualis ist einerseits zu bedauern, da die an die Absicht, d.h. an die starke Ausprägung des Willenselementes zu stellenden Anforderungen erheblich sind und so eine Reihe von Fällen nicht erfaßt werden, in denen die rechtsfeindliche Gesinnung des Täters als nicht weniger gering zu bewerten sein dürfte. Insofern ist hervorzuheben, daß sich der bedingte Vorsatz und die Absicht lediglich durch eine unterschiedlich intensive Ausprägung des Willenselementes unterscheiden, während das Wissenselement gleich bleibt. Anders als bei der Absicht erfordert der bedingte Vorsatz nicht den starken Willen zur Rechtsgutschädigung, so daß sich hier die Frage stellt, ob diese unterschiedliche Ausgestaltung des Willenselementes eine andere Beurteilung rechtfertigt, da hierdurch ein gleichgültiger Täter, der ein Massensterben, etc. lediglich billigend in Kauf nimmt, ungerechtfertigterweise begünstigt wird. Zudem wird, insbesondere in Ansehung der Kriegsverbrechen, die nicht erfolgte Aufnahme der Fahrlässigkeit kritisiert und gemutmaßt, daß man hier einen Schutzschild für das Militär schaffen wollte. Allerdings ist andererseits zu berücksichtigen, daß der IStGH, ausweislich seines Statuts, nur die schwersten Verbrechen, die die internationale Gemeinschaft erschüttern, verfolgen soll und in den Fällen des Völkermordes, der Verbrechen gegen die Menschlichkeit sowie beim Angriffskrieg das erhebliche Gewicht derartiger Handlungen gerade in der wissentlichen und absichtlichen Begehung liegt, so daß eine andere Begehungsweise auch schwerlich denkbar wäre.[565] Daher kommt bei den meisten Delikten des Statuts ohnehin nur eine vorsätzliche, d.h. absichtliche Begehungsweise in Betracht.[566] Sofern auch hier eine fahrlässige Begehungsweise denkbar erschiene, so ist zu berücksichtigen, daß der IStGH, ausweislich der Präambel und Art. 1 des Statuts, seine Gerichtsbarkeit nur über die schwersten Verbrechen von internationalem Belang auszuüben befugt ist, so daß hier äußerst fraglich ist, ob auch mit bedingtem Vorsatz oder fahrlässig begangene Taten hierunter fallen.[567]
Die detaillierte Regelung des subjektiven Tatbestandes in dem Statut ist als äußerst positiv hervorzuheben, da gerade im Bereich des Völkerstrafrechts die Feststellung des Vorsatzes durch den Richter an feste Kriterien gebunden sein muß, um eine politische Instrumentalisierung zu verhindern.[568] Zudem konnten hier die Gegensätze des kontinentalen und des angelsächsischen Strafrechtssystems bezüglich der Frage des Vorsatzes überwunden werden.

b. Rechtswidrigkeit und Schuld

Das Statut des IStGH enthält keine detaillierten Normen zur Regelung der Rechtswidrigkeit oder der Schuld. Allerdings ist den Regeln über die Straffreistellungsgründe zu entnehmen, daß die Tat rechtswidrig und schuldhaft begangen worden sein muß. Ebenso wie im deutschen Recht ist davon auszugehen, daß bereits die Tatbestandsmäßigkeit die Rechtswidrigkeit indiziert, so daß diese nur im Fall des Vorlie-

---

[564] Laut Ambos, Analyse des Rom-Statuts, ZStW 111 (1999), S. 188 ist unter recklessness ein erhöhter Grad der Fahrlässigkeit i.S.d. bewußten Fahrlässigkeit zu verstehen; vgl. ders. Der neue Internationale Strafgerichtshof, NJW 1998, S. 3744.

[565] Vgl. hierzu: Cassese, The Statute of the International Criminal Court, EJIL 10 (1999), S. 1154.

[566] So auch: Zimmermann, Die Schaffung eines ständigen Internationalen Strafgerichtshofes, ZaöRV 58 (1998), S. 81.

[567] Vgl. Zimmermann, Die Schaffung eines ständigen Internationalen Strafgerichtshofes, ZaöRV 58 (1998), S. 81.

[568] So auch Jescheck, Verantwortlichkeit der Staatsorgane, S. 250 f.

gens eines im Statut geregelten oder eines von diesem anerkannten Rechtfertigungsgrundes ausgeschlossen ist.
Den Regelungen der Art. 26, 30 sowie 32 und v.a. des Art. 31 Abs. 1 lit. (a), (b) IStGH-Statut ist zu entnehmen, daß das Statut ebenfalls die persönliche Vorwerfbarkeit sowie korrespondierend hierzu die subjektive Einsichtsfähigkeit voraussetzt und sofern diese nicht gegeben sind, die strafrechtliche Verantwortlichkeit sogar ausgeschlossen sein kann.

c. Defences bzw. Straffreistellungsgründe

An der oben gefundenen Bezeichnung der Straffreistellungs- bzw. Strafausschließungsgründe oder defences ist festzuhalten, da auch das Statut eine Differenzierung zwischen Rechtfertigungs- und Entschuldigungsgründen nicht vorsieht.[569] Die Tatsache, daß es sich bei den in den Straftatbeständen des Statuts umschriebenen Handlungen um schwerste Verbrechen, die die Völkergemeinschaft erschüttern, handelt, steht der grundsätzlichen Anwendbarkeit von defences nicht entgegen, da in diesem Bereich nichts anderes gelten darf als im Bereich der regulären Kriminalität.[570]
Art. 31 des Statuts führt die Strafausschließungsgründe („grounds for excluding personal responsibility") auf. Die weiteren Vorschriften des Statuts regeln lediglich den Irrtum (Art. 32) und das Handeln auf Befehl (Art. 33) die das Statut ebenfalls als Strafausschlußgründe erachtet.

aa. Art. 31 des Statuts

Art. 31 des Statuts enthält eine nicht abschließende Regelung[571] der in Erwägung zu ziehenden Strafausschließungsgründe, wobei eine Differenzierung nach einer rechtfertigenden oder entschuldigenden Wirkung nicht erfolgt. Die Rechtsfolge sowohl der in Art. 31 als auch in den Art. 32 und 33 des Statuts aufgeführten defences ist gleich, da alle als „ground for excluding criminal responsibility" bezeichnet werden.

Art. 31 Abs. 1 lit. (a) des Statuts sieht den Ausschluß der strafrechtlichen Verantwortlichkeit in den Fällen vor, in denen der Täter wegen einer psychischen Krankheit oder Störung unfähig ist, das Unrecht oder die Natur seines Verhaltens einzusehen oder ihm die Fähigkeit fehlte, sein Handeln an rechtlichen Maßstäben auszurichten. Rein physische Störungen werden nicht erfaßt.[572] Damit entspricht Art. 31 Abs. 1 lit. (a) des Statuts § 20 StGB. Art. 31 Abs. 1 lit. (b) des Statuts bestimmt, daß eine Person auch in den Fällen, in denen sie wegen eines Rauschzustandes unfähig ist, das Unrecht oder die Natur ihres Verhaltens einzusehen oder dies so zu steuern, daß es den gesetzlichen Voraussetzungen entspricht, frei von strafrechtlicher Verantwortung sein soll. Allerdings gilt dies nicht, sofern sich diese Person freiwillig und unter Umständen berauscht hat, unter denen sie wußte oder in Kauf nahm, daß die Berauschung dazu angetan war, Verbrechen i.S.d. Art. 5 des IStGH-Statuts zu begehen. Die Beweislast für die schuldbegründenden Merkmale liegt gemäß Art. 66 Abs. 2, 67 Abs. 1 lit. (i)

---

[569] In diesem Bereich werden z.B. rechtfertigender und entschuldigender Irrtum vermengt (Art. 32 des Statuts) und von Art. 32 des Statuts als Strafausschlußgründe bezeichnet.

[570] So für den Bereich der Kriegsverbrechen: Nill-Theobald, Defences, S. 58 f.

[571] So auch: Eser, in: Triffterer, Commentary, Art. 31 Rn. 5.

[572] Vgl. Eser, in: Triffterer, Commentary, Art. 31 Rn. 21.

des Statuts bei dem Ankläger, da zudem das Verbot der Beweislastumkehr gilt. Art. 31 Abs. 1 lit. (b) S. 2 des Statuts stellt insofern eine interessante Regelung dar, als hier eine Festschreibung der im deutschen Recht heftig umstrittenen Rechtsfigur der vorsätzlichen und der fahrlässigen „actio libera in causa" („alic") erfolgt.[573] Da die Täter von Kriegsverbrechen i.d.R. unter Alkoholeinfluß stehen, war die Regelung, ob auch eine durch berauschende Mittel herbeigeführte Unfähigkeit der Schuldeinsicht relevant sein oder ob man sich mit der „alic" und den ihr innewohnenden Beweisschwierigkeiten begnügen sollte, umstritten.[574]

Art. 31 Abs. 1 lit. (c) des Statuts behandelt den Strafausschluß in dem Fall der Selbstverteidigung, so daß hier der allgemeine Notstand normiert wird, wobei der Kreis der notstandsfähigen Rechtsgüter sehr weit gezogen ist, was die Sonderregelung im Fall der Kriegsverbrechen dokumentiert. Im Fall der Selbstverteidigung werden als notstandsfähige Rechtsgüter nicht nur Leib und Leben des Angegriffenen oder eines Dritten sondern, im Fall der Kriegsverbrechen, auch das für das Überleben von Personen wesentliche oder zur Durchführung einer militärischen Aktion notwendige Eigentum anerkannt. Der umständlichen und einschränkenden Formulierung, die letztlich auf Betreiben der USA aufgenommen wurde, ist zu entnehmen, daß die Anerkennung dieses Rechtsgutes umstritten war.[575] Art. 31 Abs. 1 lit. (c) des Statuts setzt einen Angriff, d.h. eine rechtswidrige und unmittelbare Gewaltanwendung voraus. Die Notstandshandlung muß im Hinblick auf die drohende Gefahr verhältnismäßig sein. Die Tatsache, daß der Verteidiger an einem von Truppen durchgeführten Verteidigungseinsatz teilgenommen hat, stellt aus sich heraus keinen Selbstverteidigungsgrund dar (Art. 31 Abs. 2 IStGH-Statut). Hervorzuheben ist daher, daß die Notstandshandlung im Einklang mit dem Verhältnismäßigkeitsgrundsatz stehen muß. Wie oben dargelegt, erkennt die h.L. den allgemeinen Notstand als defence an.[576] Allerdings wird hier kritisiert, daß die Anerkennung der Selbstverteidigung als Grund für den Ausschluß strafrechtlicher Verantwortung in der hier vorgenommenen weiten Art und Weise so nicht im Einklang mit dem bestehenden Völkerstrafrecht stünde.[577] Hierbei wird das Recht zur Verteidigung der eigenen oder anderer Personen sowie des Eigentums, das für das Überleben der Person oder einer anderen Person essentiell ist, nicht beanstandet. Aufgeworfen wird hingegen die Frage, ob dieser defence so weit gehen dürfe, Eigentum zu beschützen, das zur Vollendung einer militärischen Mission erforderlich sei.[578] Zudem sind, angesichts dieser weiten Formulierung, Auslegungsprobleme zu erwarten. Art. 31 Abs. 1 lit. (c) des Statuts führt daher zu dem Ergebnis, daß zur Verteidigung des Eigentums, welches für den Abschluß einer militärischen Mission erforderlich ist, derartig schwere Verbrechen nach Art. 8 des Statuts, für die die Zuständigkeit des IStGH eröffnet ist, begangen werden können. Es sind daher nur wenige Fälle denkbar, in denen eine Verhältnismäßigkeit zwischen der Notstandshandlung, die sich als Verwirklichung eines der in Art. 8 des Statuts aufgeführten Tatbestände darstellt und dem Schutz des für eine militärische Mission erforderlichen Eigentums, gegeben sein könnte. Bislang hat der rechtswidrige Gebrauch von Gewalt gegen Eigentum das Militär nicht berechtigt

573 Vgl. hierzu: Ambos, Analyse des Rom-Statuts, ZStW 111 (1999), S. 189.

574 Vgl. Zimmermann, Die Schaffung eines ständigen Internationalen Strafgerichtshofes, ZaöRV 58 (1998), S. 82.

575 S. Ambos, Analyse des Rom-Statuts, ZStW 111 (1999), S. 190.

576 Vgl. Kap. 1 D III c bb.

577 Vgl. Cassese, The Statute of the International Criminal Court, EJIL 10 (1999), S. 154.

578 Vgl. Cassese, The Statute of the International Criminal Court, EJIL 10 (1999), S. 154.

Kriegsverbrechen zu begehen, so daß sie nur durch Verwendung von ihrerseits rechtswidrigen Mittel reagieren konnten.[579]

Art. 31 Abs. 1 lit. (d) des Statuts konstituiert für den Fall des Nötigungsnotstandes (duress) einen Strafausschließungsgrund. Demgemäß ist die strafrechtliche Verantwortlichkeit einer Person ausgeschlossen, wenn die Person zur Begehung des in die Zuständigkeit des IStGH fallenden Verbrechens wegen einer sie selbst oder einen anderen bedrohenden gegenwärtigen Gefahr für das Leben oder einer fortgesetzten oder gegenwärtigen Gefahr schweren körperlichen Schadens zu diesem Verhalten genötigt ist, und sofern diese Person zur Abwendung der Gefahr notwendig und angemessen handelt. Demnach muß eine Notstandslage vorliegen, die voraussetzt, daß der Täter einer Drohung des unmittelbaren Todes oder einer fortgesetzten oder unmittelbaren ernsten körperlichen Schädigung ausgesetzt ist. Allerdings darf hier kein größerer Schaden verursacht werden als der, der abgewendet werden soll, so daß auch hier der Verhältnismäßigkeitsgrundsatz strikt zu wahren ist. Daher muß eine Notstandshandlung vorliegen, bei der der Notstandstäter notwendig und vernünftig zur Abwendung der Drohung handeln muß, ohne dadurch einen größeren Schaden anrichten zu wollen.[580] Die Bedrohung kann entweder von einer anderen Person oder durch andere, von dem Täter nicht zu vertretene Umstände wie z.B. höhere Gewalt, bedingt sein, wobei die Voraussetzungen für einen Straferlaß in beiden Fällen gleich sind.[581]

Gemäß Art. 31 Abs. 2 IStGH-Statut obliegt es dem IStGH über die Anwendbarkeit der in dem Statut von Rom vorgesehenen Strafausschließungsgründe auf die anhängige Sache zu entscheiden.

Bereits Art. 31 Abs. 1 des Statuts ist zu entnehmen, daß die weitgehende Vorschrift des Art. 31 IStGH-Statut nicht abschließend ist.[582] Dies folgt zudem aus Art. 31 Abs. 3 des Statuts, der den IStGH auf die Vorschriften über das gemäß Art. 21 des Statuts anwendbare Recht verweist, so daß dem Gerichtshof ein erheblicher Spielraum zur Heranziehung weiterer defences und hier v.a. weiterer allgemeiner Rechtsgrundsätze verbleibt. Angesichts dieses Verweises ist die Berücksichtigung zusätzlicher völkerrechtlicher und ggf. nationaler Straffreistellungsgründe denkbar. Auch hier werden die RPE nähere Regelungen enthalten. Es bleibt abzuwarten, wie der IStGH mit dieser angesichts ihrer Weite „gefährlichen" Regelung umgeht, so daß auch in diesem Bereich mit instruktiven Urteilen zu rechnen sein wird. Die Regelung der Straffreistellungsgründe in Art. 31 des Statuts trifft, mit Ausnahme der Notstandshandlung für militärisch wichtige Güter, auf keine wesentlichen Bedenken, sondern entspricht den Forderungen der h.L.

---

[579] So: Cassese, The Statute of the International Criminal Court, EJIL 10 (1999), S. 154 f.

[580] Vgl. Ambos, Analyse des Rom-Statuts, ZStW 111 (1999), S. 190.

[581] Dies stellt eine Abweichung von der Rechtsprechung des ICTY dar, welches den Nötigungsnotstand im Fall Erdemovic nicht anerkannte; vgl. hierzu: Ambos/Ruegenberg, Internationale Rechtsprechung, NStZ 1998, S. 167.

[582] Vgl. „In addition to other grounds for excluding criminal responsibility provided for in this Statute..."

bb. Irrtum

Wie oben[583] festgestellt, fand der Irrtum als defence bislang im Völkerstrafrecht keine Anerkennung. Demgegenüber sieht Art. 32 des Statuts folgende Regelung des „Mistake of fact or law" vor:

1. A mistake of fact shall be a ground for excluding criminal responsibility only if it negates the mental element required by the crime.
2. A mistake of law as to whether a particular type of conduct is a crime within the jurisdiction of the court shall not be a ground for excluding criminal responsibility. A mistake of law may, however, be a ground for excluding criminal responsibility if it negates the mental element required by such a crime, or as provided for in article 33.

Art. 32 des Statuts nimmt eine Differenzierung zwischen dem Tatsachenirrtum (mistake of fact), Abs. 1 und einem Rechtsirrtum (mistake of law), Abs. 2, vor. Ein Tatsachenirrtum führt nur in den Fällen zu einem Ausschluß der strafrechtlichen Verantwortlichkeit, in denen sich der Täter über Tatsachen irrt und ihm aus diesem Grund der erforderliche Vorsatz fehlte. Ein Rechtsirrtum schließt die strafrechtliche Verantwortung grundsätzlich nicht aus.[584] Dies entspricht dem Grundsatz des common law, daß ein Tatsachenirrtum beachtlich und ein Rechtsirrtum unbeachtlich ist, da bei ersterem, anders als bei letzterem, regelmäßig der Vorsatz aufgehoben wird.[585] Ist sich der Täter allerdings nicht darüber bewußt, daß seine Tat durch internationales Recht untersagt wurde und fehlt ihm aus diesem Grunde die erforderliche Absicht und Wissen oder sind die Voraussetzungen des Art. 33 des Statuts erfüllt, so führt auch ein Rechtsirrtum ausnahmsweise zum Strafausschluß.[586] Demgemäß sind sowohl der Tatsachen- als auch der Rechtsirrtum, unter Ausklammerung der Situation des Art. 33 des Statuts, in den Fällen beachtlich, in denen sie zum Ausschluß des subjektiven Tatbestandes führen, so daß in beiden Fällen entscheidend ist, ob der Irrtum zur Aufhebung des Tatbestandsvorsatzes führt. Schließlich regelt Art. 32 Abs. 2 des Statuts unter Bezugnahme auf Art. 33 IStGH-Statut, so daß auch ein Irrtum im Bereich des Art. 33 des Statuts als beachtlicher Rechtsirrtum anzusehen sein kann.[587]

Die weite Regelung, die der Rechtsirrtum trotz der Feststellung, ein Rechtsirrtum führe grundsätzlich nicht zum Schuldausschluß, in Art. 32 Abs. 2 des Statuts erfahren hat, ist zu bedauern, da dieser Straffreistellungsgrund kaum eine Einschränkung durch das Statut erfahren hat und einer ungehemmten „Erhebungspraxis" ein Korrektiv wie die Vermeidbarkeit nicht entgegengehalten werden kann. Die Regelung des Irrtums, in dem Statut von Rom ist als äußerst weitgehend anzusehen, so daß die Rechtssprechungspraxis des IStGH zeigen wird, ob es sich um eine konturlose „Fluchtmöglichkeit" handelt. Andererseits ist der Bereich der völkerrechtlichen Rechtsnormen und Rechtssätze, mit Ausnahme des Statuts, unübersichtlich, teilweise widersprüchlich und für den einzelnen nicht ohne weiteres erfaßbar, so daß Irrtümer zu berücksichtigen sind. Dies folgt aus dem Umstand, daß es unzumutbar erschiene, von dem Täter nicht nur die Kenntnis des Rechts seines Heimatstaates bzw.

[583] Vgl. hierzu: Kap. 1 D III 1 c dd.

[584] Vgl. hierzu: Saland, Law Principles, S. 210.

[585] So: Ambos, Analyse des Rom-Statuts, ZStW 111 (1999), S. 190 f.

[586] Vgl. Saland, Law Principles, S. 210.

[587] Vgl. nachfolgend cc.

Aufenthaltsstaates etc., sondern auch der völkerstrafrechtlichen Normen zu verlangen.[588]

cc. Handeln auf Befehl

Art. 33 des Statuts, der sich mit dem Handeln auf Befehl und den gesetzlichen Vorschriften befaßt, hat folgenden Wortlaut:

1. The fact that a crime within the jurisdiction of the Court has been committed by a person pursuant to an order of a Government or of a superior, whether military or civilian, shall not relieve that person of criminal responsibility unless:
(a) The person was under a legal obligation to obey orders of the Government or the superior in question;
(b) The person did not know that the order was unlawful; and
(c) The order was not manifestly unlawful.
2. For the purpose of this article, orders to commit genocide or crimes against humanity are manifestly unlawful.

Art. 33 IStGH-Statut legt das Prinzip fest, daß das Statut das Handeln auf Befehl grundsätzlich nicht als defence erachtet. Demnach enthebt die Tatsache, daß der Täter ein Verbrechen i.S.d. Art. 5 IStGH-Statuts auf Anordnung einer Regierung oder eines militärischen oder zivilen Vorgesetzten begangen hat, den Täter nicht von der strafrechtlichen Verantwortlichkeit. Allerdings kann das Handeln auf Befehl, sofern die in Art. 33 des Statuts normierten Anforderungen erfüllt werden, nach Art. 32 Abs. 2 des Statuts als beachtlicher Rechtsirrtum angesehen werden.[589] Daher ist in den Fällen eine Ausnahme zu machen, in denen der zum Gehorsam verpflichtete Täter nicht wußte, daß der Befehl rechtswidrig war und die Rechtswidrigkeit der Anordnung nicht offensichtlich ist. Allerdings legt Art. 33 Abs. 2 des Statuts fest, daß Anordnungen zur Begehung von Völkermord oder Verbrechen gegen die Menschlichkeit offenkundig rechtswidrig sind, so daß diese Problematik ohnehin nur bei den Kriegsverbrechen relevant wird, bei denen die Untergebenen regelmäßig einer Gehorsamspflicht unterliegen.[590] Art. 33 des Statuts ist daher zu entnehmen, daß die Befolgung eines dienstlichen Befehls keine Verteidigung darstellt, sofern nicht die in Art. 33 Abs. 1 lit. (a) bis (c) des Statuts genannten Anforderungen kumulativ erfüllt werden. Die Voraussetzung lit. (c) ist, wie Abs. 2 nahe legt, nicht erfüllt, sofern Verbrechen gegen die Menschlichkeit oder Völkermord betroffen sind, so daß die Berufung auf einen höheren Befehl in den Fällen erfolglos sein wird, in denen es sich um eine Anklage wegen Völkermordes und Verbrechen gegen die Menschlichkeit handelt.
In diesem Bereich ist mit einer erheblichen Mißbrauchsgefahr zu rechnen, da zu vermuten ist, daß die Befehlsempfänger kaum widerlegbar behaupten werden, die Rechtswidrigkeit nicht gekannt zu haben. Der Frage, wer die Beweislast für die offensichtliche Unrichtigkeit des Befehls trägt, wird daher eine entscheidende Bedeutung zukommen. Angesichts der Regelungen des Art. 66 Abs. 2, 67 Abs. 1 lit. (i) des Statuts wird es dem Ankläger, der die Schuld des Täters zu beweisen hat, obliegen, auch diese schuldbegründende, eine defence widerlegende Tatsache nachzuwei-

[588] Vgl. hierzu: Cassese, The Statute of the International Criminal Court, EJIL 10 (1999), S. 155 f, der den Rechtsirrtum nicht als Straffreistellungs-, sondern als Milderungsgrund ansieht und darauf hinweist, daß die Regelung des Rechtsirrtums vom gegenwärtigen Völkerstrafrecht abweiche, welches den Rechtsirrtum angesichts des Grundsatzes „ignorantia legis non excusat" nicht anerkenne.

[589] Vgl. hierzu auch: Saland, Law Principles, S. 210 ff.

[590] Vgl. hierzu auch: Seidel/Stahn, Das Statut, Jura 1999, S. 20.

sen.[591] Weiterhin stellt sich die Frage, ob im Rahmen der Ermittlung der offensichtlichen Rechtswidrigkeit auch geprüft wird, ob der Soldat subjektiv die Möglichkeit hatte, dies zu erkennen und hierbei auch besondere Umstände wie eine Zermürbung, ein langdauernder Einsatz etc. zu berücksichtigen sind.
Teilweise wird die hier gefundene Regelung kritisiert, da sie hinter dem Nürnberger Recht sowie den „ad hoc-Tribunalen" zurückbleibt, welche das absolute Verbot der dienstlichen Befehle als Rechtfertigung vorsahen. Demnach folgten die Statute des IMT Nürnberg und des Tokioter-Tribunals sowie die Statuten der beiden „ad hoc-Tribunale", dem „absolute liability-Prinzip", da sie das Handeln auf Befehl nicht als Strafausschlußgrund, sondern lediglich als Strafmilderungsgrund erachten.[592] Dieser Rückschritt des Statuts von Rom gegenüber dem Nürnberger Recht wurde angegriffen und u.a. vertreten, daß das Handeln auf Befehl allenfalls als Milderungsgrund anzusehen sein sollte, da andernfalls das unbillige Ergebnis erreicht werden könnte, daß der Vorgesetzte bestraft werde und der Ausführende nicht.[593] Allerdings erschiene ein solches Ergebnis im Strafrecht weder unbillig noch ungewöhnlich, da für jeden einzelnen Täter und nicht kollektiv, zu prüfen ist, ob er die Tatbestandsmerkmale rechtswidrig und schuldhaft erfüllt hat, so daß es folglich zu unterschiedlichen Behandlungen der einzelnen Tatbeteiligten kommen kann. Allerdings ist der Kritik insoweit zu folgen, als sie die Frage aufwirft, welche Tatbestände in Art. 8 des Statuts nicht „manifestly unlawful" seien.[594] Demgegenüber ist zu berücksichtigen, daß das Statut das Handeln auf Befehl grundsätzlich nicht als eigenen Straffreistellungsgrund erachtet und demnach ein Strafausschluß nicht in allen Fällen in Betracht kommt[595], sondern lediglich im Rahmen eines Verbotsirrtums Berücksichtigung findet. Abschließend ist festzustellen, daß Art. 33 des Statuts das Prinzip der „absolute liability" für Verbrechen gegen die Menschlichkeit und Völkermord mit dem Prinzip der beschränkten Verantwortlichkeit für Kriegsverbrechen vereinigt.[596] Demzufolge ist der

---

[591] So auch: Ambos, Analyse des Rom-Statuts, ZStW 111 (1999), S. 191. A.A. Gaeta, The Defence of Superior Orders, EJIL 10 (1999), S. 190, die die Auffassung vertritt, Art. 33 des Statuts sehe bei direktem Vergleich mit den nationalen Regelungen eine „Beweislastumkehr" vor. Gaeta ist der Ansicht, Art. 33 IStGH-Statut gehe, anders als viele nationale Gesetze, grundsätzlich davon aus, daß die Berufung auf den dienstlichen Befehl keine taugliche Verteidigung sei. Da Art. 33 des Statuts zugleich die engen Voraussetzungen aufzähle, unter denen die Berufung auf das Handeln auf Befehl ausnahmsweise doch zulässig sei, obliege es dem Angeklagten, die Erfüllung der engen Voraussetzungen zu beweisen, einschließlich der nicht offensichtlichen Rechtswidrigkeit der Befehle und nicht etwa der Anklage. Gaeta führt zur Unterstützung ihrer These die Unterschiede zu den nationalen Regelungen vor Augen und weist darauf hin, daß viele Staaten, die den Grundsatz der eingeschränkten Verantwortlichkeit vertreten würden, die Berufung auf einen dienstlichen Befehl grundsätzlich als wirksame Verteidigung vorsehen, so daß es der Anklage obliege, die Voraussetzungen, unter denen diese Verteidigung entwertet wird, nachzuweisen. Diese Argumentation vermag nicht zu überzeugen, so daß, auch vor dem Hintergrund der Art. 66 Abs. 2, 67 Abs. 1 lit. (i) des Statuts mit Ambos davon auszugehen ist, daß die Beweislast der Anklage obliegt, da das Statut eine „Beweislastumkehr" ausdrücklich untersagt.

[592] Vgl. Art. 7 Abs. 4 ICTY-Statut und Art. 6 Abs. 4 ICTR-Statut, Art. 8 IMT-Statut, Art. 6 IMTFE-Statut.

[593] Vgl. Cassese, The Statute of the International Criminal Court, EJIL 10 (1999), S. 156.

[594] So auch: Cassese, The Statute of the International Criminal Court, EJIL 10 (1999), S. 157; Gaeta, The Defence of Superior Orders, EJIL 10 (1999), S. 190, die einen logischen Bruch in dem Statut feststellt, da sowohl die Präambel als auch Art. 8 des Statuts davon ausgingen, daß der IStGH nur für die schwersten Verbrechen, die die internationale Gemeinschaft erschüttern, zuständig sein solle, und die in der langen Liste des Art. 8 aufgeführten Taten ohne Zweifel offenkundig rechtswidrig seien, so daß hiermit die Wertung des Art. 33 nicht im Einklang stünde, da das Statut so ausgelegt sei, daß es nur die schwersten Taten erfasse, die ohnehin offenkundig rechtswidrig seien.

[595] Vgl. hierzu: Ambos, Analyse des Rom-Statuts, ZStW 111 (1999), S. 192.

[596] Vgl. hierzu auch: Gaeta, The defence of Superior Orders, EJIL 10 (1999), S. 189.

Umstand, daß Art. 33 des Statuts die Berufung auf den dienstlichen Befehl gerade bei den schwerwiegenden Verbrechen wie Völkermord und Verbrechen gegen die Menschlichkeit ausschließt, als positiv zu begrüßen. Auch ist die Tatsache, daß über diese Problematik eine Einigung erzielt wurde, als erheblicher Fortschritt einzustufen.[597]

dd. Sonstige

Hierunter fallen alle sonstigen defences des Statuts, d.h. neben den Rechtfertigungs- und Entschuldigungsgründen auch die Verfahrenshindernisse.
Zu nennen ist hier die Regelung des Art. 25 Abs. 3 lit. (f) des Statuts, der den strafbefreienden Rücktritt vom Versuch regelt. Demgemäß ist die Versuchsstrafbarkeit desjenigen nicht gegeben, der zwar die Schwelle zum Versuch überschreitet, dann jedoch die weitere Ausführung des Verbrechens aufgibt oder die Vollendung des Verbrechens auf andere Weise verhindert. Allerdings setzt die Straffreiheit die vollständige und freiwillige Aufgabe der strafbaren Absicht voraus.
An dieser Stelle ist auch die Regelung des Art. 26 des Statuts, der eine „originelle Zuständigkeitsregelung bezüglich des Schuldfähigkeitalters“ [598] enthält, zu erwähnen.

Gemäß Art. 27 erkennt das Statut die Staatenimmunität ausdrücklich nicht als Strafausschließungsgrund an. Demgemäß schließen weder eine amtliche Stellung noch die Immunitätsregeln oder bestimmte Verfahrensvorschriften die strafrechtliche Verantwortlichkeit aus. Eine strafmildernde Berücksichtigung dieser Umstände erfolgt ebenfalls nicht. Angesichts des ausdrücklichen Verbots kann dieser Bereich auch nicht über Art. 31 Abs. 3 i.V.m. Art. 21 des Statuts eingeführt werden.

Ebenfalls nicht berücksichtigt wurden die im Zusammenhang mit der Begehung von Kriegsverbrechen diskutierten Straffreistellungsgründe zulässiger Repressalien sowie der militärischen Notwendigkeit. Allerdings fand die Frage der military necessity Eingang in einzelne Tatbestände der Kriegsverbrechen.[599] Zudem kann dieser Bereich gemäß Art. 31 Abs. 3 i.V.m. Art. 21 des Statuts Berücksichtigung finden.

Demgemäß ist festzustellen, daß die völkerrechtlich anerkannten defences, die keinen Eingang in das Statut fanden und auch nicht ausdrücklich als defences ausgeschlossen wurden, gemäß Art. 31 Abs. 3, Art. 21 des Statuts eingeführt und unter gewissen, im Einzelnen noch festzulegenden Voraussetzungen, berücksichtigt werden können.

d. Täterschaft und Teilnahme

In Art. 25 Abs. 3 des Statuts finden sich allgemeine Vorschriften über die Täterschaft und die Teilnahme, die nicht spezifisch deliktsbezogen, sondern einheitlich für alle

---

[597] S. Gaeta, The Defence of Superior Orders, EJIL 10 (1999), S. 190.

[598] Ambos, Analyse des Rom-Statuts, ZStW 111 (1999), S. 189, der dies darauf zurückführt, daß man sich über diese Frage der Schuldunfähigkeit nicht einigen konnte, da z.B. das Recht der arabischen Staaten bereits die Schuldfähigkeit eines 13-Jährigen anerkenne, so daß das Statut diese Problematik durch die Feststellung, daß das Gericht über Personen, die zum Tatzeitpunkt unter 18 waren, keine Gerichtsbarkeit besitze, versuche zu umgehen.

[599] Vgl. z.B. Art. 8 Abs. 2 lit. (a) (iv); Abs. 2 lit. (b) (xiii) IStGH-Statut.

Verbrechenstatbestände des Statuts gelten.[600] Diese Vereinheitlichung stellt sich gegenüber dem bisherigen Völkerstrafrecht als Fortschritt dar, weil die Beteiligungsformen bislang direkt den Tatbeständen zu entnehmen waren. Art. 25 Abs. 3 lit. (a) des Statuts regelt die Strafbarkeit aller auch dem deutschen Strafrecht bekannten Formen der Täterschaft.

Abs. 3:
In accordance with this Statute, a person shall be criminally responsible and liable for punishment for a crime within the jurisdiction of the court if that person:
(a) Commits such a crime, whether as an individual, jointly with another or through another person, regardless of whether that other person is criminally responsible;...

Art. 25 Abs. 3 lit. (a) des Statuts beschäftigt sich demnach nicht nur mit dem Einzeltäter, sondern auch mit der Mittäterschaft und schließlich auch der mittelbaren Täterschaft und legt diese als Begehungsformen fest. Hervorzuheben ist, daß es im Rahmen der mittelbaren Täterschaft nicht auf die strafrechtliche Verantwortlichkeit des „Werkzeuges" ankommt.[601] Gleiches gilt für die Konstellation der Mittäterschaft, da auch in diesem Fall die Strafbarkeit des einen Täters unabhängig von der strafrechtlichen Verantwortlichkeit seiner Mittäter ist.
In diesem Zusammenhang ist auf Art. 28 des Statuts hinzuweisen, der eine Kodifizierung der durch die Rechtsprechung entwickelten Regeln über die sog. „command responsibility" für militärische und zivile Vorgesetzte enthält.[602] Diesen Vorgesetzten der offiziellen Streitkräfte sind faktische Befehlshaber militärischer und v.a. paramilitärischer Gruppen, gleichgestellt (Art. 28 Abs. 2 IStGH-Statut).[603] Durch diese Differenzierung zwischen militärischen Befehlshabern und Personen, die de facto als militärische Befehlshaber agieren sowie sonstigen i.d.R. zivilen Vorgesetzten geht das Statut über die bisherige Dogmatik der command responsibility hinaus.[604] Der Bereich der command responsibility, d.h. die Frage, ob ein Vorgesetzter die strafrechtliche Verantwortung für Befehle, die er erteilt hat, trägt, ist heftig umstritten.[605] Ebenso wie das Statut des IStGH enthalten auch die Statute des ICTY sowie des ICTR entsprechende Regeln in den Art. 7 Abs. 3 ICTY-Statut bzw. 6 Abs. 3 ICTR-Statut und begründen die strafrechtliche Verantwortlichkeit des Vorgesetzten für die von ihm erteilten Befehle. Art. 28 Abs. 1 des Statuts ermöglicht es, dem militärischen Befehlshaber die in die Zuständigkeit des IStGH fallenden Verbrechen zuzurechnen, die von den unter seiner Einsatzführung bzw. Befehlsgewalt stehenden Truppen als Folge seiner Versäumnis, angemessene Aufsicht über diese Truppen zu führen, begangen wurden und er entweder wußte oder hätte wissen müssen, daß seine Truppen solche Verbrechen begehen und es unterlassen hat, alle notwendigen und vernünftigen Maßnahmen zu unternehmen, um die Begehung zu verhindern, zu unterbinden oder den zuständigen Behörden zur Untersuchung und Strafverfolgung vorzulegen. Art. 28 Abs. 1 lit. (a) IStGH-Statut führt damit in subjektiver Hinsicht einen Fahrlässigkeitsmaßstab ein, da bereits die Kenntnismöglichkeit oder das bloße Kennenmüs-

[600] Lediglich Art. 25 Abs. 3 lit. (e) des Statuts enthält im Teilnahmebereich einige Besonderheiten für den Tatbestand des Völkermordes.

[601] Hierdurch werden schwierige Abgrenzungsprobleme vermieden, die sich z.B. dann ergeben, wenn der Tatmittler gerechtfertigt oder entschuldigt handelt.

[602] Vgl. hierzu: Ambos, Analyse des Rom-Statuts, ZStW 111 (1999), S. 187.

[603] Vgl. Ambos, Zum neuen Internationalen Strafgerichtshof, JA 1998, S. 989.

[604] So auch: Ambos, Analyse des Rom-Statuts, ZStW 111 (1999), S. 187, der darauf hinweist, daß bereits der ICTY diese Dogmatik auf de facto Kommandanten erweitert habe.

[605] Vgl. Seidel/Stahn, Das Statut, Jura 1999, S. 19.

sen von Verbrechen der Untergebenen zur Begründung der strafrechtlichen Verantwortlichkeit des Vorgesetzten ausreicht. Demnach ist die Regelung des Art. 28 Abs. 1 des Statuts als recht weitgehend anzusehen, da ein Vorgesetzter auch dann haftet, wenn er trotz Kenntnis oder grobfahrlässiger Unkenntnis der Tat seiner Untergebenen unterlassen hat, die erforderlichen Gegenmaßnahmen zu ergreifen.[606] Somit haften militärische Vorgesetzte bereits im Fall eines bloßen Kennenmüssens[607] der Taten ihrer Streitkräfte (Art. 28 Abs. 1 lit. (a) IStGH-Statut). Demgegenüber ist den gleichgestellten sonstigen Vorgesetzten das Unterlassen erst dann vorwerfbar, wenn ihnen die Gefahr des Erfolgseintritts aufgrund eindeutiger Informationen bewußt war[608] bzw. sie davon Kenntnis hatten (Art. 28 Abs. 2 lit. (a) IStGH-Statut). Somit wird hier eine Art bewußte Fahrlässigkeit im Sinne des traditionellen „willfully blind"- Kriteriums, also mehr als eine einfache Fahrlässigkeit verlangt.[609] Auch in objektiver Hinsicht wird anders als im Fall der Vorgesetzten des Abs. 1 ausdrücklich gefordert, daß die Verbrechen Tätigkeiten betrafen, die unter die tatsächliche Verantwortlichkeit und Aufsichtspflicht des Vorgesetzten fielen und dies als kumulativ notwendige Strafbarkeitsvoraussetzung normiert.[610] Der Grund für die Differenzierung liegt darin, daß zivile Führer i.d.R. nicht über den gleichen Grad an Kontrolle verfügen wie militärische Führer und demnach nicht in derselben Lage sind, die Verbrechen zu verhindern.[611]
Die Regelung, die der umstrittene Bereich der command responsibility in dem Statut erfahren hat, ist zu begrüßen, da auf diese Weise eine einheitliche Bestrafung aller Verantwortlichen gesichert ist und die ungerechtfertigte Besserstellung des Anordnenden gegenüber dem Ausführenden unterbleibt.

Art. 25 Abs. 3 lit. (b) bis (e) des Statuts enthält zudem eine detaillierte Regelung der Teilnahme.

...
(b) Orders, solicits or induces the commission of such a crime which in facts occurs or is attempted;
(c) For the purpose of facilitating the commission of such a crime, aids, abets or otherwise assists in its commission or its attempted commission, including providing the means for its commission;
(d) In any other way contributes to the commission or attempted commission of such a crime by a group of persons acting with a common purpose. Such contribution shall be intentional and shall either:
(i) Be made with the aim of furthering the criminal activity or criminal purpose of the group, where such activity or purpose involves the commission of a crime within the jurisdiction of the court; or
(ii) Be made in the knowledge of the intention of the group to commit the crime
(e) In Respect of the crime of genocide, directly and publicly incites others to commit genocide;...

Den Regelungen der Art. 25 Abs. 3 lit. (b) bis (e) des Statuts ist das Bestreben zur Erfassung sämtlicher Teilnahmeformen zu entnehmen. Das Statut nennt als Teilnahmeformen das Anordnen, Anstiften oder Bestimmen zu einer vollendeten oder versuchten Tat (lit. (a)) und die Beihilfe zu einer vollendeten und versuchten Tat, einschließlich der Bereitstellung der Mittel für seine Ausführung, mit dem Zweck, die Begehung zu erleichtern (lit. (b)). Aus der Aufzählung des Statuts folgt, daß der Gehilfenbeitrag, vergleichbar dem deutschen Recht, subjektiv zu dem Zweck erfolgen

---

[606] S. Seidel/Stahn, Das Statut, Jura 1999, S. 19.

[607] *„...either knew or, owing to the circumstances at the time should have known..."*

[608] *„...either knew, or conciously disregarded information which clearly indicated,..."*

[609] So auch: Ambos, Analyse des Rom-Statuts, ZStW 111 (1999), S. 187 f.

[610] Vgl. Ambos, Analyse des Rom-Statuts, ZStW 111 (1999), S. 187 f.

[611] Vgl. hierzu: Saland, Law Principles, S. 203.

muß, die Verwirklichung der Haupttat zu erleichtern[612] und von einigem Gewicht ist. Erfüllen die Tatbeiträge des Gehilfen diese Anforderungen nicht, so sind sie dennoch strafbar, wenn sie zur vollendeten oder versuchten Verbrechensbegehung einer Personengruppe erfolgen, die aufgrund eines gemeinsamen Zwecks handelt, sofern die Tathandlung absichtlich („intentional") geleistet wird (Art. 25 Abs. 3 lit. (d) IStGH-Statut). Demgemäß wird ein sonstiger Tatbeitrag zur Begehung oder versuchten Begehung eines Verbrechens durch eine Gruppe von Personen, die in einer gemeinsamen Absicht handelt, erfaßt, sofern dieser absichtlich geleistete Beitrag mit dem Ziel, das strafbare Handeln oder die strafbare Absicht der Gruppe zu fördern oder in Kenntnis der verbrecherischen Absicht der Gruppe vorgenommen wurde. Bei dieser Regelung handelt es sich um einen Kompromiß in dem Streit über die nicht konsensfähige, „uferlose" „conspiracy-Vorschrift", so daß hier eine zulässige Vorverlagerung des Strafrechtsschutzes i.S.e. restriktiven Ansatzes, der als unterste Strafbarkeitsgrenze die Teilnahme am Versuch erlaubt, erfolgt ist.[613] Das Statut sieht bezüglich des Völkermordes in lit. (e) eine Sonderregelung vor und übernimmt auch an dieser Stelle den direkten Wortlaut des Art. III lit. c der Genozidkonvention, so daß hier eine unmittelbare und öffentliche Anreizung zur Begehung von Völkermord unter Strafe gestellt wird und auf diese Weise die Teilnahme am Genozid eine Sonderstellung erfährt. Das Erfordernis der Öffentlichkeit der Anstiftung gilt daher nur für den Tatbestand des Völkermordes.
Dennoch ergeben sich in diesem Bereich anders als bei der Täterschaft einige Unterschiede zum deutschen Recht. So wird, anders als in § 30 Abs. 1 StGB geregelt, die versuchte Anstiftung nicht vom Statut erfaßt, sondern nur das erfolgreiche Anordnen, Anstiften oder Bestimmen zu einer vollendeten oder versuchten Tat. Bereits im Vorfeld war, angesichts der Tatsache, daß die Jurisdiktion des IStGH nur für die schwersten Verbrechen eröffnet sein sollte, strittig, ob auch die Verbrechensverabredung erfaßt sein sollte.[614] Hiervon wurde, angesichts der ausufernden Regelung, die selbst böse Absicht pönalisiert, Abstand genommen

Art. 25 Abs. 4 des Statuts bestimmt, daß die die individuelle strafrechtliche Verantwortlichkeit des Individuums betreffenden Regeln des Statuts, die Verantwortlichkeit der Staaten nach Völkerrecht unberührt lassen und bestätigt somit das oben gefundene Ergebnis[615], daß die Verantwortlichkeit des Individuums den Staat nicht von seiner Verantwortlichkeit entbindet und damit die Doppelnatur bestehen bleibt.

e. Vollendung, Versuch, Unterlassung

Neben der Vollendung der tatbestandlich umschriebenen Handlung sieht das Statut von Rom ausdrücklich die Strafbarkeit des Versuchs in Art. 25 Abs. 3 lit. (f) vor. Art. 25 Abs. 3 lit. (f) des Statuts hat folgenden Wortlaut:

3. In accordance with this Statute, a person shall be criminally responsible and liable for punishment for a crime within the jurisdiction of the court if that person:...

---

[612] Dies folgt aus der Formulierung: *„For the purpose of facilitating the commission of such a crime..."*

[613] Vgl. hierzu: Ambos, Analyse des Rom-Statuts, ZStW 111 (1999), S. 186.

[614] Vgl. hierzu: Zimmermann, Die Schaffung eines ständigen Internationalen Strafgerichtshofes, ZaöRV 58 (1998), S. 80, der zudem auf die, angesichts der zu erwartenden Beweisschwierigkeiten, zu befürchtende Überforderung des IStGH hinweist.

[615] Vgl. Kap. 1 B III.

(f) Attempts to commit such a crime by taking action that commences its execution by means of a substantial step, but the crime does not occur because of circumstances independant of the person's intentions. However, a person who abandons the effort to commit the crime or otherwise prevents the completion of the crime shall not be liable for punishmant under this Statute for the attempt to commit that crime if that person completely and voluntarily gave up the criminal purpose.

Die Frage, ob die Strafbarkeit des Versuchs ein solches Maß an Schwere erreicht, daß eine Befassung des Gerichtshofs mit diesen Fragen als gerechtfertigt erscheint, war bereits im Vorfeld umstritten.[616] Auf der Konferenz von Rom bejahte die Mehrheit der Delegation eine Strafbarkeit des Versuchs, die in Art. 25 Abs. 3 lit. (f) des Statuts ihren Niederschlag fand. Das im deutschen Recht für die Bestimmung des Versuchsbeginns relevante Prinzip des „unmittelbaren Ansetzens", „Jetzt geht es los" des § 22 StGB, findet seinen Niederschlag in Art. 25 Abs. 3 lit. (f), der den Versuchsbeginn „fast lehrbuchartig"[617] definiert.
Eine Vorschrift, die die allgemeine Unterlassensstrafbarkeit, vergleichbar dem § 13 StGB, vorsieht, enthält das Statut nicht. Art. 28 des Statuts sieht lediglich die Unterlassensstrafbarkeit der militärischen Befehlshaber oder der als militärische Befehlshaber amtierenden Personen vor. Diesen Vorgesetzten sind faktische Befehlshaber militärischer und v.a. paramilitärischer Gruppen gleichgestellt.[618] Art. 28 des Statuts regelt damit die sog. command responsibility und legt u.a. eine Unterlassenshaftung des vorstehend genannten Personenkreises fest, sofern diese bei den die Zuständigkeit des IStGH begründenden Verbrechen ihrer Untergebenen, trotz Kenntnis oder fahrlässiger Unkenntnis, untätig geblieben sind.

Im übrigen gilt auch hier die oben[619] getroffene Feststellung, daß die Begehungsformen i.d.R. nicht explizit genannt werden, da sie sich bereits aus den Aufzählungen und Umschreibungen der Tatbestände ergeben und die Begehung der tatbestandlich umschriebenen Handlung auf vielfältige Weise denkbar ist.

2. Allgemeine Rechtsgrundsätze

Der Dritte Teil des Statuts trägt die Überschrift: „General principles of criminal law". Diese Bezeichnung ist irreführend, da dieser Teil nicht nur allgemeine Grundsätze im eigentlichen Sinn enthält, sondern auch Zurechnungsregeln, Vorschriften zur persönlichen strafrechtlichen Verantwortlichkeit und Strafausschließungsgründe[620], die teilweise bereits erörtert worden sind.
Als großer Verdienst des Statuts ist hervorzuheben, daß es die wichtigsten Prinzipien des Strafrechts detailliert zusammengefaßt hat.[621] In diesem Zusammenhang sind

[616] Vgl. Zimmermann, Die Schaffung eines ständigen Internationalen Strafgerichtshofes, ZaöRV 58 (1998), S. 80. Auch in diesem Bereich ist mit erheblichen Beweisproblemen zu rechnen.

[617] Ambos, Zum neuen Internationalen Strafgerichtshof, JA 1998, S. 989.

[618] Vgl. hierzu: Ambos, Zum neuen internationalen Strafgerichtshof, JA 1998, S. 989; Kap. 2 C III 1 d.

[619] Kap. 1 D III 1 e.

[620] Vgl. Ambos, Analyse des Rom-Statuts, ZStW 111 (1999), S. 184, der darauf hinweist, daß bestimmte Vorschriften, über die angesichts des großen Zeitdrucks keine Einigung erzielt werden konnte, gestrichen worden seien und beispielhaft eine Vorschrift zur Handlung und Unterlassung nennt.

[621] So auch: Bos, A Perspective, S. 468 f; Cassese, The Statute of the International Criminal Court, EJIL 10 (1999), S. 153.

der Grundsatz des „nullum crimen sine lege scripta“ unter Einschluß des Analogieverbots und des Bestimmtheitsgrundsatzes (Art. 22 des Statuts); der Grundsatz „nulla poena sine lege“ (Art. 23 des Statuts); das Rückwirkungsverbot des Strafrechts (Art. 24 des Statuts); der Grundsatz der individuellen Verantwortlichkeit (Art. 25 des Statuts); die Irrelevanz der amtlichen Eigenschaft sowie der nationalen Immunität (Art. 27 IStGH-Statut); die strafrechtliche Verantwortlichkeit militärischer Führer (Art. 28 des Statuts); die Normierung des subjektiven Elements (Art. 30 IStGH-Statut) sowie die in Art. 31 bis 33 des Statuts geregelten Strafausschließungsgründe zu nennen. Diese Prinzipien waren bislang weder in internationalen Abkommen spezifiziert, noch im Detail geregelt worden, so daß sich das Statut insoweit als maßgeblicher Fortschritt des Völkerstrafrechts darstellt.[622]
Dem in Art. 25 des Statuts enthaltenen Grundsatz der individuellen strafrechtlichen Verantwortlichkeit kommt eine maßgebende Bedeutung zu.[623] Hierdurch wird klargestellt, daß die strafrechtliche Verantwortlichkeit der Individuen unmittelbar dem Völkerrecht zu entnehmen ist, mit der Folge, daß die Staaten ihre Angehörigen durch nationale Regelungen nicht von den erklärten Grundwerten des Völkerrechts aus Gründen der Souveränität freistellen können.[624]
Art. 29 des Statuts regelt die Unverjährbarkeit der in die Zuständigkeit des Gerichts fallenden Taten. Nachfolgend ist auf einige weitere wichtige allgemeine Rechtsgrundsätze einzugehen.

a. „Nullum crimen, nulla poena sine lege scripta“

Wie bereits festgestellt[625] ist die Geltung des Grundsatzes „nullum crimen sine lege“ auch im Völkerrecht anerkannt, wobei das Bestehen jeglicher Norm, ob geschrieben oder ungeschrieben, als ausreichend erachtet wird.
Das Statut regelt in Art. 22 den Grundsatz „nullum crimen sine lege scripta“:

1. A person shall not be criminally responsible under this Statute unless the conduct in question constitutes, at the time it takes place, a crime within the jurisdiction of the court.
2. The definition of a crime shall be strictly construed and shall not be extended by analogy. In case of ambiguity, the definition shall be interpreted in favour of the person being investigated, prosecuted or convicted.
3. This article shall not affect the characterization of any conduct as criminal under international law, independently of this Statute.

Mit dieser Regelung geht das Statut über das geltende Völkerrecht hinaus, da hier die Bestrafung nur auf der Grundlage der geschriebenen Normen des Statuts erfolgen darf. Art. 22 Abs. 1 des Statuts legt fest, daß eine strafrechtliche Verurteilung des Täters nur auf der Grundlage der Tatbestände des Statuts, nicht aber nach strafbegründendem oder strafschärfendem Völkergewohnheitsrecht erfolgen darf.[626] Das

---

[622] Vgl. Cassese, The Statute of the International Criminal Court, EJIL 10 (1999), S. 153.

[623] Die strafrechtliche Verantwortlichkeit juristischer Personen konnte sich letztlich nicht durchsetzen, da in diesem Bereich mit erheblichen Beweisproblemen zu rechnen ist und eine solche Anerkennung im übrigen von der individuellen strafrechtlichen Verantwortlichkeit der Täter ablenken würde. Zudem sind weder die strafrechtliche Verantwortlichkeit juristischer Personen selbst noch die Zurechnungsregeln allgemein anerkannt; vgl. hierzu: Ambos, Analyse des Rom-Statuts, ZStW 111 (1999), S. 187.

[624] Vgl. Seidel/Stahn, Das Statut, Jura 1999, S. 19.

[625] Kap. 1 A IV.

[626] Vgl. hierzu: Seidel/Stahn, Das Statut, Jura 1999, S. 19.

Erfordernis hinreichender Bestimmtheit der Tatbestände ergibt sich aus Art. 22 Abs. 2 des Statuts, der ein striktes Analogieverbot zu Lasten des Täters enthält, welches ebenfalls nicht im Völkerrecht anerkannt ist. Schließlich wird ausdrücklich festgestellt, daß eine Definition im Zweifelsfall zugunsten der Person, gegen die sich die Ermittlungen, die Strafverfolgung oder das Urteil richten, auszulegen ist. Somit ist festzustellen, daß der Grundsatz des „nullum crimen" durch das Statut in seinen vier Ausprägungen erfaßt wird, da eine Person nur für Taten bestraft werden darf, die nach dem Statut zum Tatzeitpunkt strafbar waren (lex scripta), nach seinem Inkrafttreten begangen wurden (lex praevia), ausreichend bestimmt formuliert sind (lex certa) und nicht durch eine Analogie ausgedehnt wurden (lex stricta).[627] An dieser Stelle unterscheidet sich das Statut von Rom maßgebend von den Statuten der „ad hoc-Tribunale", die den Richtern weitgehend eine freie Rechtsschöpfungsbefugnis zugestehen. Angesichts der Regelung des Art. 22 des Statuts und der präzise gefaßten Tatbestände sind die den Richtern des IStGH gewährten Kompetenzen deutlich beschränkt.

In einem engen Zusammenhang mit Art. 22 stehen Art. 23 und 24 des Statuts, die das Prinzip „nulla poena sine lege" bzw. das Rückwirkungsverbot des Statuts gesondert erfassen.

Art. 23: Nulla poena sine lege
A person convicted by the court may be punished only in accordance with this Statute.

Art. 24: Non-retroactivity ratione personae
1. No person shall be criminally responsible under this Statute for conduct prior to the entry into force of the Statute.
2. In the event of a change in the law applicable to a given case prior to a final judgement, the law more favourable to the person being investigated, prosecuted or convicted shall apply.

Durch die Festlegung des Grundsatzes „nulla poena" soll ein Rückgriff auf nicht in dem Statut festgelegte Strafen verhindert werden. Mit diesen Regelungen geht das Statut über das geltende Völkerrecht hinaus. Während einige Menschenrechtsorganisationen die detaillierte Regelung der Tatbestände im Statut kritisierten und es der Rechtsprechung des Gerichts überlassen wollten, aus der Gesamtheit des geltenden humanitären Völkerrechts die einzelnen Tatbestände abzuleiten, ist die hier erfolgte Regelung aus juristischer Sicht äußerst wünschenswert, da auf diese Weise dem auch im Völkerrecht geltenden Rückwirkungsverbot genügt wird. An dieser Stelle zeigt sich erneut die Erfüllung der an ein rechtssstaatliches Verfahren zu stellenden Anforderungen. Zudem werden durch die detaillierte Regelung Auslegungsschwierigkeiten vermindert und so mehr Rechtssicherheit erlangt. Ferner ist zu berücksichtigen, daß das Rückwirkungsverbot i.d.R. als ein wirkungsvolles Mittel zum Schutz entmachteter Staatskrimineller vor Strafe anzusehen ist, die sich mit den Mitteln der Gesetzgebung dauerhaft vor Strafe schützen wollen. Dieser Einwand dürfte hier aber nicht tragen, da die nationale Gesetzgebung an dieser Stelle irrelevant ist und dies ein weiteres Argument für den IStGH darstellt, da auf diese Weise einer wenig rechtsstaatlichen Anwendung des Rückwirkungsverbots entgegengewirkt wird und so Staatswillkür verhindert und nicht etwa straffrei gestellt wird.
Angesichts dieser umfassenden Regelung ist auf die strittige Frage, ob ein Vertrag nachträglich, unter Verletzung des Grundsatzes „nulla poena sine lege", eine Hand-

[627] So auch: Ambos, Analyse des Rom-Statuts, ZStW 111 (1999), S. 185.

lung zur Straftat qualifizieren kann, nicht einzugehen, da das Statut nicht gegen den auch im Völkervertragsrecht zu berücksichtigenden Grundsatz verstößt.

b. „Ne bis in idem"

Zu den allgemeinen Grundsätzen des Strafrechts gehört auch das Verbot der Doppelbestrafung, das die Funktion hat, einen Schlußstrich unter rechtskräftig ergangene Entscheidungen des Gerichtshofs zu ziehen. Das Statut des IStGH regelt das Verbot der Doppelbestrafung nicht in seinem Dritten Teil im Rahmen der allgemeinen Grundsätze des Strafrechts, sondern, wie bereits dargelegt, in Art. 20 des Statuts.[628] Gemäß Art. 20 Abs. 1 und 2 des Statuts sind die Entscheidungen des IStGH abschließend, so daß niemand wegen desselben Verhaltens erneut vor den IStGH oder ein anderes Gericht gestellt werden darf. Art. 20 Abs. 3 des Statuts zieht einen Schlußstrich unter die Entscheidungen nationaler Gerichte, so daß in diesen Fällen grundsätzlich niemand von dem IStGH für dasselbe Verhalten belangt werden darf. Der Angeklagte kann sich gegenüber dem IStGH nicht nur im Fall einer Verurteilung oder eines Freispruchs durch ein anderes Gericht auf das Verbot der Doppelbestrafung berufen, sondern auch wenn ein Verfahren aus anderen Gründen anhängig ist. Dies folgt aus dem Wortlaut des Art. 20 Abs. 3 des Statuts der im Gegensatz zu den Abs. 1 und 2 IStGH-Statut nicht das Erfordernis des Freispruchs oder der Verurteilung aufstellt, sondern nur von „tried" spricht.
Es kann daher festgestellt werden, daß das Statut das Verbot der Doppelbestrafung, dem keine gewohnheitsrechtlich Geltung zukommt, normiert und damit den rechtstaatlichen Anforderungen in vollem Umfang genügt. Das Bestreben des Statuts zur Wahrung der an ein rechtsstaatliches Verfahren zu stellenden Anforderungen ist nicht nur vorteilhaft, da sich hier die Frage stellt, wie die Aussetzung der Strafvollstreckung von Urteilen durch nationale Behörden und Gerichte zu bewerten ist. Hier besteht die Gefahr, daß durch eine großzügige Aussetzungspraxis, Straferlaß oder eine Amnestie nach erfolgter ordnungsgemäßer Strafverurteilung, die effektive Ahndung schwerer Verbrechen umgangen und damit die Bestrebungen der internationalen Gemeinschaft zur Verfolgung der schwersten Verbrechen konterkariert werden.[629] Diese Fälle des „nachträglichen Schutzes" erlangen in Art. 20 Abs. 3 des Statuts keine exklusive Behandlung, so daß der Grundsatz „ne bis in idem" einer strafrechtlichen Verfolgung vor dem IStGH auch in diesen Fällen entgegensteht, sofern nicht das Verfahren vor dem nationalen Gericht von Anfang an auf den Schutz des Täters ausgerichtet war. Somit besteht in den Fällen, in denen das Strafverfahren zwar ordnungsgemäß durchgeführt, allerdings im nachhinein eine Amnestie gewährt wurde, eine Strafbarkeitslücke, an deren Schließung der Grundsatz „ne bis in idem" den IStGH hindert, weil die Gründe des Art. 20 Abs. 3 des Statuts nicht weitreichend genug sind. Diese stellen ausschließlich auf die Verfahren vor den nationalen Gerichten ab und erfassen nicht den sich danach anschließenden Zeitraum der Vollstreckung. Es muß damit gerechnet werden, daß diese Lücke von einigen Staaten ausgenutzt wird, sofern der IStGH dies nicht durch eine entsprechende Auslegung des Begriffs „proceedings" verhindert.

---

[628] Vgl. hierzu: Kap. 2 B IV 1.

[629] Vgl. hierzu auch: Schlunck, Diskussionsstand vor der Diplomatischen Konferenz, S. 161.

IV. Strafe, sonstige Sanktionen und die Strafzumessung

Der siebte Teil des Statuts beschäftigt sich mit den Strafen. Die Verhandlungen über diesen Bereich haben sich angesichts der unterschiedlichen Ansichten über die Funktionen und Zwecke strafrechtlicher Sanktionen problematischer erwiesen als erwartet.[630] Zudem ist die Anwendung strafrechtlicher Sanktionen dem Kernbereich der staatlichen Souveränität zuzuordnen.[631] Art. 77 des Statuts regelt die anwendbaren Strafen. Das Gericht kann gegen eine verurteilte Person eine zeitige Freiheitsstrafe bis zu einem Höchstmaß von 30 Jahren (Art. 77 Abs. 1 lit. (a) IStGH-Statut) oder eine lebenslange Freiheitsstrafe, wenn dies zum einen durch die extreme Schwere des Verbrechens und die persönlichen Umstände des Verurteilten gerechtfertigt ist (Art. 77 Abs. 1 lit. (b) IStGH-Statuts) verhängen. Eine Festlegung der Dauer der lebenslangen Freiheitsstrafe ist im Statut nicht erfolgt. Allerdings ist aus der Überprüfung der lebenslangen Freiheitsstrafe nach 25 Jahren und der zeitigen Freiheitstrafe nach zwei Dritteln der Haftzeit[632] zu folgern, daß die Gesamtdauer der lebenslangen Freiheitstrafe 37,5 Jahre nicht übersteigen darf.[633] Dies stünde auch in einem angemessenen Verhältnis zu der maximalen zeitlichen Haftdauer. Zusätzlich zu der Freiheitsstrafe kann das Gericht eine Geldstrafe nach Kriterien verfügen, die in den RPE geregelt werden (Art. 77 Abs. 2 lit. (a) IStGH-Statut) bzw. den Verfall der unmittelbar oder mittelbar aus dem Verbrechen stammenden Erlöse, Vermögensgegenstände und Vermögenswerte unbeschadet der Rechte gutgläubiger Dritter anordnen.[634] Anders als das deutsche StGB dies vorsieht, hat das Statut des IStGH die einzelnen Straftatbestände nicht mit einer Strafdrohung verbunden, sondern mit Art. 77 eine generelle Vorschrift über die zulässigen Strafen aufgenommen. Die Festlegung der zulässigen Strafen in einer generellen und für alle Tatbestände sowie den IStGH selbst verbindlichen generellen Vorschrift ist daher nicht zu beanstanden. Teilweise wird diese Möglichkeit als „Notbehelf" angesehen und kritisiert, daß hier alle Straftaten gleichbehandelt und auf die Vernunft des Richters gesetzt würde mit der Folge, daß die rechtsstaatliche Prämisse, der vorherigen Bestimmung der zulässigen Strafe, weitgehend aufgehoben sei.[635] Dem kann indes nicht gefolgt werden. Hier ist zu vergegenwärtigen, daß es sich bei dem Statut des IStGH nicht um ein nationales Strafgesetzbuch, in dem viele verschiedene Straftatbestände eines unterschiedlichen Unrechtsgehalts zusammengefaßt sind, handelt. Vielmehr beschränkt sich das Statut des IStGH lediglich auf die vier Kernverbrechen des Völkerstrafrechts, die einen vergleichbaren Unrechtsgehalt aufweisen, so daß auch die in Betracht kommenden Strafen einheitlich festgelegt werden können. Die einheitliche Behandlung stößt daher auf keine Bedenken, so daß eine konkrete Strafdrohung in einem festgelegten Strafrahmen als verzichtbar und die Festlegung der Höchststrafen als ausreichend erscheint.[636] Zudem ist die Strafe auch vorherbestimmt, wie Art. 23 und 77 des Statuts entnommen werden kann, so daß den rechtsstaatlichen Anorderungen in vollem Umfang genügt wird. Im übrigen kann ein Abweichen von den bun-

[630] Vgl. hierzu: Fife, Penalties, S. 319 ff.

[631] So auch: Fife, Penalties, S. 320.

[632] Vgl. Art. 110 Abs. 3 des Statuts.

[633] Vgl. Ambos, Analyse des Rom-Statuts, ZStW 111 (1999), S. 208.

[634] Vgl. hierzu: Ambos, Der neue Internationale Strafgerichtshof, NJW 1998, S. 3746, der dies als eine Art Nebenstrafe bezeichnet.

[635] So: Tomuschat, Die Arbeit der ILC, S. 277.

[636] Vgl. hierzu: Ostendorf, Thesen, ZRP 1996, S. 468.

desdeutschen Regelungen nicht ohne weiteres mit einem Verstoß gegen rechtsstaatliche Grundsätze gleichgesetzt werden.
Anders als die Statute des ICTY und des ICTR[637] sieht das Statut des IStGH eine Anlehnung an die nationale Praxis bei der Verhängung von zeitigen Freiheitsstrafen nicht vor. Die Frage der anwendbaren Strafen war auf der Gründungskonferenz in Rom heftig umstritten, da sich zahlreiche Delegationen für eine Aufnahme der Todesstrafe in das Statut einsetzten.[638] Während die Aufnahme der Todesstrafe aus deutscher Sicht unannehmbar wäre, kennen nach Angabe von Menschenrechtsorganisationen ca. 91 Staaten die Todesstrafe, die allerdings nicht überall praktiziert wird.[639] Ebenso wie die Statuten der „ad hoc-Tribunale" sieht der IStGH die Todesstrafe nicht vor.[640] Hier stellt sich erneut das Problem, auf das bereits im Zusammenhang mit dem ICTR hingewiesen worden war, daß diese Länder sich vor ihren Bürgern dafür rechtfertigen müssen, daß Täter von Statutsverbrechen „nur" eine lebenslange Haftstrafe zu erwarten haben, während heimische Verbrecher bereits für weniger schwerwiegende Verbrechen den Tod finden. Zur Vermeidung einer Präjudizwirkung für die Schaffung eines entsprechenden Gewohnheitsrechts wurde auf der Konferenz von Rom eine Deklaration verlesen, in der ausdrücklich festgestellt wurde, daß die Nichtaufnahme der Todesstrafe in das Statut weder die diesbezügliche Politik der Nationalstaaten beeinflusse, noch irgendeine Auswirkung auf die Legislation der Vertragsstaaten habe.[641] Zudem wurde in der Deklaration ausdrücklich festgestellt, daß auch die Bildung eines völkerrechtlichen Gewohnheitsrechts hierdurch keinesfalls berührt werde und auch die Legalität der Strafen, die die Staaten für die schwersten Verbrechen verhängen nicht tangiere.[642] Dies reflektiert auch Art. 80 des Statuts, der ausdrücklich festlegt, daß der siebte Teil des Statuts sowohl die nationale Anwendung der Strafen als auch die nationalen Gesetze unberührt läßt.[643] Den Reparationen für Opfer kommt in dem Bereich der Strafen eine Sonderrolle zu (Art. 75 IStGH-Statuts). Die Regelung der Reparationen für die Opfer ist nicht im 7. Teil des Statuts bei den Strafen sondern im 6. Teil unter dem Hauptverfahren erfolgt. Hieraus ist zu schließen, daß das Statut die ggf. an Opfer zu leistenden Reparationen nicht als Strafe i.S.d. 7. Kapitels erachtet, die Maßnahmen des Art. 75 des Statuts aber gleichwohl als Sanktionen für das Verbrechen anzusehen sind, auf deren Grundlage ein wirtschaftlicher Ausgleich von dem Verurteilten verlangt werden kann. Sanktionen gegen Staaten sind nicht vorgesehen. Solche würden dem Grundsatz der individuellen strafrechtlichen Verantwortlichkeit zuwider laufen.

Schließlich ist nochmals auf Art. 110 des Statuts zurückzukommen, der die ausschließliche Befugnis des IStGH festlegt, über eine Verminderung der Strafe zu be-

---

[637] Vgl. Art. 24 Abs. 1 ICTY-Statut, Art. 23 Abs. 1 ICTR-Statut.

[638] Vgl. hierzu Fife, Penalties, S. 330 ff; ders. in Triffterer, Commentary, Art. 80 Rn. 1 ff.

[639] Die Todesstrafe wurde von der Bundesrepublik Deutschland gemäß Art. 102 GG abgeschafft. Demgegenüber enthielt die bayerische Verfassung bis zum Jahr 1998 die Todesstrafe, wenngleich diese nicht vollstreckt wurde.

[640] Die Nichtaufnahme der Todesstrafe in den Katalog der zulässigen Strafen führte sogar zur Ablehnung des Statuts durch einige Staaten bzw. zur Enthaltung einiger Länder wie z.B. von Singapur.

[641] Vgl. Fife, Penalties, S. 336, der den Wortlaut der Deklaration wiedergibt. Vgl. hierzu auch: http://www.un.org/icc/pressrel/lrom22.htm (26.7.1998).

[642] Vgl.: http://www.un.org/icclpressrel/lrom22.htm (26.7.1998).

[643] Trotz dieser Regelung und der Erklärung vertritt Ambos, Der neue Internationale Strafgerichtshof, NJW 1998, S. 3746, die Auffassung, daß dem Verzicht auf die Aufnahme der Todesstrafe zumindest völkerrechtliche Bedenken gegen diese Praxis entnommen werden könnten.

finden (Art. 110 Abs. 2 IStGH-Statut). Erst wenn der Verurteilte zwei Drittel der Strafe oder 25 Jahre im Falle einer lebenslangen Freiheitsstrafe verbüßt hat, soll der IStGH überprüfen, ob das Strafmaß zu reduzieren ist, Art. 110 Abs. 3 IStGH-Statut.[644] Während eine vorherige Überprüfung ausgeschlossen ist, kann bei Ablehnung einer Reduzierung nach diesem Zeitpunkt eine Überprüfung nach den in den RPE festzulegenden Intervallen und Kriterien erfolgen (Art. 110 Abs. 5 IStGH-Statut).

Art. 78 des Statuts regelt die Strafzumessung und die Strafmaßberechnung. Das Gericht hat bei der Ermittlung der Strafe im Einklang mit den RPE auch solche Umstände wie die Schwere des Verbrechens und die individuelle Situation der verurteilten Person zu berücksichtigen (Art. 78 Abs. 1 IStGH-Statut). Demnach werden die von der Vertragsstaatenversammlung zu erlassenden RPE die maßgeblichen Regelungen der Strafzumessungsmodalitäten enthalten. Bei Verhängung einer Freiheitsstrafe soll der IStGH die Zeit in Abzug bringen, die der Verurteilte bereits zuvor auf seine Anordnung hin in Haft verbracht hat (Art. 78 Abs. 2 S. 1 IStGH-Statut). Der IStGH kann sonstige Zeit, die der Verurteilte in Verbindung mit dem das Verbrechen begründenden Verhalten in Haft verbrachte, ebenfalls anrechnen (Art. 78 Abs. 2 S. 2 IStGH-Statut). Gemäß Art. 78 Abs. 3 des Statuts hat der IStGH, sofern eine Person wegen mehr als eines Verbrechens verurteilt wurde, Einzelstrafen für jedes einzelne Verbrechen sowie eine Gesamtstrafe die die Gesamtdauer der Freiheitsstrafe bezeichnet, auszuwerfen. Die Gesamtstrafe darf nicht kürzer sein als die höchste verhängte Einzelstrafe und darf eine dreißigjährige oder die lebenslange Freiheitsstrafe nicht überschreiten.

Durch die Entscheidung der Vertragsstaatenversammlung soll ein Treuhandfonds, aus dem die Opfer der Verbrechen des Art. 5 des Statuts und ihre Familien zu entschädigen sind, eingerichtet werden (Art. 79 IStGH-Statut). Die im Rahmen des Art. 77 Abs. 2 des Statuts erworbenen Vermögenswerte können nach einer entsprechenden Anweisung des Gerichts in diesen Fonds transferiert werden. Die Vertragsstaatenversammlung wird die für die Verwaltung des Fonds maßgebenden Kriterien aufstellen (Art. 79 Abs. 3 IStGH-Statut).

D. Weitere wichtige Problemfelder des IStGH

I. Konsequenzen für die Bundesrepublik Deutschland

Zur Verwirklichung des Prinzips des Vorrangs der nationalen Strafgerichtsbarkeit ist eine Anpassung des deutschen Strafrechts an das Statut des IStGH erforderlich, um zu gewährleisten, daß die Strafverfolgung und Vollstreckung durch deutsche Gerichte mit dem Standard des IStGH vergleichbar ist. Diese Anpassung wird i.d.R. durch eine tatbestandliche Identität zwischen den Straftatbeständen des Statuts und dem nationalen Strafrecht erfolgen.[645] In diesem Zusammenhang wird häufig kritisiert, daß der deutsche Gesetzgeber die bestehenden Gesetze bislang als ausreichend erachtete und von der Schaffung neuer Tatbestände für völkerstrafrechtliche Verbrechen,

[644] Art. 110 Abs. 4 des Statuts nennt die vom IStGH hierbei zu berücksichtigenden Kriterien. Hier ist z.B. die Kooperationswilligkeit des Verurteilten zu berücksichtigen.

[645] Vgl. hierzu: Hermsdörfer, Statut des Internationalen Strafgerichtshofes, Internationale Politik 11 (1998), S. 58.

mit Ausnahme des § 220 a StGB, abgesehen hat. Diese Entscheidung war indes bislang nicht zu beanstanden, da ein teilweise gefordertes „Völkerstrafrechtsgesetz“[646] eine Unübersichtlichkeit nach sich zöge, weil Normen mit ähnlichem Inhalt nebeneinander bestünden, die Konkurrenzfragen aufwerfen. Im übrigen erschiene eine solches „Völkerstrafrechtsgesetz“ auch als überflüssig, wenn die bestehenden deutschen Gesetze die Situation der Tatbestände des Statuts vollumfänglich erfaßten. Auch sollte mit einer überwiegend durch politische Erwägungen motivierten Forderung nach neuen Strafgesetzen vorsichtig umgegangen werden, da durch lediglich „symbolische“ und deklaratorische Gesetze, die überflüssig sind, weder dem Völkerstrafrecht noch dem nationalen Recht gedient ist. Daher wäre zu überprüfen, ob die Gesetze der Bundesrepublik die in dem Statut umschriebenen Tatbestände mit allen ihren Variationen erfassen, so daß bejahendenfalls eine Änderung unterbleiben kann. Sofern eine Änderung veranlaßt ist, sollten die bestehenden nationalen Gesetze angepaßt werden, da die Gefahr einer „Überfrachtung“ der Tatbestände als geringer erachtet wird als die Verwirrung, die durch ein „Völkerstrafrechtsgesetz“ geschaffen würde.

Eine Änderung des Art. 16 Abs. 2 GG ist nicht geboten, sollte aber zur Klarstellung erfolgen.
Teilweise wird davon ausgegangen, daß der IStGH zu einer Entlastung der deutschen Strafjustiz führen könnte. Dies wird damit begründet, daß es sich bei der Bundesrepublik Deutschland um ein Einwanderungsland im Verhältnis zu Ost- und Südosteuropa, dem Vorderen Orient und Südostasien und damit auch um ein Aufenthaltsland von Kriegsverbrechern, etc. handelt und zudem selbst zum Austragungsort verschiedener Gewalttaten wird, die ihre eigentliche Ursache in politischen, ethnischen und nationalen Konflikten dieser Länder haben.[647] Als Beispiel für die „importierten Konflikte“ können die Verhaftungen des jugoslawischen Kriegsverbrechers Tadic und des libanesischen Flugzeugentführers Hamadi genannt werden. Demnach könnte die komplementäre Zuständigkeit des IStGH zu einer Entlastung der deutschen Strafjustiz und zur Vermeidung außenpolitischer Konflikte führen, sofern die Bundesrepublik Deutschland auf die Durchführung eines Strafverfahrens verzichtet.[648]

II. Der IStGH und die Souveränität der Staaten

Die Souveränität der Staaten hat verschiedene Ausprägungen. Die völkerrechtliche Souveränität der Staaten bedeutet, „daß die Staaten untereinander keiner überstaatlichen Macht, sondern bloß dem vom zwischenstaatlichen Konsens getragenen VR untergeordnet sind“.[649] Demzufolge bestehen zwischen den Mitgliedern der Völkerrechtsgemeinschaft, die sich auf der Ebene der rechtlichen Gleichheit begegnen,

---

[646] So: Hermsdörfer, Statut des Internationalen Strafgerichtshofes, Internationale Politik 11 (1998), S. 58 f.

[647] Vgl. hierzu: Roggemann, Auf dem Weg, ZRP 1996, 394.

[648] Vgl. Roggemann, Auf dem Weg, ZRP 1996, 394. Anhand des „Mykonos-Prozesses“ lassen sich die erheblichen Belastungen, die von einem nationalen Gerichtsverfahren auf die außenpolitischen Beziehungen ausgehen können, verfolgen. Die diplomatischen Beziehungen Deutschlands zu dem Iran hatten in Folge dieses Prozesses eine nachhaltige Beeinträchtigung erfahren.

[649] Verdross/Simma, Universelles Völkerrecht, § 53, m.w.N. zu den Begriffen der innerstaatlichen und politischen Souveränität.

keine hierarchischen Beziehungen.[650] Als Kernbereich ihrer Souveränität erachten die Staaten die Strafkompetenz.[651] Der Grundsatz der staatlichen Souveränität ist einer der Grundpfeiler des Völkerrechts. Aus ihm folgt auch, daß souveräne Staaten grds. weder einer ausländischen noch einer internationalen Gerichtsbarkeit ohne ihre Zustimmung unterworfen sind.[652] Dies ergibt sich aus der Tatsache, daß eine internationale Gerichtsbarkeit zu einer massiven Einschränkung der nationalen Souveränität führen könnte. Eine Verletzung der Vertragsstaaten des IStGH in ihrer Souveränität ist nicht zu befürchten, da die Errichtung des IStGH, wie bereits ausgeführt, auf einer vertraglichen Grundlage erfolgt. Zudem besteht weder eine Zwangsmitgliedschaft noch kennt das Völkerrecht einen Kontrahierungszwang[653], so daß jeder souveräne Staat frei entscheiden kann, ob er Vertragspartei werden und einen Teilaspekt seiner Souveränität übertragen will oder ob er jede Verminderung seiner Souveränität ablehnt.[654] Ein völkerrechtlicher Vertrag bindet grundsätzlich nur die Vertragsparteien.[655] Demgemäß können auch die Entscheidungen des IStGH keine Bindungswirkung für Nichtvertragsparteien entfalten[656], sofern nicht ein Fall der Überweisung einer Situation durch den Sicherheitsrat vorliegt. Hier präsentiert sich demnach eine gänzlich andere Situation als bei dem ICTY und dem ICTR, da diesen „ad hoc-Gerichten" eine Resolution des Sicherheitsrates zugrundeliegt und den betroffenen Staaten diese Gerichte quasi vom Sicherheitsrat „aufgezwungen" wurden. Ähnlich stellt sich die Lage bei den Nürnberger und Tokioter Kriegsverbrechertribunalen dar, so daß in diesen Fällen eine massive Beschränkung der staatlichen Souveränität zu verzeichnen ist bzw. war. Dieser Vorwurf kann gegen den IStGH angesichts der gewählten „Vertragslösung" nicht geführt werden, die den Einwand, der IStGH beschränke die staatliche Souveränität, „aushebeln" soll. Zum anderen weist das Statut des IStGH, wie im Rahmen der Arbeit im Einzelnen dargelegt worden ist, erhebliche Unterschiede zu den Statuten des ICTR und des ICTY auf. Hier ist v.a. der Grundsatz der Komplementarität des IStGH zu nennen, der die nationale Souveränität weitgehend schützen soll und verhindert, daß der IStGH, ebenso wie die „ad hoc-Tribunale", Verfahren an sich zieht. Die Errichtung einer internationalen Strafgerichtsbarkeit durch die Staaten selbst verfügt über eine „doppelte Sicherung", da zunächst die Errichtung einer internationalen Strafgerichtsbarkeit erfolgen muß und die Staaten in einem zweiten Schritt die Zuständigkeit der Strafgerichtsbarkeit für sich anerkennen müssen[657], weil die Abtretung des souveränen Rechts auf Strafverfolgung nicht ohne die Zustimmung der betroffenen Staaten erfolgen kann.[658]
Zudem folgt die Wahrung der nationalen Souveränität aus der Tatsache, daß, sofern ein Verstoß gegen das Völkerstrafrecht durch Individuen begangen wurde, der Strafanspruch des Staates neben den eigentlichen „internationalen Strafanspruch" für die Verletzung international geschützter Rechtsgüter tritt, mit der Konsequenz, daß in erster Linie die staatlichen Gerichte die Durchsetzung des Völkerstrafrechts über-

---

[650] Vgl. hierzu: Weber, St. Helena oder Nürnberg, VN 1990, S. 207.

[651] So auch: Stuby, Staatliche Souveränität, S. 429.

[652] Vgl. Wright, Nuremberg, S. 248.

[653] Vgl. hierzu: Tomuschat, Von Nürnberg nach Rom, Die Friedenswarte 70 (1995), S. 161 f.

[654] Vgl. hierzu: Irmscher, Das Römische Statut, Kritische Justiz 1998, S. 483.

[655] So auch: Bassiouni/Wise, Aut Dedere Aut Judicare, S. 47.

[656] Vgl. Irmscher, Das Römische Statut, Kritische Justiz 1998, S. 483.

[657] S. Stuby, Staatliche Souveränität, S. 429.

[658] So auch: Oellers-Frahm, Das Statut des ICTY, ZaöRV 54 (1994), S. 417.

nehmen.[659] Wird eine internationale Instanz hingegen geschaffen, so ist ihre Zuständigkeit gegeben, ohne daß eine Verletzung der staatlichen Souveränität gegeben ist.[660] Allerdings ist festzustellen, daß der IStGH in Konkurrenz zu dem bestehenden Strafmonopol der einzelnen Staaten, das als wesentlicher Bestandteil der staatlichen Souveränität anzusehen ist, tritt, so daß die Staaten mit ihrem Beitritt auf einen erheblichen Teil davon, die Souveränität über ihre einzelnen Staatsangehörigen, verzichten müssen.[661] Als Ausgleich der widerstreitenden Interessen ist jedoch die Beschränkung auf die vier Kernverbrechen und das Erfordernis der Komplementarität zu nennen, so daß eine wirkliche Konkurrenzsituation zwischen nationaler und internationaler Strafverfolgung nicht gegeben sein dürfte.[662] Der IStGH hat im Rahmen seiner Zuständigkeit eine unmittelbare Durchgriffskompetenz auf das einzelne staatsangehörige Individuum. Vor dem Hintergrund der freiwilligen Übertragung von Teilaspekten der staatlichen Strafhoheit stellt diese Durchgriffskompetenz keine Verletzung der staatlichen Souveränität dar.

Auch die UN beruhen auf dem Prinzip der souveränen Gleichheit der Mitglieder (Art. 2 Ziff. 1 UN-Charta). Zur Erreichung dieses Grundsatzes verzichten nicht nur alle Mitglieder auf die Androhung oder Anwendung von Gewalt in den internationalen Beziehungen, sondern auch die UNO selbst versagt sich eine Befugnis zum Eingreifen in Angelegenheiten, die ihrem Wesen nach der inneren Zuständigkeit eines Staates zuzuordnen sind (Art. 2 Ziff. 3 und 7 UN-Charta). Demgemäß haben auch die Gründer der UN der staatlichen Souveränität oberste Priorität eingeräumt.[663] Eine Einschränkung dieses Prinzips ist durch Zwangsmaßnahmen auf der Grundlage des siebten Kapitels der UN-Charta möglich.[664] Zur Rolle des IStGH in dem fein abgestimmten Friedenssicherungssystem der UN ist festzustellen, daß auch die Funktion einer internationalen Strafgerichtsbarkeit nur auf dem Kooperationsgedanken beruhen kann.[665] Demnach kann die internationale Gerichtsbarkeit in einem Völkerrechtssystem, daß von den bestehenden gesellschaftlichen Einheiten, den souveränen Staaten ausgeht, nur eine subsidiäre Funktion haben.[666]
Während Kimminich 1971/1972 in einem Beitrag feststellte, daß die seinerzeitigen Ereignisse nicht dazu angetan wären, „die Überzeugung zu erschüttern, daß die Ära der souveränen Staaten zu Ende geht und sich das Völkerrecht zu einem Recht der Menschheit entwickelt“[667], konstatiert Stuby, angesichts der Zustimmung, die die „ad

[659] Ähnlich auch: Oellers-Frahm, Das Statut des ICTY, ZaöRV 54 (1994), S. 417.

[660] Vgl. Oellers-Frahm, Das Statut des ICTY, ZaöRV 54 (1994), S. 417.

[661] So: Irmscher, Das Römische Statut, Kritische Justiz 1998, S. 481.

[662] Vgl. Irmscher, Das Römische Statut, Kritische Justiz 1998, S. 481.

[663] Vgl. Stuby, Staatliche Souveränität, S. 430.

[664] Die wichtigste Ausnahme war jedoch die Behandlung Deutschlands bei Zustandekommen der UN-Charta in den Art. 53 und 107 der UN-Charta.

[665] Vgl. hierzu: Stuby, Staatliche Souveränität, S. 455.

[666] Vgl. Stuby, Staatliche Souveränität, S. 455. Auch Stuby, a.a.O., S. 456 ff, differenziert zwischen der nationalen, der allgemeinen obligatorischen internationalen Strafgerichtsbarkeit und der „ad hoc-Gerichtsbarkeit“. Er befürwortet die grundsätzliche Zuständigkeit der Staaten, führt aber aus, daß bei Geltung des Weltrechtsprinzips die subsidiäre Zuständigkeit einer internationalen Strafgerichtsbarkeit für den Fall des Versagens der nationalen Rechtsordnung installiert werden sollte. Die „ad hoc-Gerichtsbarkeit“ erachtet er als eine Ausnahme, die „...nur mit äußerster Zurückhaltung erwogen werden...“ sollte.

[667] Vgl. Kimminich, Der internationale Schutz des Einzelnen, Archiv des Völkerrechts 15 (1971/72), S. 403.

hoc-Tribunale" in der Völkerrechtswissenschaft erfahren haben, einen allgemeinen Trend zur Relativierung der staatlichen Souveränität zugunsten einer internationalen obligatorischen Strafgerichtsbarkeit, zur Verschaffung einer stärkeren Subjektstellung für das einzelne Individuum und führt auch das Bestreben zur Erweiterung der Eingriffsmöglichkeiten der internationalen Gemeinschaft und der betroffenen Staaten durch z.B. humanitäre Interventionen an.[668] Eine besondere Ausprägung dieses Trends sei im Bereich des internationalen Menschenrechtsschutzes zu verzeichnen.[669] Keiner der beiden Auffassungen kann vorbehaltlos gefolgt werden, da zum einen die Zahl der kriegerischen Auseinandersetzungen nicht abgenommen hat und die Frage, ob und wann eine humanitäre Intervention durchgeführt wird, von politischen Erwägungen abhängig gemacht wird, auf der anderen Seite aber Verträge wie der Vertrag von Rom zustande kommen konnten. Festzustellen ist, daß die Anzahl der Staaten, die sich für eine Ratifizierung des Statuts entschließen, Aufschluß über die Bereitschaft der Staaten geben werden, einen Teil ihrer nationalen Souveränität freiwillig aus humanitären Erwägungen zu „opfern". Hieraus kann ggf. ein Trend abgeleitet werden, so daß im Fall der Ratifizierung durch eine große Anzahl von Staaten geschlossen werden kann, daß die staatliche Souveränität gegenüber dem Menschenrechtsschutz zumindest in diesem Bereich (freiwillig) zurücktritt.
Abschließend ist festzuhalten, daß die Anerkennung der staatlichen Souveränität als eine der Grundlagen der Völkerrechtsgemeinschaft anzusehen ist. Eine Verletzung der nationalen Souveränität scheidet allerdings aus, wenn eine freiwillige Einschränkung der Souveränität durch die Staaten dadurch erfolgt, daß diese an der Schaffung völkerrechtlicher Strafbestimmungen, an der Errichtung des Gerichts und dessen Gerichtsbarkeit einsetzenden Regeln mitwirken.[670] In diesem Zusammenhang seien nochmals (vgl. Kap. 2 B IV 1) die Verfahren vor dem IGH hervorgehoben, bei denen eine Verletzung der staatlichen Souveränität, selbst bei einer Überprüfung der Rechtmäßigkeit staatlichen Handelns, ausscheidet. Demzufolge scheidet angesichts der freiwilligen Übertragung der staatlichen Souveränität in dem erforderlichen Umfang auf den IStGH und dem in der Ratifikation des Statuts liegenden Verzichts auf einen Teilbereich der staatlichen Souveränität eine Verletzung der Vertragsstaaten aus.

III. Analyse der Vorbehalte der Gegner des Statuts

Angesichts der nach wie vor massiven Ablehnung des IStGH durch die USA stellte sich für die Vereinten Nationen die Frage, wie weiter zu verfahren ist. Sollte man den IStGH so wie beschlossen errichten und darauf hoffen, daß Amerika seine Vorbehalte aufgibt, wenn das Gericht seine Arbeit aufgenommen hat oder sollte man auf die Einwendungen der Amerikaner eingehen und Änderungen des Statuts vornehmen, allerdings ohne die Gewähr, daß die Amerikaner das Statut am Ende tatsächlich ratifizieren. Die Staaten scheinen letzteren Weg eingeschlagen zu haben, obgleich zahlreiche Kompromisse zur Umstimmung der USA aufgenommen wurden. Auch die USA hat ihre Strategie geändert und ist von einem Konfrontationskurs auf einen konstruktiven Dialog umgeschwenkt.[671] Das Statut stellt, wie bereits dargelegt, an die Änderung des Vertrages hohe Maßstäbe. So ist eine Vertragsänderung nur bei Errei-

[668] S. Stuby, Staatliche Souveränität, S. 446.

[669] Vgl. Stuby, Staatliche Souveränität, S. 446.

[670] so auch Hoffmann, Verantwortung, S. 32, 135.

[671] FAZ vom 2.6.1999, Nr. 125, S. 16.

chen der erforderlichen Zwei- Drittel- Mehrheit der Vertragsstaatenversammlung und der Ratifizierung der Änderung von Sieben- Achtel der Vertragsstaaten möglich. Eine Änderung des Statuts ist abzulehnen und auf Grund des vorgeschilderten Prozederes unwahrscheinlich, so daß es nach derzeitigem Stand, angesichts des strikten Vorbehaltverbots des Art. 120 des Statuts, einen amerikanischen Sonderweg nicht geben wird.[672] Dennoch ist zu erwarten, daß die Amerikaner bestrebt sein werden, durch die Ausübung eines entsprechenden Drucks auf ihre Bündnispartner zwecks Erreichens der erforderlichen Mehrheiten, ein Statut nach ihren Wünschen durchzusetzen, so daß der Review Conference mit Interesse entgegen zu sehen ist. Der Entwicklungsprozeß ist noch nicht abgeschlossen und somit eine Änderung des Statuts möglich. Es kann daher mit weiteren „Aktionen" der Vereinigten Staaten gerechnet werden, gegen die sich die gerichtshoffreundlichen Staaten zur Wehr zu setzen haben werden, so daß sich zeigen wird, wem die effektivere Mobilisierung seiner Gefolgschaft gelingt. Nachfolgend ist auf einige weitere Einwendungen der Gegner des IStGH einzugehen.

1. „Third party jurisdiction"[673]

Mit dem Begriff der „third party jurisdiction" wird die Problematik der Jurisdiktion des IStGH über Angehörige eines Staates bezeichnet, der das Abkommen nicht ratifiziert hat.[674] Im weiteren Sinne kann hierunter auch die Begründung sonstiger Verpflichtungen des Drittstaats verstanden werden. Der Einwand, der IStGH übe eine unzulässige „third party jurisdiction" aus, wird v.a. von den Vereinigten Staaten erhoben.
Einführend ist wiederholt festzustellen, daß der völkerrechtliche Vertrag lediglich die Vertragsparteien bindet, so daß eine Bindung dritter Staaten gegen oder ohne deren Willen indes nicht möglich ist.[675] Daher gilt der bereits zitierte völkergewohnheitsrechtliche Grundsatz: "pacta tertiis nec prosunt nec nocent", der seinen Niederschlag in Art. 34 WVK findet.
Zutreffend ist, daß es zu einer Aburteilung Angehöriger eines Staates, der das Statut von Rom nicht ratifiziert hat, mithin zu einer „third party jurisdiction" durch den IStGH kommen kann. Dies folgt aus Art. 12 des Statuts, demgemäß, sofern nicht eine Überweisung des Sicherheitsrates vorliegt, die Zustimmung des Staates, auf dessen Gebiet das Verbrechen geschehen ist oder des Heimatstaats des Täters vorliegen muß. Demnach ist in den Fällen, in denen der Staat, auf dessen Staatsgebiet sich das in die Zuständigkeit des IStGH fallende Verbrechen ereignete, die Gerichtsbar-

---

[672] Daher besteht begründeter Anlaß zu der Hoffnung, daß sich der Orwellsche Satz: „All animals are equal but some animals are more equal than others" hier nicht bewahrheiten wird, vgl. Orwell, Animal Farm, S. 114.

[673] Sofern eine Überweisung des Sicherheitsrates vorliegt ist der Einwand der unzulässigen „third party jurisdiction" von vornherein ausgeschlossen.

[674] So: Wedgwood, An American View, EJIL 10 (1999), S. 99.

[675] Vgl. hierzu: Art. 34 WVK; Bassiouni/Wise, Aut Dedere Aut Judicare, S. 47, die darauf hinweisen, daß dies die Bildung eines der vertraglichen Regelung entsprechenden völkerrechtlichen Gewohnheitsrechts nicht ausschließe, da vertragliche Abreden und Regelungen bei der Entstehung von völkerrechtlichem Gewohnheitsrecht eine wichtige Rolle spielten, so daß zwar keine vertragliche aber eine gewohnheitsrechtliche Bindung eintreten könne. Vgl. auch: Kap. 1 A IV.

keit des IStGH entweder ad hoc anerkennt, oder Vertragsstaat ist, eine Aburteilung Angehöriger eines Drittstaates möglich.[676] Hierin wird z.T. ein die Legitimität des IStGH bedrohender und die nationale Souveränität unterminierender Verstoß gegen internationales Recht gesehen.[677]
Die bisherige Untersuchung des Statuts hat ergeben, daß durch das Statut eine direkte Verpflichtung des Drittstaates nicht begründet wird, so daß er weder zu einem aktiven Tätigwerden noch einem Unterlassen verpflichtet werden kann. Auch indirekte rechtliche Pflichten werden durch das Statut nicht geschaffen, sondern allenfalls praktische.[678] Daher ist, sofern der IStGH seine Gerichtsbarkeit über den Angehörigen eines Nichtvertragsstaates ausübt, dieser Staat nicht zur Kooperation verpflichtet, da ihm das Statut keine Mitwirkungspflichten etwa zur Übergabe des Angeklagten oder von Beweismaterial auferlegt.[679] Allenfalls der Sicherheitsrat wäre zur Auferlegung von Kooperationspflichten befugt.[680] Dennoch halten die USA an der Auffassung, der Grundsatz „pacta tertiis nec nocent nec prosunt" sei verletzt, fest.[681] Daher stellt sich die Frage, ob die Möglichkeit der Aburteilung Angehöriger eines Drittstaates als Verletzung dieses Staates und daher als unzulässige, gegen internationales Recht verstoßende „third party jurisdiction" anzusehen ist.

Zunächst ist darauf hinzuweisen, daß dem IStGH keineswegs eine universelle Jurisdiktion zukommt, da Art. 12 Abs. 2 des Statuts die Zustimmung des Heimatstaates des Angeklagten oder des Staates, auf dessen Gebiet das Verbrechen begangen worden ist, erfordert.[682] Art. 12 des Statuts steht im Einklang mit den unumstrittenen Grundsätzen des internationalen Rechts.[683] Diesen ist, wie vorstehend bereits ausgeführt[684], zu entnehmen, daß der Staat seine eigenen Staatsangehörigen für Verbrechen, die diese im Ausland begehen, strafrechtlich zur Verantwortung ziehen kann. Gleichermaßen ist ein Staat für die auf seinem Gebiet von Ausländern begangenen Taten zuständig, ohne daß der Heimatstaat des Täters seine Zustimmung hierzu geben muß, so daß sowohl die Nationalität als auch die Territorialität eine ausreichende und anerkannte Grundlage zur Begründung der Strafhoheit darstellen.[685] Demgemäß kann es auch im Rahmen des vorrangig geltenden Territorialitäts- und aktiven Personalitätsprinzips zu einer Aburteilung von Ausländern kommen, ohne daß dies beanstandet wird, wobei jedoch die Kritiker die Aburteilung durch eine nationalen Autorität anders einstufen als die Übergabe an ein internationales Gericht, an dem der eigene Staat nicht teilnimmt.[686] Diese Differenzierung zwischen der Aburteilung durch ein nationales oder ein internationales Gericht vermag nicht zu überzeugen, da der Drittstaat auch an der nationalen Rechtsprechung nicht „teilnimmt". Zudem ist bei

---

[676] Vgl. hierzu: La Haye, The International Criminal Court, NILR 1999, S. 18; Hafner, A Response to the American View, EJIL 10 (1999), S. 116.

[677] So auch: Wedgwood, An American View, EJIL 10 (1999), S. 99 ff.

[678] Vgl. hierzu: Hafner, A Response to the American View, EJIL 10 (1999), S. 117 f.

[679] So auch: Hoffmeister/Knoke, Das Vorermittlungsverfahren, ZaöRV 59 (1999), S. 798.

[680] So auch: La Haye, The International Criminal Court, NILR 1999, S. 19.

[681] Vgl. Hafner, A Response to the American View, EJIL 10 (1999), S. 117.

[682] Die Zustimmung ist bei einer Sicherheitsratsüberweisung, wie bereits verschiedentlich dargelegt, entbehrlich.

[683] Vgl. Hafner, A Response to the American View, EJIL 10 (1999), S. 117.

[684] Vgl. hierzu: Kap. 1 C I 1, Kap. 2 B IV 1, C I

[685] S. Hafner, A Response to the American View, EJIL 10 (1999), S. 117.

[686] Vgl. Wedgwood, An American view, EJIL 10 (1999), S. 99.

derartigen Konstellationen irrelevant, an welchem Ort und durch wen die Aburteilung erfolgt, da sie in jedem Fall einen zulässigen Eingriff in die Souveränität des Heimatstaates darstellt. Durch die Ratifizierung des Statuts ermächtigen die Vertragsstaaten den IStGH, seine Strafgewalt in den Fällen auszuüben, die sie nicht verfolgen können oder wollen. Jeder Staat hat das Recht, im Einklang mit seiner Verfassung, die Gerichtsbarkeit über eine angeklagte Person einem anderen Staat oder einem internationalen Gerichtswesen zu übertragen mit welchem er einen Vertrag geschlossen hat.[687] Ein solcher Transfer stellt sich als vollwirksame Ausübung der nationalen Souveränität dar, die allerdings im Einklang mit den internationalen humanitären Menschenrechten stehen muß.[688] Wie bereits dargelegt, werden auch die Rechte des überstellten Individuums nicht verletzt, da der internationale Standard der Menschenrechte gewahrt bleibt. Demnach liegt es in der souveränen Macht der Staaten, die ihnen obliegende Gerichtsbarkeit auf einen internationalen Körper zu übertragen, ohne daß dem eine Regel des internationalen Rechts entgegenstünde, die eine Übertragung der Zuständigkeit auf ein internationales Gericht verböte.[689] Die ausweislich des Territorialitätsprinzips oder aktiven Personalitätsprinzips zuständigen Staaten können ihre Strafhoheit demnach auf den IStGH übertragen, dessen Zuständigkeit hierdurch begründet wird, ohne daß es zu einer weitergehenden Souveränitätsverletzung des Drittstaates als der ohnehin zulässigen kommt. Diese Wahl ist Teil der souveränen Rechte eines Staates und schafft weder eine Verpflichtung des Heimatstaates noch des Territorialstaates, die nicht Vertragsparteien sind.[690]
Schließlich ist noch darauf hinzuweisen, daß, sofern der IStGH seine Gerichtsbarkeit ausübt, er nur die individuelle Verantwortlichkeit für die Verbrechen durchsetzen will, die international bereits als völkerstrafrechtliche Verbrechen angesehen werden.[691] Im übrigen gilt in Ansehung der Mehrzahl der Statutsverbrechen ohnehin der Weltrechtsgrundsatz, so daß jeder Staat das Recht hätte, den Täter ohne Einholung der Zustimmung irgendeines anderen Staates abzuurteilen.[692] Da das Statut des IStGH jedoch das Vorliegen der Zustimmung des Territorialstaates oder des Heimatstaates erfordert und gerade nicht die Zustimmung des Gewahrsamsstaates bzw. wie teilweise gefordert, des Heimatstaates der Opfer oder eines anderen auf der Grundlage des Weltrechtsprinzis zuständigen Staates ausreichen läßt, bleibt es hinter den Möglichkeiten des Weltrechtsprinzips zurück, so daß eine Verletzung der Personalhoheit eines Drittstaates ausscheidet.[693] Auch hieraus folgt, daß für Nichtvertragsparteien keine größeren Risiken bestehen. Zudem werden gerade Verbrechen wie Völkermord, Kriegverbrechen und Verbrechen gegen die Menschlichkeit i.d.R. innerhalb der Grenzen eines Staates begangen, so daß, wenn nicht der Staat die Zuständigkeit

[687] So auch: Hoffmeister/Knoke, Das Vorermittlungsverfahren, ZaöRV 59 (1999), S. 798; Bassiouni, Favoring the Establishment of the International Criminal Court, Journal of International Affairs 52 (1999), S. 798 f; La Haye, The International Criminal Court, NILR 1999, S. 19.

[688] Vgl. Bassiouni, Favoring the Establishment of the International Criminal Court, Journal of International Affairs 52 (1999), S. 799.

[689] Vgl. auch: Cassese, The Statute of the International Criminal Court, EJIL 10 (1999), S. 160; Hafner, A Response to the American View, EJIL 10 (1999), S. 117.

[690] S. La Haye, The International Criminal Court, NILR 1999, S. 19.

[691] Vgl. La Haye, The International Criminal Court, NILR 1999, S. 19 f.

[692] Vgl. La Haye, The International Criminal Court, NILR 1999, S. 20.

[693] A.A. offensichtlich Hoffmeister/Knoke, Das Vorermittlungsverfahren, ZaöRV 59 (1999), S. 798, die feststellen, daß angesichts der Tatsache, daß das Weltrechtsprinzip nicht für alle Varianten der Statutsverbrechen Anwendung finde, der Einwand der fehlenden Strafhoheit der internationalen Gemeinschaft greifen könne. Diese Auffassung wird, wie bereits verschiedentlich dargelegt, nicht geteilt.

des IStGH durch Beitritt oder ad hoc anerkannt hat, keine Handhabe besteht. Letztlich ist darauf hinzuweisen, daß, selbst wenn alle Voraussetzungen zur Ausübung der Gerichtsbarkeit gegeben sind, hieraus nicht notgedrungen die Durchführung des Verfahrens durch den IStGH folgt, da die zusätzliche „Sicherung" durch den Grundsatz der Komplementarität zu berücksichtigen ist. Demnach können sowohl der Drittstaat als auch der Territorialstaat und sonstige betroffene Staaten die Gerichtsbarkeit an sich ziehen. Diesem Ansinnen hat der IStGH grundsätzlich, mit Ausnahme des bereits dargelegten Versagens der nationalen Rechtsordnung nachzukommen. Demnach hat es jeder Staat selbst in der Hand, ob es zu einer „third party jurisdiction" kommt oder nicht. Tritt eine solche ein, so ist sie keineswegs unzulässig und stellt sich weder als Verletzung des Drittstaates noch des internationalen Rechts dar.[694]

Wedgwood kritisiert zudem, daß Art. 121 Abs. 5 des Statuts, der vorsieht, daß Änderungen bezüglich des Umfanges der Verbrechen für Staaten, die gegen die Änderung stimmten, nicht zu gelten habe, nicht auch für Nichtvertragsstaaten Anwendung finde, so diese Drittstaaten von einer weiteren Rechtsprechung betroffen sein könnten als (einige) Vertragsstaaten.[695] Dies gelte zudem für die Möglichkeit des „opt out" in Art. 124 des Statuts, die nur Vertragsstaaten, nicht aber Nichtvertragsstaaten erfasse. Auch Art. 12 Abs. 3 des Statuts könne zu einer Unstimmigkeit führen, da Nichtvertragsstaaten, auf deren Staatsgebiet Verbrechen begangen wurden ad hoc die Zuständigkeit für beteiligte Angehörige von anderen Nichtvertragsstaaten bejahen und die eigenen Staatsangehörigen ausnehmen könnten. Der Umstand, daß die Vertragsstaaten mehr Rechte als Nichtvertragsstaaten haben, ist in rechtlicher Hinsicht nicht zu beanstanden und gibt allenfalls Anlaß zu politischen Bedenken.[696] Daher bietet die Tatsache, daß Staaten durch ihre Mitgliedschaft Rechte erwerben, die sie sonst nicht hätten, keinen Anlaß zu rechtlichen Zweifeln und steht im Einklang mit der WVK sowie dem Gewohnheitsrecht, das dieses kodifiziert.[697] Diese „Unstimmigkeiten" sind vielmehr als Anreiz, dem Statut beizutreten, einzustufen. Zudem stellt sich die Frage, aus welchem Grund das Statut ausgerechnet in diesem Punkt eine Regelung für Drittstaaten treffen sollte, sieht es doch in den anderen Bereichen ausdrücklich davon ab. Ein Bruch mit diesem Grundsatz verschaffte den Gegnern des Statuts den Einwand, daß das Statut die rechtliche Lage von Drittstaaten regelt.

2. Die „Peacekeeper-Problematik"

Diese Problematik ist als das Zentrum und der neuralgische Punkt der amerikanischen Kritik anzusehen. Im Kern handelt es sich auch hier um eine konkrete Ausgestaltung der „third party jurisdiction", die angesichts ihrer Bedeutsamkeit eine gesonderte und konkrete Erörterung erfahren soll.

Auch hier steht die Kritik der USA an der Zuständigkeitsregelung des Statuts im Mittelpunkt. Wie zuvor ausgeführt, sind durchaus Fälle denkbar, in denen ein Amerikaner als Mitglied einer Friedenstruppe mit einer Anklage vor dem IStGH rechnen müßte, es sei denn, die Angelegenheit fände auf nationaler Ebene einen Abschluß. Die

[694] So auch: Williams, in: Triffterer, Commentary, Art. 12, Rn. 17, die ausdrücklich darauf hinweist, daß das Statut Nicht-Vertragsstaaten keineswegs bindet.

[695] S. Wedgwood, An American View, EJIL 10 (1999), S. 104.

[696] Vgl. hierzu: Hafner, A Response to the American View, EJIL 10 (1999), S. 118 f.

[697] Vgl. Hafner, A Response to the American View, EJIL 10 (1999), S. 119.

USA wehren sich nunmehr gegen diese theoretisch denkbare Möglichkeit und bringen als wesentliches Element gegen den IStGH ihre Befürchtung vor, daß amerikanische Soldaten, die an friedenssichernden Operationen teilnehmen, Gegenstand politischer Anklagen vor dem IStGH werden könnten, selbst wenn Washington die Gründungskonvention nicht ratifiziert.[698] Als letzte verbleibende Supermacht stellen die USA eine große Anzahl von Truppen sowie logistisches und technisches Material für UN-Missionen zur Verfügung und tragen neben einem Großteil der Kosten der Missionen auch eine große Verantwortung für die Aufrechterhaltung und die Sicherung des Friedens.[699] Die Gefahr einer drohenden strafrechtlichen Verfolgung liegt in einer Verunsicherung und der hieraus resultierenden Demoralisierung der Truppe, verbunden mit der Auflösung der militärischen Disziplin, da Befehlsüberprüfungen und Verweigerungen als denkbar erscheinen. Zudem sind Auswirkungen auf die Schlagkraft der Truppe zu befürchten, da z.B. in der Zeit des Vietnam-Krieges viele Wehrpflichtige unter Berufung auf die Nürnberger Urteile den Wehrdienst verweigerten und als Grund ihre Befürchtung, auf höheren Befehl Handlungen ausführen zu müssen, die als Kriegsverbrechen bestraft werden könnten, anführten.[700] Allerdings könnte einer solchen Gefahr durch eine gezielte Aufklärung entgegengewirkt werden.[701] Zudem handelt es sich bei den in dem Statut des IStGH aufgeführten Verbrechen um solche, bei denen die Rechtswidrigkeit offenkundig ist, so daß in diesem Bereich Verwirrungen und Unsicherheiten ausscheiden dürften. Demnach kann oben geschilderten Problemen durch eine gezielte Information entgegengewirkt werden.
Bislang besteht kein homogenes Strafrechtssystem für die Mitglieder einer Friedenssicherungstruppe, so daß diese Lücke durch ein internationales Strafgericht mittels Schaffung eines für alle geltenden Strafrechtssystems geschlossen werden könnte.[702] Als problematisch erweist sich jedoch, daß bei UN-Friedensmissionen i.d.R. Vereinbarungen zwischen den UN und den Staaten, die Truppen zur Verfügung stellen (Participation Agreements) sowie den UN und dem beherbergenden Staat (Status of Force Agreement, SOFA) getroffen werden. Diese spezifischen Vereinbarungen werden noch unterstützt von den Vorschriften der Konventionen über die Privilegien und Immunitäten der UN.[703] Die Vereinbarungen zwischen den Truppen zur Verfügung stellenden Staaten und den UN sehen vor, daß diese Staaten auch die Strafgewalt über die Truppen ausüben, die sie zur Verfügung stellen.[704] Durch SOFAs werden die Mitglieder der Truppe bis zu einem bestimmten Grad von der strafrechtlichen Rechtsprechung des beherbergenden Staates ausgenommen, so daß sie quasi immun gegen dortige strafrechtliche Prozesse sind.[705] Demnach obliegt die strafrechtliche Verfolgung den Staaten, die die Peacekeeper zur Verfügung stellen, so daß es eine internationale Strafverfolgung in diesem Bereich nicht gibt, da allenfalls

---

[698] S. Zwanenburg, The Statute for an International Crimininal Court, EJIL 10 (1999), S. 125.

[699] Vgl. hierzu mit weiteren Daten: Zwanenburg, The Statute for an International Criminal Court, EJIL 10 (1999), S. 127.

[700] Vgl. Grewe, Rückblick, S. 245.

[701] Mit der humanitären Erziehung und Ausbildung in Streitkräften und bewaffneten Gruppen beschäftigt sich Klenner, Humanitäres Völkerrecht, Der Mittler-Brief, 14. Jahrgang Nr. 4/4, Quartal 1999.

[702] Vgl. hierzu: Zwanenburg, The Statute for an International Crimininal Court, EJIL 10 (1999), S. 124.

[703] Vgl. Zwanenburg, The Statute for an International Criminal Court, EJIL 10 (1999), S. 127, zu der Convention on the Priviledges and Immunities of the United Nations, UN Doc. A/64 vom 1. Juli 1949.

[704] Model Agreement between the United Nations and member States contributing personnel and equipment to the United Nations peace-keeping operations, UN Doc. A/46/185 vom 23. Mai 1991.

[705] Vgl. hierzu: Zwanenburg, The Statute for an International Criminal Court, EJIL 10 (1999), S. 126.

eine strafrechtliche Verfolgung auf der Grundlage des heimatlichen Militärstrafrechts erfolgt. Diese Praxis hat zur Folge, daß Staaten, die Truppen zur Verfügung stellen, in strafrechtlicher Hinsicht über Truppen entscheiden können, für die die UN die Verantwortung trägt.[706] Dieser traditionelle Weg ist nicht als optimale Lösung anzusehen, da beispielsweise die Entsendestaaten von einer strafrechtlichen Verfolgung einfach absehen können. Das Statut des IStGH erkennt solche Immunitäten nach Art. 27 des Status nicht an.

Zu prüfen ist also, ob die Kritik der Vereinigten Staaten berechtigt ist und ob das Statut tatsächlich die politisch motivierte, strafrechtliche Verfolgung von Peacekeeper möglich macht oder ob eine solche, angesichts der Vorkehrungen in dem Statut von Rom als ausgeschlossen erscheint.
Den Befürchtungen der USA ist zunächst der Grundsatz der Komplementarität entgegen zu halten, demgemäß der nationalen strafrechtlichen Verfolgung der Vorrang zukommt, so daß der IStGH nur bei deren Versagen aktiv wird. In dieser Bevorzugung der nationalen vor der internationalen Sphäre kommt der nach wie vor erhebliche Stellenwert der staatlichen Souveränität zum Ausdruck. Das Risiko eines amerikanischen Soldaten, der bei einem „Peacekeeping-Einsatz" mitgewirkt hat, unter den strengen Voraussetzungen der Art. 17, 18 und 19 des Statuts, vor dem IStGH angeklagt zu werden, ist angesichts des differenzierten und i.d.R. effektiven, unparteiischen und unabhängigen Rechtssystems der USA verschwindend gering. Die Art. 17 bis 19 des Statuts sind Ausdruck der strikten Komplementarität, so daß eine Untersuchung der in die Zuständigkeit des IStGH fallenden Sache durch die amerikanischen Strafverfolgungsbehörden eine Eröffnung des Falles vor dem IStGH ausschlösse. Offensichtlich messen die USA dem Grundsatz der Komplementarität nicht die ihm gebührende Bedeutung zu, da einer Anklage vor dem IStGH durch die Einleitung eines nationalen Verfahrens schnell der Boden entzogen werden könnte. Auf die erheblichen Mißbrauchsmöglichkeiten und „Tricks", v.a. bei der Strafverfolgung, wurde bereits hingewiesen. Diese Bedenken der USA, die anders als die Bundesrepublik ihre Staatsangehörigen ausliefert und damit einem fremden Staat überantwortet, gegenüber einem internationalen, nicht aber in Ansehung eines anderen nationalen Gerichts, sind nicht nachvollziehbar, da eher von den nationalen als den internationalen Gerichten die Gefahr der Parteilichkeit und der Siegerjustiz ausgeht. I.d.R. ist eine internationale Gerichtsbarkeit über derartige Zweifel erhaben, so daß ihr ein größeres Vertrauen entgegengebracht wird.
Weitere Hindernisse für die Bestrafung der Peacekeeper sind den Tatbeständen des Statuts selbst zu entnehmen. So erfordert z.B. der Tatbestand des Völkermordes das Vorliegen der besonderen, auf die Zerstörung der geschützten Tatobjekte gerichteten Absicht, die i.d.R. bei einem Peacekeeper weder vorhanden noch nachzuweisen sein wird.[707] Die maßgebliche und erhebliche Einschränkung bei den Verbrechen gegen die Menschlichkeit ergibt sich aus der Tatsache, daß vereinzelte Handlungen nicht umfaßt sein sollen. Zudem wird die Begehung derartiger Verbrechen durch die Peacekeeper vor dem Hintergrund, daß diese auf die Kooperation der Zivilbevölkerung angewiesen sind, so gut wie ausgeschlossen sein.[708] Schließlich erfordert der Tatbestand des Verbrechens gegen die Menschlichkeit das Wissen des Täters, daß ein Angriff gegen die Zivilbevölkerung geführt wird und seine Handlung hiermit in Zusammenhang steht. In diesem Zusammenhang ist von Relevanz, daß Ermittlungen

[706] Vgl. Zwanenburg, The Statute for an International Criminal Court, EJIL 10 (1999), S. 128.
[707] So auch: Zwanenburg, The Statute for an International Criminal Court, EJIL 10 (1999), S. 133.
[708] Vgl. Zwanenburg, The Statute for an International Criminal Court, EJIL 10 (1999), S. 134.

gegen Peacekeeper i.d.R. keine große Opfer- und Täterzahl betreffen und die Untersuchungen immer die isolierte Natur des strafbaren Verhaltens betonen, so daß die Begehung eines Verbrechens gegen die Menschlichkeit unwahrscheinlich ist.[709] Bei den Kriegsverbrechen besteht zudem Möglichkeit des „opt out“ gemäß Art. 124 des Statuts. Folglich ist den Statutsverbrechen, die nur die schwersten Verletzungen und „large scale-“ Verbrechen erfassen sollen, eine weitere maßgebliche Einschränkung zu entnehmen, da erfahrungsgemäß Peacekeeper lediglich in Einzelfällen Verbrechen begangen haben. Auch durch die „proprio motu-Befugnis“ des Anklägers tritt eine Gefährdung der staatlichen Souveränität nicht ein, da diese, wie bereits dargelegt, nicht einschränkungslos gewährt wird. Zudem sind z.B. vor Ort Untersuchungen nur bei Zustimmung des Staates zulässig. Auch die nationalen Sicherheitsbedürfnisse der Staaten haben durch das Statut einen guten Schutz erhalten. Schließlich ist zu berücksichtigen, daß die meisten Peacekeeping-Missionen unter der direkten Autorität des Sicherheitsrates unternommen werden, der, sofern er eine Überprüfung durch den IStGH nicht wünscht, nach Art. 16 des Statuts sowohl die Ermittlungen als auch die Strafverfolgung blockieren kann.[710]

Demnach sind die Befürchtungen der USA, daß das gegenwärtige System der strafrechtlichen Verfolgung der Peacekeeper durch den IStGH negativ beeinflußt werde, unbegründet, da das Statut von Rom auf einer Reihe von Prinzipien, wie z.B. der Regelung der Gerichtsbarkeit, der Zuständigkeit ratione materiae, den Kompetenzen des Anklägers und der Möglichkeit des Sicherheitsrates, eine Sache zu blockieren, beruht und diese den Schutz der Peacekeeper vor einer strafrechtlichen Verfolgung durch den IStGH vermitteln. Demnach ist zu erwarten, daß die gegenwärtige Lage nicht tangiert wird und die Befürchtungen der USA keine Grundlage im Statut finden. Diese Entwicklung wird von Zwanenberg zu Recht kritisiert, der die Auffassung vertritt: „guardians cannot be judged by different standards than the guarded“ und daher den Umstand, daß das Statut für den Fall der Menschenrechtsverletzungen durch Peacekeeper keine Handhabe bietet, als negativ bewertet, da es nicht gelungen sei, diese Lücke zu schließen und alle Menschenrechtsverletzungen gleichsam zu bestrafen, ungeachtet der Frage der Täterschaft.[711]
Schließlich ist davon auszugehen, daß der Territorialstaat bei derartig schweren Verletzungen wie den Statutsverbrechen die Gerichtsbarkeit hätte, die auch durch ein SOFA nicht ausgeschlossen werden könnte, so daß eine Verletzung des Drittstaates, der die Peacekeeper zur Verfügung gestellt hat, nicht gegeben ist.[712] Demnach verbleibt es bei dem im Rahmen der Untersuchung der „third party jurisdiction“ gefundenen Ergebnis, demzufolge auch ein Verfahren gegen einen Peacekeeper, sofern es hierzu überhaupt kommen sollte, nicht als Verletzung der nationalen Souveränität des Drittstaates anzusehen wäre.

3. Die Frage der Amnestie

Die Auswirkung nationaler Amnestien auf den IStGH ist problematisch. Die Tatsache, daß das Statut von Rom die Frage der Amnestie, die in vielen Fällen zur Herbeiführung des Friedens erforderlich war bzw. mit welcher der Übergang diktatorischer Sys-

---

[709] Vgl. Zwanenburg, The Statute for an International Criminal Court, EJIL 10 (1999), S. 135.

[710] Vgl. Zwanenburg, The Statute for an International Criminal Court, EJIL 10 (1999), S. 138.

[711] S. Zwanenburg, The Statute for an International Criminal Court, EJIL 10 (1999), S. 142 f.

[712] Vgl. Cassese, The Statute of the International Criminal Court, EJIL 10 (1999), S. 160.

teme zur Demokratie „erkauft" wurde, ignoriert, wird kritisiert.[713] Daher wird die Forderung erhoben, daß die Geschichte der Amnestie und hier v.a. die Überleitungen in demokratische Systeme in diesem Jahrhundert Berücksichtigung finden müßte, welche die strafrechtliche Verfolgung der aus dem Amt scheidenden Führer nicht gestatteten.[714]

Bereits frühzeitig herrschte die barbarische Sitte, daß die Sieger eines Krieges die Auslieferung führender Staatsmänner des Gegners forderten, um diese dann dem eigenen Volk im Triumphzug zu präsentieren.[715] Auch unter dem Einfluß der Theorie des gerechten Krieges, wurde dem Sieger, der rechtmäßig Krieg geführt hat (iusta causa), das Recht zuerkannt, jene Personen des Besiegten zu bestrafen, die den Krieg durch ein rechtswidriges Beginnen desselben bzw. durch die den Krieg veranlassenden Kriegsverletzungen verschuldet hatten, da der Krieg nach der katholischen Völkerrechtsdoktrin als ein Strafgericht und als ein Akt der iustitia vindicativa anzusehen ist.[716] Allerdings begann sich bereits zu dieser Zeit die Auffassung durchzusetzen, daß ein Friede keine Sicherheit haben würde, wenn die alten Ursachen des Krieges gültig blieben, so daß zunehmend Amnestieklauseln Eingang in die Friedensverträge fanden, die z.T. eine Generalnachsicht für alles Unrecht, das sich die Kontrahenten und die Bevölkerung gegenseitig zugefügt hatten, enthielten.[717] In diesem Zusammenhang ist ebenfalls zu berücksichtigen, daß der Friedensvertrag den Frieden als Hauptziel enthalten muß.[718] Insbesondere nach dem 30-jährigen Krieg wurde in Friedensverträgen regelmäßig die Straffreiheit politischer und militärischer Führer in Amnestieklauseln vereinbart.[719] Ursächlich für die Aufnahme von Amnestieklauseln in die Friedensverträge war zudem, daß die Staaten i.d.R. davor zurückschreckten, die Kriegsverbrechen der eigenen Soldaten abzuurteilen.[720] Angesichts des im Völkerrecht geltenden Gleichheitssatzes bedeutete dann jedoch die Bestrafung der in ihrer Hand befindlichen fremden Soldaten, unter Verschonung der eigenen Soldaten, ein Völkerrechtsdelikt, so daß aus diesem Grund Amnestieregelungen getroffen wurden.[721] Während der Vorteil dieser Praxis darin zu sehen ist, daß eine einseitige Straflosigkeit der von dem Sieger begangenen Verbrechen und somit eine als zusätzliche Unterdrückung und Niederwerfung empfundene Siegerjustiz vermieden wurde, liegt die Schwäche solcher Klauseln in dem Umstand, daß die begangenen Kriegsverbrechen straflos blieben, anstelle einer allgemeinen ggf. internationalen Ahndung zugeführt zu werden.[722] In Versailles hat man diesen „relativen Fortschritt" der Amnestieklausel, „nämlich die Überwindung der bloß einseitigen Bestrafung der Besiegten und die Straffreisetzung der Sieger, wieder rückgängig gemacht und ist zu dem im humanitären Zeitalter überwundenen alten diskriminierenden Kriegsbegriff zurückgekehrt, mit einseitiger Bestrafung der Angehörigen der Besiegten und einseitigem Amnestievorbehalt für die Angehörigen und Helfer der Sie-

---

[713] Vgl. hierzu: Wedgwood, An American View, EJIL 10 (1999), S. 95.

[714] Vgl. Wedgwood, An American View, EJIL 10 (1999), S. 95.

[715] S. Gornig, Verantwortlichkeit, NJ 1992, 5.

[716] Vgl. Verdroß, Amnestieklausel, 38.

[717] So: Verdroß, Amnestieklausel, 38.

[718] Vgl. Strupp, Kriegsbeendigung, S. 716.

[719] Vgl. Gornig, Verantwortlichkeit, NJ 1992, 5.

[720] S. Berber, Lehrbuch des Völkerrechts Bd. 2, S. 250.

[721] Vgl. Berber, Lehrbuch des Völkerrechts Bd. 2, S. 250.

[722] S. Strupp, Kriegsbeendigung, S. 716.

ger".[723] Diese rückschrittliche Rechtsentwicklung hat sich nach dem zweiten Weltkrieg fortgesetzt.

Die Vereinbarung von Amnestien ist nicht grundsätzlich ausgeschlossen. Art. 6 Absatz 5 des zweiten Zusatzprotokolls von 1977 zu den Genfer Konventionen erlaubt die Gewährung „möglichst weitgehender Amnestien" nach Beendigung der Feindseligkeiten zum Zwecke der nationalen Aussöhnung. Zudem sind noch die bereits erörterten nationalen Amnestien zu nennen, die als Preis für die Demokratie gezahlt werden. Hierunter fallen die Fälle, in denen Diktatoren nur dann zu einem Machtverzicht und zur Verschaffung demokratischer Strukturen bereit sind, wenn ihnen eine Amnestie gewährt wird, so daß politische Abkommen auf Kosten der Gerechtigkeit geschlossen werden.[724] Angesichts des erstarkenden humanitären Aspekts wird auch in diesem Bereich die Einhaltung bestimmter völkerrechtlicher Schranken gefordert und die Auffassung vertreten, daß eine umfassende Amnestie von schweren Menschenrechtsverletzungen völkerrechtswidrig sei.[725] Daher wird, bezüglich der Verbrechen, auf die sich die Gerichtsbarkeit des IStGH erstreckt, vertreten, daß die bestehende Rechtslage die Möglichkeit der Berücksichtigung der Amnestie verneine.[726] Dies wird zudem auf die rechtliche Natur dieser Verbrechen gestützt[727] und letztendlich die rechtliche Befugnis des einzelnen Staates zur Verfügung einer Straffreiheit für derartige Verbrechen verneint. Wie der Präambel und Art. 1 des Statuts zu entnehmen ist, handelt es sich bei den im Statut genannten Verbrechen um die schwersten, die die internationale Gemeinschaft als Ganzes angehen, so daß alle Staaten ein Interesse an der Bekämpfung dieser Verbrechen haben. Gleichzeitig werden die Täter als Feinde der Menschheit bewertet, mit der Folge, daß die Ausübung der Gerichtsbarkeit über die Täter als Verpflichtung erga omnes anzusehen ist, da die Verletzung alle Staaten zu Verletzten macht.[728] Somit obliegt es dem IStGH und nicht den einzelnen Staaten über die strafrechtliche Verfolgung einzelner Verbrechen zu befinden.[729] Zudem verlangen gerechtigkeitsbezogene Aspekte eine Bestrafung der Schuldigen. Sofern eine solche nicht erlangt wird, versuchen die von Rachegedanken getriebenen Opfer häufig eine eigenmächtige Durchsetzung „ihrer Gesetze", so daß langfristig betrachtet „nur die Gerechtigkeit den Kreislauf der Gewalt durchbrechen"[730] und den Frieden sichern kann. Die Bestrafung der Verantwortlichen verschafft den Opfern Genugtuung, beugt dem Vorwurf der Kollektivschuld vor und schreckt mögliche künftige Täter ab. Im übrigen habe, so stellt Bassiouni fest, die zivile Gesellschaft einen Punkt erreicht, an dem das vorgeschobene Argument, daß zur Erreichung von Frieden eine Straflosigkeit zu gewähren sei, nicht das quid pro quo sei, das die Führer im Gegenzug für die Einstellung des Konflikts erhalten

---

[723] Berber, Lehrbuch des Völkerrechts Bd. 2, S. 250.

[724] Vgl. hierzu: Bassiouni, Favoring the Establishment of the International Criminal Court, Journal of International Affairs 52, (1999), S. 797.

[725] So auch: Ambos, Keinerlei Folgen ?, Neue Kriminalpolitik 1997, S. 9.

[726] So auch: Hafner, A response to the American View, EJIL 10 (1999), S. 111, der dies auf eine Analyse von amnesty international, die Genozid Konvention sowie die Genfer Konventionen stützt. Auch bezüglich der Verbrechen gegen die Menschlichkeit reflektiere die rechtliche Situation wie z.B. die Konvention gegen Folter, daß die Berücksichtigung der Amnestie der etablierten Übung zuwider laufen würde.

[727] Vgl. hierzu: Hafner, A Response to the American View, EJIL 10 (1999), S. 112.

[728] S. Hafner, A Response to the American View, EJIL 10 (1999), S. 112.

[729] Vgl. Hafner, A Response to the American View, EJIL 10 (1999), S. 112.

[730] Blumenwitz, Die Strafe im Völkerrecht, ZfP 1997, S. 347 f.

sollten.[731] Demgegenüber ist darauf hinzuweisen, daß sowohl in nationalen Gesetzen[732] als auch in internationalen Abkommen der Einwand der Amnestie als Verteidigung gegen die Auslieferung anerkannt ist.[733] Die wohl zu verneinende Frage, ob Amnestien generell für jegliche Verletzungen des humanitären Völkerrechts gewährt werden dürfen, bedarf hier keiner Klärung. Allerdings erscheint es angesichts der bisher gezogenen Erkenntnisse vertretbar, ausschließlich für die Statutsverbrechen, die eine schwere Erschütterung der internationalen Gemeinschaft und des Friedens darstellen, eine Durchbrechung der nationalen Amnestie zuzulassen.

Das Statut enthält keine ausdrücklichen, den Konflikt lösenden Regelungen, so daß davon auszugehen ist, daß eine Amnestie weitgehend unberücksichtigt bleibt und der Gerichtsbarkeit nicht entgegengehalten werden kann, da vielmehr die allgemeinen Regelungen gelten. Dies folgt zudem aus der Präambel, die feststellt:

...**Affirming** that the most serious crimes of concern to the international community as a whole must not go unpunished and that their effective prosecution must be ensured by taking measures at the national level and by enhancing international cooperation,
Determined to put an end to impunity for the perpetrators of these crimes and thus to contribute to the prevention of such crimes,
Recalling that it is the duty of every State to exercise its criminal jurisdiction over those responsible for international crimes,...

Hieraus ist die eindeutige Position des Statuts zu entnehmen, das der Straflosigkeit der schwersten Menschenrechtsverletzungen ein Ende setzen will und an die Pflichten eines jedes Staates erinnert, seine Strafgerichtsbarkeit über die Verantwortlichen auszuüben. Die Gewährung einer Amnestie läuft dieser Verpflichtung zuwider. Demnach verbleibt es bei den allgemeinen Grundsätzen des Statuts, so daß die staatliche Amnestie keine weitere Berücksichtigung findet.[734] Wedgwood vertritt die Auffassung, daß sich der Umstand, daß das Statut jegliche Berücksichtigung von nationalen Amnestien ausläßt, vorwiegend in politischer Hinsicht als konfliktreich erweisen werde.[735] Die USA haben sich bereits im Vorfeld der Konferenz von Rom dafür eingesetzt, daß die verantwortliche Entscheidung eines demokratischen Regimes eine Amnestie vorzusehen, eine Berücksichtigung bei der Beurteilung der Zulässigkeit der Sache finden müsse.[736] Diese Anregung fand keinen Eingang in das Statut, so daß nach Auffassung der Kritiker lediglich der Sicherheitsrat im Rahmen seiner Überweisung derartige Überlegungen anstellen kann. Demgegenüber ist festzustellen, daß das Statut, unter angemessener Berücksichtigung der Präambel, durchaus Raum für derartige politische Erwägungen läßt. Dies folgt z.B. aus Art. 53 des Statuts, demgemäß der Ankläger bei der Frage, ob er eine Untersuchung initiiert, unter Berücksichtigung der Schwere des Verbrechens und den Interessen der Opfer zu prüfen hat, ob eine Untersuchung den Interessen der Gerechtigkeit dient. Zudem ist auch an dieser Stelle darauf hinzuweisen, daß, sofern ein Staat eine Amnestie bzw. eine Begnadigung nach Durchführung eines ordnungsgemäßen Strafverfahren gewährt bzw. die Strafvollstreckung ausgesetzt wird, dem IStGH, ausweislich des Wortlauts des Sta-

[731] So: Bassiouni, Favoring the Establishment of the International Criminal Court, Journal of International Affairs 52 (1999), S. 797.

[732] Vgl. § 153 c StPO.

[733] S. Hafner, A response to the American View, EJIL 10 (1999), S. 109 ff, mit weiteren Nachweisen.

[734] Gleiches gilt für die Begnadigung.

[735] S. Wedgwood, An American View, EJIL 10 (1999), S. 96.

[736] Vgl. Wedgwood, An American View, EJIL 10 (1999), S. 96.

tuts, „die Hände gebunden sind".[737] Sollte allerdings ein Staat von vornherein diese Umgehungsabsicht haben, die sich auf das Verfahren selbst auswirke, so ist die Sachlage anders zu beurteilen, mit der Folge, daß der IStGH den Fall an sich ziehen könnte, wobei auch hier der Nachweis schwer zu führen sein wird.[738] Probleme können ferner aus dem Umstand resultieren, daß i.d.R. abstrakt-generelle Amnestiegesetze oder Generalamnestien erlassen werden, Art. 20 des Statuts allerdings auf den Schutz einer „Person" abstellt. Daher steht das Statut des Gewährung nationaler Amnestien nicht entgegen, sofern sie nach einem korrekten strafrechtlichen Verfahren gewährt werden, da insoweit eine Gesetzeslücke besteht, die vom IStGH u.U. durch eine entsprechende Auslegung des Statuts unter gebührender Berücksichtigung der Präambel geschlossen wird.

4. Weitere Kritikpunkte

In der Literatur ist das Statut von Rom und die Idee der Etablierung des IStGH auf vereinzelten Widerstand gestoßen.[739]
Rubin stellt die Behauptung auf, der IStGH würde nur „moral law" so durchsetzen als wäre es „positive law".[740] Dem ist entgegenzuhalten, daß die Tatbestände des Statuts keineswegs lediglich als „moral law", sondern vielmehr als positives Völkerstrafrecht, das weitgehend bereits bestehendes Völkergewohnheitsrecht wiederholt, anzusehen sind. Zudem vertritt Rubin die Auffassung, der IStGH könne keine Gerechtigkeit bringen und ist der Ansicht, Justiz sei lediglich ein moralisches Konzept.[741] So hätten alle Versuche, einen bewaffneten Konflikt durch rechtliche Mittel zu stoppen, ihre Wirkung verfehlt. Um seine These zu stützen bemüht Rubin den Kellog-Briand-Pakt. Dieser Vergleich spricht für sich, da in dem Bereich der Problematik des Angriffskrieges eine Lösung auf internationaler Ebene noch nicht erzielt werden konnte und der Pakt kein strafbewehrtes Verbot mit der Folge einer individuellen Verantwortlichkeit begründete, sondern lediglich Absichtserklärungen enthielt. Als weiteres Beispiel für das Scheitern des positiven Rechts führt Rubin zudem die UN-Charta und das darin enthaltene Gewaltverbot an. Auch aus dieser Feststellung kann ein Scheitern einer internationalen Gerichtsbarkeit nicht geschlossen werden, da die Durchsetzungsmechanismen der UN beschränkt sind und der Sicherheitsrat bei seinen Entscheidungen im Rahmen des siebten Kapitels der UN-Charta keine justizförmigen Entscheidungen trifft, sondern vielmehr politisch motivierte Erwägungen im Vordergrund stehen. Auch die Tatsache, daß die meisten Konflikte interner Natur sind, steht der Erforderlichkeit und dem Erfolg einer internationalen Gerichtsbarkeit nicht entgegen.[742] Hieraus folgt nicht zwangsläufig, daß nur eine Lösung auf nationaler Ebene

[737] Vgl. hierzu: Art. 20 IStGH-Statut.

[738] Vgl. hierzu auch: Holmes, Complementarity, S. 76 f.

[739] So z.B.: Rubin, Another View of the International Criminal Court, Journal of International Affairs 52 (1999), S. 783 ff und Wedgwood, An American View, EJIL 10 (1999), S. 93 ff.

[740] Vgl. Rubin, Another View of the International Criminal Court, Journal of International Affairs 52 (1999), S. 783.

[741] Eine uferlose und angesichts des „Rundumschlages" von Rubin wenig sinnvolle Diskussion der Berechtigung und des Sinns der Justiz soll hier nicht erfolgen.

[742] Vgl. Rubin, Another View of the International Criminal Court, Journal of International Affairs 52 (1999), S. 784 f. Rubin vertritt die ungewöhnliche Auffassung, daß die Situation des IStGH analog zu jener der Kindesmißhandlung zu beurteilen sei. Auch hier könne keine Institution geschaffen werden, welche die Familien bewache. Die Gerichte hätten in diesen Fällen versagt. Weder der Vergleich noch die Schlußfolgerung können nachvollzogen werden.

möglich und ein Scheitern des IStGH zu erwarten sei. Offensichtlich nimmt Rubin keine Differenzierung zwischen Ursache und Wirkung vor. So erkennt er zwar zutreffend, daß viele Konflikte ihre Ursache in innerstaatlichen Bereich haben, trifft jedoch keine Feststellung dahingehend, daß über den nationalen Bereich hinaus die gesamte Staatengemeinschaft von der Wirkung dieser Taten betroffen und verletzt sein kann. Bei den Statutsverbrechen handelt es sich um solche, die u.U. ihren Ursprung in innerstaatlichen Konflikten haben, deren Auswirkung aber nicht regional begrenzt ist, sondern die gesamte Weltbevölkerung erschüttern und einer entsprechenden strafrechtlichen Verfolgung zugänglich zu machen sind. Demgegenüber stellt Rubin fest: "Much can be done through truth commissions and various municipal legal orders, but it is better to do nothing in the international order than to confuse it with individuals moral evaluations, and attempts to enforce their views of morality as if they were objective and binding on others under a hypothesized universal criminal law."[743] Hierbei übersieht Rubin erneut, daß es sich keineswegs um die moralischen Beurteilungen einzelner, sondern im Gegenteil um die gemeinsame Überzeugung der Vertragsstaaten, die ihre Grundlage zudem im geltenden Völkerrecht findet, handelt. Zudem sind die drei Verbrechen, auf die sich die Zuständigkeit des IStGH derzeit erstreckt, bereits ausreichend definiert, so daß das Statut des IStGH kein neues Völkerstrafrecht schafft, sondern überwiegend bereits eingeführtes positives Recht kodifiziert und zu guter Letzt auch der internationalen Gemeinschaft keine neuen Werte auferlegt.[744] Daher vertritt auch Bassiouni die Auffassung, daß ein effektives System zur Reduzierung des Umfanges der internationalen Gewalt und des internationalen Verbrechens erforderlich sei und von ihm auch der gewünschte Abschreckungseffekt ausginge.[745]

Da künftige Straftäter mit einer strafrechtlichen Verfolgung durch den IStGH rechnen müssen, ist davon auszugehen, daß auch von einem Weltstrafgerichtshof ein Präventiv- und Abschreckungseffekt ausgehen wird, sofern eine internationale Aburteilung praktiziert wird. Die Abschreckungsfunktion der angedrohten Strafe darf nicht unterschätzt werden. Zwar ist den Kriminologen die Messung des Abschreckungseffektes schwer möglich, jedoch kann davon ausgegangen werden, daß die Gefahr der drohenden Bestrafung Staatsoberhäupter und ihre Beschäftigten durchaus erheblich bewegen dürfte.[746] Auch kann als erwiesen angesehen werden, daß Strafgesetzen mit anschließender gerichtlicher Verfolgung eine erhebliche abschreckende Bedeutung zukommt. Dieses Ergebnis kann unbesehen auf die internationale Ebene übertragen werden. Bereits Seneca hat bezüglich des Abschreckungseffekts festgestellt,

---

[743] Rubin, Another View of the International Criminal Court, Journal of International Affairs 52 (1999), S. 794.

[744] Vgl. hierzu: Bassiouni, Favoring the Establishment of the International Criminal Court, Journal of International Affairs 52 (1999), S. 801, 803.

[745] Vgl. Bassiouni, Favoring the Establishment of the International Criminal Court, Journal of International Affairs 52 (1999), S. 796, der auf S. 809 feststellt: „The IStGH will therefore serve to dispense exemplary and retributive justice, provide victim redress, record history, reinforce social values, strengthen individual rectitude, educate present and future generations and, most importantly, deter future human depredations. To achieve these ends, the IStGH must act with predictability and consistency, be cognizant of publicly perceived fairness and, when appropriate, temper the harshness of the law with understanding and compassion. The essential interrelated premises for obtaining these results are political independence, judicial fairness and effectiveness"

[746] So auch: Bassiouni, Favoring the Establishment of the International Criminal Court, Journal of International Affairs Volume 52 (1999), S. 807, der dies u.a. aus dem Umstand ableitet, daß der Öffentlichkeit, in Zeiten der heutigen Medien, wenig verborgen bleibe, so daß ein „verstecken" u.ä., anders als bei den „gewöhnlichen Kriminellen" ausscheide.

daß „...either [a Sanction] may correct him who it punishes, or that the punishment may render other men better, or that, by bad men being put out of the way, the rest may live without fear".[747] Daher ist mit den Schöpfern des Statuts davon auszugehen, daß die Durchsetzung der Sanktionen des IStGH zu der Reduzierung sozialer Gewalt und der Erhaltung und Wiederherstellung des Friedens beitragen kann.[748] Eine solche Verlagerung des Konflikts in den Gerichtssaal könnte daher zur Lösung der Probleme, zur Beilegung des Konfliktes und daher ebenfalls zur Wiederherstellung bzw. Erhaltung des Friedens beitragen. Allerdings ist auch darauf hinzuweisen, daß der IStGH, ebensowenig wie ein nationales Strafgericht dies im nationalen Bereich vermag, alle internationalen Probleme mit strafrechtlichen Mitteln lösen kann. Dennoch wird der IStGH zur Erreichung dieser Ziele beitragen. In diesem Zusammenhang sei zudem auf den hohen Stellenwert, den die nationale Justiz in der Humanisierung der Gesellschaft, dem Fortkommen der Gerechtigkeit und der Demokratie hat, hinzuweisen. Wenn bereits diesen Gerichten eine derart formende Rolle zukommt, kann nichts anderes für den IStGH gelten.

Teilweise wird auch eine unzureichende Berücksichtigung der bestehenden Architektur der UN behauptet, die sogar als „Palastrevolution" gegen die Kompetenzen, welche die UN-Charta selbst festlegt, bezeichnet wird.[749] So wird z.B. festgestellt, das Statut sei nicht der richtige Ort für eine Reform des Sicherheitsrates und der IStGH könne den Sicherheitsrat nicht seiner tragenden Rolle in der Friedenssicherung und -schaffung entheben.[750] In diesem Zusammenhang wird Art. 103 der UN Charta erwähnt, der dieser den Vorrang vor anderen Verpflichtungen einräumt. Wie an verschiedenen Stellen der Arbeit ausgeführt wurde, geht diese Auffassung fehl, da das Statut die Charta der Vereinten Nationen angemessen berücksichtigt. Dies folgt bereits aus der Präambel des Statuts, die in Abs. 7 feststellt, daß die Ziele und Grundsätze der UN und hier v.a. das Prinzip, daß alle Staaten jede gegen die territoriale Unversehrtheit oder politische Unabhängigkeit eines Staates gerichtete oder sonst mit den Zielen der UN unvereinbare Androhung oder Anwendung von Gewalt zu unterlassen haben, zu beachten sind. In Abs. 8 der Präambel des Statuts wird ausdrücklich betont, daß das Statut von Rom einem Vertragsstaat keineswegs die Befugnis zum Eingreifen in einen bewaffneten Konflikt vermittelt, der in die inneren Angelegenheiten eines Staates fällt. Damit bestätigt und anerkennt die Präambel die Ziele und Grundsätze der Art. 1 und 2 UN-Charta. Zudem wird im Rahmen des Aggressionsverbrechens ausdrücklich die Bedeutung der UN-Charta und die Rolle des Sicherheitsrates bei der Feststellung eines Friedensbruches anerkannt, da Art. 5 Abs. 2 S. 2 des Statuts ausdrücklich feststellt, daß der zu entwerfende Tatbestand im Einklang mit den maßgebenden Vorschriften der UN-Charta zu stehen hat. Zudem wird das Grundgefüge der UN-Charta anerkannt, was sich in der Behandlung des Sicherheitsrates widerspiegelt. Dem Sicherheitsrat steht z.B. das Recht zur Überweisung einer Situation an den Ankläger nach Art. 13 lit. (b) des Statuts zu. Auch die Konsequenzen, die nur eine Überweisung des Sicherheitsrates nach sich zieht und die sich von denen der Staatenklage oder der „ex officio-Befugnis" des Anklägers unterscheiden, reflektieren die anerkannte Bedeutung des Sicherheitsrates für die

[747] Seneca zitiert aus: Bassiouni, Favoring the Establishment of the International Criminal Court, Journal of International Affairs Volume 52 (1999), S. 808.

[748] So auch: Bassiouni, Favoring the Establishment of the International Criminal Court, Journal of International Affairs Volume 52 (1999), S. 808.

[749] So: Wedgwood, An American View, EJIL 10 (1999), S. 97.

[750] So: Wedgwood, An American View, EJIL 10 (1999), S. 97 f.

Friedenssicherung. So wird in diesem Fall eine Zustimmung des Territorial- oder des Heimatstaates entbehrlich und der Umstand der Überweisung der Sache durch den Sicherheitsrat als ausreichend für die Eröffnung der Zuständigkeit des IStGH erachtet. Ferner kann die Unterrichtung der Staaten nach Art. 18 Abs. 1 des Statuts unterbleiben; der Sicherheitsrat kann die Kooperation der Staaten durchsetzen etc. Zudem ist die Befugnis des Sicherheitsrates zur „Blockade" einer Untersuchung oder eines Strafverfahrens nach Art. 16 des Statuts zu nennen.[751] Diese, von den gerichtshoffreundlichen Staaten kritisierten Regelungen, die dem Sicherheitsrat z.T. weitgehende Rechte einräumen und es diesem sogar ermöglichen, den IStGH dauerhaft von einer Sache auszuschließen, finden ihre Rechtfertigung in der Respektierung der UN-Charta, gegen die das Statut weder verstoßen kann (Art. 103 UN-Charta) noch dies versucht hat. Aus diesen Gründen sind die Vorwürfe, dem Kompetenzgefüge der UN und insbesondere der tragenden Rolle des Sicherheitsrates werde nicht genügt, nicht gerechtfertigt. Daher wird diese Kritik z.T. heftig angegriffen und festgestellt, daß die abschließenden Regelungen im Statut, insbesondere Art. 13 und 16, im Wege eines Kompromisses zwischen den einzelnen Positionen erzielt wurden und die Befugnisse des Sicherheitsrates, die dieser ausweislich der UN-Charta genießt, nicht im mindesten einschränken, auch wenn der Sicherheitsrat nicht beeinflussen kann, welche Fälle vor den IStGH getragen und behandelt werden.[752] Zwar trägt der Sicherheitsrat das Risiko, daß eine Einigung aufgrund eines Mitgliederwechsels, o.ä. nicht zu erzielen ist, allerdings stellt dies das allgemeine Risiko des Sicherheitsrates dar.

Ferner wird das Problem der Durchsetzung von Anordnungen des IStGH aufgegriffen, die in dem Statut vorgesehene Lösung der Kooperationspflichtverletzungen kritisiert und festgestellt, daß eine effektive Kooperation durch entsprechende politische und wirtschaftliche Maßnahmen und ggf. die Einschüchterung durch autorisierte militärische Aktionen gesichert werden müsse, die nur von dem Sicherheitsrat erbracht werden können.[753] Der IStGH ist zu einem solchen Vorgehen nicht befugt und kann die Anwendung von Gewalt eines Staates gegen einen anderen nicht autorisieren. Sofern jedoch eine Überweisung des Sicherheitsrates vorliegt, bestehen andere Durchsetzungsmöglichkeiten. Dies ist allerdings nicht als Mißstand des Statuts, sondern vielmehr als generelles Problem des auf dem Prinzip der Souveränität und der Gleichordnung der Staaten beruhenden Völkerrechts anzusehen, so daß auch der Sicherheitsrat lediglich bei Vorliegen der Anforderungen des siebten Kapitels der UN-Charta gewaltsam eingreifen kann. Als zutreffend kann festgestellt werden, daß der Sicherheitsrat den IStGH bei seiner Arbeit maßgeblich unterstützen kann. Dies ist allerdings nur eine Möglichkeit. Die andere liegt darin, über eine große Anzahl von vertragstreuen Mitgliedstaaten eine hohe Durchsetzungskraft und Stärke des IStGH

[751] Vgl. hierzu auch Wedgwood, An American View, EJIL 10 (1999), S. 97 f, die zwar darauf hinweist, daß die Möglichkeit einer Verlängerung besteht, aber gleichzeitig feststellt, daß derartige Fälle durchaus mehrere Jahre anhalten könnten und daher zu übersehen scheint, daß die Anzahl der Verlängerungen keinerlei Beschränkungen unterliegt, so daß der Sicherheitsrat auch bei länger anhaltenden Situationen entsprechend agieren kann; so auch: Hafner, A Response to the American View, EJIL 10 (1999), S. 113.

[752] Vgl. hierzu: Hafner, A Response to the American View, EJIL 10 (1999), S. 113 ff, der feststellt, daß über die Frage der Rolle des Sicherheitsrates nicht nur in der fünfwöchigen Konferenz in Rom, sondern bereits im Verlauf der letzten drei Jahre, bei den sechs Sitzungen des Preraratory Commitees heftig debattiert wurde.

[753] So: Wedgwood, An American View, EJIL 10 (1999), S. 106.

zu erreichen,[754] so daß dann ggf. Sanktionen von den Vertragsstaaten, die dann auch von diesen durchgeführt werden, verhängt werden könnten.

Abschließend ist festzustellen, daß bei einer Berücksichtigung der Wünsche der USA die Errichtung eines IStGH obsolet geworden wäre, da dieser allenfalls eine „Hülse" darstellte, der über wenige Kompetenzen verfügte und vielmehr als Spielball des Sicherheitsrates nicht vorwiegend rechtlichen, sondern vielmehr politischen Interessen gedient hätte. Die ablehnende und unnachgiebige Haltung der USA, die eine Gerichtsbarkeit „à la carte" durchsetzen wollte, ist zu bedauern. Diese Haltung kommt jedoch nicht überraschend, sondern steht vielmehr im Einklang mit den bereits im Jahr 1919 von den USA vertretenen Positionen. Überraschend ist lediglich die Deutlichkeit mit der die Interessen der überwiegenden Anzahl der Staaten ignoriert wird und versucht werden soll, eine Durchsetzung der eigenen Interessen zu erzielen.

IV. Konsequenzen für das Völkerstrafrecht unter besonderer Berücksichtigung der Auswirkungen einer Rückentwicklung in dem Statut[755]

Die herausragende Bedeutung der detaillierten Festlegung bestimmter Tatbestände, der allgemeinen Grundsätze des Völkerstrafrechts und des Völkerstrafprozeßrechts in dem Statut von Rom für die Entwicklung des Völkerstrafrechts wurde bereits dargelegt. Allerdings erweckt das Statut, infolge der Aufnahme verschiedener Regelungen, den Anschein, daß es die Entwicklung des Völkerstrafrechts gänzlich unbeeinflußt wissen will und von ihm eine Präjudizwirkung nicht ausgehen soll.[756] Dies ist am deutlichsten Art. 10 des Statuts zu entnehmen, der festlegt:

> Nothing in this Statute shall be interpreted as limiting or prejudicing in any way existing or developing rules of international law for purposes other than this Statute"[757]

Hieraus folgt im Gegenzug, daß auch das gelegentliche Zurückbleiben der Straftatbestände des Statuts sowie der sonstigen Regelungen das Völkerstrafrecht nicht tangiert, so daß von dem Statut auch keine „negative Präjudizwirkung" ausgehen soll.[758] Somit hat, nach dem ausdrücklichen Willen der Vertragspartner, eine in dem Statut enthaltene Rückentwicklung, ohne jegliche Auswirkung auf das Völkerstrafrecht zu bleiben. Angesichts der verschiedentlichen Feststellungen in dem Statut war diese Problematik seinen Schöpfern auch bewußt, da in einigen Artikeln ausdrücklich

---

[754] So auch Kaul, Das Ringen um seine Zuständigkeit, S. 191, der feststellt, daß sich ein effektiver Gerichtshof durch eine hohe Anzahl von Vertragsstaaten erreichen ließe. Skeptisch: Fastenrath, Der Internationale Strafgerichtshof, JuS 1999, S. 635.

[755] Vgl. hierzu auch: Ambos, Zum Stand der Bemühungen, ZRP 1996, S. 266.

[756] So wohl auch Triffterer, in: Triffterer, Commentary, Art. 10 Rn. 1, 7.

[757] Vgl. auch Art. 22 Abs. 3 IStGH-Statut.

[758] A.A. Cassese, The Statute of the International Criminal Court, EJIL 10 (1999), S. 157 f, der befürchtet, daß die Entwicklung des case laws des Gerichts, das auf dieser restriktiven Einstellung beruhe, langfristig zu einer graduellen Verengung des Umfangs der generellen Prinzipien und Regeln und somit zu einem herben Rückschlag für das Völkerstrafrecht führen könne. Diese Befürchtungen werden, angesichts der Regelungen des Statuts, nicht geteilt. Zwar sind hier die richterlichen Rechtschöpfungsmöglichkeiten des IStGH, im Vergleich zu den „ad hoc-Tribunalen" begrenzt, jedoch ist dies ist die Folge bestimmter und detaillierter Tatbestände, mit der nicht notwendigerweise eine fortschreitende Verengung einhergehen muß, wie die Erfahrungen mit den nationalen Rechtsordnungen belegen, da nach wie vor erhebliche Auslegungsspielräume der abstrakt generellen Normen bestehen.

festgestellt wurde, daß das bestehende Recht hiervon unberührt bleibt. Es hat daher allen Anschein, als wolle das Statut die Existenz unterschiedlicher Völkerrechtssysteme befürworten, von denen das eine in dem Statut und das andere in dem allgemeinen Völkerrecht verankert ist.[759] Daher stellt sich die Frage nach dem Verhältnis der beiden Regime. Die Lösung dieser Frage ist Art. 21 des Statuts zu entnehmen, demgemäß der IStGH dem Statut den Vorrang zu gewähren hat und erst in zweiter Linie auf die internationalen Vereinbarungen, etc. zurückgreifen kann.[760]

[759] Vgl. hierzu: Cassese, The Statute of the International Criminal Court, EJIL 10 (1999), S. 157.

[760] Vgl. Cassese, The Statute of the International Criminal Court, EJIL 10 (1999), S. 157.

Zusammenfassung, Ergebnis und Ausblick

Gegenstand der Arbeit ist die Erörterung des zwischen Recht und Politik bestehenden Spannungsverhältnisses vor dem Hintergrund der Verabschiedung des Statuts eines ständigen Weltstrafgerichtshofes auf der United Nations Diplomatic Conference of Plenipotentiaries on the Establishment of an International Criminal Court am 17. Juli 1998 in Rom. Es wurde untersucht, ob auf der Grundlage des Statuts von Rom ein unabhängiger, unparteiischer und effektiver IStGH errichtet werden kann, der Gerechtigkeit garantiert und einen Beitrag zur Wiederherstellung und Erhaltung des Weltfriedens leistet oder ob politische Einflußnahmen dies verhindern. Im Rahmen der Untersuchung wurden folgende Feststellungen getroffen:

Das Völkerstrafrecht stellt sich als „Synthese von Völkerrecht und Strafrecht“[1] dar. Diese „Koalition“ wirft beachtliche Probleme auf, da die Besonderheiten beider Rechtsgebiete zu berücksichtigen und miteinander in Einklang zu bringen sind. Es wurde festgestellt, daß das Völkerrecht weder einem Völkerstrafrecht noch einer internationalen Strafgerichtsbarkeit entgegensteht. Völkerrecht und Strafe stehen daher in keinem Ausschlußverhältnis.

Die strafrechtliche Verantwortlichkeit des Einzelnen folgt bei den Normen des Völkerstrafrechts unmittelbar aus dem Völkerrecht. Angesichts der Tatsache, daß sich ein Staatenstrafrecht bislang nicht durchsetzen konnte, ist lediglich das Individuum Adressat völkerstrafrechtlicher Normen. Staaten können lediglich im Rahmen einer Deliktshaftung zur Verantwortung gezogen werden. Für hoheitliche Handlungen, die den Tatbestand eines Kernverbrechens erfüllen, wird eine Staatenimmunität nicht gewährt.

Zur Umsetzung und Anwendung völkerstrafrechtlicher Normen sind sowohl nationale als auch internationale Organe der Strafverfolgung berufen. Daneben kommt den Wahrheitskommissionen eine wichtige Befriedungsfunktion zu. In diesem Bereich kann sich die schwierige Abgrenzungsproblematik zwischen einer Amnestie oder Strafe stellen, die einer pauschalen Beantwortung nicht zugänglich ist und deren Entscheidung, je nachdem ob eine strafrechtliche oder eine völkerrechtliche Position vertreten wird, unterschiedlich ausfallen kann.

Ein allgemeingültiges Völkerstrafprozeßrecht hat sich bislang nicht entwickelt. Als wichtige Präzedenzfälle für ein in der Entstehung begriffenes Prozeßrecht fungieren die „ad hoc-Tribunale“ für das ehemalige Jugoslawien und Ruanda.

Die völkerrechtlichen Verbrechen lassen sich in die völkerstrafrechtlichen Verbrechen, d.h. die völkerrechtlichen Verbrechen im engeren Sinne, die Kernverbrechen, die hier auch Statutsverbrechen sind und die völkerrechtlichen Verbrechen im weiteren Sinne untergliedern. Als Kernverbrechen werden Kriegsverbrechen, Verbrechen gegen die Menschlichkeit, Völkermord und Verbrechen gegen den Frieden bezeichnet. Hierbei handelt es sich um Delikte, deren Strafbarkeit direkt aus dem Völkerrecht folgt und welche die höchsten Werte der Staatengemeinschaft betreffen. Völkerrechtliche Verbrechen im weiteren Sinne sind alle sonstigen internationalen Delikte, die dem Schutz von Rechtsgütern dienen, die i.d.R. den nationalen Rechtsordnungen zu

---

[1] Triffterer, Materielles Völkerstrafrecht, S. 21.

entnehmen sind und deren grenzüberschreitende Verfolgung die Staaten gesichert wissen wollen. Bezüglich dieser Verbrechen wird eine Ahndung durch ein internationales Strafgericht nicht für erforderlich erachtet.

Der rudimentäre allgemeine Teil des Völkerstrafrechts hat bislang keine ausdrückliche Regelung erfahren. Auch bezüglich der Straffreistellungsgründe herrscht weitgehend Uneinigkeit. Als völkerrechtliche defences sind u.a. die Repressalie, der Notstand, das Handeln auf Befehl und der Irrtum denkbar.

Der historische Abriß hat gezeigt, daß die Entwicklung des Völkerstrafrechts mit der Verabschiedung des von der Bevollmächtigtenkonferenz in Rom erarbeiteten Statuts des IStGH ihren bisherigen Höhepunkt erfahren hat. Das Statut reflektiert die gegenwärtige politische Lage der internationalen Gemeinschaft und bildet eine solide Grundlage für die Errichtung eines starken und unabhängigen Gerichtshofes. Es stellt die erstmalige systematische Erfassung der völkerstrafrechtlichen Verbrechen von Individuen dar und kodifiziert sowohl das materielle als auch das prozessuale Völkerstrafrecht. Das Statut ist nicht nur als wichtige Rechtsquelle anzusehen, sondern stellt auch die Verdeutlichung eines internationalen Rechtsstandards dar, an dem die Staaten ihr nationales Strafrecht zu messen haben.

Der IStGH beruht auf der „Vertragslösung", die zum Ausschluß des Einwandes einer Souveränitätsverletzung durch die Vertragsstaaten führt, da diese freiwillig einen Teil ihrer nationalen Souveränität auf den IStGH übertragen. Das Verhältnis des IStGH zur nationalen Gerichtsbarkeit wird durch das Prinzip der Komplementarität geprägt, das den grundsätzlichen Vorrang der nationalen Strafverfolgung vor der internationalen statuiert. Dieser Grundsatz ist als Schutzprinzip zugunsten der Staaten anzusehen. Hieraus folgt, daß die Gerichtsbarkeit des IStGH nur eröffnet wird, sofern die Staaten zur Strafverfolgung auf nationaler Ebene unfähig oder unwillig sind. Diese Regelung trägt den nationalen Interessen weitestgehend Rechnung und hält den „Eingriff" in die staatliche Souveränität gering. Der Umstand, daß der IStGH bei einem Versagen der nationalen Rechtsordnung als „Sicherheitsnetz" agiert, stellt sich als gelungene Lösung dar, weil auf diese Weise der Straflosigkeit schwerster Menschenrechtsverletzungen entgegengewirkt wird. Es erscheint daher, auch in der Strafverfolgung, sinnvoll, dem dezentralisierten Charakter des Völkerrechts den Vorzug zu geben und nur im Fall des Versagens der nationalen Systeme eine Zentralisation dergestalt durchzuführen, daß rechtsstaatlichen Grundsätzen genügt wird. Der IStGH ist als „Wächter der Menschenrechte" anzusehen, der im Fall des Scheiterns der nationalen Rechtssysteme einspringt und sich auf der Basis des Grundsatzes der Komplementarität als Ergänzung der nationalen Strafjustiz darstellt.

Die Gerichtsbarkeit des IStGH kann im Wege einer Staatenklage, der „ex officio-Ermittlung" des Anklägers oder durch eine Überweisung einer Situation seitens des Sicherheitsrates der Vereinten Nationen ausgelöst werden. Im Fall der Staatenklage oder der „ex officio-Ermittlung" des Anklägers müssen entweder der Tatort- oder der Heimatstaat des Täters zustimmen. Sind sie Vertragsparteien, so ist eine gesonderte Zustimmung nicht erforderlich. Auch eine „ad hoc-Zustimmung" reicht aus. Im Statut konnte die Forderung nach einem unabhängigen Ankläger, der von Amts wegen Ermittlungen initiieren kann, weitgehend verwirklicht werden. Allerdings wurden hier einige Sicherungsmechanismen eingebaut, die jedoch keine wesentliche Beschränkung der Befugnisse des Anklägers darstellen.

Eine besondere Brisanz kam der Ausgestaltung des Verhältnisses des IStGH zum Sicherheitsrat der Vereinten Nationen zu. Diesbezüglich wurde festgestellt, daß das Statut von Rom sowohl der besonderen Verantwortung, die diesem politischen Organ ausweislich der UN-Charta zukommt als auch der Struktur der Charta vollumfänglich genügt. So wurde dem Sicherheitsrat beispielsweise neben der Initiierungsbefugnis auch eine „Blockademöglichkeit" eingeräumt, sofern die Voraussetzungen des siebten Kapitels der UN-Charta erfüllt werden. Die dem Sicherheitsrat durch das Statut zugestandenen Befugnisse stellen den rechtsstaatlichen Anforderungen genügenden Charakter des Gerichtshofs und seiner Verfahren nicht in Frage, so daß ein politisches Strafrecht keineswegs droht.

Das Statut des IStGH hat eine detaillierte Regelung des Strafprozeßrechts vorgenommen, die rechtsstaatlichen Anforderungen genügt. Der Grundsatz des „fair trial" wird gewährleistet. Auch die Rechte des Angeklagten entsprechen den allgemeinen menschenrechtlichen Standards. Zudem hat die Rolle der Zeugen und Opfer eine umfassende Regelung erfahren, wobei v.a. die besonderen Schutzbedürfnisse dieses Personenkreises eine begrüßenswerte Berücksichtigung gefunden haben.

Der IStGH ist auf die Gerichtshilfe der Staaten angewiesen, so daß das Statut entsprechende Kooperationspflichten der Vertragsstaaten normiert hat. Die Effektivität der Arbeit des IStGH hängt von dieser Mitwirkung ab. Da der Sanktionsmechanismus für den Fall der Verletzung dieser Pflichten keine elaborierte Ausarbeitung erfahren hat, wird sich seine Tauglichkeit in der Praxis zeigen.

Die Zuständigkeit des IStGH ist auf die strafrechtliche Verfolgung der Verbrechen beschränkt, die eine Bedrohung und nachhaltige Erschütterung der Völkergemeinschaft darstellen. Hierunter fallen das Verbrechen des Völkermordes, das Verbrechen gegen die Menschlichkeit, das Kriegsverbrechen und das Verbrechen gegen den Frieden. Während die drei erstgenannten Tatbestände überwiegend geltendes Völkergewohnheitsrecht reflektieren, konnte bezüglich des Verbrechens gegen den Frieden kein Konsens erzielt werden, so daß die Einigung über diesen Tatbestand aufgeschoben wurde. Das Statut enthält eine detaillierte Definition der drei erstgenannten Verbrechen, die dem deutschen Bestimmtheitsgrundsatz genügt. Es sieht zudem einen allgemeinen Teil vor und regelt neben objektiven und subjektiven Tatbestandsmerkmalen auch die Straffreistellungsgründe sowie die allgemeinen Grundsätze des Strafrechts.

Entgegen der von den Gegnern des Statuts erhobenen Einwände verletzt der IStGH weder die Mitgliedstaaten noch die Drittstaaten in ihrer nationalen Souveränität. Dies folgt zunächst aus der Tatsache, daß die Mitgliedstaaten eine freiwillige Übertragung von Hoheitsrechten vornehmen. Nichtvertragsstaaten werden durch das Statut weder ausdrücklich noch inzident verpflichtet. Eine unzulässige „third party jurisdiction" ist nicht zu befürchten. Zwar können auch Angehörige von Drittstaaten, wie z.B. „Peacekeeper" der Gerichtsbarkeit des IStGH unterstehen, sofern sie im Ausland Verbrechen begehen. Allerdings ist zu berücksichtigen, daß in diesem Fall ohnehin der jeweilige Territorialstaat zur strafrechtlichen Verfolgung befugt wäre. Demzufolge würde der IStGH bei einer solchen Konstellation die Gerichtsbarkeit nur anstelle dieses Territorialstaates, der entweder Vertragsstaat ist oder die Zuständigkeit ad hoc anerkannt und dem IStGH seine Strafhoheit übertragen hat, ausüben. Diese Übertragung ist in rechtlicher Hinsicht nicht zu beanstanden. Zudem zeichnet sich das Statut von

Rom durch eine umfassende Berücksichtigung nationaler (Sicherheits-) Interessen aus.

Das Statut des IStGH genügt im wesentlichen den verfassungsrechtlichen Anforderungen des Grundgesetzes der Bundesrepublik Deutschland, wobei eine deklaratorische Änderung des Art. 16 Abs. 2 GG zu empfehlen ist.

Die Tatsache, daß nicht alle Staaten dem Statut beitreten werden, mit der Folge, daß weder eine globale Gerechtigkeit noch die Gleichheit aller Menschen in der Strafverfolgung gewährleistet werden kann, steht dem IStGH nicht entgegen. So ist zunächst zu berücksichtigen, daß sich, angesichts der unterschiedlichen nationalen Systeme, eine absolute Gleichheit ohnehin nicht erreichen läßt, so daß die Forderung einer solchen auf der internationalen Ebene utopisch wäre. Vielmehr ist die Errichtung einer internationalen Strafgewalt als erster Schritt in Richtung Vereinheitlichung der Strafverfolgung auf dem Weg der Zusammenführung der Staaten in dem strafrechtlichen Bereich anzusehen, der von dem Bemühen gezeichnet ist, auf internationaler Ebene einen einheitlichen Maßstab für die Gerechtigkeit und Gleichheit zu erzielen.

Die Erstellung einer Erfolgsprognose wird durch die Tatsache, daß noch nicht alle Kernpunkte der internationalen Strafgerichtsbarkeit eine Regelung erfahren haben, erschwert. Zudem stellt der IStGH in jeder Hinsicht ein schwer einzuschätzendes Novum dar. Als erste Hürde ist bereits das Erfordernis einer Ratifikation durch 60 Staaten anzusehen. Aus diesem Grund werden Zweifel laut, ob es überhaupt zur Errichtung des IStGH kommt. Fast zwei Jahre nach der Verabschiedung des Statuts stehen noch 53 Ratifikationen aus. Daher ist zu befürchten, daß der Ratifikationsprozeß noch einige Jahre in Anspruch nehmen wird. Zudem besteht, angesichts der Offenheit des Statuts für Änderungen, die Gefahr, daß sich die gerichtshoffeindlichen Staaten mit ihren Bemühungen, die Gerichtsbarkeit des IStGH auszuhöhlen, durchsetzen könnten.[2] Da diese Änderungsmöglichkeiten sowohl von den gerichtshoffreundlichen als auch von den gerichtshofskeptischen Staaten genutzt werden können, ist die weitere Entwicklung offen, so daß über die Zukunft des IStGH nicht abschließend befunden werden kann. Ferner dürften auf den IStGH in der Anfangsphase sowohl erhebliche praktische als auch rechtliche Probleme zukommen, da sich die Richter, Staatsanwälte und Kanzleimitarbeiter, infolge unterschiedlicher Ausbildung und Berufserfahrung in verschiedenen Rechtsordnungen, gemeinsame Grundkenntnisse zum Verständnis der jeweils anderen Rechtsordnung erst noch erarbeiten müssen. Auch die kollegiale Kommunikation zwischen den Organisationsbereichen des Gerichts bzw. innerhalb dieser ist ebensowenig voraussehbar wie der Arbeitsanfall und der damit einhergehende Personalaufwand. Ferner ist die Finanzierungsproblematik, der eine maßgebende Bedeutung zukommt, noch nicht abschließend geklärt. Ohne eine gesicherte Finanzierung wird die Arbeitsfähigkeit, Praktikabilität und Effektivität des IStGH nicht gewährleistet werden können. Wohl aus gutem Grund wurde auch die Entscheidung dieser wesentlichen Frage zunächst „vertagt", so daß lediglich die Grundzüge eine Regelung erfahren haben.

Die Bedeutung des IStGH darf nicht daran gemessen werden, wann er sein erstes Urteil fällt. Dies kann, in Anbetracht der Geltung des Grundsatzes der Komplementarität, selbst nach erfolgter Errichtung des IStGH, noch längere Zeit in Anspruch neh-

[2] Vgl. zu den fortgesetzten Versuchen der USA die Zuständigkeit des IStGH zu beschränken: FAZ vom 20.4.2000, Nr. 94, S. 12.

men. In diesem Zusammenhang sei in Erinnerung gerufen, daß der IStGH in erster Linie über die Ausübung staatlicher Strafgewalt zu wachen hat und nur bei deren Ausfall tätig wird. Dem IStGH wird daher die Aufgabe zuteil, in Ergänzung der Strafgewalt seiner Vertragsstaaten, die Straflosigkeit der schwersten Verbrechen von internationaler Bedeutung zu verhindern. Das Völkerstrafrecht ist auf diese Weise als ultima ratio des internationalen Menschenrechtsschutzes anzusehen, da die Staaten, denen die Umsetzung des internationalen Menschenrechtsschutzes obliegt, oft versagen. Angesichts dieser Konstellation ist der von dem IStGH ausgehende Druck „unterschwellig" und tritt i.d.R. nicht offen zutage, so daß der IStGH bereits kraft seiner Existenz friedenssichernd eingreift. Fraglich ist nur, ob diese subsidiäre Funktion von dem Gros der Weltbevölkerung erkannt und gewürdigt wird, da die Tendenz bestehen dürfte den Erfolg von Gerichten anhand von Statistiken zu beurteilen. Daher wird abzuwarten sein, ob diese Ausgestaltung das Verständnis und die Akzeptanz der Weltbevölkerung findet oder ob diese einem kostenintensiven, scheinbar untätigen IStGH verständnislos gegenüber steht. In ihrer Wirkung gegenüber Staaten und Tätern ist diese Ausgestaltung allerdings nicht zu unterschätzen, da das im Kalten Krieg aktuelle Prinzip der „balance of powers" reaktiviert wird und durch die bloße Existenz des IStGH auf die nationalen Gerichte eingewirkt werden soll, so daß sich diese zur Erfüllung ihrer Pflichten veranlaßt fühlen.
Die Bedeutung und Effektivität des IStGH ist auch von der Universalität des Abkommens abhängig, so daß eine hohe Anzahl von Vertragsstaaten den IStGH in die Lage versetzen wird, eine wirksame Rolle bei der Verhinderung schwerer Verletzungen von Menschenrechten und damit bei der Wahrung des Friedens zu spielen. Es ist davon auszugehen, daß die Existenz des IStGH eine Mehrzahl der Staaten zur strafrechtlichen Ahndung der schweren Verletzungen von Menschenrechten veranlassen wird. Zudem kann der IStGH potentielle Menschenrechtsverletzer von vornherein abschrecken und auf diese Weise sowohl general- als auch spezialpräventive Zwecke erfüllen. Auch ist eine internationale Ächtung der Täter und ihrer Taten zu erwarten. Auf dieser Weise könnte ein weltweites Rechtsbewußtsein entwickelt werden. So würde der IStGH dazu beitragen, daß die internationale Achtung des humanitären Völkerrechts und der Menschenrechte als Bestandteile einer „Welt-Rechtsordnung" effektiv durchgesetzt werden. Es kann davon ausgegangen werden, daß durch die konsistente Interpretation und Anwendung dieser Normen die soziale Erwartung in diese Regelungen und die Einhaltung der Normen gestärkt werden.

Abschließend ist festzustellen, daß nicht alles, was aus rechtlicher Sicht wünschenswert wäre auch politisch durchsetzbar ist und realisiert werden kann, so daß der Blick auf das politisch Machbare nicht verstellt werden darf, den die Delegationen auf der Konferenz von Rom bewiesen haben. Allerdings wurde nicht ein Konsens um jeden Preis verfolgt, so daß man das Risiko in Kauf genommen hat, daß einzelne Staaten dem Statut fernbleiben. Das Statut von Rom stellt trotz seiner dargelegten Mängel und Lücken, die als Ergebnis der Taktiererei anzusehen sind, eine außerordentliche Leistung dar, so daß politische Erwägungen zwar eine bedeutende Rolle bei der Ausgestaltung des Statuts spielten, die Autorität des Rechts aber nicht zu untergraben vermochten. Zwar können politische Einflußnahmen auf die Strafverfahren des IStGH nicht gänzlich ausgeschlossen werden, jedoch hat der IStGH ausreichende Kompetenzen erhalten, die seine Instrumentalisierung durch die Politik verhindern. Daher ist eine politische Steuerung der Strafverfahren nicht zu befürchten, so daß ein politisches Strafrecht weitgehend ausgeschlossen werden konnte. Das Statut von Rom zeigt das Bestreben der Staaten, einen effektiveren Schutz der Menschenrechte, unter der freiwilligen Aufopferung von Teilaspekten der nationalen Souveränität zu erzielen. Dies setzt ein anderes Souveränitätsverständnis der Nationalstaaten voraus, die erkannt haben, daß die Interessen der Weltgemeinschaft als Teil des nationalen Interesses anzusehen sind. Durch die Schaffung der „ad hoc-Gerichtsbarkeit" und durch einen IStGH gewinnt die Weltgemeinschaftsebene als Durchsetzungsfeld des Völkerstrafrechts erheblich an Bedeutung. Es ist zu erwarten, daß der IStGH als ständiges internationales Gericht eine hohe Akzeptanz genießt und nicht mit dem Einwand der „Siegerjustiz" konfrontiert sein wird.

Die Schaffung des IStGH auf der Grundlage des Statuts von Rom ist als wünschenswert zu erachten, da die Errichtung eines unabhängig, unparteiisch und effektiv arbeitenden IStGH erwartet werden kann, der Gerechtigkeit garantiert und zur Erhaltung und Wiederherstellung des Weltfriedens beiträgt. Die in politischer Hinsicht eingegangenen Kompromisse stehen dem nicht entgegen. Allerdings sind bis zu seiner endgültigen Errichtung noch einige Hürden zu überwinden, wobei die wesentlichen rechtlichen Aspekte einer hinreichenden Klärung zugeführt werden konnten. Als bedauerlich ist der Widerstand der USA, die den IStGH in seiner derzeitigen Form ablehnt, anzusehen, da ihre Unterstützung von erheblicher symbolischer Bedeutung wäre und das politische Gewicht der USA die Fortschritte des IStGH beschleunigen könnte.

Literaturverzeichnis

Ahlbrecht, Heiko/Ambos, Kai (Hrsg.): Der Fall Pinochet(s) – Auslieferung wegen staatsverstärkter Kriminalität ?, Baden-Baden 1999, zitiert: Ahlbrecht/Ambos, Der Fall Pinochet(s).

Ahlbrecht, Heiko: Geschichte der völkerrechtlichen Strafgerichtsbarkeit im 20. Jahrhundert: Unter besonderer Berücksichtigung der völkerrechtlichen Straftatbestände und der Bemühungen um einen Ständigen Internationalen Strafgerichtshof, Diss., Baden-Baden 1999, zitiert: Ahlbrecht, Völkerrechtliche Strafgerichtsbarkeit.

Ambos, Kai: Zum Stand der Bemühungen um einen ständigen Internationalen Strafgerichtshof und ein Internationales Strafgesetzbuch, ZRP 1996, S. 263-271, zitiert: Ambos, Zum Stand der Bemühungen, ZRP 1996.

Ambos, Kai: Establishing an International Criminal Court and an International Criminal Code – Observations from an International Criminal Law Viewpoint, EJIL 7 (1996), S. 519-544, zitiert: Ambos, Establishing an International Criminal Court, EJIL 7 (1996).

Ambos, Kai: Keinerlei Folgen ?, Neue Kriminalpolitik 1997, S. 9, zitiert: Ambos, Keinerlei Folgen ? Neue Kriminalpolitik 1997.

Ambos, Kai: Nuremberg revisited – Das Bundesverfassungsgericht, das Völkerstrafrecht und das Rückwirkungsverbot, StV 1997, S. 39-43, zitiert: Ambos, Nuremberg revisited, StV 1997.

Ambos, Kai: Strafverteidigung vor dem UN-Jugoslawiengerichtshof, NJW 1998, S.1444-1447, zitiert: Ambos, Strafverteidigung, NJW 1998.

Ambos, Kai: Zur Stellung von Verteidiger und Beschuldigtem vor dem UN-Jugoslawiengerichtshof, NStZ 1998, S. 123-126, zitiert: Ambos, Zur Stellung von Verteidiger und Beschuldigtem, NStZ 1998.

Ambos, Kai: 14 examensrelevante Fragen zum neuen Internationalen Strafgerichtshof, JA 1998, S. 988-992, zitiert: Ambos, Zum neuen Internationalen Strafgerichtshof, JA 1998.

Ambos, Kai: Der neue Internationale Strafgerichtshof – ein Überblick, NJW 1998, S. 3743-3746, zitiert: Ambos, Der neue Internationale Strafgerichtshof, NJW 1998.

Ambos, Kai/Ruegenberg, Guido: Internationale Rechtsprechung zum Straf- und Strafverfahrensrecht, NStZ-RR 1998, S. 161-170, zitiert: Ambos/Ruegenberg, Internationale Rechtsprechung, NStZ-RR 1998.

Ambos, Kai/Ruegenberg, Guido: Internationale Rechtsprechung zum Straf- und Strafverfahrensrecht, NStZ-RR 1999, S. 193-207, zitiert: Ambos/Ruegenberg, Internationale Rechtsprechung zum Straf- und Strafverfahrensrecht, NStZ-RR, 1999.

Ambos, Kai: Der Fall Pinochet und das anwendbare Recht, JZ 1999, S. 16-24, zitiert: Ambos, Der Fall Pinochet, JZ 1999.

Ambos, Kai: Zur Rechtsgrundlage des Internationalen Strafgerichtshofes - Eine Analyse des Rom-Statuts, ZStW 111 (1999), S. 175-211, zitiert: Ambos, Analyse des Rom-Statuts, ZStW 111 (1999).

Ambos, Kai: Aktuelle Probleme der deutschen Verfolgung von „Kriegsverbrechen" in Bosnien-Herzegowina, ZStW 111 (1999), S. 226-230, zitiert: Ambos, Aktuelle Probleme der deutschen Verfolgung von Kriegsverbrechen, ZStW 111 (1999).

Asmal, Kader: Zur Rolle der „Wahrheitskommission" in Südafrika, in: Hankel/Stuby, Strafgerichte, S. 465-480, zitiert: Asmal, Wahrheitskommission.

Bassiouni, M. Cherif: International Criminal Law - A Draft International Criminal Code, Alphen aan den Rijn, Germantown 1980, zitiert: Bassiouni, International Criminal Law.

Bassiouni, M. Cherif: The proscribing Function of International Criminal Law in the Process of International Protection of human Rights, in: Festschrift für Hans-Heinrich Jescheck Bd. 2, Berlin, 1985, S. 1453-1475, zitiert: Bassiouni, Proscribing function of International Criminal Law.

Bassiouni, M. Cherif: Das Vermächtnis von Nürnberg: eine historische Bewertung fünfzig Jahre danach, in: Hankel/Stuby, Strafgerichte, S. 15-38, zitiert: Bassiouni, Das Vermächtnis von Nürnberg.

Bassiouni, M. Cherif/Wise, Edward M.: Aut Dedere Aut Judicare: The Duty to Extradite or Prosecute in International Law, Dordrecht, Boston, London 1995, zitiert: Bassiouni/Wise, Aut Dedere Aut Judicare.

Bassiouni, M. Cherif: Policy Perspectives Favoring the Establishment of the International Criminal Court, Journal of International Affairs 52 (1999), S. 795-810, zitiert: Bassiouni, Favoring the Establishment of the International Criminal Court, Journal of International Affairs 52 (1999).

Bausback, Winfried: Art. 16 II GG und die Auslieferung Deutscher an den neuen Internationalen Strafgerichtshof, NJW 1999, S. 3319-3320, zitiert: Bausback, Art. 16 II GG, NJW 1999.

Becker, Astrid: Der Tatbestand des Verbrechens gegen die Menschlichkeit-Überlegungen zur Problematik eines völkerrechtlichen Strafrechts, Diss., Berlin 1996, zitiert: Becker, Verbrechen gegen die Menschlichkeit.

Berber, Friedrich: Lehrbuch des Völkerrechts, 1. Bd., Allgemeines Friedensrecht, 2. neubearbeitete Aufl., München 1975, zitiert: Berber, Lehrbuch des Völkerrechts Bd. 1.

Berber, Friedrich: Lehrbuch des Völkerrechts, 2. Bd., Kriegsrecht, 2. Aufl., München 1969, zitiert: Berber, Lehrbuch des Völkerrechts Bd. 2.

Berber, Friedrich: Lehrbuch des Völkerrechts, 3. Bd., Streiterledigung, Kriegsverhütung, Integration, 2. neubearbeitete Auflage, München 1977, zitiert: Berber, Lehrbuch des Völkerrechts Bd. 3.

Bianchi, Andrea: Immunity versus Human Rights: The Pinochet Case, EJIL 10 (1999), S. 237-277, zitiert: Bianchi, The Pinochet Case, EJIL 10 (1999).

Binder, David: Internationale Gerichtshöfe einst und jetzt – Jan Hus und Milosevich auf der Anklagebank, Internationale Politik 9 (1998), S. 47-51, zitiert: Binder, Internationale Gerichtshöfe, Internationale Politik 9 (1998).

Blumenwitz, Dieter: Das Verbrechen gegen den Frieden aus völkerrechtlicher Sicht, in: Festschrift für Friedrich Berber, München 1973, S. 79-92, zitiert: Blumenwitz, Das Verbrechen gegen den Frieden.

Blumenwitz, Dieter: Genießt der Staatsratsvorsitzende der DDR in der Bundesrepublik Immunität nach den allgemeinen Regeln des Völkerrechts ? – Anmerkungen zum Beschluß des 2. Strafsenats des BGH vom 14.12.1984, JZ 1985, S. 614-618, zitiert: Blumenwitz, Immunität, JZ 1985.

Blumenwitz, Dieter, Die humanitäre Intervention – Wandel und Neubewertung eines Instituts des klassischen Völkerrechts, in: Festschrift für Trusen, Paderborn 1994, S. 453-466, zitiert: Blumenwitz, Die humanitäre Intervention.

Blumenwitz, Dieter: Die Vereinten Nationen als Friedensstifter und Friedenswahrer, BayVBl. 1995, S. 705-710, zitiert: Blumenwitz, Die Vereinten Nationen als Friedensstifter, BayVBl. 1995.

Blumenwitz, Dieter: Die Strafe im Völkerrecht, ZfP 1997, S. 324-350, zitiert: Blumenwitz, Die Strafe im Völkerrecht, ZfP 1997.

Bos, Adriaan: The International Criminal Court: A Perspective, in: Lee, The International Criminal Court, S. 463-470, zitiert: Bos, A Perspective.

Bothe, Michael: Die strafrechtliche Immunität fremder Staatsorgane, ZaöRV 31(1971), S. 246-270, zitiert: Bothe, Immunität, ZaöRV 31 (1971).

Bremer, Kathrin: Nationale Strafverfolgung internationaler Verbrechen gegen das humanitäre Völkerrecht am Beispiel einer Rechtsvergleichung Deutschlands, der Schweiz, Belgiens und Großbritanniens, Diss., Frankfurt a. M. 1999, zitiert: Bremer, Internationale Verbrechen.

Buchner, Silke: Die Rechtswidrigkeit der Taten von „Mauerschützen" im Lichte von Art. 103 II GG unter besonderer Berücksichtigung des Völkerrechts – Ein Beitrag zum Problem der Verfolgung von staatlich legitimiertem Unrecht nach Beseitigung des Unrechtssystems, Diss., Frankfurt a. M. 1996, zitiert: Buchner, Die Rechtswidrigkeit der Taten von Mauerschützen.

Bülck, Hartwig: Von den Ursprüngen des Völkerrechts, in: Festschrift für Eberhard Menzel, Berlin 1975, S. 215-239, zitiert: Bülck, Ursprünge des Völkerrechts.

Carrillo-Salcedo, Juan-Antonio: La Cour Pénale Internationale: L'Humanité trouve une place dans le Droit International, Revue Générale de Droit International Public, Tome CIII (1999), S. 23-28, zitiert: Carrillo-Salcedo, Droit International, Revue Générale de Droit International Public, Tome CIII (1999).

Cassese, Antonio: The Statute of the International Criminal Court: Some Preliminary Reflections, EJIL 10 (1999), S. 144-171, zitiert: Cassese, The Statute of the International Criminal Court, EJIL 10 (1999).

Condorelli, Luigi: La Cour Pénale Internationale: Un pas de Géant (pouvu qu'il soit accompli...), Revue Générale de Droit International Public, Tome CIII (1999), S. 7-21, zitiert: Condorelli, La Cour Pénale Internationale, Revue de Droit International Public, Tome CIII (1999).

Crawford, James: The ILC's Draft Statute for an International Criminal Tribunal, AJIL 88 (1994), S. 140-152, zitiert: Crawford, The ILC's Draft Statute, AJIL 88 (1994).

Crawford, James: The ILC adopts a Statute for an International Criminal Court, in: AJIL 89 (1995), S. 404-416, zitiert: Crawford, The ILC adopts a Statute for an International Criminal Court, AJIL (89) 1995.

Creifelds, Carl: Rechtswörterbuch, 14. neubearbeitete Aufl., München 1997, zitiert: Creifelds, Rechtswörterbuch.

Dahm, Georg: Zur Problematik des Völkerstrafrechts, Göttingen 1956, zitiert: Dahm, Völkerstrafrecht.

Dannecker, Gerhard: Die Entwicklung des Strafrechts unter dem Einfluß des Gemeinschaftsrechts, Jura 1998, S. 79-87, zitiert: Dannecker, Entwicklung des Strafrechts, Jura 1998.

Deiseroth, Dieter, „Humanitäre Intervention" und Völkerrecht, NJW 1999, S. 3084-3088, zitiert: Deiseroth, Humanitäre Intervention und Völkerrecht, NJW 1999.

De La Pradelle, Géraud de Geouffre, Zur Aktualität der Nürnberger Prinzipien, in: Hankel/Stuby, Strafgerichte, S. 127-141, zitiert: De La Pradelle, Nürnberger Prinzipien.

Dupuy, Pierre-Marie: Implications of the Institutionalization of International Crimes of States, S. 170-185, in: Weiler/Cassese/Spinedi International Crimes of States, zitiert: Dupuy, Implications.

Eser, Albin: Die Entwicklung des Internationalen Strafrechts im Lichte des Werkes von Hans-Heinrich Jescheck, in: Festschrift für Hans-Heinrich Jescheck, Bd. 2. Berlin 1985, zitiert: Eser, Die Entwicklung des Internationalen Strafrechts.

Falk, Richard: Die humanitäre Intervention und das Gewaltverbot in den internationalen Beziehungen, in: Hankel/Stuby, Strafgerichte, S. 500-511, zitiert: Falk, Humanitäre Intervention.

Fastenrath, Ulrich: Der Internationale Strafgerichtshof, JuS 1999, S. 632-635, zitiert: Fastenrath, Der Internationale Strafgerichtshof, JuS 1999.

Fenrick, William, J.: The application of the Geneva Conventions by the International Criminal Tribunal for the former Yugoslavia, IRRC 1999, S. 317-329, zitiert: Fenrick, Geneva Conventions, IRRC 1999.

Ferencz, Benjamin: Von Nürnberg nach Rom – auf dem Weg zu einem Internationalen Strafgerichtshof, in: Policy Paper 8, hrsg. von: Stiftung Entwicklung und Frieden (SEF), Mai 1998, zitiert: Ferencz, Von Nürnberg nach Rom, Policy Paper 8.

Ferencz, Benjamin: A Prosecutor's Personal Account: From Nuremberg to Rome, Journal of International Affairs, 52 (1999), S. 455-469, zitiert: Ferencz, A Prosecutors Account, Journal of International Afffairs 52 (1999).

Fernández de Gurmendi: The Role of the Prosecutor, in: Lee, The International Criminal Court, S. 175-188, zitiert: Fernández de Gurmendi, The Role of the Prosecutor.

Fernández de Gurmendi: The Process of Negotiations, in: Lee, The International Criminal Court, S. 217-317, zitiert: Fernández de Gurmendi, Negotiations.

Fife, Rolf Einar: Penalties, in: Lee, The International Criminal Court, S. 319-343, zitiert: Fife, Penalties.

Fischer, Horst/Lüder, Sascha, Rolf (Hrsg.): Völkerrechtliche Verbrechen vor dem Jugoslawien-Tribunal, nationalen Gerichten und dem Internationalen Strafgerichtshof: Beiträge zur Entwicklung einer effektiven internationalen Strafgerichtsbarkeit, Berlin 1999, zitiert: Fischer/Lüder, Völkerrechtliche Verbrechen.

Fischer, Horst: Untersuchung und Strafverfolgung von Verletzungen des Rechts des bewaffneten Konflikts: Nationale Gesetze und Verfahren, internationale Zusammenarbeit auf militärischer und rechtlicher Ebene - Antworten zum Fragebogen der Internationalen Gesellschaft für Wehrrecht und Humanitäres Völkerrecht für den XIV. Internationalen Kongreß (Athen/Griechenland), in: Fischer/Lüder, Völkerrechtliche Verbrechen, S. 193-220, zitiert: Fischer, Untersuchung.

Friesenhahn, Ernst: Menschenrechte, in: Wörterbuch des Völkerrechts Band 2, S. 503-511, zitiert: Friesenhahn, Menschenrechte.

Gaeta, Paola: Is NATO authorized or obliged to Arrest Persons Indicted by the International Criminal Tribunal for the Former Yugoslavia ?, EJIL 9 (1998), S. 174-191, zitiert: Gaeta, Is NATO authorized or obliged, EJIL 9 (1998).

Gaeta, Paola: The Defence of Superior Orders: The Statute of the International Criminal Court versus Customary International Law, EJIL 10 (1999), S. 172-191, zitiert: Gaeta, The Defence of Superior Orders, EJIL 10 (1999).

Gardocki, Lech: Über den Begriff des Internationalen Strafrechts, ZStW 98 (1986), S. 703-719, zitiert: Gardocki, Begriff des Internationalen Strafrechts, ZStW 98 (1986).

Gornig, Gilbert, Die Verantwortlichkeit politischer Funktionsträger nach völkerrechtlichem Strafrecht, NJ 1992, S. 4-14, zitiert: Gornig, Verantwortlichkeit, NJ 1992.

Graefrath, Bernhard: Die Strafsanktionen in den Genfer Abkommen, Staat und Recht 1956, S. 849-868, zitiert: Graefrath, Strafsanktionen in den Genfer Abkommen, Staat und Recht 1956.

Graefrath, Bernhard: Die völkerrechtliche Verantwortlichkeit der Staaten – ein wichtiges Instrument zur Durchsetzung des Völkerrechts, NJ 1980, S. 252-255, zitiert: Graefrath, Verantwortlichkeit, NJ 1980.

Graefrath, Bernhard: Verbrechen gegen den Frieden und die Sicherheit der Menschheit und das Verbot der Doppelbestrafung, NJ 1988, S. 60-62, zitiert: Graefrath, Das Verbot der Doppelbestrafung, NJ 1988.

Graefrath, Bernhard: Die Verhandlungen der UN-Völkerrechtskommision zur Schaffung eines internationalen Strafgerichtshofs, ZStW 104 (1992), S. 190-200, zitiert: Graefrath, Die Verhandlungen der UN-Völkerrechtskommission, ZStW 104 (1992).

Graefrath, Bernhard: Jugoslawientribunal-Präzedenzfall trotz fragwürdiger Rechtsgrundlage, NJ 1993, S. 433-437, zitiert: Graefrath, Jugoslawientribunal, NJ 1993.

Graefrath, Bernhard: Jugoslawien und die internationale Strafgerichtsbarkeit, in: Hankel/Stuby, Strafgerichte, S. 295-324, zitiert: Graefrath, Internationale Strafgerichtsbarkeit.

Grassi, Mario: Die Rechtsstellung des Individuums im Völkerrecht, Diss., Winterthur 1955, zitiert: Grassi, Rechtsstellung.

Grebing, Gerhardt: Zur Frage der Schaffung eines Internationalen Strafgerichtshofs – Bilanz und Perspektiven, GA 1976, S. 97-113, zitiert: Grebing, Schaffung eines Internationalen Strafgerichtshofs, GA 1976.

Greppi, Edoardo: The evolution of individual criminal responsibility under international law, IRRC 1999, S. 531-553, zitiert: Greppi, Individual Criminal Responsibility, IRRC 1999.

Grewe, Wilhelm G.: Rückblick auf Nürnberg, in: Festschrift für Karl Doehring, Berlin et.al. 1989, zitiert: Grewe, Rückblick.

Griesbaum, Rainer: Über die Verfahrensgrundsätze des Jugoslawien-Strafgerichtshofes, auch im Vergleich zum nationalen Recht, in: Fischer/Lüder, Völkerrechtliche Verbrechen, S. 117-138, zitiert: Griesbaum, Über die Verfahrensgrundsätze.

Grotius, Hugo: De iure belli ac pacis libri tres (Paris 1625), hrsg. von Walter Schätzel, Tübingen 1950, zitiert: Grotius, De iure belli ac pacis.

Hafner, Gerhard, et al.: A Response to the american view as presented by Ruth Wedgwood, EJIL 10 (1999), S. 108-123, zitiert: Hafner, A Response to the American View, EJIL 10 (1999).

Hall, Christopher Keith: The first two sessions of the UN Preparatory Committee on the establishment of an International Criminal Court, AJIL 91 (1997), S. 177-187, zitiert: Hall, The first two sessions, AJIL 91 (1997).

Hall, Christopher, Keith: The third and fourth sessions of the UN Preparatory Committee on the establishment of an International Criminal Court, AJIL 92 (1998), S. 124-133, zitiert: Hall, The third and fourth session, AJIL 92 (1998).

Hall, Christopher Keith: The fifth session of the UN Preparatory Committee on the Establishment of an International Criminal Court, AJIL 92 (1998), S. 331-339, zitiert: Hall, The Fifth Session, AJIL 92 (1998).

Hall, Christopher Keith: The sixth session of the UN Preparatory Committee on the Establishment of an International Criminal Court, AJIL 92 (1998), S. 548-556, zitiert: Hall, The sixth session, AJIL 92 (1998).

Hankel, Gerd/Stuby (Hrsg.): Strafgerichte gegen Menschheitsverbrechen – Zum Völkerstrafrecht 50 Jahre nach den Nürnberger Prozessen, Hamburg 1995, zitiert: Hankel/Stuby, Strafgerichte.

Hebel, Herman von/Robinson, Darryl: Crimes within the Jurisdiction of the Court, in: Lee, The international Criminal Court, S. 79-126, zitiert: Hebel/Robinson, Crimes.

Heintschel v. Heinegg, Wolff: Die Errichtung des Jugoslawien – Strafgerichtshofes durch Resolution 827 (1993), in: Fischer/Lüder : Völkerrechtliche Verbrechen, S. 63-86, zitiert: Heintschel v.Heinegg, Die Errichtung des Jugolawien-Strafgerichtshofes.

Held, H.J.: Kriegsentschädigungen und die Reparationen der großen Friedensverträge des Weltkriegs, in: Karl Strupp (Hrsg.), Wörterbuch des Völkerrechts und der Diplomatie, 1. Band, Berlin und Leipzig 1924, S. 724-743, zitiert: Held, Kriegsentschädigungen.

Hermsdörfer, Willibald: Historischer Schritt im Völkerstrafrecht - Das Statut des Internationalen Strafgerichtshofs, Internationale Politik 11 (1998), S. 55-60, zitiert:

Hermsdörfer, Statut des Internationalen Strafgerichtshofes, Internationale Politik 11 (1998).

Hettinger, Gerhard: Die völkerrechtliche Verpflichtung der Staaten zur Bestrafung einzelner und das materielle Strafrecht der Bundesrepublik Deutschland, Diss., München 1965, zitiert: Hettinger, Völkerrechtliche Verpflichtung.

Hobbes, Thomas: Leviathan – oder von der Materie, Form und Gewalt des Kirchlichen und Bürgerlichen Staates, Zürich und Leipzig 1936, zitiert: Hobbes, Leviathan.

Hoffmann, Gerhard: Strafrechtliche Verantwortung im Völkerrecht – Zum gegenwärtigen Stand des völkerrechtlichen Strafrechts, Frankfurt a. M., Berlin 1962, zitiert: Hoffmann, Verantwortung.

Hoffmeister, Frank/Knoke, Sebastian: Das Vorermittlungsverfahren vor dem Internationalen Strafgerichtshof – Prüfstein für die Effektivität der neuen Gerichtsbarkeit im Völkerstrafrecht, ZaöRV 59 (1999), S. 785-808, zitiert: Hoffmeister/Knoke, Das Vorermittlungsverfahren, ZaöRV 59 (1999).

Hofmann, Rainer: Zur Unterscheidung Verbrechen und Delikt im Bereich der Staatenverantwortlichkeit, ZaöRV 45 (1985), S. 195-231, zitiert; Hofmann, Staatenverantwortlichkeit, ZäöRV 45 (1985).

Hollweg, Carsten: Das neue Internationale Tribunal der UNO und der Jugoslawienkonflikt – Testfall für die humanitäre Weltordnung, JZ 1993, S. 980-989, zitiert: Hollweg, Das neue Internationale Tribunal, JZ 1993.

Holmes, John T., The Principle of Complementarity, in: Lee, The International Criminal Court, S. 41-78, zitiert: Holmes, Complementarity.

Irmscher, Tobias H.: Das Römische Statut für einen ständigen Internationalen Strafgerichtshof, Kritische Justiz 31 (1998), S. 472-485, zitiert: Irmscher, Das Römische Statut, Kritische Justiz 1998.

Jäger, Herbert: Makroverbrechen als Gegenstand des Völkerstrafrechts-Kriminalpolitisch-kriminologische Aspekte, in: Hankel/Stuby, Strafgerichte, S. 325-354, zitiert: Jäger, Makroverbrechen.

Jennings, Robert: What is International Law and how do we tell it when we see it ?, Schweizerisches Jahrbuch für internationales Recht 37 (1981), S. 59-88, zitiert: Jennings, International Law, Schweizerisches Jahrbuch für internationales Recht 37 (1981).

Jescheck, Hans-Heinrich: Die Verantwortlichkeit der Staatsorgane nach Völkerrecht-Eine Studie zu den Nürnberger Prozessen, Bonn 1952, zitiert: Jescheck, Verantwortlichkeit der Staatsorgane.

Jescheck, Hans-Heinrich: Der strafrechtliche Schutz der internationalen humanitären Abkommen, Gutachten erstattet für den VI. Internationalen Strafrechtskongreß in

Rom, ZStW 65 (1953), S. 458-478, zitiert: Jescheck, Der strafrechtliche Schutz, ZStW 65 (1953).

Jescheck, Hans-Heinrich: Die internationale Genocidium Konvention vom 9. Dezember 1948 und die Lehre vom Völkerstrafrecht, ZStW 66 (1954), S. 193-217, zitiert: Jescheck, Genocidium-Konvention, ZStW 66 (1954).

Jescheck, Hans-Heinrich: Nürnberger Prozesse, in: Wörterbuch des Völkerrechts Bd. 2, S. 638-643, zitiert: Jescheck, Nürnberger Prozesse.

Jescheck, Hans-Heinrich: Kriegsverbrechen, in: Wörterbuch des Völkerrechts Bd. 2, S. 373-376, zitiert: Jescheck, Kriegsverbrechen.

Jescheck, Hans-Heinrich: Völkerstrafrecht, in: Wörterbuch des Völkerrechts Bd. 3, S. 781-782, zitiert: Jescheck, Völkerstrafrecht.

Jescheck, Hans-Heinrich: Genocidium, in: Wörterbuch des Völkerrechts Bd. 1, S. 658-659, zitiert: Jescheck, Genocidium.

Jescheck, Hans-Heinrich: Strafrecht, Internationales, in: Wörterbuch des Völkerrechts Bd. 3, S. 396-399, zitiert: Jescheck, Strafrecht.

Jescheck, Hans-Heinrich: McLeod Fall, in: Wörterbuch des Völkerrechts Bd. 2, S. 492, zitiert: Jescheck, McLeod.

Jescheck, Hans-Heinrich: Gegenwärtiger Stand und Zukunftsaussichten der Entwurfsarbeiten auf dem Gebiet des Völkerstrafrechts, in: Erinnerungsgabe für Max Grünhut, Marburg 1965, S. 47-60, zitiert: Jescheck, Gegenwärtiger Stand der Entwurfsarbeiten.

Jescheck, Hans-Heinrich: Gegenstand und neueste Entwicklung des internationalen Strafrechts, in: Festschrift für Reinhart Maurach zum 70. Geburtstag, Karlsruhe 1972, S. 579-594, zitiert: Jescheck, Neueste Entwicklung.

Jescheck, Hans-Heinrich: Entwicklung, gegenwärtiger Stand und Zukunftsaussichten des internationalen Strafrechts, GA 1981, S. 49-70, zitiert: Jescheck, Entwicklung, GA 1981.

Kadelbach, Stefan: Zwingendes Völkerrecht, Diss., Berlin 1992, zitiert: Kadelbach, Zwingendes Völkerrecht.

Kastner, Klaus: Vom „gerechten Krieg“ zur Ächtung des Krieges, JA 1999, S. 705-712, zitiert: Kastner, Vom gerechten Krieg, JA 1999.

Kaul, Hans-Peter: Auf dem Weg zum Weltstrafgerichtshof – Verhandlungstand und Perspektiven, VN 1997, S. 177-181, zitiert: Kaul, Auf dem Weg zum Weltstrafgerichtshof, VN 1997.

Kaul, Hans-Peter: Durchbruch in Rom – Der Vertrag über den Internationalen Strafgerichtshof, VN 1998, S. 125-130, zitiert: Kaul, Durchbruch in Rom, VN 1998.

Kaul, Hans-Peter: Der Internationale Strafgerichtshof: Das Ringen um seine Zuständigkeit und Reichweite, in: Fischer/Lüder, Völkerrechtliche Verbrechen, S. 177-191, zitiert: Kaul, Das Ringen um seine Zuständigkeit.

Kaul, Karl/Noack, Joachim: Anwendung des Völkerstrafrechts gegen Nazi-System-Verbrechen, NJ 1969, S. 97-102, zitiert: Kaul/Noack, Anwendung des Völkerstrafrechts, NJ 1969.

Kelsen, Hans: Die Einheit von Völkerrecht und staatlichem Recht, ZaöRV 19 (1958), S. 234-248, zitiert: Kelsen, Die Einheit von Völkerrecht, ZaöRV 19 (1958).

Kempner, Robert M.W.: My Lai und das Völkerstrafrecht, ZRP 1970, S. 29-30, zitiert: Kempner, My Lai, ZRP 1970.

Kimminich, Otto: Der internationale Schutz des Einzelnen – Erfahrungen des internationalen Flüchtlingsschutzes im Lichte allgemeiner Rechtsentwicklungen, Archiv des Völkerrechts, 15 (1971/72), S. 402-424, zitiert: Kimminich, Der internationale Schutz des Einzelnen, Archiv des Völkerrechts 15 (1971/71).

Kimminich, Otto: Einführung in das Völkerrecht, 5. Auflage, Tübingen 1993, zitiert: Kimminich, Völkerrecht.

Kinkel, Klaus: Für einen funktionsfähigen Weltstrafgerichtshof, NJW 1997, S. 2860-2861, zitiert: Kinkel, Weltstrafgerichtshof, NJW 1997.

Kinkel, Klaus: Der Internationale Strafgerichtshof – ein Meilenstein in der Entwicklung des Völkerrechts, NJW 1998, S. 2650-2651, zitiert: Kinkel, Der Internationale Strafgerichtshof, NJW 1998.

Kirsch, Philippe: The Development ot the Rome Statute, in: Lee, The International Criminal Court, S. 451-461, zitiert: Bos, The Rome Statute.

Kleinknecht, Theodor/Meyer-Goßner, Lutz: Strafprozeßordnung, Gerichtsverfassungsgesetz, Nebengesetze und ergänzende Bestimmungen, 43., neubearbeitete Aufl., München 1997, zitiert: Kleinknecht/Meyer-Goßner, StPO.

Klenner, Dietmar: Hat das humanitäre Völkerrecht noch eine Chance ? Der Mittler-Brief, Informationsdienst zur Sicherheitspolitik, 14. Jahrgang Nr. 4/4, Quartal 1999, zitiert: Klenner, Humanitäres Völkerrecht, in: Der Mittler-Brief, 14. Jahrgang Nr. 4/4, Quartal 1999.

Kranzbühler, Otto: Nürnberg als Rechtsproblem, in: Festgabe für Erich Kaufmann, Stuttgart, Köln 1950, S. 219-237, zitiert: Kranzbühler, Nürnberg als Rechtsproblem.

Kraske, o.N.: Klassisches Hellas und der Nürnberger Prozeß, Archiv des Völkerrechts 4 (1953/1954), S. 183-189, zitiert: Kraske, Klassisches Hellas, Archiv des Völkerrechts 4 (1953/1954).

Kreß, Claus: Friedensicherungs- und Konfliktvölkerrecht auf der Schwelle zur Postmoderne – Das Urteil des Internationalen Straftribunals für das ehemalige

Jugoslawien (Appeals Chamber) im Fall Tadic vom 2.Oktober 1995 [HRLJ 1995, 437], EuGRZ 1996, S. 638-648, zitiert: Kreß, Friedenssicherungs- und Konfliktvölkerrecht, EuGRZ 1996.

Kreß, Claus: Der Jugoslawien - Strafgerichtshof im Grenzbereich zwischen internationalem bewaffneten Konflikt und Bürgerkrieg, in: Fischer/Lüder, Völkerrechtliche Verbrechen, S.15-62, zitiert: Kreß, Der Jugoslawien-Strafgerichtshof im Grenzbereich.

Kreuzer, Christine: Die unmittelbare Anwendbarkeit völkerrechtlicher Verträge: JA 1998, S. 731-735, zitiert: Kreuzer, Die unmittelbare Anwendbarkeit, JA 1998.

Lackner, Karl/Kühl, Kristian: Strafgesetzbuch mit Erläuterungen, 23., neubearbeitete Aufl., München 1999, zitiert: Lackner/Kühl, StGB.

La Haye, Eve: The Jurisdiction of the International Criminal Court: Controversies over the preconditions for excercising it's jurisdiction, NILR XLVI (1999), S. 1-25, zitiert: La Haye, The International Criminal Court, NILR 1999.

Laubach, Birgit: Angriffskrieg oder Humanitäre Intervention? Völkerrechtliche Aspekte der Nato-Luftanschläge in Jugoslawien, ZRP 1999, S. 276-279, zitiert: Laubach, Humanitäre Intervention, ZRP 1999.

Lee, Roy S. (Hrsg): The International Criminal Court – The Making of the Rome Statute – Issues, Negotiations, Results, The Hague, London, Boston 1999, zitiert: Lee, The International Criminal Court.

Lee, Roy S.: The Rome Conference and It's Contributions to International Law, in: Lee, The International Criminal Court, S. 1-39, zitiert: Lee, The Rome Conference.

Liebs, Detlef: Lateinische Rechtsregeln und Rechtssprichwörter, München 1982, zitiert: Liebs, Lateinische Rechtsregeln.

Lüder, Sascha, Rolf: Der Schutz von Zeugen im Recht des Jugoslawien – Strafgerichtshofes und im nationalen Recht, in: Fischer/Lüder, Völkerrechtliche Verbrechen, S. 139-149, zitiert: Lüder, Der Schutz von Zeugen.

Mangoldt, Hermann von: Das Kriegsverbrechen und seine Verfolgung in Vergangenheit und Gegenwart – Eine völkerrechtliche Studie, Jahrbuch für Internationales und Ausländisches Öffentliches Recht II / III (1948/1949), S. 283-334, zitiert: Mangoldt, Das Kriegsverbrechen, Jahrbuch für Internationales und Ausländisches Öffentliches Recht II/III (1948/1949).

Marek, Krystyna: Thoughts on Codification, ZaöRV 31 (1971), S. 489-520, zitiert: Marek, Codification, ZaöRV 31 (1971).

Martenczuk, Bernd: The Security Council, the International Court and Judicial Review: What Lessons from Lockerbie ?, EJIL 10 (1999), S. 517-545, zitiert: Martenczuk, Lockerbie, EJIL 10 (1999).

May, Richard/Wierda, Marieke: Trends in International Criminal Evidence: Nuremberg, Tokyo, The Hague, and Arusha, Columbia Journal of Transnational Law, Volume 37 (1999), S. 725-765, zitiert: May/Wierda, Trends in International Criminal Evidence, Columbia Journal of Transnational Law 37 (1999).

Mayer, Hellmuth: Völkerrecht und internationales Strafrecht, JZ 1952, S. 609-611, zitiert: Mayer, Völkerrecht, JZ 1952.

Mettgenberg, Wolfgang: Auslieferung, in: Karl Strupp (Hrsg.), Lehrbuch des Völkerrechts und der Diplomatie, Band 1, Berlin und Leipzig 1924, S. 81-88, zitiert: Mettgenberg, Auslieferung.

Mochochoko, Phakiso: International Cooperation and Judicial Asistance, in: Lee, The International Criminal Court, S. 305-317, zitiert: Mochochoko, International Cooperation.

Mohr, Manfred: Strafrechtliche Verantwortlichkeit und Staatenverantwortlichkeit für internationale Verbrechen – Wechselwirkung statt Konfusion, in: Hankel/Stuby, Strafgerichte, S. 401-428, zitiert: Mohr, Strafrechtliche Verantwortlichkeit.

Mosheim, Berthold: Die Vorarbeiten der Vereinten Nationen zur Frage des internationalen Schutzes des Individuums, Archiv des Völkerrechts 1 (1948/1949), S. 219-231, zitiert: Mosheim, Schutz des Individuums, Archiv des Völkerrechts 1 (1948/49).

Mueller, Gerhard O.W.; Wise, Edward M.: International Criminal Law, New York 1965, zitiert: Mueller/Wise, International Criminal Law.

Nagel, Tobias/Norba, Daniela: Der Fall LaGrand und das Völkerrecht, JA 2000, S. 132-135, zitiert: Nagel/Norba, Der Fall LaGrand, JA 2000.

Naucke, Wolfgang: Die Strafjuristische Privilegierung staatsverstärkter Kriminalität, Frankfurt am Main, 1996, zitiert: Naucke, Staatsverstärkte Kriminalität.

Nill-Theobald, Christiane: Anmerkungen über die Schaffung eines Ständigen Internationalen Strafgerichtshofs – Zugleich ein Bericht über die Konferenz „Committee of Experts on an International Criminal Court“ vom 24.-27. Juni 1995 in Syrakus (Italien), ZStW 108 (1996), S. 229-239, zitiert: Nill-Theobald, Anmerkungen, ZStW 108 (1996).

Nill-Theobald, Christiane: „Defences“ bei Kriegsverbrechen am Beispiel Deutschlandes und der USA – Zugleich ein Beitrag zu einem Allgemeinen Teil des Völkerstrafrechts, Diss., Freiburg im Breisgau 1998, zitiert: Nill-Theobald, Defences.

Nussbaum, Arthur: Geschichte des Völkerrechts (A Concise History of the Law of Nations), München und Berlin 1960, zitiert: Nussbaum, Geschichte des Völkerrechts.

Oehler, Dietrich: Deutsches Strafanwendungsrecht, das Recht der übernationalen Gemeinschaften und die Auslieferung eigener Staatsangehöriger, in:

Erinnerungsgabe für Max Grünhut, Marburg 1965, S. 111-127, zitiert: Oehler, Deutsches Strafanwendungsrecht.

Oehler, Dietrich: Internationales Strafrecht - Geltungsbereich des Strafrechts - Internationales Rechtshilferecht - Recht der Gemeinschaften - Völkerstrafrecht, 2., neubearbeitete und erweiterte Aufl., Köln, et al. 1983, zitiert: Oehler, Internationales Strafrecht.

Oellers-Frahm, Karin/Specht, Britta: Die Erdemovic-Rechtsprechung des Jugoslawientribunals: Probleme bei der Entwicklung eines internationalen Strafrechts, dargestellt am Beispiel des Notstandes, ZaöRV 58 (1998), S. 389-414, zitiert: Oellers-Frahm/Specht, Die Erdemovic-Rechtsprechung, ZaöRV 58 (1998).

Oellers-Frahm, Karin: Das Statut des Internationalen Strafgerichtshofs zur Verfolgung von Kriegsverbrechen im ehemaligen Jugoslawien, ZaöRV 54 (1994), S. 416-445, zitiert: Oellers-Frahm, Das Statut des ICTY, ZaöRV 54 (1994).

Oeter, Stefan: Kriegsverbrechen in den Konflikten um das Erbe Jugoslawiens – Ein Beitrag zu den Fragen der kollektiven und individuellen Verantwortlichkeit für Verletzungen des Humanitären Völkerrechts, ZaöRV 45 (1985), S. 1-48, zitiert: Oeter, Kriegsverbrechen, ZaöRV 45 (1985).

Orwell, George: Animal Farm – A Fairy Story, o.O., 1951, zitiert: Orwell, Animal Farm

Ostendorf, Heribert, Die -widersprüchlichen- Auswirkungen der Nürnberger Prozesse auf die westdeutsche Justiz, in: Hankel/Stuby, Strafgerichte, S. 73-97, zitiert: Ostendorf, Die Westdeutsche Justiz.

Ostendorf, Heribert: Thesen zur Ahndung von Völkerrechtsverbrechen, ZRP 1996, S. 467-468, zitiert: Ostendorf, Thesen, ZRP 1996.

Pace, William R./Thieroff, Mark: Participation of Non-Governmental Organizations, in: Lee, The International Criminal Court, zitiert: Pace/Thieroff, Non-Governmental Organisations.

Paech, Norman: Nürnberg und die Nuklearfrage, in: Hankel/Stuby, Strafgerichte, S. 481-499, zitiert: Paech, Die Nuklearfrage.

Partsch, Karl Josef: Individuum im Völkerrecht, in: Wörterbuch des Völkerrechts Bd. 2, S. 13-17, zitiert: Partsch, Individuum.

Partsch, Karl Josef: Die Anwendung des Völkerrechts im innerstaatlichen Recht – Überprüfung der Transformationslehre, in: Berichte der deutschen Gesellschaft für Völkerrecht, 1964, Heft 6, S. 1-155, zitiert: Partsch, Anwendung des Völkerrechts.

Partsch, Karl Josef: Der Sicherheitsrat als Gerichtsgründer - Zur Entstehung des besonderen internationalen Strafgerichts für Jugoslawien, VN 1994, S. 11-18, zitiert: Partsch, Der Sicherheitsrat als Gerichtsgründer, VN 1994.

Perels, Joachim: Der Nürnberger Juristenprozeß im Kontext der Nachkriegsgeschiche – Ausgrenzung und späte Rezeption eines amerikanischen Urteils, Kritische Justiz 1998, S. 84-97, zitiert: Perels, Der Nürnberger Juristenprozeß, Kritische Justiz 1998.

Preiser, Wolfgang: Zum Völkerrecht der vorklassischen Antike, Archiv des Völkerrechts 4 (1953/1954), S. 257-288, zitiert: Preiser, Völkerrecht der vorklassischen Antike, Archiv des Völkerrechts 4 (1953/54).

Preiser, Wolfgang: Die Epochen der antiken Völkerrechtsgeschichte, JZ 1956, S. 737-744, zitiert: Preiser, Epochen der antiken Völkerrechtsgeschichte, JZ 1956.

Puttkamer, Ellinor v., Die Haftung der politischen und militärischen Führung des Ersten Weltkrieges für die Kriegsurheberschaft und Kriegsverbrechen, Archiv des Völkerrechts 1 (1948/1949), S. 424 – 229, zitiert: v.Puttkamer, Die Haftung, Archiv des Völkerrechts 1 (1948 / 1949).

Puttkamer, Ellinor v., Versailler Friede von 1919, in: Wörterbuch des Völkerrechts Bd. 3, S. 516-522, zitiert: v.Puttkamer, Versailler Friede.

Rao, Rama: Financing of the Court, Assembly of State Parties and the Preparatory Commission, in: Lee, The International Criminal Court, S. 399-420, zitiert: Rao, Assembly of State Parties.

Report of the Twenty-Ninth United Nations Issues Conference, Sponsored by the Stanley Foundation, February 20-22 1998, Convened at Arden Haouse, Harriman, New York, zitiert: Report of the 29th United Nations Issues Conference: The UN-Security Council and the International Criminal Court: How should they relate ?

Rigaux, Francois: Internationale Tribunale nach den Nürnberger Prozessen, in: Hankel/Stuby, Strafgerichte, S. 142-168, zitiert: Rigaux, Internationale Tribunale.

Rinio, Carsten: Die Auslieferung eigener Staatsangehöriger – Historische Entwicklung und neuere Tendenzen, ZStW 108 (1996), S. 354-393, zitiert: Rinio, Auslieferung, ZStW 108 (1996).

Roggemann, Herwig: Der Auslieferungsverkehr zwischen der Bundesrepublik Deutschland und Jugoslawien – Grundlagen, Entwicklung, Rechtsprechung, GA 1989, S. 97-115, zitiert: Roggemann, Der Auslieferungsverkehr, GA 1989.

Roggemann, Herwig: Der Internationale Strafgerichtshof der Vereinten Nationen von 1993 und der Krieg auf dem Balkan, Berlin 1994, zitiert: Roggemann, Strafgerichtshof.

Roggemann, Herwig: Der Internationale Strafgerichtshof der Vereinten Nationen von 1993 und die Balkanverbrechen, ZRP 1994, S. 297-301, zitiert: Roggemann, Der Internationale Strafgerichtshof der Vereinten Nationen von 1993, ZRP 1994.

Roggemann, Herwig: Strafverfolgung von Balkankriegsverbrechen aufgrund des Weltrechtsprinzips – ein Ausweg ? NJW 1994, S. 1436-1439, zitiert: Roggemann, Strafverfolgung von Balkankriegsverbrechen, NJW 1994.

Roggemann, Herwig: Auf dem Weg zum ständigen Internationalen Strafgerichtshof, ZRP 1996, S. 388 – 394, zitiert: Roggemann, Auf dem Weg, ZRP 1996.

Ronneberg, Astrid: Der Tatbestand des Verbrechens gegen den Frieden, Diss., Würzburg 1998, zitiert: Ronneberg, Verbrechen gegen den Frieden.

Rottleuthner, Hubert: Das Nürnberger Juristenurteil und seine Rezeption in Deutschland – Ost und West, NJ 1997, S. 618-623, zitiert: Rottleuthner, Das Nürnberger Juristenurteil NJ 1997.

Rousseau, Jean-Jacques: Du contrat social, Paris, 1955, zitiert: Rousseau, Du contrat social.

Roxin, Claus: Strafverfahrensrecht, 25. völlig neubearbeitete Aufl., München 1998, zitiert: Roxin, Strafverfahrensrecht.

Rubin, Alfred, P., Challenging the Conventional Wisdom: Another View of the International Criminal Court, Journal of International Affairs, 52 (1999), S. 783-794, zitiert: Rubin, Another View of the International Criminal Court, Journal of International Affairs 52 (1999).

Ruegenberg, Guido: The Independence ans Accountability of the Prosecutor of a Permanent International Criminal Court, ZRP 1999, S. 68-69, zitiert: Ruegenberg, Independence and Accountability of the Prosecutor, ZRP 1999.

Rwelamira, Medard, R.: Composition and Administration of the Court, in: Lee, The International Criminal Court, S. 153-173, zitiert: Rwelamira, Administration.

Saland, Per: International Criminal Law Principles, in: Lee, The International Criminal Court, S. 189-216, zitiert: Saland, Law Principles.

Schilling, Theodor: Ungeschriebene Strafpflichten - Eine wertende Bestandsaufnahme des Völker-, Gemeinschafts- und (deutschen) Verfassungsrechts, ZÖR 54 (1999), S. 357-407, zitiert: Schilling, Ungeschriebene Strafpflichten, ZÖR 54 (1999).

Schlochauer, Hans-Jürgen: Die Entwicklung des völkerrechtlichen Deliktsrechts, Archiv des Völkerrechts 16 (1974/75), S. 239-277, zitiert: Schlochauer, Völkerrechtliches Deliktsrecht, Archiv des Völkerrechts 16 (1974/75).

Schlunck, Angelika: Der Internationale Strafgerichtshof: Diskussionsstand vor der Diplomatischen Konferenz in Rom vom 15. Juni bis 17. Juli 1998, in: Fischer/Lüder, Völkerrechtliche Verbrechen, S. 151-176, zitiert: Schlunck, Diskussionsstand vor der Diplomatischen Konferenz.

Schmidt-Jortzig, Edzard: Ständiger Strafgerichtshof bedeutender Schritt hin zu einem Völkerstrafrecht, Recht – Eine Information des Bundesministeriums der Justiz,

Juli/August 1998, Nr. 4, S. 59, zitiert: Schmidt-Jortzig, Ständiger Strafgerichtshof, Recht Nr. 4, 1998.

Schmitt, Carl: Das internationale Verbrechen des und der Grundsatz „Nullum crimen, nulla poena sine lege“, hrsg. von Helmut Quaritsch, Berlin 1994, zitiert: Schmitt, Angriffskrieg.

Schöbener, Burkhard/Bausback, Winfried: Verfassungs- und völkerrechtliche Grenzen der „Überstellung“ mutmaßlicher Kriegsverbrecher an den Jugoslawien-Strafgerichtshof, DÖV 1996, S. 621-629, zitiert: Schöbener/Bausback, Überstellung, DÖV 1996.

Scholz, Stephanie: Die Zulieferung an den Jugoslawien-Strafgerichtshof – Zugleich ein Beitrag zur Internationalen Rechtshilfe in Strafsachen am Beispiel eines Ad hoc-Völkerstrafgerichtshofes, Diss, Freiburg 1998, zitiert: Scholz, Die Zulieferung.

Schomburg, Wolfgang: Die neue Weltordnung braucht einen internationalen Strafgerichtshof, ZRP 1993, S. 308-309, zitiert: Schomburg, Die neue Weltordnung, ZRP 1993.

Schomburg, Wolfgang: Jugoslawien-Strafgerichtshof-Gesetz, NStZ 1995, S. 428-430, zitiert: Schomburg, Jugoslawien-Strafgerichtshof-Gesetz, NStZ 1995.

Schweitzer, Michael: Ius cogens im Völkerrecht, Archiv des Völkerrechts 15 (1971/1972), S. 197-223, zitiert: Schweitzer, Ius cogens, Archiv des Völkerrechts 15 (1971/72).

Schwengler, Walter: Völkerrecht, Versailler Vertrag und Auslieferungsfrage - Die Strafverfolgung als Problem des Friedensschlusses 1919/20, Stuttgart 1982, zitiert: Schwengler, Versailler Vertrag.

Seidel, Gerd/Stahn, Carsten: Das Statut des Weltstrafgerichtshofes – Ein Überblick über Entstehung, Inhalt und Bedeutung, Jura 1999, S. 14-21, zitiert; Seidel/Stahn, Das Statut, Jura 1999.

Seidl-Hohenveldern, Ignaz: Völkerrecht, 9. Auflage, Köln et al. 1997, zitiert; Seidl-Hohenveldern, Völkerrecht.

Sieber, Ulrich, Europäische Einigung und Europäisches Strafrecht, ZStW 103 (1991), S. 957-979, zitiert: Sieber, Europäisches Strafrecht, ZStW 103 (1991).

Sieber, Ulrich: Europäische Einigung und Europäisches Strafrecht, in: Sieber, Europäische Einigung und Europäisches Strafrecht, S. 1-21, zitiert: Sieber, Europäische Einigung.

Sieber, Ulrich (Hrsg.): Europäische Einigung und Europäisches Strafrecht – Vorschläge für die Zukunft des gemeinsamen Strafrechts und Diskussionsgrundlage für das Gründungssymposium der Vereinigung für Europäisches Strafrecht e.V. in der „Würzburger Residenz“ am 22./23.Mai 1992, zitiert: Sieber, Europäische Einigung und Europäisches Strafrecht.

Sieff, Michelle/Wright, Leslie Vinjamuri: Reconciling Order and Justice ? New Institutional Solutions in Post-Conflict States, Journal of International Affairs 52 (1999), S. 757-779, zitiert: Sieff/Wright, Reconciling Order and Justice ?, Journal of International Affairs 52 (1999).

Siegert, Karl: Grundlinien des Völkerstrafprozeßrechts, Göttingen 1953, zitiert: Siegert, Völkerstrafprozeßrecht.

Simma, Bruno: Grundfragen der Staatenverantwortlichkeit in der Arbeit der International Law Commission, Archiv für Völkerrecht 24 (1986), S. 357-407, zitiert: Simma, Staatenverantwortlichkeit, Archiv für Völkerrecht 24 (1986).

Simpson, Christopher: Die seinerzeitige Diskussion über die in Nürnberg zu verhandelnden Delikte, in: Hankel/Stuby, Strafgerichte, S. 39-72, zitiert: Simpson, Nürnberg.

Sluiter, Göran: Obtaining Evidence for the International Criminal Tribunal for the Former Yugoslavia: An Overview and Assessment of Domestic Implementing Legislation, NILR 1998, S. 87 – 113, zitiert: Sluiter, Obtaining Evidence, NILR 1998.

Sonnenfeld, Renata: Überlegungen zur Kodifizierung strafrechtlicher Normen im Völkerrecht, Osteuropa Recht 1984, S. 173-186, zitiert: Sonnenfeld, Kodifizierung strafrechtlicher Normen, Osteuropa Recht 1984.

Spieker, Heike: „Zeugenpräparierung" im Tadic – Prozeß vor dem Jugoslawien – Strafgerichtshof, in: Fischer/Lüder, Völkerrechtliche Verbrechen, S. 101-115, zitiert: Spieker, „Zeugenpräparierung" im Tadic-Prozeß.

Stahn, Carsten: Internationaler Menschenrechtsschutz und Völkerstrafrecht, Kritische Justiz 31 (1999), S. 343-354, zitiert: Stahn, Internationaler Menschenrechtsschutz, Kritische Justiz 1999.

Steains, Cate: Gender Issues, in: Lee, The International Criminal Court, S. 357-390, zitiert: Steains, Gender Issues.

Sterzenberg, Georg: Die Welt als Tribunal – Der Gerichtshof als Metapher in Philosophie und in schöner Literatur, Kritische Justiz 31 (1998), S. 486-502, zitiert: Sterzenberg, Die Welt als Tribunal, Kritische Justiz 1998.

Strupp, Karl/Schlochauer, Hans-Jürgen (Hrsg.): Wörterbuch des Völkerrechts, völlig neubearbeitete 2. Aufl., 1. Band, Aachener Kongreß bis Hussar-Fall, Berlin 1960 zitiert: Wörterbuch des Völkerrechts Bd. 1.

Strupp, Karl/Schlochauer, Hans-Jürgen (Hrsg.): Wörterbuch des Völkerrechts, völlig neubearbeitete 2. Aufl., 2. Band, Ibero-Amerikanismus bis Quirin-Fall, Berlin 1961, zitiert: Wörterbuch des Völkerrechts, Bd. 2.

Strupp, Karl/Schlochauer, Hans-Jürgen (Hrsg.): Wörterbuch des Völkerrechts, völlig neubearbeitete 2. Aufl., 3. Band, Rapallo-Vertrag bis Zypern, Berlin 1962, zitiert: Wörterbuch des Völkerrechts Bd. 3.

Strupp, Karl: Kriegsbeendigung, in: Karl Strupp (Hrsg.), Lehrbuch des Völkerechts und der Diplomatie, Band 1, Berlin und Leipzig Co 1924, S. 713-718, zitiert: Strupp, Kriegsbeendigung.

Stuby, Gerhard: Internationale Strafgerichtsbarkeit und die staatliche Souveränität, in: Hankel/Stuby, Strafgerichte, S. 429-464, zitiert: Stuby, Staatliche Souveränität.

Sur, Serge: Vers une cour Penale Internationale: La Convention de Rome entre les ONG et le Conseil de Sécurité, Revue Génerale de Droit International Public CIII (1999), S. 29-45, zitiert: Sur, La Convention de Rome, Revue Génerale de Droit International Public Tome CIII (1999).

Taylor, Telford: Die Nürnberger Prozesse – Hintergründe, Analysen und Erkenntnisse aus heutiger Sicht, München 1996, zitiert: Taylor, Die Nürnberger Prozesse.

Tesar, Ottokar: Die naturrechtlichen Grundlagen der „Crimes against Humanity“, in: Festschrift für Rudolf Laun, Hamburg 1953, S. 423-226, zitiert: Tesar, Die naturrechtlichen Grundlagen.

Thiele, Willi: Völkerstrafrecht – Entwicklung und Gegenwartslage, Göttingen 1952, zitiert: Thiele, Völkerstrafrecht.

Thornton, Brenda Sue: The International Criminal Tribunal for Rwanda: A Report from the field, Journal of International Affairs, Volume 52 (1999), S. 639-646, zitiert: Thornton, ICTR, Journal of International Affairs 52, (1999).

Thürer, Daniel: Vom Nürnberger Tribunal zum Jugoslawien-Tribunal und weiter zu einem Weltstrafgerichtshof ?, SZIER 1993, S. 491-516, zitiert: Thürer, Vom Nürnberger Tribunal zum Jugoslawien-Tribunal und weiter, SZIER 1993.

Tomberg, Valentin: Die Grundlagen des Völkerrechts als Menschheitsrecht, Bonn 1947, zitiert: Tomberg, Völkerrecht als Menschheitsrecht.

Tomuschat, Christian: Grundpflichten des Individuums nach Völkerrecht, Archiv des Völkerrechts 21 (1983), S. 289-315, zitiert: Tomuschat, Grundpflichten des Individuums, Archiv des Völkerrechts 21 (1983).

Tomuschat, Christian: Die Völkerrechtskommission der Vereinten Nationen, VN 1988, S. 180-186, zitiert: Tomuschat, Die Völkerrechtskommission, VN 1988.

Tomuschat, Christian: Ein Internationaler Strafgerichtshof als Element einer Weltfriedensordnung, EA 1994, S. 61-70, zitiert: Tomuschat, Ein Internationaler Strafgerichtshof, EA 1994.

Tomuschat, Christian: Die Arbeit der ILC im Bereich des materiellen Strafrechts, in: Hankel/Stuby, Strafgerichte, S. 270-294, zitiert: Tomuschat, Die Arbeit der ILC.

Tomuschat, Christian: Von Nürnberg nach Den Haag, Die Friedenswarte 70 (1995), S. 143-166, zitiert: Tomuschat, Von Nürnberg nach Den Haag, Die Friedenswarte 70 (1995).

Trapp, Erwin: Die kriegsrechtliche Bedeutung der Nürnberger Urteile, Düssseldorf: 1957, zitiert: Trapp, Nürnberger Urteile.

Triepel, Heinrich: Völkerrecht und Landesrecht, Leipzig 1899, zitiert: Triepel, Völkerrecht und Landesrecht.

Triffterer, Otto: Dogmatische Untersuchungen zur Entwicklung des materiellen Völkerstrafrechts seit Nürnberg, Freiburg i. Br. 1966, zitiert: Triffterer, Materielles Völkerstrafrecht.

Triffterer, Otto: Völkerstrafrecht im Wandel ?, in Festschrift für Hans-Heinrich Jescheck Band 2, Berlin 1985, S. 1477-1503, zitiert: Triffterer, Völkerstrafrecht im Wandel.

Triffterer, Otto: Kommentar zu Thema IV: Die völkerrechtlichen Verbrechen und das staatliche Strafrecht, Teil 1: Bemühungen um Anerkenntnis und Kodifikation völkerrechtlicher Verbrechen, ZStW 98 (1986), S. 816-819, zitiert: Triffterer, Kommentar, ZStW 98 (1986).

Triffterer, Otto : Bestandsaufnahme zum Völkerrecht, in: Hankel/Stuby, Strafgerichte, S. 169-269, zitiert: Triffterer, Bestandsaufnahme.

Triffterer, Otto (Hrsg.): Commentary on the Rome Statute of the International Criminal Court: Observers' Notes, Article by Article, Baden-Baden 1999, zitiert: [Bearbeiter] in: Triffterer, Commentary.

Tröndle, Herbert/Fischer, Thomas: Strafgesetzbuch und Nebengesetze, 49., neubearbeitete Aufl., München 1999, zitiert: Tröndle/Fischer, StGB.

Uertz-Retzlaff, Hildegard: Über die praktische Arbeit des Jugoslawien-Strafgerichtshofes, in: Fischer/Lüder: Völkerrechtliche Verbrechen, S. 87-100, zitiert: Uertz-Retzlaff, Die praktische Arbeit des Jugoslawien-Strafgerichtshofes.

Verdross, Alfred: Die völkerrechtswidrige Kriegshandlung und der Strafanspruch der Staaten, Berlin 1920, zitiert: Verdross, Kriegshandlung.

Verdross, Alfred: Die Amnestieklausel in den Friedensverträgen, in: Karl Stupp (Hrsg.), Lehrbuch des Völkerechts und der Diplomatie Bd. 1, Berlin und Leipzig 1924, S. 38-40, zitiert: Verdross, Amnestieklausel.

Verdross, Alfred: Völkerrecht, 5. neubearbeitete und erweiterte Aufl., Wien 1964, zitiert: Verdross, Völkerrecht.

Verdross, Alfred/Simma, Bruno: Universelles Völkerrecht - Theorie und Praxis, 3. völlig neu bearbeitete Aufl., Berlin 1984, zitiert: Verdross/Simma, Universelles Völkerrecht.

Verosta, Stephan: Regionen und Perioden der Geschichte des Völkerrechts – zu Bruno Paradisis „Civitas Maxima", ÖzöRVR 30 (1979), S. 1-21, zitiert: Verosta, Geschichte des Völkerrechts, ÖzöRVR 30 (1979).

Walther, Susanne: Was soll „Strafe"? – Grundzüge eines zeitgemäßen Sanktionssystems, ZStW 111 (1999), S. 123-143, zitiert: Walther, Was soll Strafe", ZStW 111 (1999).

Weber, Hellmuth von: Internationale Strafgerichtsbarkeit, Berlin und Bonn 1934, zitiert: v.Weber, Strafgerichtsbarkeit.

Weber, Hermann: St. Helena oder Nürnberg ? Die Grenzen der strafrechtlichen Verantwortung im Völkerrecht, VN 1990, S. 205-211, zitiert: Weber, St. Helena oder Nürnberg, VN 1990.

Wedgwood, Ruth: The International Criminal Court: An american View, EJIL 10 (1999), S. 93-107, zitiert: Wedgwood, An American View, EJIL 10 (1999).

Weiler, Joseph/Cassese, Antonio/Spinedi, Marina (Hrsg.): International Crimes of States – a critical Analysis of the ILC's Draft Article 19 on State Responsibility, Berlin, New York 1989, zitiert: Weiler/Cassese/Spinedi, International Crimes of States.

Weiler, Joseph: On Prophets and Judges – Some Reflections on State Responsibility and Crimes of States, S. 319-335, in: Weiler/Cassese/Spinedi: International Crimes of States, zitiert: Weiler, Reflections.

Wengler, Wilhelm: Völkerrechtliche Schranken des Anwendungsbereichs von Strafgesetzen (Bemerkungen zu BGH 20.10.1976, JZ 1977, 67), JZ 1977, S. 257-259, zitiert: Wengler, Völkerrechtliche Schranken, JZ 1977.

Werle, Gerhard: Menschenrechtsschutz durch Völkerstrafrecht, ZStW 109 (1997), S. 808-829, zitiert: Werle, Menschenrechtsschutz durch Völkerstrafrecht, ZStW 109 (1997).

Wessels, Johannes/Beulke, Werner, Strafrecht Allgemeiner Teil – Die Straftat und ihr Aufbau, 28., neubearbeitete Aufl., Heidelberg 1998, zitiert: Wessels/Beulke, Strafrecht AT.

Wieland, Günther: Die Nürnberger Prinzipien im Spiegel von Gesetzgebung und Spruchpraxis sozialistischer Staaten, in: Hankel/Stuby, Strafgerichte, S. 98-123, zitiert: Wieland, Die Nürnberger Prinzipien.

Wilkitzki, Peter: Die völkerrechtlichen Verbrechen und das staatlichen Strafrecht (Bundesrepublik Deutschland), ZStW 99 (1987), S. 455-478, zitiert: Wilkitzki, Die völkerrechtlichen Verbrechen, ZStW 99 (1987).

Wilmhurst, Elizabeth: Jurisdiction of the Court, in: Lee, The International Criminal Court, S. 127-141, zitiert: Wilmhurst, Jurisdiction.

Wirth, Steffen: Staatenimmunität für internationale Verbrechen – das zweite Pinochet-Urteil des House of Lords, Jura 2000, S. 70-76, zitiert: Wirth, Staatenimmunität, Jura 2000.

Woetzel, Robert K.: The Nuremberg Trials in International Law with a Postclude on the Eichmann Case, London, New York 1962, zitiert: Woetzel, The Nuremberg Trials.

Wright, Quincy: The Law of the Nuremberg Trial, S. 239-278, in: Mueller/Wise International Criminal Law, zitiert: Wright, Nuremberg.

Yee, Lionel, The International Criminal Court and the Security Council: Articles 13 (b) and 16, in: Lee, The International Criminal Court, S. 143-152, zitiert: Yee, The International Criminal Court and the Security Council.

Zander, Michael: The Act of State Doctrine, AJIL 53 (1959), S. 826-852, zitiert: Zander, The Act of State Doctrine AJIL 53 (1959).

Zimmermann, Andreas: Die Schaffung eines ständigen Internationalen Strafgerichtshofes – Perspektiven und Probleme vor der Staatenkonferenz in Rom, ZaöRV 58 (1998), S. 47-108, zitiert: Zimmermann, Die Schaffung eines ständigen Internationalen Strafgerichtshofes, ZaöRV 58 (1998).

Zuleeg, Manfred: Der Beitrag des Strafrechts zur Europäischen Integration, in: Sieber, Europäische Einigung und Europäisches Strafrecht, Band 3, S. 1 – 27, zitiert: Zuleeg, Der Beitrag des Strafrechts.

Zwanenburg, Marten: The Statute for an International Criminal Court and the United States: Peacekeepers under Fire ? EJIL 10 (1999), S. 124-143, zitiert: Zwanenburg, The Statute for an International Criminal Court, EJIL 10 (1999).

ABKÜRZUNGSVERZEICHNIS

a.A.	anderer Ansicht
a.a.O.	am angegebenen Ort
Abs.	Absatz
a.E.	am Ende
a.F.	alte Fassung
AFI	American Forces in Italy
AIDP	Association Internationale de Droit Pénal
AJIL	American Journal of International Law
alic	actio libera in causa
Alt.	Alternative
ANC	Afrikanischer Nationalkongreß
Art.	Artikel
AT	Allgemeiner Teil
AZ	Aktenzeichen
BayVBl.	Bayerische Verwaltungsblätter
Bd.	Band
BGBl. I	Bundesgesetzblatt Teil I
BGBl. II	Bundesgesetzblatt Teil II
BGH	Bundesgerichtshof
BGHSt	Sammlung von Entscheidungen des Bundesgerichtshofes in Strafsachen
BVerfGE	Sammlung von Entscheidungen des Bundesverfassungsgerichts
bzw.	beziehungsweise
ders.	derselbe
d.h.	das heißt
Diss.	Dissertation
Doc.	Document
DÖV	Die Öffentliche Verwaltung
DRiG	Deutsches Richtergesetz
EA	Europa Archiv
EJIL	European Journal of International Law
EMRK	Europäische Konvention zum Schutz der Menschenrechte und Grundfreiheiten
et al.	et alii
EU	Europäische Union
EuGH	Gerichtshof der Europäischen Gemeinschaften
EuGH Slg.	Sammlung der Rechtsprechung des Gerichtshofes der Europäischen Gemeinschaften
f	folgende
FAZ	Frankfurter Allgemeine Zeitung
ff	fortfolgende
Fn.	Fußnote
GA	Goldtammers Archiv
GAOR	General Assembly Official Records
GG	Grundgesetz
GO	Governmental Organisations

h.L.	herrschende Lehre
h.Lit.	herrschende Literatur
HLKO	Haager Landkriegsordnung
h.M.	herrschende Meinung
Hrsg.	Herausgeber
hrsg.	herausgegeben
ICJ	International Court of Justice
ICJ Reports	International Court of Justice, Reports of Judgements, Advisory Opinions and Orders
ICTR	International Criminal Tribunal for Rwanda
ICTR-Statut	Statut des International Tribunals for Rwanda
ICTY	International Criminal Tribunal for the former Yugoslavia
ICTY-Statut	Statut des International Criminal Tribunals for the former Yugoslavia
IGH	Internationaler Gerichtshof
IGH-Statut	Statut des Internationalen Gerichtshofs
ILA	International Law Association
ILC	International Law Commission
ILM	International Legal Material
IMT	International Military Tribunal
IMTFE	International Military Tribunal for the Far East
IPbpR	Internationaler Pakt über bürgerliche und politische Rechte
IPR	Internationales Privatrecht
IRG	Internationales Rechtshilfegesetz
IRRC	International Review of the Red Cross
i.S.	Im Sinne
IStGH	Internationaler Strafgerichtshof / Weltstrafgerichtshof
IStGH-Statut	Statut des IStGH
i.V.m.	in Verbindung mit
JA	Juristische Arbeitsblätter
JugStGHG	Jugoslawien-Strafgerichtshof-Gesetz
Jura	Juristische Ausbildung
JuS	Juristische Schulung
JZ	Juristenzeitung
Kap.	Kapitel
KJ	Kritische Justiz
KRG	Kontrollratsgesetz
lit.	littera
MStGB	Militärstrafgesetzbuch
m.w.N.	mit weiteren Nachweisen
NATO	North Atlantic Treaty Organisation
n.c., n.p.s.l.s.	nullum crimen, nulla poena sine lege scripta
NGO	Non-Governmental Organisation
NILR	Netherlands International Law Review
NJ	Neue Justiz
NJW	Neue Juristische Wochenschrift
Nr.	Nummer
NStZ	Neue Zeitschrift für Strafrecht
NStZ-RR	Neue Zeitschrift für Strafrecht - Rechtsprechungsreport
Off. Rec.	Official Records
OLG	Oberlandesgericht

o.O.	ohne Ort
ÖzöRVR	Österreichische Zeitschrift für Öffentliches Recht und Völkerrecht
p.m.	post mortem
Rec.	Records
Res.	Resolution
RGBl.	Reichsgesetzblatt
Rn.	Randnummer
RPE	Rules of Procedure and Evidence
Rs.	Rechtssache
S.	Seite, Siehe
SFOR	Stabilization Force
Slg.	Sammlung
s.o.	Siehe oben
SOFA	Status of Force Agreement
sog.	sogenannte(r)
StGB	Strafgesetzbuch
StGH	Ständiger Internationaler Gerichtshof des Völkerbundes
StPO	Strafprozeßordnung
StV	Strafverteidiger
Supp.	Supplement
SZ	Süddeutsche Zeitung
SZIER	Schweizerische Zeitschrift für internationales und europäisches Recht
u.a.	unter anderem, und andere
UK	United Kingdom
UN, UNO	United Nations, United Nations Organisation
UN-Charta	Charta der United Nations
UNCC	United Nations Compensation Commission
Urt.	Urteil
USA	United States of America
VBS	Völkerbundsatzung
vgl.	vergleiche
VN	Vereinte Nationen
VR	Völkerrecht
vs	versus
WKK	Wiener Konsularrechtskonvention
WVRK	Wiener Vertragsrechtskonvention
ZaöRV	Zeitschrift für ausländisches öffentliches Recht und Völkerrecht
z.B.	zum Beispiel
ZfP	Zeitschrift für Politik
Ziff.	Ziffer
ZÖR	Zeitschrift für Öffentliches Recht
ZRP	Zeitschrift für Rechtspolitik
ZStW	Zeitschrift für die gesamte Strafrechtswissenschaft
Zusatzprotokoll I	Zusatzprotokoll zu den Genfer Abkommen vom 12. August 1949 über den Schutz der Opfer internationaler bewaffneter Konflikte (Protocol I)
Zusatzprotokoll II	Zusatzprotokoll zu den Genfer Abkommen vom 12. August 1949 über den Schutz der Opfer nicht internationaler bewaffneter Konflikte (Protocol II)

AUGSBURGER SCHRIFTEN ZUM STAATS- UND VÖLKERRECHT

Herausgegeben von Professor Dr. Dieter Blumenwitz

Band 1 Fritz-Harald Wenig: Rechtsprobleme des innerdeutschen Handels.

Band 2 Wilfried Niedermeier: Der Beitritt der Bundesrepublik Deutschland zum Statut des Internationalen Gerichtshofes unter besonderer Berücksichtigung der obligatorischen Gerichtsbarkeit.

Band 3 Johann G. Gleich: Die Anerkennung der DDR durch die Bundesrepublik.

Band 4 Matthias Weigand: Der Vertrag über die gegenseitigen Beziehungen zwischen der Bundesrepublik Deutschland und der Tschechoslowakischen Sozialistischen Republik vom 11. Dezember 1973 - Eine völkerrechtliche Analyse.

Band 5 Werner Trützschler von Falkenstein: Die sich ändernde Bedeutung der Feindstaatenartikel (Artikel 53 und 107 der Satzung der Vereinten Nationen) für Deutschland.

Band 6 Reiner Schenk: Die Viermächteverantwortung für Deutschland als Ganzes, insbesondere deren Entwicklung seit 1969.

Band 7 Wolfgang Wagner: Die Verwirklichung der Menschenrechte im Pakt der Vereinten Nationen über bürgerliche und politische Rechte vom 16. Dezember 1966, im Grundvertrag und den ihn begleitenden Nebeninstrumenten.

Band 8 Ulrich Wacker: Der Konflikt verschiedener Rechtssysteme vor, während und nach der Kolonialzeit in Kenia.

Band 9 Wolfgang Enders: Der mexikanische Bundesstaat. Die politische und sozioökonomische Problematik eines föderalen Verfassungssystems in einem Land der "Dritten Welt".

Band 10 Heiner Hasford: Die Jurisdiktion der Europäischen Gemeinschaften. Zur extraterritorialen Wirkung des Gemeinschaftsrechts.

SCHRIFTEN ZUM STAATS- UND VÖLKERRECHT

Band 11 Wolf Dieter Remmele: Die Selbstdarstellung der Bundesrepublik Deutschland im Ausland durch den Rundfunk als Problem des Staats- und Völkerrechts.

Band 12 Elisabeth Lichtenstern: Die Gesetzgebung im Spannungsverhältnis zwischen Bund und Ländern.

Band 13 Peter Gassner: Kollektivmacht und Individualschutz im amerikanischen Arbeitsrecht.

Band 14 Helga Walter: Das Selbstverständnis des modernen Algeriens. Die historisch-nationalen und islamischen Elemente.

Band 15 Dieter Schütz: Der internationale ordre public. Der Ausschluß völkerrechtswidrigen fremden Rechts im Internationalen Privatrecht der Bundesrepublik Deutschland.

Band 16 Klaus-Peter Kißler: Die Zulässigkeit von Wirtschaftssanktionen der Europäischen Gemeinschaft gegenüber Drittstaaten.

Band 17 Rainhardt Freiherr von Leoprechting: Die neue Rohrwaffen-Artillerie-Munition im Lichte des I. Genfer Zusatzprotokolles vom 12. Dezember 1977. Zur Frage der Völkerrechtskonformität der Verteidigung der Bundesrepublik Deutschland mit modernen konventionellen Artilleriesystemen.

Band 18 Roland Steinmeyer: Die Schiffsgläubigerrechte im südafrikanischen nationalen und internationalen Privatrecht. Eine rechtsvergleichende Darstellung unter Einbeziehung des englischen und deutschen internationalen Privatrechts und unter besonderer Berücksichtigung des ordre public.

Band 19 Martin C. Ney: Der Einsatz von Atomwaffen im Lichte des Völkerrechts. Summary: The Use of Nuclear Weapons and International Law.

Band 20 Teodoro Ribera Neumann: Das chilenische Verfassungsgericht und das deutsche Bundesverfassungsgericht - Ein Rechtsvergleich -. 1985.

Band 21 Theodora Antoniou: Europäische Integration und griechische Verfassung. 1985.

Band 22 Georg Teyssen: Deutschlandtheorien auf der Grundlage der Ostvertragspolitik. 1987.

Band 23 Karin Klüpfel: Selbstbestimmung durch Assoziation. Die Assoziation als Verwirklichung des Selbstbestimmungsrechts der Völker - dargestellt am Beispiel von Puerto Rico. 1987.

Band 24 Friedrich Dehner: Die Stellung Berlins im Bundesrat. 1987.

Band 25 Thilo Morhard: Die Rechtsnatur der Übereinkommen der Internationalen Arbeitsorganisation. Zugleich ein Beitrag zur Lehre vom "soft law". 1988.

Band 26 Ralf Jahn: Ansiedlung von Einzelhandelsgroßprojekten (§ 11 Abs. 3 BauNVO 1977). Zur Frage der Bestimmtheit grundrechtsbeschränkender Eingriffsnormen. 1988.

Band 27 Wolfgang Götzer: Der völkerrechtliche Status der Donau zwischen Regensburg und Kelheim. Eine völkerrechtliche Untersuchung des Donauabschnittes Regensburg - Kelheim unter Einbeziehung der gesamten deutschen Donau. 1988.

Band 28 Michael Hakenberg: Die Iran-Sanktionen der USA während der Teheraner Geiselaffäre aus völkerrechtlicher Sicht. 1988.

Band 29 Renate Oxenknecht: Der Schutz ethnischer, religiöser und sprachlicher Minderheiten in Art. 27 des Internationalen Paktes über bürgerliche und politische Rechte vom 16. Dezember 1966. 1988.

Band 30 Raphael Quarshie Avornyo: Deutschland und Togo. (1847-1987). 1988.

Band 31 Friedrich Frhr. Waitz von Eschen: Die völkerrechtliche Kompetenz der Vier Mächte zur Gestaltung der Rechtslage Deutschlands nach dem Abschluß der Ostvertragspolitik. 1988.

Band 32 Gisela Süß: Die Zulassung von Zahnärzten aus dem EG-Bereich zur deutschen Kassenarztpraxis. Ein Beitrag zu Standort und Bedeutung der Grundrechte im Europäischen Gemeinschaftsrecht. 1988.

Band 33 Meggy Steffens: Die deutsche Ostpolitik im Spiegel publizistischer Stellungnahmen in den USA 1969-1973. 1988.

Band 34 Norbert Karl Riedel: Der Einsatz deutscher Streitkräfte im Ausland - verfassungs- und völkerrechtliche Schranken -. 1989.

Band 35 Heidi Dünisch: Der Mundatwald - Zur Bereinigung letzter Kriegsfolgenprobleme zwischen Deutschland und Frankreich.1989.

Band 36 Sabine Niedermeyer-Krauß: Kommunalwahlrecht für Ausländer und Erleichterung der Einbürgerung. Integrationsmöglichkeiten für Ausländer aus verfassungs- und europarechtlicher Sicht. 1989.

Band 37 Dirk-Hermann Voß: Regionen und Regionalismus im Recht der Mitgliedstaaten der Europäischen Gemeinschaft: Strukturelemente einer Europäischen Verfassungsordnung. 1989.

Band 38 Tilo Klinner: Satellitenfernerkundung im Völkerrecht. Inwieweit existiert ein völkerrechtlicher Datenschutz? 1989.

Band 39 Barbara Schmidt: Die Erweiterung der seewärtigen Hoheitsrechte der Bundesrepublik Deutschland und der DDR unter besonderer Berücksichtigung deutschlandrechtlicher Probleme. 1989.

Band 40 Hans-Joachim Brauns: Wiedervereinigung und europäische Integration. 1990.

Band 41 Gilbert-Hanno Gornig: Der Hitler-Stalin-Pakt. Eine völkerrechtliche Studie. 1990.

Band 42 Gudrun Lehnberger: Kommunale Entwicklungshilfe. Eine Aufgabe der Gemeinden? - Bestandsaufnahme und rechtliche Würdigung unter besonderer Berücksichtigung der bayerischen Verwaltungspraxis. 1990.

Band 43 Heike Kaup: Der Schwangerschaftsabbruch aus verfassungsrechtlicher Sicht. Eine rechtsvergleichende Untersuchung anhand des deutschen und des amerikanischen Rechts. 1991.

Band 44 Bernadette Steinmeyer: Verfassungsrechtliche Ansätze zur Neuordnung der multirassischen Gesellschaft Südafrikas unter Berücksichtigung des Vorschlages des Verhandlungsforums der "KwaZulu/Natal Indaba". 1991.

Band 45 Burkhard Schöbener: Die amerikanische Besatzungspolitik und das Völkerrecht. 1991.

Band 46 Christian Raap: Die Souveränität der Bundesrepublik Deutschland unter besonderer Berücksichtigung des militärischen Bereichs und der deutschen Einheit. 1992.

Band 47 Andrea Wagner: Der argentinisch-chilenische Konflikt um den Beagle-Kanal. Ein Beitrag zu den Methoden friedlicher Streiterledigung. 1992.

Band 48 Ralf Wittkowski: Die Staatensukzession in völkerrechtliche Verträge unter besonderer Berücksichtigung der Herstellung der staatlichen Einheit Deutschlands. 1992.

Band 49 Michael Piazolo: Das Recht auf Abtreibung als Teilaspekt des Right of Privacy. 1992.

Band 50 Silke Wenk: Das konfiszierte deutsche Privatvermögen in Polen und der Tschechoslowakei. Die Rechtslage nach Abschluß des deutsch-polnischen und deutsch-tschechoslowakischen Nachbarschaftsvertrages. 1993.

Band 51 Antje Kießwetter: Die Verfassungsentwicklung in Namibia. 1993.

Band 52 Angelika Kleffner-Riedel: Regionalausschuß und Subsidiaritätsprinzip. Die Stellung der deutschen Bundesländer nach dem Vertrag über die Europäische Union. 1993.

Band 53 Jerzy Kranz: Entre l'influence et l'intervention. Certains aspects juridiques de l'assistance financière multilatérale. 1994.

Band 54 Knut Kettwig: Rechtsgrundlagen dezentraler grenzüberschreitender Zusammenarbeit im deutsch-polnischen und deutsch-tschechischen Grenzraum. 1994.

Band 55 Ulrich Seidenberger: Die diplomatischen und konsularischen Immunitäten und Privilegien. Ein Beitrag zur Diskussion über die Reformbedürftigkeit des Diplomaten- und Konsularrechts aus staats- und völkerrechtlicher Sicht. 1994.

Band 56 Christian Schede: Bundesrat und Europäische Union. Die Beteiligung des Bundesrates nach dem neuen Artikel 23 des Grundgesetzes. 1994.

Band 57 Florian Prugger: Die Nachfolge in das Vermögen der ehemaligen DDR. Ein Beitrag zu Art. 21 ff Einigungsvertrag unter besonderer Berücksichtigung der Firma F.C. Gerlach des Bereichs Kommerzielle Koordinierung. 1994.

Band 58 Mark Zimmer: Einsätze der Bundeswehr im Rahmen kollektiver Sicherheit. Staats- und völkerrechtliche Grundlagen unter Berücksichtigung des BVerfG-Urteils vom 12.07.1994. 1995.

Band 59 Gerd von Laffert: Die völkerrechtliche Lage des geteilten Zypern und Fragen seiner staatlichen Reorganisation. 1995.

Band 60 Wolfram Schneeweiß: Die rechtliche Stellung der Indianerstämme innerhalb der Vereinigten Staaten von Amerika. Ein Modell für den Schutz der *indigenous peoples*. 1995.

Band 61 Marianne Janik: Möglichkeiten und Grenzen einer gemeinsamen Exportkontrolle für sensitive Waren und Dienstleistungen im Lichte des europäischen Gemeinschaftsrechts. 1995.

Band 62 Michael Brems: Die politische Integration ethnischer Minderheiten aus staats- und völkerrechtlicher Sicht. 1995.

Band 63 Martin Vocke: Verfassungsinterpretation und Normbegründung - Grundlegung zu einer prozeduralen Theorie der Verfassungsgerichtsbarkeit. 1995.

Band 64 Stefan von der Beck: Die Konfiskationen in der Sowjetischen Besatzungszone von 1945 bis 1949. Ein Beitrag zu Geschichte und Rechtsproblemen der Enteignung auf besatzungsrechtlicher und besatzungshoheitlicher Grundlage. 1996.

Band 65 Stephanie Baer: Der Zerfall Jugoslawiens im Lichte des Völkerrechts. 1995.

Band 66 Christine Sauerwald: Die Unionsbürgerschaft und das Staatsangehörigkeitsrecht in den Mitgliedstaaten der Europäischen Union. 1996.

Band 67 Silke Buchner: Die Rechtswidrigkeit der Taten von "Mauerschützen" im Lichte von Art. 103 II GG unter besonderer Berücksichtigung des Völkerrechts. Ein Beitrag zum Problem der Verfolgung von staatlich legitimiertem Unrecht nach Beseitigung des Unrechtssystems. 1996.

Band 68 Bernd Weiß: Einführung und Umsetzung der Europäischen Charta der kommunalen Selbstverwaltung in Deutschland, insbesondere in Bayern und Nordrhein-Westfalen. 1996.

Band 69 Gesine Katharina Neumann: Boliviens Recht auf freien Zugang zum Pazifik. Zur völkerrechtlichen Problematik des Zugangs der Binnenstaaten zum Meer. 1997.

Band 70 Elvira Pfrang: Das Verhältnis zwischen Europäischem Gemeinschaftsrecht und deutschem Recht nach der Maastricht-Entscheidung des Bundesverfassungsgerichts. Eine Studie zu den Konflikten beider Rechtsordnungen auf dem Gebiet des Grundrechtsschutzes und der Kompetenzen. 1997.

Band 71 Dieter Blumenwitz / Burkhard Schöbener: Stabilitätspakt für Europa. Die Sicherstellung mitgliedstaatlicher Haushaltsdisziplin im Europa- und Völkerrecht. 1997.

Band 72 Matthias Weinberg: Schutz der deutschen Minderheit in Polen nach den Weltkriegen. Ein Vergleich unter Berücksichtigung der aktuellen Rechtslage. 1997.

Band 73 Reinhard Müller: Der "2+4-Vertrag und das Selbstbestimmungsrecht der Völker. 1997.

Band 74 Stefan Strobl: Das Nichtverbreitungsregime für Kernwaffen nach 1995 und der freie Zugang zu nuklearen Technologien und Materialien. 1997.

Band 75 Christine Weber: Das Gegenzeichnungsrecht unter besonderer Berücksichtigung der Verfassung des Fürstentums Liechtenstein. 1997.

Band 76 Stephan Semrau: Die Gemeinsame Außen- und Sicherheitspolitik der Europäischen Union. 1998.

Band 77 Marcus Schultz: Die Auslandsentsendung von Bundeswehr und Bundesgrenzschutz zum Zwecke der Friedenswahrung und Verteidigung. Völker- und verfassungsrechtliche Analyse unter besonderer Berücksichtigung der Entscheidung des Bundesverfassungsgerichtes zum Einsatz deutscher Streitkräfte vom 12. Juli 1994. 1998.

Band 78 Benedikt P. Kuttenkeuler: Die Verankerung des Subsidiaritätsprinzips im Grundgesetz. Ein Beitrag zur Bedeutung des Subsidiaritätsprinzips für die Kompetenzabgrenzung im Bundesstaat. 1998.

Band 79 Winfried Bausback: Verfassungsrechtliche Grenzen des Wahlrechts zum Deutschen Bundestag. 1998.

Band 80 Elvira Pfrang: Towards Liberalisation of the European Electricity Markets. The Directive concerning Common Rules for an Internal Market in Electricity in the Frame of the Competition and Internal Market Rules of the EC-Treaty. 1999.

Band 81 Alexander Wolf: Prozessuale Probleme des „Maastricht"-Urteils des Bundesverfassungsgerichts. 1999.

Band 82 Jürgen Bartl: Die humanitäre Intervention durch den Sicherheitsrat der Vereinten Nationen im "Failed State". Das Beispiel Somalia. 1999.

Band 83 Thomas Gnielinski: Die Reform des deutschen Staatsangehörigkeitsrechts. Eine Analyse und Bewertung der vorliegenden Gesetzesvorhaben. 1999.

Band 84 Margarita González: Der völkerrechtliche Status des Panamakanals nach Ablauf der Übergangszeit im Jahr 1999. 2000.

Band 86 Markus Allstadt: Die offene Völkerrechtslage im deutsch-tschechischen Verhältnis und ihre Bedeutung für die Osterweiterung der Europäischen Union. Zugleich Überlegungen zu den Auswirkungen zwingenden Völkerrechts in der Vertriebenenfrage. 2000.

Band 87 Gerrit Aschmann: Europol aus Sicht der deutschen Länder. 2000.

Band 88 Mark Weber: Der Berlin-Status im intertemporalrechtlichen Konflikt. Dargestellt am Beispiel von Grundstücksenteignungen im Ostteil Groß-Berlins. 2001.

Band 89 Heidi Hellwig: Die Staatsangehörigkeit als Anknüpfung im deutschen IPR. Unter besonderer Berücksichtigung des Gesetzes zur Reform des Staatsangehörigkeitsrechts. 2001.

Band 90 Aline Bruer-Schäfer: Der Internationale Strafgerichtshof. Die Internationale Strafgerichtsbarkeit im Spannungsfeld von Recht und Politik. 2001.

FSC
www.fsc.org
MIX
Papier | Fördert gute Waldnutzung
FSC® C083411

Kolibri 360 GmbH
Ferdinand-Jühlke-Straße 7
99095 Erfurt, Deutschland
produktsicherheit@kolibri360.de

Druck:
CPI Druckdienstleistungen GmbH
im Auftrag der
Kolibri 360 GmbH
Ferdinand-Jühlke-Str. 7
99095 Erfurt